# BIOGRAPHIE

à l'attention de Gilbert
voici
le roman d'origine
le roman des autres romans
je suis je
(howla!)
être ce que l'on est, si
possible.
Le vrai roman, c'est quoi ?
Signé

Du même auteur

## ROMANS

*Chez le même éditeur*

LADY BLACK
ÉVOLÈNE
LES LOUKOUMS
LE CŒUR QUI COGNE
KILLER
LE TEMPS VOULU
LE JARDIN D'ACCLIMATATION (Prix Goncourt 1980)

*Chez Grasset*

NIAGARAK

*Chez Robert Laffont*

LE PETIT GALOPIN DE NOS CORPS
KURWENAL OU LA PART DES ÊTRES
JE VIS OÙ JE M'ATTACHE
PORTRAIT DE JULIEN DEVANT LA FENÊTRE

## THÉÂTRE

*Chez le même éditeur*

THÉÂTRE I (Il pleut si on tuait papa-maman, Dialogues de sourdes, Freaks Society, Champagne, Les Valises)
THÉÂTRE II (Histoire d'amour, La Guerre des piscines, Lucienne de Carpentras, Les Dernières Clientes)

YVES NAVARRE

# BIOGRAPHIE

FLAMMARION

Il a été tiré de cet ouvrage :

VINGT-SEPT EXEMPLAIRES SUR PUR FIL
DES PAPETERIES D'ARCHES
DONT VINGT EXEMPLAIRES NUMÉROTÉS DE 1 A 20
ET SEPT EXEMPLAIRES, HORS COMMERCE,
NUMÉROTÉS DE I A VII

© Flammarion 1981
Printed in France
ISBN 2-08-064384-3

« Il n'y a pas de rapport sexuel. »
Jacques Lacan.

# LES ANNÉES DE JEUNESSE

24 septembre 1940 / 24 septembre 1980

# L'émotion de départ

## 1. De l'unique manière de sortir de la gueule du loup

15 mars 1980. Un samedi. A Paris. Le ciel est gris. De mon bureau, vue imprenable sur l'île Saint-Louis, j'entrevois la Seine, ni grise ni verte, boueuse. Et surtout j'entends le bruit des voitures, sur le quai. Christophe est là, venu de Suisse. Il me photographie pendant que j'écris. Il repart ce soir. Dans un vase, les fleurs qu'il m'a apportées hier, en message de première visite. Catherine, une amie commune, de Genève, lui a donné mon adresse. Je suis rentré du Maroc, six jours à Agadir, avant-hier. Me voici, selon une expression, boutade, lieu commun que j'emploie depuis des années, *bronzé du dehors mais pas du dedans,* apparence trompeuse qui joue encore le jeu des images que l'on me prête d'auteur choyé qui a tout pour être heureux et entretient subtilement un désarroi inexplicable. Injustifié, disent les justiciers de l'ordre ou du désordre moral, idem puisque moral, qui veulent tout expliquer. Le texte, texte d'écriture ou texte de vie, est inexplicable. Mon mode d'écriture, mode de vie, est d'instinct et de conservation. Bonjour : je suis ému. Voici.

Il n'y a plus de saisons à Paris. Le ciel s'est couvert depuis des années. Cette grisaille que je ressens et qui me terre au matin, je ne peux pas croire qu'elle soit le fait de mon regard, ombre d'un tourment grandissant, doute, inquiétude, amours déçus, acculé que je suis par tant de malentendus et de malécoutés, savamment entretenus par ceux-là d'une société qui ont charge d'accueillir, de rejeter ou de taire, et qui me tiennent dans ce purgatoire dont ils m'accusent. Christophe vient de me dire que je devrais « partir pour me recréer ». Partir pour où ? Fouler quelle terre ? Hier, après avoir écrit sur une première feuille, *Biographie. Roman. Yves Navarre,* j'ai noté sur un papier, *que s'est-il passé pour en arriver là ?* Je recopie. Ici. Maintenant. 13 h 15. Christophe et moi allons rejoindre Eric dans un restaurant vietnamien du quartier. La pièce de théâtre dans laquelle Eric interprète le rôle principal sera arrêtée le 29 mars prochain. Ils ne font pas la jauge. Ils ne remboursent pas le plateau.

Un peu plus tard dans l'après-midi : déjà la nuit des nuages. Les platanes du quai ont été élagués pendant mon séjour à Agadir, doigts coupés de ces arbres qui, l'été durant, quand je ne suis pas à Joucas, de mon second étage, donnent l'impression d'être enfouis dans un parc. Marcel, le concierge, qui vient faire le ménage le matin, m'a dit « ça repoussera vite ». Il savait ne pas me convaincre. Il a souri « allons, Yves, faut pas vous laisser faire par tous ces gens-là » puis « je vous fais confiance ».

Eric, pendant le déjeuner, a exprimé sa juste peine. Une peine au sens fort de l'interrogation. Tête d'affiche, pour la première fois dans un théâtre privé, il attendait beaucoup de la carrière de cette pièce. Et le voilà, disait-il, « libre au printemps ». Christophe l'a vu, hier, ovationné à la fin du spectacle. Christophe a murmuré « j'étais enthousiasmé. Je réagissais comme la salle. La salle était touchée ». Sourire d'Eric « c'est ce qui leur fait peur. Le public ne veut pas qu'on le touche ». Je crois que nous avons ri. Eric m'a demandé s'il avait droit « à un printemps ? » Nous sommes rentrés chez moi. Christophe nous a pris en photo. Nous avons écouté de la musique. Ils sont partis. J'écris.

J'écris à la machine à écrire. Combien de fois, ces derniers mois, ai-je pu dire « elle porte bien son nom », et me moquer d'elle ? Pour le temps de mon dernier roman, *Le Jardin d'acclimatation,* j'étais revenu aux cahiers, à l'encre et au stylo. Je parlais d'« acte sensuel », de « contact direct avec l'écriture », de « corps à corps » et même d'« étreinte ». La machine, moquée, dans son coin, attendait. C'est une Valentine, rouge, de marque Olivetti. On ne la fabrique plus. C'est une amie. Ses « touches » n'ont pas de secrets pour moi. J'aime son cliquetis. Avec elle, tout se déroule quand le cahier, souvent, étouffe les pages. Or, dans mon écriture à la main passent les nuages. Le texte couché, alors, n'est pas vraiment détaché de moi. Mon graphisme se tasse, anxieux, ploie sous un vent curieux jusqu'à l'illisible, trahit mon état d'auteur et m'oblige, à la correction, à me re-vivre quand le texte de première frappe, à la machine, caractères immuables, appartient à l'autre, et c'est « en autre » que je le corrige déjà. Tout de suite l'autre. L'attendu. Surtout si on se défend d'attendre encore.

Dans *Martin Eden* de Jack London, relu et annoté les trois premiers jours passés à Agadir, roman qui a la magie de fondre la biographie au romanesque, et d'écarter le reproche de l'autobiographie si souvent lancé par des écrivains capables seulement d'écrit, reproduction du réel, incapables d'écriture, cette réalité en soi, Ruth, aimée de Martin, du haut (?) de sa bourgeoisie fait remarquer à son ami (Martin = Jack) qu'il faut remplacer « on » par « je » pour être poli et courageux. Je reprendrai donc le passage ci-dessus, *quand le texte de première frappe, à la machine, caractères immuables, première figuration de l'impression au sens de l'imprimerie, appartient à l'autre, et c'est « en autre » que d'emblée je le corrige déjà. Tout de suite l'autre. L'attendu. Surtout si je me défends d'attendre encore.*

Onze heures du soir. Christophe est reparti pour la Suisse. Sur une scène de théâtre, Eric joue sa dernière scène, la plus poignante. Tout à l'heure, il saluera le public, avec les douze autres acteurs de la distribution d'abord, seul ensuite. Le compte à rebours a commencé pour eux, et pour lui. Je ne sais plus ce qu'est un printemps. Je l'ai humé, vécu. Un frisson et des fourmis dans les doigts. J'ai respiré, gobé, bu des printemps. Mais je ne sais pas, je ne sais plus ce que c'est. Il n'y a plus de saisons à Paris. Et si le soleil perce, je n'y crois pas, parce que je me remets à rire d'un rien, à faire un mot voltigeur que je trouve ridicule, suspect, désormais déplacé. Pour qui ?

Avant qu'il ne parte j'ai lu ces premières pages à Christophe. Il a dit avec son accent de Lausanne, lentement, « c'est spontané, pas maquillé. Faut surtout pas déchirer ». Puis « si tu continues comme ça, ils ne pourront pas t'accuser d'exhibitionnisme ». J'ai noté *inhibitionnisme*. Je le transcris, ici. On ne parle jamais des inhibitionnistes.

J'écris bien « on » les moque. Cette fois, c'est bien on, pas je. Je dois beaucoup à la re-lecture de *Martin Eden*. Toute lecture de roman forgé et de trempe humaine est initiatrice. Une modification s'opère. Le roman vécu, lu, ressenti m'abandonne sur une autre plage. Echoué, le sentiment d'abandon devient vite celui de découverte et de renouveau. La vie d'un roman, par sa lecture, me place dans un autre champ de vision. Je vois enfin les êtres sous un autre angle, quand Paris fige et fixe mon regard, statufie les êtres et s'assoupit sous un ciel de coton gris. En revenant de Joucas, il y a un mois, j'ai noté, *fasciné par la province, envoûté par Paris*. Je suis donc fasciné par une province où j'ai, à mon corps offensif, toutes mes racines, encore, et envoûté, tenu sous cloche par Paris. Christophe, restaurateur de sarcophages et de momies, me racontait hier, pendant le dîner, qu'une dame, conservatrice du Musée de l'homme, lui avait un jour montré des têtes décapitées, conservées dans des bocaux, dont une tête « d'anarchiste de la Commune » bouffie, aux traits s'effaçant, lecture insoutenable. La dame avait commenté « nous n'avons aucune raison de les garder, mais nous ne pouvons pas les jeter ».

16 mars 1980. Un dimanche. Midi. Même ciel. Un peu moins de bruits de voitures sur le quai. Mes chats dorment. Tiffauges, le maître, noir et blanc, sept ans, sur mon bureau, les quatre pattes en l'air. De temps en temps il s'étire, me regarde, s'assure de ma présence. Tiffany, tigrée, six ans, nièce de Tiffauges, sauvage, se tient à l'écart, sur le canapé du salon, à portée de bouquet de fleurs. Dès que j'aurai le dos tourné, elle ira croquer un pétale, jouer avec s'il est amer. Tityre enfin, moitié siamoise moitié persane, vraie *colourpoint,* neuf mois, sur un coussin, près du bureau. Un chat et deux chattes. Un mâle malin et triomphant, et deux femelles qui rivalisent pour être aimées. Dire. Dire tout cela. J'ai pris cet appartement et adopté Tiffauges en même temps. Boutade souvent répétée, *je ne vis pas chez moi, mais chez lui.* C'est vrai. Il m'a tenu ici, et m'a tenu en vie. Il est là. Il m'attend. Il m'interroge continuellement. Non pour me piéger comme tant d'humains, mais pour me et se situer, dialogue de regards échangés. Et si je lui parle, l'emploi des mots qu'il ne comprend pas m'invite à me taire et à savoir de nouveau parler en regards, accepter ce double mystère qui nous réunit. Combien de fois ai-je pu glisser, dans tel roman ou telle pièce de théâtre, *je ne sais rien de toi, tu ne sais rien de moi, c'est peut-être ça l'amitié ?* Je pensais à Tiffauges. Un pigeon vient de se poser sur le balcon. Tiffauges, c'est son côté tigre, le suit, tapi, de fenêtre en fenêtre. Il guette sa proie rêvée. Une vitre les sépare. Il le sait. Devant la porte-fenêtre de la salle à manger, comment aller plus loin, limite du territoire, il se jette sur la vitre, le pigeon s'envole. Fin de partie de chasse impossible. Il se lèche une patte de devant. Tiffany et Tityre l'ont suivi. Tiffany lèche Tiffauges. Tiffauges mord Tityre. Quart d'heure de jeux. Ils se coursent, embuscades. Puis Tiffany se postera de nouveau près du bouquet. Tityre roucoulera si je l'appelle. Elle fera le paon avec sa queue et rejoindra son coussin. Tiffauges reviendra près de moi et se couchera sur le semainier : il aime le cuir.

Un roman ne naît pas d'une idée mais d'une émotion. Les détails comptent, ici. La rhétorique des préfaces crée souvent des mystères inutiles. Et puisque je me préface aussi, roman, tout cela sera roman, au plus proche ma vie (Killer, dans le cahier d'Oxford, disait : *je n'ai que ma vie à offrir en partage*), je ne peux que par le quotidien de ces jours qui me jettent de nouveau à la machine à écrire exprimer la modestie et l'urgence de l'entreprise. Comment l'émotion de *Biographie. Roman. Yves Navarre* est-elle née ?

La veille de Noël (je partais le lendemain pour Joucas), je me suis rendu, tard le soir, chez mon éditeur Charles-Henri et son épouse Marie-Françoise. Marie-Françoise attend un enfant. Une grossesse tourmentée. C'était alors le cinquième mois. Elle ne quittait pas le lit. Et dans sa chambre, devant Charles-Henri, je leur ai offert les sept cahiers manuscrits de mon dernier roman, intitulé alors *Le Signe de vie*. J'ai peur. J'ai toujours eu peur des éditeurs. Pour dire « oui », ils se taisent. Ils ne parlent que pour refuser. Refus du *Petit Galopin de nos corps* par Flammarion alors que je désirais revenir chez eux après la blessante et nulle expérience de la publication de *Niagarak* chez Grasset. Tout ce qu'ils trouvèrent à me dire, au cours d'un repas, fin août 1976, fut, par la voix d'un de leurs directeurs littéraires, « ce n'est pas le roman que nous attendons de toi ». Mais quel roman attendaient-ils de moi ? Quel autre roman attendent-ils toujours ? Que veulent-ils me faire dire, fascisme ordinaire, répandu, habituel ? Et ce refus du *Temps voulu*, trois ans plus tard, autre déjeuner, avec Robert Laffont qui venait de publier, sans conviction réelle ou bien, plus proche vérité, dans l'idée d'échec (« Navarre s'est trop fait d'ennemis », « Navarre ne se vendra jamais »), quatre romans, et pour ce cinquième m'entendre dire « c'est dommage que Pierre ne s'appelle pas Martine ». On dit des auteurs qu'ils changent d'éditeurs. On ne dit jamais d'un éditeur qu'il change d'auteur. Prudent, l'éditeur refuse oralement. Il se réserve ainsi le droit de nier ensuite ce qu'il a dit. L'auteur piétiné ne peut être que perdant. On dira de lui qu'il ment.

Je suis donc revenu « chez Flammarion » sans savoir vraiment s'ils aimaient *Le Temps voulu* ou pas. Je revenais à la maison. Ils étaient contents de m'avoir, de nouveau, chez eux, pour trois romans et trente-six mensualités, avances sur des droits d'auteur de succès quantifiés que je n'ai pas encore eus. Oui, je veux vivre de ma plume. Vivre d'écriture parce qu'écrire me tient debout et parce que l'écriture devrait me permettre de vivre comme je vis, là où je vis. L'artiste écrivain est le seul créateur auquel on explique que « ce n'est pas possible » ou subtilement que « ce n'est plus possible ». En faisant don de mon manuscrit à Charles-Henri et Marie-Françoise je voulais leur annoncer une année nouvelle. Une double naissance. Celle de leur enfant. Et celle de ce roman dont je voulais qu'ils pèsent le poids en cahiers, en papier, en pages barrées de lignes bleu roi, des mois de travail, jour et nuit, attaché à la famille de ce texte, désireux de voir se creuser plus profond le sillon, droit, net, qui de roman en roman me conduit au ciel de mon enfance, pur, dégagé, bleu comme l'encre, ciel claquant dans lequel j'ai toujours rêvé de me baigner, et dans lequel aussi, en 1976, j'ai failli verser à tout jamais. Tout cela de *Biographie*, intense, doit être dit. Je ne veux plus des images que l'on distribue de moi et auxquelles, violences, délations, crachats, passages sous silence, on voudrait bien que je sois conforme. Ni malentendus ni malécoutés, je veux la juste mesure. Ce que je frôle, de roman en roman, je le veux ici net et de diamant. *Qu'est-ce qui s'est passé pour en arriver là ?*

J'arrive à un âge où une génération monte, me pousse. Ils n'ont pas appris à lire de la même manière que moi. Que nous. Je ne suis plus le jeune des autres. Fin des années de jeunesse. Quarante ans. 24 septembre 1940, je m'arrêterai d'écrire *Biographie* le 24 septembre 1980. Alors, tout commencera. Tout devra commencer. Toute analyse est un exemple offert en partage si émotion il y a au départ. La biographie ne sera pas originale mais d'origine. Le secret des sources est là.

17 mars 1980. Un lundi. Me méfier de l'exploit. Ordonner cette préface sans pour cela dénaturer l'émotion de départ, le « comment elle est née ? » et « de quelles urgences procède-t-elle ? » En première page du *Monde* de samedi-dimanche, reçu ce matin au courrier, un placard publicitaire annonce la parution de *Compagnie* de Samuel Beckett. La photo de l'auteur et un extrait de presse : *Beckett, un des rares à rétablir dans sa dignité la littérature. Geneviève Serreau. Le Nouvel Observateur.* La dignité du roman et du romancier est plus modeste. Subtile aussi car elle ne bénéficie pas de la splendeur apparente des textes inclassables qui ont pour eux le sceau d'auteurs mythiques et mystérieux. Je me souhaite ici un bon et prompt rétablissement. Il y va de la dignité d'une écriture, mienne, ma vie, ce qui me tient debout et me fait aller. Je n'ai pas su, naïf ou bien sincère, répondre à l'esprit de réserve, à la technique de maîtresse d'école d'une critique tout employée à porter des jugements factices, l'éloge ou le blâme, le superlatif ou le crachat, et à jouer le jeu de panurgies programmées. Je suis né à l'écart, et j'en souffre. Trop. Et ce ciel dégagé, claquant, que j'ai mentionné plus haut, en appel, au bout du sillon, n'est pas de métaphore, mais bien réel. Je fonctionne avec le ciel. J'ai connu des ciels dégagés, nets, qui m'invitaient au sol et à cette terre. Je respirais. Je ne respire plus. Ou mal. Ou peu. Je voudrais par ces pages ouvrir une fenêtre sur le paysage

de ma vie. Combien de fois ai-je pu écrire, en dédicace de *Portrait de Julien devant la fenêtre*, pour X ou Y : *on est toujours le paysage de quelqu'un, son regard, une attente. Un partage ?* Et je signais de mon prénom. Yves. Quand je signe de mon prénom, c'est lisible. De mon nom, graffiti, c'est illisible. On croit toujours dans les magasins que je signe des chèques volés. « Carte d'identité, s'il vous plaît ! »

Le choix dans ces premières pages : rien n'est décidé d'avance. L'écriture est réalité en soi. Tout se décide. Je ne donne que les prénoms de mes amis, Eric, Christophe, viendront Jacques et Nicole, Xavier, Emanuel, Jean-Louis, Jean-Jacques et Marie-Claude, Georges mon docteur et Christiane son épouse. L'amitié sans doute se mesure à la capacité d'abandon mutuel. Un auteur ne sera jamais l'ami de son éditeur, parce qu'il est éditeur.

L'été dernier, un ami romancier m'a montré le synopsis de son prochain roman. Cela se présentait, pages qu'il dépliait de droite et de gauche, comme un arbre généalogique qui aurait oublié de pousser en hauteur, rampant, dru, un buisson à fouler du pied. Je lui ai dit « quel ennui, tout est prévu avant même... » Il n'écoutait déjà plus. Pourquoi m'attacher à lui ? Il ne fait que se fuir et se prévoir dans ses fuites quand je ne souhaite que retrouvailles imprévisibles, surprise des êtres au forgé de la vie.

Tant de précautions à prendre. L'altitude. L'émotion risque ici de verser à l'intention, isolée dans les mots, trop cernée par eux, ramenée à des faits narrés qui au réel de ma vie ont surgi de front. Toute une forêt marche dans ma tête, je suis perdu, je risque de me perdre. Il me faudrait écrire chaque arbre pour ne pas être lu avec sarcasme et ironie, pour ne pas être pointé du doigt par les pingres de la littérature, accusé de prétention et d'altitude. Combien de fois me suis-je répété, l'été dernier, anxieux de mon premier passage à *Apostrophes* pour *Le Temps voulu, comment faire désormais pour que la sincérité ne soit pas prise pour une rancœur, et l'aveu pour une vanité ?* Oui, comment, habitués que nous sommes tous, à notre esprit défendant, à tout savoir de tout, continuellement, consommateurs d'événements, prévus, traqués dans nos désirs, rompus à toutes les thèses, avons-nous perdu prise au point de ne plus savoir quelle époque nous vivons, et quel temps, le temps, quelle saisie nous pourrions avoir de lui et à quel prix ?

Je te retrouve, machine à écrire, avec bouleversement. Si j'écrivais ces pages au cahier et à l'encre, je ne les écrirais que pour moi-même, Narcisse inquiet de sa plus belle image. Or l'autre importe, seul l'autre, comme toujours, ultime recours depuis bientôt quarante ans, un au secours, et de plain-pied. Exergue du roman *Les Loukoums* : *l'enfer on y entre de plain-pied, sans le savoir.* La vérité de ma vie pour la vérité de la sienne, rencontre, image mêlée, que rien ne trouble, du couple qui se penche pour se voir, ensemble.

Je n'ai jamais décidé d'écrire. J'écrivais avant même de savoir écrire. L'écriture commence au premier regard échangé. Dans mon berceau, temps de guerre, je n'avais pas de joujoux. Déjà, je guettais. Mes dessins d'enfant ont tout de suite appelé à l'amour de l'autre, à la rencontre et au couple que je formerais avec lui, si ? Je ne chercherai pas ici à me parer ou me magnifier, mais simplement à rétablir le désir qui fut toujours mien de rencontrer qui je n'avais pas, biographiquement, dans ma vie, et qui je ne rencontre que dans le secret de lectures.

Tityre vient de tenter de grimper dans l'arbre qui occupe la moitié de l'espace de mon bureau et ploie au-dessus de ma tête. Un regard a suffi. Elle a fui, coursée par Tiffauges et Tiffany qui croyaient à un jeu. Puis, éducation des chats, respect des plantes, j'ai conduit Tityre au lieu de sa tentative. Je la tenais par la peau du cou, comme on tient les chats quand on va les gronder. Une petite tape sur l'arrière-train, et elle a fui de nouveau, coursée, la queue en panache, de peur et de jeu. Quelques minutes plus tard, elle est revenue vers moi, en se dandinant, entrechats de chat. Je l'ai appelée. Elle a roucoulé, queue à la verticale, ravie. Je l'ai caressée sur la tête. Les chats ont ceci d'humain qu'ils ignorent la rancune. Cette rancune que j'oublie en revoyant celle-là ou celui-ci qui m'ont bafoué. A les revoir je les connais mais ne les reconnais pas. Mon sourire alors les étonne. Je n'ai jamais su faire de tri. Je n'ai rien décidé de ma vie. Elle se décide et me pousse de plus en plus souvent là où je ne me supporte plus, vers ceux qui me rejettent en exigeant de moi l'image factice d'un bonheur triomphant. Combien de fois ai-je écrit, en dédicace du *Temps voulu*, à X ou Y : *il n'y a de beau et de bon dans le bonheur que le heurt. Rencontre. Partage ?* Et je signais. De mon prénom. En ami.

Dans *Le Monde* de ce soir, un placard publicitaire pour un film, *l'aventure humaine ne fait que commencer.*

18 mars. Un mardi. Ces pages exposent et m'exposent trop. Si l'auteur dit le quotidien (vérité ?) de sa vie, on l'accuse immédiatement de régler des comptes. Je ne suis pas libre. Je pense « on ». Un auteur peut-il exister dans la vérité de sa vie, cette *juste mesure*, ce *plain-pied* ci-dessus souhaités ? Faire taire les sarcasmes, malentendus, malécoutés, rôle

que l'on veut me faire jouer, paroles que l'on veut me faire tenir, purgatoire dans lequel on me tient et que l'on m'accuse de créer et entretenir moi-même. *Je vis où je m'attache* s'intitulait *Le Silence du ciel*. Laffont n'a pas voulu de ce titre d'origine. « Ils » ne le trouvaient pas « assez fort ». Pas assez commercial ? Je me le remémore aujourd'hui. Je voudrais me remettre, par cette *Biographie*, à l'écoute du silence du ciel.

Vite. Oui, il faut faire vite et ne pas laisser ici se multiplier les impressions de départ. Tout demande la parole en moi. Tout revendique. Or, il me faut cadrer l'émotion de départ de ce texte, bien en signaler l'urgence et les origines.

Etat de l'auteur : dépressif, non ; offensif profond, oui. Le souligner vaut bien un sourire. Un petit début d'humour, ce ressort. Je veux ressortir vivant de ce texte, dire à ceux qui me lisent et m'ont lu qui je suis, au plus proche, et laisser ceux-là qui me barrent les chemins (le plus net, tracé en moi, étant l'amoureux) au mur de leurs verdicts.

Ma vie, comme toute vie, est un roman. J'y ai puisé les forces vives de douze romans, à ce jour. Je veux en extraire la force brute d'un roman, unique, celui-ci, *Biographie,* sans lequel les douze premiers (publiés) n'auront pas leur sens exact, sans lequel le ou les suivants, qui sait, n'auront pas ce relief dont Claude Manceron me parlait à propos du *Temps voulu* en m'invitant à *brasser le monde*. Je le brasse déjà, mais dans la limite sociale d'une famille, la mienne, d'origine et de biographie, dans la limite de cette micro-société, famille Duperin de *Lady Black,* famille de David dans *Evolène,* Rasky, père putatif de Luc, dans *Les Loukoums,* famille Dauzan du *Cœur qui cogne,* père juge d'instruction de Killer dans *Killer,* familles de la ville de Cuelga dans *Niagarak,* familles de Roland et de Joseph dans *Le Petit Galopin de nos corps,* parents de Pierre dans *Kurwenal,* famille d'Adrienne dans *Je vis où je m'attache,* famille rêvée de Kappus dans *Portrait de Julien devant la fenêtre,* famille Forgue dans *Le Temps voulu* et famille Prouillan dans *Le Jardin d'acclimatation*. Toutes ces familles m'échappent, vivent leur vie, et ne sont jamais « la » famille, « ma » famille, à laquelle je voudrais une fois pour toutes m'attacher afin de m'en détacher, et brasser ailleurs. Le détachement commence à la juste mesure de l'attachement. Le roman d'origine.

Emanuel vient de me dire au téléphone « dangereux. Tu vas aborder le problème de ta vie, le mettre à plat, sur du papier. Il faut que ce soit clair, net, précis, comme une lame de couteau ». J'essaie de lui expliquer que ce texte ne crée pas un état mais est la résultante d'un climat intérieur, fibre, tissu qui s'est tramé, m'a froissé et me tient depuis la remise du manuscrit du *Jardin d'acclimatation* à Charles-Henri, le 10 mars dernier : je n'ai toujours pas traité le sujet. Il faut que je le traite, par le tranchant biographique, ciel qui claque, silence du ciel, retrouvailles. Emanuel me dit « alors si c'est ça, vas-y ! » Pas d'autre issue. Pas une issue de secours mais une issue de recours. Recours en grâce. Grâce de l'écoute et du texte. Debout ! Ailleurs ! Brasser le monde ! Jean-Louis me disait, après sa lecture du *Petit Galopin de nos corps,* « ce serait encore plus fort sans les points d'exclamation. Méfie-toi d'eux ».

Ephéméride. 1979. *Jeudi 3 mai.* Déjeuner avec Robert Laffont. J'ai publié quatre romans chez lui. Le contrat qui nous lie et les mensualités viennent à expiration fin juin. Depuis huit semaines j'attends qu'il me dise ce qu'il pense du manuscrit du *Temps voulu.* Déjeuner amical, neutre, morne. Mon roman l'a touché « si proche, peut-être trop, de ta vie ». Il demeure vague, désenchanté. J'attends de lui un enthousiasme. Lassé de me sentir à l'écoute, il reconnaît l'universalité du sujet amoureux traité mais me dit en conclusion « dommage que Pierre ne s'appelle pas Martine ». *Vendredi 4 mai.* Je demande à Jacky, le porteur de messages de chez Flammarion, de passer prendre le manuscrit chez moi et de le déposer sur le bureau de Charles-Henri. *Jeudi 10 mai.* Je signe avec Henri et Charles-Henri Flammarion un contrat de trois ans, trois romans, trente-six mensualités. Je peux donc jouer les prolongations et assurer le règlement des frais fixes de ma vie sur un succès de ventes, amour, attention, multiplication, à venir encore. Publication du *Temps voulu* prévue pour début septembre. *Jeudi 24 mai.* Dîner avec René Hess, directeur littéraire chez Flammarion. Je lui annonce que « je vais écrire l'histoire d'un père qui tue ses enfants ». Je lui demande si ce sujet qui me brûle les doigts a déjà été traité. Il me répond non. *Mardi 12 juin.* Joucas. J'apprends, tôt le matin, au téléphone, par une journaliste de *France-Soir,* le suicide de Jean-Louis. Elle me demande « vingt lignes, un témoignage ». Je lui réponds que je ne peux écrire ces lignes dont j'avais parlé à Jean-Louis, devant son frère Jacques, ultime dérision, dernier geste pour sauver l'ami (je ne fus pas le seul à vouloir le sauver), ni ne veux figurer à quelques colonnes d'une rubrique écrite par quelqu'un que je considère comme un de ses assassins, un de ceux qui ont tenté de lui « faire dire ». La journaliste me répond « mais c'est pour cette raison que nous nous adressons à vous ». J'écris vingt lignes. Je les lirai, le soir, dans le train, peu après l'arrêt à Dijon, 20 heures, amputées de six lignes. Et pas n'importe quelles lignes. Coupure. Blessure. Sanction. Censure. Sang. Quelques jours plus tard, un autre ami de Jean-Louis écrira dans *Le Matin : on se précipite déjà pour l'oraison funèbre et pour la succession. Va-t-on voir tel jeune cadre, dandy de la littérature spécialisée, devenir à Jean-Louis Bory ce que Peyrefitte fut à Cocteau ? Sinistre cirque parisien. Jeudi 5 juillet.* Joucas. Seul, avec les chats. J'écrirai mon roman au cahier et au stylo. Premières pages. *Vendredi 31 août.* Aller et retour à Paris. Passage à *Apostrophes.* Page 255 du roman. *Lundi 10 septembre.* Retour à Paris. Page 279. *Vendredi 19 octobre.* Départ pour Montréal où l'on joue *Il pleut, si on tuait papa-maman.* Page 397. *Lundi 5 novembre.* Retour de New York. Page 414. *Jeudi 6 décembre.* Fin, page 507. *Vendredi 14 décembre.* Fin des corrections de la première frappe machine, corrections entamées au fur et à mesure de la frappe effectuée par madame Bisson à qui je dois tant d'attention, et d'attentions. *Samedi 15 décembre.* Je décide de « quitter le roman » pour un mois, au moins. *Dimanche 15 et lundi 16 décembre.* Malaises, vertige, crise. *Mardi 18 décembre.* Je reviens au roman. Secondes corrections. *Samedi 22 décembre.* Je remets les cahiers du manuscrit à Charles-Henri et Marie-Françoise. *Dimanche 23 décembre.* Joucas. Seul, sans les chats. Page 75. *Jeudi 27 décembre.* Jean-Jacques et Marie-Claude viennent dîner avec moi. Marie-Claude me dit « nous avons trouvé le titre ». Je leur dis « Le Jardin d'acclimatation ? » Ils sourient. C'est « oui ». Je leur dédie le roman. Page 142.

Ephéméride. 1980. *Mercredi 2 janvier.* Retour à Paris. Page 262. *Vendredi 18 janvier.* Fin des corrections. Je remets à madame Bisson l'ensemble du manuscrit à taper de nouveau. *Samedi 19 janvier.* Départ pour Montréal où l'on crée *Les Valises. Dimanche 3 février.* Retour de New York. Du 4 au 9 février, vêtements, livres, documents, je classe, je range, je jette. Chaque soir, en cachette de Marcel, je vais déposer d'énormes sacs-poubelles, sur le quai, un peu plus loin. Je jette même l'épais registre de cinq cents pages sur lequel, depuis la publication de *Lady Black,* je colle critiques, articles, lettres, photos : tout. Transit. J'adresse un message circulaire à une douzaine d'agences de publicité leur signalant que je suis prêt, de nouveau, à prendre des travaux de conception-rédaction. Texte : *rédactions en tous genres, travail rapide et bien fait. A bientôt ?* L'argent que Flammarion m'avance chaque mois paie les frais fixes : location de l'appartement, impôt mensualisé, heures de ménage + linge et comptable. J'ai « bouclé la boucle » depuis trois mois en vendant à Bruno mon portrait par David Hockney. Plus rien. Peur des dettes. Besoin de trouver du travail. *Mercredi 13 février.* Madame Bisson a terminé. Je vais chercher le manuscrit chez elle et le porte directement rue Racine. Je pose les deux exemplaires sur le bureau de Charles-Henri. Un pour lui. Un pour René Hess. Charles-Henri m'appelle tard le soir, « je le lirai ce week-end. Je te téléphonerai lundi matin ». Je commence les corrections d'une des trois pièces de théâtre, *Le Butoir,* laissées en souffrance depuis deux ans. *Lundi 18 février.* Levé, lavé, douché, rasé, tôt le matin. J'attends le coup de téléphone de Charles-Henri. A 12 h 30, inquiet, je l'appelle. Il est en réunion. Il me dit « déjeunons ensemble le 28 ». Rien d'autre. La voix blanche. Il y a des gens autour de lui. Vers 15 heures, blessé, inquiet, je me rends rue Racine. Il me dit « dînons ensemble ce soir ». Au début du dîner, il parle du roman. Il l'a lu. Il fait état de trois, quatre émotions de lecture. Bon signe. Je respire. Marie-Françoise nous regarde en souriant. *Mardi 19 février.* Rendez-vous dans une agence de publicité. Ils me proposent le « replâtrage » d'un catalogue de meubles. Il faut « humaniser le rédactionnel », « l'émailler d'entrevues avec des créateurs de meubles, de tissus, et avec les patrons ». J'accepte. *Mercredi 20 février.* Je refuse le travail. Je renvoie le dossier, accompagné d'une de ces lettres douloureuses que je ferais mieux de ne plus écrire. Comment « en suis-je arrivé là ? » La question me transperce. *Jeudi 21 février.* Je pars pour Joucas. J'ai besoin d'énergies, besoin de respirer. Dîner chez mes voisins Marie-Claude et Jean-Jacques. Tous deux psychologues de métier, ils s'inquiètent du rôle de mon médecin, Georges, dans ma vie, depuis l'été 1976. Ils le figurent « faisant rempart à une démarche d'analyse dont tu as besoin ». Je leur explique que le rempart est en moi. *Vendredi 22 février.* Je téléphone, de Joucas, à Annick Geille, rédactrice en chef de *Playboy,* et lui propose un « grand sujet » sur « les nouveaux rats de ministère ». Elle accepte. Il s'agit de gagner là ce que je n'arrive pas à gagner dans la publicité. *Mardi 26 février.* Retour à Paris avec l'article pour *Playboy* et *Le Butoir,* corrigé. *Jeudi 28 février.* Déjeuner avec Charles-Henri. J'ai parlé. Je ne l'ai pas laissé parler. Il ne m'a donc rien dit de plus sur *Le Jardin d'acclimatation.* Son père est « en train de le lire ». René est « en train de le lire ». C'est tout. *Vendredi 29 février.* Remise de l'article à *Playboy.* Voir annexe 1. Annick l'accepte. Récital Alfredo Kraus à l'Opéra. En *bis,* il chante, *pueblo, pueblecito, extrañas son tus tardes.* Village, mon petit village, tes fins d'après-midi sont étranges. *Samedi 1er mars.* Déjeuner avec Eric. Je lui parle d'Alfredo Kraus. Il me conseille de lire *Résidente privilégiée* de Maria Casarès. Il me parle de l'expression *cortar por lo sano,* trancher dans le vif, qui revient souvent dans ce livre. Il me raconte une histoire de coulisses de théâtre. Je lui demande la permission d'en tirer une nouvelle : *Le Fauteuil 163.* Voir annexe 2. *Lundi 3 mars.* Second rendez-vous dans une agence de publicité. Ils me proposent la rédaction d'une brochure de soixante-quatre pages pour un ministère, douce propagande, à peine déguisée, visant à réduire ou désamorcer les revendications syndicales d'un secteur professionnel nationalisé, foyer de grèves. Refus. Longues explications. Ils confieront le travail à un

# BIOGRAPHIE

psychologue. Je leur dis « oui, pour des modes d'emploi de tondeuses à gazon ou des fiches techniques de machines à repasser, mais là, non ». Retour chez moi, déçu. Bouleversé. Quand j'aurai payé le loyer trimestriel du mois d'avril, que restera-t-il ? Tard dans la nuit, dans un bar, je rencontre Jean. C'est « lui ». Impression brutale d'être là, enfin, avec celui que j'attends. Jean me rappelle Rupture n° 2. Même goût et même tact. Jean est professeur de piano. Nous devons nous revoir jeudi soir. *Mardi 4 mars.* J'écris *Le Fauteuil 163*. J'envoie des fleurs à Jean accompagnées d'un message, au crayon, *ne dis à personne que nous nous connaissons. Ce qui s'efface reste.*

*Mercredi 5 mars.* Réveil, vertiges, malaises, crise. Pas de nouvelles de Flammarion. Emanuel me dit « surtout ne les appelle pas. De quoi as-tu peur ? Attends ! » Pas de boulots de publicité. Je décide de partir, couper, peur de Joucas, peur de revoir Jean dans cet état. Tard le soir, je l'appelle et lui dis les raisons de ce départ. Je ne veux pas le charger, fardeau, d'emblée, et attendre un jour meilleur. Nous prenons date pour le dimanche 16 mars. A 18 heures. Chez lui. Je ne vais jamais chez les autres, ils viennent toujours chez moi. Dans la gueule du loup, je deviens la gueule du loup. En sortir. Avec lui ? Plus tard, Marie-Claude m'appelle de Marseille « il faut que tu entres en analyse. Il y a de bons analystes ». Non. *Jeudi 6 mars.* A l'aéroport, j'achète *Martin Eden* et *Résidente privilégiée*.

*Vendredi 7 mars.* Agadir. Soleil. Bain de mer. Lecture de *Martin Eden, il n'y avait pas de vie future, avait-il décidé ; il fallait vivre et bien vivre, et puis sombrer dans le néant, ... L'été fut dur pour Martin. Éditeurs et liseurs de manuscrits étaient en vacances et les réponses, qui prenaient ordinairement trois semaines à lui parvenir, mettaient à présent trois mois, ... Il répondit qu'il acceptait, mais se souvenant que tous ces manuscrits avaient été refusés froidement — que ce serait 5 000 francs par essai. Ils l'avaient fait suer sang et eau, autrefois : c'était à son tour, maintenant, de les saigner à blanc, ... Imbécile ! criait-il à son image dans le miroir. Tu voulais écrire, tu essayais d'écrire. Qu'avais-tu en toi ? Quelques notions enfantines, quelques sentiments non mûris, beaucoup de beauté mal digérée, une énorme ignorance, un cœur plein d'amour à en éclater, une ambition aussi grande que ton amour, que ton ignorance. Et tu voulais écrire ! mais tu commences aujourd'hui seulement à acquérir en toi ce qu'il faut pour cela ! Tu voulais créer de la beauté ! et tu ne savais rien de ce qui fait la beauté ! Tu voulais parler de la vie, et tu ignorais tout ce qui fait l'essence même de la vie ! Tu voulais parler de l'univers et des problèmes de l'existence, quand l'univers n'était pour toi qu'un rébus chinois ! Mais courage, Martin, mon garçon ! Il y a de l'espoir, cette fois, bien que tu sois encore bien sot, bien ignorant. Un beau jour, avec de la chance, tu sauras à peu près tout ce qu'on peut savoir. Ce jour-là tu écriras.*

Martin Eden a été publié en 1909. J'ai publié *Lady Black* en 1971. C'était mon dix-huitième manuscrit, mon dix-huitième roman digne de ce nom. Treize ans de refus des dix-sept premiers dans pratiquement toutes les maisons d'édition de Paris. Combien de fois ai-je pu le répéter, lieu commun, jamais entendu, jamais écouté, toujours pris pour une rancœur, jamais pour une preuve d'apprentissage ? J'ai relu *Martin Eden* en frère. Je ne l'avais lu, à seize ans, qu'en étranger. *Lundi 10 mars.* Je fais la rencontre d'un psychanalyste au sourire scout, un ravi de la Crèche. Comment a-t-il pu me dire qu'« entre deux entretiens tout irait mieux », et que « ce n'était rien » ? L'analyste, instable, tout autant que moi, me fait peur. J'ai trop vécu sur des images de catéchisme : de bons qui sont bons, de prêtres qui sont prêtres, de docteurs qui ne sont jamais malades. Inquiétude. Malaise. J'écris, au stylo, une nouvelle, *Stresa*. Voir annexe 3. Déception. Le romanesque l'emporte, encore, dans ce court texte. Les mythologies, tout de suite, factices, se multiplient. Même si une émotion passe. Il n'y aurait de mythologique que la vie propre. Me la dire. La dire. L'écrire. Eviter l'analyste et son rempart silencieux.

*Mardi 11 mars.* Découverte de *Résidente privilégiée* de Maria Casarès. La personne derrière le personnage. Son récit. Le juste suivi de sa vie et une écriture. Pour moi, une fascination. *Il est à croire que les fées qui se trouvaient autour de mon berceau m'ont particulièrement douée pour l'exil ; jusqu'à la cruauté, la sainte férocité des petits animaux de la jungle. C'est ici que commence la série d'enterrements pour vivre ; c'est ici que j'ai appris à « cortar por lo sano » comme disait mon père.*

*Jeudi 13 mars.* Je quitte Agadir, bronzé, sous la pluie. Sitôt arrivé chez moi, fin de journée, je prends cette machine à écrire, ma Valentine, deux feuilles, un carbone, j'écris *Biographie. Roman. Yves Navarre.* Le téléphone sonne : Jean. Il veut me voir avant dimanche. Migraine. Malaises. Je prends de l'aspirine et un bain avant son arrivée. Nous parlons, tard dans la nuit. Gestes justes. Une retrouvaille. Je lui parle de *Biographie.* Il me dit « tu me liras le début, dimanche ? » Au courrier, une lettre du ministère de la Défense, m'invitant avec « une quarantaine d'écrivains » à participer à deux jours d'information sur « la force de dissuasion » les 25 et 26 mars. Voir annexe 4. *Vendredi 14 mars.* Vertiges. Eric m'annonce que la dernière représentation de sa pièce aura lieu le 29. Je lui lis la lettre du ministère de la Défense. Il me dit

« vas-y, mais pour témoigner. Fais un reportage. C'est mauvais signe qu'ils t'invitent. Qui ont-ils besoin de convaincre ? C'est ainsi que commencent les guerres. Appelle *Le Nouvel Observateur* ». J'appelle la rédaction de cet hebdomadaire. Un des princes me répond. Je lui lis les lettres. Je lui dis aussi mes mauvais, ou non-rapports avec son équipe « si on mettait bout à bout tout ce que vous avez dit de mes romans en dix ans... » Il me répond « vous êtes masochiste, vous aimez ça ». Pour l'article, il accepte. Deux pages dans le premier numéro d'avril. Je dois lui apporter le texte le samedi 29, chez lui. D'ici là, il n'en parlera à personne. Le soir, dîner avec Emanuel. Je lui parle de *Biographie*. Il me dit « danger ! » Mais il me fait confiance. Mes deux derniers romans lui sont dédiés. Emanuel avec un seul « m ». Il est couturier. Notre amitié est tenace, nette, fraternelle.

*Samedi 15 mars*. Epuisé. Vertiges. Crise. Je suis sur le point d'appeler une ambulance. Je veux « aller en clinique ». Le silence de Flammarion, une errance, la rencontre de Jean, le mensonge du bronzage, le ton convenu de l'article pour *Playboy*, annexe 1, l'écart des deux nouvelles, annexes 2 et 3, la peur de n'être plus capable de dérision ou d'humour pour travailler encore pour la publicité, mon engagement sur ce reportage, tout tourne et me fixe. Point mort. En clinique ? Peur ponctuelle. Je me jette sur cette machine à écrire et j'écris, j'écris les premières lignes de ce chapitre, préface, dont voici les dernières. Sauvé ? Non. Se sauver. Oui. Sans point d'exclamation.

*Dimanche 16 mars*. Je rencontre Georges, mon docteur. Je lui parle des projets de roman et de reportage. Il m'écoute. Il me prescrit des calmants, de jour, et plus de nuit. J'y vois un progrès. Ai-je reconquis les nuits ? Il me faut désormais reconquérir les jours. Le soir, je lis les treize premières pages de ce chapitre d'ouverture à Jean. Il me dit « je veux savoir la suite ». *Lundi 17 mars*. Déjeuner avec Jean, dans son quartier, près de l'Observatoire. J'ai reçu, de lui, cette carte : *Dimanche-lundi. Ce soir, en te quittant, j'ai mangé des noix par dizaines jusqu'à en trouver une mauvaise. Alors, j'ai croqué une pomme en me demandant pourquoi, chez moi, cette sorte de passion d'écouter parler l'autre en me taisant. Etre perçu comme celui qui comprend, la peur du mot de trop qui me désignera comme l'interlocuteur indigne ? Puis, je t'imagine, maintenant, lisant cette lettre, à mi-voix, d'un ton étonné, et me prends à penser que la raison de l'écriture, chez toi, est liée à cet étonnement. Tu es interrogé, au loin, par les mots des autres. Demain peut-être, on parlera. Jean.* Pendant le déjeuner, il me parle de la technique pianistique des traits : savoir à chaque note quel doigt est sur chaque note. « Je jouais, je ne savais pas. Il faut que je sache, chaque doigt et chaque note. » En le quittant, je vais chez un fleuriste et lui adresse un petit arbre en fleur. A taper ces lignes, Valentine, je me demande si je sais quel doigt est sur chaque « touche ».

*Mardi 18 mars*. Le mardi de ce chapitre. Hier. De nouveau l'idée d'aller en clinique. De nouveau Georges. Je lui explique que je vis depuis des années avec mes obsessions, mes angoisses, et que je veux simplement retrouver ce peu d'énergie physique sans lequel tout devient insupportable. Il m'ordonne des piqûres d'Antasthène. Et un traitement-choc contre la cholite qui me tient en permanence. Interdit total : on ne dira jamais le rapport de la création artistique et du transit intestinal. Le noter ici est déjà une offense à je ne sais trop quelle bienséance littéraire.

*Mercredi 19 mars*. Marie-Claude m'appelle de Marseille. Je lui parle de *Biographie,* et lui lis le passage concernant les familles de mes romans. Elle me dit « je ne vois qu'une image : celle du prisonnier de la montagne Pelée. Le seul qui s'échappe parce qu'il est prisonnier ». Puis, après, je note ce qu'elle dit, « il faut nommer les nommables » (je pense à *cortar por lo sano*), « le problème d'identité est le même pour tout le monde. Seul l'acte de questionnement diffère. Alors, commence l'écriture ». Je sens, je sais, après lui avoir parlé, la raison de ce texte. Il me faut sortir de la gueule du loup. Retrouver mon ciel. Les chapitres de *Biographie* auront le calme profond qui est mien, fascination de mes provinces, natale et de Joucas, et qui me tient debout au milieu de ces faux orages, menaces absurdes d'un milieu parisien dans lequel je suis trop entré, oubliant de rester mystérieux. Je ne peux pas faire marche arrière. On ne sort de la gueule du loup que par la gorge du loup, au risque du saccage. Allons ! Et tant pis pour ce point d'exclamation. De passage, ici, chez moi, Jean vient de lire ces premières pages. Il me dit « c'est calme et inquiétant à la fois ». « Quelle inquiétude ? » Il me répond « c'est testamentaire. Le temps de la livraison ». Qu'il n'aie pas peur. En 1970, j'ai quitté la publicité parce que j'allais avoir trente ans, sans carte d'identité littéraire. L'écriture, mon identité. Je le redis : issue de recours en grâce. J'ai écrit *Lady Black*. En 1980, je quitte *Le Jardin d'acclimatation* qui sera mon douzième roman publié et j'ai besoin de l'identité de *Biographie*. Parce que je vais avoir quarante ans. Parce que les rencontres ne sont plus ce qu'elles étaient, innocentes, chasseresses. Parce que l'on dit de moi « écrivain homosexuel ». Etiquette. Triangle rose. Dit-on « chanteur homosexuel », « peintre homosexuel », « poète homosexuel », « pianiste homosexuel » ? Je suis écrivain *et* homosexuel. J'ai petit à petit perdu mon ciel et l'écoute de son silence. Je ne veux plus écouter les critiques qui écrivent *Yves*

*Navarre a un stylo à la place du cœur et l'autre à la place du sexe, nous voici côté sexe,* ou *à suivre malgré tout en se bouchant le nez,* ou *quand donc crachera-t-il le morceau ?* ou *une rentrée monstrueuse. Yves Navarre, lui, ne s'arrête plus : un roman en avril, un roman en septembre. Certains, plus rares, arrachent un ah ! de satisfaction,* ou encore *n'en jetez plus !* ou enfin *à quand le second souffle ? Le Navarre nouveau est arrivé !* Mon premier souffle sera le dernier. Il me suffit. Il suffit. Je ne veux plus qu'à bout de cartouches l'un ou l'autre sous-entende que Navarre est un pseudonyme. Comment pourrais-je écrire ce que j'écris sous un autre nom ? C'est le mien. C'est tout. Je ne veux plus que tel critique me lance *pourquoi vous plaignez-vous, vos parents sont riches !* ou tel romancier de chapelle littéraire *j'ai lu ton Petit Galopin. J'ai pleuré. Mais nous ne pouvons pas te défendre. Il y a tous les signifiés mais il y a encore trop de signifiants.* Dommage. Hommage à vous. Le plus beau des romans, c'est ma vie. Le voici. C'est pour toi, Jean, si nous nous revoyons. Si nous apprenons à nous aimer, toi au piano, moi à la page. Le prisonnier de la montagne Pelée s'en sortira. La gueule du loup, c'est tout droit. Ces heures de ma vie, claires, je les veux d'origine, de juste mesure, et de plain-pied. Ce ne sont pas des redites, mais des battements de cœur.

Au courrier, ce soir, une lettre d'une lectrice du *Temps voulu,* envoyée à l'adresse de Pierre Forgue, l'adresse du roman. Sur l'enveloppe *Yves Navarre, 113 rue Boursault 75017 Paris.* Il n'y a pas de 113 rue Boursault. Tampon des P. et T. *Adresse incomplète. Retour à l'envoyeur.* La lectrice m'envoie le tout chez l'éditeur. Elle m'écrit « comment ai-je pu croire qu'il s'agissait de votre adresse... » Elle est professeur de français, comme Pierre Forgue, et me tient toujours pour professeur de français, à l'adresse enfin exacte. Alors ? Alors : *Biographie.* Les annexes d'abord. Le ciel ensuite, qui se couvrira, années de jeunesse, du 24 septembre 1940 au 24 septembre 1980. Il fera beau de nouveau, ce jour-là, dans ma tête. J'aurai terminé. Le coureur de fond mesure sa course, avant sa course, pourquoi pas moi ? Et puis, j'ai un piano à la place du cœur.

Huit heures du soir. Jean m'a rendu visite avant de partir. Je lui ai lu ces dernières pages. Il ne part plus. Il passera la nuit, ici, et travaillera, chez lui, demain. On sort de la gueule du loup par la gorge du loup, au risque de la rencontre.

L'événement, désormais, est assourdi par le commentaire. Le commentaire, c'est Paris, et ceux qui croient habiter cette ville. Le commentaire, c'est Paris, ici, dans ces lignes, qui traque et assourdit l'événement. J'ai une émotion de départ : *Biographie*. La voici hors de sa gangue parisienne. Les annexes, puis ce sera l'envol. Non, le vol. En planeur. Comme un oiseau.

20 mars 1980. Un jeudi. Jour du printemps. Il neige. J'ai appelé Xavier, mon cousin de Périgueux, pour lui annoncer la nouvelle. Silence au bout du fil. Puis il me pose des questions. Je réponds à chaque fois par la lecture de passages de ce chapitre. Il me dit « ce sera dur ». J'éclate de rire. Je pense que le plus dur est fait, premiers pas, passer au-delà du commentaire, par le constat du commentaire, son afflux et ses bribes. Xavier me dit aussi « c'est sanglant ». Je lui réponds que s'il entend sanglant au sens de la flaque, il se trompe ; mais sanglant au sens du sang qui circule et s'oxygène de nouveau, il a raison. La raison du souhait et de l'émotion de départ. *Le Jardin d'acclimatation* est le camp de concentration, ou le goulag, mot mode, dans lequel j'ai grandi, dans lequel je me tiens, on me tient, et d'où je veux m'échapper pour *brasser ailleurs* en disant une fois pour toutes mon affection portée, et l'ombre portée du solitaire qui est né quand je suis né et dont j'occupe l'esprit et le corps. A Jean-Louis, que je ne connaissais pas alors, et qui a écrit le lendemain de la publication de *Lady Black* une critique qui se terminait ainsi, *attention : triple rectangle blanc. Je ne sais pas si le narrateur a trouvé dans l'écriture de ce roman le contrepoison à ses poisons — si Lady Black est morte. Mais ce que je sais, c'est que Yves Navarre existe, et bougrement. Jean-Louis Bory*. A ceux qui, ce jour-là, se réclamant de je ne sais trop quel front homosexuel d'action révolutionnaire, firent une descente genre « gestapo », chez moi, pour tout mettre à sac parce que « mon livre était vendu 26 francs » et parce que « j'exploitais l'homosexualité de manière capitaliste ». J'aurais dû quitter Paris ce jour-là. Trop tard. J'étais dans la gueule du loup. Mais j'avais enfin ma carte d'identité. Du triple rectangle blanc au simple triangle rose, Jean-Louis, et toi aussi, du coup ! Une phrase de Montherlant, ce ganté dont je n'aime que les pensées, parfois, me vient à l'esprit, *on se suicide par respect de la vie quand la vie a cessé d'être digne de vous*. Autre suicidé. Il disait « on », lui aussi. Alors ? A mon père qui quelques jours plus tard, sur le chemin d'Orly, en partance pour une mission officielle en Inde, s'arrêtait chez moi pour m'avouer, dans la cuisine, alors que je lui pressais nerveusement des oranges «... on me dit que tu nous égratignes, dans ce roman. Nous avons tout fait pour. On me dit aussi que tu existes, et que tu existes bougrement. L'important pour un être humain, c'est d'exister. Alors, tout à l'heure, dans l'avion, s'ils me demandent ce que je pense de toi, je leur dirai que je suis fier de toi ». Mon père venait de dire « on », aussi. Nous sommes tous de même nature. La nature humaine. Le commentaire crée le ghetto. A ceux qui me reprochent

encore d'avoir posé nu dans un magazine. Mais tous les artistes posent nus. S'ils se couvrent, ils mentent. Ce n'était là, peut-être, que l'enveloppe de *Biographie. Roman. Yves Navarre*. A tous ceux que j'ai nommés ici, Charles-Henri et Marie-Françoise, Eric, Christophe, Xavier, Robert, René, Jean-Jacques et Marie-Claude, Georges et Christiane, Emanuel, Jean, Jean-Louis, Marcel, Tiffauges, Tiffany, Tityre : la solitude est nombreuse. Je les remercie. Je les nomme. Je suis heureux : je vais retrouver les jours heureux, leur ciel, guetter les nuages qui sont venus et souffler dessus.

# L'émotion de départ

## 2. Annexes et signal

Annexe 1. *De la nécessité de gagner un peu d'argent en écrivant : c'était ça ou un texte publicitaire. D'une écriture journalistique, ludique, en coulisses de l'événement. De l'obligation d'écrire dix pages pour que ce soit un « grand papier ». Des ombres qui passent, malgré tout, porteuses d'une vérité, regard de l'auteur sur ceux de sa génération qui ont fait une autre carrière. De la prudence obligatoire : gauches et droites au pluriel, faire dire, peur du refus de* Playboy.

> *Typologie des nouveaux rats de ministères.*
> Signes particuliers apparents : néant. Ce sont les inaperçus du pouvoir ou de l'opposition. Ils ont entre trente-cinq et quarante-cinq ans. Leur territoire : les couloirs. Leur fonction : ouvrir et fermer les portes, recevoir, écouter mais le plus loin possible, parler mais toujours à côté. Ils pullulent. Ils piaffent. L'un d'entre eux s'est récemment entendu dire par son ministre protecteur, Résistant de la première heure, « les choses ne pourront changer qu'une fois que tous les hommes de ma génération seront morts ». Ils attendent. Ce sont les nouveaux rats de ministères, d'assemblées, de sièges de partis politiques et de grandes administrations. Ils ont eu vingt ans en 58 (ils préparaient l'agrég ou l'E.N.A.), trente ans en 68 (ils venaient de prendre un crédit pour leur appartement de Parly 2 ou du nouveau XVe), quarante ans en 78 (ils ont failli se laisser séduire par le Programme commun). Depuis, ils n'ont fait que changer de voiture pour en choisir une qui consomme moins. Les aînés de leurs enfants

sont déjà en fac. On n'a pas parlé d'eux dans les grands articles consacrés à « ceux qui feront la France dans les années 80 ». Ils ont grossi. Comment les reconnaître ? Ils ont en fait le pouvoir des ministres, présidents, ou premiers secrétaires qu'ils ne sont pas encore. Ils sont l'audience accordée, donc l'organisation des désaccords. Ils rêvent de fusion, d'unité à droite ou à gauche, mais de peur de perdre place ils entretiennent la confusion. Voyons d'abord comment ils s'habillent.

Flanelle grise et costume trois-pièces. Un renouveau. Le gilet est porté comme une cotte de mailles. Le retour à l'uniforme de pure laine vierge est caractéristique. Boutonnés, cravatés (la cravate n'est ni trop large ni trop étroite, si possible sombre et de soie), ils donnent une impression caparaçonnée. La pochette est bannie. La chaussette est neutre et de demi-saison. La chaussure est plate (peur du juché) et de qualité (agneau, chevreau, tout doux du côté du pas). Ces messieurs enfilent désormais leurs escarpins comme des gants. Le pas feutré a remplacé la franche poignée de main. Ils marchent légèrement à l'écart comme si quelqu'un de plus important allait passer. S'ils vous adressent deux mots, au second ils surveillent déjà l'entourage. Ils ont une extraordinaire manière d'être là en n'étant jamais là. Le portrait est utile car tôt ou tard, faute d'anciens combattants de tous les bords, ils prendront le pouvoir. Geste instinctif qu'ils ne remarquent pas, ils glissent furtivement l'index de leur main gauche dans le col de leur chemise : ils étouffent. Ils vont bientôt échanger leur poste. Ou bien, les pouces dans les poches de leur gilet, ils sont à deux doigts de vous dire qu'ils ont un autre rendez-vous. Quittez-les avant d'être quitté. De toute façon, ils ont tout entendu de ce que vous leur avez dit mais ils n'ont rien écouté, ou de loin, écoute désormais qualifiée de giscardienne. Ni costume d'été ni costume d'hiver, ils ne tiennent pas compte des saisons. Ils ne pensent qu'aux prochaines élections et au dernier passage de leur patron à la télévision. Experts en télégénie, radiogénie et recherche de concepts événementiels pour l'éphémère communication par la presse, ce sont les théoriciens, praticiens et esthéticiens de ceux dont ils briguent la place. Mais, sans aucun doute, jamais génération de politiciens et de fonctionnaires ne fut si longtemps retenue. La flanelle grise est bien celle d'un purgatoire dans lequel on les tient. On : tous les barons de pouvoir ou d'opposition de la Cinquième. Ces hommes de décision (ils en ont la formation et le désir) ne sont employés et ne s'emploient qu'à l'échec de toute prise de décision. Ils excellent dans l'art de poser les problèmes (façade) et surtout de ne proposer aucune solution incidente, que des solutions prévues, prévisibles, souvent risibles (il y a toujours une élection en cours). Du temps de Sciences-po, de Polytechnique ou de l'E.N.A., ils ont disserté sur Montesquieu « quand dans un pays il y a plus d'avantage à faire sa cour que son devoir, tout est perdu ». Ils vivent donc à qui perd gagne. En attendant. Saint-Simon, au sortir d'une dramatique du Roi, se décrivait ainsi « je suais de la captivité de mon transport ». Les voici donc captifs de leurs costumes de flanelle grise. Voyons comment ils sourient.

Un arrière-brin de marxisme adolescent, très effacé, il faut l'avouer. Légère crispation au niveau de la mâchoire. Dans le sourire, aussi, un soupçon de socialisme militant façon syndicalisme étudiant, ce petit rien de brisé, scission de l'U.N.E.F. et de la F.N.E.F., à l'aurore de la Cinquième, signe avant-coureur d'une France qui se coupera en deux, clairement divisée, pour régner dans le vide et l'idée seule qu'elle se fait d'elle-même. Le sourire, aussi, est de flanelle, jamais froissé, toujours repassé, hésitant entre l'avenant radical-socialiste et la bonhomie sociale-démocrate. Le sourire de notre homme est donc de prudence. Ponctué par le regard (si d'aventure on parvient à le croiser), il signifie un lisse « j'ai tout vécu », un blasé « rien ne m'a convaincu ». Et que notre homme soit encore secrètement ou ouvertement à farfouiller à gauches (gauche au pluriel S.V.P.) ou douillettement et trouillettement à se faufiler, placer et maintenir à droites (droite au pluriel S.V.P.), son sourire est le même : synthétique, synthèse d'espoirs déçus, et surtout insaisissable, saisissant en cela qu'il ne signifie plus rien. Encore plus insignifié qu'insignifiant. Car notre homme est tenace. Un temps viendra qui n'est pas encore venu : il ne doit surtout pas flancher. Il a tenu assez longtemps pour laisser percer quelque émotion, intention, ou opinion. Et ce sourire que l'on ne peut même pas qualifier d'énigmatique, car il ne cache plus rien de véritablement urgent ou exaltant, gouverne et nous gouverne, à bâbord et à tribord, dans l'organisation du désaccord et de la confusion. Les jeunes loups montraient leurs dents. Les tribuns leur tendaient la main ou leur donnaient l'exemple. Les nouveaux rats rongent, rongent leur frein, tout dans le labial, succions discrètes. Ils se font de belles dents en cachette de leurs sourires. Auront-ils jamais le temps de mordre ? Voyons côté comportement.

S'ils écoutent le plus loin possible et parlent systématiquement à côté (b a ba de l'énarque standard, les barons qui furent leurs professeurs ont moins bien appris la leçon que leurs élèves), ils ont une manière nette de répondre à une question par une question, et carrée de faire prendre une promesse pour une décision. La technique n'est pas nouvelle. Elle eut (dans le dictionnaire des verbes français, édition Larousse, le verbe « avoir » est placé en 1 avant le verbe « être », 2), semble-t-il, du panache. Elle n'en a plus. Car, clé du comportement, notre rongeur de pouvoir a l'étourderie (ou l'insolence) d'avouer qu'il y a deux erreurs à ne pas commettre dans une vie : la première est d'entrer dans un parti, la seconde est d'en sortir. Le rat idéal, dont nous dressons ici le portrait, ne prend jamais parti, ne s'est jamais fait prendre par un parti. L'essentiel de son comportement est dans l'apparentement. Il trouve donc, en expérience, plus facilement asile à droites qu'à gauches dans la mesure où les conservateurs ne sont plus là où d'instinct historique on les place. D'apparentement à apparences, il n'y a qu'un petit pas de rat. Le voici donc à se comporter comme à la Cour, courbettes, pour le plus grand avantage, éperdu de lui-même, oubliant son devoir, tout est perdu, vue imprenable sur les jardins de ministères aux allées parfaitement ratissées, ou toasts de fin de repas avec leader d'opposition qui, à trinquer avec lui, ne se demande pas moins si d'autres que ceux-là, indifférenciés, ne vont pas venir à la rescousse et comment une République a pu standardiser à ce point ses gens de relève.

Rêve secret de notre rongeur : écrire. Pour lui, « la politique n'est qu'une forme dévoyée de l'écriture ». Alors, il note, il prend des notes. Une manière supplémentaire de soigner le dentaire, en attendant. S'il doit se définir, il dira volontiers de lui, auteur de sa propre rubrique nécrologique, « maintien réservé, presque timide, discret, courageux, obstiné, il avait la force des doux ». Et si, d'aventure, un ami le confond, il lance « les leaders ne sont là que pour détourner l'attention de la collectivité et laisser la comédie des prises de pouvoir ne jamais se jouer jusqu'au bout. Le pouvoir, personne n'en veut. Les premiers rôles sont en fait les seconds. Totalement dans l'ombre. Le mien ». Et, une fois n'est pas coutume, le propos sera ponctué par un sourire à double tranchant, double pour ne surtout pas choisir un tranchant. On ne sait jamais. Le « on » diffus, confus, de l'ombre dans laquelle notre rat se reproduit dans la flanelle.

Et la bonne humeur du portrait, nuance, invite à bien préciser que notre homme, notre nouveau techno-rat, ne sévit pas qu'à Paris. Il a appris à ronger dans les sous-préfectures, il s'est fait un dentier de sagesse dans les ambassades, attaché de quelque chose, soucieux alors seulement de revenir à Lutèce, oubliant le quelque chose dont il assure la représentation. Notre homme ne peut en effet que se représenter lui-même dans l'apparat d'un temps où la place, enfin cédée, sera à prendre. Curieux paradoxe puisqu'il affirme, ayant le second rôle, tout agité de lui-même, dans l'ombre, en avoir le premier. Or, s'il organise désaccord et confusion, s'il agit comme le metteur en scène de son patron (de l'ombre on règle mieux les éclairages des médias), géographiquement il se répand, assurant ainsi une non-représentation à tous les niveaux. Le monde, pour lui, n'est qu'un grand couloir de ministère. Rageur, moment d'étourderie, hors de lui, il affirme « la pire des jalousies c'est l'indifférence ». Mais l'aveu, lancé, noté (il n'y a pas que lui pour prendre des notes), ne le rend jamais différent des siens. Ils se ressemblent tous si fortement qu'aucun d'entre eux ne se reconnaît jamais. Seul le lecteur attentif pourra peut-être, ici, aux quelques traits dévoilés, le reconnaître. Voyons alors comment le confondre. Les confondre.

Un seul piège, tendu par eux-mêmes, forts d'un pouvoir qu'ils n'ont pas encore, censeurs de l'ombre, anti-décideurs, ils ne se croient que les demandés d'éternels demandeurs. Mais parfois, par inquiétude, lassitude, ou simplement loi de tout isolement, ils se tournent vers celui qu'ils traitent potentiellement en demandeur, et demandent conseil, faveur ou, au plus strict, un peu de présence. Car ces errants du pouvoir, ces hésitants de l'ombre ont le complexe de la courte-échelle. Ils ouvrent et ferment des portes pour des audiences sans résultat, mais ne voient pas encore les portes s'ouvrir devant eux. De période pré-électorale en période pré-électorale, ils n'ont pas eu la chance administrative de vivre, depuis une bonne décennie, une période non électorale pendant laquelle, dressez haut les échelles charpentiers de l'organigramme des postes clés, ils auraient pu donner quelques coups de coudes, piétiner un peu. Ils piétinent, mais sur place, en prenant garde de ne pas trop se faire remarquer. En veillant aussi avec ferveur, seule ferveur les caractérisant, à ne rien demander, à ne surtout pas solliciter, à ne pas se prendre au piège de l'influence qu'ils se prêtent et qu'ils n'ont que dans le refus de toute action. Ils se caparaçonnent alors dans leur gilet, oubliant de déboutonner le bouton du bas, ce qui donne du bombé à leur ventre, un peu de cet embonpoint qui les rassurait chez leurs maîtres à ne pas penser. Ils se réfugient derrière leur sourire lisse, veillant à ce que leur regard glisse. Et si l'esprit d'éternelle période pré-électorale n'est que le syndrome de la crise tant morale qu'économique, ils se parquent, feignant de ne pas être parqués. Ils se prêtent au moins cette volonté. La solidarité, entre eux, est limitée au seul échange de postes. Ils s'échangent les seconds rôles. C'est tout. Et ils vieillissent chaque année d'un an. Comme tout le monde, en principe. En réalité, petits vieillards avant l'heure, il ne reste plus rien dans leur tête quand ils ont tout oublié. Leur culture est au niveau du barreau d'échelle qui ne pourrait être fabriqué que dans le bois de certains cercueils.

Sourions ? Jamais génération de commis ne fut plus tenue en réserve. D'ailleurs l'esprit de réserve la définit d'un trait. Jamais nouvelle vague ne fut fixée dans l'instant, aussi longtemps. Côté cour ou côté jardin, à bâbord comme à tribord, à gauches tout autant qu'à droites, ils ne font que la cour à leurs aînés, veillant seulement à ce que les discours des patrons, habilement rabotés, n'engagent ni l'avenir ni surtout le présent, s'annulant dans le laps de temps de l'événement. Ils gardent le devoir pour une hypothétique prise de pouvoir. Ils rêvent de Macbeth. Mais seule leur patience, impatience retenue, fait des ravages, un creux dans leur tête. La flanelle règne. Chapeau ! Uniformes, interchangeables, ils nous ont même ravi l'opinion de peur d'en avoir une. Laissons-leur le dernier mot. Et gardons le premier.

Annexe 2. *De l'émotion provoquée par la narration d'une histoire de coulisses de théâtre, par Eric, le 1ᵉʳ mars. De la réalité, porteuse de nouvelles qui peuvent, sur le vif, devenir une « nouvelle ». Du prénom du jeune homme qui aurait écrit la lettre : je ne l'ai pas changé. De l'acteur jeune qui, miroir textuel, devient vieux. Du « vu de la scène ». De la citation de Guy de Pourtalès dans* L'Europe romantique, *« On ne se remet jamais d'un amour flétri ».*

*Le Fauteuil 163.*
Chaque soir, il arrive deux heures avant le spectacle. Il lui faut un temps pour passer de la ville à la scène. Enfermé dans sa loge, en gilet de peau, en slip et pieds nus, assis de trois quarts sur la chaise, devant la table de maquillage, il attend que les couloirs des coulisses s'animent de « bonsoir », « comment ça va, ma belle ? » ou « tu m'as encore piqué ma réplique, hier, fais gaffe à toi si tu recommences ! »

Ils vont fêter la deux centième de la pièce, location quinze jours à l'avance. Les contrats des acteurs ont été reconduits pour une seconde saison. Toute la distribution a suivi. Quand le public vient, ça fait du bien. Et lui, en gilet de peau, en slip et pieds nus, assis de trois quarts devant la table de maquillage, attend chaque soir le temps qu'il faut pour que, les vêtements de ville sitôt quittés, suspendus, il ait envie, besoin ou, pire, se sente obligé d'enfiler les habits de scène, costume, peau du personnage, rôle, titre de la pièce, « succès fou » dit la publicité, « rires à coups sûrs ».

Ce soir, comme chaque soir, il évite de se voir, dans le miroir, au-dessus de la table encombrée de fioles, tubes, houppes, cotons, pinceaux, crayons, son arsenal. Le miroir est hérissé de télégrammes reçus la semaine de la générale et de la critique. Depuis, public anonyme, quelques visites, des autographes parfois, et vite le retour à la maison. L'appartement ne sent plus aussi bon depuis le départ de Lucien, il y a neuf ans. Tout est rangé. Un parfum de rangement. A quoi bon insister : l'important c'est d'avoir l'âge des rôles, en scène, et son nom en haut de l'affiche. Au pourcentage. Un peu d'argent de côté pour la retraite.

Ce soir, le concierge du théâtre lui a remis un mot « 7 mai. 17 heures. Cher Monsieur. Je vous admire. Vous m'avez fait rêver de devenir acteur. Je venais d'arriver à Paris, il y a neuf ans déjà. J'ai renoncé à cette vocation. J'ai préféré continuer dans la boulangerie. J'avais mon C.A.P. J'ai trouvé un emploi. La nuit et la farine, ça me plaît. Mais chaque fois que je vous vois (je serai là, ce soir, pour la cinquième fois, orchestre 163) je pense à mon rêve. Et cela me fait du bien de le regretter un peu. Tout comme cela m'emplit de joie de dominer ma timidité et de vous écrire pour vous dire que je serai là, même si je rougis en signant cette lettre. Georges ».

Ce soir, il s'est vite préparé, maquillé, habillé, fin prêt. Et bien avant l'arrivée des premiers spectateurs, il est allé voir dans la salle où était le fauteuil 163.

Puis, en scène, posté derrière le rideau, au centre, par le judas, il a guetté l'arrivée de l'inconnu. Un machiniste lui a dit « vous attendez de la famille ? » Personne.

Cinq minutes avant la représentation, un dernier coup d'œil. Georges est là, fauteuil 163, le manteau plié sur les genoux, les mains jointes, doigts croisés, bien posé, ni jeune ni vieux, ni blond ni brun, ni beau ni laid, les mains peut-être. Et lui, l'acteur, se dit « non » et tout juste « tant pis », le temps de rejoindre les coulisses et de se placer derrière la double porte du salon bourgeois, pour faire son entrée, tonnerre d'applaudissements.

Ce soir, il jouera encore pour Lucien, l'autre, le premier. On joue toujours pour ceux qui sont partis.

**Annexe 3.** *De la peur, pendant les quelques jours passés au soleil d'Agadir, de perdre le contact avec l'écriture. Du besoin de parler des nuages. D'un souvenir d'enfant qui revient, net de tous soupçons, pour avoir échangé quelques mots, en italien, avec un client de l'hôtel. De certaines mythologies vécues avant que de les revoir, dix ans, vingt ans plus tard, panache du cinéma italien. De la peur des années 50. Du besoin de recueillir, en moi, l'enfant.*

*Stresa.*
Gina se dit « ça, je ne l'oublierai jamais ». Une brume verte venait de se lever du lac Majeur, sertissant les Borromées. Les îles brusquement semblaient à la dérive, haut dans un ciel et les nuages. Il avait plu depuis le matin, soupir de la saison d'été, un mauvais septembre et la fin du contrat de Dino. Lundi 24 septembre 1950. Aucun producteur de passage ne l'avait remarqué. Dino avait chanté pour rien. Si : pour Gina. Mais elle connaissait les chansons par cœur et rêvait de monter en scène, un jour, avec lui. Il ne le souhaitait pas. Il réussirait bien, seul, avec sa voix. Alors seulement, il l'épouserait et lui ferait des Dino et des Gina. Que de précautions jusqu'alors. Le succès devait venir avant le premier enfant. Sinon, il faudrait revenir au village.

Une terrasse en bordure du lac. Un kiosque à musique tronqué, comme tranché par le haut mur étayant la route d'accès à Stresa. En demi-cercle, des tables, des chaises trempées par la pluie, seul public, avec Gina. Deux serveurs à l'entrée attendent, serviettes à la main, d'éventuels clients lassés par les pluies de la journée, l'odeur de feutrines et de tentures des salons de palaces, hôtels ou pensions, l'odeur neutre des jours de rentrée quand les vacances s'effacent d'elles-mêmes.

Pour Dino et Gina, Stresa, c'est le nord de tout, la fin de leur plus grand voyage. Ils ont tout sacrifié et même emprunté de l'argent pour acheter le costume blanc gansé de pure soie, cravate assortie, chaussures en lézard, et la robe de taffetas vert émeraude, moulante, sanglante, largement décolletée et à bustier dans lequel Gina peut placer ses seins « come due bombe », si serrée aux genoux que Gina ne peut se déplacer qu'en faisant de petits pas de geisha, haute et juchée dans ces chaussures à talons, lanières argentées, qui, elles aussi, ont coûté si cher. Micro à la main, Dino vient d'entamer la seconde chanson du programme après-midi dansant « amore, amore... »

De l'autre côté de la route, façade rose saumon et balcons à colonnades, la *Penzione Alfredo Strehler*. Monsieur Alfredo junior (il a soixante-deux ans et se présente en homme de quarante), toujours assis à l'entrée du bar américain pour accueillir les clients et donner les ordres, a décidé que la représentation aurait lieu « en terrasse », « comme chaque jour » puisqu'il avait « payé » et que les gens « se déplacent surtout quand ils s'ennuient ». Les trois musiciens, contrebasse, piano, violon, jouent sans plus même regarder les partitions. Leurs bagages sont faits, arrimés sur le toit de leur mini-Fiat : ils partiront après le spectacle. Sandro, le pianiste, a dit « j'en ai marre de ce garage à nuages ». Refrain « amore, amore, dime da dove vieni... »

Au second rang, troisième table à gauche, bien droite, robe tenue, cul mouillé, le serveur ne lui a pas essuyé la chaise, à peine a-t-elle essayé de le faire, avec les doigts, avant de s'asseoir, le show allait commencer, Gina écoute Dino. C'est beau. Elle voudrait tant danser avec lui, pendant qu'il chante. Si au moins il y avait des gens pour danser, thé dansant en plein air, ils comprendraient au contact et au rythme le pouvoir et la voix, l'invitation lancée par Dino « amore, amore, non posso piú aspettare... » La voix est juste. Dino, en chantant, ne se retire pas au moment de la jouissance, ventre mouillé, cette pluie. Gina frissonne. Elle a froid aux épaules. Elle se retourne furtivement et ne distingue plus les Borromées, îles englouties. D'épais nuages gris roulent des montagnes de la frontière suisse. Gina a reçu une goutte, grosse et tiède, sur le bout du nez. Pourquoi ces gouttes-là à ces moments-là ? Elle ne bouge pas. Fin de la chanson. Dino remercie « grazie, grazie... » Sourire convenu et répété, répétition, des musiciens. Gina aurait voulu applaudir. Mais Dino lui a souvent reproché de trop se signaler quand il y avait peu de monde. Or, personne.

Troisième chanson « nessuno sa... » Personne ne sait. Un petit garçon fait irruption. Il a neuf ans, dix ans peut-être, et ses premiers pantalons longs. Gina l'a vu, dans le hall, avec ses parents et ses frères aînés. Ils ont visité les Borromées, le matin. Une Anjou Hotchkiss 24 chevaux, couleur aubergine, avec sièges en cuir, les attend devant la pension. Ils rentrent en France. Ils sont de Paris. Le petit garçon, timidement, presque sur la pointe des pieds, fait le demi-tour de la terrasse, derrière les tables, main courant sur la balustrade. Il ne regarde pas le lac. La menace de la pluie ne l'inquiète pas. Il écoute Dino « nessuno sa quando arriva l'amore... » Gina voudrait bien savoir où se trouve Parigi, quelque part, ailleurs, plus au nord de Stresa ? Est-ce possible ? Martine Carol doit vivre sous un parapluie. Une voyante de là-bas, ce jour de l'An 1950, a annoncé la fin du monde « avant l'année écoulée ». Gina l'a lu dans *Cineccita Star,* chez la couturière, quatre essayages. Le bustier surtout.

Le petit garçon s'est assis à une table, dernière rangée. Fin de la chanson. Il applaudit. Gina applaudit, se retourne, échange un regard avec lui. Ils sont deux. Dino salue. Les musiciens sourient. Les serveurs plient leurs serviettes et se mettent à l'abri, derrière le kiosque.

Quatrième chanson « sei il mio sole... » Dino donne le signal aux musiciens, du bout du doigt, très professionnel. Pourvu qu'il ne mouille pas ses chaussures. Il adresse un baiser à Gina. Le petit garçon a l'air surpris. Gina peut à peine respirer. La robe la serre trop à la taille. Elle a eu un malaise avant le déjeuner. Une étourderie de Dino. Ou d'eux deux. Dino le sait. Autant revenir au village. Mais avec quel argent ? A qui emprunter ? La chanson n'est pas triste « il mio sole, sei tu ! » Le petit garçon applaudit. Seul. Les serveurs retournent déjà les chaises sur les tables. La brume s'est répandue, les nuages glissent, le lac a sombré.

Dernière chanson « rittornerremo... » Premiers accents, mais la pluie, brusquement, tombe en rafale. Gina s'est levée. Elle a hésité, le petit garçon ne bougeait pas. Puis elle s'est précipitée vers la scène. La scène, au moins une fois, avec Dino. Dino s'est arrêté de chanter et l'a prise dans ses bras. Les musiciens rangeaient déjà leurs partitions, le violon et la contrebasse. Le petit garçon se leva, prit son élan, fit une glissade sur la piste de danse, et disparut.

Annexe 4. *De la nécessité de convaincre des écrivains de l'utilité d'une force de dissuasion. De la frayeur et de la satisfaction de l'auteur, au reçu de cette lettre. De la conviction que les écrivains ont pour mission d'écrire. Du sentiment que la mission en fait doit demeurer fonction. De ce qui en suivra : reportage. Des autres questions que se pose le destinataire : pourquoi m'a-t-on choisi ? pourquoi « quarante », « quarantaine » ? qui d'autre ira ? Du risque de m'entendre accuser de me « donner de l'importance », mais ce n'est pas « de l'importance que l'on se donne », et bien plutôt « de celle que l'on reçoit ». Comme cette lettre.*

    Ministère de la Défense.
    Cabinet du Ministre.
    Service d'Information et de Relations Publiques des Armées.
    Le Chef de Service.
    Paris le 15 mars 1980,
    à Monsieur Yves Navarre
    aux bons soins des Editions Flammarion.

    Monsieur,

Depuis 1970, mon Service apporte régulièrement aux divers milieux socio-professionnels du pays des précisions sur les réalités de la Défense Nationale : rencontres qui permettent un échange fructueux entre nos invités et les formations et écoles militaires qui les reçoivent.
Dans cet esprit, le Ministre de la Défense a décidé d'organiser un voyage dans les Armées à l'intention d'une quarantaine d'écrivains.
Ces journées d'information se dérouleront, le 25 mars 1980, sur la base aérienne stratégique de Cazaux et, le lendemain 26 mars, à l'Ile Longue où est prévue la visite d'un Sous-Marin Nucléaire Lanceur d'Engins — les Armées prenant à leur charge tous les frais du départ de Paris au retour à Paris.
Il me serait particulièrement agréable que cette présentation de certains aspects de nos forces de dissuasion retienne votre attention et que votre emploi du temps vous permette de vous rendre libre pour les dates précitées. Je ne manquerai pas alors de vous adresser le programme détaillé de ce voyage dont le rendez-vous de départ est, d'ores et déjà, fixé au mardi 25 mars, à 7 h 15, au Cercle National des Armées, place Saint-Augustin, Paris 8ᵉ.
Pour des raisons d'organisation matérielle, je vous serais obligé de bien vouloir faire connaître votre réponse avant le 19 mars prochain.

Je vous prie d'agréer, Monsieur, l'assurance de ma considération très distinguée.

Le Colonel
Chef du Service d'Information et
de Relations Publiques des Armées
Signature illisible.


Voyage d'écrivains dans les armées
Programme

Mardi 25 mars 1980

- 07 h 15   Rendez-vous au Cercle National des Armées, place Saint-Augustin — Paris 8ᵉ
- 08 h 30   Décollage d'un aéroport de la région parisienne à destination de Landivisiau
- 09 h 45   Atterrissage
  — Départ pour l'Ile Longue
- 10 h 45   Arrivée à l'Ile Longue
  — Accueil et exposé
  — Visite des installations et d'un Sous-Marin Nucléaire Lanceur d'Engins
- 13 h 30   Déjeuner
- 15 h 00   Départ de l'Ile Longue
  — Visite d'un bâtiment de surface de l'Escadre de l'Atlantique en rade de Brest
- 18 h 00   Décollage de Landivisiau à destination de Cazaux
- 19 h 30   Atterrissage à Cazaux
  — Dîner officiel et coucher.

Mercredi 26 mars 1980

- 10 h 00   Arrivée à la Base Aérienne 120
  — Exposé
  — Visite des installations
- 12 h 30   Déjeuner
- 14 h 00   Présentation statique et en vol de la 8ᵉ Escadre de Chasse et de l'Escadron de Bombardement 2/91
  — Décollage sur alerte
- 17 h 30   Décollage de Cazaux à destination d'un aéroport de la région parisienne
- 19 h 00   Atterrissage, puis retour en car au Cercle National des Armées.

Annexe 5. *Du recours à une manière de dictionnaire, le* Who's Who. *De ce qui définit un père, et une famille. De l'idée qui me vient aujourd'hui, vendredi 21 mars 1980, de récupérer ce qui me signale : un prénom, dans des pages. De la volonté de laisser à ces quelques lignes, autrement biographiques, le soin de taire le commentaire de départ, et de laisser place à l'émotion, son expression.*

*Who's Who in France.* Edition 1975-1976. Page 1323.
Navarre (René, Jean), Ingénieur. Né le 28 janvier 1906 à Condom (Gers). Fils de François-Joseph Navarre, Contrôleur principal des P.T.T., et de Mme, née Jeanne Dumas. Mar. le 1$^{er}$ août 1932 à Mlle Adrienne Bax (3 enf. : François-Pierre, Jean-Jacques, Yves). Etudes : Collège de Condom, Lycée Georges-Clemenceau à Nantes, Lycée Saint-Louis à Paris. Dipl. : Ingénieur de l'Ecole centrale des arts et manufactures et de l'Ecole nationale supérieure du pétrole et des combustibles liquides. Carr. : Ingénieur à la Compagnie Standard française des pétroles (1929-1940). Directeur du Comité de coordination des lubrifiants (1940-1945). Directeur (1945), Président-directeur général (1954-1973), Président (1973-1975) puis Président d'honneur de l'Institut français du pétrole. Membre (et Président, 1943-1945) de l'Association française des techniciens du pétrole. Vice-président (1955-1966) puis Président (1967) du Conseil permanent des congrès mondiaux du pétrole. Vice-président fondateur de la Compagnie française d'études et de construction Technip (depuis 1958). Président-directeur général (1959-1974) de la Société française des produits pour catalyse (Procatalyse). Président du Centre européen d'information sur le gaz naturel (depuis 1961). Administrateur du bureau d'études industrielles et de coopération de l'Institut français du pétrole (1967-1974). Décor. : Commandeur de la Légion d'honneur. Grand Officier d'Alphonse X le Sage. Commandeur de l'ordre royal du Phénix, de l'ordre d'Homayoun, de l'ordre Sitata-Ouaid Azam (Pakistan). Officier du Ouissam alaouite. Chevalier de l'ordre de Léopold. Dist. : Médaille d'or de la Société d'encouragement pour l'industrie nationale. Docteur honoris causa de l'université de Louvain. Médaille Carl Engler (1965). Membre de l'Automobile-Club de France.

22 mars 1980. Un samedi. A Paris. Le ciel est gris. Huit jours plus tard, le même ciel. Je viens d'écrire le même message à Xavier, à Jean-Jacques et Marie-Claude et à Emanuel pour les remercier de m'avoir aidé, cette semaine, à oser *Biographie*. Pour chacun, le même texte, *le roman ne serait-il que le commentaire de la biographie ? Merci. Yves.* J'en parlerai ce soir avec Jean quand nous dînerons ensemble.

John Calder qui édite mes romans en Grande-Bretagne et aux U.S.A. me disait, à midi, à propos de la lettre du ministère « ils préparent vraiment une guerre. Ils la veulent. Ils la feront sous la mer ». Humour retrouvé : un jeune danseur (39 : 2 = 21 ans) avec qui j'avais rendez-vous jeudi soir n'est pas venu. Je m'étais fait beau. Lapin. Hier, froissé, je lui ai écrit le mot suivant, *21/3/80. Cher P. Rendez-vous hier comme convenu. Yves.* Après première réflexion, j'ai ajouté *P.S. Au cas où un jour cette lettre aurait de la valeur ; au cas où, sur le retour, tu déciderais de la vendre : je certifie que c'est un faux.* J'en ai parlé à Jean. Il a ri. Tout vient de front. Et maintenant, fi le commentaire, fi les annexes, voici le signal. Je l'emprunterai, respect, à Julien Green : voici mon *bel aujourd'hui.*

# 1. La terre d'origine

Condom, sous-préfecture du Gers, capitale de l'Armagnac, altitude moyenne de 82 mètres, tout entière bâtie autour de sa cathédrale Saint-Pierre, hauts murs de couvents et de monastères, chapelles, églises, quelques maisons à colombages dangereusement penchées, d'étage en étage, au-dessus de rues, ruelles, qui semblent tourner sur elles-mêmes, faire le tour de cette cathédrale massive, imperturbable, sans esprit de défi, élevée sur un promontoire, au-dessus de la Baïse, pour sans doute taire un lieu d'habitation et de culte païen. Cette région, à l'époque gallo-romaine, était la plus peuplée de ce qui devait devenir France. La campagne d'alentour ondoie, douces collines, légers creux de vallées, bosquets, haies, terre morcelée à l'extrême, d'une verdeur langoureuse et insultante tant elle semble, ici, se reposer depuis des siècles, prés, pâturages, mais où sont les vignes ? et parfois le choc d'un orme majestueux. Rus, ruisseaux, tout sinue, calme, sans précipitation, vers cette Baïse (prononcer Ba-ize) qui va se jeter, mais où, si loin déjà, dans le fleuve Garonne qui lui-même conduit aux océans et aux autres terres du monde.

En se promenant dans Condom, l'estranger peut lire à l'œil nu, et du bout des doigts touchant les murs, toutes les époques de mémoire moderne, strates ; enceinte gauloise, de pierres difformes et grossières qui composent le soutien de l'ensemble ; premiers murs romains, taillés, mesurés, calculés ; bois sertis dans le crépi de quelques vieillardes du Moyen Age ; pierres polissées des portes romanes ; pierres ciselées d'un premier gothique très arc-bouté, planté, qui flamboie plus dans la couleur chair et rose de la pierre choisie que dans l'ornement ; grisaille gorge-de-pigeon des façades commandées à l'architecte Gabriel, par des notables fiers et dolents (Gabriel ne vint jamais à Condom : il envoyait ses plans, de Bordeaux, toujours les mêmes) ; puis plus rien. Tout s'est arrêté avec la Révolution.

Condom : du chrétien sur du païen ; un commerce florissant, quasiment policier sur le chemin de Saint-Jacques-de-Compostelle ; un évêque, Bossuet (qui ne vint jamais, non plus, dans cette ville à laquelle son nom fut scellé, un revenu, c'est tout) ; et des révolutionnaires qui ont tout cassé, décapité, hors la cathédrale, mais qui semblent n'être jamais entrés dedans, sacrilège : l'intérieur est intact. Les Condomois, pendant des siècles, ont vendu leurs services de mercenaires, comme les Suisses. Spécialité : arbalétriers, gardes personnelles des princes et des rois. L'un d'entre eux fut fait prisonnier à Pavie avec François I$^{er}$, et partagea sa geôle. La légende, savamment entretenue par des historiens pointillistes, le décrit poète, récitant et chantant des poèmes à son prince. Il était de Condom. Il ne se prit jamais pour un ancêtre ni ne fut considéré comme tel. De retour dans son pays il fit ce que tous faisaient : construire. Les vallons, tout autour de la ville, sont peuplés de petites demeures qui rêvent de grands châteaux, pour quelques pièces d'or gagnées à conquérir, protéger, chanter en otages, couvrir des retraites. Ces Gascons, ni vainqueurs ni vaincus, ont pendant des siècles vendu leurs services aux guerres, en ont tiré profit, mais n'ont jamais pris parti. Aucun. Là est le signe, et la mentalité profonde. Peu importent l'unité d'une France, l'établissement de la carte du monde, la création de frontières et de royaumes : il n'y avait qu'une terre, la leur, une, bien plus chargée d'histoire, déjà bâtie et organisée dans son paysage, comme un grand parc, quand au nord de la Garonne, à l'est de Montauban, la forêt millénaire était encore là, confuse, dangereuse, coupée du ciel. Tout autour de Condom, des bordels pour curés, moines et bonnes sœurs, tous reliés aux monastères par des souterrains. Pas un jardin de Condom qui ne soit un charnier de fœtus ou un cimetière religieux. Il suffit de retourner un peu la terre pour trouver de petits os ou de grands ossements.

Et sous ma terre, dernier étal du plateau de Lannemezan, affleure et se déploie le poudingue grossier, vestige de l'ancien littoral aquitanien, reposant sur des marnes colorées qui percent par endroits, base d'argile et de calcaire stériles qui ont modelé en courbes, creux et mamelons le paysage à la fois subtil et dolent. La terre meuble, dans ce coin de Gascogne, est rare et couvre mincement le socle profond et rebelle, rejet des Pyrénées. Les forêts, décimées par les premières populations, ne tendent plus leurs racines pour retenir l'humus fécond. Là est le signe d'origine, plus important que toute généalogie. Nous retrouverons plus loin René Navarre, ingénieur, géologue, citant souvent Victor Hugo, *la nature, qui met sur l'invisible le masque du visible, est une apparence, corrigée par une transparence*. Il voyait, dans cette citation, ponctuation, lieu commun de ses discours, une manière d'unir le géologue au poète, l'ingénieur à l'artiste. Peut-être était-ce là, aussi, chant profond, signaler une peur ancestrale de voir le peu de terre, apparence, mode de vie, échapper à l'apparence, alors emportée par l'érosion des pluies, par les rus, ruisseaux, fleuves du ciel. Ces haies, ces murets, ces lopins de terre morcelée, ces brusques bosquets qui composent le paysage de ce royaume des commerçants de Dieu et des gardiens des princes ne sont là que par peur intuitive, atavique, de voir le peu de terre donnant l'herbe, le vert, et tout juste assez de suc aux vignes, partir par la Baïse, ensabler plus encore la Garonne. Voici des hommes fiers, d'autant plus fiers qu'ils ont été des premiers à découvrir le ciel et qu'une frayeur les tient, rançon de la découverte, de perdre leur peu de terre. Ici, la noblesse est de cœur, de peur, et sans aucun autre titre que celui de la vie, menée. Que demander de plus ? Terre foulée par des pèlerins qui paient le droit de passer, dormir, se restaurer. Terre douce, corps allongé qui attend la caresse avant l'étreinte, le tout début d'une histoire d'amour, et vers laquelle le Gascon, guerrier de métier, revient d'ailleurs, de partout ailleurs, les poches garnies de ce peu d'écus qui bâtissent les rêves. Les maisons ont surtout de belles portes, çà et là une belle fenêtre, ou brusquement un audacieux fronton.

Après la Révolution, les Gascons de Condom ont perdu leur emploi de guerriers privilégiés. Certains iront encore se perdre dans les légions impériales. Mais rien ne les désigne plus comme avant. Ils seront perdus dans la masse, citoyens. Les couvents et les monastères tombent en ruine. La ville se vide et roupille. Un café ouvre ses portes, non loin de la cathédrale, *Les Mille Colonnes*. Les hommes s'y rencontrent pour parler en opposants à tous les régimes. Une tradition radicale-socialiste s'instaure, plus radicale que socialiste, plus simplement contre tout ce qui vient d'ailleurs. Aucune industrie. L'armagnac, c'est tout, que l'on boit, parcimonieusement, mais sur lequel, orgueil, on ne trichera pas. Il restera d'origine, l'éternel second d'un cognac commercialisé par de moins farouches cousins germains, au nord de la Garonne. Une boutique, *Au Gaspillage,* où se rendent les femmes, pour la mode, les rubans, les tissus, le fil, l'accessoire. Les familles vivent l'hiver dans Condom et l'été, à quelques kilomètres, dans leurs « campagnes » respectives. Dans la famille Bax, ce sera *Copeyne*, non loin de Moncrabeau. Dans la famille de Jeanne Dumas, épouse de François-

Joseph Navarre, ce sera *Prouillan,* couvent de carmélites dont François-Joseph fera classer le portail d'accès au registre des Monuments historiques. Le père de François-Joseph, pour avoir sonné le glas au clocher de la cathédrale Saint-Pierre le jour du plébiscite de Napoléon III, a passé quelques années à Cayenne. Un sujet de conversation aux Mille Colonnes. Mais un Gascon n'est jamais le héros d'un autre Gascon.

Quand René Navarre, ancien du collège de Condom, lauréat du concours général de latin-grec, pianiste, séducteur, fils adulé de Jeanne, ingénieur, épouse le 1$^{er}$ août 1932 Adrienne Bax, vingt ans, dernier enfant d'Emilie Bax, qui depuis un an porte le deuil de son mari Henri, les Condomois s'étonnent de ce mariage décidé en quelques semaines, seulement, sur un télégramme envoyé de Paris. René avait surtout été l'ami des sœurs aînées d'Adrienne. Adrienne est belle. Elle est jeune. Elle a, en dot, sa part d'héritage paternel. Jeanne Navarre est contre le mariage. Elle perd un fils qu'elle aime par-dessus tout, pour lequel elle a obtenu de ses parents Dumas qu'ils déshéritent sa sœur Clothilde en sa faveur, faveur des études du fils, ambition, quitter Condom avec lui ? Emilie Bax, elle, a soixante-trois ans. Elle a eu onze enfants. Les neuf aînés sont nés à Mendoza en Argentine. Les deux dernières, Jeannette et Adrienne, à Condom, dans cette maison des Promenades, ancien couvent de cordeliers, aux volets toujours fermés, l'été pour plus de fraîcheur, l'hiver pour contenir la chaleur. Emilie Bax n'est pas contre le mariage mais contre Jeanne Navarre. Les deux femmes ne se saluent pas. L'une est encore jeune. On l'appellera « Bonne-Maman ». Et l'autre déjà vieille sera nommée « Grand-Mère ». Dans la famille, on oubliera très vite leurs prénoms, Jeanne et Emilie. Bonne-maman Navarre. Et grand-mère Bax.

Dans la ville, haute et basse ville, les quartiers ont pour noms Porteneuve, le Pradau, Bonne-Maison, Sainte-Eulalie, la Parguère, le Palais, Gèle et Saint-Pierre. Les plus pauvres sont à la Bouquerie. Les familles ont pour noms Dujardin, La Terrade, Lestage, Janneau, Verduzan, Monlezun, Peyrecave, Duvigneau, Laborrière, Champêtre, Capuron, Caillavet, Gardère. Terre depuis trop longtemps foulée, rêvée, divisée, coupée de tout, différente et peuple, petit peuple gascon, puisant sa force dans une indifférence qui est bien celle, rebelle, du voyeur du ciel, du guerrier revenu, amoureux de la vie et amant de la mort. Ils disent « ici tout est mort et on vit bien ». Ils disent « et », pas « mais ». Le Condomois n'est pas chagrin. Il sait que sous la fine terre de ses vallons et de ses campagnes, il y a trop vite l'argile. Il se fait des racines dans le silence. Où qu'il aille, ce peu de profondeur l'enracine vraiment.

## 2. Mardi 1ᵉʳ avril

Evacuer Paris. Tout informe et harcèle. Est-ce un état de fatigue, une acuité soudaine, ou la mise à nu, évidence, d'un état pathologique, mot pataud ? Le samedi 22 mars, au bout d'une semaine, j'achève (?) le chapitre *Emotion de départ*. Une question résume ces pages, *le roman ne serait-il que le commentaire de la biographie ?* Le dimanche 23 mars, je mets en ordre l'ensemble des notes accumulées les huit premiers jours, sous quatre rubriques, *chapitres, images, impressions, idées*. Je barre *idées*, j'écris *émotions*. Et je n'aime pas prendre des notes. Ce qui est noté meurt.

Le soir, Charles-Henri et Marie-Françoise viennent dîner à la maison avec Jean-Michel, directeur de Flammarion au Québec. J'ai fait lire le premier chapitre à Jean-Michel en ayant pris la précaution de lui faire signer une déclaration l'engageant à ne rien dévoiler à Charles-Henri, mon éditeur, du projet de ce texte. Jean-Michel me dit « c'est suicidaire ». Il réfléchit « mais après, tu ne pourras plus rien écrire ». Je lui réponds « après, tout commencera ». *Lundi 24 mars*. J'écris le premier vrai chapitre, *La terre d'origine*. Tard le soir, je le lis à Emanuel, au téléphone. Emanuel me dit « je te retrouve ». En fin d'après-midi, j'ai reçu un pneumatique envoyé par la C.F.D.T., *pour la vérité historique et la loyauté des débats*. Il s'agit de défendre Edmond Maire accusé par le P.C. d'avoir *pacifié l'Algérie au lance-flammes et torturé les militants de la liberté*. Jean, qui a sa carte du Parti communiste, me demande, léger sourire, ce que je vais faire. Je lui dis ma lassitude de « toutes ces querelles d'injures ». Je n'ai rien à signer. Je ne dois plus rien signer. *Mardi 25 et mercredi 26 mars.* Voyage dans les Armées. De retour d'Orly, dans le car, un des écrivains m'annonce que Roland Barthes est à l'hôpital depuis un mois. Il a été renversé par une voiture. Je ne le savais pas. Arrivé chez moi, à la cuisine, je fais chauffer de l'eau et branche la radio : les informations, Roland est mort. *Jeudi 27 mars.* J'écris mon « témoignage » du « voyage » pour *Le Nouvel Observateur*. Dans la soirée, j'accompagne Marguerite Duras à une représentation de *Home* de David Storey, pièce dont elle a fait l'adaptation. Marguerite est heureuse de la représentation. Après le spectacle, elle répond à un journaliste de France-Inter, devant moi. Elle tenait à ce que je sois là, pour me regarder en répondant. Elle dit, *il n'y a rien de plus populaire que la folie. Il n'y a pas de théâtre pour ci ou pour ça, de pièce pour un public ou pour un autre. Il n'y a que le Théâtre. Vendredi 28 mars.* Je récris le « témoignage » pour *Le Nouvel Observateur* et l'apporte à madame Bisson pour qu'elle le tape proprement, sur beau papier. Je lui remets les premières pages de *L'émotion de départ.* J'envoie des fleurs à Marguerite, avec ce petit mot, *merci. Avec toi, je me sens vrai. Samedi 29 mars.* Je me rends chez madame Bisson afin de reprendre le texte pour *Le Nouvel Observateur* et le porte directement au domicile du chef de rubrique. Il doit me téléphoner le lendemain matin. *Dimanche 30 mars.* Il m'appelle « vous vous êtes trompé de journal », puis « c'est le mariage de la carpe et du lapin, pas possible », « Françoise Parturier n'intéresse personne » et enfin « lourdeur de la chronique ». Voici l'article refusé.

> *Les écrivains et l'outil nucléaire.*
> Mardi 25 mars. 7 h 15. Dans le hall d'entrée du Cercle national des Armées, place Saint-Augustin, moquette et marbre, règne une ambiance (silence, rumeur discrète d'un aspiro-batteur) de lendemain de fête dans un palace international. Un brin de nostalgie, et nous voici, beaux endormis : Michel Déon, de l'Académie française (casquette), une femme, Françoise Parturier, Michel de Saint-Pierre, Jean Duché, Jean Lartéguy, Roger Ikor, Bernard Clavel (casquette), Jules Roy (casquette), René-Victor Pilhes, Georges Conchon, Bertrand Poirot-Delpech, Henri-François Rey, Jacques Lanzmann et celui que nous prenons tout de suite pour l'espion du groupe, Vladimir Volkoff. Nous sommes « ceux qui ont répondu oui » à l'invitation lancée par l'I.R.A.P., service d'Information et de Relations Publiques des Armées, pour un « voyage d'écrivains dans les Armées ». Nous sommes quatorze. La première liste comportait quatre-vingt-dix-sept noms, lesquels ? Quatre-vingt-dix invitations seulement furent lancées. Sept d'entre nous sont tombés à la page

d'Honneur. Vingt-trois oui. Quatorze présents. Nous avons attendu Benoist, Suffert, Tournoux, Decoin, jusqu'au dernier moment. 7 h 30, le programme précise « décollage d'un aéroport de la région parisienne ». Nous avons lu, dans cette formule, mystère, précaution ou secret. Romanciers, nous ne lisons pas de la même manière.

Dans la lettre d'invitation, il est question de « ... rencontres qui permettent un échange fructueux entre les invités et les formations et écoles militaires qui les reçoivent. Dans cet esprit, le Ministre de la Défense a décidé d'organiser un voyage dans les Armées à l'intention d'une quarantaine d'écrivains ». Nous avons lu « quarantaine » à la manière académicienne. Plus loin « il nous serait particulièrement agréable que cette présentation de certains aspects de notre force de dissuasion retienne votre attention ». Attention retenue : nous sommes peu nombreux, mais les Armées tiennent là un éventail qui fait figure d'hémicycle d'Assemblée nationale, anar compris. Autant écrire, préambule personnel : 1. que je ne connais pas l'armée (ancien coopérant) ; 2. que je voulais voir ce qu'il y avait derrière ce concept de « dissuasion » (les intellectuels ont-ils oublié l'expérience ?) ; 3. que, les écrivains ne constituant pas une confrérie, je brûlais de savoir qui irait, quel « échantillon » et moi dedans (les écrivains ne se réunissent que si « on » les réunit) ; 4. que, le métier de l'écrivain étant d'écrire, je n'ai pris ma décision que sur la promesse de cet espace, ici donné, pour que je puisse m'exprimer. Conclusion personnelle : extirpé de mes cahiers, coupé du travail solitaire qui est mien, je me suis senti pris en flagrant délit d'idées préconçues (de quoi veulent-ils nous convaincre, nous ?), de lieux communs ultra-parisiens (caricatures du militaire et de l'armée, systématique du « non » au nucléaire, principe de l'objection de conscience, cette condition *sine qua non* à la reconnaissance de parade de l'intellectuel dit « de gauches », au pluriel). Or, rien de tout cela, tant du côté des écrivains que du côté des armées, nulle opération de charme, nul discours fabriqué, une humeur vraie, un humour juste et, au risque « parisien » de « paraître » réac : franchise et honnêteté. Alors, qu'avons-nous vu ? Qu'ai-je remarqué ? Que s'est-il passé, en deux jours ?

Le mystérieux aéroport était tout simplement Orly, son salon d'honneur et une Caravelle de la compagnie « République française » (ma version : c'était écrit dessus), appareil du G.L.A.M., Groupe de Liaisons Aériennes Ministérielles (version officielle). 8 h 30, atterrissage à Landivisiau, départ pour l'Île Longue, en rade de Brest. Barbelés, contrôles multiples, patrouilles, nous sommes chez les « sous-mariniers ». Le commandant de la base nous explique que se trouve dans l'île (ou à la disposition de l'armée ?) l'équivalent de « soixante-cinq millions de tonnes d'explosifs classiques ». A la première question, timide, de l'un d'entre nous « Hiroshima, c'était combien ? » réponse « dix mille tonnes ». Silence. La visite du sous-marin nucléaire le *Tonnant* n'en sera que plus dramatisée : vision futuriste du hangar, descente dans ce que je qualifie, sans le dire, d'« enfer de métal ». Dans les couloirs étroits (coursives ?), écrivains harnachés de pull-overs, certains cravatés, sanglés dans nos impers, les trois casquettes gardant leurs casquettes, les officiers de marine organisant la visite tous en grande tenue, nous avons du mal à nous croiser. Nous nous murmurons des « pardon », c'est tout. Seuls les regards échangés disent « combien de temps tiendrions-nous, nous, là-dedans ? » Au poste de commandement, nouvel exposé. L'arme nucléaire est présentée comme « un outil politique » entre les mains du « chef de l'Etat » ou du « président de la République ». Mais son nom n'est jamais prononcé. Une seule photo à bord : la photo prise par Lartigue, sur fond tricolore. Version personnelle : Giscard semble nous dire « et moi, alors ? »

Au cours du déjeuner, j'apprends des officiers de la Marine nationale qu'ils se considèrent surtout comme des « marins employés par la République » et ensuite seulement, « militaires ». Vers 16 heures, traversée de la rade, le colonel Jules Roy domine notre groupe, sage, vénérable, un brin de malice dans le regard. Les « sous-mariniers » nous livrent aux « marins », autre caste. C'est la visite du *De-Grasse* sous la poigne du contre-amiral Gagliardi, commandant de l'escadre de l'Atlantique. Objectivement : il ne force pas l'admiration, il la crée. Mais oui. Paris est loin. L'homme est vif, gai, net, précis, et le *De-Grasse* a une fierté qui nous gagne. Devant l'équipage du Puma, sur le pont arrière, Françoise Parturier me pince le bras. Le seul moment, sans doute, où le prestige de l'uniforme a joué. Quatre inscriptions, aux quatre coins (?) du *De-Grasse :* « Honneur », « Patrie », « Valeur », « Discipline ». Après une réception à la Préfecture maritime et la présentation d'un audio-visuel idolâtre qui semblait gêner le vice-amiral de Bigault de Cazanove en personne, nous voici reconduits à Landivisiau. Départ pour la base aérienne de Cazaux, près d'Arcachon. Le programme stipule « 20 h 30. Atterrissage. Dîner officiel et coucher ».

Dans l'avion, je relis mes notes : « nous sommes faits pour durer en mer », « le bâtiment de guerre participe à la politique étrangère du pays », « l'arme a changé de taille, l'agression aussi », « fusion exaltée », « tout est vulnérable, rien n'est parfait », « nous indiquons seulement au missile l'endroit où il se trouve et l'endroit où il doit aller » et cette question de l'un d'entre nous « la poudre propulsive se dégrade-t-elle avec le temps ? » J'ai noté plusieurs fois « simulation », « entraînement », et le texte de base d'une affiche, au mess des officiers, « ce qui n'est pas prescrit est interdit ». Autre question de l'un d'entre nous « y a-t-il un contrôle psychologique ? » Réponse

« oui ». Le docteur Folamour voyageait avec nous : il fut souvent question de lui. Et le contrôle psychologique du chef de l'Etat ? Réponse « il est forcément entouré ». A qui pensaient-ils ? Je pensais à Lacan et à son divin divan.

Mercredi 26 mars. Dans l'armée de l'air. Le colonel Vougny, commandant de la base de Cazaux, n'a rien à envier au contre-amiral Gagliardi. Où sont passés les militaires « à œillères » dont nos Républiques successives ont si fort prisé la caricature ? Vougny expose mais n'impose pas. Il ne cherche pas à nous convaincre, il est convaincant. Rien de tactique dans son discours. Est-ce possible ? Oui. Franchise est de le constater. Au cours de la visite de l'escadron de Jaguars (l'académicien du groupe a pris place aux commandes d'un avion, « fauteuil » éjectable, nous avons ri, pourquoi pas ?), je note « il faut se rendre le moins vulnérable ». Il est question de « qualité technique », de « techniciens », de « haute technicité » et, de nouveau : « entraînement », « simulation », « disponibilité ». Le mot « alerte » revient souvent. Sur une affiche, dans le hangar des Pumas, je lis « en cas d'évacuation, n'oubliez rien ». Plus tard, exercice de tir réel, sur cibles réelles (?) ; puis exercice de pompiers, extinction en quelques secondes d'un feu qui a fait se lever dans le ciel des Landes un curieux champignon de fumée noire. Enfin, barbelés, zone hautement protégée, nous voici sous le fuselage d'un Mirage IV A, porteur d'arme nucléaire (chaque bombe est sept fois plus puissante que celle de Hiroshima). Aux commandes, pour l'exercice d'alerte (décollage en moins de cinq minutes sur une alerte simulée), se trouvent un pilote *et* un navigateur. Il est de nouveau question de contrôle psychologique et de docteur Folamour. Un pilote nous dit « il faut faire comme si on devait y aller tous les jours », puis « l'état d'alerte est permanent » et enfin « évidemment, y aller pour de vrai serait l'échec de la force de dissuasion ». Le dialogue, alors, va bon train. Le mot « outil » revient constamment, « cet outil n'est valable que si vous pouvez démontrer à tout moment que vous pouvez vous en servir ». Le « vous » est détaché du « nous ». Un officier supérieur nous dira « nous ne sommes là que pour l'entraînement, l'entretien, et à disposition permanente » et encore « au paradoxe, nous ne sommes qu'une Société française de dissuasion au service de l'autorité suprême responsable ». Au chapitre de l'entretien de l'arme nucléaire proprement dite, il nous est spécifié que « partout où il y a de la matière fissile, il y a de la manipulation. Et dès qu'il y a manipulation, il y a danger d'incident. Mais depuis vingt ans, il ne s'est rien passé de grave. Nous faisons aussi des exercices d'incidents ».

Fin de journée. Plus de vingt-cinq heures d'exposés et de visites en deux jours : nous nous retrouvons autour d'une coupe de champagne. L'académicien, préséance, se fait notre interprète, remercie « les Armées », et le colonel remet à chacun de nous un insigne de la base de Cazaux. L'insigne représente le jour, la nuit, une explosion et le monde. La devise est « de jour comme de nuit, nous bombarderons le monde ». Et je me dis, au détour d'un couloir, croisant une fois encore la photo de Lartigue avec notre Président sur fond tricolore, que si la responsabilité est là, que si l'outil est vraiment placé démocratiquement entre les mains d'un seul, la démocratie se... se ? Mais non. Pourtant, en visitant le *Tonnant,* petit frère du *Redoutable,* du *Terrible* et du *Foudroyant,* tel capitaine de vaisseau nous fit remarquer que « la machine va plus vite que le cerveau humain. Le cerveau humain n'intervient que par veto ».

19 heures. Les adieux. Sitôt après le décollage, le commandant de bord nous informe que la Caravelle dans laquelle nous nous trouvons « effectue son dernier vol et, sitôt arrivée, rejoindra le Musée de l'aviation à Orly ». La peur de me trouver dans un avion, qui m'avait quitté depuis des années, me reprend. Ou bien est-ce une frayeur plus profonde ? 20 h 20. Paris. Il pleut. Jeudi 27 mars. Je termine ce témoignage. Ce n'est pas un article. Comment le journaliste peut-il éviter le tranchant subjectif qui risque de lui « faire dire », dans ce qu'il écrit, le contraire de ce qu'il pense ? J'ai rencontré des marins et des aviateurs nets, honnêtes, conscients, tous remarquables techniciens et tacticiens. Une nouvelle génération ? Et pourtant, à me relire, l'ironie s'insère. A mon esprit défendant. Sur mon bureau, un journal du matin. En manchette à gauche « Tchad. Dans N'Djamena en flammes, les soldats français assistent, passifs, à un conflit qui dégénère un peu plus chaque jour sous la pression de la Libye et dont ils risquent d'être les premières victimes ». Qui a armé la Libye ? Et en manchette de droite « Barthes. L'un des philosophes les plus originaux vient de mourir des suites d'un accident de la circulation ».

Un romancier de trempe et de bouteille d'encre ne sera jamais un journaliste. A la question de savoir « quel autre journal ? » le chef de rubrique du *Nouvel Observateur* ne me répond pas. Je lui dis que l'article qu'il attendait de moi « j'aurais pu l'écrire avant le voyage, sans faire le voyage ». Une demi-heure plus tard, je vais reprendre le texte sous son paillasson. En sortant de son immeuble, la manche de mon imperméable s'accroche à la porte, accroc à angle droit. Le concierge qui est sous le porche me dit « c'est grave ? » Je souris. Quelques minutes plus tard, j'assiste à la présentation de la collection de prêt-à-porter d'Emanuel. Emanuel est fou de couleurs, fou de formes, il crée des robes en peintre et en musicien. L'instinct du commerce ne l'a pas touché. Intact, il crée. En coulisses, après la présentation, passé le défilé des admiratrices et admirateurs, les « acheteurs », il me dit

« maintenant dis-moi la vérité ». J'ai envie de lui dire « c'est trop beau ». Je souris. Il s'inquiète. Je murmure « c'est trop beau ». Nous déjeunons d'un sandwich à la terrasse d'un café, boulevard Saint-Germain, en plein air. Nous avons froid. Il respire. Tel jeune philosophe au sourire grincheux et au regard capricieux passe, sur le trottoir, divin, altier, comme Dieu-le-fils, mi-Borg mi-Dean, chargé, mais de quoi ? Est-ce lui, la semaine dernière, qui a téléphoné au *Monde* pour dire qu'il tenait à témoigner dans « les pages d'hommage prévues pour Sartre » et, s'entendant répondre que « tout était prêt », de demander « y a-t-il encore de la place pour Barthes ? » Est-ce lui ? Le sinistre cirque parisien est là. Evacuer Paris, ici.

*Lundi 31 mars.* Les fleurs ont été livrées, vendredi dernier, chez Marguerite mais Marguerite n'a pas voulu ouvrir sa porte. Quand on sonne, chez moi, et que je n'attends personne, j'ai peur aussi. J'appelle Marguerite parce que j'ai peur de lui avoir fait peur. Nous sourions de tout cela. Nous parlons. De la saturation de l'information. Du travail d'écriture. Elle me dit de *tenir* contre la *douleur* et le *désarroi*. Nous parlons aussi de la critique qui ne prend plus le « temps de lire », prétendant ne l'avoir plus. Elle ne sait pas que j'écris *Biographie*. Elle sait seulement que j'écris. Dans la journée, je vais chercher un boulot de rédaction publicitaire. Une brochure pour le lancement d'une gamme de produits de beauté. A livrer vendredi prochain. Le premier travail que je « décroche » depuis un an au moins. De retour chez moi, je corrige les quelques pages de *La terre d'origine*. Jean vient dîner avec Heïdi, son amie allemande, pianiste comme lui. Elle ne comprend pas très bien ce que je dis quand je parle. Je demande à Jean si je dois courir le risque de laisser les vrais noms de chacun, dans ce texte, si je vais jusqu'au bout. Il ne me répond plus. Il aime Heïdi. Je ne le reverrai vraisemblablement plus, ou peu. Je n'en souffre pas. Je ne souffre jamais du couple formé par les autres. Je ne souffre que du couple que je pourrais former avec un autre. Nuit de cauchemars. Plusieurs fois, je me lève pour vérifier si je n'ai pas laissé une casserole d'eau sur le feu. Les chats dorment. Moi plus. Je descendrai à Joucas la semaine prochaine.

*Mardi 1er avril.* Le chapitre *La terre d'origine* est corrigé. *Biographie* n'aura de fonction, ne sera le « miroir des autres », et surtout pas le mien, qu'à la seule condition que je ne triche ni ne compose. Intact. Le romancier n'est que l'ouvrier de sa propre vie. Jean-Louis s'est suicidé il y a près d'un an. Je l'aimais, il m'aimait, nous nous le disions, non pour nous plaire, mais pour offenser, offensive. Roland est mort. Dans un hebdomadaire de la semaine en cours, un « jeune loup » sous-entend que Roland *s'est laissé mourir.* Je le conçois. Hélas. Je l'aimais, il m'aimait. Nous nous le sommes dit. Roland ne m'a jamais défendu, mais il m'a lu *tendrement,* et me l'écrivait ainsi, en deux mots. Il fut mon seul maître à ressentir. Tout sauf un maître à penser. Il disait à ceux qui me moquaient en sa présence que j'étais « le dernier écrivain maudit ». Et quand je lui demandais pourquoi il disait cela, il me répondait « parce que tu n'as pas été récupéré par un champ intellectuel ». Il ajoutait « et c'est tant mieux ». La dernière fois que je l'ai vu, à Saint-Germain-en-Laye, un dimanche, questions toujours inquiètes, pour toute réponse, en pleine rue, il m'embrassa sur la bouche et me mordit la lèvre supérieure. Dans le R.E.R. qui nous reconduisait à Paris, il ne disait plus rien. Marguerite m'a dit « tu m'appelles quand tu veux ».

Le territoire de *Biographie* est à reconquérir. Le ciel, mon ciel, ma terre, et tout, très exactement. Grand-Mère et Bonne-Maman. Et si ça chante, tant mieux. Je viens d'un pays où l'on chante chaque mot. Evacuer Paris, tout en restant dans Paris. Gagner sa vie le plus loin possible, anonymement, pub. Ne pas écrire pour des journaux. Ne plus signer de pétitions. Ne plus parler en public, comme vendredi dernier, j'oubliais, à Beaubourg, table ronde sur *Théâtre et Radio* en présence du directeur de France-Culture. « On » m'avait fait monter en scène. Les auteurs joués, eux, étaient dans la salle. Traquenard.

En dehors de l'écriture, pure (vas-y Valentine, je te touche, et de touche en touche j'entre dans la gueule du loup), tout n'est que malentendus savamment orchestrés. Nous nous sommes informés, expliqués, analysés à l'extrême. Ne reste qu'un petit bout de ciel, au présent du passé, et son silence, le vrai : petit bout de ciel qui s'est obscurci, pourquoi, comment ? Tout, sauf le mensonge esthétique. Au risque du crachat. Qu'ils crachent. Ce soir, je dormirai mieux. Peut-être. Et parce que j'ai avancé, amplitude. Le territoire de *Biographie* doit l'emporter sur celui du journal intime. Et dans ce journal, témoin, qui donnera le rythme jusqu'au jour de mes quarante ans, ce 24 septembre 1980, seuls les présents doivent apparaître, et les absents de ce monde absurde ne plus paraître, ou peu. Je ne corrigerai rien. Ce sera brut. Max Jacob, *on ne chante juste que dans les branches de son arbre généalogique.* La correction, c'est faire du beau sur du vrai. Ce n'est plus vrai. Le sublime m'ennuie ou m'abat. Je veux l'étreinte. Emanuel vient de me dire au téléphone, « va jusqu'au bout du danger ».

## 3. Bonne-Maman

Sur la photo de groupe, prise une fin d'après-midi d'été, dans le petit parc de Prouillan, à l'ombre portée d'un orme dont on devine à peine les branches basses, Jeanne Navarre est seule à ne pas se tenir à un ouvrage. Elle est aussi la seule à fixer l'objectif. Corsetée, sanglée à la taille, dans une robe de coton écru qui semble la tenir droite assise dans le fauteuil de rotin, une main sur un genou, l'autre sur la table, tenant un mouchoir : elle pose. Pour son mari.

A ses côtés, sa sœur Clothilde, leurs parents Dumas et une dame non identifiée, cousine ou voisine. Les trois autres femmes portent un chapeau de paille. Jeanne pas. Les femmes brodent, indifférentes au regard du photographe. Et l'appareil à plaques, sur trépied, n'est sans doute qu'un caprice de plus de François-Joseph : un été l'auto, un été les roses, un été la photo, et si souvent les voyages. Le père Dumas se tient assis, de profil, les mains posées sur le pommeau d'une canne. Les enfants ne sont pas là, René et Suzanne, enfants de Jeanne et François-Joseph, Pierre et Marguerite, enfants de Clothilde et François Sarreméjean.

François-Joseph et François se sont connus au collège, près de Toulouse. François-Joseph, fils unique du cayennard sonneur de cloches, dont l'administration de Napoléon III a fait saisir les biens, s'est lié d'amitié avec François Sarreméjean, fils naturel d'un docteur de Condom, qui porte le nom de sa mère, et dont les bons pères du collège, lavage de faute originelle, ont décidé de faire un bon père. Bretteur dans l'âme, François-Joseph disputa son ami aux pères, ou bien François trouva-t-il en François-Joseph un paria, comme lui, pour faire front à Condom, y vivre, y porter sans honte le nom de sa mère, passer fièrement devant la maison du docteur son père. En attendant.

En attendant le mariage. Les deux amis épousèrent les sœurs Dumas, François-Joseph la plus jolie et François la plus douce, préséance ? Et les parents Dumas, de biens chèrement gagnés, bons vivants, qui n'hésitaient pas à vendre eux-mêmes les produits de leur « campagne », oies, foies, lapins, canards, sur la place Saint-Pierre, les jours de marché ou de foire, accueillirent ces beaux-fils déjà unis, fantasques, secrets, insolents, avec confiance, cette sérénité mâtinée de vigilance qui caractérise ceux qui préfèrent vendre qu'acheter, travailler que flâner. Deux amis pour deux sœurs, la famille ne se briserait pas. Peu après le double mariage, séparation de l'Eglise et de l'Etat, les Dumas achètent Prouillan, ancien couvent. Jeanne est enceinte d'une petite fille qui mourra peu de temps après sa naissance. Toute sa vie, Bonne-Maman chantonnera, *mon bel ange va dormir...* Puis ce sera René, en souvenir du Bon Roi et de Chateaubriand, Suzanne, pour un air de Mozart. Les enfants de Clothilde et François auront pour noms Pierre, le plus « simple » des apôtres, leur idiot, et Marguerite, pour un air de *Faust,* version Dumas, ou en hommage à la poétesse, version de François moquant François-Joseph et son patronyme sans particule. Chacun joue d'un instrument, piano, violon, ou bien chante. Est-il besoin de rappeler que c'était là le seul moyen, en province, d'écouter de la musique ? Il fallait la jouer, la déchiffrer, l'interpréter, et s'en réjouir, nature du groupe, si peu l'esprit de salon.

Sur la photo de famille prise une fin d'après-midi de l'été 1919, Jeanne est la seule à poser. La réalité est romancée et l'est souvent plus que le roman. Le biographe prudent ne peut ici que constater : cette femme n'est ni solidaire des siens ni en accord avec elle-même. Une beauté surgit d'elle, se dessine, fait figure, et dans le regard à l'instant de la photo une détermination efface le charme, une ambition la coupe du lieu et la place en personnage. Elle n'aime ni ses parents ni son mari, encore moins sa sœur et son beau-frère. Elle méprise la ville et la maison Dumas, boulevard de Gèle, trop près de la Bouquerie. Elle jalouse ceux des Promenades. Elle voudrait flâner. A l'âge de six ans, René, atteint de pleurésie, faillit mourir, lui aussi, et dut subir, à chaud, nuit de cauchemar, une opération d'ablation du poumon gauche dont il sortit miraculeusement vivant. Depuis, Jeanne ne rêve plus que de s'évader avec ce fils, ravi à la mort. Souvent, François-Joseph et son beau-frère se parlent en latin, à table, au salon, ou en balade, pour ne pas être compris des Dumas et de leurs épouses. Jeanne fait alors semblant de comprendre. Clothilde comprend mais admet d'être tenue à l'écart. Et si Jeanne régente pour son fils, laissant à Clothilde le soin d'éduquer Suzanne, Pierre et Marguerite, un accord tacite lui permet d'agir ainsi : les Dumas adorent leurs petits-enfants, et adulent René, lui donnant tout, trop, ce qu'il y a de plus beau, jusqu'aux vêtements de luxe, guêtres, cannes, canotiers. Ils le harnachent, le fringuent. A treize ans, ce « premier partout » du collège de Condom (comment aurait-on pu envoyer chez les bons pères le fils de celui-ci qui avait ravi celui-là à la soutane ?) a le maintien d'un adulte, l'assurance du séducteur, et la détermination de sa mère. Avec elle, par elle, pour elle, il l'avouera à son fils Yves, plus tard, aveu arraché, il a « perdu toute spontanéité ». Par elle et pour elle aussi, il gagnera sur tous les tableaux d'honneur, musique, séduction, études ; perdra l'amour de sa sœur pour ne gagner d'elle qu'une jalousie fouettante, presque farouche ; découvrira l'humour distant, cloisonné, insupportablement supérieur de Pierre qui, devenu médecin de campagne à Villeneuve-sur-Lot, en visite rare à Paris, lui citera, bravade, par cœur, des passages entiers de *La Négresse blonde* pour l'empêcher de parler de ses angoisses de grand commis de l'Etat ; perdra l'estime de Marguerite, célibataire, professeur d'histoire et géographie, voyageuse infatigable qui, de passage plus fréquent à Paris, ne lui laissera jamais avoir raison d'aucun sujet d'aucune sorte. Tous quatre vivent encore au présent de ce texte et à la date du chapitre de cette *Biographie*. Pierre, toujours à Villeneuve-sur-Lot, médecin à la retraite, gardienné par une épouse cupide qui a tout fait pour le couper de sa famille et surtout de Marguerite, ce qui lui plaisait peut-être aussi, va encore soigner les carmélites dans leurs mouroirs. Marguerite, elle, vit près d'Aix-en-Provence et, sur quelque six ou sept hectares, are par are, fait retourner la terre et d'année en année crée un parc, plante des laies, haies, peupliers, cèdres, pins, arbres, arbustes, fleurs : elle recrée une forêt des quatre coins de ce monde qu'elle visite encore. Suzanne, veuve d'un directeur de l'usine de schistes, près d'Autun, où elle passa toute sa vie, a cessé depuis longtemps de donner des cours de piano. Elle vit à La Baule. Elle fait des tournois de bridge. Elle a « toujours l'air aussi jeune ».

Suzanne, Pierre et Marguerite ont toujours parlé de Jeanne en la nommant « régente » ou en usant à son propos du verbe « régenter ». Sur la photo de groupe du premier été d'après-guerre, Jeanne regarde droit l'objectif. Un avenir est tracé. Elle renonce à François-Joseph pour l'évasion. Elle forcera son époux à accepter un poste de fonctionnaire, à Nantes, pour que René puisse de front poursuivre ses études terminales et son conservatoire. Un temps, elle régnera, dans un appartement d'étage noble, rue Crébillon. Un temps elle aura l'impression de décider les amours de son fils. Les dimanches, elle l'écoutera jouer *La Cathédrale engloutie* de Debussy, son morceau de bravoure dont il avouera lui-même, plus tard, ne l'avoir « massacré » que pour « subjuguer » telle ou telle, l'une d'entre elles ne pouvant devenir l'élue, Jeanne ménageant critiques, allusions, organisant les ruptures avant même les rencontres. *ELLE — Elle excellait dans l'art de prévoir, de mettre en place les acteurs des drames, de créer des mobiles. Elle suggérait, organisait. Tout se nouait et se dénouait hors d'elle, mais tout était provoqué par elle. Responsable de tout, accusée de rien. Elle jouissait de tout et ne souffrait de rien.*

François-Joseph suivra Jeanne jusqu'à Paris. René vient d'entrer major à l'Ecole centrale. Elles sont loin, la terrasse de Prouillan, la maison du boulevard de Gèle, la rue Crébillon. La rue d'Hautpoul n'est guère prestigieuse mais Jeanne est à Paris, et son fils réussit. Coupé de son beau-frère, François-Joseph se découvre inventeur, bricole ce vélo à moteur près duquel on le retrouvera mort, dans le bois de Vincennes, non loin du Fossé, un matin de janvier 1936.

Au sortir de l'Ecole centrale, promotion 1929, René entre à l'Ecole du pétrole, à Strasbourg. Il a « choisi » cette « énergie de l'avenir ». Il participe à des concerts. Il joue quelques dernières fois. L'album de famille le montre en compagnie de plusieurs fiancées. Pour Pâques 1932, de retour d'un bref séjour à Condom, il annonce à sa mère qu'il a l'intention d'épouser Adrienne Bax. La scène est violente, ponctuée de ce traditionnel « tu fais ce que tu veux » dont René usera à son tour avec ses fils dès qu'il se sentira contesté dans son pouvoir de père. François-Joseph assiste, muet, à la scène. Il sait que son fils ne perdra pas l'accent du Midi. Le peu de terre d'origine revendiquera toujours. Jeanne ne se remettra jamais de ce retour. Fin de la régence.

Le mariage est de passion, innocent, téméraire. Le clan Dumas est contre, à l'exception de François-Joseph et de François qui continuent, retrouvailles, à deviser en latin. C'est l'archiprêtre Gissot, venu d'Auch, qui bénit le mariage. Chanoine, il fut le professeur de latin de René et lui avait fait aimer ces vers des *Bucoliques* de Virgile, *Tityre, tu patule recubans sub tegmine fagi... Tityre, couché sous le dôme d'un vaste hêtre tu essaies un air sylvestre sur ton léger pipeau ; et nous, nous quittons le sol de notre patrie et nos doux champs ; toi, Tityre, étendu à l'ombre, tu apprends aux forêts...* René n'oubliera jamais ces vers et les citera, rempart, chaque fois qu'une émotion éveillera en lui un désir d'expression ou d'aveu qu'il jugera dangereux.

Sur la photo, Jeanne regarde droit l'objectif. Elle veut fuir, et elle ne peut pas admettre que tout la ramènera à la ville d'origine et à l'illusion de son ambition. Elle se retrouvera seule. *LUI — Evidemment, il y a beaucoup d'objets appartenant à ma mère. ELLE — C'est peu dire. LUI — Votre fils vous offre, semble-t-il, une belle revanche. ELLE — Vous donnez, vous-même, la version exacte. LUI — Qui était donc ma mère, pour vous ? ELLE — La grand-mère, la mère, la fille, la petite-fille et l'amante de son fils. De son fils, mon époux. Et il lui fallait jouer tous ces rôles de femmes à la fois. La vie pour elle n'était qu'une pièce à deux acteurs entre une mère et un fils. LUI — La pièce que nous jouons en ce moment ? ELLE — A la seule différence que nous sommes trois, quatre ce soir. Il y a du monde en trop dans cette histoire. Et ce n'est pas forcément ceux qui sont morts, comme Bonne-Maman, ou ceux qui n'entrent jamais en scène.*

Sur la photo, Jeanne mesure déjà ce sourire précis, à fleur de lèvres, à peine lisible, qu'elle adressera à François-Joseph le jour où, rue d'Hautpoul, elle lui tendra le télégramme annonçant la mort de François. Sur la photo, Jeanne dit aussi clairement qu'après la mort de François-Joseph elle fera disparaître tous les portraits de son mari. Elle découpera même la tête de son mari, sur les photos de groupe. Et il faudra, à son petit-fils Yves, attendre janvier 1974, lendemain d'une émission à la télévision à laquelle il participa, pour que, frappée « de la troublante ressemblance, la moustache aidant il est vrai un peu », Marguerite Sarreméjean adresse à son petit-cousin, enfin, une photo de son grand-père. Sosie.

Sur la photo, Jeanne sait qu'elle perdra le pouvoir à la majorité de son fils René. Elle sait aussi qu'elle se battra pour ce pouvoir perdu jusqu'à devenir folle. Jusqu'à ce jour de mars 1956 où le directeur de l'agence de la Société générale de Neuilly convoquera Adrienne, sa bru, pour lui remettre « les louis d'or que madame Navarre mère vient de m'apporter » : des louis d'or en chocolat.

Sur la photo, Jeanne attend une rivale aussi farouche et déterminée qu'elle. A cette condition seulement, elle pourra abattre, reprendre place, briser et régner de nouveau. Elle ne peut pas imaginer Adrienne, de Condom, dévouée, secrète, si fort attachée à René et à ses enfants, avec pour don ce peu d'intelligence apparente qui fait la grâce inébranlable des femmes vraiment amoureuses. Yves fera parler sa mère dans ses romans et dans ses pièces de théâtre. Mais jamais elle ne parla et sa force fut de toujours taire ses plaintes, surtout les plus vives.

Au jour de ce chapitre, Adrienne se tient muette, depuis neuf ans, flanquée d'une infirmière qui la lève, la lave, la nourrit, la déplace, l'assoit et la couche. Elle ne reconnaît plus personne. Les médecins ont parlé de « mélancolie d'involution », de « maladie de Pick ». A soixante-neuf ans, elle est perdue. Ce texte lui est dédié, tout autant qu'à René. Yves est toujours entre eux, deux, comme entre les pages d'un texte, toujours le même texte, jamais le sien, toujours le leur. Elle ne reconnaît même plus ses enfants. Mais comment savoir ? *LUI — Vous appeliez ma mère la vipère. ELLE — C'est elle qui s'est donné le nom. Un jour, elle me prend à partie. Elle m'injurie. Elle m'accuse de la surnommer la vipère. Je n'y avais jamais songé. Je trouve que cela lui va fort bien. LUI — Vous l'avez répété à Julien ? ELLE — Elle seule l'a fait. Elle. Elle... LUI — Parlez ! ELLE — Elle excellait dans l'art de prévoir, de mettre en place les acteurs des drames, de créer des mobiles. Elle suggérait, organisait. Tout se nouait et se dénouait hors d'elle, mais tout était provoqué par elle. Responsable de tout, accusée de rien. Elle jouissait de tout et ne souffrait de rien. LUI — Elle souffrait de vous. ELLE — Mais que pouvais-je faire ? La laisser sans eau, sans point d'eau ? Les vipères sans eau et sans point d'eau gonflent, gonflent, puis éclatent au soleil comme des ballons. Nous étions le point d'eau de votre mère.* Les Valises. Théâtre I. Scène 11. Page 222.

## 4. Grand-Mère

Peu après leur mariage, Emilie Rigal et Henri Bax choisissent de partir pour l'Argentine, émigrent avec nombre de Gascons. On ne navigue plus sur la Garonne depuis longtemps. On se rend par route jusqu'à Bordeaux, et de là, le bateau à aubes et cette traversée diagonale de l'Océan qui conduit à un autre bout du monde vers Mendoza, au contrefort des Andes, presque à la frontière du Chili. Dans les bagages des émigrés nulle autre ambition que celle d'une terre plus profonde, moins morcelée et féconde. Et des ceps, des plants : ils vont planter d'autres vignes, créer des vergers, s'abandonner à leur esprit fruitier. Et rien ne les enracine plus que ce désir de ne pas se soumettre aux frontières de France, preuve de fidélité à leur passé fragile, tout en passages rançonnés et en soldes mercenaires : tout est mort, à Condom, et la terre épuisée sous sa beauté d'herbes. Il ne faut surtout pas mendier aux administrations de Toulouse, de Bordeaux et de Paris. Ce pouvoir-là, historiquement arbitraire, ne sera jamais psychiquement reconnu de ce petit peuple qui pratique intuitivement toutes formes d'autarcie. Les émigrés de Gascogne et surtout ceux d'Armagnac ne se posent pas la question de leur fierté. Elle ne s'explique que par les faits accomplis, élans, impulsions, voyages qui ne peuvent que les ramener plus fortement à leur terre, même s'ils ne reviennent jamais sur leur terre. Ils la foulent, partout. Ce trait, de nature humaine universelle, les caractérise plus que tout autre. Henri et Emilie ne sont pas partis pour faire fortune mais pour faire vie.

En vingt-deux ans, Emilie traversera sept fois l'Atlantique avec, à chaque voyage, un enfant de plus, et de petits trésors de châles et d'éventails qu'elle appellera ses « abaniques ». C'est une femme petite, dodue, aux yeux noirs, peu diserte, si attentive qu'on peut la croire amère ou hostile. Lors d'un séjour à Condom, quatre de ses enfants meurent de la grippe espagnole, les aînées, jumelles, une fille et un fils. Elle portera leur deuil jusqu'à sa mort, en 1950. Ou bien, dame en noir, s'est-elle toujours habillée de sombre, ignorant la coquetterie, lui préférant les gourmandises d'entre tous les repas. Elle grignote. A ses côtés, Henri ressemble à un ogre qui serait devenu gentil. Massif, ce géant aux yeux bleus, au regard transparent, porte moustache blanche, épaisse, qu'il soigne, taille, lisse et fait se rebiquer de chaque côté comme si les pointes devaient marquer le centre de ses joues. En 1906, alors que les Dumas se portent acquéreurs de Prouillan, Henri et Emilie Bax achètent un ancien couvent de cordeliers, bâtisse carrée, sans autre charme que ses grandes ouvertures xviiie, flanquée d'une chapelle gothique en ruine. La maison a le privilège de se trouver au-dessus d'un square, en surplomb du milieu des Promenades, face au kiosque où parfois, les dimanches, les Condomois s'offrent des concerts et découvrent à leur manière *Mireille, Faust,* Wagner et d'autres musiques en vogue.

En 1910, les Bax rentrent définitivement à Condom, avec leurs trois enfants, Elise, Henriette et le petit Adrien qui a quatre ans. Emilie met au monde Jeannette, puis Adrienne en 1911. Ce sont les enfants du retour. Henri eût préféré d'autres fils. Emilie s'en adresse secrètement le reproche. Elle se relève mal de l'accouchement d'Adrienne. Elle a quarante-trois ans et Henri quarante-neuf. Ils veulent vivre mieux, chez eux, un temps avant leur mort. C'est tout ce qu'ils demandent.

Une photo datant de l'été 1919 nous montre la famille Bax, en voiture découverte, devant l'église de Moncrabeau, non loin de Copeyne. Profil de la voiture, Henri est au volant, Adrien est assis à côté de lui, cols cassés, cravates, canotiers, fleurs à la boutonnière. A l'arrière, face à l'objectif, Elise, Henriette, Jeannette et Adrienne, toutes quatre en robes de dentelle blanche, robes identiques, de grands nœuds de soie dans les cheveux, les mêmes nœuds, ombrelles à la main, les mêmes ombrelles. Emilie n'est pas sur la photo. Elle n'a pas voulu paraître. Parce qu'elle est en deuil. Parce qu'elle préfère aussi se tenir près du photographe et voir ainsi les siens. C'est elle, ceux-là, multipliés. C'est elle, tout ça, c'est beau, enfants survivants, sa famille. Quelques mois avant sa mort, en automne 1949, son petit-fils Yves la promènera boulevard d'Argenson, à Neuilly. Elle marche difficilement, avec des cannes. Douleur de hanche, elle ne s'est jamais remise de la naissance d'Adrienne. Elle ne se remet pas non plus d'une récente fracture du col du fémur. Elle n'est à Paris que pour deux semaines, « chez sa fille », comme chaque année. Elle redoute les visites de Jeanne Navarre qui vient, en voisine, de la rue de l'Eglise, « chez son fils », villa Sainte-Foy, présider les repas. Yves mesure son pas. Il a neuf ans. Devant l'église Saint-Pierre de Neuilly, il dit à Grand-Mère « cette église est laide ». Grand-Mère lui répond « non, petit, elle est belle, différemment ». Un autre jour, de retour du lycée Pasteur, roué de coups, en pleurs, Grand-Mère le saisira par le poignet, dans le salon, et lui dira « à quoi bon, petit, tu pleures sur ton bonheur ».

Elise épousera un négociant en armagnac dont elle aura un fils et vivra toute sa vie à Castelnau-d'Auzan, non loin de Condom. Henriette, après avoir achevé ses études de pharmacie, sera enlevée par un galant bordelais qui lui donnera une fille et un fils. Elle passera toute sa vie dans une pharmacie, sa dot, au Pont-de-la-Maye, faubourg de Bordeaux. Adrien séduira la fille unique des propriétaires de la boutique *Au Gaspillage* et aura deux filles. Jeannette épousera un inspecteur des contributions directes et mourra, au bout de quatre ans d'union, en mettant au monde un quatrième fils. Le 1$^{er}$ août 1932, Emilie Bax assiste au mariage d'Adrienne et de René. Henri est mort un an auparavant. Elle aurait voulu prévenir Adrienne contre Jeanne, mais tout s'est décidé si vite, hors des familles. La photo de mariage est prise dans le salon de la maison des Promenades. Sur le piano, un châle de Mendoza. Dans le salon, ombres, un trésor d'objets qui signifie une vie menée, finie, un temps révolu, les écus d'antan. Seule Clothilde Sarreméjean est aimable avec Emilie. Le voyage de noces aura lieu aux Etats-Unis où René doit effectuer un stage d'un an à Baton Rouge. Il vient d'être engagé par la Standard Oil Company, et doit diriger la construction d'une raffinerie dont l'implantation est prévue à mi-chemin de Rouen et du Havre. René et Adrienne quitteront la France sur l'*Ile-de-France*. Adrienne vivra à New York pendant tout le temps du stage. René la rejoindra chaque week-end. Adrienne tiendra un journal intime, dans un petit carnet rouge, qu'elle placera fidèlement, plus tard, dans le tiroir de sa table de chevet, près du lit conjugal. Pour Noël 1932, René et Adrienne quittent New York en Ford Spider. Ils se rendent aux chutes du Niagara. Sur le chemin du retour, terre glacée, neige, verglas, la voiture dérape, verse, se retourne et prend feu. René et Adrienne ont eu le temps de sortir de la voiture, indemnes. René prend des photos. Adrienne est enceinte de trois mois déjà. L'enfant naîtra, un fils, François-Pierre, au début de l'été 1933, peu de jours après leur retour à

Paris. Puis, un an plus tard, naissance de Jean-Jacques à Notre-Dame-de-Gravenchon, non loin de la Cité des ingénieurs de la raffinerie de Port-Jérôme. Bonne-Maman vient parfois, de Paris, passer quelques jours. Mais sitôt arrivée, griefs, reproches indirects continuels adressés à sa bru, elle veut repartir pour Paris. Elle ne peut plus régner qu'à distance. Grand-Mère attend, elle, dans la maison des Promenades. Parfois, Clothilde lui rend visite. Parfois aussi une lettre d'Adrienne et des photos des enfants. Mais plus rien, ou peu. Elle n'a pas la mentalité des jours souhaités meilleurs. Le chagrin ou l'angoisse, pour elle, est « de ville ». Elle demeure « des champs ».

Lorsque Grand-Mère mange un fruit, pêche, abricot, prune, elle garde toujours le noyau et va le planter dans le jardin, terre-plein, ancien cimetière des moines, près du puits, près de la chapelle ou à proximité du hangar. Quand la maison des Promenades, après sa mort, en 1950, sera vendue, il y aura un verger, comme un parc, à peine pourra-t-on se frayer un passage. Plus tard, la maison deviendra restaurant, *La Table des Cordeliers*, et la chapelle, restaurée, repaire de gourmets. Le restaurateur Sandrini fera couper tous ces arbres, démolir le hangar, planter une pelouse. Savait-il que ces arbres étaient sortis d'une bouche et plantés d'une main ? Grand-mère Bax ! Un point d'exclamation pour cette femme jugée simple, paysanne. Trop simple pour être des Promenades et marier si bien ses filles ?

Lorsque Grand-Mère, pendant la guerre, au dessert des repas réunissant l'ensemble de ses petits-enfants repliés sur Condom, mangera des pruneaux, Jean-Jacques, le plus malin, se moquera d'elle et fera remarquer à son frère aîné, à ses cousins et cousines que « Grand-Mère avale ses noyaux » et que « son assiette reste propre ». Adrienne demandera à son fils de ne pas moquer sa mère. Elle demande, elle n'ordonne pas.

Alors, personne ne sait que Grand-Mère s'appelle Emilie. Et personne n'appelle Adrienne par son prénom. Elle a un autre nom, tout doux, Pipou. Le vrai. Celui de l'appel.

## 5. L'incendiaire

Avant même que commence le gros œuvre de la raffinerie, la Cité était construite, pour accueillir les ingénieurs et leurs familles. Peu d'exemples subsistent, en France, de ce type d'architecture prévoyant l'habitation et le mode de vie d'une communauté exogène, ne laissant rien aux hasards de l'administration locale, des maisons dans des jardins, des maisons toutes différentes, aux façades à colombages, rappelant le goût normand, et des jardins tous différents, bénéficiant d'un tracé d'avenues et de boulevards, habilement modulé pour donner une impression résidentielle. Rien non plus n'a été abandonné à l'initiative personnelle et la Cité, toute neuve, ressemble à un jeu de cubes pour grands enfants ingénieurs. La moyenne d'âge de ces petits patrons est de moins de trente ans. La Standard Oil a recruté dans les rangs des grandes écoles. La nomination de René Navarre, centralien, au poste de directeur technique a rendu jaloux plus d'un de ses collègues polytechniciens.

Dans la Cité, église, jardin d'enfants, école primaire, bibliothèque, club de tennis et surtout club-house, centrale d'achats, clinique d'accouchement, tout a été conçu sur le mode d'un rêve américain des années 30, sur l'exemple aussi donné par des architectes allemands.

Pendant sept ans, une communauté d'ingénieurs vivra là, coupée d'une région, de ses traditions, chacun étant coupé de lui-même et de ses origines, dans ce lieu vierge et sans histoire où l'on voit autant de landaus rutilants que de voitures neuves. Cinq jeux occupent le temps des hommes : la construction de la raffinerie, le tennis, le bridge, la voile et la danse pendant les week-ends, à Sainte-Adresse. Les femmes font des bébés, organisent des goûters d'enfants, voisinent, se préparent pour les soirées. En tournoi de tennis double mixte, René dispute toutes les balles à sa femme et l'accuse des balles perdantes. Au bridge, il contrôle les enchères, s'arrange pour jouer la carte et blâme son épouse quand, par hasard inévitable, n'étant pas « morte », elle ne remplit pas son contrat. C'est la chute. Quand Adrienne voudra prendre des cours de conduite automobile, René l'en dissuadera « tu n'as aucune raison de te déplacer ». En week-end, au Havre, René se montrera le plus social. Il a le charme véhément, l'accent, un humour sec et la certitude d'un avenir qu'il ne lit que petit et rangé dans le regard de ses compagnons ingénieurs. Il n'aime personne. Il ne fait confiance qu'à lui-même et parfois à celui ou celle qui, d'une confidence, le ramène à cette confiance. Il se forge en silence, au rempart de son humour et de son sens social, un tranchant mépris des « pétroliers » qui l'entourent et de la Compagnie qui les emploie. Il n'aimera ni ces Français venus de tous les coins d'un pays qui n'est qu'un artifice en regard du sien, d'origine, renié, mais qui chante dans sa voix ; ni ces Américains, leur avance technologique, leur puissance d'argent, et ce goût importé de la « standardisation » de la vie, jeu de mots, ponctuation de son humour particulier.

Seule cette haine jalouse des Américains, plus forte que celle que lui inspirent ses compatriotes, modèlera en lui un dépit nationaliste, si peu un sentiment, désir de voir son pays rattraper un retard sur le plan de la politique pétrolière, de la formation de spécialistes, de la prospection, de la recherche et de la transformation de la matière première « d'avenir ». Avenir, dans sa bouche, est un mot neuf, idéal, artificiel, comme la Cité dans laquelle il vit et joue un jeu qui secrètement le forge rebelle.

Les années de Port-Jérôme, apparemment, sont futiles, insouciantes. Pour René, elles sont d'expérience, corps construit de la raffinerie, et de servitude, domination de la Standard Oil, découverte de l'impérialisme américain, naissance dépitée d'un dessein nationaliste. Cet homme orgueilleux, solitaire, obligé par le pacte d'adoration qui le lie à sa mère, forcé par elle, pour elle, et somme toute pour lui, d'émigrer dans son propre pays, désormais abandonné par Jeanne ou s'étant coupé d'elle en choisissant Adrienne, secrètement furieux de ne pas sentir cette épouse de bravade à sa hauteur, mais quelle hauteur, quelle ambition, cet homme qui ne supporte que ses convictions, brut, frappe, ordonne (met de l'ordre), enjôle juste ce qu'il faut au moment seulement où il va se sentir mal aimé, et frappe de nouveau. Adrienne est sa première cible. Elle le demeurera. Elle l'est toujours, gravité de cette *Biographie* qui tient compte d'un temps présent et qui, de pulsion, n'est justifiée que par ce temps-là, indicatif, qui se déroule, va se dérouler. Adrienne, auprès de René, dans la Cité, c'est Condom, une jeunesse qu'il n'a pas su vivre et qu'il violente, réprimande, humilie pour une chemise mal repassée, un bouton qui n'a pas été recousu, un fils enrhumé, un mot malheureux, c'est-à-dire sincère, en public, une partie de tennis perdue, un manque d'attention au bridge, des petits riens sanctionnés par des gestes boxeurs eux-mêmes suivis, en revers, de gestes tendres. Le petit nom de Pipou appartenant à tous, René forge et glisse celui de Mimi, *La Bohême*, qui n'appartient qu'à lui et qui signifie sa passion pour cette femme, revers de la gifle : ils s'adorent.

A ses amies mesdames Verdier, Grange, Minard, toutes trois femmes d'ingénieurs qui souvent s'étonneront de la voir ne jamais se plaindre, Pipou répondra avec ce sourire net, confiant, qui la caractérisait « René ne changera pas ». Trente ans plus tard, ses amies le lui diront encore. Elle ne sourira pas. Elle ne répondra plus.

En 1936, après la mort de François-Joseph, Bonne-Maman regagne Condom. C'est l'échec. Elle a touché les trois quarts de l'héritage Dumas. Elle s'installe boulevard de Gèle. Elle revend Prouillan aux carmélites qui y installent un mouroir. Elle en veut à Clothilde de ne pas lui en vouloir. C'est une femme gantée aux lèvres pincées qui fait de furtives promenades dans Condom. Elle se montre peu. Ne rend aucune visite. Aux questions rares qu'on lui pose, politesse des rencontres de petite ville, elle ne répond qu'en parlant de son fils. Elle attend. Elle a prévenu René : s'ils viennent l'été, elle ne veut pas « de cette femme » chez elle. Or, René ne veut pas aller chez les Bax. Ils ne viendront pas. De sa belle-mère, questionnée par les dames de la Cité, Adrienne dira aussi, économie de confidences, réponse aux harcèlements ironiques de ses amies, « elle a tous les droits ».

Au début de l'été 1939, la raffinerie est achevée de construire, les unités fonctionnent pour la première fois, toutes, à plein rendement. Autre cible pour René, ceux-là qui l'entourent, festoient, se réjouissent ou ne se doutent de rien. En six ans, il vient de faire un tour des êtres, ghetto de la Cité. Ils le disent ambitieux, « parvenu ». Il sait que ce dernier mot ne peut sortir que de la bouche de parvenus. Il est « égaré » mais comment pourraient-ils le comprendre ? Au club de tennis, les balles ne font plus le même bruit, la lumière de l'été normand n'est plus la même. René lit *Le Populaire* depuis des années et ne le dit ni ne s'en vante autour de lui. Il ne prendra jamais parti et ne trichera pas. Il continuera, seul, dans la voie qu'il a choisie, discipline, taisant en lui ses quelques lointaines émotions d'enfant, le ressentiment d'une spontanéité perdue, la rage, expression de pure passion, de ne pas pouvoir se confier à Adrienne qui pourtant n'attend de lui que confiance et confidences.

Début février 1940, depuis quelques jours Adrienne n'ose pas annoncer à René qu'elle attend un troisième enfant. Arme habituelle, le silence, que René prend pour une offense et qui le conduit inévitablement à dire ce qu'elle n'ose pas lui dire, de peur de trop vives réactions. C'est ainsi qu'elle annonce la nouvelle à son mari. René commente « alors, ce sera une fille », puis « elle s'appellera Mireille ». Adrienne a des bleus aux avant-bras.

René a gardé sa famille, avec lui, jusqu'au dernier moment. Quand les Allemands entrent dans Dunkerque, il donne l'ordre d'évacuation de la Cité déjà pratiquement désertée. Dans la nuit, il prend la décision d'envoyer Adrienne et ses deux fils à Condom, chez les Bax. A contrecœur. C'est l'assistante sociale de l'usine qui conduira la voiture et leur fera traverser la France.

Le lendemain matin, à la tête de l'équipe technique de la raffinerie, René participe à la mise en place des dernières charges explosives. En fin de matinée, mise à feu. En quelques minutes, la raffinerie s'écroule, détruite. Sept ans pour rien. Les adieux sont brefs. René doit rejoindre Paris. Une dernière fois, il traverse la Cité. Des enfants ont oublié leurs jouets dans les jardins, les avenues et boulevards sont déserts, les maisons volets fermés semblent contenir une honte et se taire, hagardes. Une fumée noire se dissipe dans un ciel gris. René n'est pas mécontent. Est-ce vraiment à cause des Allemands ?

## 6. L'odeur du figuier

Grand-Mère s'est réservé trois pièces en enfilade donnant sur la cour intérieure de la maison des Promenades. Les petits-enfants n'ont pas le droit d'entrer chez elle. Et ils sont nombreux. S'ils ne vivent pas tous dans la maison, ils se réunissent pendant la journée dans la chapelle, sous le hangar et dans le jardin, parties de croquet, construction de cabanes, Nain jaune, Monopoly, les garçons déclarant inlassablement la guerre aux filles. Les enfants d'Elise, d'Henriette, d'Adrien et de Jeannette rencontrent les fils de Suzanne et la fille de Pierre. Quatorze en tout, avec François-Pierre et Jean-Jacques. Augustine, la sage-femme qui a mis au monde Adrienne, est prévenue. Elle vient de la Bouquerie, deux fois par jour, en visite. Le 23 septembre, en fin d'après-midi, elle annonce à madame Bax qu'à la demande de Pipou elle restera la nuit et qu'il vaut mieux coucher les petits le plus tôt possible.

Dans cette maison, responsable de tant d'enfants, Adrienne se sent seule. Sa mère l'aide peu et se réfugie dans « ses pièces ». Adrienne n'a que rarement des nouvelles de René et redoute les visites obligatoires chez Bonne-Maman, boulevard de Gèle. Plusieurs fois, dans le salon, elle a plié le châle qui orne le piano, s'est assise sur le tabouret qui grince, a caressé le clavier du bout des doigts, et s'est remise à jouer. Ses partitions sont là, avec, en marge, les doigtés et les conseils de son professeur. Or, elle ne déchiffre plus avec le même plaisir. Une musique s'est tue. Elle a désormais peur d'être écoutée. Souvent, plus tard, dans le salon de la maison de Neuilly, pendant les heures de lycée de ses trois fils, elle jouera, seule, en cachette. Et rarement, rentrant de ses cours, désireux de la surprendre, à bout de souffle, derrière la grille du jardin, son cartable à la main, Yves pourra l'entendre jouer, sonate de Mozart, nocturne de Fauré, toujours très lentement, toujours le déchiffrage. Elle n'interprète pas. Du piano, Adrienne guette. Si la porte du jardin s'ouvre, elle arrête, musique interrompue.

Ce 23 septembre 1940, torpeur de fin de journée, l'odeur du figuier qui se trouve devant la fenêtre de la chambre où Adrienne se repose entre et joute avec le parfum de confiture de coings qui se répand de la cuisine. La maison est envahie. Augustine prépare la table, les serviettes, les cruches et les vasques. De temps en temps, elle s'approche du lit. Adrienne sourit. Augustine place alors sur le front d'Adrienne un de ces bandeaux de tissu nid d'abeilles qu'elle trempe dans une eau glacée, tord, fait claquer et pose comme un masque, pour plus de fraîcheur. Elle murmure « tout se passera très bien, Pipou ». Il y a vingt-neuf ans, dans la même chambre, dans le même lit, Adrienne naissait, recueillie par les mêmes mains. Dans la pièce voisine, Augustine entrevoit le même berceau. Bonne-Maman a fait mander qu'on la prévienne. Grand-Mère s'est enfermée dans ses pièces. Les enfants ont dîné à l'heure du goûter. Ils dorment. Adrienne a écouté Augustine et se demande si tout se passe si bien que ça ; si bien que ça sa vie ; si bien que ça son père qui ne disait rien, rêvait encore de traversées de l'Atlantique ; si bien que ça sa mère et cette étrange lanière au bout de laquelle elle tenait sa petite dernière quand elle faisait ses premiers pas ; si bien que ça les mariages d'Elise, d'Henriette, d'Adrien et de Jeannette, que sait-elle d'eux, finalement ; si bien que ça René, les chutes du Niagara, le petit carnet rouge, la Cité, le peu d'amis véritables, et l'ironie dont elle est l'objet, elle, Pipou, savamment entretenue par René. Le biographe doit prêter à Adrienne Bax, épouse Navarre, le secret des questions qu'elle se pose, ce jour-là ou un autre, peut-être même, encore, au jour de cette lecture.

A minuit, l'horloge ornant un des murs du couloir médian qui conduit à l'entrée de façade sonne deux fois douze coups. Cette horloge qui égrène gravement deux fois les heures et les demies, Adrienne l'écoute battre le temps. En prêtant l'oreille, de sa chambre, elle peut même entendre le balancier donner la mesure, autre métronome. René n'a jamais demandé à Adrienne de jouer du piano, devant lui, pour lui. Il n'a jamais joué devant elle, pour elle. Ils souligneront ce fait, sourire échangé, devant le public de la famille, rare confidence vite sanctionnée par un « je t'en prie Mimi » de René.

Peu après cinq heures du matin, l'enfant naît. C'est un fils. Un troisième fils. Au jour levant, Adrienne le prend dans ses bras. Il a les yeux bleus, transparents. Elle veut l'appeler Henri. Elle se l'interdit pour ne pas fâcher encore plus René. Quand les enfants viendront plus tard dans la matinée, autour de son lit, elle demandera à l'aîné de ses neveux, Michel, fils de Suzanne, d'être le parrain et à Michèle, fille aînée d'Adrien, d'être la marraine, un Navarre et une Bax. Elle leur proposera de trouver un prénom. Michel et Michèle viennent de lire *Mon frère Yves* de Pierre Loti. Ce sera Yves.

Et second prénom, Henri. Sans trait d'union. Peur de René encore. *Navarre, Yves, Henri, Michel, né le 24 septembre 1940, à Condom, dans le Gers.* René fera un aller et retour, de Paris, pour le baptême. Sur la photo de groupe prise devant la chapelle, entre le figuier et le hangar, il n'y a que des enfants auxquels on vient d'ordonner de cesser de jouer un instant, René, légèrement à l'écart, et au milieu Adrienne avec son fils Yves, dans les bras. Elle sourit en regardant droit l'objectif. Bonne-Maman est rentrée chez elle sitôt après la cérémonie à la cathédrale Saint-Pierre. Grand-Mère a refusé de poser. Qui a pris la photo ? Le soir même, René repart pour Paris. Il n'a rien dit. En creusant une tranchée près d'une cabane, « comme à la guerre », les garçons ont déterré un tibia et un crâne. Grand-Mère s'est fâchée et a elle-même recouvert le tout de terre comme elle aurait planté un noyau. Yves est né les yeux ouverts. Adrienne dit « le premier des trois ».

# 7. Vendredi 11 avril

Joucas. Chère Marie-Claude et cher Jean-Jacques. Me voici donc depuis plus d'une semaine dans cette petite maison de village où je me terre chaque fois que besoin est de me recueillir pour écrire. Autant dire, pour éviter toute confusion, que tu n'es pas, Jean-Jacques, mon frère mais un ami, mari de Marie-Claude, et que vous vivez, non loin du village, avec vos deux fils. Nous nous connaissons depuis quelques mois, deux ans bientôt ? Nous nous sommes connus d'abord par la lecture que vous avez faite de certains de mes romans. Puis nous avons appris à nous rencontrer. L'été dernier, de dimanche en dimanche, un dîner chez vous, un dîner chez moi, je vous ai lu des chapitres du roman en cours qui s'intitulait alors *Le Signe de vie* et dont vous avez plus tard, au moment des fêtes de Noël, deviné le titre en même temps que moi, *Le Jardin d'acclimatation*. Ce roman vous est dédié. Je vous remercie de l'avoir écouté en train de se faire : je ne peux plus me passer de l'exercice oral du texte. Confrontation. Recherche de la mesure et de la cadence. Besoin aussi d'offrir en partage et de puiser dans ce partage-là, attention portée, ombre portée des autres, fécondité, la force nécessaire à l'affront de la suite.

Ce soir, vous venez dîner. Il y aura mes voisins Jacques et Mira dont j'aime le goût de vie, amis du village. Luc et Paul descendront de leur moulin et nous nous restaurerons, un peu serrés, autour de la table. J'ai ouvert de bonnes bouteilles. Le couvert est mis. Le repas est prêt. Dans deux heures, fin d'après-midi, je vous apporterai cette lettre avec les chapitres de la semaine et à votre regard, ce soir, quand vous entrerez chez moi, je saurai que je dois continuer. Je l'espère.

Hier, peu avant d'aller dormir, dans un texte d'Antonin j'ai relevé ceci, qui me signale, *Moi, Antonin Artaud, je suis mon fils, mon père, ma mère, et moi.* Dans *Ci-gît*. Ce matin, dans mon journal, car je tiens aussi mon journal en écrivant *Biographie*, j'ai noté, *le ciel est comme un drap qui claque, fin, sans un pli, parfaitement tendu.* Le ciel de Joucas. Je le vois, de mon bureau, unique fenêtre sur la vallée, et à l'horizon, le Lubéron. Cette maison est une geôle. Je m'y cogne. Mais le territoire des pages fait de moi un propriétaire au sens humain et large du terme. Dans cette maison, aussi, passent les ombres, corps nus, aimés, de ceux avec lesquels j'ai cru un temps saisir l'avenir pour me retrouver plus seul encore, après ruptures, aussi coupable que l'autre, fou, usant des mots pour réduire la peine du couple souhaité. Illusion ?

Ce matin, Marie-Claude, je t'ai croisée au marché d'Apt. Tu m'as dit avoir parlé du projet de *Biographie* avec Jean-Jacques. Vous avez peur de ce que j'appelle le « présent de ce texte », la partie datée, comme ce chapitre, qui donnera la cadence, et la notion de distance jusqu'au 24 septembre. Vous vous demandez ce que j'entends par « commentaire ».

Il y a le commentaire parisien, rhétorique, préjugé, petit, harcelant créateur de modes passagères. Une poubelle est là pleine d'intelligence et d'intellectuels. Une poubelle pleine de papier que l'on jette parce qu'il n'est porteur d'aucun signe. L'actualité culturelle parisienne, ces jours-ci, met en épingle ce mot d'intellectuel, scribe à genoux, et tente de le définir. Je dirai de ce Zoulou-là « c'est l'homme qui veut tout comprendre ». Ils veulent tout comprendre.

Or, je n'ai pour dessein que le sentiment, et le res-sentiment, les deux allant de front, et le second n'étant pas si ombragé et restrictif qu'on le prétend. Le ressentiment prospectif, redécouverte d'une nature, invite. Il est la définition en cours, jamais une définition enfermée dans des mots. La note, notation péremptoire, alors est morte. L'écriture n'est plus cette réalité en soi, eau vive, recours en grâce des amours qui n'ont jamais prolongé l'instinct sexuel qui me tient, comme il tient l'humain. Il m'est arrivé souvent de penser, de dire, voire même d'affirmer, que deux êtres se reproduisent avant tout dans leur compagnie. Je l'ai vécu, brefs instants de ma vie, et cette maison, à me le rappeler, me tarabuste. Je m'y sens terriblement seul, souvent, au point de parler à voix haute de ma mort, car les regards ne sont plus là, des bras se sont tendus, derrière la porte, ou sur le lit. J'y ai vu de beaux endormis. J'ai fait tant de croisières, avec eux, dans le Lubéron. Si peu de temps. Quelques instants. Et le retour aux pages pour taire la déchirure en l'écrivant.

Le commentaire parisien, c'est l'image que l'on me prête (masochiste ; maudit ; scandaleux ; à succès) et à laquelle on m'accuse de m'être prêté (photo nue de moi, nu ; émissions de télévision ; action syndicale ; prise de parti politique ; et cet humour à la serpe qui me fait trop vite arracher les masques à ceux qui en portent de trop ridicules ou de superbement intelligents et m'exposer à visage découvert, dérisions). Le commentaire parisien, c'est de fait, et de constat, cet éternel roman que les éditeurs « attendent de moi » et que je ne leur porte jamais. Tout simplement parce que j'écris ce que j'ai besoin et envie d'écrire. Douloureusement parce que je ne compose ni ne composerai jamais. Leur commentaire, c'est à chaque publication ce peu d'élan, d'enthousiasme, qui fait que je les sens, et sais, déjà à attendre le suivant s'ils ne refusent pas le texte présent que je viens de leur porter. Depuis que je publie, ils (Flammarion, Grasset, Laffont, et de nouveau Flammarion) ont toujours attendu un autre roman de moi. Lequel ? Le roman de quelle dictée ? Et s'ils lisent ici que je leur lance la pierre, ils se trompent encore en affirmant une aigreur qu'ils me prêtent. Je suis parti du mauvais pied avec eux. Ils sont incapables d'enthousiasme. Je disais à Marguerite, au téléphone, l'autre jour, « le plus subtil refus de l'éditeur, c'est la publication sans conviction ». C'est ça leur commentaire, état d'esprit opaque, plat, ironique. Ce goût aussi du jugement du personnage qu'ils créent eux-mêmes et si peu, ou jamais, de la rencontre de la personne qui clame et cherche à s'identifier dans une écriture. Il y a en moi, dualité de l'écriture, réalité en soi, un couple qui écrit : un père qui conçoit, une mère qui déchiffre, transcrit, met au monde des pages.

Or la biographie, genre littéraire précis, est aussi proie de ce commentaire-là. Pourquoi, biographe, auteur de ma propre biographie, ma relation serait-elle plus subjective et sujette à leurs cautions ? L'emploi des adjectifs deviendrait-il plus suspect sous la plume de l'auteur lui-même que sous celle d'un hypothétique fouineur posthume ?

Et, précision, quête de clarté, force est de postuler ici, et je vous remercie de votre demande, elle me guide : il y a un autre commentaire. Celui-là même dont je parle quand j'écris, *le roman ne serait-il que le commentaire de la biographie ?* Cet autre commentaire serait l'art d'écrire autour, toujours autour, en évitant peureusement et scrupu-

leusement le texte de base, le roman d'origine, l'écriture de référence :
la vie, propre, sa propre vie. Je ne pille pas ici, je glane, c'est beau de
glaner : dans un récent ouvrage de Bernard Noël je lis cette question,
*comment voir ce qui est caché par des choses visibles ?*

Un temps est révolu. L'hermétisme n'a plus à être hermétique. Un
siècle a versé dans la célébration d'avant-gardes apparentes. Coteries
que tout cela. Seuls le secret de l'être, de chaque être, et la trame de sa
vie, son attente, ses regards, ses heurts, sa respiration, ses désarrois, sa
capacité à l'erreur et sa ténacité, sont porteurs de messages qui n'ont pas
besoin d'être illisibles pour être jugés lisibles, d'être incompréhensibles
pour être compris de ces Zoulous-là qui pullulent. Les mythes et le
sublime sont dans la vie vraie. Le souligner est faire, désormais, acte
d'instinct de conservation. Offense.

Si je honnis le commentaire parisien alors qu'il me tient, me hante, me
rattrape toujours et me blesse d'un mot fabriqué, aiguisé, d'un sourire
factice et coupant, je respecte le commentaire du roman qui appelle la
biographie. Il est l'approche, le tournoiement de ce que je souhaite
aujourd'hui.

Qu'elle est douce cette maison et qu'il est beau ce paysage. Je ne
regarde pas ce paysage : il me regarde, me nomme, signale et invite.
Quand je me suis endetté pour ce petit tas de pierres, j'avais besoin de
me sentir dans un village. Je ne pouvais pas revenir à Condom, décidé
tant par Bonne-Maman que par mon père, né décidé ; et je ne pouvais
plus respirer assez à Paris. Il me fallait trouver un lieu propice au gain et
obtention de mon identité, par l'écriture, dans l'écriture, après tant
d'années de refus de tant de manuscrits. Or, je ne me suis jamais senti si
refusé que depuis que l'on me publie. Seules les lettres de lecteurs
anonymes, hommes et pour la plupart femmes de mon âge, pas voyeurs,
ceux-là qui ont recours au roman comme un au secours, me permettent
d'aller, élan. Et je me réfugie ici. Je fais continuellement, au paysage,
une demande d'adoption. Le maire du village me l'a dit, « on vous aime
bien, mais vous serez toujours un estranger ». Je suis né égaré. Parce
que mon père l'était. Et je n'ai, jusqu'à ce jour (qu'il est net le ciel),
œuvré qu'autour, trouvé qu'un début d'identité dans le commentaire de
plus en plus frôlant de romans, dont chacun est un accomplissement en
soi, et qui ne me permirent jamais de vivre pleinement mon attachement au couple du père et de la mère qui, en moi, vivent encore le
malentendu de toute passion quand elle est passion. L'identité. Je ne
suis pas moi-même. Je suis eux. Il est temps de l'écrire. *Tome I. Les
Années de jeunesse.* Après, on vivra.

Je veux dire ici l'amour qu'un père porte à une mère, en moi, et dont je suis le fruit. Je veux dire la terreur qui m'a saisi dès que j'ai ouvert les yeux, et ils étaient ouverts, en naissant. Ma mère me l'a dit. Elle parlait peu. Et il fallait qu'elle me le dise un jour.

Un ami romancier, voisin, qui habite non loin d'ici, s'étonnant de ne pas me voir lui rendre visite, m'a téléphoné avant-hier. A ma question « tu travailles ? » il répond « un texte compliqué, roman, des voyages, la musique, une femme. Et toi ? » « Moi ? Je fais le contraire de toi. Tu es encore en train de te fuir. » « Tu parles de toi, encore ? » « Non. En te fuyant, en créant des substituts qui te parent, c'est toi le Narcisse. En courant vers moi, au plus près cette fois, je ne cherche que l'autre, les autres. » Je ne lui ai pas parlé précisément de *Biographie*. Il essaierait de comprendre. Nous nous aimons d'amitié, pour ces dialogues de sourds.

En visite, ici, lundi dernier, Guy, ami de quinze ans, dont j'aime le bon sens, l'humeur sans aucune façon et la franchise de bon aloi, m'a dit « tu ne commences à être amoureux que lorsqu'on te quitte ». Il a raison. Raison. Parce qu'il a peur de l'amour qu'il identifie à la douleur. Il aurait dû dire « tu ne commences à être douloureux que lorsqu'on te quitte ». Tout rentre dans l'ordre des choses, ordonnance de cette vallée, paysage. Comment faire la part du ressentiment épidermique (commentaire parisien) et du sentiment dermique (commentaire) ?

Voilà. Je vais vous porter cette lettre, avec les chapitres de *Bonne-Maman, Grand-Mère, L'incendiaire* et *L'odeur du figuier.* Aurons-nous le temps d'en parler puisque je repars demain pour Paris ? Sachez qu'à écrire, en biographe, ma *Biographie,* je ne donne pas les clés, je les découvre. Et le roman, commentaire respectable, en regard de cette entreprise, est une douceur. Je comprends votre inquiétude. Elle me donne une force. Adrienne et René : je suis né dans un piano sur lequel ni l'un ni l'autre n'a joué pour l'un ou pour l'autre. Je suis né d'une musique qui doit naître enfin. J'ai le doigté. C'est tout. Les romans écrits à ce jour, et les pièces de théâtre, constituent la partition. Ce texte n'est pas une folie (« ils » parleront de mégalomanie en mégalomanes frustrés et avertis), et le sujet de ce texte est bien de lutter contre la folie qui me prend le bras quand le souvenir d'un aimé, ici, dans cette maison, me hante brusquement, pour un silence dont il faut continuellement mesurer le langage, pour un froid de solitude dont il faut accueillir la chaleur. Toutes les émotions de toutes les familles sont roman et de par leur exemple, universel, invitent à la vraie vie, si peu celle, composée, mensongère, des idées et des exploits littéraires. Un seul sujet importe : d'où nous venons, de quel amour ? Fut-il scellé ou pas ?

Voici, Marie-Claude, et voici, Jean-Jacques : où ai-je écrit, dans quel roman, je cite de mémoire, et moins bien, *je ne veux pas de la banalité du malheur ?* Et, alors que je ne relis jamais mes romans, alors qu'il m'arrive souvent de répondre à la question « quel est votre roman préféré ? » : « celui que je vais écrire », j'ai cherché la juste formulation dans *Le Petit Galopin de nos corps*. Je suis tombé sur ce passage, *ce texte, mon salut. Ici, par les mots, je me restaure. Comme à un grand repas où je ferais semblant d'avoir en face de moi le convive de ma vie.* Page 56. Puis, dans *Le Temps voulu*, ... *pour ce texte, il faut que je me tienne droit, comme à table, pour un grand repas, au cours duquel, enfin, tout le monde parlerait. Il y va de l'emploi des mots comme de l'emploi du temps : la volonté doit l'emporter. Le rituel doit être précis. Rien d'une vie n'est livré au hasard. Et le hasard premier : j'ai la certitude d'être né dans le vide, je suis né dedans, c'est mon berceau.* Page 90. Dans *Kurwenal*, ... *elle est là, immobile, les mains sur les genoux, assise dans le grand fauteuil de cuir, face à la télévision éteinte. Elle se tient droite, le regard fixe, le visage légèrement tourné vers la fenêtre, comme si le bruit de l'avenue, cette rumeur incessante, moins obsédante les dimanches mais toujours fluide, présente, l'accompagnait dans une rêverie neutre. Pierre voudrait qu'elle bouge un peu. Une brève crispation des doigts, un petit mouvement d'épaule ou de menton, à défaut d'un regard, ou d'un sourire. Pierre regarde sa mère. Il est entré. Elle n'a pas bronché. Elle n'écoute plus. Elle s'écoute.* Page 97. Et dans *Le Silence du ciel*, publié sous le titre *Je vis où je m'attache*, ... *un amour se brise, si peu une passion. Jamais. Elle fait des racines partout, tout le temps. Le corps et l'esprit, envahis. Et la plus vivace des passions s'appelle divorce.* Page 304. Puis ... *je suis en moi, au tout dedans de moi. Intacte. Faites ce que vous voulez. Coiffez-moi, lavez-moi, habillez-moi, je... Je veux revoir le ciel, il écoute.* Romans ouverts au hasard. Mes parents n'ont divorcé qu'en se tenant à leur passion. En m'y tenant aussi. Chaque ligne le dit. Je n'ai fait que ça. J'attends enfin beaucoup des repas. Nos regards se croiseront, ce soir, autour de la table, et nous boirons ensemble.

Cette semaine, Margot, cousine de mon père, fille de Clothilde, m'a téléphoné d'Aix-en-Provence pour me souhaiter de bonnes Pâques et me dire, éclat de rire, qu'elle venait de rencontrer, en croisière sur le Nil, une dame « qui avait lu tous mes romans ! » Pourquoi ce rire ? Cette semaine, le chef de rubrique du *Nouvel Observateur* fait, sur deux pages, une imposante critique du nouveau roman de Volkoff. Il parle de « ... quatre-vingts premières pages éblouissantes ». Pourquoi quatre-vingts ? Un critique d'art dirait-il d'un tableau qu'il en admire les vingt centimètres carrés en bas à gauche ? Cette semaine, avec deux mois de retard, et avec amitié, René Hess, de chez Flammarion, me téléphone pour me dire en quelques minutes ce qu'il pense du *Jardin d'acclimatation,* et inévitablement « ... ah oui, une réserve, puisqu'il faut faire une réserve : il y a des longueurs dans le dernier chapitre de Claire ». L'esprit de réserve est-il obligatoire ? Cette semaine, mon père m'a téléphoné du cap Bénat où il s'est rendu sans ma mère, la laissant dans la maison du parc de la Malmaison, avec son infirmière. Il me dit des enfants de mon frère François-Pierre « ils sont très gentils avec moi, mais je ne sais pas saisir leurs présences ». Cette semaine, j'ai lu un chapitre de *Biographie* à Luc et à Paul. Luc, qui est professeur de lettres, me dit, en substance, que l'accumulation d'adjectifs et leurs rapports rendent tout subjectif, « ce n'est pas le ton de la biographie ». Je réponds « c'est un roman. C'est le roman d'origine. Le seul ». Cette semaine, mes voisins Serre ont lu quelques chapitres. En me les rendant, Mira m'a dit « j'attends la suite ». Rien n'est gagné. Seules comptent cette attention portée, ces convictions et contestations sans lesquelles je ne pourrais pas supporter l'épreuve, mesurer la distance. Il s'agit de lever en offrande. Une vie suffit. La fécondité est là. Ce soir, nous dînerons ensemble. Les signes d'origine doivent se multiplier d'eux-mêmes, d'étranges échos vont se répercuter. J'ai eu peur de Bonne-Maman : j'ai cru qu'elle allait tout compliquer. Je l'aime, sèche, désenchantée, prête à la folie, monnayant ultimement son fils pour quelques louis d'or en chocolat ou le provoquant encore. L'a-t-elle décidé ?

Elle, mon père et moi : le peu de terre d'origine nous retient. Cette semaine, plusieurs fois, la nuit, j'ai entendu frapper à la porte. Réveillé en sursaut, le cœur battant, je me suis penché par la fenêtre de ma chambre « qui est là ? » Il n'y avait personne. Mais on frappait à la porte. 17 heures. Je vais vous porter cette lettre. Sur le chemin du retour, j'irai prendre la tourte et le gâteau au chocolat, chez Céleste. Elle vit tout en haut du village. Nous rions beaucoup, ensemble, quand je prends mes repas chez elle. Et elle dit que ça lui fait « circuler le sang ». Je vous embrasse. A bientôt l'été et de nouveaux chapitres à voix haute.

## 8. Lundi 14 avril

J'ai fait un rêve. Et le voici, capté : le concert d'après-midi a lieu dans la salle de l'opéra municipal. Je suis en retard. Toutes les places ont été vendues. Au guichet, j'insiste. Je sais que Rupture n° 4 est dans la salle. J'ai peur de le revoir, mais je veux écouter la même musique que lui, en même temps que lui. La caissière accepte finalement de me vendre une place. Un homme en smoking, derrière elle (l'administrateur ?), me fait remarquer que cette place est au premier rang, derrière le chef d'orchestre, et que je devrai me tasser dans mon fauteuil pour ne pas gêner le ministre qui se trouvera derrière. Vite, l'escalier de marbre et cette lumière d'après-midi, grise, intruse. J'entre dans la salle, devancé par l'ouvreuse qui me place au premier rang. Je lui ai pourtant murmuré « je sais où est ma place... » mais elle tient à me guider avec sa petite lampe. Musique. Le chef d'orchestre s'agite, superbe. Je le vois gesticuler. Je n'entends pas la musique. Rupture n° 4 est dans la salle et m'a peut-être reconnu. Sitôt assis dans mon fauteuil (curieux, tout le premier rang est vide, sur la droite), je me tasse : le ministre est derrière. Il a salué mon arrivée d'un petit raclement de gorge. Instinctivement, je regarde où poser mes pieds : entre la fosse d'orchestre et la rangée où se trouve mon fauteuil, il y a un grand vide, sur quatre niveaux, je les compte, escaliers, poutrelles, échelles, lampes à nu suspendues à des fils, et, pris de vertige, essayant de me rattraper d'un pied, sous le fauteuil, je perds ma chaussure gauche. Elle tombe dans la tranchée, cintres, surplomb, autres coulisses, béton gris et métal, théâtre des profondeurs. Ma chaussure n'a pas fait de bruit. Pas de fond ? Réagir. Je me tasse encore plus dans le fauteuil. Je me cambre, tends une jambe, prends appui sur le dernier barreau de l'échelle : il faut que je retrouve la chaussure. Contorsions. Peur de faire du bruit. Et descente, lente. Au-dessus de ma tête, la salle d'opéra, le concert, dehors l'après-midi, et Rupture n° 4 que j'ai aimé peut-être parce que nous étions vraiment de bonne compagnie, ensemble, que nous avons su rire, de tout, un temps, nous étonner, et faire des projets d'avenir. Je le sentais. Il y croyait. Et plus je descends, un pied chaussé, l'autre nu, n'osant pas regarder vers le bas, plus je pense à Rupture n° 4, l'été dernier, nous aurions pu, oui, nous aurions pu, nous le pouvions, alors pourquoi, et pourquoi n° 4, pourquoi ne pas dire son prénom ? C'était quoi son petit nom déjà ? Attention, tu vas tomber. Quand j'arrive en bas, « ils » sont là, « ils » disent qu'ils veulent m'aider, « pour une fois ». J'essaie de les voir, mais ils me tiennent par les bras, ils m'encadrent, me poussent de l'avant. « Ta chaussure est là, devant toi. » Je ne la vois pas. J'ai froid à un pied. Odeur de profondeurs, tombeau. Et la musique, au-dessus, mais c'était quelle musique, quel jour, dans quel opéra, de quelle ville ? « Mais elle est là ! » Ils me lâchent. Je me retourne. Personne. « Ils » ont disparu. J'entends des rires, des rires de coulisses pendant une représentation, rires refoulés. Je vacille, prends appui sur le mur. Dans le coin, au fond, devant moi, il n'y a rien. Je crois voir des rats. Il n'y a rien. Je ferme les yeux. Je veux crier. Je me retrouve debout, près de mon lit. Les yeux fermés. Une main tendue comme si je cherchais un mur, du béton, un gris profond. Rêve noté.

Une lettre d'Emanuel. *Jeudi 10 avril. Mon cher Yves. Je viens de lire à propos de R. Barthes « le style a valeur périlleuse de conduite ». Comme cet habit te va bien, comme il nous va bien. Avec toi, il est absolument exclu de se fier aux apparences. Inutile aussi de poursuivre l'anecdote. Elle n'existe que comme « production de sens ». Comme sont absentes la dispersion du sentiment, la futilité, l'inutilité. Si tu n'avais pas la force de construire ce livre comme tu as la détermination de le faire, il eût fallu faire appel aux forces conjointes de la mémoire et de l'imagination, pour entrevoir, quant à nous, avec médiocrité, ce qu'est la réalité profonde d'un être intérieur.*

*Ce qui me vient à l'esprit, c'est l'amour avec lequel tu projettes ta vision, douloureuse, de ce qui existe de permanent entre toi et toi. Tu vas à la recherche de l'essentiel de toi et ta générosité fait que tu* (mot illisible) *l'essentiel des autres. Tu en connais évidemment toutes les facettes. Mais tu préfères, avec cœur, nous donner à comprendre ce que tu aimes le plus en eux. Et c'est une tragédie. Car ce qui me touche, c'est le sentiment tragique que tu installes dans ton rapport avec les êtres, personnages ou non que tu retrouves au tournant des mots. Tu sais très bien qu'ils sont seuls mais tu as essayé de leur dire que tu étais là avec amour et non pour les juger. Et tes personnages et toi, c'est la même obsession.*

*Le miracle, quelquefois : il semble qu'ils aient compris, qu'ils aient saisi, étreint au nœud le plus serré de l'intensité de vivre, la partie la plus cachée de leur être. Et rassurés, calmés, ils ont vécu la fabuleuse expérience d'être « vus » par toi, visionnaire des êtres, chercheur de fond, de fond des êtres. Car c'est grâce à l'existence de ce que tu donnes à voir de toi, profondément, que des êtres comme moi éprouvent avec émotion le sens de cette existence, d'exister dans une idée solitaire et solidaire en même temps.*

*Car ce sont des solitudes que tu découvres, comme on découvre un corps endormi, et quelquefois on rencontre la beauté, l'émotion, une violente espérance ou une absolue désespérance. Il y a aussi cette ligne de pensée qui joint quelques êtres entre eux, parce qu'ils se commettent, ils se livrent comme toi, avec candeur, générosité, aux regards des autres, dans l'attente d'un regard attentif, tendre. Est-ce bien ainsi ? Comment savoir. Car il me semble bien que j'essaie d'aller au plus urgent de ton entreprise, le mot à mot de ta mémoire, car les faits apparents sont toujours douteux. Il n'y a que toi qui puisses comparer ce travail avec toi, nul autre. Car aussi tu ne te contentes pas d'installer sur support descriptif, comme un géographe. La pensée vécue de ta vie n'a rien à voir avec son apparence. Tu te modifies de l'intérieur, tu vas au plus intime. Tu es ton dernier refuge. Et grâce à cet acte, tu pourras étreindre ta vraie vie, au plus vrai. J'ai terminé de te dire mon émotion devant ce qui est l'essentiel de toi. Je t'embrasse très fort. Emanuel. P.S. Ni relue ni corrigée.*

*Mercredi 16 avril.* Paris. Une heure du matin. Peur. Peur de me coucher. Quand donc ai-je perdu le sommeil réparateur ? Quand donc ai-je cessé de puiser dans mes nuits les forces innocentes pour affronter les jours ? Ne suis-je pas encore, ici, en train de m'égarer ? Je me sens pris en flagrant délit : il faut que je l'exprime, et l'imprime, impression, avant de me coucher : dire tout n'est pas dire tout. En exergue de *Killer*, dans la lettre à Poupée, il y avait cette phrase, *l'excès ne s'exprime pas avec excès, mais économie.* Comment créer une économie du *dire tout* sans avoir recours hypocrites, élégants, composés, falsificateurs ou mensongers ? A quelle coupe, à quelle manière, et quand commence le « romancé » du roman d'origine, seul roman vrai, celui de sa propre vie ? S'il faut que je raye des prénoms et des noms, certains de mes amis peut-être me le demanderont, alors ce texte n'aura plus sa pulsion organique, mais une fonction organisée, déviée, académique, rançonnée par les seigneurs du paraître qui font les pouvoirs politiciens, créent les purgatoires littéraires et ont, sur l'artiste fidèle à son élan premier, un étrange droit de mainmorte. Tout comme Henri Prouillan dans *Le Jardin d'acclimatation* veut hériter de ses enfants parce qu'ils lui ressemblent trop. Comment n'être qu'un serf de l'être ? Ce texte devrait être l'expérience de ce débat. Je me débats. Je tente l'évasion. Titre en rubrique de faits divers, *Un condamné à écrire s'est échappé*. Fiction. Sourire.

Peur de ce que mon cousin Xavier, en visite à Paris avec son épouse Marie-Lys, m'a dit hier, *les éditeurs n'attendent pas de toi un autre roman. Ils attendent UN roman*. N'aurais-je donc écrit, en tant de prétendus romans, et douze publiés, que le préambule de cette *Biographie* pour laquelle, paradoxe, je revendique plus que jamais l'appellation de « roman » ? Xavier m'a dit aussi, je l'ai noté, notes vives, devant lui, *finie l'interdépendance des encensements*, puis *c'est déjà tellement difficile de n'être que toi puisque tu ne veux être que toi*, et enfin *tu ne peux pas arriver à faire la hiérarchie des émotions*.

Peur d'avoir à retirer vos noms ou prénoms, mes amis, vous quelques, qui depuis un mois déjà êtes au courant de mon entreprise. Peur de vous entendre me demander de vous gommer. Peur de cette peur que je lis dans tant de regards depuis que je suis enfant. Oui, j'avais les yeux ouverts quand je suis né. Je me le rappelle puisque ma mère me l'a dit.

Peur d'avoir quarante ans, et je connais Navarre, comme l'a écrit récemment une amie qui se voulait féroce, *la quarantaine, il ne la supportera pas*. Ou bien la portera-t-il, de plain-pied, s'il vient à bout de lui-même, si pas à pas (Emanuel écrit *mot à mot*) il fait le parcours qui déroulera ce texte, et s'il arrive au bout : 24 septembre. Les Anglais disent « dead line ». La ligne ce jour-là sera plus vivante que jamais. L'imposteur, lecteur qui ne peut lire que posté dans le mirador de sa culture cultivée, amassée, répressive, devrait s'arrêter à la première page de ce texte. Nous nous sommes bafoués de littératures. Nous avons oublié l'abandon. Nous avons oublié le paysage. Nous avons oublié de nous laisser regarder par le paysage. Tout a commencé le jour où un poète a nargué un autre poète et a été jaloux de lui au point de le copier en le matant de jugements indignes de sa discipline, cette liberté, créant des sens obligatoires quand il n'y avait que le sens, les sens, tous les sens, l'essentiel et le sensuel.

Peur de ce garçon qui vient de me quitter, rencontré dans un bar il y a deux heures à peine, et dont je ne connais même pas le prénom. Peur de cette jouissance que je n'ai pas trouvée en lui et qu'il n'a pas reçue de moi. La fange était là. Et son odeur. Peur d'entendre tous les bruits de la ville et de voir les salissures de l'amour quand il a besoin du sexe. Peur, parce que je ne regrette rien de ma nature sexuelle et que je ne peux, de la même absence de regret, qu'admettre que le face à face de nos étreintes ne sera jamais celui de l'étreinte, et notre réceptacle qu'un vide-ordures. Il y a beaucoup de douceur à le dire, ici, ainsi. Et une sérénité. Une douleur aussi : il est bien plus facile de prêter de tels aveux à un personnage de roman, Pierre Forgue par exemple, dans *Le Temps voulu,* que d'avouer soi-même. Se demander encore s'il faut dire fange ou salissures, au lieu de tout simplement : merde.

Peur de Luc que je sentais si nerveux au dîner, à Joucas, vendredi dernier, et à qui j'ai envoyé ce petit mot, *pourquoi n'es-tu jamais heureux de ce que tu vis, quand tu le vis et avec qui tu le vis ? Affection. Y.*

Peur, parce que nous sommes toujours, plus que jamais ? à nous défendre de nous-mêmes, à nous livrer à des rêves que nous condamnons.

Peur du regard de Rupture n° 2 de ma vie, la seule peut-être vraiment importante, ce soir, dans cette salle de théâtre où je m'étais rendu, non accompagné. Cette salle où l'on joua une de mes pièces et dont je connais les coulisses du bout des doigts : je m'y suis prostré, dans une loge, en cachette, pendant plus de soixante-dix représentations, guettant la moindre réaction d'un public disséminé, son plus petit signe, émotion partagée. Cette pièce disait tout. L'économie de l'excès c'est encore trop. Est excessif tout ce qui est. Si je l'avais *compris,* j'aurais écrit *un roman* au sens où *ils* l'entendent, au sens obligatoire imposé par les regards croisés des poètes jaloux.

Non, je n'ai qu'un paysage, et je m'y tiens. C'est *Biographie.* Je dois y revenir. Et il s'agit bien d'un roman, un roman d'anticipation. J'anticipe. Je ne veux plus de cette quarantaine, si bien nommée, punitive et d'épreuve, de tenue à l'écart. L'écriture serait-elle un mal contagieux ? Je suis né avec ce mal-là : je veux l'amour et son écriture au risque des ruptures et sans tricher. La contagion est belle. Elle s'appelle lecture. Si peu littérature. Merci Emanuel de m'avoir adressé cette lettre. Merci Marie-Claude et merci Jean-Jacques pour ce beau sourire quand nous nous sommes quittés devant ma maison de Joucas, vendredi dernier. Merci Luc pour ton impatience et ta vigilance. Merci Jacques de nous avoir émus, en lançant, à la fin du dîner, avec l'accent, que c'était bon et beau, un *que de terrain parcouru dans la négation !* Nous avons tous besoin d'un nouveau parcours. Et, à répéter ce que tu venais de dire, tour à tour, détails révélateurs, nous nous trompions, l'un disait *que de chemin parcouru dans la négation,* or un chemin c'est tracé, et tu venais de dire terrain ; l'autre répétait *que de terrain perdu dans la négation,* or tu venais de dire parcouru, pas perdu. *Que de terrain parcouru dans la négation !* Merci.

Peur. Peur de perdre une chaussure dans un rêve et d'avoir à descendre encore. Peur de ne pas voir un couteau sans penser au meurtre de Rupture n° 1, n° 2, n° 3 ou n° 4, je me suis cogné quatre fois dans ma vie, si jamais l'un d'eux se re-présente à ma porte. Un matin de la semaine dernière, à Joucas, j'ai été réveillé par le rémouleur. Tout endormi, par la porte entrebâilllée, je lui ai tendu le couteau à découper les gigots. Il me l'a rapporté, quelques minutes plus tard, grossièrement aiguisé, ruiné. C'est drôle. Peur. Peur, si j'avais oublié de noter ce détail. Le mythe, dans le roman, n'est pas issu de l'écart, sublimation, transcendance. Il est dans le réel, réalité, seulement alors bouleversant, pour nous abandonner.

Peur. Peur de la voix de mon père, au téléphone, ici, à Paris, dimanche dernier. Il m'appelait de Bénat. Il ignore tout de *Biographie*. Il avait besoin d'être écouté. Il me dit, *je me suis fait des illusions sur mes facultés et sur mes connaissances. J'ai su seulement comprendre les autres et les faire s'épanouir. J'étais leur relais. Mais maintenant que je suis seul ?* Silence. *J'ai eu l'ambition de mettre mon expérience au service de l'humain.* Silence. *Il y a peut-être des forces qui se lèvent ? Dans la jeunesse ?* Silence. *Quand on ne voit pas ce qu'il faut faire pour se réaliser, il faut l'écrire. La nouvelle version du mémoire que je viens de terminer est pire que les précédentes : il n'y a pas de chiffres. Ils demandent tous des chiffres. Sans chiffres ils ne veulent pas comprendre. L'expression de ma pensée leur paraît utopique, ou humaniste. Humaniste pour eux, c'est péjoratif.* Silence. *J'ai même perdu mon orthographe. Parce que j'ai trop dicté. J'ai perdu ma personnalité en la confiant à d'autres dans les moindres tâches de communication. Comment pourrais-je faire pour t'écrire ?* Silence. *Je ne peux pas me faire à l'idée de l'état de ta mère. Son infirmière la soigne en se substituant totalement à elle.* Silence. *Lire ? Je n'ai plus la mémoire des personnages. Me promener ? Je ne peux faire une promenade que si j'ai un but.* Silence. *Ce qui m'a fait perdre ma spontanéité ? Les rêves de la société. Premier au catéchisme, premier au collège, tout de suite premier, ou très bon second, dans le système.* Silence. *Je suis prisonnier d'avoir donné toutes mes facultés à ce que je désirais, moi. Je me suis réfugié en moi-même. Quand je me suis retrouvé à la retraite, ce fut la punition. Cette idée même de punition à laquelle je n'ai jamais voulu croire, je la vis maintenant.* Silence. *Pardonne-moi de t'avoir dérangé.* Silence. *Je viens toujours vers toi avec de l'ombre.* Silence. *Merci de m'avoir écouté. Travaille. Tu peux encore t'exprimer, toi. Je te fais confiance.* Un mot changé truquerait. Ce fut ainsi dit par un père avec lequel je n'ai jamais pu parler, dialogue amorcé depuis seulement quelques années, trop tard ? Soliloques. J'aurai, cette nuit, un petit peu moins peur de la nuit. Voici. La suite. Paris a failli l'emporter. J'ai ouvert la fenêtre. Trois heures du matin. L'air bourgeonne. Les chats dorment dans l'entrée, Tiffauges et Tiffany, dans leur panier, dans les pattes l'un de l'autre, époux de sept ans. Et Tityre, sur un bout de fourrure, cambrée, allongée, pattes tendues comme si elle bondissait dans un rêve.

10 heures du matin. Je n'ai dormi que quelques heures. Je n'étais qu'allongé. Les yeux grands ouverts, je regardais le plafond. Je suis resté ainsi jusqu'à ce que le parquet craque et grince à l'étage au-dessus : la voisine faisait son lit. Marcel réparait l'aspiro-batteur dans la cuisine. J'ai bu un thé fort, noir comme du café. A la radio, sur France-Musique, ils ont annoncé la mort de Sartre et diffusé la *Symphonie inachevée* de Schubert. Le *commentateur* fit un parallèle entre l'inachèvement de cette symphonie et celui de *Critique de la raison dialectique.* Je n'ai pas vécu Sartre. Je n'ai jamais pu lire aucun livre de philosophie. J'ignore tout des philosophes. A leur marge ou lisière, Barthes fut le seul à me toucher car le sensuel, dans son traitement de la pensée par l'écriture, l'emportait sur l'analyse et la rendait fine et préhensible. Sartre pour moi était incompréhensible. Son théâtre, un roman, *Les Mots,* une citation de ce livre soulignée à première lecture, et toujours en mémoire, *l'appétit d'écrire enveloppe un refus de vivre,* c'est tout. Peur. Peur de n'en finir point avec une actualité.

Peur. Peur d'une incertaine critique. Peur de ne pas, ici, m'adresser directement au lecteur. Peur de la répression facile dont use le moqueur systématique, investi du pouvoir de colonnes et de tribunes, territoire désormais de démolition ou de construction de fausses façades. Pourquoi sont-ils toujours, et de plus en plus depuis dix ans que je publie, entre toi, lecteur, et moi, auteur, à tout faire pour que notre histoire d'amour se contrarie, ou même que la rencontre ne se fasse point ? Pourquoi ne me souviens-je aussi que des mauvaises critiques quand il y en eut des chaleureuses et attentives ? Dans *Le Monde,* il y a une dizaine de jours, j'ai découpé le texte d'une entrevue accordée par un philosophe qui tenait à garder l'anonymat. Reproduire ici ce qu'il dit est bien conforme à son désir d'aller droit au lecteur, sans la sanction du nom et de l'image prêtée, pour dire, dire, une vérité, *je ne peux m'empêcher de penser à une critique qui ne chercherait pas à juger, mais à faire exister une œuvre, un livre, une phrase, une idée ; elle allumerait des feux, regarderait l'herbe pousser, écouterait le vent, et saisirait l'écume au vol pour l'éparpiller. Elle multiplierait non les jugements, mais les signes d'existence ; elle les appellerait, les tirerait de leur sommeil. Elle les inventerait parfois ? Tant mieux, tant mieux. La critique par sentences m'endort ; j'aimerais une critique par scintillements imaginatifs. Elle ne serait pas souveraine, ni vêtue de rouge. Elle porterait l'éclair des orages possibles.*

Peur. Et cette peur est terreur. Paris est mon Père, c'est la même erreur. Pourquoi sommes-nous venus ici ? Pourquoi lui, et puis moi ? Bonne-Maman savait qu'elle apportait des louis d'or en chocolat.

Peur, frayeur, terreur, du regard de Rupture n° 2, hier, à peine échangé, et moi tournant la tête : cette disgrâce dans laquelle nous nous tenons ou à laquelle nous tenons, lui à me juger encore, en jeune psychiatre qu'il est, par peur d'être ce qu'il est, et moi à ne pas vouloir affronter ses jugements, par peur de ne plus être ce que je suis.

Le ciel de Paris s'est couvert. Un ciel hydrophile. Il fait doux. Vendredi dernier, aussi, nous avons ri de la définition de l'intellectuel, ce Zoulou-là *qui veut tout comprendre*. Et ce que j'avais placé en vrac dans la poubelle parisienne, Jean-Jacques le mit en ordre par strates, *au fond, celui qui veut tout comprendre ; puis celui qui veut tout comprendre et ne comprend pas ; puis celui qui veut tout comprendre, ne comprend pas et fait semblant de comprendre ; et à la surface, le plus dangereux, le blasé, qui ne comprend jamais assez ou comprend vite, trop vite.* Au verbe comprendre, je pourrais aujourd'hui substituer cet autre : expliquer.

Il est l'heure du repas de midi. Pierre, que je n'ai pas vu depuis dix ans au moins et qui fut un de mes copains de lycée, vient de me téléphoner. Il se marie jeudi prochain, à 16 heures, cérémonie religieuse à Saint-Pierre de Neuilly (elle n'est pas laide, cette église, elle est belle différemment, j'y fis ma première communion, mes frères y épousèrent Christine et Dominique, sœurs jumelles), suivie d'une réception au Pré Catelan. Pierre veut réunir « tous les amis de Pasteur ». Jeudi prochain. Retrouvailles ? Pierre était le seul à ne pas s'être marié. Tous l'ont fait.

Tous ont divorcé. Leurs enfants ont déjà vingt ans, l'âge que nous avions quand nous nous sommes quittés, pour la vie ? Mes copains ? Ils ont tous fait Polytechnique, Centrale, les Mines, H.E.C., l'E.N.A. Pierre vit à New York. Il construit « des hôtels dans le monde entier ». Basée là, sa société le loge à l'hôtel Navarro. C'est drôle. Etrange aussi, puisque j'ai logé Lucy, du roman *Les Loukoums,* dans cet hôtel-là où je ne suis jamais entré, vue plongeante sur Central Park, imaginée.

Peur. Tout converge. Puiser dans la nuit de *Biographie,* jeu d'ombres de la mémoire qui s'efface, ardoise tragique, vraiment magique, l'innocence, forces nécessaires, pour affronter le jour de ce qui ne devrait pas devenir, ici, journal intime, mais simplement recul du peintre qui brusquement observe sa toile, pinceaux et palette à la main.

La peur est expression première du courage. Me voici de nouveau au point de départ. Tout commence. Je suis né.

## 9. Les barreaux du berceau

Condom est une ville de saisons. L'automne y rougeoie, inlassable, soufflant sur les braises de l'été, faisant naître les pourpres, les jaunes vifs, levant des odeurs d'herbe et de terre, odeurs cambrées : l'étreinte de l'été fut brûlante. Chaque hiver y invente des grisailles douces et des matins tranchants. L'air, ici, ne plonge ni ne stagne, il coule comme un ruisseau, se prend parfois pour un torrent. Le printemps y vibre, fait claquer les volets, fleurit les jardins, caresse la belle endormie aux bons endroits des façades, et tout s'érige de nouveau pour la bataille de paille et de sarments de l'été. Yves est un fils de l'automne, d'un premier jour de cet automne 1940. Le printemps et l'été ne seront toujours, pour lui, que les deux dernières saisons de sa vie. Et les quarante premières années de sa vie, qu'un automne fervent, olifèrant, déchirant de passions perdues, inquiet, suivi d'un hiver pendant lequel le poète, en lui, ne chantera qu'une multiplicité de tons gris.

L'enfant est sage. Adrienne s'occupe peu et bien de lui. Il est propre. Il ne pleure pas. Jamais elle n'a à le réveiller. Quand elle se lève, tôt le matin, pour préparer le premier biberon, il attend déjà, les yeux ouverts, attentif, sans manifester. Bonne-Maman le trouve « bien laid » et moque surtout ce regard fixe, « d'ivrogne » dit-elle. Grand-Mère ne le regarde pas. Les trois femmes s'évitent, nulle colère apparente, saine rivalité, fibre longue, trame forte de l'esprit des familles de petite province. Dans la chambre voisine, François-Pierre et Jean-Jacques dorment dans des lits jumeaux. Ils vont au Petit Collège de garçons. Ils ont les mêmes professeurs que leurs parents. Leurs jeux importent plus que les études. C'est temps de guerre. Le grand salon et la grande salle à manger sont fermés. Les repas ont lieu dans la petite salle qui jouxte l'office et la cuisine, cette cuisine équipée de chaudrons à confitures, de bataillons de casseroles de cuivre, de moules à gâteaux aux murs, d'une table de travail en plein milieu et d'un attirail de couteaux car on « tue le cochon » sur place, et c'est alors grande réunion. La maison, ce jour-là, sent la peau et le poil brûlés. Règnent des odeurs tour à tour écœurantes, aiguisantes.

La maison des Promenades est, de l'intérieur, conçue comme une ville morte, avec de beaux quartiers interdits aux « petits », et des pièces ouvertes, admises, en service, comme des faubourgs vivants, maison encombrée d'objets et d'enfants, endormie et gourmande. Parfum d'anis ou de cannelle, il y a toujours une odeur de gâteau qui met en éveil.

Adrienne a conscience de son fils Yves. Coupée de René, elle a retrouvé sa maison d'enfance, et des souvenirs de bonheur souhaité. Parfois, elle prend le bébé dans son lit et le regarde la regarder. Elle voudrait pouvoir se dire qu'il lui ressemble, qu'il est Bax, Henri, et non Navarre, René ou François-Joseph. Il est blond. Elle caresse ses cheveux. Elle ne les coupera pas. Elle les veut longs, pour ses doigts. Nulle ambiguïté, c'est un garçon, et c'est le sien. Le temps de Condom, pour Adrienne, est comme une respiration retrouvée. Elle trouve, en lui, Yves, l'accueil que sa mère, dame en noir, lui refuse encore, simple oubli, pas même une indifférence. Le petit lit qu'elle appelle berceau est près de son lit, dans le coin du mur. Si la journée est belle, Adrienne place Yves dans un landau, sous le figuier. Alors, il ne dort pas. Il regarde les feuilles, au-dessus de sa tête. Fixement.

Ces odeurs de maison et ces parfums de jardin sont le sceau et le signe du ciel tendu au-dessus de la ville. Cris d'oiseaux. Un lieu vrai. Adrienne ne conserve de Port-Jérôme qu'un souvenir d'humiliation et de passion acharnée, virant au violent ; secrète entre eux deux, couple ; ironique en société, les amis décalquant leur ironie sur l'exigence de son aimant, mari, René. Il y aura entre Adrienne et son troisième fils, incident, puisque fille était attendue, un début de complicité, d'état d'aveux presque amoureux ou de révolte. Adrienne, tout en elle-même, par instinct, apprendra au bébé à respirer, humer, regarder, faire la part du lieu de naissance, du lieu de leur commune naissance, qui par odeurs, touches, parfums, lumières constitue l'essentiel de ce qu'elle a vécu jusque-là de bon, exploration de l'écart dont elle était l'objet, si peu l'être, affectueuse indifférence des siens, quand elle était bébé, petite fille, petite dernière, et celui-ci qui devait être celle-là, et qui sera son dernier. Elle le souhaite. Ce n'est pas à René de décider. Les éblouissements ne sont plus possibles.

Les premiers rêves d'Yves sont d'envol. Parce que les oiseaux, à travers le feuillage du figuier ? Très vite, il se redresse dans son berceau ou dans le landau, s'accrochant aux barreaux ou aux chromes dont il n'aime pas le contact, métal. Et c'est ainsi qu'il plane, en rêve, au-dessus de la maison. Il vole, doucement et en cachette d'eux tous, en bas, qui ne le devinent pas, porté par le vent. Et du haut de son rêve, protégé par les barreaux du berceau, agrippé, il observe les siens. Ce rêve, constant, répété, le hantera longtemps. Il ne « comprend » pas ce qui l'émeut. Il le « comprendra » plus tard, hésitant à l'analyser, s'arrêtant seulement à ce constat : du haut de ce berceau du ciel, nef, planeur, il voit tout en perspective. Et il sait, certitude du rêve, qu'il reviendra au lieu premier de la maison, cette maison où personne ne se doute qu'il sait déjà voler, conjuguer dans le ciel. Même pas Adrienne. Ou bien peut-être elle seulement. Mais elle n'en parlera jamais avec lui. Elle lui fait confiance, parce qu'il est garçon et que René voulait une fille. Elle lui confie, en guise de merci, le plus murmurant d'elle-même : son lieu, sa naissance, tout ce qui, feuillage, célérité de l'air, bouffées, picotements, grincements, craquements, essences, rais de soleil, passages d'un nuage, musiques des saisons, l'a bercée quand on ne la berçait pas. Que pouvait-elle lui offrir de plus juste pour créer en lui l'éveil ?

Etrange : Yves qui, de fait, sera toujours coupé de ses parents n'aura eu de cesse que de chanter un amour pour eux deux, à égalité, l'amour tu, tué, frappant, que tous deux conçoivent encore en termes de harcèlement. Deux clans les empêcheront toujours de s'abandonner l'un à l'autre avec sérénité. Peut-être aussi d'avoir respiré la même nature et d'être sortis de la même terre, main gantée de Bonne-Maman et main verte de Grand-Mère. « Cet enfant est anormal, regardez le front qu'il a ! » Adrienne ne répond pas à sa belle-mère. Parfois, quand on l'oublie sous le figuier, Yves se sent ivre du parfum des feuilles, et chavire en se cognant le front contre les barreaux du berceau.

Un matin, Adrienne se lève et pousse un cri. Yves est à genoux, dans son lit, latéralement, tourné vers la fenêtre, ses petites mains cramponnées, tête coincée entre deux barreaux, tournée vers le bas. Ses frères ont surgi, en pyjama. Adrienne appelle sa mère. Elle crie « maman ! » Puis d'autres enfants font irruption, alertés, venus d'autres chambres. C'est tout de suite un branle-bas. La manifestation. Cela constitue le premier souvenir précis d'Yves. Le premier d'entre tous, répertorié : il voit le sol de la chambre, des pieds nus, des mains, et des visages d'autres enfants qui se penchent, la tête à l'envers, en riant ou en disant des mots en « i » (gentil ?), des mots en « en » (patient ?). Pour la première fois, tout le monde est réuni, autour de lui. Il ne voit pas leurs visages. Il ne comprend pas ce qu'ils disent. Mais ils sont là, et ils ont peur. Qui a délivré Yves ? Adrienne, ou un voisin de bonne poigne ? Yves sait qu'il est resté ainsi longtemps, dans la nuit, effaré, ne pouvant plus se dégager, sans rien dire, sans pleurer, car il y allait du secret de son rêve qui venait de le pousser là : il avait trop voulu se pencher pour voir d'en haut.

Jamais eau fraîche ne fut si fraîche sur ses tempes. Pour la première fois, aussi, il se sentit dans les bras de sa mère. Pour la première fois il formula clairement le mot de « maman », répétant le cri entendu. Pour la première fois, il vécut un drame qui se noue, la peur des autres, soudaine, un affolement, puis si vite leur indifférence, la vie reprenant comme avant, presque instantanément. Et quand, un peu plus tard dans la matinée, Adrienne posa son fils, par terre, après la toilette, celui-ci tendit les jambes, réaction, prise d'élan ? Elle le tenait par la main. Elle hésita, sourit, puis le lâcha. Il fit un pas, puis deux, tomba, la regarda, et se mit à genoux pour se relever. Elle l'aida de la main. Il venait de faire ses premiers pas. Pour elle, elle seule, devant elle, au pied du lit. Alors, ils se regardèrent en silence.

## 10. L'arrivée du peigne

L'expérience de ce jour, brutale, s'inscrivit dans la mémoire d'Yves, premier événement frappant, et définit, en même temps, la nature à venir de toutes les inscriptions possibles. La douleur aux tempes, le secret du rêve, les premiers pas ne furent rien en regard du regard échangé par Adrienne et son fils. Tout comme il serait possible ou habituel de parler de leçon de ce jour et non d'expérience, il conviendrait, texte convenable et prévisible, de parler de souvenir et non de marque. Or, Yves a été marqué par cet événement et en ressent toujours l'effet. Le souvenir est délébile, la marque ne l'est pas. Elle crée un creux avec le temps. Il n'y avait pas de leçon à tirer de l'incident mais une émotion à porter en soi, tout un temps, peut-être le temps d'une vie. D'un regard entre Adrienne et son fils, il fut clairement énoncé que l'une ne pourrait pas compter sur l'autre et inversement : tout se passerait en silence et sans mot dire. Le drame n'attirait les autres que l'instant, pour eux, de déjà repartir. Bonne-Maman, Grand-Mère, chacun, chacune, des deux côtés de la famille, ne feraient respectivement que passer. Nul ne s'arrêterait à l'une, mère, ou à l'autre, fils. Nul ne se pencherait vraiment. Ce premier regard échangé marque l'union et la rupture d'une mère et de son fils, solidaires et solitaires. Rien ne sert d'appeler. Les proches ne viennent que pour s'en aller.

Adrienne a trente ans. Lui revient la responsabilité de cette maison. Elle renonce, petit à petit, à entamer un dialogue avec ses sœurs aînées et son frère Adrien. Jeanne est morte. Gabriel, son beau-frère, s'est remarié. Les fils de Jeanne ont une nouvelle mère. Adrienne aurait-elle peur, en quittant René, d'être coupée de ses trois fils ? Devant la famille Bax, elle se tait. Pour eux, elle a épousé un « tyran », elle « devrait le quitter », elle a fait « un trop beau mariage ». Adrienne préfère ne pas écouter les siens et s'exposer le moins souvent à l'expression de leurs jalousies vaguement affectueuses. Elle a choisi et a été choisie par René. Elle tient à ce choix. A qui se mêle de la plaindre, elle propose, le contraire d'opposer, pour toute réponse, un sourire qui sera pris pour une expression de bêtise. Dans la famille de René, les « Pipou vous devriez... » la font frémir, les « ma petite il faudrait... » de Bonne-Maman ou de Suzanne, sa fille, la terrorisent à chaque fois. Suzanne, si acharnée à dénoncer sa mère, régente également sans même s'en rendre compte, et se met à parler à sa belle-sœur comme Bonne-Maman, usant des mêmes mots, mêmes intonations. D'un côté comme de l'autre, les familles confluent, c'est le refus. Ils rejettent tous, en Adrienne, René. Et Adrienne prend une distance, en souriant. Un sourire à peine esquissé, doux, et vite elle tourne la tête, regarde ailleurs, une tâche l'appelle, elle disparaît. C'est une affaire entre elle et elle. Nul ne doit le savoir. Pas même Yves qui le sait déjà et le dit du regard.

Que fait René à Paris ? Le *Who's Who* mentionne *1940-1945. Directeur du Comité de coordination des lubrifiants.* Dans le préambule à son Mémoire, chapitre intitulé *Témoignages d'une carrière,* il rédigera lui-même, en novembre 1979, *1940-1945. Monsieur Navarre se trouve, pour la seconde fois, dans une situation analogue à celle de ses débuts lorsque, au cours de la Seconde Guerre mondiale, il est chargé, pour l'ensemble de la France, de la production et de la régénération des huiles de graissage. Il lui a fallu à la fois créer et sauvegarder le personnel et le matériel qui devaient donner à ces activités un caractère vraiment industriel et, partant, les meilleures assurances d'intérêt permanent. C'est ainsi que, tout en continuant à prendre part à la solution des problèmes posés par la forme nouvelle prise par la pénurie pétrolière, elles peuvent aussi répondre, aujourd'hui, aux exigences plus récemment ressenties de la défense de l'environnement. A la Libération, en 1945, une tâche nouvelle et plus étendue lui est confiée.*

Le service de l'Etat, et l'idée de régénération ? Les huiles usagées étaient jetées, économie d'abondance et pollution, son corollaire. Récupérées, régénérées, elles servent de nouveau. Le mythe se niche partout, surtout dans la réalité. En temps de pénurie, l'expérience de cette régénération fut la guerre de René. Ce qui lui valut, peu de jours après la Libération, d'être nommé directeur de l'Institut français du pétrole par le gouvernement du Général.

A Condom, Adrienne attend. Le jour où les Allemands ont placardé une affiche interdisant aux civils la détention d'armes à feu, elle a jeté la collection de fusils et pistolets qui ornait un des murs du grand salon, dans le puits, derrière le hangar. Parfois, pendant que les aînés sont au Petit Collège, elle conduit Yves chez Clothilde et en profite pour faire des courses. Margot, de passage chez sa mère, un jour, prendra le bébé dans ses bras, et de la fenêtre de sa chambre, au dernier étage de la maison, le tendra, à bout de bras, au-dessus du vide pour « le présenter à la ville ». Autre incident en mémoire gravé. Oublié apparemment. Et que Margot contera à son petit-cousin. Ce n'était plus un rêve. Il voyait tout d'en haut, pour de vrai, il eut peur, le « terriblement peur » du petit Yniold dans *Pelléas et Mélisande* : les rêves ramènent toujours au point de départ, le lever au point du coucher. Pas la réalité. Yves a cru que ces mains qui le tenaient allaient le lâcher. Un rêve se conduit. Pas la réalité.

Et le voici sanglé, dans une poussette. C'est la « balade aux champignons ». A une extrémité des Promenades, la route conduit à Agen. C'est une route droite, qui monte, lentement. Les cousins et cousines se disputent le droit de tenir la poussette et Yves dedans, attaché, retenu, prisonnier, étouffant dans un manteau bleu, cadeau de madame Lalanne, marraine d'Adrienne. Les enfants jouent à lancer la poussette devant eux, à contre-pente, et à la rattraper dans leurs mains. Chacun son tour. Yves se tient cramponné, les regarde, effaré, bouche bée. Au retour de balade, c'est le drame. Le même jeu, mais dans l'autre sens. Ils rient aux éclats. Jean-Jacques lâche la poussette qui se met à rouler, emportée doucement par la pente, court, et la rattrape au dernier moment, son petit frère dedans. Adrienne plusieurs fois leur demande d'arrêter. Elle ne crie ni n'ordonne. Yves observe sa mère. Mais cela ne sert à rien. Il le sent plus qu'il ne le sait. Il ne le formulera jamais vraiment. Le jeu recommence. Et à chaque fois, Yves se dit qu'on ne le rattrapera pas.

Curieuses mains qui le tiennent, sous les bras, offertoire, et lui présentent la ville. C'est quelqu'un, dans son dos, qui décide. Curieuse ville, en bas de la côte, qui semble, dans son dos, aspirer, décider aussi du mouvement. Yves n'aime pas être tenu ou attaché.

S'il y a des visites, dans la maison des Promenades, Yves va se cacher. Et, prenant la fuite, dissimulant le plus souvent un sucre, dans ses mains, dans son dos, il croise Adrienne qui voudrait bien, comme lui, disparaître. Ce n'est jamais elle qui vient le chercher pour le forcer à dire bonjour.

Yves aime seulement saluer Clothilde parce que Clothilde lui parle comme les grands se parlent entre eux. Et madame Lalanne parce qu'elle a les mêmes gants que Bonne-Maman, des gants gris, en pécari, mais elle les retire, elle, et attire Yves, la main gauche plaquée sur son front, contre elle. Madame Lalanne est très parfumée. Ce sont les deux seules femmes qui disent gentiment « Pipou » à « maman ».

Fin 1942, au cours d'un bref séjour à Condom, René offre à Yves son premier jouet : un camion en bois, multicolore, avec une sonnette qui retentit dès qu'on le fait rouler. Yves n'aime pas ce jouet. Il le met au garage, derrière un buis, pendant la journée, et au garage, sous son lit, la nuit. Il préfère la terre du jardin, les arbustes, les fleurs, et, dans les murs, ces ogives sculptées dans lesquelles il se niche. Il s'invente d'autres maisons. Il ne demande pas aux grands de participer à leurs jeux. Ce serait non. Un jour, dans une salle noire, de l'autre côté des Promenades, à hauteur du kiosque, il voit une lumière horizontale inonder un mur, rectangle qui s'anime, et des femmes en immenses robes qui dansent autour d'un feu, la nuit. Une nuit dans la nuit, robes à volants, danseuses. Cinéma ? Un jour de printemps, madame Lalanne offre une poupée à Yves. Une poupée en robe de dentelle rose, avec chaussures (on peut les retirer), socquettes, petite culotte, et fond de robe (on peut tout retirer). Les garçons se moquent du cadeau de madame Lalanne et moquent Yves parce qu'il a les cheveux longs. Fille. Jouet de fille. Cette poupée, Yves la place près de son lit, debout, adossée au mur. Il lui parlera, mais à distance seulement, et du regard. Rapport interdit.

Pour le jour des Rameaux, les enfants brandissent de grandes branches de laurier garnies de bonbons et de rubans et se rendent en procession à la cathédrale Saint-Pierre pour la bénédiction. On n'a pas le droit de toucher aux gourmandises, avant. Bénites, après, sur le parvis, on peut les cueillir et les croquer.

Chaque matin, Adrienne coiffe Yves. Elle le met debout, sur une chaise, devant le meuble de toilette, vasque et cruche d'eau tiède dans laquelle elle trempe le peigne. Elle lui mouille les cheveux, les peigne par-devant, et les sépare en deux, raie à gauche. Pendant qu'elle le coiffe, elle lui fait dire sa prière du matin. Il répète après elle le *Je vous salue Marie,* puis le *Notre Père.* Chaque matin, *Notre Père, qui êtes aux cieux, que votre nom soit sanctifié, que votre règne arrive...* Yves répète, *Notre Père, qui êtes aux cieux, que votre nom soit sanctifié, que votre peigne arrive...* Fin de prière. Sourire échangé.

Une fois, Yves s'échappe. Il veut voir le kiosque, entrer dans le kiosque à musique, et en faire le tour, dedans, en courant, bras levés, comme un avion. Qui donc le ramène à la maison des Promenades en le secouant par le bras ? L'aînée de ses cousines, sa marraine ? Devant la maison, Grand-Mère a planté le premier arbre de Noël d'Yves. C'est le seul arbre qui n'ait pas été coupé. Il est toujours là, deux fois plus haut que la maison.

## 11. Les adieux de madame Lalanne

Comment a-t-elle pu vivre si longtemps ? Yves se souvient d'elle quand elle venait, parfois, déjeuner à Neuilly, toujours un jour où Bonne-Maman ne s'annonçait pas, en voisine, de la rue de l'Eglise. Après le déjeuner, elle ne tardait pas, Yves la raccompagnait, empruntant exceptionnellement l'avenue du Roule pour se rendre au lycée, et l'installait dans un taxi. Petite, menue, toujours en tailleur, une étole de renard argenté, haute sur l'épaule gauche, tombant sur le bras droit, chapeau à voilette, un beau bijou en broche, au revers de la veste, et plusieurs rangs de perles, Yves la vit devenir d'année en année plus petite que lui, toujours souriante, émerveillée : elle adorait passer la matinée avec sa filleule Adrienne, partager le repas de midi, et rentrer « à l'autre bout de Paris », dans son appartement, au-dessus de sa parfumerie.

Yves, souvent, eut peur d'oublier ce personnage de sa vie, cette personne qui lui avait offert le manteau bleu et la poupée, cette amie de Pipou dont, petit, il avait touché, de la tempe, la hanche. Elle le plaquait contre elle. Il aimait ça. La tempe et la hanche.

Madame Lalanne était veuve. De son mari, elle tenait la parfumerie. Pour lui, ravie, elle était montée à Paris. Elle n'avait pas d'enfant, son mari nulle famille, et que Pipou dans sa vie. N'était-ce qu'une impression ? Yves attendait avec bonheur les visites de madame Lalanne : cette femme lui rendait sa mère, le temps d'un repas, telle qu'il se la figurait si elle avait été heureuse. En présence de madame Lalanne, Adrienne avait l'éclat de Pipou. Elle avait de nouveau toute une vie devant elle. Et madame Lalanne, d'année en année, de plus en plus maquillée, chargée de lourds parfums, toujours trop élégante, osant des couleurs de tailleurs, parlant de son défunt époux comme d'un amant, présent, à toujours lui tenir la main, avait un naturel touchant, spontané, paradoxe. Et surtout, elle ne parlait jamais de René, de Bonne-Maman, de Grand-Mère, des Navarre ou des Bax : elle parlait, à Adrienne, d'Adrienne. Elle lui offrait de vive mémoire une multitude de souvenirs partagés, détails insignifiants auxquels Yves n'avait accès que dans la joie que sa mère exprimait à les retrouver.

Ces jours-là des visites, Bonne-Maman ne venait pas déjeuner. Le jour était-il choisi parce qu'elle ne venait pas, ou bien décidait-elle de ne pas rencontrer cette madame Lalanne dont elle était jalouse et que d'un sourire, elle souriait aussi, autre version de tendresse, aversion, elle appelait « la sorcière » ?

Et si, le temps de ce chapitre, nous ne respectons pas l'esprit de chronologie qui sied à toute biographie ordinaire, et si, aussi, l'adjectif semble rendre tout subjectif et encore plus suspect, c'est qu'Yves n'a jamais oublié le manteau bleu, couleur de garçon, la poupée interdite, petite sœur à laquelle il ne pouvait que parler du regard et de loin, et surtout les différences de tact qu'il y avait entre les pécaris de Bonne-Maman et ceux de madame Lalanne.

La tendresse de Bonne-Maman, affolée, traquée, accusait tout le monde. Une tendresse inquiète et coupable dont Yves sentait naître en lui l'expression identique et inévitable. Comme Bonne-Maman, il usera de mots tranchants au risque de paraître ne pas respecter qui il respecte. Au risque de l'aigri et du jaloux.

Yves, en présence d'Adrienne et de madame Lalanne, découvrira sa mère, juvénile, insouciante, pour de brefs instants. Il apprendra aussi à ne pas juger les êtres sur leurs maquillages. Il saura enfin qu'une nature, en lui, le désigne de la lignée de Bonne-Maman et de son père. De cette branche-là.

Vers le milieu des années 50, madame Lalanne vendra sa parfumerie et se retirera à Condom, dans sa petite maison, place de la Cathédrale, où elle accumulera tout un trésor de meubles en bois de rose, tableaux, argenterie. Adrienne et elle s'écriront pendant vingt ans. Fidèlement. Comme en cachette, encore. Adrienne dira parfois, à son fils Yves, avec un rare sourire, unique éclat, « j'ai reçu une lettre de madame Lalanne » puis « ... elle ne t'oublie pas ».

Au début des années 70, une nouvelle vint de Condom. Elle amusait tout le monde, là-bas. Qui donc la colporta, en visite à Paris, riant encore de l'histoire ? Que voici. Adieux.

Madame Lalanne, avait-elle quatre-vingt-dix ans ? ne quittait plus sa petite maison et son lit. Au début de l'hiver, malade, croyant qu'elle n'avait que quelques jours à vivre, ceux et celles qui lui rendaient visite de temps en temps, pour l'amitié ou pour de menus services, vinrent la voir plus souvent. Tous les jours ? Et madame Lalanne, touchée, remercia l'une, prenez les fauteuils du salon, je vous offre l'argenterie, remercia l'autre, emportez ce tableau, je vous donne les nappes et la pendule. Une visite, un cadeau. Nombreux furent celles et ceux qui, affectueusement, se passèrent le mot. Dans sa chambre, madame Lalanne se retrouva dans son lit avec, simplement, table de nuit, une photo de son mari, quelques parfums, quelques bijoux. Les médicaments.

Or, elle ne mourut pas. Et personne ne rapporta les objets qu'elle avait donnés. Plus de visites. La maison était vide. Les bonnes sœurs de l'Hospice installèrent, pour elle, un petit appartement, dans deux chambres réunies, et madame Lalanne leur légua tout ce qui lui restait en banque.

Quand elle mourut, quelques années plus tard, Yves annonça la nouvelle à sa mère. Mais Adrienne déjà ne parlait plus et se contenta de tourner la tête, légèrement, à droite, cherchant une raison pour s'esquiver, disparaître alors qu'elle ne pouvait déjà plus se lever sans l'aide de quelqu'un. A soixante ans.

La chronologie est un mensonge. L'esprit d'une vie échappe aux dates. Il n'est pas historique. Des impressions persistent : le visage d'Adrienne est rayonnant, aux repas de midi, quand madame Lalanne s'essuie délicatement les lèvres, la serviette prise dans l'index de sa main gauche. Elle dit « c'était délicieux, Pipou ». Alors elle regarde Yves « comme je t'envie, d'avoir la maman que tu as ». Adrienne baisse les yeux et très vite dit à son fils « tu vas être en retard, au lycée ». Madame Lalanne passe au salon, pour le café « mais sans tarder puisqu'il me raccompagne ». A la station de taxis, devant la mairie de Neuilly, madame Lalanne glisse à l'oreille d'Yves, au dernier moment, bise parfumée, « n'oublie jamais ce que je t'ai dit de ta maman. C'est une fée. Et personne ne s'en rend compte ».

## 12. Impasse privée

Pour ses fils, René a hésité entre deux lycées. Le lycée Henri IV, près du Panthéon (un appartement au dernier étage de l'immeuble qui fait angle aigu, boulevard Saint-Michel et rue Gay-Lussac, surplombant les jardins du Luxembourg, et qu'Yves regardera toujours, instinctivement, passant par là, se demandant ce que serait devenue la famille s'ils avaient été ancrés là-haut), et le lycée Pasteur, à Neuilly (une petite maison en meulière, étroite, tout en hauteur, flanquée d'un jardin avec marronnier, dans une impasse privée). C'est sans doute le jardin et l'arbre qui ont déterminé le choix du lycée. Neuilly est encore un quartier dont on ne parle pas, une banlieue cossue. Une tradition, pas une promotion.

La villa Sainte-Foy est fermée par des grilles. Des plaques, à chaque entrée, avenue Sainte-Foy et boulevard d'Argenson, annoncent *propriété privée. Passage interdit à toute personne étrangère à la voie.* Six pavillons à gauche et sept pavillons à droite, en vis-à-vis, chacun se cachant derrière son ou ses arbres, tous différents d'architecture, serrés les uns contre les autres, derrière le rempart de grilles pleines et aveugles. Le lierre pousse un peu partout dont Yves entend dire qu'on en fait des savons. Entre chaque jardin, pilastres, vasques, des murs hérissés de végétation tiennent à l'abri des regards discrets. La villa Sainte-Foy, impasse privée, est lieu de discrétion, et chaque maison un petit monde en soi. Après l'arrivée des Navarre, le décompte sera de sept familles catholiques et six familles protestantes. Les salutations sont distinguées. Octobre 1943 : François-Pierre et Jean-Jacques entrent au lycée Pasteur. Yves entrera deux mois plus tard, avec « dispense », au jardin d'enfants de l'institution Sainte-Geneviève de Neuilly, chez les dominicaines qui, temps de guerre, exceptionnellement, dans les petites classes, acceptent les garçons. La famille est réunie.

En pénétrant pour la première fois dans la maison, Adrienne trouve un piano à queue, de marque Gaveau, dans le salon. C'est le cadeau de son retour. Tellement pour elle et pas vraiment : les aînés devront prendre des cours. René n'a jamais su donner, que trop tard, et trop, quand plus personne n'attendait le don, et sans jamais désigner le destinataire, souhaitant un « merci » qui viendra, lui aussi, en réponse, ou jamais ou trop tard. Yves sent que les « grands » ne prennent plus le temps de la rencontre. Un sentiment, une impression, rien de plus, c'est déjà tant : chacun doit se flanquer d'un petit jardin et d'un arbre.

Ses frères aînés n'ont pas le droit de jouer avec « les autres enfants », dans la villa. Ils doivent « faire leurs devoirs ». François-Pierre et Jean-Jacques ont leur chambre au second étage. Une jeune Hollandaise est là. Au pair. Elle sent bon. Elle n'aime pas sortir de la maison. Le quartier est vert d'Allemands en uniforme. A quelque cinquante mètres, au coin de la rue de Chézy et du boulevard d'Argenson, l'hôtel particulier des David-Weill a été réquisitionné par la Kommandantur. Pour Yves, le lierre et les soldats, c'est la même végétation.

Chez les dominicaines, les petites filles (majorité) le rejettent parce qu'il est garçon, et les petits garçons (minorité) ne veulent pas de lui parce qu'il a les cheveux longs. Il n'aime pas les récréations. Il n'ose pas s'avancer dans le parc, avec les autres. Les filles ricanent. Les garçons tendent des embuscades. Yves préfère le pupitre. Il apprend son alphabet, découvre les crayons de couleur. Sœur Marie, qui s'occupe d'eux, lui arrache le crayon des mains. Il est « gaucher ». Il apprendra à dessiner de la main droite, sous sa haute surveillance (elle sent bon, elle aussi, bure blanche et cornette amidonnée), et de la main gauche, chez lui, en cachette. Tout est déterminant, si l'on interroge. Rien n'est égrené, tout se sème encore. Yves apprend à écrire des deux mains : la leur, et la sienne. Il a froid dans ses culottes courtes. Les vêtements de ses frères sentent la naphtaline. Pour rentrer à la maison, il faut prendre les rangs, sous la conduite d'une sœur qui a de grosses lunettes et qui, pendant la journée, balaie les couloirs de l'institution. Il faut se placer, en rangs par trois, par ordre de livraison à domicile, chacune et chacun tenant une ficelle, en dents de scie. Yves est le dernier puisqu'il sera le premier à quitter les rangs, devant la grille de la villa, même trottoir, pas de rue à traverser. Il doit alors courir jusqu'à la porte de la maison, glisser sa main, surveillé par Grosses Lunettes, et sur la pointe des pieds, heurtant du genou le métal de la porte, pousser le volet de la grille, entrer chez lui comme un voleur, tout de suite récupéré par la Hollandaise, qui sourit trop, tout le temps, et lui brosse inlassablement les cheveux. Où est Adrienne ? Elle coud, elle repasse, elle nettoie, elle prépare le dîner. Souvent, Yves l'entend dire, dans le vide, à qui d'autre qu'à elle-même, « il n'y a rien à faire ».

Début décembre, Bonne-Maman a imposé à son fils de « remonter » à Paris. Elle ne « supporte plus Condom ». Elle a vendu la maison du boulevard de Gèle. Terre brûlée. René installe sa mère dans un petit appartement, au coin de la rue de l'Eglise et de l'avenue Sainte-Foy. Au rez-de-chaussée. Appartement sombre qu'elle encombre de tapis et de meubles, de miroirs, de vases et de gravures, *Le Baiser volé*, *La Gourmande*, *L'Elégante* et *La Tempête*. Règnent une odeur de vieux cuir et de soie et, dans la cuisine, un parfum de pain grillé. Souvent, le soir, Yves est conduit chez elle et y passe la nuit. Bonne-Maman le borde en chantonnant, *mon cœur soupire*... Refrain. Bonne-Maman est douce, l'instant du coucher, douce à l'éveil quand elle habille son petit-fils ou lui prépare ces « tartines » dont elle a le secret, sucrées. Mais au départ, après lui avoir fait traverser l'avenue Sainte-Foy pour qu'il se rende, à quelques mètres de là, chez les bonnes sœurs, sa dernière phrase commence toujours par « tu diras à ta mère... », sur un autre ton, aigu, ou « n'oublie pas de dire à ta mère... » Yves oubliera sciemment et ne le dira pas. Jardins. Murs. Cloisons. Portes.

Il y a deux généalogies, celle des noms et prénoms de famille, et celle des noms de lieux, rues, boulevards, touches plus incertaines les unes que les autres, anonymes, chaque être et chaque lieu définissant sa propre histoire. Le survol s'impose, impressions, un seul petit bonhomme de chemin compte, celui de l'enfant, unique, en nous, qui ne comprend pas, reçoit, décrypte, apprend à toucher, respirer, fuir, rire, pleurer, se cacher et qui sent naître en lui ce qui est né, avec lui : il découvre, pas à pas, de jour en jour, que son pouvoir virulent, innocent, don d'observation, n'est inévitablement destiné qu'à être maté. Question : pourquoi disent-ils Bonne-Maman, l'autre serait-elle mauvaise ?

Au jardin d'enfants, Yves doit colorier une gravure, *L'Enfer et le Paradis*. Le modèle des couleurs est donné, sur un panneau, en grand, par sœur Marie. Les « trois premiers » auront droit à ces bons points que l'on peut échanger, en fin de semaine, contre du chocolat, du sucre ou des bonbons. Le dessin représente l'embranchement de deux chemins ; l'un descendant, escarpé, roc, gouffre, sentier de plus en plus étroit, et tout au fond, nuages, du noir déjà noir ; l'autre ascendant, menant au haut de la montagne, chemin de plus en plus large, se perdant dans une prairie (vert) plantée d'arbres (fleurs de toutes les couleurs) sous un ciel (bleu, « mais n'appuyez pas trop fort sur le crayon, sinon vous le casserez »). Chaque fois qu'une mine se casse, il faut aller, sur l'estrade, vu de tous, au bureau de sœur Marie. Elle taille le crayon dans un petit appareil à manette, vissé au bureau. La sanction est un coup de règle sur les doigts. Alors, Yves n'aime que le crayon noir. La nuit, il rêve qu'il descend, précipice, dans les nuages du fond, là où c'est déjà noir et impossible de colorier.

Où est Adrienne ? Dans sa chambre, il ne faut pas la déranger. Elle ne se « sent pas bien, mais ce n'est rien ». Yves découvre intuitivement, seule connaissance durable, indication de la route à suivre et des règles imposées, qu'on est coupable tant qu'on n'a pas prouvé son innocence. Alors que sœur Marie, du haut de l'estrade, clame que tout est régi par une loi qu'elle transgresse constamment : on demeurerait innocent tant que les autres n'auraient pas fait de preuve de culpabilité. Il s'agit bien d'une intuition. Car tout de la petite vie en jardin d'enfants est commandé par le fait de sanction : tout est divisé, le haut et le bas, le noir et le coloré, l'enfer et le paradis, un chemin ou l'autre, l'innocent et le coupable. La parole ne compte pas. La parole honorable de chacun. Mieux vaut se taire. La présomption est accusation, à tous les niveaux. Il faut prouver, sinon on est pénalisé. L'enfant Yves ne se sent pas soupçonnable, mais d'emblée soupçonné, fautif. Si la porte de la chambre de sa mère est fermée, il ne faut pas frapper. Appeler. Demander. Déranger. Il ne faut pas. Si elle a l'air triste, inquiète, battue ou anxieuse, il ne faut pas lui demander pourquoi. Si les aînés descendent l'escalier à califourchon sur la rampe, il faut s'écarter. Si René est en retard pour le dîner, il faut attendre une heure, deux heures, et être là, debout, derrière la chaise, quand il fait irruption dans la salle à manger. Si la radio cathédrale, en forme d'ogive, mains jointes, diffuse des nouvelles, il faut se taire et se tenir droit sur la chaise. Les rêves d'Yves deviennent accidentés, mauvais décollages, mauvais atterrissages, vols périlleux. Il passe toujours trop vite au-dessus de la villa Sainte-Foy pour la voir vraiment d'en haut. Et il s'écrase toujours ailleurs, dans son petit lit de bois peint en bleu, héritage de Port-Jérôme. Il se retrouve alors au fond du lit, comme dans un sac, tout pelotonné, recroquevillé sur lui-même. Il entend à travers les draps et couvertures la voix du père « ne le laisse pas comme ça,

Mimi, un jour il va s'étouffer » et la voix de la mère « je n'y suis pour rien, René ». Et les mains d'Adrienne l'extirpent. D'un bras elle le tient, et lui, tête lourde, accident du rêve, se laisse porter quand, de l'autre main, elle refait le lit, remet en place l'oreiller, allonge son fils, détirebouchonne le pyjama, lui embrasse les pieds qu'elle nomme « pezous », furtivement, et le couche. Litanie, elle dit « fais de beaux rêves ». Elle est déjà sortie. La porte de communication est entrouverte.

Des attentions, et jamais de complicité. Adrienne tricote des sous-vêtements pour Yves, en coton, léger, qui crisse un peu sous le doigt et qui boit comme du buvard. Yves « fait la goutte » chaque jour chez « les bonnes sœurs », et il faut « le changer ». Il est question de docteur. Une menace. Il ne verra ce personnage mystérieux que beaucoup plus tard, pour la première fois, pour lui uniquement, quand d'ordinaire il vient pour les autres. Yves, plusieurs fois, cette année-là, de retour de Sainte-Geneviève, s'enferme dans sa chambre, saisi, secoué par lui-même, et se casse en deux, à genoux, bras croisés sur le ventre, cognant son front sur le parquet à échardes, ou les tempes sur le rebord du lit. Un cri est dans sa gorge qui ne sort pas, qui ne doit pas sortir car ce serait « l'alerte », « guerre », d'autres viendraient sans frapper à la porte. Yves, aussi, se tient longuement le front sur la vitre de la fenêtre de sa chambre, vue imprenable sur la cour, à l'arrière de la maison. Autrefois le parc des dominicaines était là et la maison a été construite tournée vers lui, pièces nobles désormais dans l'ombre. Maintenant il y a un grand immeuble, « le premier en béton armé », dit « immeuble blanc ». Et c'est, côté cour, aussi, en face, les cuisines, les vide-ordures, les balcons de service, les cageots, les bouteilles vides, et même des poulaillers.

S'il n'est pas à sa fenêtre aveugle, Yves est sous le piano. Il s'y tient. En cachette. Il attend qu'Adrienne vienne jouer. Il y accumule, au-dessous, dans les montants de bois, comme des poutres croisées, plafond de « sa maison », un trésor de sucres, de petits dessins et de graviers.

Au jardin d'enfants, les garçons n'ont pas le droit d'aller aux toilettes en même temps que les filles. Ils doivent se retenir. Jamais, à la maison, ils ne sauront que c'était ça « faire la goutte ». Un jour, avant les rangs du soir, pressé, n'en pouvant plus, Yves court faire pipi. Quand, chose faite, retard, la porte de la grille de l'institution se referme sur lui, les rangs sont déjà loin. Grosses Lunettes a oublié Yves. Interdiction de traverser l'avenue pour se réfugier chez Bonne-Maman. Interdiction de rentrer seul. Impossibilité, même sur la pointe des pieds, d'atteindre la sonnette d'entrée. Yves se met à pleurer, le cartable sur les épaules, souffle coupé, larmes picotantes. Puis il voit du vert, une main, un grand, un de ces habitants du quartier à qui « il ne faut surtout pas parler ». Le soldat lui parle. Il est blond, comme lui, et si grand. Yves ne comprend pas ce que le soldat lui dit. Il se contente de montrer la direction de sa maison. Le vert-blond l'emmène en lui tenant la main gauche. Yves aime ce contact étranger, manque plusieurs fois de trébucher, regard levé. Devant le 5 villa Sainte-Foy, le soldat sonne à la porte du jardin. Longues minutes. Encore un peu sa main blanche. C'est Adrienne qui vient, remercie, attrape son fils de l'autre main. Puis les marches du perron, la porte d'entrée de la maison, et sitôt la porte refermée, une gifle. La seule qu'Yves recevra jamais de sa mère. Privé de goûter. On le couche, au pain sec et à l'eau. C'est la Hollandaise, regard furieux, qui claque la porte de sa chambre. Yves ne pleure pas. Il a vu du blond dans du vert. Il a été tenu. Conduit. C'était bon.

La nuit, au premier hurlement de sirènes, il est déjà debout, dans son lit. Il s'enveloppe lui-même dans une couverture. Il attend qu'on l'arrache en passant, et le prenne. Ses frères ont dévalé l'escalier. De la cave, odeurs de charbon, de bouchon, de poussière, de terre et de moisi, on entend les avions et le bruit des bombes. Désormais, dans ses rêves, le lit volant vrombira.

Neuf sur dix, dix sur dix : cette fois, Yves a cinq sur dix en conduite. Il doit faire signer son carnet. Quand il le présente à Adrienne, elle lui dit « non, c'est à ton père de le faire ». Il ne sait écrire que les lettres, pas encore les mots. Dans sa chambre, au crayon, il imite « R », « N », « A », « V », « A », « R », « R », « E ». Le lendemain, il tend le carnet à sœur Marie, qui l'emmène immédiatement chez la Mère supérieure, qui téléphone à son père, qui ? Le soir, pendant le dîner, René ne regarde même pas son fils. C'est encore pire. Menace. Jean-Jacques, sur le palier du premier étage, dira à son petit frère « ils vont t'emmener à la police ». Les grilles sont fermées. Impasse privée. Le front sur le parquet à échardes. Cinq de conduite.

## 13. La chasse aux impressions

Au vif du sujet. Plusieurs images du chapitre précédent illustrent certaines pages de *Lady Black*. Le romancier ne serait-il qu'un répétiteur de musique ? L'arbre généalogique se dresse, aussi, sur l'ensemble des premiers chapitres de cette *Biographie*. Le lecteur ami, témoin de tel ou tel ouvrage déjà publié, aura peut-être reconnu la version originale d'un film romanesque déjà vu. Or, ici, le vécu doit l'emporter. Les images à leur stricte mesure, enfin placées dans l'ordre, devraient composer l'ouvrage naturel et chaque trait du dessin, chaque touche resituer l'unique paysage dans son cadre d'origine. Yves, sujet simple, et non objet de variations au sens musical et virtuose du terme. Yves ou l'autre.

Observons-le. Il se penche, peureux, à la porte de la salle de bains du premier étage. Il surprend René, debout, devant le lavabo, en train de se raser, visage couvert de mousse. Il a osé s'approcher, comme malgré lui, pour voir son père autrement qu'en famille, isolé, le visage barbouillé. Peut-être sera-t-il, enfin, capable d'un geste, d'un regard. La salle de bains n'est qu'une coulisse. L'acteur n'est pas en scène. Tout alors le place à un niveau égal, même si on est beaucoup plus petit, les mains sur le montant de la porte, tête penchée. René pose son rasoir sur le rebord du lavabo, de l'index attrape un peu de mousse, geste vif, presque amusé, et du bout du doigt pose la mousse sur le bout du nez de « son petit dernier ». Yves a l'air étonné. Chatouillé. Il part comme un voleur. Il s'assoit sur la dernière marche, en bas de l'escalier. En louchant, il regarde la mousse éclater en petites bulles. Puis plus rien. Illusion ? Impression : de la mousse sur le bout du nez. Affection ?

Yves chez Bonne-Maman. Il se sent consigné. Pourquoi ne veut-on pas de lui, pour la nuit, villa Sainte-Foy ? Bonne-Maman pose une soupière sur la table de la cuisine. Ils vont dîner en tête à tête. Yves n'aime pas le décor de la soupière, une glycine, bleue, à petits motifs carrés. Bonne-Maman retire le couvercle, plonge une louche. Yves se redresse un peu sur sa chaise. La soupe est transparente, comme une gelée, visqueuse. Bonne-Maman prononce le mot de « tapioca ». Yves n'aime ni la soupière ni l'apparence de la soupe ni le mot. Servi, la serviette autour du cou, tenant correctement sa cuillère, le menton à hauteur d'assiette, il hésitera. Il dira d'abord « c'est chaud », puis il essaiera une fois, bouchée. Impossible de déglutir. Bonne-Maman l'observe. Yves ferme la bouche, dégoûté, la cuillerée dedans. Bonne-Maman attend. Elle ne dit rien. Elle mangera le contenu de son assiette, lentement, l'air ravi et décidé. Quand elle aura terminé, elle posera la cuillère dans son assiette vide, elle s'essuiera les lèvres et murmurera sèchement « j'attends ». Yves restera un long temps avec cette bouillie sans goût dans la bouche, gorge serrée. Plus tard, il ne pourra jamais voir une méduse sans penser « tapioca ». Plus tard, exercice sexuel, semence de l'autre dans la bouche, il verra la soupière, le couvercle, la louche, son assiette pleine, et ? Plus tard, été 1979, après la première étreinte avec Rupture n° 4, le jour de leur rencontre, il verra le nouvel aimé se diriger vers la salle de bains, l'entendra cracher dans le lavabo, faire couler l'eau, revenir, sourire et dire « je n'avale pas ». Pures pertes, dégoût de ce que l'on est ? Qui donc établit une limite entre le sexuel et le sensuel ? L'obscénité n'est que reçue, mensonge du receveur à lui-même. Bonne-Maman se lève, range son assiette dans l'évier. Yves arrache sa serviette, quitte la table de la cuisine, bouche pleine, court dans la salle de bains, crache dans le lavabo, fait couler l'eau et va se coucher, tout seul, dans le salon. Avec son appétit d'enfant. Impression : tapioca.

Yves aime le parfum du parfum de maman, *Arpège* de Lanvin, cabochon avec pompon doré. Interdit d'y toucher. Yves préfère l'odeur forte du rouge à ongles. Fasciné, en cachette, il se vernit les ongles, lui aussi. C'est une fin de jeudi après-midi. Adrienne a décidé de la punition « tu mangeras avec nous, ce soir ». A table, les mains sous la nappe, cramponnées à ses genoux, il ne mange pas. René dit « tu iras à Sainte-Geneviève, avec ces mains-là ». Le lendemain matin, dans les rangs, il porte des gants. Sursis. Mais dans la classe, poings serrés, il cache ses mains sous le pupitre. Sœur Marie le prend par le coude, le lève et le traîne jusqu'à l'estrade. Là, face aux petites filles et aux petits garçons, ils sont petits, eux, et bêtes, ils rient, elle le force à tendre les bras, tendre les doigts, montrer ses ongles rouge vif. Vif du sujet. Elle fait alors signe aux enfants du jardin d'enfants et, rituel de la punition, index et majeurs tendus à hauteur de tempes, ils scandent tous « hou les cornes, hou et hou les cornes ! » Yves est ensuite tenu à l'écart, le front calé dans un coin de mur, un bonnet d'âne sur la tête, poings croisés dans le dos. Alors seulement il pleure. C'est salé. Meilleur que le tapioca qui n'a aucun goût. Plus tard, au cinéma, il verra *Pour qui sonne le glas,* et cette scène où l'on force des hommes punis à passer entre deux rangées d'autres hommes qui les battent à coups de crosse de fusil. Il pensera à ses ongles, rouges, passion. Un peu de rouge chez les bonnes sœurs. Impression : pas la théorie, la sensation.

Il n'aime pas l'appareil photo. Il n'aime pas qu'on le regarde dans cette boîte en lui demandant de sourire. Alors, il tire la langue. Un tout petit peu la langue entre les lèvres. Cela suffit pour déclencher leurs colères. « Ne tire pas la langue ! » Il la tire, dedans. Il n'aime pas être « pris » par cet « appareil », ridicule petit oiseau qui ne sort jamais et auquel ils croient, eux, s'ils le disent. Impression : langue tirée, dedans la bouche.

Il s'installe au piano. Il veut jouer. Il ne sait pas. Essayer serait alerter. Il caresse les touches, les blanches, ongles, et les noires, griffes. Elles sont douces. Il jouera. Impression : la musique sort des doigts.

A l'église Saint-Pierre, le dimanche. L'encens. Il retient sa respiration. Il en a des crampes au ventre. Il ne veut pas respirer cet air-là. Le vertige est trop facile. Et que font-ils, à genoux, enivrés ? Pourquoi baisser la tête ? Pendant l'élévation, il regarde ses genoux. Impression : spectacle, dedans ; respiration, dehors.

Il ne sort pas du petit jardin, devant la maison. Il ne quitte pas son marronnier. Dans l'impasse privée, les enfants jouent. Ils ont le droit de jouer entre eux. Eux. Parfois, Adrienne surveille, de la fenêtre. Yves tient son camion dans les bras, jalousement, comme s'il lui fallait le préserver des cris de jeux, de l'autre côté de la grille. Un jour, il veut sortir, se tient devant la porte du jardin. Un petit garçon s'approche, puis trois. L'un d'eux dit « c'est mon camion, rends-le-moi ! » Bagarre. Le camion tombe sur le trottoir. Yves appelle « maman ! » Un des garçons ramasse le camion, et le jette au visage d'Yves. Arcade sourcilière gauche. Sang sur la joue et dans le cou, tout de suite. Course dans les rues. Où l'emmène-t-on ? Odeur d'éther. Lumière de carrelages blancs. « Ça ne fait pas mal, n'aie pas peur. » Points de suture. Puis « je t'avais dit de ne pas jouer avec les autres enfants ». Impression : le sang est noir.

Yves est au bord d'un lac, en « vacances ». Il pleut. « Ils » sont partis en promenade, sans lui. Il a été déclaré trop grand pour être porté et trop petit pour marcher comme eux. Il joue seul, dans la chambre. Il joue à s'attacher les pieds et à sautiller, de la fenêtre à la porte, de la porte à la fenêtre. Il glisse. Il tombe et se cogne violemment sur le rebord d'une chaise. Arcade sourcilière droite. Du sang sur la joue, dans le cou, puis plus rien. L'odeur du tapis vaguement. Et des appels ? Eveil : carrelage, odeur d'éther. Impression : points de suture, le corps se coud.

Mais pourquoi s'attacher les pieds avec une cravate de papa ? Le lac est rond, profond, cratère d'un volcan, disent-ils, et il y a « plein de poissons ». Deux bandeaux sur le front en l'espace d'un mois. Et cette petite « tache de sang », « tache de naissance » disent-ils aussi, en forme de croix, à hauteur d'oreille gauche, que tout le monde regarde et touche du doigt quand les cheveux longs ne la cachent pas. « Etrange, vous ne trouvez pas, Pipou ? » Ça les amuse. Les. Impression : « cet enfant tombe beaucoup ».

« Pourquoi écris-tu ce roman qui s'intitule *Biographie* ? Pour ceux qui t'aiment ? » Réponse : non, pour ceux qui aiment.

Yves, petit à petit, apprend à mieux voir Neuilly, chaque nuit, du haut de son lit. L'église Saint-Pierre, la mairie, l'immeuble blanc, le parc des dominicaines et, point de repère, un point vert parmi les points verts, le soldat de la gifle. Après avoir reçu le camion en pleine arcade, il a crié « maman ! » mais c'était lui qu'il appelait. Son nom ? Impression : faut s'évader.

Le coquetier représente un poussin en train de picorer. Il porte sur son dos un œuf tronqué. L'œuf à la coque est placé dedans. Yves y mouille des petits bouts de pain qu'Adrienne ou la Hollandaise lui tendent. Quand la coquille est vide, il la retourne, l'essuie avec sa serviette, lui redonne un air neuf, et tend le coquetier à René. François-Pierre et Jean-Jacques sourient. René dit « tiens, un autre œuf ». Il se tourne vers Adrienne « c'est pour moi, Mimi ? » Il prend sa cuillère, donne de petits coups sur la coquille « humm, il a l'air bon ». Un coup plus fort. La coquille se brise, creuse. Eclat de rire. Impression : ça, et un peu de mousse sur le bout du nez, une fois, deux fois, et puis ? Le bonheur est instantané. Il est rare. Un rien le provoque qu'il faut toujours réinventer. Et l'invention n'est que don d'observation, et sens de la situation.

Pourquoi disent-ils « mon petit dernier », « notre petit dernier », « le petit dernier de la famille » ? Yves se dit qu'il n'y aura donc personne après lui. Plus tard, à chaque publication de roman, il entendra dire ou lira « le dernier roman d'Yves Navarre ». Chaque fois il voudra rectifier « le dernier publié ». Impression : après lui, plus personne. Dernier, pour eux, est définitif.

Le jour de la première communion de Jean-Jacques, au mois de mai, il y a réception dans le jardin autour du marronnier. La famille est là, la famille de René, Suzanne et ses enfants, Margot, des cousins Dumas : Bonne-Maman reçoit. Nul représentant de la famille Bax. Pourquoi ? Yves les regarde tous. Il est le seul de sa taille. Il ne rêve pas de grandir, il veut seulement savoir lire, parce qu'ils savent lire, eux, et pas lui. Un gros chat noir fait son apparition sur le haut d'un mur. Tapi dans le lierre, il observe la population du jardin. Impression : col boutonné de la chemise, étranglement.

René donne un coup de poing sur la table. Les carnets de notes des aînés sont mauvais. Il pointe du doigt son épouse « c'est de ta faute, Pipou, tu ne t'occupes pas assez d'eux ». Plus Mimi, Pipou. Le Pipou de tout le monde, accusatif. Yves ne retournera pas la coquille d'œuf dans le coquetier. Pas le moment. Plus le moment. Adrienne aide la Hollandaise à desservir la table. René va s'installer dans son fauteuil de cuir, face à la radio gothique. François-Pierre et Jean-Jacques n'osent plus s'approcher pour lui dire bonsoir. Ils bredouillent « bonsoir » dans le dos de leur père. Jean-Jacques est le premier à monter dans sa chambre. Les colères du « paternel » l'amusent. Adrienne, main posée sur l'épaule droite d'Yves, le pousse gentiment vers son père. Les mains sur l'accoudoir, latéralement, sur la pointe des pieds, Yves embrasse René sur la joue « soir, pa ! » Il ne peut ni dire « bonsoir » ni dire « papa ». Il a trop peur. Coup de poing sur la table. Impression : il ne faut pas pleurer, pas rire, pas parler, pas signer de faux, avoir dix sur dix en conduite, bien ranger ses affaires, plier ses vêtements et se brosser les dents. Disparaître pour eux. Il faut être parfait. Parler ailleurs. Rire ailleurs. Pleurer ailleurs. Il ne faut pas provoquer le coup de poing. Et s'ils ne se penchent pas, s'ils ne regardent pas, s'ils n'écoutent pas : tant mieux.

Chaque fois qu'Yves entendra dire de lui « il est gentil », « il est sage », « avec lui, pas de problèmes », il aura l'impression de gagner un de leurs bons points. Il ferme la porte du salon derrière lui. Il ferme la porte de sa chambre derrière lui. Il ferme la porte des w.-c. derrière lui. Il ferme des portes, toutes les portes. Il aime les loquets, les poignées, les serrures. Dans la 15 CV Citroën, il n'oublie jamais la fermeture de sécurité. Un nouveau rêve fait irruption dans ses nuits, plante un nouveau décor, personnages, une action : il est très grand, il tient une énorme pelote de laine, extraordinairement légère, et loin devant lui, au bout du fil dévidé, ses parents, tout petits, microscopiques. Plus il court vers eux, plus ils fuient, plus la pelote se dévide. Attention, le fil va se casser. Et quand vraiment il ne les voit plus, il se réveille, tout secoué, au fond du lit, dans le sac du lit. Il étouffe, rampe, écarte l'oreiller et se dresse, vertige. Il retombe. René entraînait Adrienne. Adrienne tenait le fil de laine. Parfois, elle se retournait, faisait signe à Yves d'aller plus vite. Mais la pelote, dévidée, ne se laissait plus tenir, partait en l'air, à hauteur de tête, bloquait la vue, entrelacs de fil, nœuds, désordre. René et Adrienne prenaient de l'avance. A peine Yves pouvait-il les distinguer à l'horizon de ce lieu intérieur, sans cloison, sans angle, sans rien pour limiter le bas du haut, les côtés, surface plane, grise, virant au noir, avec pour seule couleur celle de la laine écrue : il ne fallait surtout pas casser le fil. Puis plus rien, plus eux. Le réveil. Fièvre. « Il faudrait appeler le docteur Léger. » Silence. Un verre d'eau. L'oreiller retourné semble plus frais et doux. Une douleur à la base de la nuque. Ils sont là, de chaque côté du lit, taille nature, et lui tout petit. La main d'Adrienne sur le front d'Yves. Yves demande « cassé ? » Adrienne le regarde. Elle ne comprend pas. Yves entend « dors, je vais éteindre la lumière ». Plus tard, en assistant à une représentation du *Nouveau Locataire* d'Ionesco, Yves fermera les yeux sur la dernière réplique de la pièce, *éteignez. Merci*. Il sentira l'odeur de sa chambre d'enfant. Dans un coin, il y a du linge qui sèche, la table de repassage. La Hollandaise, demain, lui donnera peut-être quelques mouchoirs à repasser. Impression : il n'y a de certain que les rêves.

Le lit vole moins, la pelote revient. Parfois, le soir, après dîner, Yves s'assoit en tailleur devant le fauteuil du salon dans lequel Adrienne se tient. Les avant-bras levés, les coudes bien en l'air, il a la responsabilité de l'écheveau qu'il faut tenir tendu et sa mère met la laine en pelote. Léger mouvement de droite, de gauche, puis de droite, Yves essaie de faciliter le travail. Il veut aussi, mouvement suave, mieux placer le fil invariablement droit devant elle pour qu'il ne se casse pas. Parfois, seulement, imperceptiblement, il accélère le mouvement. Adrienne le regarde alors, droit dans les yeux, et fait tourner plus vite la laine autour de la pelote. Elle a peur, elle aussi, que le fil se casse. Si Yves ralentit, Adrienne se calme, regarde René, dans son fauteuil. Il lit le journal, ou bien s'est-il endormi. La radio, faiblement, répète des messages litaniques. Les volets sont fermés. Une lumière faible, dans un coin du salon. Yves voit l'ombre portée de ses bras. Puis il s'endort avec l'écheveau, comme emporté par un mouvement perpétuel. Qui le place dans son lit ? Impression : le rêve de la pelote est venu avant l'écheveau. Le rêve a été confirmé par l'écheveau. La réalité sort du rêve.

Au bain. La Hollandaise pose Yves debout, nu, dans la baignoire. Un fond d'eau tiède. Elle le savonne avec un gant, devant, avec un autre gant, derrière. Pourquoi ce changement ? Elle lui lave les cheveux. Elle lui frotte un pied, puis l'autre, le dessous des bras, et le ventre : c'est doux. La Hollandaise l'appelle « bonhomme de mousse ». Quand elle passe le gant par-devant, elle lui pince en riant « la demoiselle ». Il ne faut pas faire pipi. Yves se retient. Il attend. Puis elle le douche. Elle le rince. Il a les yeux qui piquent. Il a l'impression d'y voir mieux. Le chauffe-eau à gaz, paraît-il, est dangereux. Si la petite flamme s'éteint, la maison explose. Les aînés, eux, ont droit à une baignoire pleine d'eau beaucoup plus chaude. Un jour, Adrienne pose Yves entre ses frères. « On n'en veut pas, il va faire pipi, c'est dégoûtant. » Jean-Jacques bondit hors de la baignoire, dégoulinant, pas du tout d'accord. Les mains sur le rebord, impassible, François-Pierre navigue, jambes allongées. Yves s'immerge, se cogne le dos à la robinetterie. Impression : une eau partagée, pour eux, est une eau sale.

Dans la chambre, il y a aussi la « crèche d'église » que René a achetée pour le premier Noël, villa Sainte-Foy. Les personnages ont été enveloppés dans des papiers de soie, placés dans un grand carton. Ne reste que la structure de bois, tendue de papier façon rocher, « petite maison » dans laquelle, au centre, Yves peut se tenir debout. C'est là qu'Yves conduit souvent Bernard, le seul petit garçon de son âge vivant dans la villa. Il habite au n° 9, deux maisons plus loin sur le même trottoir. Les mamans ont fait connaissance. Leurs fils peuvent jouer ensemble. Souvent, à l'aide d'une couverture, Yves et Bernard s'isolent dans la crèche. Dans l'obscurité, le jeu consiste à faire pipi dans une bouteille. Bernard dit « si on faisait du poison pour tuer les Allemands ». Yves va aussi jouer chez Bernard. Sa maison est beaucoup moins belle. Sa maman a des cheveux blancs et toujours des robes noires. Chez Bernard, un jour, ils se retrouvent dans les toilettes. Bernard a baissé sa culotte. Yves est derrière lui, à genoux, le nez dans le pli fessier de son ami. Pourquoi ? Ce jeu ne fut jamais décidé : c'est venu. La porte n'était pas fermée. La maman de Bernard fait irruption, ramène Yves chez lui et le rend à Adrienne. Enfermé dans sa chambre, Yves sait que les deux mamans parlent, dans le salon. Bernard a des frères aînés, jumeaux. Chaque fois qu'ils croiseront Yves, dans la villa, ils le pointeront du doigt en disant des mots, quels mots ? et en riant. L'un des deux mourra quelques mois plus tard « et il a beaucoup souffert ! » Yves secrètement sera content. Bernard ne salue plus Yves. Les deux mamans se disent bonjour de loin. Adrienne découvre, derrière la crèche, les bouteilles de poison, oubliées. Impression : Yves rougit devant tous les enfants de la villa.

Chez les bonnes sœurs, il rougit. Devant ses frères, il rougit. Un officier allemand vit chez Bonne-Maman. Une chambre a été réquisitionnée, chez elle. Elle dort dans le salon. « C'est quoi la guerre, man ? » Adrienne ne répond pas. Impression : ils ne parlent plus de Condom, odeur de terre ; ils ne parlent que de Paris, odeur de pierre.

Stricte mesure des impressions. L'auteur, auteur de sa propre biographie, peut parer, mentir. Il est aussi, de tous les biographes, le seul à pouvoir dire les faits tels quels. Matière brute et première. Le biographe, voyeur amoureux autre, autre que le sujet de la biographie, n'a pas accès aux rêves, lui. Etrange adorateur de cadavres.

Le chat noir est revenu. Il est vieux, aveugle. Tapi dans le lierre, il attend chaque soir le retour de René. Et René surgit dans la salle à manger, le chat sur ses épaules, cramponné. Le chat s'endort, pattes pendantes, autour du cou du père. Il n'a pas faim. Jean-Jacques dit « il mange des oiseaux ». René appelle le chat Tityre. Tityre griffe si les enfants essaient de le caresser. René dit « il me voit, la nuit ». Tityre, pendant les journées, disparaît. C'est le chat noir du soir et du retour du père. Impression : l'aveugle voit, touches noires du piano, ni la note d'avant ni la note d'après, un ton intermédiaire, heureux si l'on monte, triste si l'on descend. Cours de piano. Monsieur Renaud, le répétiteur, donne des coups de règle à François-Pierre ou à Jean-Jacques « non, c'est *fa* dièse », « non, c'est *si* bémol ».

Culottes courtes : Yves est chatouilleux des genoux. Au jardin d'enfants, Fradet le déteste. Fradet est le chef du clan des garçons. A chaque récréation, c'est une nouvelle guerre, une nouvelle embuscade. Yves n'ose plus s'approcher du terre-plein. Ils crient « t'es une fille ! t'es une fille ! » en faisant « hou les cornes ». Un jour, sœur Marie pose quelque chose de rond sur son bureau, à côté du taille-crayon moulinette. Elle fait tourner cette boule, qui pivote sur un axe oblique, et dit « c'est la terre ». Elle commente « c'est sur elle que nous vivons ». Elle parle de « la mer » (la mère ?), des « calottes glaciaires », des « continents » (« ce petit a des incontinences ») et, pointant du doigt, affirme « nous vivons là. Venez voir. En rangs s'il vous plaît ». C'est le cortège vers l'estrade. Yves ne bouge pas. Sœur Marie affirme que « la terre tourne dans le vide », que « rien ne la retient ». Puis « Navarre, venez voir ! » Les autres ont déjà regagné leurs pupitres. Yves, obligé, se lève. D'une main, sœur Marie retient la boule, alors qu'elle vient d'expliquer que la boule tourne toujours et que « c'est ça le jour et la nuit ». De l'autre main, elle montre du doigt un point précis. Yves s'approche, puis blanc, rien, il tombe. A l'infirmerie, une autre sœur lui tamponne les deux genoux. Ça pique. On lui met un pansement de chaque côté. Mercurochrome. Impression : le vide. Plus tard, en 1976, après la rupture avec n° 2, la terre se mettra à tomber, la nuit. Rien ne la retiendra. Rien ne la retient. Yves se cramponnera au matelas et au lit. « C'est quoi le vide, man ? » Adrienne ne répond pas.

Le fil de la pelote de laine ne se casse jamais. Il s'embrouille, mais il ne se casse pas. Et plus il s'embrouille, plus la fièvre monte, plus la poche du lit est profonde, chaude et douce. Yves dort en travers, tout au fond. Il entend Adrienne dire à René « mais je n'y peux rien ». Impression : le rien et le vide.

Sœur Marie, en fin de journée, lit rituellement, voix blanche, quelques lignes des *Mémoires d'un âne*. C'est la récompense, uniquement « si tout le monde a été sage ». De retour chez lui, Yves demande à Adrienne « un livre ». « Mais tu ne sais pas lire... » Il insiste. Il dit que c'est pour apprendre. Adrienne le conduit avenue du Roule. Dans ce magasin règne une odeur neuve de feuilles vierges, de crayons pas touchés et de papier imprimé. L'odeur forte des crayons de couleur ? Adrienne demande « *Les Mémoires d'un âne*, s'il vous plaît ». Le livre a une couverture grise. Il est plein de signes mystérieux. Une à une, Yves lit les lettres, parfois un mot, quand il n'a que trois lettres, puis quatre. S'il se fait lire une ligne, il l'apprend, et répète par cœur, en montrant ce qu'il lit du bout du doigt. Mais le doigt est décalé. Les grands se moquent. Très vite, Yves apprend à lire vraiment. Ça y est. Il est « grand ». Il se couche avec le livre. Il s'endort en le reniflant. Le livre ne le quitte pas, où qu'il aille. « C'est mon livre. » Impression : c'est comme la main de quelqu'un, un livre, mon livre.

## 14. Mercredi 23 avril

Notes saisies en écrivant le chapitre 13. « Je. J'ai tellement envie de dire je. Mais je me l'interdis. Me censurer consisterait à me l'autoriser. Or, l'envie n'est pas le besoin d'écriture. Il me faut des profondeurs de champ. Un enfant galope en moi qui n'a toujours pas compris. Je me demande comment j'en suis arrivé là, si peu pourquoi. Chicanes de ceux qui ne peuvent que se célébrer entre eux. »

« Durement. Texte épineux auquel j'ai douleur à me livrer. Je m'y abandonne, constamment sollicité, rappelé à l'ordre de la dictée conforme aux normes de leur " idée " de décence, tarabusté par la peur du jugement extérieur, nargué des institutions de pensée. Les mots, fascistes, risquent toujours de " faire dire ". Ils " bâillonnaient " ? Ils " font dire " désormais, à l'image de ceux qui en usent. Ils ont épousé, imité, suivi. Ils martèlent le comportement d'une masse humaine employée à courir à sa perte. L'emploi des mots et l'emploi du temps, conjugués par l'écrivain, doivent continuellement créer l'état de maîtrise. Ravir les mots le temps de dire. S'arrêter, stopper, au " faire dire ". S'ils l'emportent, c'est la méprise. Leur spectacle n'est plus la livrée. Moi, toi, je, tu, nous, interchangeables. Il y va ici d'une pratique, et non d'une théorie, de l'écriture : un amour quotidien. »

Dans *Le Monde* du 22 avril, l'annonce de la naissance de Noémie, fille de Charles-Henri et de Marie-Françoise. Juste en dessous, rubrique *Mariages*, *Geneviève X et André Y ont régularisé leur déjà longue et heureuse union. Bordeaux, le...* Sourire. Un peu plus loin, publicité d'un film, *l'ex-champion de rodéo dompté par une journaliste sauvage.* Autre sourire. Je découpe. Je garde. Je transcris.

« Le je a été rendu sale, saleté de mentalité, instituée et suspectée. Même si je suis il, dans ce texte, certaines pourront entrer dans le je, dire je, et ne pas avoir peur de l'institution, peur du suspect infligé au sensible. »

« Ces faits de ma vie, je n'en tire pas des conclusions, je ne veux en tirer que des impressions. Esquisse. Chacun de nous est une fresque plus ou moins dessinée, vers laquelle il se tourne s'il est encore capable d'aimer. »

« Qu'on ne se mêle pas de me dire si j'aurais dû écrire *Biographie* ou pas. J'ai un certain nombre d'heures de vol. Je décide. »

« Chaque texte est un examen de passage. Pourquoi ? Le passage, oui. L'examen, non. Le cœur n'a pas de marge. »

« Nous nous sommes enseignés, habitués. Nous avons appris à taire en nous le jardin de l'enfant qui ne comprend pas encore. Je fus à l'écoute, tout de suite. Dès la livrée. Je me dis même qu'avant j'écoutais déjà. C'est la leçon du lit, tout au fond, recroquevillé. »

« Chaque impression est une question qui n'appelle pas de réponse. La vie répond, parfois, plus tard. Elle abuse de l'enfant. Les grands sont petits. Les petits font des desseins, dessins. J'avais peur de tailler les crayons de couleur. Je préférais le crayon noir. »

« Définir la part de l'inné et celle de l'acquis. Je veux ici l'écriture innée, innocente, violente. L'enfant reçoit tout. Il n'a pas de conseil à porter. Le jour où il comprend que la terre est ronde, fini, il est lancé. On le conseille. On le façonne. Comment dégager la part de l'inné de celle de l'acquis dans la réalisation de chacun de nous ? Je ne suis pas philosophe. Je suis. Froid. Ciel gris de nouveau. »

« Rêve : Eric me demande de retirer son nom de ce texte s'il doit " porter atteinte à sa vie privée ". Je lui réponds " t'en fais pas, j'ai tout coupé. Il n'y a plus ton nom. Il n'y a plus aucun nom. Il n'y a plus que des pages blanches ". Je me réveille. Je le note. Les chats n'aiment pas que je me lève, la nuit. Tiffauges, inquiet, se poste derrière la porte vitrée qui donne dans mon bureau et me regarde, les yeux ronds. Très vite, il s'endort, debout, à son poste. Puis Tiffany, puis Tityre, par ordre de grandeur. Tous trois. »

« Le romancier fabrique du faux avec du vrai, de la légende avec du mythe, du style avec de l'époque. L'imposteur en quête de succès éphémères et rentables fabrique du faux avec du faux. Le faux, pour l'universitaire, est célébré en termes d'imaginaire. Ecrire ma vie : je veux produire du vrai avec du vrai. Je suis le seul à avoir vécu *Biographie*. Chaque lecteur, auteur de sa vie vraie, devrait s'y retrouver, seul, à vivre, vivre la sienne en découvrant la mienne. Les académies ne veulent avoir que les derniers mots. L'écriture, à son origine, ne veut avoir que le premier. »

« Jeudi 25 avril 1980. Au docteur G. Bloch.
« Mon cher Georges. Un mot pour te tenir au courant puisque je ne suis pas venu te voir depuis un temps. Je t'ai dit au téléphone hier " je me maintiens ". En fait, je me suis embarqué dans le texte dont je t'ai parlé. Et c'est de nouveau le bagne. Curieux et dangereux texte dans lequel je me livre en direct, au temps présent, d'une part, journal de la biographie ; et au présent du passé, d'autre part, biographie pure. Plus j'avance, plus je conçois l'urgence de cette entreprise, plus j'en ressens de front le pouvoir coupant et libératoire. Je dors peu, mal. Je ne prends qu'un Temesta. Je me suis mis aussi à un strict régime alimentaire : plus de pain, plus de beurre, plus de sucre, plus de graisses animales. A force de manger des gâteaux et de gonfler d'inquiétude je ne pouvais plus entrer dans mes pantalons. Bien sûr, le fait d'un nouveau roman (?) en cours me pose encore des problèmes d'administration et de gestion de ma propre vie. Personne ne paie quand je ne peux pas payer. Et quand j'écris un texte, je ne peux rien écrire d'autre. Le règlement des factures de base est de plus en plus difficile à honorer. Je ne sais pas comment je m'en sors. Mais il y a un mois, quel crampon psychique ! Il fallait que je m'en sorte. Par l'écriture. On verra. Je serai à Joucas du 30 au 6. Dès mon retour, je viendrai me faire ausculter. Dis bien à Christiane mes pensées affectueuses. De tout cœur. Yves. »

Jeudi après-midi. J'ai fait l'aller et retour à Saint-Pierre de Neuilly pour assister au mariage de Pierre. Les copains du lycée n'étaient pas là. Un ou deux visages connus, c'est tout. Le frère et la sœur de Pierre, sa mère. Mariage de fin d'après-midi, assistance clairsemée. Mariage œcuménique. L'épouse de Pierre est protestante. Dans son prêche, le pasteur dit *et vous êtes libres devant le mariage parce que vous pouvez dire non*. Il parle de *déterminisme*, de *réalisme*, toutes sortes de mots en *isme*. Menaces ? Je ne retiens, de ce qu'il a dit, qu'un *je souhaite que votre foyer ne soit pas de ceux qui ne laissent derrière eux que des cendres*. Le pasteur, de noir vêtu, ressemblait à un juge. Le curé fit ensuite moins d'effet. Il riait à tout propos. Etait-ce pour créer une joie ? Quand il demanda à l'assistance de répéter après lui le *Notre Père,* je fus surpris par le tutoiement du nouveau texte (je ne suis pas allé à l'église depuis qu'on ne m'y a plus mené) *que ton règne arrive*... puis, surtout, le *ne nous laissez pas succomber à la tentation du mal* qui est devenu *ne nous soumets pas au mal.* Succomber, c'était bon. On y était déjà. Il n'y a plus le banc d'honneur, face à la chaire, juste avant le transept, cette stalle dans laquelle mes parents se tenaient le jour de ma première communion, ma mère sous une large capeline à la mode d'alors. Y avait-il plus de fleurs, de lumières, de parfums et d'objets de décor quand j'allais là, enfant, les dimanches d'hiver ? Il faisait doux dans cette église même quand il y faisait froid. Aujourd'hui, j'ai vu des murs décrépis par endroits, des lumières blafardes. Il faisait froid-froid. La bourgeoisie douillette a quitté Neuilly.

Dans le métro, en rentrant, un vague ami, lecteur, qui m'écrivait il y a sept-huit ans des lettres admiratives et respectueuses, et qui, depuis qu'il me connaît, se croit investi du « droit amical » de m'écrire des *c'est mieux, en progrès,* ou *moins bien,* ou encore *celui-là, pas du tout,* s'approche de moi, bronzé, la belle cinquantaine. Nous nous serrons la main. Il me dit « ça va ? » Je réponds « ça va ». Même voix. Neutralité. Je ne l'ai pas reconnu tout de suite. Mon « ça va », en réponse, était sans aucune histoire. Il réfléchit, me regarde, inquiet, « ça va vraiment ? Vous n'avez pas l'air d'aller. Je vous trouve mauvaise mine. Allons, dites-moi que vous n'allez pas ». Je souris. Et lui réponds très distinctement, doucement « pourquoi venez-vous toujours vers moi avec les mots du malheur au bord des lèvres ? » Silence. Une station, deux stations. C'est l'heure de pointe. Il y a du monde. Un beau jeune homme se tient à côté de nous. Comme l'ami lecteur, ébahi ou épinglé, ne dit rien et qu'il semble offensé, je ris, et passe à l'offensive « et vous, comment allez-vous ? Vous êtes très bronzé, vous avez l'air en pleine forme. Tout va très bien apparemment, mais je suis sûr que vous êtes pâle sous votre bronzage et que tout va très mal. Que ça va même très, très mal, pour vous. Dites-moi que vous allez mal. Je vous en prie, dites-le, vous avez si bonne mine ». Autour de nous, les gens ont entendu et sourient. Le jeune homme rit. Nous nous quittons sur le quai de la station Châtelet. Il me tend une main incertaine. De retour ici, je raconte l'histoire à Emanuel, au téléphone. Emanuel me dit « ils te veulent dans un tiroir. Mais tu vas en sortir. Ecris ». Je lui lis la lettre adressée à Georges. Emanuel me dit « laisse-la dans le texte, elle donne le ton. Elle est le présent nécessaire ».

A la cuisine, je bois un thé, sans sucre. Survol du *Monde* et de son supplément littéraire. La critique de Bertrand Poirot-Delpech de cette semaine commence par cette interrogation : *Les Français de 1980 n'auraient-ils plus foi qu'en ce qu'ils furent, plus goût qu'aux cimetières ? Tandis que leur démographie s'effondre, on ne leur voit d'ardeur véritable qu'à enterrer leurs dernières gloires, à fouiller leur généalogie, à recenser leur patrimoine. Serait-ce que l'an 2000 les épouvante ? On dirait qu'ils abordent le futur à reculons, agrippés au passé comme à une valeur refuge. Les livres confirment ce recroquevillement. Abandonnant le marché de l'avenir aux fabricants d'anticipation, les écrivains de qualité se tournent volontiers vers la biographie, la monographie régionale ou familiale.* Stop. Encore un signe. Un peu plus loin, sous la plume de Philippe Nemo, un article sur le premier anniversaire de la mort de Maurice Clavel. Au hasard je lis, *un homme qui ne cherche pas à survivre par la mémoire qu'on gardera de lui dans les écoles est un homme qui attend une autre survie.* Stop. Gorgée de thé. Je ne lis jamais un journal. Je le survole. Je picore.

Hier, représentation de *La Mouette* à la Comédie-Française. En scène, acte II, l'écrivain Trigorine dit à Nina, *jour et nuit, cette même pensée obsédante me poursuit : tu dois écrire, tu dois écrire, tu dois... J'ai à peine terminé une nouvelle qu'il faut que j'en commence tout de suite une autre. Après, Dieu sait pourquoi, j'en écris une troisième, une quatrième... J'écris sans arrêt, prenant juste le temps à chaque relais de changer de chevaux, et je ne peux faire autrement. Qu'y a-t-il là, je vous le demande, de si beau, de si serein ?* Et plus loin, *ne suis-je pas fou ? Mes amis et mes connaissances me traitent-ils comme un homme normal ? Qu'écrivez-vous ? Qu'allez-vous nous offrir ? Toujours la même chanson, la même rengaine, et je finis par me demander souvent si mes amis ne se jouent pas une comédie, si toutes ces louanges, ces attentions, cette admiration ne sont pas seulement des mensonges destinés à un malade.* Dans la salle, il y a Rupture n° 1, le Tony de *Killer*. Je suis au premier rang de corbeille, de côté, et à gauche. Il est au second rang de corbeille, de côté, et à droite. Nous nous sommes regardés. Devant lui, Marguerite et un ami. A l'entracte, Marguerite me dit « il y avait longtemps que je n'étais pas venue ici. Comment peut-on faire encore, en scène, des rires mécaniques ? »

Au courrier de ce matin, une lettre tapée à la machine de Rupture n° 3, Duck du *Temps voulu*. Papier à en-tête. Il est « directeur administratif » d'une troupe qui va venir jouer à Paris la semaine prochaine. Frappe originale, *Monsieur, nous serions très heureux si vous acceptiez d'assister à une représentation de...* Et sa signature, illisible, comme un coup de griffe.

Le téléphone vient de sonner. Je décroche. Personne. Je pense à Rupture n° 4. J'ai même dit à Tiffauges en le caressant « manquerait plus que lui ».

Le mariage de Pierre ? L'église Saint-Pierre ? Les copains de Pasteur ? Une page est tournée qui n'est pas de ce texte, ce texte qui peut-être deviendra livre. Non par la force des choses mais pour une douceur, ou une douleur. Le curé a dit aussi *pensons à ceux qui se sont unis, et à ceux qui vont s'unir. Pensons, aussi, à ceux qui ont choisi la voie solitaire.* Leur pitié fleure.

Cette voie, je ne l'ai choisie qu'après qu'elle m'eut été imposée. La chasse aux impressions fut en fait une traque. Je n'ai tenté de vivre avec quelqu'un qu'un temps, quatre fois un temps, et à chaque fois si peu de temps. Tout était lézardé, cassé d'avance, je le crois, et peut-être plus pour nous, fait de minorité, que pour eux, les autres, qui se marient cassés, aussi, parfois. Je pense à mes ruptures, amours flétris, sur le déjà un peu tard de ces huit dernières années. Je veux les tuer. J'y pense. Je pense au couteau de cuisine. Je ne fais qu'y penser. Où ai-je écrit, *l'amour n'existe que par omission, à la charge des mots ?* Ne restent que les mots, effectivement. Et leur double tranchant.

La peur de l'an 2000 ? Au milieu du saccage, il fit encore quelques pas (24 septembre 1980) et il chercha le paysage qu'il n'y avait plus autour de lui. Il le chercha en lui, et pour tous.

Au milieu du brouhaha, il chercha à entendre sa voix. Il cherchait à l'entendre depuis des années. Il ne voulait plus des malentendus et des malécoutés. Il ne voulait plus malaimer et être malaimé. Il réapprit sa voix. Il prit le temps du parcours à faire et du parcours parcouru, en même temps. Il chercha, dans sa voix, la voix des autres.

Au milieu du carnage, image quotidienne de toutes les guerres, de toutes les menaces et de toutes les crises, il ne lui restait plus qu'à se pencher sur l'unique paysage de sa vie et à se demander : comment ? Si peu pourquoi. Un étrange instinct de non-conservation semble emporter le monde civilisé vers une fin. C'était la peur des années qu'il avait vécues qui l'animait depuis ses premiers crayons de couleur, depuis la première estrade et la première lecture. C'était la peur des années qu'il vivait. Et non celle de l'an 2000. En 1969, un tribunal d'hommes d'affaires l'interrogeait. Son seizième roman venait d'être refusé chez plusieurs éditeurs. Il devait gagner sa vie. Il faisait carrière dans la publicité. Il appliquait à la conception-rédaction publicitaire ce qu'il avait « senti » dans *Mythologies* et *Le Système de la mode* de Barthes. Il était candidat à un poste de directeur de création d'une firme américaine implantée en France. Le « chercheur de têtes », en fin d'entretien, devant le président international, le vice-président international et le président français, lui demanda « how do you see your future ? » Comment voyez-vous votre avenir ? Il répondit « I don't see it ». Je ne le vois pas. Il fut engagé.

Je suis redevenu il. Je ou il, c'est nous, ensemble. Il n'y a plus que ce paysage. Possible. Le reste est carnage.

Je ne veux pas de la syntaxe des normes. Je ne connais que la syncope du style. Lu dans Jouhandeau : *A ce cri de détresse de son père, il s'exagère encore le danger et tombe en une syncope dont on ne put le faire revenir que le soir.* Je ou il, c'est nous, ensemble. Le style syncopé nomme. Le jour se lève. La syntaxe gomme. Une nuit tombe.

## 15. Libération

La phrase exacte me revient en mémoire, *rien ne justifie l'absurdité du malheur*. Mais où l'ai-je posée, placée, jetée comme un caillou du Petit Poucet, dans quel livre, à quel moment de quel texte ? Comme si l'on pouvait dire « ce fut à tel millionième battement de cœur de ma vie ». Rien ne justifie non plus l'arrogance du bonheur quand il paraît.

Il s'agit bien, ici, pour Yves, d'entrer dans le pas des autres. Tout comme, en cachette, il enfilait ses pieds nus dans les chaussures à hauts talons pleins et à lanières croisées, blockhaus de cuir fin collé sur une épaisse socque de bois et de bouchon compact que sa mère n'osait pas porter parce qu'elles lui « donnaient le vertige ». Yves, pieds enfilés, faisait glisser sur le parquet du premier étage les chaussures fascinantes, se tenant, haut la main gauche au-dessus de sa tête, à la rampe d'escalier, les talons à peine relevés, trop petits pieds encore, lanières traînantes.

Il s'agit bien aussi, ici, pour Yves, d'écouter les histoires du monde et de ne pas aimer le conte de *Peau d'Ane* parce qu'on n'a pas le droit de faire sortir des crapauds et des serpents de la bouche de qui que ce soit. Longtemps cette image le hantera car, de plus, le texte était flanqué d'une illustration. C'était dessiné, à côté, et en couleurs vives. Celle qui ne crachait que des bijoux et des pierres précieuses devenait la princesse du conte, l'élue. Et l'autre ? Yves ne se demande pas alors « pourquoi » mais seulement « comment » on a pu faire sortir de telles bêtes de la bouche d'un humain. Il apprend le mot « cruel » qui, pour lui, ressemble au verbe « croire » qu'il ne pourra jamais entendre ou lire sans penser à une cruauté. Et les sauvages, comme les Huns, qui « mangent de la viande crue » seront, eux aussi, cruels. Le bandeau de son premier roman publié, *Lady Black*, en 1971, sera *le Paris des cannibales*.

Puis un jour ce furent des cris différents de tous ceux entendus jusqu'alors. Une précipitation dans la maison. « Dépêchez-vous les enfants ! » Il était question de « métro » et d'« escabeau ». Yves suivit ses parents, ses frères et la Hollandaise. Il crut qu'on l'emmenait. On le laissa chez la concierge de la villa en lui recommandant d'être sage. De toute la journée, il ne quittera pas une chaise, jambes ballantes, caressant du bout du doigt ses genoux, répondant « non merci » à la vieille dame qui lui offre des bonbons ou lui tend un verre d'eau sucrée. Que s'est-il passé, dans la ville, pourquoi ont-ils emporté l'escabeau ?

Le soir, quand ils revinrent, eux, autres, famille, ce ne fut pas seulement le carillon de l'église Saint-Pierre, celui un peu plus lointain de l'église Saint-Jean, mais un fracas, mêlée, immense voûte de sons : toutes les cloches de la ville retentirent, ensemble. Adrienne donna à Yves une poignée de sucres d'orge violets, et l'embrassa sur le front en murmurant « c'est fini ».

Yves se mit à pleurer, spasmes, sourires retenus qu'il n'avait pas pu adresser à la vieille dame, seulement parce qu'on ne l'avait pas emmené. Les cloches martelèrent le ciel de Paris. La nuit tomba, doucement. Toutes les fenêtres de la maison étaient ouvertes. Il n'y avait plus aucun coin où se cacher en silence pour se donner aux pleurs. Yves jeta les sucres d'orge par terre, les piétina, puis ramassa les petits bouts de sucre et les cacha derrière la crèche : ni colère ni pleurs, il ne fallait pas laisser de traces. Dans la villa, les voisins se saluaient. Certains même qui s'ignoraient d'ordinaire faisaient connaissance. Bonne-Maman le mentionna. Un peu plus tard, la famille entière se rendit à l'église Saint-Pierre. Il était question de « saint Michel » qui avait « sauvé la France ». Les fidèles, foule compacte, défilaient dans la travée de droite et déposaient, devant une statue figurant l'Archange terrassant le dragon, leur offrande : de l'argent. La musique tombait de l'orgue. Yves sentait son corps vibrer. Il y avait mille cierges allumés et des prêtres habillés d'or. Yves oublia de ne pas respirer l'air dangereux, cet air du dedans de l'église, presque gourmand, terriblement prometteur. L'aumônier du lycée, que les aînés surnommaient l'abbé Fouine, avait fait réserver sept chaises, dans le transept, pour les Navarre et surtout René, président de l'Association des parents d'élèves du lycée, qui, dès la première année à ce poste, avait fait accepter et entrer les enseignements religieux dans l'établissement : l'aumônier, le pasteur, et le rabbin qui « pourrait bientôt entrer en fonctions ». Le proviseur du lycée était originaire du Sud-Ouest. René et lui étaient devenus amis. Le *Te Deum* dura jusqu'à une heure avancée de la nuit. Yves s'endormit assis, le front posé sur une hanche de sa mère. Il sentait encore, sur ses joues, les sillons des larmes de fin d'après-midi. Il pensait que, traces, cela se voyait, témoignait mais en quelle faveur ? Bonne-Maman avait mis un beau chapeau. Elle gardait ses gants. Elle cachait ses mains. Son sac, « cadeau de papa », était posé sur le prie-Dieu. Adrienne portait une robe bleue, à petites fleurs blanches « myosotis », autre mot qui allait entrer dans la collection de papillons vivants d'Yves. L'église, soulevée par les chants et la musique, tanguait. La tête d'Yves roula sur la hanche de sa mère. Il tomba et se cogna le front sur son prie-Dieu. Sa mère, d'un geste trop mesuré, avait essayé de le rattraper. Sursaut, Yves comprit au regard furieux de son père qu'il ne fallait ni crier ni pleurer. René souffla un « il est temps de rentrer ».

En chemin de retour, porté par Adrienne, le menton posé sur l'épaule de sa mère, Yves entendit René dire « il faut emmener cet enfant chez le coiffeur ». Et Bonne-Maman « il est ridicule. Je vous l'avais dit ma petite ». Mots précis. Souvenir net. François-Pierre et Jean-Jacques demandèrent à leur père des « patins à roulettes ». René répondit « uniquement si vous faites des progrès en classe et en piano ». Quel rapport ? Bonne-Maman parla du stylo que l'officier allemand venait d'oublier chez elle. « Il est beau mais je ne m'en servirai jamais ! » Et l'appareil photo de papa ? Un soldat l'avait laissé sur la banquette du métro. Le soldat était descendu à Obligado. Fin de trajet, avant de descendre à son tour, station Les Sablons, René avait gardé l'appareil pour lui. Prise de guerre. Petit détail, et pourtant. René pendant des années s'en servira avec fierté.

René va toujours raccompagner sa mère, rue de l'Eglise. Parfois, il tarde à revenir. Par la porte communicante, entrouverte, rai de lumière, Yves sait qu'Adrienne guette le retour de René, postée derrière la fenêtre de leur chambre. Yves a envie d'appeler sa mère. Il voudrait lui parler. L'entendre parler. Mais elle ne viendrait pas et « il faut que tu dormes ».

Le lendemain de ce jour de « Libération », Adrienne conduisit Yves chez le coiffeur de l'avenue du Roule, en face du magasin Printania, sorte de bazar, et à côté du marchand de couleurs. Elle appelle le coiffeur « Monsieur ni court ni long » parce qu'il demande toujours « ni court ni long ? » aux mamans, en plaçant les enfants sur un cheval de bois, face à un miroir. Et là, Yves, inquiet, demandant à sa mère de lui tenir la main, refusant de placer ses pieds dans les étriers en carton, refusant de prendre les rênes, sur cette bête piaffante, immobile, prête à bondir, entend tout autour de sa tête de francs crissements de ciseaux. Quand sa mère se penche pour ramasser une boucle, il manque de chavirer. Le coiffeur le remet en place « ne bouge pas, petit, ce sera vite fait ». Yves ferme les yeux. Quand il les rouvre, il a froid aux oreilles, froid dans le cou, et une bosse au front, un front qu'il découvre immense. C'est la première fois qu'il se voit vraiment dans un miroir. Les larmes brûlantes ne viennent pas. Elles brûlent dedans les yeux. Le coiffeur vient de pointer du doigt la croix à hauteur d'oreille gauche. Adrienne explique « c'est une tache de naissance ». Yves n'aime pas le mot « tache » qui ressemble si fort à ce mot que Jean-Jacques emploie en querellant son frère aîné « lâche ! » Le coiffeur soulève Yves et le pose par terre, les pieds dans ses cheveux longs, blonds. Adrienne répète « c'est fini ». Comme la veille. Pour le « récompenser », Adrienne ira ensuite lui offrir des « sandales neuves ». « Mais il ne faut pas les mettre tout de suite. » Sur le chemin du retour, Yves a l'impression d'entendre la ville différemment. Il voit d'autres soldats, dans d'autres uniformes. Adrienne lui dit « maintenant, tu es un grand ». Elle lui lâche la main comme au jour des barreaux.

Yves ne veut pas descendre dîner. Quand ses frères viennent le chercher dans sa chambre, il se met à hurler. Il s'accroche au lit, à la crèche, à la table de repassage, bagarre que Jean-Jacques surtout prend pour un jeu. François-Pierre se contente de dire « papa va monter. Et tu vas voir ce qui va se passer ». Ils le maîtrisent, le traînent dans l'escalier. Ils le poussent dans la salle à manger. Bonne-Maman est là. Elle préside. En face d'elle, René, les coudes sur la nappe, doigts croisés sous le menton, le chat sur les épaules. Adrienne, en bout de table, sert le potage. La Hollandaise assoit Yves, serviette autour du cou. Les aînés prennent place en riant « on a eu du mal ». Yves, tête baissée, le front sur la table, mains glacées sur ses genoux glacés, entend dire « s'il ne veut pas manger qu'il ne mange pas ». Et Bonne-Maman « je ne sais vraiment pas à qui il ressemble. En tout cas, pas à toi, René ». Silence. Cheveux coupés. Maman a gardé une boucle. Plus tard, quand Yves verra *Hiroshima mon amour*, il fermera les yeux pendant la scène de la tonte des femmes. Puis, réagissant, il regardera l'écran, les yeux grands ouverts, et le vivra comme le miroir de sa première image. Cheval piaffant. A l'Opéra aussi, la fin de *Wozzeck*, le cri de l'enfant sur son cheval de bois. Et chaque fois qu'il verra la scène humiliante des femmes tondues, moquées, dans un film, ou une photo de l'événement, ce sera confusément et très précisément la même prise de souvenir présent.

Quelques jours plus tard, Adrienne sort de la cave sa bicyclette à jantes de bois. Sur le porte-bagages, un petit siège en osier dans lequel elle plaçait tantôt Jean-Jacques tantôt François-Pierre, en promenade, dans la Cité de Port-Jérôme. Elle n'aime pas rouler en vélo. Elle perd facilement son équilibre et, surtout, elle a peur des voitures et des pavés de l'avenue du Roule. Elle porte la robe bleue à petites fleurs. Ses longs cheveux bruns sont coiffés en rouleau par-devant, noués en chignon par-derrière, dégageant sa nuque. Il fait bon. L'air vibre. Pour la première fois depuis qu'il est arrivé, transplanté, de Condom, Yves voit le ciel, bleu, et sent autre chose que l'odeur de lierre qu'il associera toujours, parfum et couleur associés, à celle de guerre. Sur la jaquette de *Je vis où je m'attache* il y aura du lierre. Un lierre qui vit là où il s'attache et bourgeonne. La guerre d'Adrienne.

Adrienne veut emmener Yves au bois de Boulogne. Yves a l'impression d'un départ définitif. Tout cela ressemble à une expédition. Et le ciel bleu qui s'est remis à claquer. La Hollandaise les pousse un peu, jusqu'à l'avenue Sainte-Foy. Derrière sa mère, se cramponnant dans le siège en osier, Yves voit enfin la ville telle qu'il ne l'avait jamais vue : en mouvement. Rien à voir avec les entrevues, de la voiture. Il entend, il respire, il hume. Il se sent nouveau, cheveux courts. Et il a eu le droit de mettre ses sandales neuves. Devant lui, le cul de maman, moulé, et la robe qui vole au petit vent de ce qu'il imagine « fuite à deux ». Cela semble la gêner. Chaque fois qu'elle pose une main, furtivement, sur ses genoux, ils manquent de verser. Yves ne dit pas sa peur, jubilation de fuir avec elle, par peur d'ajouter à la peur de sa mère. Les impressions sont comme des jeux de construction : plusieurs fois le même cube, plusieurs fois le même mot. Adrienne traverse l'avenue de Neuilly, à pied, poussant la bicyclette, dans les clous. Rue Ancelle, nouveau départ, et bientôt le bois qu'il faut longer, jusqu'à la grille, peu avant la porte Maillot, tout près de l'entrée du Jardin d'acclimatation et du bois de pins. Là, des camions. Des camions marron. Et des soldats. D'autres soldats. Ceux-là rient. Ils arrêtent les mamans, les enfants, ils arrêtent tout le monde. Ils distribuent. Les enfants autour d'eux forment des grappes. Il y a un char, aussi, autour duquel une armée de gosses tourne en criant. Adrienne freine, pose pied à terre, tenant bien le guidon. Un soldat s'approche et donne à Yves une balle pas très lisse et assez lourde. Adrienne invite son fils à dire « merci ». Il répète « merci ». Puis « thank you ». Il répète « tankiou ». Nouveau départ. Adrienne tourne à droite, il y a une sonnette sur le guidon de cette bicyclette, la même sonnette que celle du camion de Condom. Adrienne en use non pour signaler qu'elle veut passer si des piétons traversent, mais pour dire qu'elle a peur de tomber. Quelques mètres plus loin, les cahots provoqués par les rails transversaux du petit train qui conduit au Jardin d'acclimatation lui font perdre le contrôle du vélo. Le pan droit de sa robe se prend d'un coup, happé, dans les rayons de la roue arrière, et la jambe d'Yves enroulée dedans. Torsion. Chute brutale. Yves disait « balle », Adrienne venait de répondre « non, c'est une orange » et « ça se mange ». Les voilà flanqués à terre, tous deux. Yves, sous le choc, a lâché l'orange qui roule, roule dans le caniveau et disparaît dans une bouche d'égout. L'orange orange et la robe bleue. Au début, il n'a vu que ça : l'orange perdue, la balle qui se mange. Puis très vite, des gens, femmes, hommes, soldats. Ils relèvent Adrienne. Ils relèvent Yves. La robe d'Adrienne se détache de la jambe d'Yves comme une autre peau. Le sang encore. Et Adrienne à genoux devant son fils, le serrant dans ses bras, lui disant « ce n'est rien ».

Pharmacie. Mercurochrome. Ether. Bandeau. Ils disent « bandes Velpeau ». Yves entend « bandes vélo ». Puis le retour à la maison, Adrienne poussant la bicyclette d'une main et tenant Yves de l'autre « tu peux marcher ? » et « il ne faut pas le dire à papa ». La robe est froissée, déchirée, tachée de sang. « Tu diras à papa que tu t'es blessé en escaladant le mur, dans le jardin. » Première mission, complicité demandée, bonheur rare. Mentir à papa. A la maison, Jean-Jacques et François-Pierre font de curieux mouvements de bouche. C'est du « chewing-gum ». Adrienne les questionne. Jean-Jacques répond « on nous l'a donné » puis « je suis repassé tant que j'ai pu. Jusqu'à ce qu'ils me reconnaissent ». Il rit. Les poches pleines de plaquettes.

Yves est placé dans un fauteuil du salon, la jambe blessée sur une chaise. Jean-Jacques lui offre une plaquette de cet étrange bonbon et lui dit « faut pas avaler ». Yves mâche en regardant son frère. C'est sucré. Un peu acidulé. Puis, sans même s'en rendre compte, il avale. Jean-Jacques part en courant. Il crie « maman ! il a avalé ». Faut-il appeler le docteur ? Rires. « Tant pis si tu meurs. »

Bientôt la rentrée. Adrienne a acheté pour Yves un cartable neuf, un beau plumier et un taille-crayon « individuel ». Yves en avait demandé un « pour moi tout seul ». A table, il entend les mots nouveaux de « directeur », de « pétrole », et celui d'Institution coupé, plus court « Institut ». Papa est directeur ? « C'est quoi le pétrole, man ? » « C'est ce qui fait rouler les voitures. » Papa fait rouler les voitures. Il est le directeur des voitures qui roulent.

A table, aussi, des noms « Torres », « Claudius-Petit », « Queuille », « Petsche » et « R.P.F. » D'autres personnes ? Il ne faut pas poser de questions. « Papa a beaucoup de travail. »

La Hollandaise conduit Yves une dernière fois au bois de pins. Lundi prochain c'est la rentrée. Assise sur une chaise en fer, elle lit des revues. Un soldat vient lui parler. Il se penche vers elle et l'embrasse. Elle dit à Yves de courir, mais de ne pas aller trop loin. Elle lui suggère aussi de jouer avec les autres enfants. Mais quand Yves s'approche de tel ou tel groupe, il rougit. Le bandeau glisse continuellement sur la cheville. Il lui faut le défaire, l'enrouler, le dérouler de nouveau en tournant autour du mollet. Le mercurochrome est rouge, lui. La blessure est cicatrisée. Il ne faut pas « toucher la croûte ». Il ne faut pas salir non plus les sandales neuves. Papa n'a pas posé de questions au sujet de l'accident. La Hollandaise ne voulait pas mentir. Les deux femmes se sont disputées. Adrienne a caché la robe. C'est trop pour s'approcher des autres enfants et leur demander de jouer avec eux. Yves se tient à distance. Quand il revient vers la chaise sur laquelle la Hollandaise se tenait, il y a les revues, mais elle a disparu. Le soleil se couche. Les enfants partent, accompagnés. La Hollandaise se cache peut-être derrière un arbre. Est-ce un jeu ? D'arbre en arbre, Yves la cherche. Sans même s'en rendre compte, il va trop loin, peur grandissante, battements de cœur. Puis il se retourne. Il s'est perdu. Tous les arbres se ressemblent dans le bois de pins, arbres plantés à intervalles réguliers. Demi-tour, il court. Ce sont les rails du petit train, épées dans les aiguilles de pin, qui le conduisent à la chaise : les revues ont disparu. La nuit tombe. Personne. Yves suffoque. Il doit rester là. Il connaît le chemin pour rentrer, mais il lui est interdit de « traverser seul ». Quelqu'un, autre uniforme, sombre celui-là, s'approche et lui dit « tu es perdu ? » Le « oui » en réponse reste bloqué dans sa gorge. Puis « comment t'appelles-tu ? » « Yves. » « Yves comment ? » « Yves Navarre. » « Où habitent tes parents ? » « 5, villa Sainte-Foy. » « Viens. » C'est un agent de police. La police. La menace des mauvaises notes de conduite. Yves se sent coupé en deux, douleur au ventre. La goutte de pipi aussi. Rien ne va plus. Quand il arrive villa Sainte-Foy, René est devant la porte, il allait monter dans la voiture. Il remercie l'agent. La traversée du jardin, saisi par le père, est terrifiante. Cette fois, pipi le long de la jambe. Bandeau mouillé. Dans l'entrée, en bas de l'escalier, porte de la maison refermée, c'est une double gifle qu'Yves reçoit « allez, file ! » Il file dans l'escalier. Il entend des cris, dans le salon. Adrienne aussi. Puis un pas, dans l'escalier. La

Hollandaise. Elle ouvre la porte de la chambre d'Yves. Elle a mis son manteau, son écharpe. Elle a posé une valise et un sac sur le palier. Elle part ? Elle embrasse Yves en lui disant « j'ai cru que je t'avais perdu » puis « c'est de ma faute » et « un jour tu comprendras ». Mot pour mot. Très exactement. Comme un poème, Yves l'apprend, instantanément. Parce que drame il y a.

Plus tard, chaque année, aux fêtes de Noël, Adrienne recevra une lettre « d'Amérique ». De « Buffalo ». Une carte de vœux et à chaque fois une photo. Sur la première, un bébé, l'année suivante deux, puis trois, quatre, cinq enfants. Et ensuite, les enfants qui grandissent. Chaque année. Chaque. Les enfants par ordre de taille, devant une maison blanche avec une véranda. Les enfants seulement. Et leurs prénoms derrière la photo. En signature « Rita ». Elle s'appelait Rita.

Ce chapitre commencé aux passés simple et composé, peur du fait historique, « Libération », images reçues, multipliées, façonnées, officielles ; continué au présent de narration, indicatif, le furtif de chacun ; se termine sur un imparfait, rendez-vous manqué. Comment s'appelait-elle déjà ? Elle s'appelait Rita. Multiplication d'un baiser échangé avec un soldat.

Adrienne dit toujours « ce n'est rien », « c'est fini ». La mémoire du poète ne retient que les accidents, les tentatives d'évasion et le parfum des fleurs offertes. Le corps de l'autre, aimé, demeure accidentel, évasif. Il le jonche de fleurs coupées.

## 16. L'école des coups

Octobre 1944. Pour Yves, c'est le début de la guerre. Il entre en « douzième ». Ce lundi matin, quand les rangs se forment dans la cour de l'institution Sainte-Geneviève, Yves n'ose pas s'approcher. Fradet est là, qui le pointe du doigt, crie et se moque en prenant à témoin les autres garçons « il s'est fait couper les cheveux, mais c'est une fille, tralala ! » Yves reste du côté des filles qui ne lui parlent pas. Les garçons se glissent des choses à l'oreille, se donnent des coups de coude. Ils ont une idée. Et voici sœur Marie, pour la seconde année, toujours aussi pâle. Yves retrouve l'odeur de couloir, odeur de grésil, de carrelage et de désinfectant. Il a les sandales neuves, le cartable neuf, et le plumier neuf. « Montre-moi ton plumier. » « Non. »

La classe est divisée en deux. D'un côté ceux qui ne savent pas encore lire et écrire. De l'autre, ceux qui savent. Yves est du bon côté. Le seul garçon à se trouver du bon côté, au quatrième rang, contre le mur. Au même pupitre que lui, une petite fille qui se mouche tout le temps et regarde dans son mouchoir, après. Elle se mouchera pendant un an, mouchoirs dégoûtants. A la première récréation, les garçons forment une armée. Fradet est élu chef. Les filles sont « toutes des espionnes » et « Navarre, faut pas lui parler » puis « pousse-toi Yvette », « Yvette, c'est une cafeteuse », « Yvette, tralalère ! » Retour en classe. Premier cours d'histoire de France : les druides. Puis calcul. Yves sait faire les additions mais refuse les soustractions. « Navarre au tableau ! » Dans la classe, murmure des garçons, sifflements, « ivvvvv… ette ! » « ivvvvv…

ette ! » Sœur Marie ordonne le silence. Sur le tableau noir, deux nombres l'un au-dessus de l'autre, avec le signe moins et une barre. Sœur Marie tend la craie « allons Navarre, nous allons voir si vous avez fait des progrès pendant l'été ». Yves ne veut pas. Il ne sait pas passer à la dizaine et retenir un. Il a peur que les murmures reprennent, dans son dos. Mais le lendemain, à la première dictée, il ne fera aucune faute. Il aura droit à un bon point. Fradet lui adresse un signe de menace. A la récré, bagarres, embuscades, croche-pieds, coups, sang. Les genoux, à nu, culottes courtes, sont les premiers atteints. Il y a toujours une croûte qu'il ne faut pas toucher.

Jean-Jacques dit à son petit frère « si tu reçois un gnon, tu en rends deux. Les mêmes. Deux ! » Yves exécute. Un coup. Il en rend deux. Alors, les garçons se liguent et il en reçoit vingt, trente, plus la peine de compter. L'infirmière de l'institution lui dit à chaque fois « je ne veux plus vous revoir ». Quand sœur Marie interroge, en quête du coupable, Fradet ou un autre lance tout de suite, très fort, « c'est lui qui a commencé » ou « c'est elle » (rires) ou « c'est Yvette ! » Comme Yves ne proteste pas, gorge serrée, ou s'il le fait, à voix trop faible, il est jugé coupable par sœur Marie qui lui reprend les bons points de lecture ou d'écriture. En fin de chaque semaine, au moment de l'échange des points contre des cadeaux, il regarde les autres choisir. Et si par miracle des semaines calmes il lui en reste un ou deux, « on n'a rien à moins de cinq, retournez à votre place ».

Sœur Marie n'aime pas « les garçons ». Souvent elle dit « c'est la dernière année que nous vous acceptons dans cet établissement. La Mère supérieure ne veut plus de vous ». Yves la soupçonne néanmoins d'être l'alliée de Fradet et de son armée. Pour se débarrasser d'eux. Pour avoir « la paix » avec eux. Et sœur Marie, depuis les ongles rouges, ne regarde plus Yves comme avant. La tristesse n'est qu'une parade d'adulte, ou de plus avancé en âge, qui ne veut pas faire le pas, le pas des autres ou son propre pas, ne serait-ce que son propre pas. Il ne s'agit pas ici de tristesse, de joliesse, mais de violence à l'état brut. Ce qui frappe Yves quand on le frappe, beaucoup plus que la douleur, c'est le choc des os, sous la peau. Et le déchirement de peau qui s'ensuit, parfois. Le sang qui perle ou qui coule. La plaie.

Une fois seulement, il se plaint à Adrienne qui vient de lui demander « qu'est-ce qui ne va pas ? » Il raconte. L'école. Les coups. Son explication la gêne. Elle interrompt son fils « tu n'as qu'à te défendre ». Yves sent qu'il n'y a rien à faire, rien. Qu'il faut faire avec. Vivre avec. Et ne jamais dire. Celui qui dit son malheur ne peut être écouté que par celui qui vit le même malheur, ou moqué par celui qui ne veut pas le vivre. Il n'y a rien, rien à faire. Ceux qui sont les plus à même de vous écouter, maman, sont ceux qui vous taisent en premier. Ceux qui restent n'écoutent pas. Ils font semblant. Illusion de l'écoute. Passion. Plongeons. Ruptures n° 1, n° 2, n° 3 et n° 4. Yves se met à détester les jours, les matins, les départs, les récréations, les autres, tous les autres, tous. Sœur Marie prend parti : elle choisit le nombre. Le clan. Et la force du clan est de rejeter en accusant le rejeté du rejet, d'écarter en accusant l'écarté de l'écart. C'est la leçon d'octobre. Yves ne rend plus deux coups quand on lui en donne un. Il ne rend rien. Il devient topographe : il se tient tactiquement là où aucun drame ne pourra se nouer. Il cherche les vus, les à découvert. Il rentre chez lui en courant. Il s'enferme dans sa chambre. Il attend la nuit. La nuit, il est libre de répondre. La nuit, il est libre d'interroger. Il n'aime, dans les jours, que les moments des cours, quand le silence impose une égalité, et quand il y a quelque chose à apprendre. Il apprend tout, par cœur. Il s'arme. Il veut une armée, en lui. Il veut être nombreux. « Cet enfant a mauvaise mine », « cet enfant est malade », « cet enfant ne fera jamais rien de bien », « vous ne savez pas vous occuper de lui, ma petite », tout ce que dit Bonne-Maman a le vif du reproche. Tout ce que tait Adrienne a le goût du silence, clameur intérieure. Plus tard, Yves pensera que le drame de toute pièce de théâtre est déjà dans la liste des personnages. Plus tard, en écrivant le premier tome de *Biographie*, Yves notera, *couple bourgeois : tenanciers du théâtre contemporain*, et le transcrira ici. Pourquoi ? Dire la peur du texte, en même temps que le texte. Une peur invariable. La peur des coups. Le texte fini, peaufiné, inspire des élans, passions, engouements passagers, mais n'a rien à voir avec la continuité du texte de vie, qui n'en finit pas de s'écrire, verbe « crire » : crier et rire. Mieux est la contraction de merveilleux.

Yves a quatre ans. Dans cette classe de douzième il apprend aussi les divisions ; les filles et les garçons, ceux qui savent et ceux qui ne savent pas lire et écrire, le professeur et les élèves, le mensonge et la vérité, eux et lui. Alors seulement il comprend le mot de « dispense » prononcé par son père, l'hiver précédent, quand il avait été question de le faire entrer au jardin d'enfants. Papa avait obtenu une « dispense » pour lui, Yves ; une dispense d'âge, parce qu'il avait un an, et même deux ans de moins que la plupart des enfants admis. Yves a « un an d'avance ». Brusquement Yves comprend qu'il n'a que quatre ans quand les autres ont déjà cinq, six, ou bientôt sept ans. Les autres lui en veulent pour cette avance-là. Et « sept ans », dit sœur Marie, c'est « l'âge de raison ». Le décalage crée une nouvelle division dans l'esprit d'Yves. Pendant la dictée, une moitié de la classe écrit, plumes Sergent Major, encriers de porcelaine, sertis dans le pupitre, que sœur Marie remplit chaque matin avec parcimonie, cérémonie, et l'autre moitié dessine. Pendant les exercices de calcul, pages d'additions, de soustractions et de divisions, une moitié de la classe compte sur ses doigts, l'autre apprend à écrire. Sœur Marie va d'une moitié de la classe à l'autre, quand elle s'occupe de l'une, elle surveille l'autre. Quand Yves apporte, de chez lui, une gomme empruntée à ses frères, une gomme dure « qui peut même effacer l'encre », sœur Marie la lui confisque « c'est interdit ». Sept ôté de treize, je pose six et je retiens un. Il faut garder un en mémoire. Sinon c'est faux. Ça veut dire quoi, faux ?

Ce jour-là de novembre, ils l'emmenèrent, dans le métro, avec l'escabeau. Ils arrivèrent très tôt, en haut des Champs-Elysées. Bonne-Maman avait dit qu'elle ne viendrait pas à cause « de la foule ». Ils se retrouvèrent en famille, tous les cinq, en bordure de trottoir, l'escabeau posé contre un réverbère. Ils placèrent Yves tout en haut. Vertige. La peur coupe aux genoux. Yves demanda à son père de le remettre par terre « tant pis pour toi, tu ne verras rien ». François-Pierre et Jean-Jacques prirent sa place, Jean-Jacques carrément debout, tout en haut, se tenant au réverbère, puis Adrienne et René, l'appareil photo autour du cou. Adrienne dit à Yves « va t'asseoir devant ». Yves se fraya un passage entre les jambes et les bras et s'assit sur le rebord du trottoir. En se retournant, et il se retournait tout le temps, il pouvait voir les montants de l'escabeau : ils étaient là. Un monsieur lui donna un petit drapeau et lui posa un calot de papier tricolore sur la tête : le défilé commença. Les jeeps, les tanks, les canons, les avions dans le ciel, et les cris, les applaudissements : Yves n'avait jamais vu applaudir. Il plaça le drapeau dans sa bouche et frappa dans ses mains, comme les gens, autour de lui. Puis il y eut les soldats. La rumeur s'amplifia. La terre vibrait. La foule se massait, cris de joie, et Yves la sentait ployer au-dessus de sa tête. Les agents de police faisaient le cordon. Quand Yves levait les yeux, juste au-dessus de lui, deux mains serrées résistaient à la poussée. Il se fit tout petit, encore plus petit, assis sur l'extrême rebord du trottoir, les pieds dans le caniveau, jambes repliées, le menton sur ses genoux, bras croisés sur ses jambes, comme au fond du lit quand il fait bon. Il vit pour la première fois cette « foule » qui faisait peur à Bonne-Maman, les soldats qui « avaient gagné la guerre » et « l'armée », rien à voir avec celle de la récréation. Il vit la ville en liesse. La vague des cris était vraie, le fracas au passage des camions et des blindés était vrai. De la musique de ville et de vie. De quoi changer de rêve. Un immense drapeau tombait de l'Arc de Triomphe. Triomphe : encore un mot nouveau. Il y a toujours un « m » avant un « p ». Il faudra aller vérifier dans le dictionnaire de Jean-

Jacques. Bruits de fer, de pas et de pierre. Ciel déchiré de vrombissements, un « bombardier » : toutes les têtes se lèvent, et tournent en même temps. C'est drôle. Puis, il y eut d'autres musiques, des roulements de tambour, le clairon. Un grand moment de silence. Et ceux que l'on avait vus passer dans des voitures descendirent l'avenue à pied, saluant la foule, lentement, et au premier rang, au milieu, celui que tous attendaient. « C'est lui ! » « Le voici ! » Les cris se levaient en vagues furieuses sur son passage.

Les agents de police cessèrent de retenir la foule en demandant de reculer. Yves avait très froid. Froid de tout ce qu'il avait vu. Et c'est simplement en rentrant qu'il eut peur du métro, de ce tunnel, sous terre. Et du train, dans le tunnel, sous terre. François-Pierre et Jean-Jacques portaient l'escabeau. Adrienne se tenait au bras de René. Yves, derrière ses frères et devant ses parents, marchait seul, les mains dans les poches de sa culotte courte, drapeau à la ceinture, calot sur la tête. Il se mit à compter ses pas. Ce n'étaient ni ceux de ses frères ni ceux de ses parents : les siens. S'il s'écartait un peu à droite, un peu à gauche, René disait « marche droit ! » Pour eux, on est toujours en train de s'échapper.

Fradet s'approche d'Yves « quel âge as-tu ? » « Je vais avoir cinq ans. » « Tu mens ! » Fradet se tourne vers les garçons « il ment ! Il a quatre ans ! » Fradet pointe Yves du doigt « t'es une menteuse ! » Coup de poing. Yves s'est baissé. Le coup est passé au-dessus de sa tête. Fradet essaie un coup de pied, Yves s'écarte, pied dans le mur. Fradet s'est fait mal. Il crache en direction d'Yves, « Yvette ! » Fradet entre en classe en boitant. Sœur Marie lui demande ce qui s'est passé. Fradet montre Yves. Yves murmure « ce n'est pas vrai, ma sœur ». Il a bien dit ma sœur. Il faut dire ma sœur. Sœur Marie lui tire l'oreille, le traîne jusqu'au pupitre « donnez-moi vos bons points ». « Je n'en ai plus, ma sœur. » « Alors, vous m'en devrez deux. » Les garçons ricanent. La voisine se mouche. Les filles parlent poupées et goûters. Sœur Marie ordonne « silence ! » Les points d'exclamation sont inévitables. C'est leur texte, Jean-Louis, pas le mien.

Yves va toujours « avoir un an de plus ». En récitation, les fables. Sur l'estrade, Yves récite, *deux pigeons s'aimaient d'amour tendre*. Il prononce, *deux pigeons semaient d'amour tendre*... Verbe semer. Le semeur. Le geste du semeur. Un geste pour le mot amour et le mot tendre. Sœur Marie l'interrompt et lui demande de recommencer sans accent. Il rougit, répète, *deux pigeons semaient d'amour*... Il s'arrête. Zéro en récitation. En première page du dictionnaire de Jean-Jacques, il a pourtant lu « je sème à tous vents ». Il regagne sa place. Zéro. Adrienne refusera les explications. Zéro. Peur. Pipi. La goutte. Les garçons diront, dans le couloir, après le dernier cours, à juste distance pour être entendus d'Yves, « elle sait pas ce que c'est, tralala », « Yvette sait rien, tralalère ». Tralala, tralalère : ils chantonnent pour avoir l'air innocent. Ils disent tout, l'air innocent.

Yves attend devant la grille de l'institution qu'un monsieur ou une dame passe, alors, sans demander protection, il rentre villa Sainte-Foy en suivant de près le monsieur ou la dame. Fradet et ses acolytes le suivent d'arbre en arbre. S'ils s'approchent, Yves se rapproche du monsieur ou de la dame. Un jour, il bouscule une dame. Elle le repousse « faites attention ». Les autres rient. « C'est quoi l'accent du Midi, man ? » Adrienne sourit « va faire tes devoirs ».

Yves récite à tue-tête dans sa chambre, *deux pigeons semaient d'amour violent*. Tendre et violent, pour lui, c'est la même chose. Maman ne veut rien savoir. Et brusquement, crise, à genoux, le front dans le parquet à échardes, il a comme les rails du petit train du Jardin d'acclimatation dans les bras, dans les jambes, comme un corset de fer, il se sent étranglé. Il respire faiblement, puis lentement reprend son souffle. Il s'essuie la bouche. Il ira chercher, sur la coiffeuse, dans la chambre de sa mère, la pince à épiler et retirera une à une les échardes plantées dans les genoux. Ce n'est pas un calvaire. C'est ainsi. C'est. Chemin de vie, oui. Calvaire, non. Le verbe aimer associé à un geste. Des échardes dans les genoux, parquet de pin.

## 17. Le bonjour des clowns

La concierge de la villa est morte. Deux jours plus tard, une famille avec trois garçons s'installe dans la loge. Ils sont cinq dans cette pièce unique. René a dit à ses fils « il faut être poli avec eux ». Adrienne ajoutera « ils ont beaucoup souffert ». La nuit, les grilles de la villa ne sont plus fermées. Un soir, procession, derrière une statue de la Vierge portée sur une plate-forme par quatre hommes habillés et cravatés de noir, des femmes, d'autres hommes, et des enfants. Ils tiennent des cierges. Ils chantent des cantiques. Yves a le droit de « sortir » avec ses frères. Les quatre hommes entrent avec la statue au n° 9, chez Bernard. La fenêtre du salon est grande ouverte. La statue est là, au milieu, et tout le monde se met à genoux, dans le salon, sur le perron, dans le jardinet, et devant la maison. Le lendemain, exceptionnellement, Bernard adressera la parole à Yves « elle est venue chez moi, pas chez toi ». Il prendra un air fier. Il joue tout le temps, dans la villa, avec les autres enfants. Ceux des nouveaux concierges ne sortent jamais.

Le matin, quand Yves va à l'école, il fait nuit. C'est décembre. Sur le chemin de l'institution, à l'aller, il n'y a pas d'embuscades. Yves arrive avant tous les autres. Souvent si tôt qu'il doit attendre que la porte soit ouverte par la sœur gardienne. Au coin de la rue de l'Eglise, de l'autre côté de l'avenue, les volets de l'appartement de Bonne-Maman sont fermés. L'air est doux, surtout s'il y a brumes. Yves fera connaissance avec l'allumeur de réverbères. Il le verra passer, chaque matin. Il éteint chaque lumière, une à une. C'est « l'allumeur qui éteint ». Les petites filles arrivent en voiture, conduites par un parent ou par un monsieur à casquette. Yves aime, sème, ce moment-là, surtout quand il fait encore nuit : le rêve se poursuit. Sans Rita, il a dû tout apprendre, très vite, tout seul. Il sait désormais nouer les lacets de ses galoches cloutées. Sous la pèlerine, il a froid aux genoux. En attendant les autres, il répète ses leçons. Mais dès qu'ils arrivent, tout recommence. Il lui faut observer les distances, tenir du regard, serrer parfois le poing gauche en menace défensive ou en réponse offensive.

La nuit, souvent, le vol du lit est interrompu, parce que « la terre est ronde ». Il n'y a plus « où atterrir précisément » puisqu'elle « tourne tout le temps ». La pelote de laine tombe dans le vide. Yves aussi se voit obligé de traverser « l'avenue » qui « coupe Paris en deux », entre les tanks qui veulent l'écraser. Un jour même, le piano tombe sur sa tête. Prisonnier, il appelle, mais ses frères continuent la leçon. Monsieur Renaud fait fonctionner le métronome. Yves appelle, personne ne vient. Debout, dans le lit, secoué, en nage, Adrienne lui essuie le front avec un gant mouillé d'eau froide et le couche de nouveau. Le rêve reprend aussitôt, vrombissements.

Un samedi, René emmène « tout le monde » dans un « grand magasin ». Bientôt Noël et les « cadeaux ». Yves lit le mot *Louvre* partout, *Magasins du Louvre*. Il suit son père, sa mère et ses frères. Il s'arrête quand ils s'arrêtent. Il regarde quand ils regardent. Il se remet en marche quand ils vont plus loin. Le magasin sent la laine et le feutre. Il y a de curieux escaliers qui roulent. Parfois, Yves se met sur la pointe des pieds. Adrienne lui dit de ne pas « toucher ». René achète des uniformes aux aînés, chemises kaki, culottes kaki, ceintures et chaussures marron. Le mot de « scout » est prononcé à plusieurs reprises, puis celui de « rucksack ». Que des mots avec des K. Les aînés sont « drôlement contents ». Au rayon de jouets, René achète aussi des patins à roulettes. Avec des roues en caoutchouc. C'est à ce moment-là qu'Yves voit des camions, plein de camions, des petits, des grands, des à échelle, des à citerne, des blindés. Il y a même des camions de bidons de lait. Il regarde. Il ne les touche pas. Il rêve. Il croise les mains dans son dos. Il ne bouge plus. Un très long temps, émerveillé. Puis, brusquement, il regarde l'allée. Où sont-ils ? Il ne se sont pas arrêtés avec lui ? Il attend. Il rougit. Très vite il pleure du nez, nez qui coule, puis des yeux. Il lèche ses larmes. Il a des rails dans les bras et dans les jambes. Il respire fort. Pas là. Pas de crise. Pas devant eux. Devant eux tous. Puis une dame s'approche de lui « où sont tes parents ? » et « comment t'appelles-tu ? » Au bureau des « enfants perdus », on lui donne un bonbon « tu ne le manges pas ? » Il le garde. Il a dit son nom. C'est tout. Gorge serrée. Etranglé. Il a peur de l'irruption du père et de la double gifle. C'est Adrienne qui survient. Elle prend Yves par la main « et ne dis rien. Papa n'est pas content ». Dans la voiture, Jean-Jacques lui dit « tant pis pour toi, t'auras rien ». Dans le coffre de la voiture, il y a des paquets de toutes les couleurs « mais on n'a pas le droit de les ouvrir avant Noël ».

Le samedi suivant, sandales en vernis noir, mi-bas blancs, culotte noire à bretelles et chemise blanche, Yves se trouve assis au premier rang, avec plein d'autres enfants qui ont l'air d'avoir peur de lui, devant un rideau rouge. C'est le « premier Arbre de Noël de l'Institut ». Les parents se saluent. Yves entend quelqu'un dire à son père « monsieur le Directeur ». Adrienne porte un collier de perles, des boucles d'oreilles et une robe bleu sombre, unie. Elle s'est parfumée. Des hommes lui baisent la main. Les aînés sont assis derrière. Devant, les plus petits, et il y en a toujours un qui pleure ou qui crie « pipi ». Yves se sent enfermé. Isolé. Une douleur le prend à la tête qu'il commence à reconnaître, douleur fidèle, presque une compagnie. La douleur qui dit qu'il ne veut pas des autres qui ne veulent pas de lui. Puis la lumière tombe dans la salle, une rampe s'allume. Le rideau s'ouvre, et un monsieur couvert de paillettes, le visage peint, rien que d'horribles couleurs vives, acidulées, entre en scène « bonjour les enfants ». Les enfants crient « bonjour ». Le monsieur dit « plus fort ! » Les enfants crient « bonjour ! » encore plus fort. « Je n'entends rien ! » Hurlements. Yves voudrait sortir. Mais il ne le peut pas. Adrienne lui a dit « sois très sage, pour papa ». Vertige. Un autre monsieur fait son apparition, très mal habillé celui-là, avec des chaussures immensément plates et décousues. Le monsieur pailleté s'adresse au premier rang « vous allez voir, il est bête, il ne sait même pas dire bonjour ». Les deux hommes se postent à droite et à gauche de la scène. Ils se toisent du regard « tu es prêt ? » « Je suis prêt ! » « On y va ? » « On y va ! » Ils fondent l'un vers l'autre en se tendant la main, se manquent, se croisent, et recommencent. « Ça va ? » « Ça va ! » « Tu es prêt ? » « Je suis prêt ! » Et les enfants rient aux éclats. Yves ne rit pas. A chaque fois, il se dit « ils vont se serrer la main ». Et ils ne font que se croiser mains tendues, cinq, dix, quinze fois. Ils se ratent. Ils se manquent. Obsession. C'est idiot. Yves ferme les yeux. Il ne veut pas voir ça.

La veille de Noël, interdiction d'entrer dans le salon. La structure de bois de la crèche a disparu de la chambre. Adrienne a trouvé derrière les débris des sucres d'orge violets du jour de la Libération. Elle les a pliés dans un mouchoir sur la table de chevet près du lit d'Yves. Sans commentaire. Quand ils revinrent de la messe de minuit, l'air était vif, le ciel noir : Yves sentit l'odeur de graviers et de grilles de tous les jardins de Neuilly. Aux sorties de l'église Saint-Pierre, il y avait des essaims, puis sur le boulevard d'Argenson des familles par groupes, grappes, toujours un enfant pour perdre son cache-col et le ramasser, un autre pour disputer un bonnet de laine à son frère ou à sa sœur. Derrière les grilles, les lumières s'allumaient aux perrons, puis des lumières aux fenêtres des salons. On entrevoyait des sapins illuminés. Yves, bonnet sur la tête, cache-col noué autour du cou, les mains dans des moufles, chaussettes de laine jusqu'aux genoux, retenues par des élastiques qu'il fallait tout le temps remettre en place, dirait bien à ses parents « je peux marcher avec vous ? » ou à ses frères « jouez avec moi, s'il vous plaît ». Mais ils se dirigeaient vers la maison, les aînés particulièrement pressés de rentrer, Adrienne et René ne s'échangeant pas un mot, bras dessus bras dessous, c'est tout. Yves ralentit plusieurs fois et les laissa le devancer. Yves aurait voulu alors disparaître dans l'instant et à tout jamais. Un coup de baguette magique. Comme dans les contes qu'il n'aimait pas. Pour voir. Les voir s'affoler de sa disparition. Mais au bout de combien de temps ? Dans le salon Bonne-Maman attendait. La crèche était dressée sous le piano avec ses grands rois mages, aussi beaux que ceux de l'église, et Adrienne posa l'enfant Jésus dans le petit lit de paille. Il était « né ». Un ange, devant, à genoux, dans lequel chacun mit une offrande « pour les pauvres »(?) et dont la tête penchait d'avant en arrière à chaque pièce de monnaie. Après seulement, on eut le droit d'ouvrir les paquets. Il ne fut pas question du père Noël. Les aînés déchiraient les papiers de leurs paquets. Yves pliait les papiers des siens avant de regarder ce qu'il y avait dedans. Il découvrit une boîte d'aquarelles avec pinceaux, godets, et un paquet de quatre livres, *Le Tour du monde de Corentin, Sans famille, Le Général Dourakine* et *Mon frère Yves*. Adrienne lui dit « c'est moi qui les ai choisis ». Il y avait aussi des vêtements, un blouson et une culotte courte assortis, en gros drap bleu-noir. Les aînés s'habillèrent en scouts, patins à roulettes aux pieds. Bonne-Maman eut droit à un foulard et à un sac en « crocodile ». Encore des K. René trouva un cardigan pour les dimanches, plusieurs cravates et un chapeau gris de chez Berteil. Rien pour Adrienne. C'était pourtant, aussi, son anniversaire. Yves alla la voir à la cuisine. Elle découpait une dinde, mit en place les morceaux sur un grand plat et l'orna de marrons. Yves courut dans sa chambre, prit une feuille de papier, saisit une poignée de crayons de couleur et dessina une main tenant des fleurs de toutes les couleurs, avec au-dessus un nuage, un soleil, et écrivit en rouge « je t'aime. Yves ». Quand il les rejoignit à table, Yves tendit le dessin à sa mère, maladroitement, sous la table.

Ce dessin, plié en quatre, Adrienne le conservera longtemps dans le tiroir de sa table de chevet. Elle l'a peut-être toujours, mais caché dans quel livre ? Bonne-Maman remarqua que la dinde était trop sèche et les marrons un peu trop cuits. René trouva que le tout manquait « un peu de sel ». Quand René raccompagna sa mère, les aînés en profitèrent pour essayer leurs patins devant la maison. Yves aida sa mère à ranger les assiettes, les verres et les couverts. Il secoua même la nappe dans le jardin. Puis, revenant à la cuisine, il s'approcha de l'évier, dit à Adrienne « et toi, man ? » Elle répondit « moi, je vous ai ». Elle l'embrassa sur le front « mais va vite te coucher, tu as de la lecture ». Yves choisit *Corentin* en premier. C'était écrit tout petit, il fallait lire avec le doigt. Et à voix haute, c'était plus beau. Le sommeil le surprit au milieu d'une phrase.

## 18. Mercredi 30 avril

Bientôt minuit. De retour à Joucas. Encore une fois, j'ai voyagé avec de lourds bagages. Une valise et deux sacs, c'est trop. Et dans la valise, la machine à écrire qui a ceci d'humain qu'elle est pesante, inertie, corps évanoui, quand elle n'est plus placée sous mes doigts, cliquetis. En sortant de la gare d'Avignon j'ai croisé quatre garçons de ma connaissance, ceux-là mêmes surnommés « les cigalous de Provence » ou les « chichis-poufs hargneuses », je ne sais plus exactement, un moment de *La Guerre des piscines* qui faisait rire nettement le public. Ils attendaient quelqu'un, d'autres amis peut-être, pour passer le pont de ce Premier Mai, ensemble. Quand je ne les salue pas, la rumeur me revient que je ne les ai pas salués. Quand je les salue, ils prennent un air de grandes dames à la fois flattées et offusquées. Alors je leur adresse un bonjour, de loin, armé d'un sourire ininterprétable, mot créé pour le besoin de leur cause jalouse et de la situation. Ils me détestaient avant de me connaître. Combien de fois cela me fut rapporté par d'autres rivales. Les homosexuels qui ont du bien et qui vivent en province ne peuvent bourgeoisement, promotion sociale, que s'aimer en se narguant. Sitôt plus de trois, ils organisent le cercle vicieux, tendent des pièges auxquels ils adorent se prendre et prendre les autres. Ils imitent Paris uniquement par le tranchant du mépris. Ceux-là de ce soir invitèrent il y a trois ans ma bonne amie Saubade et, au cours du dîner, sachant qu'elle m'aimait, firent circuler autour de la table une virulente et très mauvaise critique de *Freaks Society* dont on donnait quelques représentations à Paris. Saubade ne m'en parla que quelques semaines plus tard, la peine l'emportant sur le désir qu'elle avait de taire de tels événements. C'est Saubade que j'ai saluée en les saluant ce soir. Elle me manque. Les journées passées chez elle, l'été, dans son jardin en terrasses, au-dessus de Villeneuve-lès-Avignon. J'écrivais *Le Petit Galopin de nos corps*, nu, à une table de marbre, en plein air. Quand le soleil tombait, elle s'occupait des vasques de fleurs, tenant haut l'arrosoir, en marchant sur la pointe de ses pieds nus, dans le gravier. Après, je lui lisais les pages de l'après-midi. Elle murmurait « continue ». Un jour sur deux j'allais chez elle. Ces jours-là, elle n'était là pour personne d'autre. Une fois la semaine, elle venait à Joucas et se tenait sur la petite terrasse, au-dessus du bureau, au-dessus de ma tête. Nous dînions tôt. Elle avait peur de la nuit pour rouler en voiture. Je crois que nous nous sommes aimés d'amitié. Elle n'eut jamais l'âge de ma mère. Je lui ai donné, je l'espère, autant qu'elle me donna. Notre amitié était prospère en instants connivents et de belle écoute mutuelle. Je me revois lui lisant à voix haute des pages entières de *L'Homme sans qualités*. Elle allait mourir. Elle le savait. Elle voulait terminer le roman.

Joucas. Tard dans la nuit. J'ai rangé les papiers, les vêtements, les dossiers. J'ai allumé un grand feu dans la cheminée de la pièce à vivre. Je ne pensais pas, hier, dater ce chapitre, revenir si vite au présent. Mais l'entreprise de *Biographie* m'effraie. Pendant le voyage j'ai lu « les journaux ». Je ne peux rien faire d'autre, dans le train. Je lis les meurtres, la politique, les spectacles, les éditoriaux, les plus petites rubriques. Tout ce que nous avons prévu, analysé, conçu, annoncé depuis des années, tout cela est devenu actualité. Immense et confuse charge d'une actualité plus fourbe et meurtrière que jamais. Nous le savions, et nous n'avons rien fait que prévoir pour prévoir. Cette fois, c'est le chemin de gauche, le précipice et le crayon noir. Rien que du noir. Pourquoi suis-je né capable de ressentir ? Pourquoi suis-je toujours aussi incapable de comprendre ? Je n'ai pas les armes de l'analyse et de la pensée. Je n'en veux pas. Je ne les ai jamais approchées. Elles me rebutent. Je ne connais de vérité que celle du tiraillement. Brûle et me brûle, en moi, le sentiment, tout ce qui par les sens me pousse, me cogne, m'enthousiasme ou me fait éclater de rire, et toujours retomber plus seul, plus isolé.

Emanuel me disait hier le désert de sa vie quand il appelle, quand il a besoin d'appeler, quand il a besoin d'une main, d'un regard, d'une présence pour échapper à l'obsession de son travail de création, certain qu'il est de ne jamais succomber à la tentation des compromis. Pour lui, le compromis du « prêt-à-porter » de couturier. Nous sortions du théâtre de l'Odéon. Dans un couloir, derrière les coulisses, après le spectacle, nous avions vu Jacques. La pièce qu'il vient de mettre en scène et dont c'était la première représentation sera un échec, nous le savions tous. Et nous nous regardions, Nicole et Jacques, Emanuel et moi. Les comédiens passaient devant nous, l'administrateur, l'auteur, les amis de l'auteur. Ils passaient tous, et nous nous regardions. Tard dans la nuit, j'ai parlé avec Jacques au téléphone. Les mots sont douloureux quand on vit la même histoire : l'artiste, fidèle à l'élan d'origine que lui inspire la discipline artistique qu'il a choisie ou par laquelle il a été choisi, ne peut qu'être continuellement rejeté. Le seul danger qu'il coure, comme on veut bien le lui expliquer, est de croire qu'il organise son propre rejet. Un conformisme prime parce qu'une confusion règne.

*J'ai noté, ce matin, avant de quitter Paris, coupable de* Biographie, *hésitant toujours, prêt à tout abandonner de cette entreprise, c'est ma vie. Rien que ma vie. Sans parure. Même si d'autres prétendent un jour le contraire. Ceux-là ont enterré en eux l'enfant sans lequel on ne peut pas vivre. Je suis né d'une frayeur qui ne me quitte pas et qui m'inspire de brefs moments de heurts, bons heurts, bonheur, et de longs moments de malheur en échange. Je ne partage ma vie qu'avec des chats. Ils ne partagent pas vraiment la leur avec moi. Ils ne la partagent qu'entre eux, mystères de leurs appels, de leurs jeux et de leurs rêves. Je suis leur acte de présence obligatoire. Je suis né d'une frayeur qui me tient debout. Je veux la dire pour vivre mieux avec elle. Elle ne doit plus me décider. C'est elle qui choisit les chemins ? Non.*

Rupture n° 4 est encore là, couché sur le petit lit d'appoint derrière mon bureau, dans mon dos. Nous avons ri ensemble. Il a tout touché dans cette maison. C'était l'an dernier. Un soir, nous avons marché ensemble, jusqu'aux Cortasses. Le ciel était constellé d'étoiles. N° 4 les désignait par leurs noms. Je n'avais plus peur de les regarder. Sur le chemin du retour, nous avons entendu une plainte dans le cimetière. Nous eûmes peur. Très vite, nous avons « compris » que ce n'était que le vent glissant entre les battants de la porte d'entrée, métallique. Etreintes. N° 4 ne voulait pas que je le prenne. Ça lui « faisait mal ». Il ne voulait pas. Il ne voulait rien. Il ne voulait pas de lui. Il faisait chaud dans la maison. Nous étions nus, à l'ombre et au secret des murs. Son sperme était blanc comme de la neige. Si tôt un matin, nous rentrions de la représentation de *Parsifal* à Orange ; franchie la colline des Gordes, nous vîmes, face à nous, à l'est, bien au-delà d'Apt, les premières lueurs de l'aube. Il me dit « regarde, les Rois mages ». Je vis les trois étoiles, bien alignées, comme plantées en épée à l'horizon des Alpes de Haute-Provence. Quelques jours auparavant, Michel Tournier était venu rendre visite à ses chats Tiffauges et Tiffany et m'avait parlé du « quatrième Roi mage ». « Il s'est perdu, disait-il, et je l'ai retrouvé. »

*Cette frayeur, je veux la dire pour vivre mieux avec elle. Elle ne doit plus me décider.*

Tout à l'heure, après avoir repris ma 4L, au garage, près de la gare, j'ai acheté un vélo, à la sortie d'Avignon, aux Nouvelles Galeries. Demain matin, j'irai faire un tour. Ce texte, plus que les autres, risque de trop me tenir au bureau. Il faut que je respire.

*Jeudi 1$^{er}$ mai.* Sitôt pris le thé, ce matin, sans sucre, thé noir, j'ai choisi d'aller en balade derrière Joucas, côté montagne, à vélo. Je voulais monter d'abord, descendre ensuite. L'engin est de pacotille. Je n'ai encore acheté qu'une apparence. Je fus vite essoufflé. Au retour, je n'avais qu'à freiner. Je freinais tout le temps, j'avais peur de la vitesse. Brusquement, le pneu avant a éclaté. Je suis rentré ici, la bicyclette sur l'épaule. Claude, le mari de Zézé la postière, m'a vu passer et n'a pas manqué de sourire. Il a pour moi, toujours très amicalement, les mots de l'almanach Vermot. Demain, il me faudra revenir aux Nouvelles Galeries. Faire le chemin, quatre-vingts kilomètres aller et retour. Arguer. Rendre l'engin. Mauvais achat. Ou bien signe ? Ce que je veux, c'est un bon gros vélo, avec de bons gros pneus, pour juste faire le tour des hameaux, le matin, après le thé.

Caisse de retraite obligatoire : 5 690 F. Abonnement d'entretien de la chaudière de l'appartement de Paris : 278 F. Réabonnement au journal *Le Monde* pour six mois : 298 F. Heures de ménage et linge pour le mois d'avril : 915 F. Frappe machine de cent quarante pages de *Biographie* : 840 F. Photocopies de ma pièce *Le Butoir* : 400 F. Déduction faite de l'impôt mensualisé, il ne reste déjà plus rien sur la mensualité du mois de mai pas encore versée par mon éditeur. Et le vélo : 885 F. Tel inventaire de la part d'un écrivain est toujours pris pour une plainte injustifiée. L'écrivain « a toujours de l'argent » et s'il en a moins, ou pas, « qu'il se débrouille ». On le veut nanti. On ne veut pas savoir. Mais puisque l'esprit de *Biographie* est celui du constat, et que je veux la juste ligne de vie, je le note. Je note aussi qu'en corrigeant les premières pages de ce chapitre j'ai failli barrer la phrase, image sans laquelle rien ne pouvait être dit de proche de ce jour, du sperme de n° 4. J'ai failli remplacer le mot sperme par celui de semence. Pourquoi ? J'ai failli barrer. J'ai failli parer.

Il y a dix ans, mois pour mois, je venais de démissionner de ce poste de directeur de création d'une agence de publicité américaine, poste que je devais, en dernier recours d'interrogatoire, au fait que « je ne voyais pas mon avenir ». J'écrivais *Lady Black* dont le sous-titre est *Les beaux trente ans de Julien Salcon*. Julien, c'était moi. Salcon, c'était Yvette. J'allais avoir trente ans. Et tant de romans refusés. J'avais besoin d'être publié. Je le fus. Sans doute parce que « certains » y lurent un « autre roman » que j'allais écrire et que je n'écrivis jamais. Quel est cet autre roman qu'ils attendent de moi, dans ces couloirs de maisons d'édition où je ne peux plus passer sans devenir agressif, pressés qu'ils sont tous, n'ayant jamais le temps, ne serait-ce qu'un peu de temps pour parler avec moi ? Dix ans plus tard, maintenant, je suis publié, mais d'autres que moi usurpent mon identité dans mon écriture. Des personnages se sont créés qui portent mon nom et si peu mon désir. Depuis dix ans que je reviens dans cette maison de Joucas, avec acharnement, à écrire, un vide se crée autour de moi. Je fus passionnément épris, saisi, mené, cassé, quatre fois. Et ces souvenirs me hantent. Je veux faire ici le point. Le point de départ. Partir. C'est le même recommencement.

J'ai noté ces jours derniers, *la promenade est dangereuse. Voici que le mot de danger, auquel je ne souscrivais pas les premiers jours d'entreprise de ce texte, devient un refuge.* J'ai également noté, *pourquoi vouloir modifier ? Rien ne modifie. Les cartes sont jouées d'avance,* et *l'autobiographe invente des mesures. Il dit je. Il se démontre. Il se protège. Le je est un déséquilibre peureux, protecteur. Le biographe, en moi, devrait trouver le juste équilibre, pertinent. L'impertinence commence au premier adjectif adornant.*

Elles sont si nombreuses les notes, elles veulent entrer ici, elles se placent, *le lecteur attend du roman l'émotion et la diversion. Gommez l'émotion. Ne restent que la diversion et les fictions de marketing. L'autre attend-il encore l'amour ? Le roman ne peut conduire qu'à soi-même, ultime refuge dans un monde qui a peur d'aimer, ou qui ne sait plus. Je suis romancier. Parce que je suis né entendant, écoutant et sachant regarder. Je n'ai jamais appris à penser comme ils pensent, oubliant l'expérience. L'écoute et le regard deviennent blessure s'ils ne sont pas partagés. Tout me blesse.*

Noté aussi, *l'espace théorique et sa connaissance font oublier la peine individuelle et humaine et permettent à l'intellectuel de régner comme s'il n'avait pas de vie propre. Or je ne vis que ma peine, parce que isolé, me méfiant des pouvoirs arbitraires, des maîtrises spectaculaires. Je suis tout entier livré à cette peine que je voudrais voir verser au bonheur d'être, au bonheur d'être avec quelqu'un. N° 1 à n° 4 : ils ne sont entrés dans ma vie que pour pouvoir en ressortir et le dire. Ils ont vécu un temps avec un autre : Navarre. Ils ne connaissent pas Yves ? Et ils tournoient. Rupture n° 3, Duck du* Temps voulu, *sera à Paris mardi et me l'a fait savoir. Pourquoi ?*

Noté, ma mère, maman, Adrienne, Pipou, salle Pleyel, un soir de concert ? Quel âge avais-je ? *La Belle Meunière* de Schubert était au programme. Elle me parle d'un *fa dièse* qui *revient comme un appel*. Elle me dit même *permanence du fa dièse*. Surtout l'intéressait la partition d'accompagnement, la mélodie de soutien de la voix. Ce qu'elle avait joué. *Fa dièse* devait donner le ton de ce texte : grave et chaleureux. Un appel permanent.

Dès que je vais à la cuisine, à Paris, les chats me suivent. Ils ont toujours faim. Je me retourne, leur souris, et leur dis « j'ai déjà donné ». Ou encore « je peux aller tout seul à la cuisine ? » Ils viennent se frotter dans mes jambes. Tiffauges, Tityre, pas Tiffany.

A la représentation de *La Mouette*, l'autre jour, un acteur qui vient d'être nommé pensionnaire de la Comédie-Française se retrouve au deuxième rang de premier balcon, tout à fait de côté. De là, il voit la salle, à peine la scène. Une amie commune, Yoshi, l'accompagnait. Peu avant le spectacle, il obtient de meilleures places, à l'orchestre, après avoir dit au contrôle « avant, vous me placiez normalement, et maintenant que je suis dans la Maison, vous me donnez des places d'où je ne peux rien voir ». Après le spectacle, le secrétaire général s'approche de lui « vous n'étiez pas content de vos places ? » La nouvelle était déjà venue jusqu'à lui. Explications amicales. Le secrétaire général conclut « je vous le dis pour votre bien : vous aviez des places de pensionnaire. A l'orchestre, ce sont les places de sociétaires ».

Voilà, tout est transcrit. J'ai fait le ménage des notes. Il est cinq heures de l'après-midi. Jean-Jacques et Marie-Claude viennent dîner ici. Je leur donnerai à lire les quatorze premiers chapitres de *Biographie* et leur lirai celui-ci. Le vélo est dans la cave, avec son pneu éclaté. Le téléphone ne sonne pas. Je n'ose même pas appeler Charles-Henri et Marie-Françoise pour leur demander des nouvelles de Noémie. C'est toujours moi qui les appelle. C'est toujours moi qui appelle les autres. C'est mon côté *fa dièse*. Je voudrais pouvoir quitter ce bureau, aller sur la petite terrasse, y rencontrer l'ami, l'embrasser sur le front, lui prendre la main, et dans ses mains réchauffer les miennes. C'est la même histoire, pour tout le monde. Là est le sujet, unique.

## 19. La forêt d'orties

Les aînés sont partis pour leur premier camp scout. C'est le dimanche des Rameaux. Yves est assis, seul, sur la banquette arrière de la 15 CV Citroën, côté bord de route, derrière Adrienne qui tient une carte largement dépliée. Elle dit à René « la prochaine route à gauche, il faut la prendre » et bientôt, drame imminent, « je ne retrouve plus ». René s'arrête en bord de route, arrache la carte des mains d'Adrienne « tu ne peux même pas faire ça, tu... » Yves n'écoute pas. Il ne veut plus écouter « ça ». Il a entendu une dame, en visite villa Sainte-Foy, une amie de Port-Jérôme, dire à sa mère « pourquoi vous laissez-vous réprimander continuellement ? Faites comme moi, répondez-lui ». Adrienne avait souri « c'est impossible ». Yves venait d'apporter une assiette garnie de biscuits. « Voici mon dernier. Vous ne le connaissiez pas ? » La dame en posant sa tasse de thé, prenant du bout des doigts un boudoir, avait félicité Yves « c'est bien de faire la jeune fille de la maison ». Un mot nouveau, réprimande, un mot faux, qui sonnait mal, comme le sourire de la dame, trop amusée de tout pour ne pas être en reportage. « Qui est-ce, man ? » « Elle est gentille mais elle répète tout. »

Yves s'est penché légèrement. Il regarde le talus, l'herbe, les arbres. Il va pleuvoir. La voiture sent le cisal moisi. Yves a mal au cœur depuis le départ, mais il a mal au cœur aussi pendant tous les repas de famille, menace du coup de poing du père sur la table, brusques colères pour ces petits riens, carnets de notes, nourriture peu ou trop salée, peu ou trop sucrée et surtout la terrifiante sauce de la salade, toujours « trop de vinaigre ». Et cette colère, par accès, en cache une bien plus grande, colère des lieux reniés, Condom dont on ne parle plus, le frère d'Adrienne et un de ses beaux-frères dont « il ne faut plus parler ». Pourquoi ? C'est aussi la colère du directeur qui rentre toujours de son bureau de la rue de Lubeck l'œil de braise, sourcils tendus, menton légèrement plissé. Un soir, René a chassé violemment Tityre de ses épaules. Le chat n'est jamais revenu. Adrienne a dit « il est parti ». Jean-Jacques a rétorqué « il est mort ». Yves est allé voir dans le dictionnaire « mort ». Il était dit, *ce qui met un terme à la vie*. Et après ? Plusieurs fois il voulut poser la question à sa mère mais il sentait Adrienne tourmentée, l'invitant à n'être là que sagement, sans plus poser aucune question. Sagement est de trop. Et pourtant, coloration de sa demande.

René rend la carte à Adrienne. Et de nouveau les routes, des croisements, une côte, brusquement le haut d'une falaise de craie, et le panorama d'un fleuve en méandre. Adrienne se retourne « c'est la Seine ». Une pancarte à l'entrée d'un village. La Roche-Guyon. Un château. Des ruelles. Chez le notaire, un bruit de pendule et une odeur de maison sans repas, ou avec repas sans goût. Odeur de poussière des rideaux. Litanie. Yves entend dire « nous cherchons une maison, dans un parc... »

Ils en visiteront une dans La Roche-Guyon, en bordure de Seine, belle maison de pierres grises, perpendiculaire au fleuve, tout entière tournée vers un parc dessiné encore de haies de buis, flanquée d'une marquise criblée de balles sur toute la largeur de la façade. Qui a dit « il y a trop de fenêtres » ? Le notaire mentionna « par honnêteté » que les caves étaient inondées à chaque crue de la Seine. Une ombre passa dans le regard de René. En route pour Haute-Isle, et la falaise de craie, courbe, en surplomb. Visite d'une seconde maison. Elle est du mauvais côté de la route. Il faut traverser pour aller au bord du fleuve. Le notaire explique que « Boileau est né dans la ferme voisine » et y a écrit sa célèbre « épître *A Lamoignon,* premier poème sur la nature ». D'une fenêtre du premier étage, il désigne les forêts de Moisson, de l'autre côté du fleuve, « c'est sans doute ce qui l'inspira ». Yves retient Boileau, Lamoignon, nature. Le notaire dit aussi « autant vous prévenir, vous l'apprendrez d'une manière ou d'une autre, que le dernier propriétaire de cette maison s'est pendu. Cette maison est à vendre depuis près de trente ans ». Léger sourire du notaire. Adrienne croise le regard de René. En route. Explication officielle « nous voulons être au bord de l'eau ». René parle au notaire de ses nouvelles fonctions et du « monde du pétrole ». Yves s'informe.

*Vétheuil.* Au plus courbe du méandre. Le fleuve ici est large. La falaise se brise. Une vallée vers le nord, « c'est le tout début du Vexin ». Une collégiale domine le village. Un escalier de dalles brisées, usées, majestueuses, y conduit. En bas de l'escalier, un chemin mène à la Seine. Une maison, à gauche, dans un parc. Le notaire répète « autant vous prévenir... » Adrienne sourit à Yves, humour, bruits de clé dans la serrure de la grille, « elle a été occupée par les Allemands et les Américains. Elle est très endommagée ». Visite, « c'est une maison du début du siècle dernier. Un cuisinier de Napoléon l'a fait construire, de retour de campagnes ». Adrienne sourit encore. Le cuisinier ? Côté rue, grilles, glycines, une cour, une tonnelle, des lilas. Le parc, de l'autre côté, est en contrebas. Dans la maison, toutes les vitres sont brisées, « fais attention ». Le notaire pousse les volets, vision ; des arbres plus hauts que la maison, gigantesques, sapins, tilleuls, noyers, peupliers, il y a même un arbre étrange, tout hérissé, à l'ombre des plus grands. Le notaire commente « c'est un araucaria. Il a été oublié. Il a grandi ».

Côté parc, en surplomb, un balcon épouse les avancées des bow-windows du salon et de la salle à manger. Un couloir médian, une porte vitrée qui donne sur un escalier extérieur, quelques marches, un palier, l'escalier se sépare en deux, de droite, de gauche, et plonge de chaque côté dans une forêt d'orties. René descend. Yves lâche la main de sa mère, « n'y va pas ». Il s'arrêtera, en bas : les orties sont plus hautes que lui. René, un bâton à la main, les fouette, se fraye un chemin et disparaît dans le parc. Yves attend. Il veut cette maison. C'est celle-là. Au niveau du parc, derrière l'escalier, les fenêtres des caves ont des grilles. On doit pouvoir se perdre entre ces arbres et dans cette maison. Yves regarde la colline, à l'est. On doit pouvoir se perdre dans ces forêts. Yves scrute les falaises, à l'ouest. Il doit y avoir des cavernes. Il entend le bruit d'une péniche sur la Seine. Il touche une ortie. Elle le pique. Il se suce le doigt. Il s'approche encore. Elles le piquent aux genoux. Adrienne lui dit « reviens ». La demie d'une heure sonne au clocher de la collégiale. Il y a des vols de corbeaux. Il se met à pleuvoir.

Dans la maison, René demande si les caves sont inondées. Le notaire répond « non, jamais ». Yves frappe dans ses mains, une fois, une fois de trop. René se tourne vers Adrienne. Adrienne murmure « il faudrait peut-être réfléchir ». René dit au notaire « je la prends ». La visite n'a pas duré une heure. Retour à La Roche-Guyon. Adrienne et Yves attendent dans la voiture. Adrienne dit à Yves « ton père achète toujours trop vite. Il faudrait... » René revient avec les clés. Et de nouveau la route. Adrienne n'ose rien dire. Yves se fait tout petit, à l'arrière, bras croisés. Déjà les projets. Il prendra un bâton pour chasser les orties. Il ira voir passer les péniches. Il ira au pied des falaises de craie. Il ira dans la cave, derrière les grilles, pour jouer au prisonnier. Il sera toujours là où ne seront pas les autres. Il ira dans le clocher. Il ira dans le grenier. Il aura son jardin, dans le parc. Il pourra jouer dehors. Il ira jouer dehors. De retour à Vétheuil, René dit « Monet a vécu neuf ans dans ce village avant d'aller à Giverny ». Yves retient Monet, Giverny, araucaria.

De la maison, on ne voit pas la Seine, mais on la devine, on la sent, c'est plus beau. Il sont allés déjeuner *Chez Jules,* sur la place de la Mairie, fin de service, l'après-midi est avancé. René pense sans doute à Prouillan, Adrienne à Copeyne. Yves, face à eux, se tient droit et mange comme un grand. C'est la première fois qu'il se trouve avec eux, sans ses frères. C'est la première fois qu'il les voit, côte à côte, en face de lui. Et c'est un repas sans Bonne-Maman. Cela vaut tous les coups de toutes les récréations, toutes les embuscades, tous les mensonges et tous les bons points repris. Ce village ressemble à un jeu de construction avec son église, sa mairie, son auberge, son garage avec pompe à essence et sa grand-rue. L'église est à un flanc de la vallée, côté falaises, et la mairie en face, côté collines. Entre les deux un creux, dans le creux un parc, et dans le parc une maison, toute douce quand on y entre parce que de plain-pied avec la rue et toute fière quand on la traverse et débouche parce qu'elle domine ses arbres, une maison avec juste assez de pièces pour être nombreux, juste assez de fenêtres pour accueillir les lumières du levant, du midi et du couchant. Et le fleuve qui coule, ce plan d'eau vaste comme un lac, et de l'autre côté du fleuve le village de Lavacour, une guinguette, une baignade avec un plongeoir. Où est le soleil ?

Adrienne et René ne se sont rien dit. A la fin du repas, René croise les coudes sur la table, se tourne vers Adrienne « tu n'es pas contente ? » Silence. René dodeline de la tête « eh bien, Mimi, réponds ! » Adrienne regarde la rue. Il ne pleut plus. Puis elle se tourne vers René « tu aurais peut-être dû... » René la gifle. Il se lève, paie l'addition, sort. Yves aide sa mère à enfiler son manteau. Il veut lui prendre la main. Elle refuse et murmure « laisse-moi seule, je t'en prie ».

Ils reviendront vers la maison par le bord de Seine, sous un soleil de métal. Un vent se lève qui voudrait chasser les nuages. C'est le secret de

Vétheuil, vallée débouchant sur le méandre d'un fleuve : le vent coulera toujours vers le fleuve. Le vent du Vexin, herbes douces ?

René marche en premier. Yves le rattrape. Il voudrait parler à son père. Mais comment lui adresser la parole ? Que regarde-t-il si fixement ? Il renonce. Il attend sa mère. Mais elle observe le fleuve. Elle a noué un foulard de soie autour de son visage, sous le menton. Yves se laisse devancer par eux, deux. Il donne des coups de pied dans les silex qui hérissent le chemin qui conduit à « leur » maison. La maison de la gifle. Ce soir, en rêve, Yves se perdra dans une forêt d'orties, à la recherche de son père, sa mère criant « ce n'est pas ce que j'ai voulu dire ».

## 20. Les séjours interdits

Il serait catégorique donc abusif de définir ainsi le sujet Yves « ému par sa mère, terrorisé et fasciné par son père, façonné à son esprit défendant par Bonne-Maman, coupé de ses frères, écarté par les filles, cogné par les garçons, cherchant, quêtant, plongeant dans les nuits, redoutant les jours, apprenant à bien se tenir, à bien lire, tout lire, bien écrire, s'habiller seul, se brosser les dents, seul, seul, toujours seul, et se cachant en proie, prise, à des crises, exprimant le cri... » Non. L'enfant Yves, comme tout enfant, échappe aux codes de l'analyse. Perfectible, l'analyse ne peut venir que de lui. Lui seul en définit le mode d'expression, où finit la vie où commence le roman ? Yves vivait déjà un de ses livres, un autre livre que ceux qui lui avaient été offerts pour Noël : le sien. Et cette analyse, qui ne peut venir que de lui, n'a rien à imposer, rien ne la compose que des impressions, elle propose. Au sujet lui-même, d'abord, s'il en ressent l'urgence, s'il veut sortir de chemins décidés pour lui, empruntés trop de temps, trop longtemps ? Au sujet humain secret ensuite, caché, lectrice ou lecteur lointain, coupé de lui comme on demeure coupé de l'autre à venir, attendu, surtout quand on ne l'attend plus. La déception est le courage des matés.

Un samedi matin, peu après Pâques, René relève une enveloppe dans la boîte aux lettres de la porte du jardin, villa Sainte-Foy. Il l'ouvre. Le facteur n'est pourtant pas encore passé. Il lit le message. Furieux, il rentre dans la maison, appelle ses fils, les aînés en premier, et Adrienne. Il empoigne François-Pierre et Jean-Jacques, les pousse sur le perron, les jette dans le jardin, les relève, ordonne à Yves et à Adrienne de les suivre, et la famille en cortège, enlevée, comme soulevée par le père, se rend à la loge des nouveaux concierges de la villa.

Là, devant un autre père, une autre mère, et leurs trois garçons, dans la petite pièce sombre encombrée de matelas roulés contre le mur, René ordonne à ses fils de se mettre à genoux et de demander « pardon ». Yves est à genoux à côté de ses frères. Il ne comprend pas. Il ne comprendra que plus tard. René, de dos, frappe ses enfants. Le concierge essaie de le retenir. Les coups pleuvent, poings, pieds, un désordre de coups violemment ordonné, ponctué par des mots d'excuses adressés aux parents et à leurs enfants qui eux se tiennent debout, raides, effarés, avec ce petit rien de satisfait dans l'effarement. Brusquement, les coups cessent. René dit à ses fils de se relever. Le concierge murmure « ce n'est pas ce que je voulais, monsieur Navarre ». René répond « comment voulez-vous qu'ils comprennent ? » Et les parents se serrent la main. Les concierges promettent de prévenir « si un tel incident se reproduit ». François-Pierre, en rentrant du lycée, avec un de ses camarades qui vit dans « l'immeuble blanc », a croisé l'aîné des enfants du concierge. Et le camarade de François-Pierre, pas François-Pierre, a traité le garçon de « nez crochu ». Pourquoi ? Dans la voiture, en route pour Vétheuil, les enfants à l'arrière, les parents à l'avant, papa au volant, François-Pierre fait la moue. Pendant tout le week-end, il répétera « c'est pas moi ». Mais jamais devant son père. C'eût été provoquer de nouveau l'avalanche.

A Vétheuil, pour la nuit de samedi à dimanche, ils logeront à l'auberge Saint-Christophe, et y prendront leurs repas. Ils ne sont jamais revenus *Chez Jules*. Dans le salon, par terre, René déplie des plans. Il fera construire un garage, « sur pilotis », pour garer « deux voitures », une salle de bains, au premier étage, qui n'existait pas, et des « toilettes ». Des portes, il fait mettre des portes partout, il coupe le salon en deux, isole la salle à manger. Il est question de « chauffage central », de volets neufs, et de « toiture à refaire ». Menuisier, entrepreneur, architecte, plombier, maçon, c'est tout le samedi un défilé de ce qu'Adrienne appelle « les corps de métiers ». Les aînés ont reçu l'ordre paternel de « décamper ». Yves a peur du parc et des orties. Yves a peur de la maison, des plans, et des gens. Yves se tient près de la tonnelle, sous les lilas. Petit à petit, il sent le parfum des fleurs mouillées. Adrienne a dit « c'est du lilas double, il ne faut pas le couper ».

Yves ne se sent jamais bien là où il se trouve. Les séjours, partout, lui semblent interdits. Le sentiment est bref. Rien ne le fixe encore.

L'impression est brute. Mais tout comme Yves s'entraîne déjà à ne pas oublier ses rêves, à se les rappeler mot à mot, image par image, le voilà déjà attelé au souvenir des années vécues, non par goût de collection, mais par besoin de questionner : d'où vient l'interdiction de tout ? Le mot « tout » englobe pour lui ce qui peut être « deux », ce qu'il a partagé, de trop vifs instants, sanctionnés par des punitions (la main du soldat allemand) ou par des silences (Adrienne s'esquive). Sous le lilas, il a froid. Froid au front, froid au cou, froid aux cheveux coupés, froid aux mains qu'il ne faut pas mettre dans les poches de la culotte courte, froid aux genoux parce qu'ils sont nus, froid aux pieds parce qu'il a trop serré les lacets, froid au ciel qui ne se découvre pas, froid aux arbres qui se sont de nouveau couverts de feuilles, froid aux fleurs oliférantes, froid au tableau noir quand sœur Marie lui demande de l'essuyer, un garçon, toujours lui, pas les autres, froid aux mains quand il tape les murs de sa chambre, froid au sortir du bain parce que Rita n'est plus là pour lui frotter le dos avec la serviette nid d'abeilles, froid au regard du père quand Adrienne demande de l'argent pour les jours à venir, « tu dépenses trop », « tu ne fais pas tes comptes », froid de Bonne-Maman qui lui fait répéter tout ce que maman a dit de ne pas lui dire, froid de tous les messages de Bonne-Maman qu'il ne transmet pas, froid au nom de Condom qui n'est plus jamais prononcé. Dans *Les Aventures de Corentin,* Corentin va au pôle Nord et se construit un igloo avec des cubes de glace pour se « protéger du froid ». Froid. Sous le lilas, Yves se met à claquer des dents, dents de « lait », dont Jean-Jacques a dit qu'elles « allaient tomber ». Tomber ? Et repousser. Repousser ? Yves court dans la maison « man ? » Son père lui dit d'aller jouer dehors. Il répond, aplomb du froid ressenti, « je ne veux pas jouer ! » Pour une première fois, il croise le regard de son père. Pas de temps à perdre, il enchaîne « je veux faire quelque chose ». Alors, René l'emmène. Sur la gauche de la maison, dans l'axe de la tonnelle, un chemin en pente douce, bordé d'un mur, conduit au parc. En bas, à la lisière des orties, René ramasse une sarclette, montre à son fils comment il faut arracher les orties, et lui dit « comme ça, très fort, avec les racines. Il faut que tu ailles jusqu'à cet arbre. Compris ? »

Brusque ardeur, mission, sentiment d'exister « enfin » pour « papa ». Les orties tombent sur lui, le piquant au visage et aux jambes. Tant pis, il faut arriver à l'arbre. Et il ne faut pas tricher. Il frappe la terre, coups nets, il compte, à sept orties, il relève la tête. Vertige. Il respire, et de nouveau à l'ouvrage, les joues en feu, les mains brûlantes, il n'a plus froid, mais il a toujours peur. Parfois, il se retourne vers la maison. Si son père revenait trop tôt ? L'arbre est encore loin. Et si la sarclette heurte un caillou, le coup se répercute dans tout son corps. Pour que le travail soit plus net, pour que l'avancée se dessine, Yves pousse les orties, à bout d'outil, vers le bas de l'escalier, en tas. Bouche sèche. Cris des corbeaux qui volent autour du clocher. Une heure sonne, puis une demie, puis une heure de nouveau. Yves veut que la percée soit le plus large possible. Brusquement, la voix de sa mère « où es-tu, nous partons ». Yves voudrait appeler son père, encore quelques orties, il pose enfin la sarclette contre le tronc de l'arbre et court rejoindre ses parents. « Ça y est, pa ! » René répond « nous verrons ça demain ». Le peu de territoire gagné n'est pas reconnu.

Alors, seulement sur le chemin de l'auberge Saint-Christophe, devancé par ses frères, son père, sa mère, toujours le dernier, Yves se gratte les genoux, les joues, le cou. Il sent des démangeaisons partout. Maintenant ça pique. Ne surtout pas le dire. Pas se plaindre. En se lavant les mains, avant le dîner, il découvre des petites poches d'eau, sous la peau, dans les plis de ses doigts, et au creux de ses paumes de mains. Jean-Jacques dit « c'est des ampoules. T'es plein de boutons. Si tu te voyais. Qu'est-ce que tu as fait ? » « C'est un secret entre papa et moi. » Jean-Jacques hausse les épaules « nous, nous sommes allés en haut des falaises ». « Tu m'y emmèneras un jour, dis ? » « T'es trop petit. » « S'il te plaît... »

Jean-Jacques et François-Pierre se tiennent face à leurs parents et Yves en bout de table. Yves tremble un peu en prenant la cuillère à soupe. De l'autre main il se gratte le genou. René demande à ses aînés « qu'avez-vous fait cet après-midi ? » François-Pierre répond « on... », Jean-Jacques « nous... » Puis plus rien. Au dessert, une pomme. Il faut la couper en quatre et la peler le plus finement possible sinon coup de poing sur la table, papa se fâche. Yves a du mal à tenir le couteau. Adrienne lui prend une main, la retourne, paumes blessées, « tu dois avoir mal ». René dit « ce n'est rien ». Tout est interdit. Il faut sarcler son propre territoire. Il ne faut rien attendre d'une mission, surtout pas de satisfaction. Sitôt couché, Yves forcera le rêve qui « devra commencer » par les orties, le terrain à gagner, un autre arbre pour but. Il l'a décidé. Mais cette nuit, il ne dormira pas. Dans un petit lit d'appoint, dans la chambre de ses frères, il souffle sur ses doigts. En grattant un peu, le sang perle au genou. Jean-Jacques lui a dit « si les ampoules crèvent, on te coupera les mains ».

Le lendemain, les pieds dans des bottes de caoutchouc, René fait le tour du parc avec un pot de chaux liquide et un pinceau. Un jardinier l'accompagne. Sur certains troncs d'arbres il peint une croix. Les peupliers et les noyers sont condamnés. Yves peut à peine plier ses doigts. Il se tient de nouveau près de la tonnelle, avec Adrienne qui, manteau posé sur une rocaille, assise dessus, s'est mise à tricoter. Elle dit « ton père ne devrait pas » puis « il ne faut rien lui dire » et « il n'écoute jamais ». Mais elle parle à elle-même. Elle ajoute à mi-voix « même les lilas, il déteste les lilas ». Yves s'approche de sa mère « man ? » « Va voir la Seine. Mais ne t'approche pas du bord. Et reviens vite. »

Yves est allé voir le fleuve. Sitôt arrivé en bas du chemin, d'un côté, promenades, bancs publics, double allée de tilleuls, de l'autre côté, longue laie d'immenses peupliers d'Italie, et devant, le fleuve. Sans péniche. C'est dimanche. Le fleuve est gris comme le ciel. Un vent tiède tourbillonne. Yves revient en courant. Il a peur. Et s'ils étaient partis sans lui ? Non, la voiture est là. René dit au jardinier « il faudra aussi dégager cette tonnelle. Et me débarrasser de ces lilas... » Autres croix. Yves va se réfugier dans la voiture. Assis sur la banquette arrière, il s'endort. Il fait un rêve blanc. Il est dans le pot de chaux. Quand il se réveille, ils sont arrivés villa Sainte-Foy. Il va directement se coucher, sans dîner. Rêve : seul, il sarcle toutes les orties, le parc est magnifique. Son père décide de garder les arbres. Trop tard.

Le samedi suivant, les arbres tronçonnés gisent à terre. Seule la moitié du parc, face à la maison, avec ses géants, a été épargnée. L'autre moitié, René veut en faire « un verger ». Il y a déjà des ouvriers dans la maison et des échafaudages sur la façade. René dit « la maison sera prête pour l'hiver ».

Jean-Jacques et François-Pierre, chez les scouts, ont appris des « gros mots ». François-Pierre dit qu'un jour il « cassera la gueule à Nez crochu, pour de vrai ». Adrienne confie parfois à Yves « ne cherche pas à comprendre ». Comprendre, c'est devenir pareil. Bonne-Maman lance à sa bru « vous n'êtes pas à la hauteur de mon fils. Je le lui ai toujours dit ».

## 21. Photo de classe

Pour Yves, les couloirs de l'institution Sainte-Geneviève sont sans fin. Il n'en veut pas dans ses rêves. Il les chasse avant de se coucher. Il leur dit « non ». Parfois, pour respirer mieux, dans sa chambre, porte fermée, il monte sur une chaise et tourne sur lui-même : il veut voir d'en haut, comme voient les grands quand ils sont grands. Mais très vite, parce qu'il tourne, un vertige le vrille au ventre, lui coupe les genoux : il attrape le dossier de la chaise et descend en chancelant. Yves ordonne à ses rêves de ne pas le placer dans des situations et des lieux sans issue. Il décide d'avance, mais le rêve parfois l'emporte, cloisonne, tient prisonnier. Décollage impossible. L'interdiction ne doit pas gagner le rêve.

Yves prend garde de descendre du lit, chaque matin, du pied gauche. Il faut toucher le parquet du pied gauche, en premier. Il apprend à cligner de l'œil gauche d'abord. Pour le droit, il est obligé de faire une grimace. Il croise toujours les passants du trottoir de l'avenue Sainte-Foy sur la gauche. Il déteste tendre la main droite pour saluer telle personne, ou tel visiteur, parce que c'est « la main droite », de leur côté, pas du sien. La main ennemie. Quand il dessine ou peint, c'est de la main gauche. Quand il descend par le grand escalier, dans le parc de la maison de Vétheuil, il tourne toujours à gauche, jamais à droite. Frissons. Quand, de retour de Sainte-Geneviève, il passe sur une marelle dessinée sur le trottoir, à la craie, il saute toujours du pied gauche, à cloche-pied, un, deux, trois, quatre-cinq les deux pieds dans le paradis, six, sept, et hop, huit-neuf les deux pieds en enfer. Yves lace toujours sa galoche gauche en premier. Et quand Bonne-Maman, un jour, dira de lui « comme cet enfant est gauche », il sera content, fier de lui. Le chemin de gauche lui plaît. Il taille toujours ses crayons avant de se coucher. Les mines des crayons de couleur sont beaucoup plus fragiles. Il ne faut pas appuyer. Les mines des crayons noirs, elles, résistent : il les aime. La petite fille qui se mouche tout le temps lui a dit « pourquoi tailles-tu toujours tes crayons à l'envers ? » Yves n'a pas compris. La table de chevet est à gauche de son lit. Yves serre le poing gauche en premier s'il doit répondre à une menace. Au piano, il fait des gammes, de la main gauche, dans les graves. « Je voudrais apprendre, man ! » « L'an prochain, quand tu seras au lycée. » Silence, elle regarde son fils « ... et si papa dit oui ».

Un jeudi après-midi, Adrienne emmène Yves au jardin des Tuileries. Elle s'est installée dans un fauteuil de métal peint en jaune, non loin du grand bassin « surtout, ne te penche pas ». Les autres enfants ont des bateaux qu'ils poussent sur le plan d'eau. Yves n'ose pas s'approcher. Le bassin est rond, pas de vagues, pas de rivages escarpés, pas de tempêtes comme dans *Les Aventures de Corentin*. Les bateaux font de dolentes traversées. Les autres enfants trouvent ça « fantastique ». Il y a aussi un manège avec des chevaux de bois, comme chez le coiffeur, et un monsieur, au milieu, qui actionne une manivelle. Adrienne a dit à son fils « tu es trop grand ». Yves regarde les allées, les statues, les arbres bien alignés, les arceaux en bordure de pelouses, les pancartes d'interdiction, les fleurs plantées à intervalles réguliers. Le soleil parfois perce entre les nuages, et une brusque luminosité jaillit du sol. Adrienne dit « tu es allé trop loin, je ne te voyais plus ». Il regarde sa mère « je voudrais rentrer. J'ai mal au front ». Il ne veut pas dire qu'il a « mal à la tête », comme elle. Ce ne peut être le même mal, et elle ne veut rien de pareil. Elle est autre, c'est une femme, c'est maman, enfermée. Un autre jeudi, ils iront à Bagatelle. Là, les fleurs sont trop nombreuses, et toutes désignées par des noms trop compliqués. Du gravier dans les allées. Et surtout, le jardin ne s'ouvre sur aucune vue, aucune perspective. Même le ciel, au-dessus, semble enfermé. Très vite, Yves a de nouveau « mal au front ». Adrienne lui dit « respire », ou bien « joue », « va jouer avec les autres enfants, tu n'as qu'à leur parler ». Yves tombe d'un coup, ébloui. Quand il revient à lui, Adrienne lui pince les joues, l'embrasse sur le front. Elle lui donne à boire près d'un kiosque. Elle lui dit « nous rentrons ». Délivrance. En arrivant villa Sainte-Foy, Yves regarde sa mère « dis que tu ne m'y emmèneras plus ». Les migraines des Tuileries et de Bagatelle, les migraines des jardins publics, des fleurs en exposition et des arbres alignés. Mauvais rêves.

Il y eut un autre défilé. La foule cette fois chantait, scandait, hurlait. Il y avait des drapeaux partout sur les façades, musiques, bruits, la ville tremblait de joie, le soleil brûlait. Et c'était moins beau que la première fois. C'était « trop ». Yves se réfugia sous l'escabeau pour qu'on ne l'oublie pas. Il regardait les jambes des gens, leurs chaussures, jambes nues des femmes se mettant sur la pointe des pieds, bras nus des hommes en chemisettes à manches courtes, couples qui se tenaient par la main, par la taille, ou s'embrassaient, sur les lèvres, une femme effaçant du rouge sur la joue de son ami. De retour à la maison, repas, dessert : des cerises. Jean-Jacques en accrocha aux oreilles d'Yves, de chaque côté, comme des boucles, et le pointa du doigt en riant. Adrienne lui dit « goûte, c'est bon ». La première lui parut acide, la seconde sucrée. Il posa un à un les noyaux en bordure d'assiette et en collier, comme sa mère, et apprit à cacher le noyau en le faisant ressortir discrètement de la bouche, dans le poing, comme son père. Imitations, interdictions de faire autrement : les gourmandises sont difficiles. Bonne-Maman dit « j'ai fait un vœu ! » La nuit suivante, Yves eut mal au ventre.

Le lendemain matin, sœur Marie frappe dans ses mains à la fin de la récréation, rituel, « les garçons ! » L'armée de Fradet sort des buissons en criant. C'est la bousculade des rangs pour aller aux toilettes. Yves « attendait » depuis le début de la récréation pour être le premier. Il est pressé. Il a le ventre ballonné. Il se retient. Mais, de coup de poing en coup de pied dans les tibias et coups de coudes, l'armée passe avant lui et, à l'entrée de la grande salle carrelée qui sent l'eau de Javel, il se retrouve dernier. Trois compartiments, fermés par des portes, plus basses, sans loquets intérieurs, sont réservés aux plus petits, équipés de sièges d'aisance à leur taille. Fradet et deux de ses soldats font exprès de rester longtemps. Yves les entend pouffer derrière les portes. Sœur Marie, plusieurs fois, leur dit « dépêchez-vous ». Puis, au « je vais vous punir », ils sortent. Trois autres les remplacent. Même jeu. Le temps passe. C'est la fin de la récréation depuis quelques minutes. Sonnerie. Troisième fournée, plus rapide. Ils ne sont plus que deux à attendre. Yves s'adresse à sœur Marie « ma sœur, j'ai mal ». Elle répond « c'est trop tard ». La troisième fournée ressort. Sœur Marie fait signe aux filles d'avancer, aux garçons de prendre les rangs et dit à Yves « vous n'avez qu'à être plus rapide, que cela vous serve de leçon ».

Dans la classe, assis au pupitre, Yves se tord les poings sur le ventre. Dans ses mains les ampoules sont devenues peaux mortes, sèches, arrachées, et peaux roses, en dessous, creux luisants, avec déjà des stries. « Sortez vos cahiers. Dictée surprise. » Yves ne bouge pas, cassé en deux. « Navarre, votre cahier ? Nous attendons. » Yves glisse sa main gauche dans le pupitre, attrape le porte-plume, le cahier, plante le porte-plume dans l'encrier, ouvre le cahier à la bonne page, reprend le porte-plume. « Navarre ? De la main droite s'il vous plaît ! » Yves place sa main gauche à la place de sa main droite, contre le nombril, le plus fort possible, et c'est la dictée. Il écrit. Il fait attention aux pleins et aux déliés, aux virgules et aux points. C'est facile, au présent de l'indicatif, la même dictée pour tous, donc pour l'autre moitié de la classe qui n'a toujours pas rattrapé la première. « Posez vos plumes. Buvard. Et maintenant, je ramasse les cahiers. » Yves lève le doigt « ma sœur ? » puis « ma sœur s'il vous plaît ? » Les garçons ricanent. Les filles prennent des airs fâchés. Sœur Marie regarde Yves « très bien Navarre, allez-y, mais si vous rencontrez la Mère supérieure, vous serez renvoyé ». Dans le couloir, terreur, personne, mais si la Mère supérieure surgissait ? Yves fait quelques pas, et trop tard. Debout, tout d'un coup. C'est la première fois que cela lui arrive. Il sent que ça coule un peu au dos de ses cuisses. A petits pas pressés, il va vite se réfugier dans la salle carrelée. Il voudrait l'odeur d'eau de Javel encore plus forte. Derrière la porte, debout, il attend. Il ne sait que faire. Il a encore mal. Il se tient le ventre. Il attend, longtemps. Longtemps. Puis la voix de sœur Marie « Navarre ? » Elle entrouvre la porte, fait une grimace « quelle idée de vous avoir donné une dispense ! » Elle soulève Yves, l'air dégoûté, et le porte à bout de bras jusqu'à l'infirmerie, le pose devant la sœur infirmière qui dit « nous n'avons que des culottes de petites filles ». Sœur Marie répond « alors, prévenez sa mère, qu'elle vienne le reprendre ». Elle sort.

La honte d'Adrienne. Yves répète « je ne l'ai pas fait exprès, je te le promets, ils... » « Ne dis rien, ce n'est rien » mais elle a honte. Il leur a fallu revenir dans la salle carrelée, et là, derrière une porte, Adrienne nettoie les jambes de son fils, plie le slip et la culotte sales dans une serviette propre. Yves enfile un slip neuf et une autre culotte. Sur le trottoir de l'avenue Sainte-Foy, Adrienne tient Yves par la main droite. Yves lâche la main de sa mère et va lui prendre la main de la main gauche, de l'autre côté, « merci d'être venue, man ! Tu sais... » « Je ne veux pas savoir. » Sitôt à la maison, elle fait couler un bain. Yves se déshabille. Elle le soulève et le plonge dans l'eau, le savonne avec le gant, fait mousser, le frotte partout. Puis elle vide l'eau de la baignoire et le douche « ferme les yeux ». La fenêtre de la salle de bains est ouverte. Il fait beau, chaud. Yves entend les oiseaux qui chantent. C'est une fête. Et quand Adrienne le frotte vivement avec la serviette, il rit, elle rit. « Te voilà comme un sou neuf. » Ils s'embrassent. Elle dit

« nous n'en parlerons pas à papa, promis ? » Yves répond « promis ». Bonne-Maman vient d'arriver, comme chaque matin, pour le déjeuner « Pipou ? Vous êtes là ? » Adrienne pose un doigt sur ses lèvres en signe de silence. Yves l'imite. « Pipou, où êtes-vous ? » Adrienne embrasse Yves sur le front et murmure « je sais que tu ne recommenceras pas ».

Les aînés rentrent du lycée. Jean-Jacques a gagné aux billes. Il a des calots de toutes les couleurs. Et des agates plein les poches. Au dessert, Yves ne prendra pas de cerises. Jouissance, il vient de découvrir son corps, sali, lavé, renaissance. D'un regard Adrienne lui fait signe de ne rien dire.

Le lendemain matin, au moment de partir pour l'école, Adrienne descend à la cave et revient avec un bouquet, un gros bouquet de lilas blanc, sous papier transparent, avec un ruban de couleur et l'étiquette du fleuriste. Elle le donne en cachette à Yves « file, file ! Ton père ne doit pas le voir. Donne-le à sœur Marie en lui disant je vous prie de m'excuser. Répète ». « Je vous prie de m'excuser. » Il regarde sa mère « mais c'est à cause d'elle, man ! » « Justement. »

Dans les rangs, les garçons observent, les filles montrent du doigt. Yves tient le bouquet bien droit. Sœur Marie fait semblant de ne rien voir. Dans la classe, chacun se place derrière son pupitre. Sœur Marie ferme la porte « asseyez-vous ». Yves reste debout. Sœur Marie va vers l'estrade. Yves la regarde. Puis il s'approche. Et du bas de l'estrade, on n'a pas le droit de monter sans permission, il tend le bouquet « maman m'a dit de vous dire... » Voix bloquée, ce n'est pas ça, courage, voix plus nette « je vous prie, ma sœur, de m'excuser ». Sœur Marie prend le bouquet et s'adresse à la classe « nous irons tous ensemble l'offrir à sainte Thérèse ». Yves revient à sa place. Sainte Thérèse ?

Une lettre a été envoyée aux parents. La photo aura lieu le jeudi matin. Il est recommandé d'envoyer les enfants « avec leurs habits du dimanche ». Adrienne a acheté une nouvelle culotte à bretelles, une chemise neuve, blanche, à col large et pointu, des mi-bas en coton blanc et des vernis neufs. La photo a lieu dans le parc, devant un buisson de rhododendrons. Les garçons sont assis dans l'herbe, en tailleur, premier rang, bras croisés. Puis un rang de filles assises, le photographe leur serre les genoux, elles ont des robes de dentelle, des nœuds dans les cheveux, des tresses, poupées. Puis, debout sur des bancs, un second rang de filles. Yves a pris place, le dernier à gauche. « Souriez ! Ne bougez plus ! » Yves baisse un peu la tête, et tire la langue dedans la bouche. La photo le décevra : il se cherche à gauche, il se trouve à droite. Plus tard, dans les descriptions de décors de ses pièces de théâtre, il hésitera toujours. C'est à gauche pour qui ? Il verra, un jour, une de ses pièces représentée à l'envers, comme sur la photo. La photo que Bonne-Maman regarde en jetant un « ce petit a l'air demeuré ». Adrienne dit « ne l'écoute pas ». Yves écoute.

## 22. La frontière suisse

Lorsque, après avoir croqué une première cerise, Bonne-Maman a dit « j'ai fait un vœu », Yves l'a entendu comme une menace. Le vœu sera toujours pour lui synonyme de mauvais sort, de conjuration et de complot. Il n'accuse pas. Il sent que Bonne-Maman ne fait que vivre cette passion qui la fixe, face à son fils, à table, elle préside. Ce n'est pas là prêter à Yves un raisonnement, une capacité prématurée, ou un don exceptionnel. Non. Et si le « non » ponctue parfois, ici, la phrase, entre deux points finaux, comme si ce mot constituait à lui seul une autre phrase, c'est qu'Yves, enfant, ne connaît que des élans sitôt pris, sitôt interrompus. Dans sa pièce *Il pleut, si on tuait papa-maman*, il fera dire par le petit garçon (lui) à sa sœur aînée d'un an (elle, la sœur qu'il n'a pas eue, ou qu'il était, n'était-il pas sa propre sœur ?) : *Plus tard, on se mariera, et on fera tout, sauf des enfants heureux comme nous.* Plus loin, scène 12 : *Elle — Alors, je viens de comprendre la vie. Lui — Explique toujours. Elle — Il ne faut aimer personne. Crois-moi, il ne faut aimer personne, mais il faut être très attachant. Lui — Et je suis attachant, moi ? Elle — Oui. Drôlement. Et moi ? Tu ne dis rien ? Lui — Oh si, toi, tu es attachante. Seulement voilà, on s'aime et tu dis qu'on ne doit aimer personne. Elle — Tais-toi. C'est notre secret. Lui — Et si c'était aussi le secret des parents ? Elle — Il vaut mieux ne pas y penser.*

Yves ne souhaite pas les jours. Il n'attend que les nuits. Elles seules le laissent libre de partir pour revenir, d'aller chaque fois un peu plus loin, comme Corentin. L'ordonnance des faits ici relatés, début de chronologie, danger de la chronologie martelante qui devient vite arbitraire, porte à croire qu'Yves ne vivait, de jour, qu'un attachement à sa mère, quand tout en lui aspirait, à travers elle, à la conquête du père, et surtout à la défense de leur couple. Il est né d'eux. Il écrira souvent, *je suis né deux*. Et manquent ces immenses plages de vie solitaire, Yves se contentant d'être là, de suivre, de regarder, d'écouter, alors qu'on ne lui prête que des qualités d'« enfant sage un peu trop sensible », « innocent », c'est-à-dire, pour eux, incapable de recevoir et de partager. Or, il partage tout, avide, et surtout le péril d'une toujours imminente rupture entre le père et la mère. Il les veut intacts, et s'aimant. Il ne les voit vivre que déchirés, se déchirant obstinément. Et les brefs moments de tendresse, entre eux, lui semblent encore plus périlleux tant la violence, pour un rien, est toujours si vite de retour, nouant des drames, ne les dénouant jamais. Seule la nuit dénoue. Yves se répète constamment les « ne cherche pas à comprendre » et « je ne veux pas savoir » de sa mère. Yves aime le noir, quand il éteint la lumière. Par la porte communicante, entrouverte, il entend Adrienne. Elle lit à voix haute, à René, le chapitre d'un livre, un article de journal ou parfois un texte, jamais le même, qui s'intitule *L'Etre le plus extraordinaire que j'ai rencontré*. Rien n'est plus doux que la nuit, alors. La nuit, tout se cicatrise, le mal au front disparaît. Yves rêve d'un lieu défini, la maison de Vétheuil, et d'une autre école, le lycée. Tout devrait pouvoir commencer, cette fois pour de bon. En fait, Yves voudrait s'endormir et ne plus jamais se réveiller.

La veille du dernier jour de classe, Yves se rend à Sainte-Geneviève, avec un panier plein de petits paquets, certains enrubannés de bleu, d'autres de rouge, les bleus pour les garçons, les rouges pour les filles. C'est la journée « d'échange de cadeaux ». Adrienne a demandé à Yves ce qu'il voulait offrir et à qui, précisément. Devant son mutisme, elle a acheté des soldats de plomb et des paquets de bonbons, les soldats pour les garçons, les bonbons pour les filles. Yves a aidé sa mère à faire les paquets, sans se tromper de couleur de ruban et surtout sans rien dire. « Tu ne t'es même pas fait un ami ? » silence « une petite amie ? » puis « personne ? » Dans la classe, c'est branle-bas. Tous font des échanges, en s'embrassant, en riant. Sur l'estrade, la Mère supérieure, mains dans les manches de sa bure, et sœur Marie contemplent leur petit monde. La Mère supérieure, en arrivant, s'est adressée aux garçons « vous nous manquerez beaucoup, l'an prochain ». Mensonge. Elle aussi ment. Yves, son panier à la main, donne les cadeaux aux filles qui ne les ouvrent même pas : elles en ont de plus beaux qu'elles se font entre elles. Restent les paquets bleus. Yves hésite. Puis il ose, et distribue, à Fradet en dernier. Les garçons ont l'air surpris, les soldats leur plaisent.

Quand il revient, panier vide, à sa place, il n'y a pas de cadeau pour lui. Du bout du doigt, il fait des dessins imaginaires sur le bois du pupitre : des montagnes. René a dit qu'ils allaient « partir pour la montagne ». Il a parlé de « glaciers », de « cols », de « neiges éternelles » et surtout de « bon air ». Adrienne a répété « air pur ». La Mère supérieure s'approche d'Yves et lui pose une main sur la tête, pouce sur le front. « Et toi ? » dit-elle.

Yves n'aime pas ce geste, et ce pouce, sur son front. Il n'aime pas le contact de cette main, et cette manière que la Mère supérieure a de poser les questions la voix douce et en plus elle dit tu, « quel âge as-tu ? » « Je vais avoir cinq ans, ma Mère. » « Comment t'appelles-tu ? » Yves ne répond pas. La main le gêne, sur sa tête. Les garçons, de nouveau, soufflent « Yvvvvv...ette ! » Sœur Marie intervient « c'est le petit Navarre dont je vous ai parlé. Il avait une dispense ». Et Yves, au secret de lui-même, lâche en lui les mots, les « gros mots », découverts par ses frères, « putain », « merde », « con », « connes », « va te faire foutre ». Sœur Marie vient d'ajouter « et il est très timide. Nous avons eu quelques petits problèmes avec lui. N'est-ce pas ? » Yves regarde ses dessins sur le pupitre : il est le seul à les voir.

Au sortir de Sainte-Geneviève, Yves surprend les garçons en train de piétiner les soldats de plomb « ils sont moches », « on n'en veut pas », « on en a des mieux » et « Yvette fait dans sa culotte, tralala ! » « elle a fait caca partout, tralalère ». Litanie. Chant de guerre. Yves ramasse les soldats cassés, tordus. Il veut les montrer à Adrienne. Fradet pose un pied sur la main d'Yves, par terre « laisse ça ! C'est à nous ! Tu nous l'as donné ! » Yves donne un coup de tête dans le ventre de Fradet, le bouscule, dégage sa main gauche et le soldat dedans. Il se relève, brandit le poing « je vous aurai, bande de cons ». Il a dit le gros mot à voix haute cette fois. Les garçons ont l'air heureux, c'est leur langage « Yvette », « caca dans la culotte », « cons » et le reste, le seul langage qui les épate, avec celui des coups rendus, tout de suite jugés, par la force du groupe, en coups donnés « en premier », l'éternel « c'est lui qui a commencé ». Yves refuse les « leçons ». Les « que ça te serve de leçon » qu'il entend le plus souvent adressés à ses frères aînés lui paraissent suspects. Yves ne se soumet qu'aux devoirs, pour ne pas avoir de leçon à recevoir. Les devoirs du soir, pour le lendemain.

Quand il montre quelques cadavres de soldats de plomb, Adrienne lui dit « mais qu'est-ce que tu leur as fait ? » Yves voudrait répondre « rien, man » mais il se rend compte que ce serait là enfreindre une loi du silence entre sa mère et lui, manière de connivence et d'expression de confiance mutuelle. S'il donne des « explications », tout le désignera coupable, surtout s'il essaie de démontrer une innocence. Le sentiment que « tout a commencé avant lui », qu'il était « déjà désigné », qu'il est « né décidé » se cristallise en lui sans pour cela s'attacher encore à des mots. Le sentiment est déjà là. Et dès que les mots accueilleront le sentiment précis du rejet et ses multiples expressions, commencera une écriture, la sienne. Pour le moment, il dessine.

Dans le sable, au pied du marronnier, il enterre profondément les restes des soldats de plomb, une jambe, une tête, et des corps tordus. Adrienne le surprend. De la fenêtre du premier étage elle lui dit « que fais-tu ? » « Un trou, man. » Yves n'aime pas les jouets. Il n'en a pas. Il enterre les jouets des autres, et leurs violences.

Le dernier jour à Sainte-Geneviève commence par un office religieux. Pourquoi les bonnes sœurs n'ont-elles pas le droit de dire la messe ? Les lilas, devant la statue de sainte Thérèse, sont toujours dans leur vase, un peu fanés. Yves voudrait donner un coup de pied dedans. Et toutes ces filles plus grandes qui vont tirer la langue à « monsieur le Curé » au moment de la communion. Le « bon Dieu » doit certainement en profiter pour les prendre en photo afin de les dénoncer, polices, mauvaises notes de conduite, bons points repris, mouchoirs souillés : les petites filles sont toujours enrhumées. Les bonnes sœurs ont-elles des seins ? Yves baisse la tête, regarde ses pieds, sourit, se dit « bientôt fini ». Il a mis les mains dans les poches de sa culotte. Sœur Marie se penche vers lui et les lui retire « pas dans une église ». Il faut rester les mains jointes. Fradet, au rang derrière, s'amuse à faire tomber les bretelles d'Yves. Murmures « Yvette est une conne » ou « ça pue, tu crois que c'est elle ? » Ils pouffent encore. Yves hausse les épaules, remet les bretelles en place. Il verra bientôt les montagnes.

Une fête, après, dans la « cour des grandes », côté boulevard d'Argenson, au vu de l'autre versant de l'immeuble blanc. Sous un préau, des jeux de massacre, une diseuse de bonne aventure derrière un rideau doré, et des stands de « bienfaisance » : les parents ont fait des dons, tout est mis en vente. Yves reconnaît la dame-jeanne d'armagnac qu'Adrienne a offerte, et deux tricots, dont celui des Tuileries, commencé sous les lilas, à Vétheuil. Une course en sac est l'attraction. La sœur infirmière y participe au plus grand amusement de l'assistance. Les petites filles de la classe d'Yves jouent aux mamans. Elles ont de l'argent, du vrai, des billets et des pièces. Elles ont de quoi acheter des balles en chiffon pour faire tomber la tête de Lucifer. A chaque balle ratée, dans le mur, Yves est très content. Lucifer a l'air de ricaner.

Bonne-Maman est venue, en voisine. Très habillée. Plus pécari que jamais. Yves lui demande pourquoi il n'a pas de sous. Elle répond « tu n'en as pas besoin ». Devant le stand des broderies, napperons, serviettes « tu n'achètes rien ? » Elle répond « j'ai tout ce qu'il me faut ». Pourquoi est-elle venue ? Plusieurs fois, Yves veut lui prendre la main. Elle fait alors toujours un geste fuyant, caressant le revers de veste de son tailleur et le camée en broche, remettant en place une des épingles qui fixent son chapeau. Elle est venue, parce qu'elle a un nouveau chapeau. Elle est venue, parce que René va venir. Et comme René tarde, elle s'en va « tu diras à ton père que je l'attends chez moi ».

Quand ses parents arrivent, tous deux, côte à côte, Yves vérifie, fierté, si les garçons sont là, et les filles, sœur Marie, la Mère supérieure. Mais tout se met à tourner dans sa tête. Il ne veut pas de ce vertige. Il se mord les joues, du dedans, il se pince les bras, très fort, et, bouche bée, les regarde venir, elle, belle, et lui, comme il ne l'a jamais vu, si grand, avenant, souriant. Il a mis une pochette blanche. Adrienne rit « ferme ta bouche. Qu'est-ce qui te prend ? » René saisit Yves par la taille, le soulève. Yves se sent enlevé, comme le début d'un rêve, et, dans les bras de son père, voit enfin tout le monde d'en haut. Yves n'a pas le souvenir d'avoir jamais été tenu ainsi, dans ces bras-là. Là, il se sent bien. Là, il voudrait rester longtemps. Peu importe si René regarde ailleurs, peu importe s'il n'est venu que « pour peu de temps » comme il l'a annoncé. L'important est qu'Adrienne se tienne près d'eux. Jusqu'au moment où René pose Yves à terre en lui disant « tu es devenu trop lourd ». Alors René s'approche de la Mère supérieure. Adrienne relève sur ses épaules un des châles de Mendoza, comme une pudeur. Elle sourit en écoutant ce que la Mère et René se disent, sourire parfait et radieux, convenance, elle s'ennuie. Du bas, Yves lui adresse un clin d'œil. De l'œil gauche. Adrienne fronce légèrement les sourcils, jeu, comme si elle allait se fâcher. Puis elle sourit, autre sourire, le vrai. Sœur Marie s'est approchée. Remerciements. Yves entend « oui, au lycée », « il a une dispense », « il est en avance, mais grâce à vous il sait lire et écrire ». René pousse discrètement Yves par l'épaule. Yves embrasse la bague de la Mère supérieure et la main de sœur Marie. Leurs mains droites : ça ne compte pour rien. Ils s'en vont.

Quand la porte de l'institution s'est refermée, Yves ne s'est pas retourné. Le petit bruit a suffi. Fini. Avenue Sainte-Foy, ses parents le tiennent par la main, papa à gauche, maman à droite. Yves mesure son pas. Pour un peu il prendrait son élan et s'envolerait avec eux. Seulement au coin de la villa Sainte-Foy, Yves s'arrête, rougit, regarde son père « Bonne-Maman m'a dit... » et la commission. René rebrousse chemin. Fin d'histoire d'amour.

Mi-juillet. Il faisait nuit. La 15 CV Citroën attendait devant la porte, lustrée, coiffée de bagages sanglés. C'était donc ça un départ, un grand départ. Et les phares, dans la nuit des rues puis des routes, curieux silence des matins quand « on va vers le jour qui se lève », paroles de René. Les aînés sont en camp scout. Yves, seul sur la banquette arrière, regarde tout, les arbres qui défilent, les champs, un tank abandonné en bord de route, les ombres des villages et des collines, de plus en plus découpées sur un ciel lisse, qui s'éclaircit. Yves a le sentiment que la terre tourne et que la voiture les précipite, en sens inverse, vers un nouveau jour. Il se demande même pourquoi le châssis des voitures n'est pas courbe puisque la terre est ronde. Et il n'a pas peur de ce jour qui se lève. Il n'a plus peur, ce matin-là, du vide dans lequel la terre se tient. Des noms de villes, de bourgs, de villages, des noms étonnants, « Auxerre », « Tonnerre », « Avallon ». Peu avant « Dijon », René éteint les phares comme en réponse au soleil qui pointe à la crête d'une colline. Adrienne baisse la vitre « tu n'as pas froid ? » et s'accoude à la portière. Bras nu. Papa, maman, et le soleil devant. Yves aime ce vent qui lui fouette le visage. Au passage, dans les villages, il guette des senteurs, des odeurs, puis après, lignes droites, celles des prés, celles plus fraîches des bois, celles aussi de rosées, de vallons, ou des plateaux traversés. Tout file et fuse comme s'il y avait course entre la voiture et le soleil. Une halte, un bol de chicorée. René fait vérifier la pression des pneus. Il a levé les capots du moteur. La voiture ressemble à un papillon noir qui va prendre son envol. Et de nouveau les routes. De temps en temps, Adrienne tend un biscuit, ou de l'eau fraîche, à René qui conduit « trop vite » a-t-elle dit une fois. Ils ne se parlent pas. Plusieurs fois, la voiture double ou croise des camions militaires, passe devant des maisons brûlées, détruites. Sur une pancarte, Yves lit « Pontarlier ». Nouvelle halte. René dit « nous serons à la frontière avant midi ». Yves veut voir ça, une frontière. Ni ses frères ni sa mère ni même Bonne-Maman n'ont voulu répondre à la question « qu'est-ce que c'est, une frontière ? » Dans le dictionnaire « ce qui sépare deux pays voisins ». Un mur ? Un trou ? Un trait ? Virages. Et le parfum des pins. René met des lunettes de soleil. De temps en temps, Adrienne se retourne et sourit à Yves « respire fort ». Il respire fort. Montagnes, vallées, un torrent, des rochers, de l'écume. La voiture ralentit. René regarde le paysage en conduisant. Yves a froid aux genoux, il les couvre de ses mains. Parfois, dans un virage, il se sent attiré d'un côté, de l'autre. Il se laisse bercer « ne fais pas ça s'il te plaît ». Alors il se tient droit, mains cramponnées sur le rebord du siège. Il n'a pas encore l'appui des pieds. L'avenue Sainte-Foy, c'est tout droit et loin derrière lui, dans son dos. Des soldats, une barrière. Stop. René donne des papiers, en montre d'autres, va ouvrir le coffre de la voiture, le referme. Un peu plus loin, une autre barrière. D'autres soldats. Même rituel. Quand René remonte dans la voiture, il sourit à Adrienne. Yves baisse les yeux. Que s'est-il passé ? Ils sèment, ils s'aiment donc. Au contraire du rêve de la pelote, Yves voudrait se faire tout petit, disparaître, ne pas être là, tout en étant là. Des drapeaux avec des croix. Des maisons avec des fleurs. Quelques dizaines de mètres après la seconde barrière, René ralentit, stationne devant une maison tout en bois. Ils descendent. Adrienne ferme les yeux au soleil, s'étire, frotte son bras droit, se coiffe. René change de chemise. Sur la façade de la maison, Yves lit « Pension ». A table, une dame très souriante pose une panière de pain. Du pain blanc. Du pain extraordinairement blanc. Il y a des rideaux aux fenêtres, tissu fleuri, des fleurs dehors, et un parquet blanc, ciré, sur lequel Yves a glissé. Jambes ballantes, bien droit sur sa chaise, Yves boit ce que la dame vient de verser dans chaque verre. C'est doux. Sucré. Un autre goût. Un autre goût de tout. Sur l'étiquette de la bouteille il y a des pommes, toutes rouges, comme les pommes de la sorcière de *Blanche-Neige*. Les pommes de la Reine mère qui se déguise en sorcière « dis-moi que je serai toujours la plus belle ». Adieu Bonne-Maman : ils sont heureux sans toi. Au dessert, la dame souriante donne à Yves une bille de chocolat noir. Amer. Yves remercie. Au moment de repartir, Yves dit à son père « on va la passer quand, la frontière, pa ? » Adrienne et René s'échangent un sourire. René s'accroupit, pince le menton d'Yves et répond « mais nous l'avons franchie. Nous sommes en Suisse ».

## 23. Les aiguilles de pin

L'hôtel est dans une forêt, seul, à flanc de montagne, sur la route d'un « col ». Le village est dans la vallée. Ils l'ont traversé, le jour du passage de la frontière, et ils n'y redescendent jamais. Très tôt le matin, Yves se réveille, alerté par la lumière qui perce les deux cœurs taillés dans chaque volet. Sur son lit « l'édredon n'est pas tombé », il a dormi sans bouger, tourné vers le mur. Il partage la chambre de ses parents. Il se sent de trop. L'édredon est doux et léger. Il suffit. Etrange lit qui n'est pas bordé. Le sommeil de l'équilibriste. Equilibre des rêves : si l'édredon tombe, le froid réveille. Debout. Yves enfile ses socquettes de laine, son slip de coton tricoté, sa chemise blanche qu'il ne faut pas « salir », sa culotte de drap bleu qui pique un peu, le chandail et les sandalettes en dernier. Hauts dans « leur » lit, « ils » dorment. Il ne faut pas « les » réveiller. Et surtout ne pas « les » regarder. Yves se l'interdit. Et sitôt la porte refermée, c'est un autre couloir, avec des numéros sur les portes, deux paires de chaussures devant chaque porte, un escalier, le hall de l'hôtel qui a été « désaffecté », et où « vivaient autrefois » des personnes dangereuses nommées à voix basse, par René, « tuberculeux ». Règne un parfum de café et de lait que l'on fait réchauffer. Mais il n'y a personne encore. Yves sort. Le voici dehors. Dehors, il « respire fort ».

Chaque matin, Yves ose la forêt, de plus en plus loin. A gauche de l'hôtel, il traverse la route, un sentier escarpé et, très vite, vue en surplomb de l'hôtel, façade blanche qui ferme tous ses yeux, et ils sont nombreux. Yves compte les fenêtres, seize, dix-sept, et les étages, trois, quatre. Certaines chambres ont des balconnets. Tous les volets ont des cœurs. Pour arriver à « papa et maman », il faut partir du bas, à gauche, monter de trois et compter treize. C'est leur fenêtre. Ils dorment.

Yves écoute alors le bruit de la vallée, en contrebas, tout au fond, bruit d'eaux puissantes qui se précipitent entre les rochers. La vallée est encore à l'ombre. Le deuxième matin, elle « était pleine » de brumes. Yves, un moment, s'était senti au-dessus des nuages, presque de plain-pied avec eux, et s'était plu à penser à une propriété absolue et inconnue de tous : c'était son territoire. Il avait attendu que les nuages se dissipent, fondent, s'effacent, coulent dans la vallée, tirés comme un drap, emportés par le torrent, qui sait, pour se sentir fier de l'aventure : personne ne le saurait jamais, il avait été propriétaire.

Yves sait que lorsque le soleil atteint le fond de la vallée, il est temps de rentrer. Mais avant, il a tout le temps, tout un temps à lui, plus de murs, plus de cours, plus de rues, plus de grilles et de jardins, plus d'embuscades, et aucun jouet. S'il n'observe pas la vallée, il se tourne vers le col, la montagne, et loin derrière, des pics enneigés, un glacier. Il écoute alors le sourd et constant fracas des vents d'altitude, vents de roches, de glaces et de pics, qui semblent tendre un ciel de plus en plus bleu, le tendre si fort qu'Yves se dit « il va se déchirer ». Il le dit, à voix haute. Pour la première fois, il s'entend parler. Il se parle. Il est deux.

Jours privilégiés. Matins irremplaçables. Que jamais rien ne remplacera. Jamais. Et rien. Privilège de n'avoir ses parents que pour soi et de ne le sentir, au plus fort de leur présence, qu'en les fuyant, si tôt le matin, le plus loin possible, le grand jeu consistant à aller trop loin, jusqu'à ne plus voir l'hôtel, tenir alors le plus longtemps, et revenir le cœur battant, inquiet, au poste d'observation, afin de vérifier si les volets sont ouverts ou pas. Parents réunis. Privilège de les sentir au secret de leur lit partagé, ce lit d'où sortent les enfants « tu es né dans le lit dans lequel je suis née ». Yves n'a jamais eu à croire aux histoires de choux, de père Noël ou de père Fouettard. Nature est de constater qu'ils n'eurent, autour de lui, ni le temps ni le goût de le traiter comme on traite des enfants ou des aînés, ni ce minimum de bienveillance qui permet à certains enfants de dormir leur enfance et de ne plus pouvoir après, plus tard, se la rappeler, seuls, fouilles alors organisées et dirigées par l'analyste, parce qu'ils n'ont pas appris à vivre seuls, de naissance, de jeté du lit. Privilège du lait frais, froid, parfumé, qu'on fait boire à Yves, chaque matin, « c'est plein de forces », et qui lui rappelle précisément, confusément, celui fécond des biberons, celui aussi plus aigre du sein, tout ce qui ramenait vers lui la mère, et créait, creusait, en lui, le désir de découvrir, connaître, vivre avec, capter le père cet inconnu.

Les eaux de la vallée et le vent des cimes, c'est aussi le premier dessin à colorier, Sainte-Geneviève, l'embranchement, la décision à prendre entre le paradis ou l'enfer. Mais il n'y a pas de décision à prendre. Tout est beau en bas, tout est beau en haut. Tout forme un tout. C'est le même paysage. Le mot « pur » est un mot plein, qui s'emplit chaque matin de senteurs, de frayeurs et de tacts : Yves, à genoux, brasse les aiguilles de pin et en fait des tas. Ça pique un peu, c'est léger et ça sent si bon. Mains à plat, il appuie un peu sur le dessus, mesure, caresse, façonne chaque tas. C'est comme l'édredon ou l'oreiller. Tout cela est fragile et protège les rêves. Yves voudrait nettoyer le sentier jusqu'au point d'observation, chaque tas montrant le chemin, indiquant, guidant, signalant. Mais il a peur d'être accusé d'avoir fait « quelque chose qu'il ne faut pas faire », et très vite il efface ses « petites montagnes », répartit les aiguilles de pin : lui seul connaît le chemin.

Il jouit de tous ses sens, dans tous les sens, haut, bas, debout, assis, agenouillé, couché, de tout, il se laisse rouler, il hume, touche, écoute, regarde, il goûte l'air, bouche grande ouverte. Et s'il respire trop fort, il a tout de suite le vertige. Il s'assoit alors pour se calmer. Il observe les volets fermés. La terre n'est plus ronde et lisse puisque les torrents creusent les vallées, filent vers les rivières, traversent les lacs, forment les fleuves qui vont se jeter dans la mer. Les mers ? Les océans ? Et les océans sont des « montagnes à l'envers » remplies d'eau salée qui veulent déborder, marées. Les hommes ne savent vivre qu'entre les deux, là où c'est plat. René a dit « l'horizon d'un bord de mer est ennuyeux. Il n'y a rien à faire. Et tout le monde va là ». Adrienne a dit aussi, de la montagne, qu'elle était « généreuse pour les enfants ». Du point d'observation, Yves ne raisonne rien ; il ne fait que dessiner dans sa tête, il modèle le dessin. Ils sont venus là, là-haut, pour voir ce qui est encore plus haut. René a dit, a prononcé devant d'autres personnes de l'hôtel des mots « refuges », « balades », « escalades », « varape » et surtout deux mots scellés « pics inviolés ». Yves n'a pas posé de questions. Il aime ce mystère. Après l'hôtel, il n'y a plus rien de construit. Mais il y a des « refuges ». En cas de « mauvais temps » ou de « longues courses ».

Combien de temps sont-ils restés dans cet hôtel ? Une semaine, guère plus, mais ces matins-là comptent pour des éternités. Les « autres » sont en bas, et les villes, et la guerre, les guerres, et tout ce qu'ils font quand ils doivent vivre ensemble. Yves parfois retire ses sandalettes, ses socquettes, et fait quelques pas, pieds nus. Pour ne pas avoir froid, il se tient alors sur un rocher, « son rocher », qui, caressé par le soleil, prend plus vite la chaleur que la terre et la rend. Douceur. Peau contre pierre. Il apprend aussi à marcher, pieds nus, dans les aiguilles de pin, sans se faire mal, délicatement. Il suffit alors de penser à chaque pas. Si on n'y pense plus, on se fait mal, les aiguilles piquent n'importe comment. Et à genoux, oreille contre terre, comme Corentin, Yves écoute ce qui se passe « dedans ». Ce n'est pas le silence, un refus obstiné qu'il entend, mais un langage certain, des mots permanents qui lui échappent. Il écoute : la terre vit. Et papa, « géologue », sait tout ce qui se passe « dedans », strates, plis, creux. Il parle d'ères « tertiaire », « primaire », « quaternaire ». Il sait tout du temps. Rien ne fascine plus Yves que ce sapin, accroché au rocher, à « son rocher », au bord de l'escarpement, sapin qui tend à nu des racines qui se tordent et vrillent la terre, plongent dedans. Parfois, Yves arrache un petit bout d'écorce et le mâchonne. Un goût amer envahit sa bouche. Il crache, s'essuie les lèvres. Mais il l'a fait. Ce goût l'habite. Il ne faut pas perdre de vue les socquettes et les sandalettes. L'exploit, c'est de perdre l'hôtel de vue, pieds nus, et de compter jusqu'à cent avant de revenir.

Les sandalettes sont là, les socquettes sont là, les volets de la chambre sont ouverts. Il faut rentrer. La journée est finie. Pourtant elle commence. Petit déjeuner. « Où es-tu allé ce matin ? Tu n'as pas traversé la route, j'espère. » Yves rougit. Gorgées de lait. Et le pain blanc avec du miel dessus qu'Yves apprend à faire couler en essayant de dessiner le cœur des volets. Il n'y arrive pas. Ça coule toujours à côté « attention, tu vas salir la nappe ». Le goût du miel, du lait, du pain et des matins. Vers huit heures, ils partent en balade. René en premier, puis Adrienne. Yves va de l'un à l'autre. Il ne faut pas cueillir les fleurs, il faut les regarder. Il ne faut pas s'arrêter, sinon « on a les jambes coupées ». Mais les interdictions n'ont plus, ici, en haut, le sens de la menace, plus le sens des villes, de la villa, et de l'école. Yves a peur qu'Adrienne ne suive pas. Mais cette peur est bonne. C'est une frayeur. Adrienne lui dit « reste avec ton père ». Mais souvent elle s'arrête pour regarder le paysage. René, bras nus, parfois consulte sa montre. Haut le soleil et bientôt plus de forêt, comme si brusquement les arbres avaient renoncé à l'assaut. Ce sont les « alpages », ce sont les « Alpes ». Il faut toujours arriver « avant midi ». Yves a ramassé un bâton, comme René. Il mesure son pas, comme René. Parfois, il oublie Adrienne. Alors, il rebrousse chemin, dévale. Ses chaussettes de laine tombent sur les galoches. Il faut tout le temps les remonter, refaire le nœud des lacets. René ne s'arrête jamais, ne se retourne pas. Il va. Il veut.

Mais que veut-il ? Et s'il regarde, c'est droit devant lui, toujours. Les pics.

Midi. Au bord d'un lac. Le « lac Bleu ». Reflet du ciel. Midi. Un « col ». Vue « de l'autre côté ». Au loin, le « mont Blanc », dit René, « c'est le point culminant ». Midi. Si près d'un glacier qui a l'air de se jeter du haut des montagnes. A l'ombre d'un rocher, un peu de « neige éternelle ». Midi. René pose à terre son sac à dos. Adrienne sort un à un les petits paquets pliés proprement, papier blanc, et les boissons chaudes, bouteilles thermos, gourdes. C'est le déjeuner. En silence. Pain gagné. Yves écoute le vent du haut. Il s'est assis à équidistance de ses parents. René le félicite « c'est bien. Demain, nous irons plus loin ». Adrienne a défait ses cheveux et noué sa chemise sous son corsage « ne te découvre pas devant le petit, Mimi, je t'en prie ». Elle est à lui. Elle lui appartient. Elle ramasse les papiers, les plie, et les range, au fond du sac. Il ne faut pas laisser de traces. René se lève « je reviens ». Il s'en va, seul, plus haut, plus loin. Longtemps Yves et sa mère le regarderont. S'il disparaît, un instant Adrienne s'inquiétera. Un jour le lac, un jour le refuge, un jour le col. Yves s'éloigne, lui aussi. Adrienne lui dit « ne va pas trop loin ». Il reste au vu de sa mère. Pour elle. Jusqu'au retour du père. René dit alors toujours « nous avons juste le temps de rentrer ». Et c'est la course avec l'ombre. Sitôt dans le hall de l'hôtel, Yves a les joues en feu.

## 24. L'edelweiss

Ils ont quitté l'hôtel, dans la nuit. Ils ont franchi « trois cols », dans la nuit. Yves était fasciné par la lumière des phares, devant la voiture, et se demandait pourquoi, rigide, elle ne tournait pas plus vite avec la route. Ils ont traversé la frontière. René les deux fois a été obligé de klaxonner pour réveiller les douaniers. Puis ils sont descendus dans des vallées, routes escarpées, précipices. Ceux « qui montent » ont la priorité. Adrienne parfois est du côté du vide. Elle a peur. Elle dit à René de conduire moins vite. René ne répond pas. Une absence de réponse, comme un coup. Si un camion monte, un autobus, ou une voiture trop large, il faut reculer, se garer dans un virage. Yves sait qu'Adrienne ferme alors les yeux et retient sa respiration. Même quand il y a un parapet.

Vers neuf heures, près d'Annecy, ils arrivent à destination. Il s'agit de « reprendre les aînés ». C'est le dernier jour du camp scout, matin des « promesses » et des « remises de badges ». Le père Ouvrard accueille les parents. Adrienne est la seule femme. Yves se tient à l'écart. Ces faux soldats lui font peur. De toute façon, s'il leur demandait de l'emmener, ils lui répondraient qu'il est trop petit. Il y a Roland, le fils du boulanger Dumas, de la rue de Chézy, le meilleur ami de Jean-Jacques. Yves ne reconnaît que lui. Les autres se ressemblent tous. Des visages, pas de noms, et le même uniforme. Yves a le sentiment d'avoir été arraché aux montagnes et au secret d'une première amitié partagée. Le ciel s'est déchiré. Yves est « revenu en bas ». Tout va recommencer. Yves aurait voulu un autre matin, seul, sur son promontoire. Au moins un de plus. Il serait allé très loin cette fois. Jusqu'à mille, dix mille, sans plus s'inquiéter du retour et pour ne pas revenir. Mais on peut « ne pas revenir » uniquement après, qu'après, quand le départ n'est plus possible. Sensation. Constat. La morale de l'enfant Yves est fugitive. Ils sont « revenus en France », « redescendus dans la vallée ». Les scouts se placent en patrouilles. Curieux rangs. Chaque chef tient un bâton, avec un fanion. Le père Ouvrard donne des coups de sifflet. Et c'est un petit défilé, dans un pré, tout contre un bois. Les scouts ont des couteaux attachés à leurs ceintures. Et des foulards aux couleurs vives. Sur un autel bricolé avec des bouts de bois et des ficelles, le père Ouvrard dit la messe. Yves écoute les oiseaux. Il oublie de s'agenouiller à l'offertoire. Après la bénédiction, c'est la cérémonie des « promesses ». « Je jure sur l'honneur... », « fidélité... », « vaillance ». Quand viennent les tours de François-Pierre et de Jean-Jacques, René prend des photos. Yves se rend compte, brusquement, que pendant les huit jours passés avec ses parents René a oublié l'appareil. Et il se dit, signe supplémentaire, que cet oubli a peut-être été à l'origine du calme, du vent et de la lumière de ces jours-là. Après la distribution de badges, Jean-Jacques en a gagné plus que François-Pierre, c'est la « collation ». Ils ont « communié ». Et ils n'avaient pas le droit de « manger avant ». Puis les adieux. En route. Certains se moquent de Jean-Jacques et de François-Pierre parce que leurs parents sont venus les chercher. Jean-Jacques a l'air penaud. René dit au père Ouvrard « nous allons faire de l'escalade. Un ami suisse m'a recommandé une pension à Evolène. C'est un très beau départ de balades ». Le père Ouvrard a eu une curieuse manière de caresser l'oreille gauche d'Yves en lui serrant la tête contre sa soutane, sale, « et toi ? Bientôt louveteau ? » Adrienne répond « je ne crois pas, mon père ». Elle est redevenue inquiète. La peur des précipices.

Sur la banquette arrière, François-Pierre est à gauche, derrière René, Jean-Jacques est à droite, derrière Adrienne. Yves doit se tenir au milieu. Sitôt la route prise, virages, cols, et de nouveau la frontière, vers midi. Les aînés dorment, épuisés. Yves se cramponne au siège. S'il verse vers l'un ou l'autre, s'il les touche, il les réveille, et ils lui donnent un coup de poing. Yves fixe alors le rétroviseur, et répète le nom d'Evolène, qu'il aime. Un nom doux. Croiser le regard du père. Escalade ?

Les cols ont pour noms « Petit-Saint-Bernard », puis « Grand-Saint-Bernard ». Halte chez les moines. René se recommande de « son ami suisse ». Ils déjeunent dans le réfectoire. Puis ils vont voir, dans un enclos, une chienne et ses chiots. Yves doit poser pour son père. Il n'ose pas caresser les petits animaux. La chienne est aussi grande que lui et ne veut pas qu'on touche ses petits « approche-toi, ils ne te mordront pas ». Yves reste debout, mains croisées dans le dos. Il se penche un peu, c'est tout. La mère peut mordre.

Puis de nouveau la route escarpée. René dit aux aînés « en arrivant, vous vous laverez ». Ils se regardent en riant, en cachette des parents. René fulmine. La saleté et les gros mots, c'est trop. Il semble accuser Adrienne qui, harcelée de reproches, finit par répondre trop doucement « je t'avais dit, René, de ne pas les envoyer chez les scouts ». Gifle de la main droite. De la main gauche, il tient le volant. Peur. Les villes et villages de la vallée ont pour noms « Martini », « Leytron », « Sion », « Sierre ». Et de nouveau la montagne, la route dangereuse. Fin d'après-midi. Adrienne demande à René de s'arrêter en bord de route, à un endroit plat et plus large. Le soleil tombe. Les arbres jettent de l'ombre. Adrienne quitte la voiture, fait quelques pas, s'arrête près d'un sapin, croise les bras, et d'une main se couvre le visage. Jean-Jacques veut sortir. René ordonne « reste là ». René sort, rejoint Adrienne. Elle pleure, mais comment savoir, elle se cache. Jean-Jacques dit « et si papa n'avait pas serré le frein ». Yves se souvient de la poussette, à Condom, quand son frère le lâchait dans la pente. Yves se mord les lèvres, si fort, petit goût de sang. Rien ne peut se faire de bien à cinq. C'est déjà si difficile à trois. Il faut monter très haut. Yves se met à donner des coups de poing à ses frères s'ils le touchent « mais qu'est-ce qui te prend Yvon ? » Il ne répond pas. Il croise les bras, serre les mâchoires. Il ne veut pas voir maman rentrer dans la voiture et papa reprendre le volant. Il ne veut pas entendre maman dire « ce n'était rien ». Elle vient de le dire.

Dans la salle d'eau du premier étage de la pension Edelweiss, Adrienne est restée, une heure au moins, à laver les aînés. Yves devra partager la chambre de ses frères, comme à l'auberge Saint-Christophe. Dans le village, en arrivant, il a vu des vaches, entendu les cloches autour de leurs cous, retour de pâturages, il a vu des femmes en robes longues, grises et noires, portant d'immenses hottes pleines d'herbes sèches, et des hommes affûtant des faux. Devant la pension, au sortir de la voiture, il a respiré un air plein, plein d'odeurs animales, d'odeurs de bois et d'odeurs de foin. Il a entendu le fracas de l'eau, à la fontaine proche, et celui du vent : au bout de la vallée, une montagne, « la dent Blanche », et des bourrasques de neige autour du pic, sur un ciel de sang. Une nouvelle aventure commence.

Le lendemain matin, après le petit déjeuner, Yves refuse de partir avec
« eux ». Il répète « non ». Il n'a jamais osé dire « non ». Là, il clame
« non », droit dans les yeux de son père qui l'a saisi, brandi de face, à
bout de bras, et le porte au-dehors. Yves gigote, se débat. Son père le
pose, puis le soulève par le col de la chemise et du chandail. « Non,
pa ! » Yves attend la gifle. Elle ne vient pas. René le lâche. Yves baisse
la tête, donne des coups de pied dans la terre, hausse les épaules. Les
aînés se tiennent à distance, Adrienne un peu à l'écart. A ses pieds le
rucksack, avec le repas. Silence. Tête baissée, sous le regard de son
père, Yves crie « non », « non » et « non » dans sa tête. Il veut rester là,
seul. Il veut explorer, seul. Il ne veut pas les suivre. Il ne veut pas « aller
à la dent Blanche ». Il a peur du glacier, ce serpent qui glisse au fond de
la vallée. Il a peur des chaussettes de grosse laine qu'Adrienne lui a fait
mettre « à cause des serpents ». Il veut savoir ce qu'est un edelweiss,
étrange mot qui « au singulier est déjà deux fois au pluriel », maman l'a
dit. Il veut revoir les dames, les hottes, les animaux. Il veut faire le tour
des maisons. Il ne veut pas quitter le village. Il veut les barrières, les
champs, les fleurs tout autour, rien de plus. Il ne veut pas d'eux. Eux
quatre. Il pense à Bonne-Maman. Il fait comme elle. Il découvre ce goût
amer, dans la bouche, qui accompagne le refus. René dit « allons !
Marche ! Nous t'emmenons ». Yves s'assoit par terre, en tailleur,
comme sur la photo de classe. Il n'aime pas la vallée, étroite, le
surplomb du village, le pic unique, dent d'ogre, menace, au bout de la
vallée. Il n'aime pas l'appareil photo que René a accroché autour de son
cou. Il n'aime pas le silence d'Adrienne, devant ses enfants, brusquement, elle n'est plus la même. René dit « bon ! » et, furieux, fait un aller
et retour dans la pension. Yves, mains à plat sur la terre, dessine des
cercles autour de lui. Il veut rester là où c'est construit. Le reste, il le
veut, seul. Seulement seul. François-Pierre lui dit de loin « viens, Yvon,
je marcherai avec toi ». Adrienne murmure « tu es sûr ? » René revient
« nous te laissons. J'ai donné des ordres pour qu'on ne te donne pas à
manger. Tu es libre ». Tête baissée, les ongles dans la terre, Yves les
entend s'en aller, puis de nouveau la voix de René « allons, Mimi, nous
le laissons ». Puis plus rien.

Yves attendra sans bouger. Un chien s'approchera, tournera autour de
lui, gueule basse, et prendra place devant lui, pattes tendues. Ils se
regarderont longtemps. Puis Yves osera lui caresser la tête. Amis. Ils
feront ensemble le tour du village. Yves trempera ses mains dans l'eau
du lavoir pour les glacer. Yves ira d'un côté, puis reviendra ; de l'autre,
puis reviendra. Le chien ne le quitte pas. Il lui dit « comment
t'appelles-tu ? » Le chien lui lèche la main. Yves l'appelle « Tu ».

« Tu ! » « Tu ? » « Tu, viens ? » Le chien répond. Yves tape des mains. Yves n'osera pas rentrer dans la pension. Il attendra jusqu'au soir. Chaque fois qu'il aura un petit peu faim, il respirera fort. Chaque fois qu'il aura un petit peu froid, il se mettra à courir. Et Tu avec lui. Il passe l'après-midi au-dessus du village. Les hommes ratissent les herbes fauchées le matin, les femmes les mettent en gerbes, d'autres les placent dans les hottes. Ils ont des costumes brodés. Dans la montagne, tintements des cloches de troupeaux, des aboiements de chiens. Tu s'endort, près d'Yves, dans l'herbe. Yves s'allonge, regarde le ciel. Il guette quelques oiseaux noirs, très haut, aux ailes majestueuses. Ils tournoient. Du regard, Yves dessine, dans le ciel, des bateaux, des maisons, des arbres, d'autres montagnes. Ce ciel-là ne le quittera jamais. Ils ne le sauront pas, eux. Dans le village, un même parfum de lait et de purin. C'est le village-biberon. Un temps retrouvé. Jouissance.

A la fin du dîner, Adrienne se penche vers Yves, l'embrasse sur le front « va vite te coucher ». Et sous l'édredon, dans le lit, tout recroquevillé sur lui-même, Yves se dira « j'ai gagné ». René n'a rien dit. Sa fureur est une attention. Yves commande au rêve d'aller aussi haut que les oiseaux, mais au-dessus du village seulement. Et Tu, du bas, le suit dans son vol, en aboyant.

Chaque jour, ils partiront. Chaque jour, ils le laisseront. Les propriétaires de la pension Edelweiss ont deux filles, plus jeunes qu'Yves, en costumes, elles aussi, robes brodées et petites coiffes. Yves prendra ses repas de midi avec elles. Mais quand ils se parlent, ils ne se comprennent pas et les petites filles baissent les yeux. Elles ont leurs jeux, cachés, et vont toujours dans leur chambre. Alors Yves rejoint Tu et ce sont de belles journées. Les parents et les aînés partent chaque matin, avec le propriétaire de la pension qui leur sert de « guide », et qui est « ami d'Elie Gagnebin ». Adrienne au moment du départ dit toujours à Jean-Jacques « tu me tiendras la main, si je te le demande ? » C'est François-Pierre qui répond « oui, man ! » René et ses fils aînés ont des chaussures neuves avec des semelles comme des gaufres et des crans pour retenir les lacets. Jean-Jacques porte des cordes. Adrienne a dit « je n'ose pas vous regarder. Si vous tombiez... » Ce qui eût pu passer pour un caprice d'Yves le premier matin leur convient désormais. Tout est rentré dans un ordre secret. La vallée est trop profonde, le village comme suspendu. Yves veut rester « dans » le village. Tu est devenu son ami. Il ne mord pas, parce qu'il est vieux.

Un soir, ils tardent après le dîner. Adrienne n'a pas embrassé Yves sur le front et ne lui a pas dit d'aller se coucher. Il se tient près d'eux quatre, comme un voleur, un oublié. Ils vont marcher dans la nuit. Dans le village, il y a fête douce, des chandelles aux fenêtres, des guirlandes de fleurs et des drapeaux au-dessus des portes. Les broderies des costumes font de petits traits de couleurs vives. Le propriétaire de la pension a offert à Yves un calot brodé d'edelweiss, cette fleur « si rare », qu'il faut « aller chercher très haut » et qu'il « ne faut surtout pas cueillir ». Yves se sent couronné. Pendant le dîner, Jean-Jacques avait posé des questions. La date de « premier août » était revenue à deux propos, celui-ci d'un « anniversaire de mariage » et celui-là d'une « fête nationale ». Bien au-dessus du village, assis dans l'herbe fraîchement fauchée, Yves attendit, entre le couple de ses parents et le couple de ses frères, et bientôt vit dans la montagne, dans la vallée, et de l'autre côté de la vallée, une multitude de feux s'allumer et des chants se lever, un chant « là-haut, sur la montagne, il y a un beau chalet... » C'était pour qui ? Double fête. Adrienne tenait la main de René.

Mais Yves n'arrivait plus à croiser le regard de son père. Depuis le « non » du premier matin, c'était fini entre eux. René avait-il mesuré, et renoncé, face à son « petit dernier » ? L'absence de gifle constituait une preuve. A défaut de pouvoir gagner son père par le partage, la parole, les gestes, croisements de regards, Yves venait de le gagner par la coupure, rupture, feinte indifférence de l'un et de l'autre. Vingt-huit ans plus tard, en novembre 1973, Yves lui adressera une courte lettre lui demandant de ne pas le voir pendant au moins six mois et se terminant ainsi, *la distance est notre preuve d'affection*. Le surlendemain, un dimanche, tôt le matin pour « n'être gêné par aucun autre joueur », sur le parcours est du golf du Prieuré, non loin de Vétheuil, René tombera, victime d'un premier infarctus. A l'hôpital Américain, quelques jours plus tard, il dira à son fils « tu es le seul à me comprendre ». Un mois plus tard, veille de « sortie du président Navarre », l'interne du service de cardiologie, ami d'enfance d'Yves, prendra Yves à part et lui confiera « ton père était perdu. Il s'est sauvé, à partir du mercredi, le jour où tu es venu le voir. Qu'est-ce que tu lui as dit ? »

Evolène, lieu de prise de distance entre un père et un fils. L'un renonçant à dominer l'autre et à le frapper, pour mieux le tenir ; l'autre appelant à l'amour total, impossible. Adrienne attendra toujours qu'on lui prenne la main. Premier août. Qu'elles étaient belles ces lumières, partout, répondant aux étoiles. Sur le chemin du retour, Adrienne a dit « demain, tu viens avec nous au refuge de la dent Blanche. J'ai besoin de toi ».

La balade fut longue. Aux endroits du sentier les plus escarpés, Yves tenait la main de sa mère et se plaçait du côté du vide. Il avait encore plus peur qu'elle. Sitôt arrivés au refuge, à midi, ils déjeunèrent et « les hommes » partirent plus loin, avec le guide. Au moment de leur départ, Yves insista pour prendre son père en photo. Provocation ? Revanche ? « Je veux pa ! » Son père lui montra où il fallait appuyer, et s'accroupit, à petite distance, à hauteur de son fils, les coudes sur les genoux. Yves, l'œil droit cligné, l'œil gauche collé à l'objectif, attendit que son père le regarde. Il tremblait un peu. Il dit « souris, pa ! » René sourit, mais le regard pour être dirigé vers Yves n'était pas adressé à Yves : René était pressé. Yves ne prendra jamais plus aucune photo. Jamais. La photo du père, dans l'appareil allemand, première et dernière. La photo sera belle. Yves la conservera longtemps dans un album, et toujours dans sa tête.

Dans le refuge, un registre qu'il faut signer. Debout sur une chaise, à côté d'Adrienne, Yves écrit « Yves » puis « Navarre ». Adrienne lui dit « mets ton âge, tu es le plus jeune de tous ceux qui sont jamais venus ici ». Yves écrit « bientot six ans », en toutes lettres. Adrienne sourit « il y a un accent circonflexe sur le o de bientôt ». Yves couronne le « ô », de l'accent, comme d'un calot.

Dans la chambre, le soir, Jean-Jacques montre à François-Pierre l'edelweiss qu'il a « cueilli en cachette de papa ». Yves s'approche, demande à tenir la fleur étrange, la caresse du doigt, petite chose coupée, morte, grise, douce, immortelle des neiges, pâle fleur des glaciers. Yves se sent coupable. Le jour du départ, Tu suivra la voiture longtemps et Yves, agenouillé sur la banquette arrière, adressera un signe bref au chien quand il s'arrêtera au milieu de la route, oreilles tendues, langue pendante. Regard échangé. Adieu. Tout est joué.

## 25. Mardi 13 mai

Deux mois, déjà. Texte d'une carte postale reçue ce matin, *Arles, le 9 mai. Mon cher Yves. De passage à Marseille, on me remet le n° Tournier de la revue* Sud. *Et j'ai la surprise de cette page 8 débordante d'amitié et d'intelligence. Tu as bien visé : oui, rien ne me concerne autant que ce personnage du séducteur-séduit, de l'Ogre mangé par le Petit Poucet... Sacré Yves ! Avec tes airs d'écorché évaporé, rien ne t'échappe ! Merci ! Michel T.*

Passages d'une lettre de Xavier, *Périgueux, le 10 mai... Tu as raison, tous les artistes posent nus et toute œuvre, tout personnage, toute ligne, chaque note, c'est un peu de son sang, de son expérience. Ecrire, c'est appeler à soi. Et l'appel compte moins que le « soi »... Tu le sais, j'ai été inquiet, au départ, de te voir te lancer dans cette tentative, qui est au cœur et la fin de toute entreprise littéraire, sans doute parce que je craignais que ce ne fût trop tôt et surtout parce que je me demandais si tu ne voulais pas simplement répondre à l'agacement de quelques chapelles parisiennes. J'ai peur de tout ce qui est « réactif » et de tout ce qui peut te faire croire que le climat de la capitale a un quelconque rapport avec l'écoute profonde, le véritable écho, que te réservent tes lecteurs universels, ceux qui ne savent rien (la chance qu'ils ont !) des querelles et de l'intendance « socio-culturo-lutécienne ». Amende honorable. Aveu. Tu as raison de t'être lancé (là je voulais mettre un « finalement » ou un « quand même » mais j'y ai renoncé depuis notre dernière conversation) et ces quatorze premiers chapitres que je viens de lire, faisant la chasse aux idées, aux principes, aux expertises et aux faux-fuyants, touchent et créent l'attente et l'émotion. Le voilà le partage : continue à distribuer le signe de vie. Ecrire te tient debout, dis-tu. Des milliers d'hommes et de femmes que tu n'as jamais vus en vivent mieux aussi et recevront cette biographie comme réponse à leur amour. Je t'embrasse. Nous t'embrassons. Toi. Xavier.*

Un ami de passage, il y a quelques jours, a lu les sept derniers chapitres pendant que je corrigeais celui de *La frontière suisse*. Alors que nous marchions, dans la rue, après, en quête d'un restaurant, il m'a dit « tout ce que vit cet enfant est grave. C'est grave. C'est la vie. C'est la mienne aussi, pour plein de petits détails. Quand il a froid aux genoux notamment, dans la voiture. Mais cet enfant, on n'a pas envie de le consoler ». Je lui ai demandé « pourquoi ? » Il m'a répondu « parce qu'il ne le veut pas ». J'ai murmuré « je n'ai pas changé, tu sais ». L'ami de passage n'a pas entendu. Ou bien n'a-t-il pas voulu entendre.

A Evolène, j'ai pris une décision, incision pulsive, intuitive. Je me sentais décidé d'avance, personnage en trop de la distribution de la tragi-comédie familiale. A Evolène, j'ai affirmé mon sentiment. J'ai perdu mon père pour mieux le gagner. La rupture est un lien et la distance un rapprochement. Je dévorais « papa » en le photographiant. Oui, Michel, c'était *le festin du Petit Poucet*. Et mon père, dévoreur-dévoré, regardait ailleurs. Nous ne pouvions pas former un couple : je n'aurais jamais accepté ses gifles.

*Mercredi 14 mai.* De retour à Joucas, après une semaine tiraillante, lisse, passée à Paris, perdue le jour et le soir, gagnée la nuit à poursuivre ce texte. Tu avais raison d'avoir peur, Xavier : le strict journal des chapelles parisiennes suffirait à donner à ce texte une apparence flatteuse sur fond de fiel et lui conférerait cette odeur de document pourri, cette malodorance qui semble fixer désormais le succès, joug des écrivains s'ils veulent « s'en sortir » et « vivre de leur plume ». Voici le bref semainier de ces jours passés. Je ne nommerai pas les personnages du « cancan », les hères du « tohu-bohu ». Ce monde, aussi, j'en fais partie : je le quitte depuis que j'y suis entré. J'y suis entré le jour où mon père a souhaité quitter Condom. J'y vais chercher des odeurs fortes, des parfums lourds ; j'y vais flairer toutes sortes de désarrois, de détresses et d'humour glacé que le fric calfeutre à peine ; j'y vais puiser cette force dont j'aurais, conditionnel, besoin pour me suicider si je ne me contentais pas de passer. De ce côté-là.

De l'autre côté, l'expérience m'a prouvé que les proches étaient souvent les premiers des fossoyeurs. A prétendre vous aider, vous écouter, être là, ils sont prêts à vous précipiter. Il faut se méfier des bienveillances amicales, de ceux et celles-là qui pour vous soulager, participer à votre peine, ne font que l'entailler plus encore. Il y a une proportion écrasante d'assassins parmi ceux-ci qui se prétendent amis ou ceux-là que l'on croit acquis. La méfiance doit continuellement être sanctionnée par le tri. *Hay que cortar por lo sano*, il faut trancher dans le vif. Je suis en train depuis un mois, au fur et à mesure des lettres, du courrier envoyé, de recopier mon carnet d'adresses et comme chaque année des têtes tombent. Je relis aussi les noms et adresses d'amis vrais que je ne peux plus transcrire : ils sont morts. Je ne pourrai plus les appeler. Ou du moins « savoir que je peux les appeler ». C'était déjà ça : envoyer une lettre, glisser un message. J'ai voulu mourir cette semaine, chaque soir, ou plutôt chaque matin à 3, 4, 5, 6 heures du matin, quand je me couchais, ivre d'avoir ravi aux jours le droit d'écrire la nuit, de poursuivre ce texte qui me poursuit. Je ne sais plus si je dois regarder devant ou derrière moi. Les amis sont les plus dangereux des ennemis. Je les perds tous, y compris même, parfois, la tendresse (intéressée) de mes chats. Semainier : je t'écrirai demain. Brièvement. Balayer les cendres de cette semaine. La biographie, ici, double, est roman. Car je suis constamment à l'origine de mon roman d'origine : ma vie. Ce qui importe est le regard qui se porte, et non, seulement, ce qui est regardé, ce qui est fabriqué pour être regardé, esthétisme et modes esthétiques. Je souhaite un code regardant. Ces mots, miens, et leur ponctuation. C'est ainsi que je respire. Je t'aime, petite maison de Joucas, et Valentine rouge qui pèse si lourd dans la valise de tous ces aller et retour : je me sens mieux, ici, avec vous. Même si des douleurs au ventre me cassent en deux au-dessus de ce bureau. A qui ai-je écrit avant-hier, *si je me plains si fort, si vite, et de manière parfois indécente, c'est qu'il me manque d'être deux. Les calculs sociaux (de la société comme elle fonctionne) sont par trop élémentaires et je mérite, oui mérite, et mieux, que les marges dans lesquelles on me tient ?* L'académie coupe l'art de la vie en ne faisant que la reproduire. Je voudrais produire un art d'écrire qui suture. A minuit, la radio a annoncé un mort à Jussieu et des manifestations à Paris. Le « mal de mai » est celui du manque d'expérience. Trop de théoriciens se sont coupés de l'expérience, ou se sont égarés dans des actions de parades elles-mêmes coupées de leurs pensées parce que peu ou pas partagées. Une foule qui va, s'exprime et clame doit être composée d'individus. Chaque individualité la scelle et lui donne l'élan captateur qui forge la conscience collective à de nouvelles évidences porteuses d'avenir. Les foules d'aujourd'hui ne sont plus composées d'individus. Ce sont des foules de mutilés, d'errants, guidées par des aveugles inexpérimentés. Que viens-je d'écrire ? Si tard, la nuit, encore. Il ne faudra pas que je touche à cela : toucher, c'est truquer. Et tant pis pour celui qui fera la moue. Le rhétoricien du vide n'a de place, au froid, que dans ce qu'il écrit pour son semblable. Demain le semainier. Il est tombé d'un toit, le mort de Jussieu. Il est tombé d'un toit.

*Jeudi 15 mai.* Je rêve que je suis dans les bras de ma mère. Et que nous nous aimons. Elle me dit qu'elle veut fuir avec moi non pour fuir avec moi mais pour conquérir le père, comme moi, cet amant impossible que nous partageons dans l'étreinte du rêve. Pourquoi n'avais-je jamais osé ce rêve ? Le rêve disait aussi « c'était hier ». Quand je me suis réveillé, je cherchais ma mère, dans mon lit. La lumière de Joucas, le matin, est belle. Elle lave de tout. Elle jette ses rais dans la maison. Le ciel est couvert. Les oiseaux crient.

Une semaine à Paris : le mardi 6, j'arrive tôt le matin, gare de Lyon. J'achète *Les Nouvelles littéraires*. Il y a un mois, j'avais répondu aux questions d'une journaliste de cet hebdomadaire qui avait l'intention de faire un article sur les raisons pour lesquelles les auteurs changent « souvent » d'éditeur. J'avais seulement répondu, *pourquoi dit-on toujours que ce sont les auteurs qui quittent les éditeurs, et jamais les éditeurs qui quittent leurs auteurs ?* J'avais insisté sur la virgule et sur le point d'interrogation. L'article publié me fait dire, *ce ne sont pas les auteurs qui quittent leur éditeur, mais plus souvent les éditeurs qui quittent leurs auteurs, affirme paradoxalement Yves Navarre.* La crise de civilisation commence au non-respect d'une virgule et d'un point d'interrogation. « On » vous fait affirmer. Ce matin-là, je suis pris de malaises. Spasmes. Crampe. Hémorragie. Du sang sur le carrelage de la salle de bains. Le soir, anniversaire de mon amie Bettina. Un riche homme d'affaires libanais donne un souper en son honneur, avenue Foch. Moyenne d'âge : entre cinq et dix milliards. A table, mes voisines me demandent « qu'est-ce que vous faites, vous, dans la vie ? » Bettina sourit. Un vieil ami vole à mon secours, voix pointue « mais voyons, c'est un des meilleurs romanciers de sa génération. Je ne suis pas, d'ailleurs, sans me considérer comme son parrain ». Je lui réponds « pardon : tu es ma marraine ». Silence gêné autour de la table. Je rectifie « alors, disons que tu es mon marrain ». Eclats de rire. Le vieil ami lance « qu'il est drôle » et « tu m'as fait peur ». Après le souper, le maître de maison me montre un écritoire en bois de rose qu'il vient d'acheter. Un jeune banquier français me pointe du doigt « et il l'a payé sept millions de francs lourds ». Je parle de l'achat de mon vélo. Du pneu crevé. Du vélo remplacé. Des freins qui ne marchent pas. Des roues voilées. De mon compte en banque créditeur de tout juste 161,80 F. Je reste jusqu'à ce que tout le monde parte. Toutes les femmes étaient en robes longues, sombres, unies. Mise en valeur des bijoux. Le maître de maison me dit au moment du départ « je vous croyais plus vieux ». Retour à pied à la maison, traversée de Paris. De trois à sept heures du matin, je corrige le chapitre *La photo de classe*. Je me couche vers six heures, casque stéréo sur la tête : j'écoute *L'Aurore* de Beethoven. Je voudrais mourir ainsi, en écoutant l'andante de cette sonate, un mot entre les mains, demandant à mon frère Jean-Jacques de me porter à Joucas et de ne prévenir personne. Mise en scène. Trop de récupérateurs de cadavres.

Le mercredi matin, j'appelle Charles-Henri. Il me remercie d'avoir pris l'initiative de ce coup de téléphone. Nous devons déjeuner vendredi et « fêter la naissance de Noémie ». Spasmes. Crampes. Hémorragie anale. Rapport direct entre l'écriture et le transit. Coup de téléphone d'un journaliste du *Matin de Paris* qui fait, lui aussi, une enquête sur les raisons pour lesquelles les auteurs quittent leurs éditeurs. Il parle en éclats de rire. La réponse est vive. Je cite l'incident des *Nouvelles littéraires*. Curieux journalistes qui font désormais leur travail au téléphone, et dont vous ne connaissez ni le visage, ni le regard (intention), et même pas le nom. Autre appel : un « militant » homosexuel (« Comment avez-vous eu mon téléphone ? » « Je sais plus très bien. » « Dites-moi au moins votre nom. » « Lefèvre, je vous l'ai dit. » « Non, vous ne l'aviez pas dit... ») qui me prend à partie parce que je n'ai pas « dénoncé » le récent vote de l'alinéa 3 de l'article 331 du Code civil condamnant encore les homosexuels. Il s'agit, pour lui, de tout faire pour que les voix des « homos » reviennent « à la gauche ! » Quelle gauche ? Etc. Crampes. Crise.

Le soir, je vais au théâtre. Salle de première. Bernard du *Temps voulu* m'accompagne. Il me dit son intention de revenir vivre avec son ami. En scène, une actrice se bat pour sauver le spectacle. Dans la salle, applaudissements hypocrites. Le tout petit demi-monde parisien sait crier « bravo » pour dire « va-t'en ». Bernard me raccompagne chez moi. Nous nous embrassons dans la voiture, sur les joues, trois fois. Je crois que je ne le reverrai pas. Nous fûmes heureux, ensemble, une fois par semaine, depuis quinze mois. Une « régularité ». Il me dit « tu comprends, j'en ai marre, tous ces garçons, l'un après l'autre, et toutes ces maladies ». De retour chez moi, je couche les chats. Je mange un yaourt. Crampes. Spasmes. De une heure à cinq heures du matin, j'écris les premières pages du chapitre *La frontière suisse*. Je me couche : *Deuxième Symphonie* de Sibelius. Je m'endors le casque sur la tête. 8 h 15, réveil en sursaut, la voisine du dessous fait claquer ses volets.

Elle se croit encore dans son pavillon de banlieue, mégère qui gueule toute la journée après ses enfants et hurle au téléphone. Matin : je corrige les pages écrites dans la nuit. Travail d'abeille. Je vais finir par user, corner, cuirasser les pages de mon *Petit Robert*. Je vais toujours consulter les mêmes mots. La nouvelle *Le Fauteuil 163* est sortie dans *Le Gai Pied*. J'appelle Jean, le rédacteur en chef, et lui propose une émotion, plus qu'une idée, une émotion en réponse au vote de l'Assemblée nationale. Nous prenons rendez-vous le samedi à 15 heures. Le soir, un ami de passage lit quelques pages de *Biographie*. « C'est moi, tout le temps... » dit-il. Quand il me quitte, je lui dis « pardon » puis « non, pas pardon », je rougis. Depuis que j'ai commencé *Biographie*, perte d'instinct sexuel, je me sens en toute « quiétude insexuelle ». Et les douleurs me mutilent. La position assise au bureau me casse en deux. De minuit à six heures du matin, j'écris la suite du chapitre *La frontière suisse*. A 8 h 30, les volets du dessous claquent et résonnent dans la cour. J'ai rendez-vous dans une agence de publicité qui me donnait des « boulots en extérieur » il y a quelques années. Déjeuner avec Charles-Henri. Je lui dévoile l'entreprise de *Biographie*. Il est heureux. Il a une belle manière de me prendre par le bras au sortir du restaurant. Nous sommes amis. Je ne corrigerai pas les épreuves d'imprimerie du *Jardin d'acclimatation*. Charles-Henri a compris que je ne pouvais pas poursuivre *Biographie* et revenir en arrière sur ce texte que je qualifie de « tournoiement encore ».

De retour chez moi, milieu d'après-midi, j'achève le chapitre *La frontière suisse* et j'écris un texte pour *Le Gai Pied*. Guy vient me chercher pour dîner. Il revient du Japon et de Dallas. Il part pour Athènes. Je lui parle de mes problèmes d'administration. Il me dit « si tu avais de l'argent, tu n'écrirais plus ». Vers minuit, je l'emmène chez tel ami décorateur à la mode, qui vit dans l'ancienne et immense demeure de Paul Morand. Cinq cents personnes, soirée disco. Une dame du « Tout-Paris » me décrit l'appartement « du temps de Morand : Pierre Herbart m'y emmenait souvent ». Au nom de ce romancier, je cite *L'Age d'or*, la dame dit « un bon point pour vous » ; des passages du roman « un bon point pour vous » ; et d'autres romans de cet auteur qui a une place d'honneur dans mon cœur d'adolescent « un bon point », « un bon point ». Je l'interromps « arrêtez, je vous en prie, de me donner des bons points ». Quelqu'un alors me tire par les cheveux, de l'arrière, violemment. Je me dégage. Le garçon, vingt ans, barbu, drogué, que je ne connais pas, me dit « je vous aime ! Comme ça ! Dans le malheur ! » Je quitte la « fête » et rentre chez moi. Je corrige l'ensemble du chapitre. Je suis encore à mon bureau quand la voisine fait claquer les volets. Je peux me coucher, tranquille. Pour une heure. Le lendemain, je déjeune avec Emmanuel. Je lui parle de l'anniversaire de Bettina, de la soirée disco, de la nécessité pour moi de trouver quelques travaux rémunérateurs si je veux pouvoir écrire *Biographie*. Emanuel me dit « tu devrais quitter Paris » puis « non, tu ne peux pas. Tu as besoin de cette morsure ». J'entends « mort sûre ».

Dans les bureaux du *Gai Pied*, je lis à voix haute le texte que je mettrai en annexe à ce chapitre. De retour chez moi, j'écris les deux premières pages du chapitre *L'edelweiss*. Le soir, deux amis m'emmènent souper *Chez Michou* où je n'étais pas allé depuis dix ans. Le travesti qui chante Piaf, c'est Piaf. J'aurais voulu « être Piaf ». Jambes à l'écart, bien planté, mains tendues tournées vers le public, chanter l'amour, comme elle. Piaf me donne la mesure et le frisson de ce que nous ne chantons plus. De retour chez moi, j'écris. Crampes, spasmes. Je me suis endormi le front sur ma Valentine. La position assise calme la douleur. Dimanche matin, il fait beau, chaud. Il y a des gens en maillot qui prennent le soleil, sur la berge de la Seine, devant ma fenêtre. Je corrige les pages écrites la veille. Dimanche, le téléphone ne sonne pas. En dormant, j'ai rêvé de ma mère. Nous étions nus. Nous nous tenions dans les bras l'un de l'autre. J'avais pour elle le désir que je n'ai plus dans la vie. Nous n'avions plus peur du père. Tout commençait. Le soir, Emanuel m'emmène à un concert. Brendel est le soliste du *Second Concerto pour piano* de Beethoven. J'aime le toucher de Brendel, mesuré, précis, sensuel. Il est aussi un des rares pianistes que l'on peut regarder quand il joue. Ensuite, *Cinquième Symphonie* de Mahler, sous la direction d'Abbado. Le public s'ennuie. Mahler fuse, se donne à toutes ses obsessions. Les lignes mélodiques, toujours tragiques et lancinantes, s'enchaînent sans raison apparente. J'aime enfin le contact direct avec les instruments. En concert, je gobe tout. Je me laisse vibrer. De retour chez moi, dernières pages du chapitre *L'edelweiss* : je ressens le pourquoi de tout ce temps d'écriture de *Biographie* consacré à cet été-là, la photo, mon père, l'Ogre, le festin du Petit Poucet.

Lundi midi. Corrections du chapitre *L'edelweiss*. Le soir, je vais écouter et voir *Carmen* à l'Opéra-Comique. J'avais ma place depuis six mois. Quatre cents francs. Tenue de gala. Toujours les mêmes habitués. Les mêmes baisemains, les mêmes « divin, tu ne trouves pas ? » Les mêmes quatre ou cinq dames qui « font Paris ». Et des flopées de ginettes à promotion sociale. Sur scène, le miracle, Berganza, Domingo, Raimondi, une belle mise en scène. Et pour moi, mon miracle : ce coup de couteau de don José que j'ai si souvent donné en pensée à Ruptures n° 1, n° 2, n° 3 et n° 4. Retour chez moi, relecture et nouvelles corrections des chapitres *La photo de classe*, *La frontière suisse* et *L'edel-*

*weiss*. Les volets ont claqué à l'étage du dessous au moment où je m'endormais. Je décide d'aller consulter Marcel, mon ami dermatologue. Il me dit que je suis allergique aux savons ainsi qu'aux suppositoires utilisés pour stopper les hémorragies et calmer les douleurs. Je dois attendre que « tout se passe ». Il avoue « je me demande comment tu tiens debout » puis « Joucas te fera du bien ». Dans l'après-midi, coup de téléphone d'une agence de publicité. Commande d'un dépliant de quatre pages destiné aux acheteurs de supérettes, super et hypermarchés, pour le « référencement » d'une nouvelle barre au chocolat « la bonne barre pour les enfants, 18 % de protéines de lait ». A livrer le mardi 20. Le soir, je dîne avec Emanuel. Il descend chez sa mère, à Aix-en-Provence. Il viendra me voir à Joucas vendredi. Je lui parle de la carte postale de Michel et de la lettre de Xavier. Bras dessus bras dessous, nous marchons ensuite dans le quartier de Saint-Germain-des-Prés. Il y a foule. Il me dit en riant « nous n'avons plus vingt ans ». Dans la nuit, j'écris les deux premières pages de ce chapitre : je recopie la carte et des passages de la lettre. Paris c'est la nuit, et Joucas le jour. Ce texte ne sera rien sans son contexte. Je tiens à ce chapitre nul, parce qu'à Paris rien plus n'advient. Mercredi, dans le train qui me conduit à Avignon, je retrouve Jean-Pierre. Son dernier roman s'est vendu à sept cent cinquante mille exemplaires « avec les clubs. Mais je ne touche qu'un franc par exemplaire club ». Il va pouvoir s'acheter la maison dont il rêve, dans Paris. Nous dînons à Tourteron. Tard dans la nuit, je le suis, au volant de ma 4L : il a peur que sa 2 CV ne tombe en panne. Ce qui survient, sur la dernière côte, avant l'entrée de sa propriété. Nous tentons de pousser le véhicule. Nous le laissons en bordure de chemin. Jean-Pierre me dit « qu'est-ce que tu vas faire pendant ces cinq jours ? » « Travailler. » « Moi aussi. » Il ne sait plus très bien comment entrer dans sa maison sans déclencher le signal d'alarme. Tout cela est trop bref, semainier, éphéméride. L'écriture est l'acte et la vocation d'écrire du manchot.

*Jeudi 15 mai*. Joucas. 18 heures. J'achève ce chapitre. La table est mise, le dîner est prêt. Jean-Jacques et Marie-Claude arriveront vers 20 heures. Si je leur lis ce chapitre, il leur « manquera » ceux de la biographie. Plus j'avance, plus je me sens responsable de ce qui s'est passé dans ma vie, de ce qui se passe, et, en même temps, emporté, malgré moi, toujours. Comme si j'avais dû vivre une autre vie que la mienne. Ces douleurs physiques qui me tordent et me cassent m'épuisent. Et pourtant je puise en elles la force de continuer. Le clavier de la Valentine est doux sous mes doigts. Je ne peux pas abandonner la course. Demain, Emanuel me rendra visite. Dans ce chapitre, j'ai commencé à ne plus citer certains prénoms. Une réalité s'efface qui n'est pas celle de l'être. Je me sens faible, physiquement, et si fort, psychiquement. Où sont mes parents aujourd'hui, à la Malmaison, à Bénat ? Où sont mes frères et leurs enfants ? Où sont-ils tous ? J'écris ces pages sur la terrasse. Il fait orage sur la faille de Lioux et à l'horizon du Lubéron. Il fait soleil sur Joucas. Le vent caresse les champs de blé vert. La vigne vierge a envahi ma petite terrasse. Je pose des galets ramassés au bord de la Durance sur les pages écrites pour qu'elles ne s'envolent pas. J'ai la nausée. Le ventre me brûle. Je pense au mal de *Lady Black*, décrit, écrit, il y a dix ans jour pour jour ou presque : c'était ce mal-là qui me tient aujourd'hui. J'écris avec mon ventre. Tout sort de là, naissance. Il ne me reste plus qu'à transcrire le texte donné au *Gai Pied*. Mardi, je rentrerai à Paris. J'irai livrer le dépliant publicitaire. Deux cent mille anciens francs pour ce travail, payables quatre-vingt-dix jours fin de mois. Vers le 15 septembre donc. Il fait doux, ici, en fin d'après-midi. J'aime le paysage, collines qui voudraient se suspendre au ciel. Il me parle. Et je ne suis rien en regard de lui.

Et dès demain, ce chapitre corrigé, il me faudra entrer au lycée Pasteur. Le lendemain de mes six ans. Je n'ai jamais su mentir. Je n'ai jamais su faire semblant. Je n'ai jamais pu taire le sentiment. Ecorché, oui, mais pourquoi évaporé ? Le mal, c'est sans doute aucun, désormais, d'attendre un secours de quelqu'un d'autre. L'écriture est une mort douce. Amoureux de la vie et amant de la mort.

J'oubliais les notes prises cette semaine. Il n'y en a que deux, *il va sans dire que je dédie* Biographie *à mes parents, et surtout à mon père, et surtout à ma mère, et je hais ce qu'ils ont fait de moi, famille et familles humaines. Je hais ce qu'ils m'ont fait faire. Elles, je les aime. Elles sont le métier à tisser mon linceul.*

Texte donné au *Gai Pied*. Sans titre.
    Est-ce donc là tout ce que nous avons gagné ? Quelle parole avons-nous prise, et comment ? Que nous a-t-on « fait dire », fascisme ordinaire des médias, et qu'avons-nous dit, à nous déchirer encore, entre nous, comme si notre masse n'était pas multiple, variations de consciences, de gueules, d'âges, d'origines sociales, de modes de vie, naturellement indifférenciée ? N'avons-nous pas encore senti, humé, palpé que cette liberté qui gouverne notre rage devant une société récupératrice de tout, et conservatrice au sens moisi du terme (il y en a un orchestré et offensif), est, de fait, fédération de nos libertés respectives ?

    Je rêve de glisser au premier tour des élections présidentielles, dans mon bulletin de vote, un triangle rose avec pour toute mention « alinéa 3 de l'article 331 » ou simplement « nous existons ». Du « je », le rêve me fait passer au « nous ». Il s'agit bien de nous. Nous tous. Si nous le faisions tous ? Ils pourraient nous compter enfin même s'ils ne nous comptent pas. Le rose fleurirait et le triangle égratignerait dans chaque bureau de vote. Les rêves parfois ont ce sens de l'expérience que les théoriciens du pouvoir, et surtout de tous les contre-pouvoirs, ont oublié depuis longtemps. A quoi bon défiler dans la rue ou « causer », ça leur donnerait encore raison, leur « raison ». Dans ce pays, depuis la mort du Vieux, général respectable et trompé, nous ne vivons que période pré-électorale après période pré-électorale. Tout s'est réduit, bande de jivaros de l'esprit, à de continuelles querelles de couloirs de ministères et de sièges de partis politiques. Les paroles de Joseph Franceschi représentant du P.S. sont sincères et devraient nous donner l'espoir. Mais le jeu électoraliste leur confère, hélas, une fonction tactique. Le langage, encore une fois, est récupéré dans un autre sens, le sens interdit à la conscience. Et l'espoir, on s'en fout. Face à leur raison puritaine, il est de mauvaise trempe judéo-chrétienne.

Alors je rêve, expérience et réalité du rêve : du rose et du triangle, au premier tour, et tous. Le secret de l'urne, mais oui, devrait permettre à tous, chacune, chacun, d'avoir le courage du bulletin nul pour eux, du bulletin d'identité de masse pour nous. Ça suffit ! Tant la manière dont on nous traite (Foyer a un visage nombreux, Caisse d'épargne des adorateurs de valeurs révolues et insultantes) que la manière dont nous nous traitons (rivalités de groupes militants, crachats à celui qui prend la parole). Il faudrait bien, sur leur territoire, converger, nous retrouver tous ensemble, une fois pour demain. Et l'annoncer devrait suffire. Répandre ce qui est plus une émotion qu'une idée. Les idées nous divisent et ils règnent, eux, les défenseurs du vide. Ce pays qui se croit révolutionnaire n'est qu'involutionnaire, stationnaire, et de tous le plus puritainement sirupeux. Et il faut boire ça ? Pouah ! Au premier tour, triangles roses, ils verraient que nous sommes partout, non différents, équivalents, nous votons comme eux, vivons comme eux, alors que nous voudrions vivre comme nous, et différents parce que d'abord, et encore, et après tout ce qui s'est en principe passé, désignés par un alinéa sur lequel plane l'esprit de Vichy. Et ce sont des Résistants qui nous gouvernent encore ! Le vote « triangle rose » ne s'impose pas. Il se propose. Qu'en pensez-vous ? Non, que ressentez-vous ? Dans la balance, nous devrions peser très lourd. Nous pesons lourd. Qu'ils le sachent, fourbes et intègres de tous bords. Ça ne tangue plus à l'Assemblée et au Sénat. Ils n'ont pas peur de la peur. Un peu de frayeur leur redonnerait cette fonction qui n'est plus leur et dont, suprême injure, ils se plaignent. On y va ? A chacun son bulletin « triangle rose ». Ils vont se mettre à compter leurs bafoués. Je ne fais pas ma pub. Je fais ma conscience. Au second tour, autre histoire, chacune, chacun décidera.

Si Rupture n° 4, ces jours-ci, à Paris, était venu me voir, scénario : il sonne à ma porte (il a eu peur de me téléphoner), j'ouvre, il me dit « je peux entrer ? » avec le sourire, je lui réponds « j'ai déjà donné », gentiment, comme pour une quête, comme pour les chats, et je referme la porte. Seulement voilà, il n'est pas venu. Je n'aime pas cette histoire.

## 26. La dénonciation

Cette fois, chez « ni court ni long », Adrienne a dit « très court, s'il vous plaît ». Yves n'a pas voulu monter sur le cheval de bois. Assis sur une planche posée en travers d'un fauteuil, les pieds sur un journal pour ne pas salir le cuir du siège, Yves « fait la statue ». Le coiffeur lui a dit de « ne pas bouger ». Yves a des fourmis dans les doigts, et bientôt dans les pieds. Il respire faiblement. Les cheveux de l'été tombent en petites boucles, les cheveux qui ont vu les montagnes et les glaciers. Adrienne est allée faire des courses. « Ni court ni long », mégot en coin de lèvres, un peigne dans la main droite, des ciseaux dans la main gauche, fait le gros dos pour ne pas se pencher. Il coupe, sans vraiment regarder, bonhomme mécanique. Puis coup de brosse sur la nuque d'Yves. Il fait claquer la serviette, brandit un flacon, presse sur une poire, comme une brume. Ça pique un peu dans le cou. Ça sent vaguement l'eau de Cologne. Le parfum de citronnelle sera toujours, pour Yves, associé au rituel de la coupe des cheveux. Yves peut enfin « bouger », il allait suffoquer, et les crises, il faut les faire seul. Il y a moyen de les prévoir. « Ni court ni long » pose Yves par terre. Yves, engourdi, ne sent plus ses jambes. Adrienne n'est pas restée pendant la coupe. Adrienne n'a pas ramassé de boucle. Fini. Une vie ordinaire commence. Tant pis et tant mieux. Le lycée, ce sera merveilleux. Mieux.

Ils ont pris le 43 jusqu'au Ballon des Ternes. Ils ont marché sur l'avenue du même nom. Yves a voulu prendre la main d'Adrienne. Elle lui a dit « non, tu es assez grand pour marcher tout seul ». A ce moment-là, ce jour-là, il aurait voulu refaire ses premiers pas avec elle. Il avait mal aux tempes, barreaux du berceau ; mal aux genoux, chutes pendant les récréations ; mal au ventre, coups de poing pendant les repas, ce mal multiple qui se proroge, sans grandir vraiment, tout juste blessant, le mal des rendez-vous manqués. Ils s'arrêtèrent à la boutique *Aux Enfants du Parc*, près de l'église Saint-Ferdinand. Adrienne lui fit essayer plusieurs modèles de galoches cloutées. A chaque fois, elle disait « dis bien si elles te font mal. On ne pourra pas les échanger ». Ils allèrent ensuite aux Magasins réunis. Elle lui acheta six culottes « Petit Bateau » en lui disant « à partir de maintenant, tu dois te contrôler ». Fini les slips tricotés par maman. Et à la boutique *Sools*, près de la place des Ternes, elle lui fit essayer des casquettes « pour ne pas attraper froid à la tête en allant au lycée ». Plusieurs fois on lui prit le tour de tête : il n'y avait pas de modèle à sa taille et l'histoire fera sourire la famille, longtemps, surtout ceux qui ne la croiront pas, et pourtant. En effet, ils reprirent le 43 jusqu'à la place Saint-Augustin et là, chez Berteil, « c'est le magasin de papa », un vendeur dit à Adrienne « vous savez madame, enfant ou adulte, la tête est la seule partie du corps qui ne grandit pas, ou si peu. Nous ne faisons pas la taille de votre fils ». Et ils riront tous de l'histoire. Ils se la répéteront amusés. Dans le 43, en rentrant, Adrienne dit à Yves « je te tricoterai un bonnet ». Jean-Jacques lance à son petit frère « t'as la boule à zéro ! » Zéro ?

Le lycée ressemble à un château avec ses longues grilles de façade, son bâtiment central flanqué d'un clocheton, relié à des ailes par d'immenses gymnases aux allures d'orangeries. Briques roses et pierre de taille, fenêtres à petits carreaux et toit d'ardoise. Le matin de la rentrée, Adrienne conduit Yves et lui montre comment il faut traverser le boulevard d'Argenson, regarder à gauche d'abord, à droite ensuite ; la rue de Chézy, à gauche d'abord, à droite ensuite ; la rue Perronet, à gauche d'abord, à droite ensuite. Yves n'a pas besoin de ces explications mais instinctivement Adrienne lui a saisi la main : elle est émue. Il est heureux. Vivre les petits instants de bonheur comme s'il s'agissait toujours d'une dernière fois. Rue Perronet, trottoir de gauche, c'est tout droit. On longe une aile du lycée, puis la grille. Et au coin du boulevard d'Inkermann, l'entrée des petits : la grille est ouverte. Les marronniers embaument. La poignée du cartable scie un peu les doigts. Les galoches neuves font mal : Yves a trop serré les lacets. Les élastiques des culottes « Petit Bateau » creusent la peau. Il faut tout le temps remonter les chaussettes. La doublure de laine de la pèlerine chatouille les genoux. Adrienne a tenu à ce qu'Yves noue son cache-col.

Ils ne se disent rien. Yves observe sa mère. Il pose le cartable entre ses pieds. Jusqu'au moment où Adrienne se penche, l'embrasse sur le front, et le pousse gentiment en direction d'une grappe d'enfants, garçons, rien que des garçons, et des rangs qui se forment à l'appel d'une dame, liste à la main, lunettes au bout du nez, debout, seule, en haut du perron de l'aile gauche du lycée. Yves se retourne : Adrienne est repartie. Elle tremblait un peu en lui tenant la main. Pourquoi ne jamais se dire les choses quand elles peuvent être dites ? Toujours trop tard. Si rarement en temps voulu.

Yves ne regarde pas les garçons qui l'entourent. Il a trop peur de ne pas répondre à l'appel de son nom. Il lit même chaque nom sur les lèvres de la dame. Les listes sont alphabétiques. Passé la lettre « N », Yves sait qu'il se retrouve dans une autre classe. Puis soudain « Fradet ». Il est là. Il rejoint le groupe, il se met dans les rangs. Yves n'écoute plus. Il ne veut pas être de cette classe. Il serre les poings, donne des coups de talon gauche dans son cartable. « Meuriot » puis « Michalon » puis « Navarre », « Nicolas », « Pollack », le dernier s'appelle « Weill ». Foutu. Dans les rangs, Nicolas lui dit « t'as quel âge, toi ? » « Je vais avoir sept ans. » « Quand ? » « En septembre. » « L'an prochain ? » « Oui. Je vais avoir sept ans. » « Alors, tu les as pas. » Coup de poing. « Moi, j'ai sept ans ! » Nicolas est rouquin. La maîtresse dit « avancez ». Couloirs marron, odeur de grésil, une porte puis deux, puis trois. « Arrêtez » et « entrez, mais ne courez pas ». Cris. Bagarres. Yves va droit au second rang, contre la fenêtre. La rue Perronet est là, un marronnier, un peu de ciel. Son voisin de pupitre a les lèvres fines. Yves se tient droit. Il vient d'« entrer en onzième ». Fradet s'est assis au dernier rang à côté de Nicolas. Ils chuchotent. « Silence ! » La maîtresse écrit sur le tableau noir « Mademoiselle Triboulet ». Petits rires dans la classe. « Silence ! » Elle a l'air gentille. Elle a de gros seins, comme Rita. Elle s'assoit à son bureau, croise les bras, sourit, et commence un petit discours « je m'appelle mademoiselle Triboulet. Nous allons passer un an ensemble. Et je souhaite... » Yves sent des regards dans son dos. Sous le pupitre, mains jointes, doigts croisés, il se plante les ongles dans la peau, prière ou menace. « Et maintenant, ceux qui savent déjà lire et écrire, levez la main, s'il vous plaît. » Yves hésite. Certains le font. Il lève la sienne. La maîtresse le regarde « non, quand vous levez la main, c'est la main droite. La gauche reste à plat sur le pupitre ». Yves rougit, change de main. Deux fois foutu : il est remarqué. La maîtresse distribue des petits bouts de papier à ceux qui savent écrire et dicte « nom. Vous écrivez votre nom en lettres capitales. Date et lieu de naissance. Allons, j'attends. Frères et sœurs. Vous mettez combien de chaque et leurs âges. Dépêchez-vous. Profession du père. Plus vite. Profession de la mère. Si votre maman ne travaille pas, vous mettez femme d'intérieur. Ça y est ? Votre adresse. Et le téléphone de vos parents. Attention, je vais ramasser ». Pour la profession du père, Yves a mis en toutes lettres « Directeur Général de l'Institut Français du Pétrole ». Fierté. Il est en retard. La maîtresse attend. Quand il lui tend le petit papier, il a les oreilles en feu. Trois fois foutu, mais que fallait-il mettre pour papa ? La maîtresse rédige ensuite les fiches de ceux qui ne savent pas écrire puis, plan de classe, chacun se lève, doit dire et épeler son nom et son prénom. Le premier rang d'abord. Le second ensuite. Quand vient le tour d'Yves, il se lève « Navarre, N, A, V, A, R, R, E... » et au moment où il va dire « Yves », murmure du côté de Fradet « Yvvvvveeet ! » Yves reste bouche bée. La maîtresse le regarde « prénom ? » Il dit « Yves ». La voix du fond souffle « Yvvvveet ! » Voix double. La maîtresse donne un coup de règle sur son bureau « silence ! »

Odeur de cahier neuf, de crayons neufs, de pupitre fraîchement poncé, de parquet lessivé, odeur de classe prête à tout, odeurs vives : Yves voudrait repartir tout de suite. Fuir. Disparaître. Appeler. Crier. Yves a peur de se retourner, peur de regarder la maîtresse, peur de regarder son voisin. Rien à faire. Rien ne change jamais. Tout recommence toujours. Avec application, Yves recopie l'emploi du temps de la semaine, et la liste des livres à acheter.

A la première récréation, mademoiselle Triboulet s'approche de lui « vous n'avez pas le droit de rester dans la classe. Il faut aller prendre l'air, mon petit ». « Je voudrais rester, madame. » « Non, c'est mademoiselle. Allons, sortez. »

Quand Yves apparaît en haut du perron, Fradet le pointe du doigt et dit très fort devant Nicolas et d'autres de la classe « c'est une fille ! Il allait en classe chez les filles. Je le sais. Il avait des cheveux longs. Et il pleure, comme les filles ». Yves veut reculer, rentrer, mais un surveillant le refoule « tu n'as pas le droit de rester là ». Le surveillant a les dents de devant en or, une montre en or, une chevalière en or, et des chaussures de lézard avec des boucles dorées. Yves descend, se tient tout juste en bas des marches, contre le mur. Il voudrait rejoindre son frère Jean-Jacques mais la « cour des moyens » est de l'autre côté du gymnase et comment le trouver dans toutes ces centaines ? Jean-Jacques lui dirait aussi « tu n'as qu'à te défendre ». Nicolas s'approche, flanqué de Fradet et de quelques autres. Nicolas dit « prouve que t'es pas une fille, et je te prendrai dans mon armée ». Yves se dit qu'il n'y a pas de réponse à donner. Le surveillant regarde ailleurs. Nicolas envoie un coup de poing à Yves, droit dans l'œil gauche. Le surveillant regarde toujours ailleurs. Main sur l'œil, nez qui pique, yeux qui brûlent, larmes qui coulent et qu'Yves voudrait refouler. Nicolas crie aux autres « il pleure ! C'est une fille ! » Et ils partent tous en criant dans la cour, cris de Sioux. Yves a le nez qui coule. Il a oublié son mouchoir dans le cartable. Il s'essuie avec les doigts, se frotte les mains. Sonnerie. Fin de récréation.

A la sortie du lycée, Yves partira en courant, longera les grilles, passera sous les fenêtres de sa classe, traversera les rues en faisant attention aux voitures. Mais à chaque passage clouté, il devra s'essuyer les yeux pour y voir un peu. Villa Sainte-Foy, devant la grille de la maison, il respire profondément, se mouche, essaie d'effacer les traces de larmes : maman ne doit rien voir. Avant le déjeuner, Bonne-Maman lui dira « tu es sale, va te débarbouiller ». Puis à Adrienne « ce petit n'est pas normal ». A table, Yves regarde sa mère. Sa mère ne le regarde plus. Jean-Jacques et François-Pierre mangent très vite et sans rien dire.

A deux heures moins cinq, ils sont là, devant la grille du lycée. Ils l'attendent et lui bloquent l'entrée. Yves se mord les lèvres, fonce et les bouscule. Le cartable lui sert de bouclier. Nicolas dira à la maîtresse en le pointant du doigt « mademoiselle, Navarre m'a fait tomber ! » Yves n'a même pas tenté de dire que ce n'était pas vraiment ça. La maîtresse se contenta de sourire à Yves « encore vous ? » Il y a ceux qui pointent du doigt. Dénoncent. Et les autres. Mais les autres ne forment pas des armées. Meuriot, fils du secrétaire du proviseur, vient de fonder la sienne. Il y en a déjà deux dans la classe. Yves se sent condamné à onze ans de lycée. Douze si on lui refuse la dispense nécessaire pour entrer en sixième. Yves calcule avec ses doigts, quatre saisons à chaque doigt. La maîtresse appelle « Navarre, au tableau ». Yves n'aime pas le crissement de la craie sur le tableau noir. Il écrit lentement. Il a peur de faire des fautes. La maîtresse consulte sa fiche « et où avez-vous appris à écrire ? » « A Sainte-Geneviève, mademoiselle. » Rires au fond de la classe. Coup de règle sur le bureau « silence ! »

## 27. Le froid aux doigts

Pourquoi Yves n'a-t-il jamais rendu les coups ? Souvent, à Joucas et au présent de ce texte notamment, au jour de ce chapitre, il achète chez l'épicière du village le magazine *Qui ? Police* et le feuillette, récits de meurtres commis par d'autres. Il lit les titres et les sous-titres, regarde les photos, le regard des assassins et celui des victimes, le plus souvent photos d'identité ou photos de déjeuners sur l'herbe, jours de bonheur. Titre, *Elle croyait pouvoir se partager entre deux hommes.* Sous-titres, *Il découvre l'amour. Etreinte sensuelle. Rare beauté. Trouble réciproque. Brûlant baiser. Tendre volupté. Amant paresseux. Homme viril. Regard de mépris. Rupture définitive. Cadavre sanglant.* Ou, titre, *Il l'épouse malgré ses nombreux amants.* Sous-titres, *Nuit tragique. Ignorant de l'amour. Sensualité débordante. Caresses timides. Passage à l'acte. Bouleversé de désir. Elle m'aimera. Machine infernale. J'ai un amant. Comme un chien. Trompé sous ses yeux. Cauchemar sanglant. 36 coups de couteau.*

Jamais, non plus, Yves n'osera parler des coups à Adrienne. Cette fois, il était une fois, il venait d'avoir six ans, il se sent coupé de tous et plus tributaire de chacun que jamais. Ce n'est pas la peine d'aller chercher des frères dans la « cour des moyens ». Ce n'est plus la peine d'essayer de croiser le regard du père, quand il est là. Il faut « éviter Bonne-Maman », « éviter de lui parler », c'est Adrienne qui l'a dit. Il ne faut pas « adresser la parole » aux petites voisines d'en face parce que « leur mère est en sanatorium ». Il faut bien se tenir aux repas, quand il y a des visites. Yves est toujours en bout de table, avec ordre de ne rien dire et de « disparaître après le dessert ». Les aînés ont le droit de dîner avant à la cuisine. Pas Yves. Pourquoi ? Yves a entendu dire « il ne faut pas le laisser seul, cet enfant ». A ces repas-là, l'aumônier se dispute avec un député socialiste au sujet de Socrate. C'est la bataille entre Socrate et Jésus. Le député a écrit un livre qui s'intitule *L'Usine sans âme*. L'épouse du député ne dit jamais rien. Elle prend des cachets d'aspirine. Il y a aussi un professeur de l'université de Louvain, géant, qui crée l'écoute, impose, calme, place le « bon mot » quand il le faut. Il y a parfois l'oncle Gabriel venu de Limoges pour la réunion semestrielle des trésoriers-payeurs généraux et qui offre à ses neveux des billets tout neufs dont « les numéros se suivent ». Yves en décollera deux, un jour, au lieu de l'unique donné, et trouvera là une bonne raison de monter à l'étage des aînés et de déranger Jean-Jacques. Son frère prendra le second billet et lui dira « on partage, sinon je le dis aux parents ».

Qui sont ces invités qui parlent en « iste », communistes, fascistes, et en « isme », communisme, libéralisme ? Yves n'a pas le droit de parler : il écoute. Sa présence est courtoisement tolérée par les invités, quelques mots « comme il est sage » ou un geste, toujours le même, une main venue d'en haut qui se pose sur son épaule droite. A ces repas-là, Bonne-Maman ne participe pas. Elle dit que c'est parce qu'elle ne veut pas. En réalité, René l'écarte. Elle pourrait dire « n'importe quoi ». Et Adrienne, à sa place enfin, n'a que plus de frayeur. L'ordonnance du repas doit être parfaite. Une dame, dite « extra », vient « passer les plats » ces soirs-là. Et règne dans la maison un parfum d'intrigue : les hommes débattent ardemment. Yves découvre l'art de prendre la parole au bon moment et surtout celui, insoutenable, d'avoir à se taire quand il le faut. Il guette les échanges de regards, les sourires esquissés, telle partie du discours éclatant de l'un qui ne retient plus l'attention de la tablée, tel mot frappant lancé par l'autre pour trancher ou faire rebondir la chamaille d'idées. Il remarque que ceux qui ont du cœur ne mangent pas toujours la bouche fermée et parfois ne placent pas couteaux et fourchettes comme il le faut. Sous la table, une petite sonnette électrique. Adrienne signale à la dame qu'elle peut desservir. Yves aime ces soirs où l'on met des rallonges à la table. Les nappes sont plus belles qu'à l'ordinaire, et les serviettes amidonnées. Il y a aussi trois verres, comme « les trois fils Navarre », le plus petit étant pour le vin rouge que l'oncle Gabriel goûte en premier « il a commencé sa cave à dix-sept ans, vous savez ». A l'autre bout de la table, il n'y a personne. La dame doit pouvoir passer avec les plats. Adrienne est souriante, mais derrière le sourire il y a la coupure. Comme quand on se coupe avec un couteau. Yves a souvent pensé que sa mère, à ne rien dire pendant les repas, avait la bouche pleine de sang. Et René, haut le verbe, dans la diction et la brusque prise de parole, brusquement l'accent du Midi qui jaillit, n'est ni d'un parti ni de l'autre, ni solidaire ni moqueur, toujours en marge : il n'aime aucun de ceux-là qu'il invite à sa table. Il n'a pas d'amis. Il n'en aura jamais. Il veut dire seul. Construire seul. Et s'il attaque, s'il surprend d'un trait véhément, les convives croient qu'il joue un jeu prévu, harponnable. En fait René ne sait pas où il va. Mais il va. Et ceux, autour de lui, qui félicitent de temps en temps Adrienne pour la qualité des mets « c'était délicieux », « j'en reprendrai encore quand il n'y en aura plus » (rires) savent où ils vont, eux. Yves les sent terriblement immobiles en tous lieux. Fixés. Ils ne sont venus qu'adorer le fou qui fonce, dont ils vénèrent la carrière et dont ils attendent la chute. C'était tout cela, les repas de grands soirs. Yves apprit à aimer le désordre de la table peu après le dessert. De belles flambées verbales alors. Des mots qu'il ne comprenait pas mais dont, au prononcer, il sentait la menace ou la grâce, l'acceptation ou la condamnation. « Socialiste » était chaleureux, au bout de leurs lèvres, et « communiste » dangereux, interdit, comme le mot de « sanatorium » ou celui, vif, de « juif » attaché à toutes sortes de mystères qui faisaient alors sourdre et flancher les voix. Le parfum du café indiquait à Yves qu'il allait devoir quitter la table au moment où tout le monde se lèverait. Signal. Il lui faudrait s'esquiver sans saluer qui que ce soit, bien refermer derrière lui la porte de la salle à manger et vite se réfugier dans la salle de bains du premier étage, se brosser les dents, ranger, plier ses vêtements, enfiler le pyjama en pilou, ne pas trop tirer sur le cordon et, tête bourdonnante de mots, de mots de grands, se glisser dans les draps du lit bleu et commander l'envol immédiat.

Le lendemain matin, son cartable à la main, la pèlerine boutonnée jusqu'au cou, le cache-col noué qui « tire la langue par-devant », Yves en bordure de trottoir fait deux pas sur chaque pierre, pied gauche pied droit, en prenant garde de ne jamais toucher un interstice. Parfois, funambule, en traversant la rue de Chézy ou la rue Perronet, Yves saute de clou en clou, mais c'est difficile avec les galoches cloutées. Yves ne se sent libre de vivre, regarder, respirer, penser qu'entre la villa Sainte-Foy et le lycée. A l'aller. Seulement à l'aller. Au retour, chargé de hargne, il ne pense qu'à tuer Nicolas, Meuriot et les autres.

Yves n'a jamais rendu les coups parce qu'il préparait un meurtre. Mais lequel exactement ? Comment ? Et surtout, quand toutes les circonstances idéales seraient-elles réunies ? *Les elfes joyeux dansent dans la plaine*. Pendant qu'Yves récite, debout, à son pupitre, mademoiselle Triboulet surveille le fond de la classe. Aucun murmure. Mais quand elle baisse la tête pour inscrire sur le carnet la note de 8 sur 10, seulement 8 « à cause de l'accent », le sifflement d'Yvvvvveeeet ! subtil, reptile, glissera d'un pupitre ou d'un autre, jamais au même coin de la classe et même du premier rang. Coup de règle « silence ! » et à Yves « vous pouvez vous asseoir ». Yves a froid aux doigts. Paumes tièdes et doigts froids.

Alors qu'il ne se plaignait de rien, Adrienne lui a dit « tu n'as qu'à te faire des amis. Il doit bien y en avoir d'autres comme toi ». « Oui, man. » La bouteille de mercurochrome est toujours vite vide. Et les petits cotons imbibés, jetés dans la panière sous le lavabo, donnent à Yves l'idée du sang des autres. Puisqu'on fait couler le sien. L'infirmière du lycée ne veut déjà plus le voir.

A Vétheuil, les fins de semaine, Yves a la charge des feux de bois dans chaque cheminée. Quand ça flambe dans l'une, il faut déjà recharger l'autre ou la troisième, monter, descendre, veiller. La mission doit être accomplie. Le garage sur pilotis est construit. La façade a été repeinte. Les volets neufs sont couleur sang de bœuf, comme les balustrades de l'escalier qui conduit au parc. La forêt d'orties a disparu. La terre a été retournée. Face à la maison, bien dans l'axe, et au fond, derrière les grands arbres qui « n'ont pas été sacrifiés », un bassin rond et profond a été dégagé, orné d'une rocaille flanquée à son sommet d'une fontaine que René qualifie de « serviteur muet », sorte d'arbre de métal à plateaux successifs retenant l'eau qui tombe en faisant des rideaux circulaires de plus en plus larges. Un jour, essai, « elle marche ! » et la famille réunie s'émerveille. Au milieu du bassin il y a aussi un jet d'eau. Si Yves touche le tronc de l'araucaria, l'arbre pique. Sous le garage et dans une cave voûtée, il faut rentrer le bois des arbres tronçonnés, débités, placer les bûches dans un sens d'abord, perpendiculairement ensuite, pour que le tas « ait de l'assise », pour que le bois « sèche bien ». Yves tend les bûches, une à une, à ses frères. Il a froid aux doigts. La moitié du parc a été décapitée. La maison désormais est latéralement au vu du village. D'un dimanche à l'autre, la nuit tombe de plus en plus vite. A l'aller comme au retour, la voiture est pleine à craquer. René accuse toujours Adrienne d'avoir « oublié quelque chose ». Les carnets de notes des aînés sont l'unique sujet de silence et de violence. Jean-Jacques hausse les épaules dans le dos de son père. Il s'est fait couper les cheveux en brosse, et, pour l'agacer, François-Pierre lui caresse la tête. René n'a pas les fils qu'il voulait, n'a pas l'épouse qu'il voulait, n'a pas les amis qu'il voudrait. René n'aime plus personne.

Parfois, il oublie d'aller rue de l'Eglise saluer Bonne-Maman. Le lendemain, au déjeuner, Bonne-Maman refusera tous les plats sous toutes sortes de prétextes : les coups de griffe sont sa raison de vivre. Elle a demandé à Jean-Jacques de lui prêter un livre et ne le lui a jamais rendu. Quand Adrienne lui en a parlé, Bonne-Maman a répondu « il était à moi ». C'était *Madame Bovary*. Curieux cadeau de première communion.

Visite médicale. Ils sont tous en file indienne, pieds nus, et en slip. Nicolas a dit à Yves « t'as rien ! » Meuriot lui a confié « si tu nous dis ce que tu sais d'eux, nous te prendrons dans notre armée. Juré-craché ! » Il avait craché au visage d'Yves et était parti en riant avec les autres. Nicolas pointe Yves du doigt, très fort, sur le sternum « et si tu caftes ce que tu sais de nous, on te fera disparaître. Dans des caves. On a les clés. Compris ? » Yves attrape la main de Nicolas et la lui tord. Nicolas lui donne un coup de genou au bas-ventre. Yves crie en lui, bouche fermée, mains plaquées, le front contre le mur pour se maintenir debout et ne pas tomber de douleur, devant eux. Dans son dos, Fradet dit « c'est lui qui a commencé, mademoiselle, c'est pas Nicolas. Je les ai vus ! » Derrière un rideau, la voix de l'infirmière « baissez culotte » puis, après deux ou trois minutes, « levez culotte ». Au tour d'Yves. Le docteur assis, jambes écartées, les coudes sur les genoux, a l'air de dormir derrière ses lunettes, bras tendu, rond de caoutchouc, un tube relié à ses oreilles « respire fort », « tousse », « tourne-toi ». L'infirmière dit « baissez culotte ». Derrière le rideau, le murmure, encore.

Sur le chemin du retour, Yves interroge les façades des maisons, devine les salons, s'arrête devant les vitrines des quelques magasins de la rue de Chézy. Adrienne garde les billets de l'oncle Gabriel dans un tiroir de son écritoire, avec la boucle blonde et des photos de Condom. Elle a dit à Yves « il ne faut pas le dépenser. C'est ton trésor ». Yves voudrait bien pouvoir s'acheter des sucres d'orge, des blancs, qui ont un goût d'anis, mais il n'a « pas le droit de toucher encore à l'argent ». Sur le chemin du retour, le cartable est trop lourd, main gauche, main droite, il faut alterner. Yves a perdu une première moufle, puis une seconde. Les « deux orphelines » ne font pas la paire, mains droites, Adrienne a dit « tant pis pour toi ». Mains nues, mains froides, Yves a l'impression de plonger encore ses mains dans la fontaine d'Evolène. Quand il croise un chien, il pense à Tu et se dit que Tu est en train de penser à lui. Dans les vitrines, il y a déjà des guirlandes de Noël. Comme le temps passe et personne n'intervient.

C'est comme les bûches, le temps. On en passe une, puis deux, trois, on pense aux premières, après on oublie, on oublie ce que l'on fait, au risque à la fin, en levant les yeux, d'avoir le vertige devant le tas de bois. Souvent, à son pupitre, Yves tourne la tête et regarde par la fenêtre : le marronnier n'a plus de feuilles et se dessine en noir. Le ciel est gris. Où sont les oiseaux ? Yves ferme les yeux et revoit les montagnes, ses montagnes. Du promontoire. Il fait des provisions d'aiguilles de pin. Il guette les volets clos. Voix de mademoiselle Triboulet « Navarre, au tableau ! »

Le proviseur Saissac est venu annoncer les « résultats du premier trimestre ». Yves est le seul de la classe à avoir « les encouragements ». Le proviseur lui remet un petit billet rose, comme un diplôme, et lui caresse la joue « tu diras à ton père que je suis fier de toi ». Yves baisse si fort la tête que le proviseur le prend par le menton et lui dit « tu n'es pas heureux ? » Mademoiselle Triboulet explique « il est timide vous savez et... » Elle regarde la classe. Hésite. Le proviseur attend. Mademoiselle Triboulet ajoute « ... mais très consciencieux ».

A la récréation suivante les deux armées se sont liguées contre Yves et l'ont poussé, puis cerné dans le recoin du garage à vélos, sous le portique qui conduit à la « cour des moyens ». Longtemps, poings serrés, en garde, Yves les a tenus à distance. Mais au signal de Nicolas et de Meuriot ils se sont jetés sur lui. Et Yves, recroquevillé par terre, serrant sa tête dans ses mains, a attendu que cessent les coups pour ne pas les compter et pour en ignorer la douleur.

La nuit, il commande au lit bleu d'aller se poser sur les glaciers. Là, au bord des crevasses, sous les pics, il respire enfin. Parfois, il atterrit tout en bas, là où le torrent jaillit. Il saute alors du lit, entre sous le glacier, galeries, voûtes lumineuses, un merveilleux écho. Il appelle. Mais il ne sait pas qui il appelle. Eveil brusque : Adrienne prend Yves dans ses bras. Yves était sur le palier. Yves secoue la tête. Adrienne le replace dans le lit et le borde. Par la porte entrouverte, Yves entend sa mère dire à René « il était debout, glacé, cet enfant me fait peur... » Yves se demande s'il a encore le temps de revenir là-haut. Mais le sommeil ne vient plus. Le cartable est prêt. René a dit qu'ils allaient tous aller « au ski ». Un beau mot, avec un K. Yves dit à Jean-Jacques « ils m'ont battu ». « Tu mens ! » « C'est vrai, je te le jure. » « Tu mens, ça se voit, c'est écrit sur ton nez. » Yves louche : il n'y a rien d'écrit.

Yves aime avoir froid aux doigts. Il a l'impression d'avoir des mains de fer. Il tient mieux le porte-plume. Il écrit plus lentement, les pleins et déliés sont parfaits. Yves aime avoir ses doigts encore plus froids que ses genoux. Il se dit alors qu'il y a pire malheur que le sien.

## 28. Le couple de patineurs

Yves a aimé ce voyage, le lendemain de Noël, des heures et des heures, flanqué à l'arrière de la voiture entre Adrienne et François-Pierre, Jean-Jacques à l'avant, sans doute parce que plus malin, ayant en charge le chiffon pour essuyer la buée, tous anxieux du moindre mot prononcé par René, les essuie-glaces crissant inlassablement. Il faisait tempête de neige sur « tout l'est de la France », la traversée du Morvan serait « dangereuse », mais il y avait dans le coffre « des chaînes pour franchir les cols ». Yves a aimé cette tourmente, le désordre de la voiture avec les bagages empilés à l'arrière, la menace du dérapage, et ces rideaux de flocons qui se renouvelaient, fournis, imperturbables, ou par rafales, rêve qui n'en finirait pas de se dérouler, silence meuble d'une nature voilée de blanc qu'on ne voyait même plus défiler, ombres glacées des arbres, famille isolée dans la carcasse de la voiture noire. Le bruit du moteur, aussi, semblait assourdi. Il y avait de la ferveur et de la réunion dans cette traversée de la France pour retrouver les montagnes.

Chaque ligne est un signe, un trait, une flèche, page blanche de ce voyage, ni jour ni nuit, et la voiture effarée avec ses deux trous à l'avant, comme deux yeux, essuyés avec constance, coups d'éventails à l'envers. Au bout du voyage, un village, « Montana », et un grand chalet, *Pension Jeanne d'Arc*. Le guide d'Evolène est là, avec sa femme et ses deux filles. René leur dit « j'ai cru que nous n'arriverions jamais ». L'autre papa est guide l'été, « moniteur » l'hiver. Demain matin, « réveil à 9 heures ! » Yves récapitule : la neige est aussi lumineuse la nuit que le jour. Elle est douce, presque tiède quand on y plonge les mains. Elle garde des traces, en creux, sous les pas. Elle crie (pourquoi crisser ?) un peu quand on la piétine : c'est du coton hydrophile sans sang.

On accède à la pension Jeanne d'Arc par une véranda qui fait office de salon. Il y a des plantes vertes, des fauteuils en rotin chargés de coussins, un piano droit avec deux bougeoirs. Sur une table basse, des bols, une boisson chaude et des tartines. Dîner « frugal », l'excuse est « heure tardive ». Les petites filles se sont endormies dans les bras l'une de l'autre, sur un sofa. Elles ont les mêmes robes longues, brodées, que pendant l'été. Yves laisse les grands parler entre eux, s'approche de la double porte d'entrée et, le front sur la vitre, regarde les traces de pas qu'ils ont laissées dans la neige : on ne les voit déjà presque plus, légers creux. La voiture, elle aussi, devient toute blanche. Yves fait le point : papa sait conduire, pas maman. Papa a une montre, pas maman. Papa connaît les routes à prendre, pas maman. Papa ne veut plus de maman à l'avant. Yves pense « papa » et « maman » parce qu'il a sommeil : un immense édredon est tombé sur toute la surface de la terre et sur les montagnes. Autre écheveau, autre pelote : la neige n'est que la laine d'un autre rêve. Il neige si dru qu'Yves se sent agréablement coupé de tout, isolé de tous, avec eux, coupé d'eux. Le bouillon « Kub » lui a brûlé la langue. Il reçoit sur son front le froid de la vitre, le froid du dehors qui heurte de l'autre côté. Les traces de pas sont recouvertes : personne ne saura qu'ils sont dans cette maison-là. La voiture est enfin toute blanche, à peine distingue-t-on la forme des ailes, du capot, et les vitres des portières : personne ne saura comment ils sont venus. Ils ne repartiront jamais. Et c'est bien fait pour Triboulet. Il y aura une place vide, au second rang, près de la fenêtre. Et c'est bien fait pour Nicolas, Meuriot et Fradet. Ils n'auront plus besoin de crier « Yvette ». C'est vraiment fini cette fois. La famille est là pour toujours. Yves ferme les yeux, s'endort debout, le front contre la vitre, bras croisés. Il se sent en accord avec son rêve, comme ça, tournant le dos à ceux qui parlent, et lui devant le blanc, tout ce blanc, tapis doux qui ensevelit tout. Même les chiens Saint-Bernard, avec leurs petits barils, ne les retrouveraient pas. Il suffit de respirer faiblement et de ne pas bouger. La pension aussi disparaîtra. Qui a porté Yves au lit ?

Le lendemain, il neige encore. Dans une boutique, ils essaient des skis de location, skis de pin, fixations à ressort, « le dernier modèle ». René achète des anoraks, que de mots en K, et des serre-tête pour « ne pas avoir froid aux oreilles ». Les voici, portant leurs skis, équipés, sortant du magasin. Ils font quelques pas, le moniteur et René devant, les aînés ensuite, puis Adrienne et Yves, en retard sur les autres : il a du mal à placer un ski sur chaque épaule en les croisant derrière sans se pincer le cou. Les grands ont des bâtons, pas lui, « comme mes filles, monsieur Navarre, il n'en a pas besoin. Il trouvera beaucoup plus vite son équilibre ». Le chemin est en pente. Cri. Adrienne glisse. Vol plané. Jambes en l'air. Elle retombe sur le derrière et les coudes. Un ski l'a frappée à la tempe. Les aînés d'abord ont ri, René aussi. Seul le moniteur s'est précipité pour relever Adrienne. Yves venait enfin de mettre ses skis en place, paire de ciseaux pour lui couper la tête. Il assiste à la scène sans bouger. Il a peur de glisser, lui aussi, brusquement. Adrienne est pâle. Elle ne dit pas un mot. Jean-Jacques s'approche d'elle « tu as mal, man ? » Et René « ce n'est rien » puis « dépêchez-vous ! » Il s'est remis en marche. Plusieurs fois il s'est retourné. François-Pierre l'a suivi en premier, puis Jean-Jacques. Adrienne a dit au moniteur « je ne skierai pas aujourd'hui ». Elle ne skiera plus jamais. Elle n'a jamais skié. Elle s'est certainement fait très mal. Mais au fond d'elle-même, elle est satisfaite. Elle ne veut pas, non plus, aller avec « eux ».

Dans le rêve de laine intacte. Il faut contourner le lac, mais où est le lac ? il n'y a que de la neige. Et là, premières pentes au-dessus du village, la « piste des enfants ». Il faut remonter « en canard », pieds et skis écartés, le plus vite possible pour ne pas se laisser emporter par la pente, et, du haut du monticule, admirer la trace laissée dans la neige, lettres V emboîtées les unes dans les autres. De là, skis écartés pour freiner, genoux légèrement pliés, Yves se laisse glisser et, arrivé en bas, tombe pour s'arrêter. La culotte de velours se crochète sous les genoux, à la limite des chaussettes. Quand Yves tombe, il y a toujours un peu de neige pour se nicher à cet endroit-là, crochets qui se défont tout le temps. Les filles du moniteur descendent l'une après l'autre quand Yves monte. Elles ne tombent pas. Elles poussent de petits cris. Sitôt en bas, elles s'embrassent. Elles recommencent. Quand elles montent, Yves descend. Quand il tombe, elles ne peuvent pas le voir. Vite il se relève, frotte la neige et se retourne : pas vu. Une fois, il arrive en bas et s'arrête sans tomber. Elles ne l'ont pas vu non plus. Il tend le bras pour les appeler. Chute. Il donne des coups de poing dans la neige. Cette fois, tombé, il les regarde descendre. Quel est leur secret ? Elles n'ont pas peur, elles ne froncent pas les sourcils. Il faut donc descendre sans froncer les sourcils. Tant pis pour les flocons de neige dans les yeux.

Dans le rêve de laine blanche. Du haut du monticule, Yves respire un grand coup, se frotte les yeux et se lance. Mais il a oublié de fermer sa bouche. Des flocons lui chatouillent la gorge. Il oublie d'écarter les skis.

Il va trop vite. Cri. Il tombe, en bas, la tête la première dans la neige, skis plantés, écartés derrière lui. Il se rend compte alors qu'il est mouillé, qu'il a froid, que tout est froid. Seules ses oreilles brûlent : il a perdu son serre-tête. C'est pas amusant. Les petites filles l'aident à se relever. Il leur dit méchamment « je suis un garçon, moi ! » Elles le regardent étonnées. Il part.

Dans le rêve de laine douce. Sous la véranda. Adrienne est au piano. Elle joue une des études de Czerny, les seuls morceaux qu'elle connaisse par cœur. Le piano est désaccordé. Le son est métallique. Yves a planté ses skis dans un talus, comme les grands, et s'est assis près de la montagne de neige de la voiture pour écouter sa mère. Mais très vite, Adrienne se retourne, le voit, se lève, ferme le clavier, attrape un châle et, du pas de la double porte, l'appelle « j'ai une surprise pour toi » et « tape bien tes souliers ». Elle a tricoté un bonnet blanc « tu l'aimes ? » « Oui, man. » « Il te tiendra chaud. » René dira « ôte-lui ce bonnet, il a l'air d'une fille avec ! » Yves n'ose pas dire qu'il a perdu le serre-tête. Il neige. Il neige tout le temps. Les aînés ont pris le « remonte-pente ». Ils vont « très haut » mais « il n'y a pas de vue ». Petite neige criblante, puis l'air est moins vif et les gros flocons reviennent. Le troisième jour, Yves ne tombe plus quand il arrive en bas. Le grand jeu consiste à doubler les filles quand elles montent, à descendre devant elles et à ne surtout plus se retourner : elles le regardent. Il « sait ». Fierté.

Dans le rêve de laine tendre. La nuit tombe vite. Sous la véranda, en attendant l'heure du dîner, autour d'une table carrée, René enseigne aux aînés à jouer au bridge. Ils jouent « cartes sur table ». C'est toujours René qui « joue la carte » et Adrienne qui « fait le mort ». Si René perd « c'était injouable », si René gagne « vous voyez, c'est passionnant ». Un soir, après dîner, ils font un essai en cachant leurs cartes, une « vraie partie ». Yves a peur. Il s'installe dans un fauteuil, à l'écart. Il termine *Le Général Dourakine*. C'est idiot. Il préfère *Croc-Blanc* mais il n'aime pas la couverture verte du livre, le papier des pages, jauni, et l'impression des mots, si pâle, quasiment effacée. Il découvre les loups. Ils ne sont pas loin. Ils rôdent. Yves désormais sait lire en ne suivant plus du doigt la ligne. Il peut enfin tenir le livre à deux mains, et s'adosser dans le fauteuil. Adrienne vient de « faire une faute ». René lui dit « tu n'avais pas le droit de répondre deux cœurs ». Adrienne regarde Yves « si tu allais te coucher ». Un jour, Yves libérera sa mère, prendra sa place, et « fera le mort », pour elle.

Dans le rêve de laine brute. Où est la vallée ? Où sont les montagnes ?

La neige nivelle tout. Dans la chambre d'angle, au second étage de la pension, une fenêtre tournée vers le nord, une fenêtre tournée vers l'est, entre les deux, dans le coin, le lit d'appoint dans lequel Yves se glisse après s'être frotté les pieds pour se les réchauffer. Il dort sur le ventre, bras écartés, les mains de chaque côté, attrapant le matelas. Il se cramponne, fait petit à petit glisser l'oreiller sous le drap et l'édredon, contre sa hanche, sur ses reins, ou sous le ventre, « montagne russe », position de décollage. Mais Yves se sait « interdit d'envol » à cause de la tempête. Il entend le vent siffler. La neige fouette. Puis le vent se calme et la neige tombe encore plus dense, effaçant traces et repères : il ne faut surtout pas partir. Yves cale le haut de sa tête dans l'angle du mur : il se sent en proue de tout, protégé, coupant le vent, rêve fixe. Il retient le lit.

Après le repas de midi, Adrienne lui dit « va skier, je viendrai te regarder ». Il est parti, skis sur les épaules, le capuchon de l'anorak noué sous le menton. La neige cinglait, un vent vif, fou, creusait le chemin verglacé, levait des panaches de neige. Plus Yves avançait, moins il respirait, étouffé, souffle coupé. Il se retourna : il ne distinguait plus la pension. Devant lui, du blanc, rien que du blanc et le vent nerveux, râpant la courbe du chemin contournant le lac. Cette fois, il était perdu. Pour reprendre sa respiration, il ouvrit la bouche et ce fut pis encore. Il chancela, tomba en lâchant les skis : le vent ne voulait pas qu'il avance. Il n'était plus nulle part. Abandonné. Ils l'avaient tous « abandonné ». Et si le sentiment (creux au ventre) lui paraissait injuste, voire forcé, Yves était aussi en train de le vivre. Il était effectivement seul, là, par terre, recroquevillé sur lui-même comme dans la chambre de la villa Sainte-Foy, le front dans le parquet à échardes pour calmer une crise. Longtemps il resta ainsi, écoutant faiblement battre son cœur, maîtrisant une petite respiration, essayant de toutes ses forces de reprendre souffle par le nez, de nouveau, quand une main se posa sur son épaule. Il crut que c'était Adrienne. Ce n'était qu'une dame de la pension. Elle l'aida à se relever « qu'est-ce qui t'arrive, petit ? » puis « il faut marcher » et « viens ». Il décida de la suivre, parce qu'elle lui tendait la main. Une vieille dame, souriante, « je sais qui tu es. Je t'emmène boire un chocolat. Laisse tes skis. Nous les reprendrons au retour ».

En chemin, elle dit qu'elle venait « chaque année » depuis « très longtemps » et que tous ses enfants étaient « partis ». Elle disait « partis » en souriant. Dans une boutique, elle acheta à Yves un cache-col rouge vif, et un livre à colorier. Puis, ce fut la découverte de « la patinoire », miroir lisse, luisant, que le vent lustrait. Là, elle lui offrit « l'entrée » et, au salon de thé, elle commanda le chocolat promis, « j'ai eu un fils comme toi, il y a très longtemps. Il vit seul. En Australie. Tu lui ressembles ». Yves regarde autour de lui. Un homme et une femme enfilent d'étranges chaussures montées sur des lames. La dame sourit « tu vas voir. Ce sont des champions. Chaque jour ils s'entraînent ». Musique. Une valse. Le couple s'élance. Grands tours, puis ils s'attrapent par la main, et dessinent des figures à deux, une si belle danse. Yves dit à la dame « je peux sortir, s'il vous plaît ? » Et là, dehors, fasciné, les mains sur la balustrade, se hissant, Yves regarde le spectacle. Il respire normalement. Il n'a plus froid. La musique semble faire valser le vent. Le couple glisse, tourne, se sépare, se réunit, la femme tenue par l'homme, la femme revenant toujours vers l'homme comme si elle avait besoin de lui pour faire de plus belles figures, écho des sons, pureté de la glace, traces circulaires laissées par les patins : ils dansent sur un miroir. Bientôt des lumières électriques s'allument. Pause. La dame s'approche d'Yves « nous rentrons ? » Yves se tourne vers elle « je veux rester, madame. Je trouverai le chemin du retour. Je veux voir encore ». « Tu n'as pas bu ton chocolat. » Yves baisse les yeux, murmure « pardon, madame ». La dame s'en va. Yves a, pour lui tout seul, la patinoire et les patineurs. Couple.

Dans le rêve de laine blanche. « Qui t'a donné ce cache-col ? » « C'est la dame. » « Quelle dame ? » « La dame qui m'a invité. » Jean-Jacques tire son petit frère par le bras et lui serre fortement la main « papa t'attend, tu vas voir ce que tu vas prendre ! » Yves répète « je veux pas », « je veux pas rentrer ». Il se laisse tomber. Jean-Jacques le traîne, le force à se relever. « Maman croyait que tu t'étais perdu. »

Entre les deux portes d'entrée, Yves est à portée de gifle. Il regarde son père, droit dans les yeux, et lui dit « non, pa ! » Ils restent ainsi, face à face, quelques secondes. Jean-Jacques a l'air surpris. Adrienne se tient derrière la seconde porte. La dame intervient « ne le grondez pas. C'est de ma faute. Il voulait rester ». René caresse l'épaule d'Yves comme pour se calmer. Yves a le souffle coupé. La tempête et papa, c'est la même chose. Sitôt au lit, puni, Yves rêve de belles figures. Il glisse sur la patinoire. Il est « deux », mais il ne voit pas l'autre. Il tend la main, mais jamais personne d'autre ne l'attrape. Parfois une main frôle la sienne mais c'est toujours trop tôt ou trop tard, bonjour des clowns. La musique ne concorde plus. Le vent ne veut pas.

Le dernier jour, sur le petit monticule, des enfants sont réunis. Yves attend son tour. Il faut passer entre trois séries de piquets, épreuve n° 1 ; remonter la pente en canard et sans tomber, épreuve 2 ; descendre droit en pliant bien les genoux, épreuve 3. Le moniteur remet à Yves un petit insigne en forme d'étoile des neiges. Yves a sa « première étoile ». Jean-Jacques dit « c'est rien du tout ». Dans la voiture, plus ils s'approcheront de Paris, plus la neige deviendra boue. Au retour, René dira à Bonne-Maman « nous n'avons pas vu le soleil ». Bonne-Maman aura l'air contente. Yves ira voir dans l'atlas où se trouve l'Australie.

L'enfant n'a pas besoin de mentir pour inventer. Tout ce qu'il vit invente. Et l'adulte, s'il n'a pas maté en lui l'enfant, n'a pas à se pencher pour mesurer la taille du nain qu'il est devenu. L'enfant a une ombre portée. Lui n'en a plus. L'enfant devance. Lui ne sait même plus suivre. Le sujet de ce texte qui me gobe, me dévore et me met à vif est bien de demander à l'enfant Yves de me montrer le chemin parcouru, et si possible celui encore à parcourir. La dame de la patinoire avait le sourire du malheur. Les patineurs ne tombaient jamais.

## 29. Le tracé du parc

La crèche a été rangée pour la seconde fois. La poupée de madame Lalanne dort dans un tiroir. La sonnette du camion de bois ne fonctionne plus. François-Pierre a commencé une collection de timbres. Le surveillant qui a des dents en or et des bijoux en or s'appelle monsieur Césari. Il aime beaucoup la maîtresse. Pendant les cours, son ombre passe derrière les fenêtres qui donnent sur le couloir. Il attend que mademoiselle Triboulet lui envoie un « puni ». Il s'approche alors, domine, menace, roule les « r », « je vais te tirrrrrer les orrrreilles ! » Supplice. Un bâton de craie cassé quand on est au tableau noir vaut « cinq minutes devant la porte ». Yves tremble quand il écrit devant toute la classe. Il attend le murmure d'Yveeeette. Et quand il vient, il serre la craie, elle se brise. Punition. « Toujourrrrs toi, Navarrrrrre ! » Etrange complicité entre Triboulet et Césari. Nicolas dit qu'il les a vus « prendre l'autobus ensemble ». Meuriot sait, par son papa, que Césari était aviateur et « a descendu plein d'Allemands pendant la première guerre ». Quelle guerre ? Une autre ? Quand ? Pourquoi la première ? Et si Césari abattait aussi les lits des rêves ?

Jean-Jacques s'est fabriqué un poste à galène. Pas le droit d'y toucher. Adrienne a souvent des « migraines ». Le soir, après le dîner, elle demande à René « de l'argent pour la maison ». Et c'est à chaque fois un drame. Elle doit « demander ». Il faut tout « demander » à René. Adrienne, vive, répond parfois à ses fils « vous n'avez qu'à le demander à papa ». Adrienne veut aussi « une personne, à plein temps » pour l'aider, dans la maison, mais ça, elle n'ose pas encore en « parler à René ».

Un soir, ils vont au cinéma. Ils emmènent Yves « nous ne pouvons pas le laisser seul dans la maison », « ça ne fait rien, il dormira ». Ils sont assis au balcon. Bonne-Maman les accompagne. *Pour qui sonne le glas.* Yves a tout vu, par la fenêtre de l'écran, aventure, autres lieux : tout le monde se bat, partout. Il y a ceux qui donnent des coups et ceux qui les reçoivent : ils ont les mêmes visages. Ils n'ont pas les mêmes costumes, c'est tout.

La multiplication des détails naturalistes ne devrait pas créer, ici, le pittoresque mais exprimer le martèlement, harcèlement de faits, coups à la tête reçus par Yves, impressions cisaillantes, brefs moments exaltants, ou blessures douloureuses. Yves ne veut pas savoir : il veut recevoir. Il dit toujours « bonjour », gorge serrée, aux enfants du concierge quand il les croise dans la villa. Eux ne répondent pas. Tout ce qu'il fait, il a l'impression de le faire à l'envers, toujours trop tôt ou trop tard, jamais au bon moment, moment chavirant des partages quand ils ont lieu. Yves est désormais mandaté par ses frères pour suggérer, en cours de repas, au signal de Jean-Jacques, clin d'œil, filet de voix « si on allait au cinéma ? » Le fait que la demande peureuse soit formulée par Yves, manifestement manipulé par ses frères, amuse un instant les parents et les réunit brièvement dans un sourire, effaçant le regard tour à tour ombrageux ou soucieux du père, le spectre des migraines de la mère. La réponse le plus souvent est oui. Trois salles. Il y a le Chézy, tout près, le Régent, plus loin, avenue de Neuilly, vaste, plus confortable, et le Trianon, dans le vieux quartier, près de la Seine. Pour le Trianon, il faut vraiment que le film soit bon. Adrienne prétend y avoir été piquée par une puce. Au Chézy, ils verront en deux soirs *Les Enfants du paradis :* l'écran est sur une scène de théâtre, il y a des scènes de théâtre sur l'écran, dans le film, et des acteurs de théâtre qui jouent, au cinéma, le rôle d'acteurs de théâtre. Yves s'y perd un peu mais cette confusion lui « plaît ». Il y a aussi un bain de vapeur, et une foule de carnaval : Yves découvre des lieux, des visages, des larmes, des traîtres, des superbes et Pierrot qui « mime », sans dire un mot. Au Régent, ils verront *L'Eternel Retour* et surtout *La Symphonie pastorale :* du soleil et de la neige. Tout ça pour des baisers, moments sublimes qu'Yves n'aime que s'il y a dans le décor un détail à regarder pendant ce temps-là. Au Trianon, ils verront une histoire de chien qui part, se perd, et revient toujours. Une autre d'une petite fille qui meurt enflammée par les bougies d'un arbre de Noël. Au Biarritz, sur les Champs-Elysées, ils feront la queue sous la pluie et entreront, tout mouillés, pour voir *Monsieur Vincent* de Maurice Cloche. Un nom qui fait rire Jean-Jacques. Le monsieur du film traverse la rue principale d'un village. Tous les volets se ferment sur son passage. On lui envoie des pierres. Mais qui, et d'où ? Il marche quand même. S'il arrive au bout de la rue, il a gagné. Il arrive, blessé. A l'entracte, une publicité, *Dop, Dop, Dop,* et l'image de quelqu'un se faisant un shampoing, tourne à l'envers, revient à l'endroit. La salle éclate de rire. Yves n'aime pas les entractes. On sent alors l'air stagner et les fauteuils grincent.

Yves, au cinéma, vit des histoires qui ont un début et une fin. Et il se dit que ce n'est pas forcément vrai. La fin, c'est toujours trop tôt. Et le début, c'est jamais ce qui s'est passé avant. Il s'interroge sur le début de sa vie et essaie d'en deviner la fin. Parfois, en route pour le lycée, il filme son pas, ses pieds, caméra imaginaire à la main. Il n'y a que ça qui l'intéresse : filmer son pas. Jamais il ne s'est imaginé sur l'écran, jouant. Pas filmé, filmant. « Ce film n'était vraiment pas pour lui. » « Mais il dormait, Mimi. » « Je ne crois pas, René. » Yves fait semblant de ne pas entendre. La technique, quand la nuit tombe dans la salle, est de bien se caler au fond du fauteuil en se tenant droit pour ne pas être trop gêné par la personne de devant et, mains sur l'accoudoir, yeux fermés, ne plus bouger, sentir le regard d'Adrienne ou celui de René, inspection, et ensuite, seulement, ouvrir les yeux, un tout petit peu, guetter le film, jouer avec lui, et le voir sans qu'il se sente vu. Tout alors devient plus beau. Et surtout, au mot « fin », s'endormir d'un coup. Se faire lourd. Et secoué par le bras, jouer à l'éveillé.

Au lycée, Yves cherche ce « quelqu'un comme lui » dont lui a parlé Adrienne. Mais comment le trouver s'il se cache, lui aussi, comme il se cache ? Comment, désigné par les moqueries des autres, Yves pourrait-il approcher discrètement le discret s'il existe ? Dans cette classe, tout se passe au vu de tous. Et ils font tous partie d'une armée ou d'une autre. Sauf Yves qui entend un jour, dans les rangs, Meuriot parler d'une embuscade tendue « à la prochaine récré », dans « le recoin du garage à vélos, tu verras, on les aura ! » Yves rougit, tremble un peu quand il prévient Nicolas. Sourire de Nicolas. A la fin de la classe, les deux chefs d'armée parlementent. Yves n'ose plus sortir. *Les rumeurs du jardin disent qu'il va pleuvoir / Tout tressaille, averti de la prochaine ondée...* Il répète mécaniquement sa récitation pour le prochain cours, s'il est interrogé. Il doit avoir la bonne note qui lui permettra de « demander à papa » d'aller au cinéma. Mais sortir, pendant la récréation, est obligatoire « eh bien, Navarre ! » Et les deux armées se liguent, une fois encore, pour « casser la gueule à Yvette » qui « a tout rapporté ». Cette fois, blessure ouverte, le genou gauche saigne. Ça coule jusqu'à la chaussette. Yves a voulu se défendre, comme dans les films, et, dans le désordre des coups, le clou d'une semelle de galoche l'a harponné. Peau déchirée. L'infirmière ronchonne en faisant tourner la bande Velpeau. Elle n'a même pas demandé si ça piquait quand elle a tamponné avec de l'alcool à 90. Quand Yves regagne la classe, il clopine un peu. Il aime bien ce côté blessé de guerre. Ils vont voir dans la classe ! Mais Césari est là qui l'empêche de frapper à la porte « vous allez vous faire renvoyer, Navarrrrre, si vous continuez à vous battrrrrre ». Suite du poème … *Là-bas, pliant son aile et mouillé sous l'ombrage / Banni de l'horizon qu'il n'atteint que des yeux / Appelant sa compagne et regardant les cieux/ Un ramier, comme toi, soupire de l'orage.* Ce poème-là. Ce jour-là. Marceline Desbordes-Valmore. Fradet a dit « c'est moche. C'est un truc de fille ».

Un seul moment de bonheur en classe : la dictée. Il fait silence alors. Le murmure ne glisse plus. A peine entend-on le crissement des plumes sur le papier, ou le petit tic de porcelaine quand on trempe le porte-plume dans l'encrier. A ce moment-là, Yves jouit des mots livrés à la dictée. Il soigne les pleins et déliés, améliore les arrondis. Il sent qu'une écriture lisible, large, est le premier des cadeaux qu'il fera à l'autre, s'il advient par « miracle » un autre. La ponctuation le fascine, accents aigus, cris ; accents graves, plaintes ; virgules, épines ; et points finaux que mademoiselle Triboulet trouve toujours trop gros. « Vous faites de trop gros points, Navarre, juste un point, ça suffit. » Et elle donne l'exemple en marge. Yves trouve ses points beaucoup plus beaux. Ils terminent vraiment les phrases. Et chaque mot, sous la dictée, porte en lui des paysages, des couleurs, des sensations. Chaque mot est un petit tableau. Dans le mot « terre », Yves met des racines et dans le mot « ciel » il voit plein de vents. Yves déteste faire une tache d'encre. Les mots ne supportent pas le voisinage des taches. Il préfère aussi attendre que l'encre sèche toute seule. Le buvard doit rester vierge. Les jours rallongent. Il fait jour à l'aller, il fait jour au retour. Yves ne quitte pas son cache-col rouge. A l'intérieur de la pèlerine, il a agrafé sa « première étoile ». Il ne la montre pas, mais il la porte.

De dimanche en dimanche, à Vétheuil, Yves voit s'organiser le lieu de la maison. Il a pour charge, en arrivant, d'ouvrir tous les volets et de bien fixer les crochets extérieurs. A chaque fois, il est obligé de tendre le bras, très loin, en se mettant sur la pointe des pieds. Dans le verger, des arbres en espalier ont été plantés le long d'allées rectilignes bordées de petites plaques en ciment. Pommiers, poiriers sont en fleurs, branches attachées à un triple réseau de fils de fer délimitant les « huit aires » du verger. Le long du « mur de la voisine », d'autres arbres en espalier. Il est question de « beurrées d'Anjou » et de « canadas sucrées ». Dans les aires, en pleine terre, mirabelliers, pruniers, abricotiers et seulement quelques cerisiers « ton père ne les aime pas ». Le long du ru, au fond du parc, en contrebas, derrière le mur « mais c'est chez nous », René a fait planter des cognassiers et des mûriers sauvages. Le ru devient rouge sang quand le boucher du village tue ses bêtes. Ici les artichauts, là les framboises et les groseilles, un coin à thym et à estragon, un autre à cerfeuil et à ciboulette. Sous des plaques de verre, des plants de salade, de radis, d'épinards. Un coin aussi pour les fleurs : Yves a vu son père enterrer les oignons de dahlias. René a toujours un sécateur à la main et une natte de raphia autour de la taille. Souvent il demande à Yves d'aller lui chercher un « troutrou » sec, sous-vêtement ajouré qu'il porte sous la chemise. Quand René se change, Yves observe dans le dos de son père, au-dessus des reins, côté gauche, cette cicatrice profonde, comme une bouche cousue : papa n'a qu'un poumon, il ne doit pas attraper froid. Cauchemar : Yves rêve qu'il glisse sa main gauche dans la cicatrice. Elle n'est pas fermée. Il y a un grand creux dans le corps de son père. Yves remue ses doigts dans le vide intérieur. Il entend geindre son père, une plainte grave à la fois de douleur et de plaisir comme si ce geste le soulageait.

Côté parc, face à la maison, René plante des petits bouts de bois, et tend des cordeaux. Dans le verger, aussi par endroits potager, artichauts, melons, petits pois, tomates et un carré de fraisiers, les allées ont été dessinées, tranchantes, carrément délimitées par les plaques de ciment. Mais dans le parc, René dessine des ovales, de chaque côté d'une allée centrale menant à la rocaille, quatre aires en forme de pétales oblongs, les deux plus proches de la maison autour des grands sapins, les deux suivantes entourant le cytise et l'araucaria à gauche, un tilleul argenté à droite. René souvent monte au premier étage de la maison et, de la fenêtre du couloir médian, bien dans l'axe du parc, regarde le tracé des cordeaux. Puis il redescend, modifie, arrache certains pieux, les plante plus en dehors, plus en dedans, et tend de nouveau les cordeaux. Tout autour du parc, même travail, bordure courbe, création d'une allée qui « fera tout le tour » et « passera derrière la rocaille ». Là, il n'a pas fait abattre les noisetiers pour que l'écureuil « ait à manger ».

Fin de journée, René appelle Mimi. Tous deux accoudés à la fenêtre du couloir du premier étage admirent le « tracé définitif » du parc. René a peint la terre à la chaux, de pieu en pieu, sous les cordeaux, pour que la courbe soit parfaite. Le parc a l'air grimé. Yves, de derrière la rocaille, observe ses parents. Il attend d'eux un baiser. Le baiser des films. Non. Ils restent côte à côte. La main d'Adrienne glisse sur la rambarde et prend René par le coude. C'est tout. Tant. Trop ? Six heures sonnent au clocher. Coups graves et lents. Comme un glas. C'est coucher de soleil sur la Seine. Le parc est dessiné.

Le dimanche suivant, premier anniversaire d'achat de la maison, la pelouse a été semée et protégée par un réseau de ficelles armées de bouts d'aluminium « pour faire peur aux oiseaux ». René dira « ils me mangent tout ! » En pourtour de parc, une bordure de buis a été plantée qu'il « faudra tailler au carré ». René donne des ordres aux jardiniers. Derrière les noisetiers, ils viennent de sectionner une couleuvre d'un coup de sarclette. « Venez voir les enfants ! » Les deux bouts bougeaient encore. Yves ne passera jamais plus là sans penser au serpent coupé. Même au détour de cette ligne, un petit frisson. Chaque année Yves ira voir sous les noisetiers le tas très propre, conique, parfait, de coquilles vides laissées par l'écureuil. Et il restera des heures à guetter le petit animal dans le grand sapin de gauche pour le voir « au moins une fois ». Mais Adrienne a dit à Yves « tu ne le verras que lorsque tu ne l'attendras plus. Il te guette, lui aussi ». L'ami du lycée, ça doit être la même chose. Mais Yves ne peut pas ne pas attendre. Ou ne veut pas.

Des meubles et objets sont arrivés de Condom et notamment la bassine à confitures, en cuivre, qu'Adrienne fait luire et rutiler. Adrienne passe aussi des heures à recopier les recettes qu'Augustine lui envoie de Condom. René dit « il y aura de tout dans ce jardin ». Il plante des rosiers, des vignes vierges pour cacher le garage sur pilotis et orner les balustres de l'escalier qui conduit au parc. Il plante des glycines devant la maison, côté rue « pour isoler du regard des passants ». Il plante de la sagine, par lamelles, entre les dalles de la cour d'entrée, et « plus on marche dessus, plus elle deviendra belle ». La boulangère a recommandé à Adrienne une jeune fille qui « veut se placer à Paris ». Elle s'appelle Denise. A l'essai pendant huit jours. « A-t-elle un fiancé ? » « Non, pas encore, madame Navarre, elle est trop jeune. »

Yves a pour charge d'arroser la pelouse, tuyau vers le haut, il faut que ça fasse « comme la pluie, doucement ». Et il faut arroser « longtemps ». Dans le salon, des fauteuils à hauts dossiers, très confortables, on s'y sent perdu, des poufs carrés sur lesquels il ne faut surtout pas poser les pieds, deux canapés dont Bonne-Maman a dit « ce sont des copies », et des bergères à œillères. Un seul tissu, épais, soyeux au toucher, à ramages blancs sur fond rouge vif, que René n'aime pas. Il a dit à Adrienne « je ne peux donc rien te laisser choisir toute seule ». Dans les chambres, des lits en cuivre blanc, tous pareils, qui proviennent de la vente du mobilier d'un « asile de fous », proche de Paris, « le plus chic avant guerre », où l'Institut français du pétrole va installer ses laboratoires de recherche. Tables de nuit et armoires viennent aussi de cet endroit-là, bureaux, chaises « c'était comme un hôtel de luxe ». La marque de l'ébéniste *Sanyas et Popot* fait rire les aînés.

Seul le grenier n'a pas été aménagé. Yves s'y enferme parfois pour sentir le toit « juste au-dessus de sa tête ». Avec des chiffons et des rideaux « de Port-Jérôme », il s'y installe une petite maison. Mais très vite, on l'appelle « Yves ! Sors ! Il fait beau ! »

Plus la famille s'équipe et occupe ses lieux, plus Yves se sent étranger. Sur un cahier neuf, il écrit en première page *La Mort de Nicolas* et souligne au crayon rouge. C'est le titre, comme *Le Général Dourakine* ou *Croc-Blanc*. Puis il déchire la page et la jette : personne ne doit savoir comment il va tuer Nicolas...

Vingt fois il écrira le titre, acte meurtrier, juste le titre, jusqu'au jour où Adrienne lui dira « tu abîmes ce cahier neuf. Tu n'as pas le droit de déchirer des pages blanches comme ça ». La pelouse est verte. René a retiré les pieux et les cordeaux. Le parc est beau. Adrienne a acheté « les premières asperges de l'année » et « les premières amandes de l'année », amandes vertes, pour faire plaisir à René. Quand il y a deux amandes dans le même noyau, Adrienne accepte de « faire Philippine » avec Yves. Yves perd toujours à ce jeu-là. Le lendemain matin, à première heure, le « bonjour Philippine » lui reste dans la gorge. Ce n'est qu'un jeu.

Le soir, villa Sainte-Foy, pendant le bain, ou à l'heure du coucher, Denise lui lit à voix haute quelques pages d'un très gros livre qu'Adrienne lui a prêté, *Le Lys de Brooklyn*. Elle lit pour elle aussi, passionnée « par l'histoire ». Mais Yves ne perd pas un mot de ce qu'elle dit. Sur le piano du salon, dans un cadre de cuir rouge, il y a une photo des parents prise devant d'immenses immeubles percés de mille fenêtres identiques, des « gratte-ciel ». Maman a dit « Park Avenue », « New York » et c'est maintenant « Brooklyn », l'avalanche des mots en K qui claquent et qui cognent. Yves dessine souvent le même paquebot. Celui qui a emmené papa et maman là-bas, « voyage de noces ». Il multiplie les cheminées et les hublots. De dessin en dessin, le paquebot devient ville, hérissée de gratte-ciel criblés de fenêtres, et les parents, perdus, petits, deux petits points, tout en bas. Ils ont traversé l'Atlantique.

En tête du cahier, Yves écrit *Le Chemin du lycée*. Il fera l'inventaire de

toutes les maisons devant lesquelles il passe et n'entre jamais. Il
souligne en rouge le titre. Première page. Mais comment commencer ?
Il vient de faire une tache d'encre. Donc, il ne faut pas écrire ça. Papa
n'a pas dessiné le parc mais « son parc ». C'est « son » verger, « son »
potager, « son » lieu. Il donne des coups de sécateur pour que tout
pousse « dans la bonne direction ». Yves rêve d'autres lieux sans
espaliers, sans pieux, sans cordeaux et sans écureuil peureux. La
gourmandise des oiseaux le fascine. Par plaques, la pelouse est moins
drue. Une couleuvre coupée en deux bouge encore.

## 30. Dimanche 25 mai

Pentecôte, le dimanche du suicide raté (et comique ?) de Pierre Forgue dans *Le Temps voulu*. Depuis mon retour de mardi dernier à Paris, les douleurs sont devenues permanentes, lancinantes, et les traitements prescrits n'ont fait qu'aggraver la double sensation de coupure et de brûlure des muqueuses. Les piqûres faites à l'hôpital, à l'intérieur du conduit intestinal et qui, en principe, devaient me calmer, n'ont fait que rendre la douleur encore plus vive et harcelante. Dans la nuit de mercredi à jeudi, j'ai appelé S.O.S. Médecins. L'injection qui me fut faite et qui devait m'endormir « dans le quart d'heure » a tout juste rendu supportable la tenue en éveil forcé. Le lendemain, de nouveau l'hôpital. Nouvelles piqûres. Dans la nuit de jeudi à vendredi, je me cognais aux murs et aux portes de cet appartement. Accroupi au milieu du salon, je me suis brusquement vu, cauchemar éveillé, en train d'essayer d'« évacuer le lit » dans lequel je ne trouvais plus le sommeil. Obsession du chapitre *Le couple de patineurs*. Je le corrige. Le jour se lève. Très tôt, j'appelle Marcel, qui appelle Georges. Ils se mettent d'accord pour me proposer d'entrer en clinique pour « cinq jours de cure de sommeil ». La clinique où Jack a séjourné il y a quatre ans, peu avant son suicide. Non. J'ai choisi de rester ici, coûte que coûte, « avec les chats ». Tiffauges ne me quitte pas.

Une infirmière vient matin et soir. La dose de calmant est forte. Obsession du chapitre *Le tracé du parc* : je ne peux pas « quitter » ce texte un seul jour. Bouteille d'encre, bouteille de sang : il doit y avoir

une naissance au bout de ce chemin de mots. Je ne fais que vivre le
« danger » invoqué par Xavier, Jean-Michel, Emanuel, Marie-Claude
et Jean-Jacques au départ de ce texte qui me met à vif. Et les
médicaments, impuissants, ou trop puissants, ne font qu'aviver plus
encore. Le soir, je sors. Je ne peux pas rester seul, ici. Et moins que
jamais. Jeudi j'ai quitté l'Opéra, à l'entracte, fou de douleur. Récital.
Place d'abonnement. Je m'étais obligé. Quand la rame de métro entre
dans la station, je recule et me retourne côté affiches et carrelage.
J'attends que le métro passe et s'arrête. Je l'ai toujours fait. J'ai toujours
eu peur. Mais la peur jointe à la douleur ne se maîtrise plus. Et j'ai,
heureusement, toujours un peu de terre de Condom sous mes pieds.
Que sommes-nous venus faire dans cette ville ? Pourquoi dit-on
« monter à Paris » ? C'est le chemin de gauche.

Vendredi, récital Maurizio Pollini au théâtre des Champs-Elysées.
Yoshi m'accompagnait. Elle se faisait une fête de m'y emmener depuis
six mois qu'elle avait acheté les billets. J'ai tenu jusqu'au bout. La
*Fantaisie en ut* de Schumann, les *Klavierstücke* 118 et 119 de Brahms :
la douleur me rivait au fauteuil, mêlée au plaisir sensuel, juste,
bouleversant de l'interprétation et de l'écoute. A l'entracte, j'ai salué
Jean et Heïdi : ils s'aiment. Adieu. Un adieu chaleureux. Jean n'a
jamais rien joué, au piano, devant et pour moi. Moi, je lui faisais lire les
premières pages de ce texte. Et nous faisions, l'un et l'autre, d'immenses projets d'avenir. Alors ?

L'humain veut toujours « en finir avec la douleur ». Il ne la respecte pas
pour ce qu'elle est, porteuse, inductrice. L'inhumain distingue les
petites douleurs des grandes. Or elles sont toutes de même nature, le
creux de toute écriture, marque, empreinte digitale, preuve d'identité.
Cauchemar est de rêver que j'ai les doigts lisses et que « je ne peux plus
franchir les frontières ».

Hier, chez Bettina, nous avons soupé dans sa cuisine. J'aime Bettina.
Elle est belle. J'aime, en elle, tous les grands de ce monde qui l'ont
adulée et qui n'ont jamais pu la travestir. Elle ne triche pas. Elle attend
toujours quelqu'un. Autour de la table, des amis « riches et heureux ».
J'ai trop parlé, encore une fois. Je n'en finirai jamais de prendre ma
revanche des repas de la villa Sainte-Foy. Détail : pourquoi ai-je dit que
dans Montherlant, « passage forcé de mon adolescence », il n'y avait
pas « d'adéquation entre l'auteur et l'œuvre » ? Que voulais-je dire ? Ils
se sont fâchés. J'ai trop parlé encore. J'ai même parlé de mes douleurs.
Alors ? Bettina m'a dit, au moment de me quitter, « je ne t'ai jamais
senti aussi fort ».

Aujourd'hui midi, je suis allé déjeuner à Maisons-Laffitte chez mon frère Jean-Jacques et ma belle-sœur Christine. Je ne connaissais pas leur nouvelle maison. Leur parc, à l'état sauvage, m'a ému, lecture du texte en cours. J'y ai vu des orties. Les arbres y ont encore leurs branches basses. Jean-Jacques n'y touche pas. Christine répétait « tu ne trouves pas que ça ressemble à Vétheuil ? » Jean-Jacques vient de semer de la pelouse devant les portes-fenêtres du salon « mais la terre n'est pas bonne ». Mon père était là. Beau. Vénérable. Se déplaçant lentement. Dans un costume gris-bleu. Petite barre rouge de sa cravate de commandeur de la Légion d'honneur. Je n'ai pas pu lui parler. J'évitais son regard. A l'aujourd'hui de ce texte où je suis presque prêt à m'accuser de notre rupture, tout me crie de l'accuser, lui, plus fort que jamais. Et cette douleur, en moi, qui me tient le ventre comme s'il me brandissait au bout d'un sabre, je voudrais tant la sentir disparaître à tout jamais. Et lui, René, je l'aime : il est passé à côté de sa vie, à côté de ceux qui l'aimaient. Il a eu peur d'aimer. Il souffre comme je souffre. Je ne veux pas de sa souffrance. Comme ce costume lui allait bien. Et comme il m'appelait du regard. Je ne répondais pas : rien ne sert de se pencher à deux sur rien.

Il n'y avait que deux des cinq enfants de Jean-Jacques et Christine. Le déjeuner fut bref. Jean-Jacques a proposé de me conduire à la station du R.E.R. de Rueil et de « raccompagner papa en même temps ». En route, nous nous sommes arrêtés à la Malmaison. Jean-Jacques m'a dit « viens, on va embrasser maman ».

Maman était là, dans un des fauteuils du salon de Vétheuil, désormais recouverts de velours bleu, jambes allongées sur un pouf carré, couverte de plaids. L'infirmière se tenait sur une chaise à côté d'elle. Jean-Jacques et moi avons embrassé notre mère. L'horloge de la maison des Promenades a sonné deux fois de suite trois heures de l'après-midi. Maman me regardait, puis sa tête chavirait. Plusieurs fois elle me regarda. Plusieurs fois elle détourna son regard. J'allais pleurer. Vite je l'ai embrassée sur le front. Comment a-t-elle pu devenir ainsi, muette, défigurée, les mains, surtout les mains, déformées, et cette manière de tourner la tête, comme un tourment ? Un nom sur un visage, elle ne sait plus, ou bien sait-elle encore. Dans la voiture, j'ai éclaté en sanglots. Je me suis dit que Jean-Jacques avait des enfants, lui. Une famille, lui. Quand le R.E.R. a plongé sous terre, j'ai eu peur. Une peur. Une peur retrouvée que je n'aime pas. Une peur qui sape. Dix-huit heures. Dimanche. Les piqûres m'altèrent. Le verre d'eau, sur le bureau, est toujours vide. Mardi dernier, j'ai livré mon travail de rédaction publicitaire pour la barre chocolatée X. Entre mercredi et jeudi, j'ai fait un autre travail pour le lancement du collant Y. Les agences recommencent à me consulter. Jeudi. Dans le supplément littéraire d'un journal, le critique, analysant un roman publié par une O.S. de chez Renault, a écrit, en commentaire, *bien sûr, elle n'a rien d'une publicitaire bovarysante dans un hamac du Lubéron.* Taire, taire tout cela. Me dire que c'est la dernière fois que je fais écho aux fausses notes. Me dire que j'ai choisi de sortir de la gueule du loup par la gorge du loup, et que ça fait mal. Je dois me tenir à ce texte et de nouveau aux rédactions publicitaires rémunératrices sans lesquelles je ne pourrais pas, pratiquement, poursuivre ce texte. Cercle vicieux. L'auteur doit taire cela, aussi. Taire.

Au courrier. Hier matin. Alain me renvoie le texte d'une entrevue datant de la fin du mois de septembre de l'année dernière, peu après la sortie du roman *Le Temps voulu.* Alain est critique à *L'Humanité.* Au sujet du roman *Le Petit Galopin de nos corps,* il avait titré *Une rhétorique exténuée.* C'était donc un « revenant » qui me posait des questions, un ami de seconde lecture. Régnait une ambiance d'amende honorable. L'entrevue devait être publiée dans *France Nouvelle* puis, le journal en question ayant disparu, dans *Révolution,* le nouvel hebdomadaire du Parti communiste. Entre-temps, Kaboul, le vote à l'Assemblée nationale, silence conservateur des députés communistes, l'entrevue est heureusement restée en souffrance. C'était la première fois en dix ans qu'on m'accordait un tel « espace ». Cet article ne sera pas publié. Sans doute annonçait-il ou attendait-il *Biographie.* J'écrivais alors *Le Jardin d'acclimatation.* Je me trouvais encore une fois livré à une autre famille que la mienne, entraîné par Henri Prouillan qui n'était toujours pas totalement René Navarre, plongeant, creusant le sillon, lignes, pages, cahiers. Jamais une tache d'encre.

Cette entrevue n'aura sa juste tonalité qu'ici. La douleur qui me tient aujourd'hui y point déjà. Cette manière aussi de « tout dire » et de m'écorcher plus encore. Nous ne savons plus formuler nos demandes. Et si nous façonnons les réponses, c'est peine perdue, mascarade. Flanquée dans son fauteuil, maman me regarde et puis tourne la tête. Agrippé à la portière de la voiture de mon frère, mon père m'interroge du regard une dernière fois : nous nous sommes interdits de dialogue. Au volant de sa voiture, alors que je le quitte, séchant des larmes qui m'ont fait du bien, mon frère me dit « appelle-moi ce soir si ça ne va pas » puis, sourire, « tu peux aussi m'appeler si ça va ! »

C'était en septembre dernier, à ce même bureau, Alain d'un côté, et moi de l'autre. Chaque fois que je prends la parole, je me sens coupable de parole prise. Chaque fois que j'écris une ligne, je la veux plus juste et ne me satisfais que de celle à venir. Voici les voix de ce jour-là. Mot pour mot. Et ce qui s'est échangé. Tel quel. Le romancier n'est fait que pour poser des questions. Il n'a pas à donner de réponses. Malentendu : j'ai répondu.

Question. Je ne sais pas pourquoi, mais un écrivain qui publie avec une certaine régularité, c'est un peu « effrayant », alors que c'est plus simplement une question de rythme. Fondamentalement, il me semble que ce rythme permet de mieux comprendre le rapport que tu entretiens à l'écriture. Cette obsession d'écrire n'est-elle pas le symptôme de ce que pour toi l'écriture est dramatique ? C'est une demande. Le désir y est présent avec violence même.

Réponse. Je suis d'abord étonné par le principe de la question et de l'entrevue. Par le fait même de cette possibilité d'exprimer ici mon vu et mon vécu d'écrivain. On a voulu m'habituer, je dis bien « on », le « on » confus, suspect, anonyme, répandu, traqueur, qui regroupe ceux qui confondent critique et humeur, le « on » truqueur et intolérant des faux ou des vrais normaliens supérieurs, encore plus conservateurs et secs à gauche où l'on pense encore un peu qu'à droite où la pensée, depuis longtemps, ne se formule plus que dans un pédalier sans chaîne. Oui, « on » a voulu m'habituer à l'idée que je n'étais rien d'autre qu'un phénomène de mode et de société de consommation. « On » a voulu me faire croire que ce « purgatoire », je me le créais. Je sais aujourd'hui que ce purgatoire a été créé de toutes pièces de l'extérieur, pour me récupérer en me classant, marge arbitraire. J'écris trop ? Non, j'écris. Je suis écrivain. « On » pose à l'écrivain des questions qu'on n'oserait jamais poser ni à un musicien ni à un peintre. De nos jours « on » se fait une « idée » de la littérature. Elle est devenue un produit. On appelle littérature des choses qui ne relèvent pas et qui ne sont plus « de la littérature ». Et « on » a commencé à quantifier cette production consommable, périssable. Alors « on » pose à l'écrivain des questions de rythme et des questions de technique d'écriture qu'on n'oserait pas poser aux artistes d'autres disciplines. Un peu comme si l'artiste en l'écriture, artisan de la page, de l'encre et de l'encrier, était condamné à plus ou moins court terme à une mort possible alors qu'on respecte le peintre, qu'on ne lui dit pas Monsieur vous peignez trop, ou Monsieur combien de toiles par jour ? Tout juste a-t-on dit à une certaine époque, pour se moquer de lui, que Pablo Picasso peignait trop. Je ne sais pas ce qu'est le rythme d'écriture. Chacun a son rythme de vie, rythme du désir. Chacun jouit plus ou moins vite. Et des peu ou pas capables de jouissance jugent. Ecrire ne se décide pas. Je ne suis pas entré en écriture à un moment de ma vie. J'ai l'impression, comme une certitude, d'être né en écrivant. Je suis né en me figurant toutes sortes d'écritures qui étaient d'abord des petits dessins puisque je ne connaissais pas mon alphabet. Toutes sortes d'écritures qui paraient au plus pressant, et peut-être au plus douloureux de ma vie, parce que, paradoxalement, j'étais né dans une famille « un petit peu trop bien », j'étais « un petit peu trop seul » et, par un concours de circonstances parfaitement explicables et totalement inénarrables, je n'arriverai jamais à « l'expliquer » dans aucun de mes romans, jamais, bien que je m'efforce de le faire, j'ai eu besoin du recours à l'écriture qui était comme un « au secours », un recours au sensible. C'était une demande amoureuse. L'écriture est ma demande amoureuse. Elle est, pour moi, d'une part le désir d'être respecté par mon père, d'être aimé par mon père, d'être conduit par ma mère, de trouver un frère et la sœur que je n'ai jamais eue, que je m'annonçais toujours, mais qui n'est jamais arrivée pour la bonne et simple raison que la sœur qui devait arriver c'était moi. Pour ceux de la famille, quand je suis né, « ce n'était pas une fille, c'était un garçon ». Ils ont regardé ailleurs. Je l'ai écrit. Je l'écris encore. Je ne fais pas de la psychologie à trois francs cinquante. C'est comme ça que tout a commencé à s'écrire. Trop souvent depuis quelques années, « on » me pose la question du rythme d'écriture. « On » me pose la question de la décision de l'écriture. L'écriture ne se décide pas. C'est elle qui décide. Le rythme d'écriture, c'est le rythme de vie de l'être qui écrit et qui essaie continuellement de renouveler sa demande amoureuse. Et cette demande n'est pas fonction d'une typologie d'écriture. « On » a voulu aussi créer des typologies d'écriture. J'ai assisté à un seul congrès d'écrivains, dans ma vie, il y a quelques années, sur le thème « la femme et l'écriture ». Nous étions quarante-deux femmes et trois hommes. Un ghetto à l'envers. Maintenant j'ai « un petit peu compris ». Un petit peu suffit. L'écrit est la reproduction du réel. L'écriture est une réalité en soi. Il n'y a pas de modèle d'écriture dominant. Il y a des modèles dominant l'écrit mais il n'y en a pas dans l'écriture. Je suis, dans mon écriture, homme et femme, père et mère, amante et amant, aimé et déchiré. Je suis les deux. Je suis le couple qui procrée une écriture. Et fi à ceux qui ne veulent que « comprendre ». Comment faire, dans cette société, pour que la sincérité ne soit pas prise pour rancœur, et l'aveu pour une vanité ?

Question. Mais dans ton désir d'écrire il y a une volonté justement de revenir sur la scène familiale et tu dis que la demande est essentiellement adressée au père et à la mère ?

Réponse. Je n'aime pas les schémas. Ils ne tiennent pas compte de l'expérience. Je n'aime pas les thèses, elle ne font que convaincre ceux qui sont déjà convaincus. La pire mode est là. Je constate. L'essentiel de mon désir, dans l'écriture, c'est le constat. Je suis, c'est vrai, déchiré, déçu, furieux parce que je trouve qu'on n'a pas assez répondu à ma demande amoureuse. Surtout dans la critique qui, finalement, ne fait que s'observer en train de critiquer, incapable de jouissances neuves. Cette demande, cet esprit de constat qui est le mien, « on » ne lui a jamais reconnu sa fonction politique. La politique en France est devenue intrigues de partis, agitation idéologique, révolution qui se prétend révolution, romantisme qui s'annonce romantique. Je crois que la véritable révolution et le roman-tisme flagrant sont dans une évolution, modification de comportement, transmission d'une émotion, esprit de constat. Ils ne sont pas dans l'agitation de ces thèses qui ne font que convaincre quelques rares autres déjà convaincus ou froissés. Je n'ai jamais reproduit une littérature. Je me suis toujours, au plus strict de mes archives du cœur, produit dans mon écriture. Et j'ai été publié plus tard que les autres. Oui, « on » m'a fait attendre. Et j'ai attendu. Treize ans. Dix-sept manuscrits refusés. Ma véritable génération est la génération de ceux qui ont été publiés en 57-58 et qui ont été, depuis, soit portés aux nues, soit oubliés. J'ai été publié en retard, mais j'ai fait mon apprentissage. J'ai fait mon tour de France, mon tour de vie. Et il y a continuité dans tout ce que j'ai écrit, publié ou pas : je n'ai jamais écrit ce qu'on voulait me « faire écrire ». Je n'ai jamais écrit un texte, que ce soit de théâtre ou de roman, et je m'astreins à ces deux disciplines d'écriture, au sujet duquel on puisse annoncer confortablement « il va nous dire pourquoi ceci » ou « pourquoi cela », il va nous « démontrer ceci », il va nous « démontrer cela ». Je crois qu'on ne peut pas enfermer mes textes dans une définition. Et, qu'on le veuille ou non, la littérature française, je dis bien française, depuis trois décennies, est une littérature consciemment, et aussi, pis, inconsciemment, de marketing, surtout quand elle se clame politique. Or, le marketing inflige. C'est l'inquisition. Je prends un exemple précis. On m'a étiqueté écrivain homosexuel alors que je suis écrivain « et » homosexuel. C'est différent. Il n'y a pas de littérature homosexuelle mais une littérature de l'homosexualité. Quand je me mets à écrire un roman, je ne prends pas la décision d'écrire « homo ou pas homo », même si je sens une pression au niveau de l'éditeur pour que mon prochain roman ne le soit pas. Parce que paradoxalement, et effectivement, pour lui, en chiffres, « les romans homos de Navarre se vendent moins bien », l'écrit homo-porno se vend, pas l'écriture de l'homosexualité. En principe, ma « cible », pour employer le langage d'une société en cours, langage usé *per forza* par tous les intellectuels, quels qu'ils soient, quelle que soit leur appartenance politicienne, la machine est la même pour tous dès lors qu'on vous publie, ma « cible », en principe, c'est les homos. Or, pour la vieille garde, dont je fais partie, dernière vague, et qui n'est toujours pas sortie de l'ombre, je suis trop à découvert. Et pour la jeune garde éblouie, qui se croit dans la lumière, qui n'a toujours pas compris qu'elle ne se trouvait que sous les faisceaux des miradors des médias, qui se croit en train de faire avancer le monde, la cause de notre minorité et qui ne fait que renforcer les structures du ghetto, que servir le nouveau racisme des homosexuels dont on parle trop, pour ceux-là je suis trop conservateur. Alors ni les uns ni les autres ne me lisent. Je sens qui me lit : les lecteurs de romans, les derniers des Mohicans. Ceux encore capables de faire un effort, l'effort du corps à corps avec la page. Je n'ai pas de lecteur de marge. Je n'aspire pas à cet « avoir ». Je « suis » lu. Etre. L'écrit s'adresse à une cible. Fric. Mensonge. Panurgies. Pas l'écriture. Histoires d'amour. Etre ce que l'on est.

Question. Lorsqu'on considère ton activité d'écrivain, on pourrait dire, et c'est une hypothèse de lecture, que c'est presque toujours le même texte. *Le Petit Galopin de nos corps, Kurwenal ou la Part des êtres, Je vis où je m'attache, Portrait de Julien devant la fenêtre,* et aujourd'hui *Le Temps voulu* : l'écriture n'est-elle pas un instrument de recherche ? Aujourd'hui, c'est encore plus évident, dans la mesure où Pierre Forgue écrit, afin de dire et de mieux comprendre ce qui a eu lieu. Ne conçois-tu pas l'ensemble de tes récits telle une machine à analyser, à détruire la famille ?

Réponse. On ne détruit pas la famille. Le seul moyen d'agir, face à la famille, première structure sociale à laquelle nous sommes confrontés, ce n'est pas de se prétendre détaché mais simplement d'essayer de vivre l'attachement. Pour ce sentiment j'ai intitulé un de mes romans *Je vis où je m'attache*. C'est vrai, j'écris toujours le même roman. Mais quand on analyse l'œuvre d'un musicien fidèle à son élan premier, l'œuvre d'un peintre qui s'en tient à son regard d'origine, l'un écrit toujours la même musique, l'autre peint toujours le même tableau et ce n'est jamais la même musique, jamais le même tableau. Alors ? « On » ne veut pas de ce qui est « d'origine ». « On » veut dicter de « l'original », de « l'apparemment nouveau ». Je n'ai qu'un roman et qu'une pièce de théâtre à la place du cœur. C'est toujours la même histoire et jamais la même histoire. Je me souviens d'une critique de *Niagarak* qui s'achevait ainsi, « mais quand donc crachera-t-il enfin le morceau ? » Quel morceau ? Pourquoi cracher ? Et qui crache en l'occurrence ? Après m'avoir reproché des succès qu'on me prêtait et que je n'avais pas, « on » commence à me reprocher un succès quantifié que je commence à avoir. Et ainsi de suite. Dans *Le Temps voulu*, je dis « je ». Et « on » m'oppose cette idée reçue qui dicte que le « je » soit automatiquement narcissique. Or, il n'y a pas plus « nous » que le « je » de Pierre Forgue, Pierre, le narrateur, mon substitut, mais aussi substitut du lecteur en train d'écrire, lui aussi, comme moi, son « toujours premier roman ». Tomber en amour est le sujet unique du roman, le romanesque. Pierre Forgue tombe assez bas, sans même avoir eu l'impression d'être entré en passion. Ce qui m'intéresse au niveau de l'émotion, c'est la nature du désarroi passionnel. Perdre les rênes, les étriers, et où, quand, comment, pourquoi ? On ne le sait qu'après. On ne peut en parler qu'après.

L'errance passionnelle de Pierre Forgue, c'est l'errance passionnelle de tous les gens qui vivent dans la société qui est nôtre, dans laquelle on nous a désirés d'avance, on nous a devancés dans nos désirs, on nous a étayés avec des schémas de comportement, de pensée et de bonheur. Chacun de mes romans est l'histoire d'un heurt. Comment vivre dans la Cité ? C'est tout et c'est beaucoup. Ça suffit. Je suis arrivé à un stade où je m'exprime avec douleur. Je ne suis pas très heureux. Pourquoi veut-on être « très heureux » ? Je sais, force de l'artisan, que je n'arriverai jamais à satisfaire ma demande amoureuse. Je suis blessé, capacité, force, par tout ce qu'on essaie de me faire dire et que je ne dirai jamais. Et je crois que si je ne dis pas ce qu'on veut me faire dire, fascisme, je n'aurai jamais de statut dérisoire dans l'esprit des gens qui se croient en droit de donner un statut littéraire à quelqu'un. « On » me dit que je suis « parano », que j'ai l'esprit de « purgatoire ». Le purgatoire, c'est eux. Pauvres masqués. Je crois que de tout temps « on » n'a jamais voulu des artistes qui n'étaient pas en train de reproduire une écriture musicale, une écriture graphique, ou une écriture poétique. Il n'y a de succès que qualifié, d'amour. Quand tout désormais nous quantifie, massacre.

Question. Un autre stéréotype, dans lequel on t'enferme, est de faire de toi un écrivain homosexuel, comme si l'amour des garçons n'était pas l'amour. Pierre Forgue aime un adolescent, mais son discours ne se distingue pas de tout discours amoureux. Que répondre à cette bêtise de l'enfermement, qui impose, peut-être à son insu, une norme ?

Réponse. Il n'y a pas plus à double tranchant que la lutte contre le racisme homosexuel. Elle est forcément récupérée, donc elle-même raciste. Le sujet homosexuel a été saisi par les médias pour « fabriquer de l'écoute quantifiable », récupéré aussi par une marge de plus jeunes qui croient faire la révolution en disant « nous faisons la révolution ». Je l'ai cru moi aussi, quand je me croyais jeune parce que jeune d'âge. Je crois qu'on ne modifie le quotidien que par le quotidien. On ne peut modifier les structures mentales de ceux qui répriment les homosexuels et de ceux qui répriment leur homosexualité qu'en leur faisant vivre, au plus constaté du terme, leur sensualité. La voie du texte est une des voies possibles. Avant d'être un problème sexuel, c'est un problème sensuel. Je ne suis pas un porte-parole. « On » a voulu me faire dire des choses, quand « on » m'a donné la parole comme « on » me l'a donnée à la télévision. J'ai compris seulement après, alibi culturel, qu'on censure désormais en tendant le micro. Bory disait *laissez-nous tranquilles*. Je n'aspire qu'à la tranquillité tumultueuse de mes textes, seul lieu de parole encore libre. Je ne revendique que le droit à l'émotion, mon identité, l'identité. Et le droit d'exprimer ma sensualité sans avoir à « être optimiste », sens obligatoire imposé par les lois d'un « marché littéraire ». Je n'ai pas à distribuer d'image idéale pour « convaincre » une majorité de gens qui se prétendent normaux d'admettre mieux ce qu'ils jugent anormal. Un faux problème a été posé, artifice des spots de la télé, et de fausses réponses ont été données, forcément. Les homosexuels, qu'ils soient à l'avant-garde clamante ou enterrés dans les provinces, ont besoin de la répression. Nous sommes en train de recréer un ghetto, à ciel ouvert cette fois, pire. Nous avons besoin de la répression parce qu'elle fait partie de notre sensualité. Historiquement. Nous avons besoin de cet interdit. Nous avons besoin de nous interdire entre nous, de nous réprimer entre nous. La défense de notre cause commencera le jour où nous condescendrons à admettre ce premier racisme, et où nous commencerons à le modifier, non dans le sens d'une normalisation, mais dans celui d'un accord avec nous-mêmes. A San Francisco, nous reproduisons le ghetto traditionnel des minorités opprimées qui s'oppriment. Or, ce qui doit être re-trouvé, c'est le droit à l'expression dans le quotidien, qu'un jour je puisse sortir dans n'importe quelle rue et prendre la main du garçon que j'aime sans avoir peur du regard des autres. Sans avoir peur d'un regard chez les autres qui prendrait mon geste pour une provocation. Et mon roman pour un scandale.

Question. Toute passion amoureuse ne passe-t-elle pas par la narration ? Dans vos récits, l'attente est toujours constitutive, et puis commence l'histoire, c'est-à-dire au début un événement presque banal (une rencontre), à partir de quoi passe-t-on de la quotidienneté à la passion ? Est-ce « presque rien » qui fait le récit ?

Réponse. J'ai peur des livres qui commencent par des remerciements au directeur des archives départementales de la région de machin truc. J'ai peur des textes qui commencent, dans le secret du travail de l'écrivain, par un synopsis détaillé, prévoyant tout. Je crois, du texte, qu'il est imprévisible et qu'il s'écrit plus qu'on ne l'écrit. La littérature que j'aime, le roman que je prise n'est pas toujours français. Je veux dire par là que je suis surtout lecteur de Mann, Musil, Wolfe, Lowry. J'ai la nostalgie d'une fresque à venir. J'aurai peut-être un jour le courage et la capacité nécessaires pour me lancer dans une plus grande aventure. Je crois que notre littérature s'est enfermée dans l'idée qu'elle se fait d'elle-même, confinée dans la peur du jugement porté sur elle, par elle. Je pense à toute notre littérature du début du XXe siècle, la littérature de Malraux, par exemple, qui se croyait « destiné » à créer « des dieux ». Le sujet romanesque est plus simple. Il n'y a que les murmures pour être écoutés. Le reste n'est qu'entendu. Mal entendu. Les vraies violences, révolutions, sont au niveau des êtres. Au début d'un roman ou d'une pièce de théâtre, je ne pars pas d'une idée mais d'une émotion. Elle seule peut être partagée et porter un message effectif au risque de l'affectif jugé suspect. Le roman est né de l'amour et du reportage. Au XXe siècle, les médias lui ont ravi le reportage et l'amour est désormais mal « vécu » parce qu'on a voulu le confondre avec l'hermétisme. L'amour et le reportage conféraient au roman du début du XIXe siècle un pouvoir énorme. Les philosophes, biscuits secs, s'en sont emparés. Je crois que les philosophes sont devenus les marionnettes de notre époque. Ils ont imposé la théorie et oublié l'expérience, l'élan, cette pulsion irremplaçable qui fait que les êtres bougent ou ne bougent pas, cette volonté que les êtres ont de faire des choses ensemble, quand ils les font ensemble, surtout quand ils ne se ressemblent pas. Et ça commence par ce qu'ils font à deux, quel que soit leur sexe.

Question. Le temps est presque toujours vécu comme flétrissure, détérioration, mort. Votre geste d'écrivain, avec votre fièvre, n'est-il pas volonté d'arrêter le temps, ou plutôt de répéter l'amour contre les blessures de la solitude ? Le temps voulu serait-il celui du désir ?

Réponse. Nous vivons dans une société qui s'absente, aliénée par l'information, au courant de tout, qui sait tout, pense à tout, ne pense plus rien, ne sait plus rien, consomme de l'horreur et verse à sa fin. Et « on » s'en fout. Chacun continue à se débattre avec sa carte du parti X ou Y, son livret de caisse d'épargne et de prévoyance, son portefeuille en Bourse, son action syndicale, ses heures de métro ou sa tondeuse à gazon, mais sans vision globale du monde qui éclate. Or, le monde commence à deux quand on veut vivre ensemble. A ce désir-là. Fleurissent les littératures rétrospectives, réaction. Mais montrer notre époque en essayant de ne pas développer une thèse comme j'ai essayé de le faire, dans *Kurwenal*, pouvoir de la photo, du reportage, commerce de l'image imposée ; montrer dans *Niagarak* le viol par le cinéma, un metteur en scène qui tue une ville ; montrer Adrienne dans *Je vis où je m'attache* qui va fêter ses cinquante ans de mariage et qui, malade, ne parle plus, aphasique, « mélancolie d'involution », qu'est-ce donc tout cela si ce n'est parler de mon temps, risquer ? Quand l'écriture transmet une émotion qui n'est pas conforme à l'émotion que le « on » veut ressentir, confortable, elle est tue, tuée, mais elle renaît. Elle est de la race, et des racines, vivaces. La pire des jalousies, c'est l'indifférence.

Question. Entre l'involution d'Adrienne dans *Je vis où je m'attache* et l'enfermement de Roussel dans *Le Temps voulu*, on comprend assez bien que c'est la société qui met les êtres au rebut. Elle élimine celui qui revendique d'exister. Or cette idée, qui en toute logique devrait vous amener au scepticisme, ne vous amène jamais à désespérer. Je suis au contraire sensible à une certaine vitalité malgré tout ce tragique.

Réponse. Il n'y a d'offensif et de véritablement capable de créer un incident, de lézarder, que le scepticisme politique. La volonté dogmatique, la thèse politique n'autorisent pas le partage. Il n'y a plus alors de partage sur le plan émotionnel, sensible, intelligent. Aucune véritable adhésion. La thèse séduit, mais elle ne marque pas profondément. Ma prise de parti politique est simplement au niveau de la ligne et du mot. Là sont les vraies barricades. Le texte alors est tonique. Il respire. Il n'a pas peur d'être émouvant. Le cantonner dans le désespoir de lieux communs de castes, de cultures et de clans, c'est se refuser à soi-même. Il faut admettre que, d'une part, notre société est ce qu'elle est, que notre pays est ce qu'il est dans un monde tel qu'il est, et, d'autre part, que notre intelligence est rabougrie, s'est racornie, et que la capacité d'émotion est la dernière chance qui nous reste de ne pas voir notre civilisation verser définitivement dans l'oubli. A partir du moment où je me sens capable de m'émouvoir, capable peut-être de penser mieux, je n'aime pas le verbe penser, disons ressentir mieux ma propre vie, tout désespoir n'est pas perdu. Et « on » me dit scandaleux, scabreux, provocateur. Je dis « tout » dans mes textes et je le dis avec pudeur. Or la pudeur désormais est une offense : elle ne sent pas mauvais. Seul le scandale dont on taxe l'artiste est une manière puante de récupérer le « disturbateur ». Je ne me place pas en irrécupérable. Je serai récupéré ou récupérable le jour où je me mettrai devant mon cahier en me disant : « je vais écrire un roman qui va se vendre ». Pour le moment, ce n'est pas le cas. Je vous préviendrai en temps inutile. Je dis bien inutile si jamais ça m'arrive. Je vais avoir quarante ans. Je commence. Je n'ai pas besoin d'un second souffle. J'ai un souffle. Qu'on me laisse tranquille et tourmenté, avec. C'est mon bon heurt.

Question. La meilleure façon de se protéger n'est-elle pas de s'exposer ? Les « confessions impudiques » que sont vos récits ne sont-elles pas la meilleure manière de ne pas souffrir ? Cette procédure de l'aveu ne fait-elle pas de celui qui écrit un individu imprenable, car justement il n'y a plus rien à prendre, toutes les cartes sont sur la table ?

Réponse. A partir du moment où on ne met pas toutes les cartes sur la table, à partir du moment où on joue un jeu, on triche avec l'écriture. Et à partir de ce moment-là, « on » fabrique de l'écrit, dicté par les « on ». « On » fabrique quelque chose d'enfermé, dans une idée de représentation. Spectacle. Il y a une chose, en moi, intacte : le territoire de mon écriture. J'y tiens. Qu'on commence à se poser la question de savoir si quelqu'un qu'on prétend agressif n'est pas quelqu'un que l'on juge, à priori, en agressé. Il y a une censure et un fascisme ordinaires, latents, obstinés, admis, académiques, dont on ne parle jamais. Pourquoi ? C'est vrai, je joue cartes sur table, parce qu'il n'y a que cartes sur table que l'on peut exprimer possiblement, éventuellement un dessein émotionnel, le seul offensivement politique. On nous a formés, déformés donc, avec toutes sortes de démonstrations théoriques. « On » est allé jusqu'à pratiquer une littérature tout à fait hermétique comme s'il fallait justifier ces démonstrations abusives sur l'incommunicabilité, idée fixe de l'intellectualité française des trois dernières décennies. Il est redevenu urgent d'essayer de vivre l'écriture, et de manière romanesque. Le mépris dans lequel on me tient encore dans le « milieu » littéraire, j'en souffrais violemment. J'ai failli en devenir fou. L'amour déçu, sapé, rend fou. J'ai vraiment été traqué depuis que l'on me publie. Ça va un petit peu mieux. Maintenant, je me retourne, je serre les poings. « On » n'aura pas ma peau. C'est vraiment à ce niveau-là que se situe le débat pour ne pas dire le combat : la France n'aime pas ses créateurs. Elle ne célèbre que les reproducteurs et les récréateurs. Prime le mépris des impuissants. Et en plus, si succès quantifié il y a, miracle de reconnaissance du vécu de l'artiste, « on » rend suspecte son œuvre. Quel cercle véreux. Je ne suis ni un théoricien, ni un rhétoricien, encore moins un agitateur de salon ou de Sorbonne, *idem*. Je suis un artisan. Un artisan de la page, de l'œuvre, du stylo, et du mot que j'aime. Il n'y a de politique que le temps des gestes amoureux et de militant, pour moi, que le fait, non pas d'écrire pour écrire, mais d'écrire pour que tout s'écrive, s'inscrive, guide et me guide. Je n'ai rien dit. Je vais tout dire.

*Mardi 27 mai.* Une lettre. « Mon cher Alain. Merci de m'avoir transmis le texte de notre entrevue. A le relire, je suis consterné. Le romancier n'a pas à jouter ainsi. Cette écriture verbale n'est pas mienne. Je n'en serai jamais le funambule. Je ne saurai jamais façonner, polir, placer et me situer. Tout cela, brut, de mes réponses ne peut qu'entretenir le malentendu. Pourquoi demande-t-on aux romanciers de « parler » ? Qu'ont-ils à « dire d'autre » que leurs textes ? En sommes-nous arrivés au point où ils doivent eux-mêmes faire le travail critique, révélateur ? Pratiquement, le texte tel que je viens de le relire est impubliable. Ne me dis pas que vous allez le publier. Il est techniquement illisible. As-tu remarqué que d'une question à l'autre, au milieu de l'entrevue, tu passais du « tu » au « vous » ? Que s'est-il passé ? Détail ? Psychiquement enfin, je te demande définitivement de ne pas en envisager la publication. Je laisse la maîtrise d'expression aux rhétoriciens, la maîtrise d'expression verbale, d'entrevue, aux conservateurs de musées vides. Et ne lis rien, ici, de délibérément agressif. Il y a de l'impulsif, certes. Mais pas dirigé vers toi personnellement. C'est une question d'état d'esprit en cours. J'ai beaucoup de mal à me tenir au niveau juste de la ligne et du mot. Ligne de flottaison. Puis-je, sans aucune ironie, elle n'est pas de mon encre, te remercier de cette expérience ? Et te demander un « sans suite » ? N'oublie pas de me rendre les quelques photos et documents confiés pour l'iconographie. Il se trouve que j'ai tout jeté il y a deux mois, le grand cahier notamment, et je crois t'avoir confié deux ou trois fétiches que je ne voudrais pas perdre. Merci de me les rendre sans que j'aie à te les demander plusieurs fois. Je suis très las de tout. Sois assuré de mes sentiments amicaux. Yves. »

Voici. Il fait gris. Il pleut par giboulées. Les piqûres d'Equanyl m'altèrent et me font tourner la tête dans une sorte de coton qui m'assourdit. Quand j'ouvre la fenêtre, j'ai froid. Quand je ferme la fenêtre, j'ai chaud. En principe, vendredi, je repars pour Joucas. La carte d'abonnement a pour date limite le 6 juin. La douleur, en moi, tapie, semble prête à lanciner de nouveau. A partir de demain, je ne veux plus de piqûres. Je suis « las de tout » et plus offensif que jamais : il faut que je me tienne ici, et que je me tienne bien. Mon père m'a téléphoné ce matin. Il m'a répété deux fois « il y a une seule personne que j'accuse de tout, c'est moi ». Je n'ai ressenti ni plaisir ni satisfaction : le partage des responsabilités est inhumain, falsificateur. Je dois vite revenir à *Biographie* et m'y gagner afin de ne plus jamais me perdre. Je vais rencontrer mon premier « quelqu'un ». Voici le rapt.

## 31. Le tour du lac

1ᵉʳ août. Yves a six ans, bientôt sept. L'« ami suisse » est arrivé en tout début d'après-midi. Il s'appelle Elie. Elie Gagnebin. Il est grand, il a des mains étonnamment fines, une manière souveraine de croiser les jambes et de se tenir droit, quand il s'assoit. René et lui se parlent depuis plusieurs heures sur la terrasse de l'hôtel, devant le lac. Adrienne a dit à Yves « il ne faut pas les déranger ». Elle-même a pris place à distance. Elle brode une nappe « au point de croix » pour « la table de Vétheuil ». Sur la pelouse, en contrebas, près des courts de tennis, il y a fête, toutes sortes d'attractions pour les enfants. De la musique aussi. Plusieurs fois, Adrienne a fait signe à Yves « ne reste pas là » ou bien « vas-y », avec un doux sourire. Yves préfère se tenir prêt à s'approcher de son père et de « l'ami de papa » dès que ceux-ci auront fini de parler. Parfois, de loin, Elie lui adresse un sourire. René parle en levant les mains, tourné vers le lac et les montagnes. Une toile se tisse et se tend entre eux deux, d'un côté, Adrienne de l'autre, et Yves qui attend. Yves a aimé le geste qu'Elie a eu, pour lui, lors de son arrivée. Il ne s'est pas penché. Il l'a pris, sous les bras, et l'a tenu, tendu, brandi, face à lui, à hauteur égale « alors, c'est toi ? » Elie ne ressemble à personne d'autre rencontré auparavant. Et ce bref instant, soulevé de terre, regard plein, échangé, Yves a eu l'impression de voler comme dans un rêve, avec quelqu'un cette fois, et dans la réalité de ces jours de vacances.

Le village s'appelle Champeix. Et l'hôtel, *Hôtel du Lac*. Une chambre a été aménagée pour Yves dans un cagibi qui donne, porte vitrée tendue d'un rideau, sur un palier entre le premier et le second étage. Il y a juste la place pour un lit, une chaise, et une lampe de chevet pincée au montant de la chaise. Adrienne a dit de la fenêtre, toute petite, en haut, qu'elle était « soupirail ». En caressant la nuque d'Yves, elle a murmuré « c'est une chambre pour toi tout seul ». Yves s'est senti content. Ils sont là depuis deux jours. Les aînés « font leur camp scout » dans le « Massif central ». Cette fois, Yves a aussi ses parents pour lui « tout seul » mais tout a changé entre eux et lui. Ombrages. Leur amour porte des ombres qu'il ne supporte plus, froid de partout, gorge serrée. L'année scolaire s'est achevée sur un « prix d'excellence », le seul qu'il aura jamais en douze ans, au lycée Pasteur, et dont il ne s'est senti investi que dans la peur des représailles des autres garçons de la classe. Ce n'était là, sans doute, que ce que les grands appelaient « un mauvais souvenir ». Seul Elie, apprenant la nouvelle, a dit « ça ne m'étonne pas ». Voici donc un « autre » capable d'attendre (« alors, c'est toi ? ») et capable de se réjouir (« ça ne m'étonne pas »). Yves, d'emblée, par la présence de cet homme qui semble impressionner son père, et dont son père dit qu'il est « poète et géologue » et que c'est « rare », se sent couronné. C'est lui. L'attendu. L'ami. Il faut le retenir.

En fin d'après-midi, le soleil se couche derrière les montagnes ; Adrienne est belle à son ouvrage, bras nus, cheveux défaits ; René sourit, avenant, enfin confiant face à un visiteur ; Elie emmène Yves à la fête. Ils marchent, côte à côte. Yves mesure son pas, prend garde à d'éventuels obstacles avant de lever la tête pour sourire à l'ami : il ne faut pas trébucher devant lui. Froid aux genoux. Mains brûlantes. Chaque fois qu'Elie veut lui offrir une gourmandise, Yves répond « non, je vous remercie ». Cela amuse Elie, et sans doute, connivence, les rapproche l'un de l'autre. Puis il y a course en sac. Elie insiste. L'ombre glisse sur le lac. Le ciel devient rouge. Elie place Yves dans un sac et le pose sur la ligne de départ. Il y a d'autres enfants. Il faut gagner. Signal donné, Yves tire très fort sur la toile et se met à sauter. Les autres font de trop grands sauts et chutent. Yves se contente de sautiller et arrive, sans tomber, le premier. Il se retourne. Elie est fier de lui. Dans une boutique, quelques instants plus tard, Elie lui offre un petit chalet miniature dont on soulève le toit et qui fait de la musique, *là-haut, dans la montagne, il y a...* Il achète aussi d'étranges boîtes d'allumettes, des « feux de Bengale », un lampion, un petit drapeau, et un bâton avec un crochet. Sans rien dire, regards complices, ils rentrent à l'hôtel. Sur la chaise de sa chambre, Yves pose le petit chalet, soulève le toit : la musique se déclenche instantanément. Elie vient de soulever la tête d'Yves.

Le lendemain, le surlendemain et les jours suivants, ils feront tous quatre de grandes balades dans la montagne. Elie et René devant, Adrienne et Yves derrière. Seul Elie se retournera de temps en temps. L'année suivante, ils se retrouveront à Saas-Fee. Et l'année d'après au Planet, tout au fond de la vallée de Chamonix. Mais la troisième année, les balades seront plus brèves. Elie, constamment à bout de souffle, ne pourra plus faire « de longues courses ». Son visage se sera creusé. Yves lira dans le regard de son ami un adieu douloureux et serein. Elie mourra quelques mois plus tard. Et le soir de la nouvelle, villa Sainte-Foy, Yves verra son père dissimuler des larmes. Uniques larmes qui interdiront les siennes.

Ce premier soir, à Champeix, dans la salle à manger de l'hôtel, à table, anxieux de tout rompre d'une maladresse, prenant bien attention à ne faire tomber ni sa serviette ni son verre et à ne rien laisser dans son assiette, mains sur les genoux entre chaque plat, Yves attend « la suite de leur histoire ». Il entend ce qu'ils se disent, tous trois, mais les battements de son cœur l'empêchent d'écouter. Il ne suit plus « leur » conversation. De temps en temps, Elie le regarde, comme pour lui demander, en presque cachette, d'être patient. C'est fête nationale et anniversaire du mariage des parents. Ils lèvent plusieurs fois leurs verres. Elie insiste pour qu'Yves boive « au moins une gorgée de vin ». Cette gorgée, comme du feu. Yves rougit. René, Elie et Adrienne éclatent de rire. Longtemps après le dessert, ils parleront encore. Brusquement, René dira à Yves « il est temps d'aller te coucher ». Yves regardera son père « je ne veux pas, pa ». Adrienne se tournera vers Elie. Elie dira à René « Yves m'emmène faire le tour du lac ». Puis « je le coucherai ».

Le petit drapeau dans une main, le lampion au bout du bâton dans l'autre, Yves marche tout contre Elie. De temps en temps, Elie craque une « allumette algérienne » et la fait tourner devant lui, vite, et trop vite, elle s'éteint. Ils suivent la retraite aux flambeaux et les musiciens. De l'autre côté du lac, c'est la forêt. Elie allume des feux de Bengale. C'est la joie à chaque fois. La joie partagée. A deux. En suivant les autres. Dans les montagnes des feux s'allument, des chants se lèvent. Mais ce ne sont ni les mêmes feux, ni les mêmes chants qu'à Evolène : Elie est là. Yves se demande lequel des deux est le plus émerveillé. Alors, il prend le drapeau et le lampion dans la main droite et, de la main gauche, saisit la main d'Elie. C'est lui qui a pris la main d'Elie.

De retour à l'hôtel, les volets de la chambre des parents sont fermés, la lumière est éteinte. Elie accompagne Yves, le quitte sur le palier, devant la porte vitrée, lui pince la joue « à demain » et l'embrasse sur le bout du nez.

Le lac miroitait de petites lumières. Pour la première fois, quelqu'un emmenait Yves, Yves emmenait quelqu'un. Qui emmène qui ? Elie ce soir-là fredonnait une musique, racontait une histoire. Yves découvrira beaucoup plus tard qu'Elie avait été, à la création, le premier récitant de l'*Histoire du soldat*, Stravinski, Ramuz, Ansermet. Et l'ami d'autres grands poètes. Cette musique-là. Cette histoire-là. Ce soir-là. Après la publication du roman *Evolène*, les frères d'Elie écriront à Yves « comment avez-vous pu le connaître si bien, vous étiez si petit ? » et « notre frère n'est pas mort; tant de mémoires le portent encore ».

C'est toujours le tour du lac. La peur de se perdre dans la nuit, et la certitude d'être deux. Les feux de Bengale et les allumettes algériennes s'éteignent vite, mais c'est tellement beau, pendant.

## 32. Les berges de la Seine

Adrienne a dit à Elie « nous passerons la fin de l'été à Vétheuil ». Pour la première fois, sous le regard d'un ami, Yves a entendu le mot « fin » de manière déchirante. La fin de l'année scolaire avait été un soulagement. La fin des films mettait un terme aux carnages ou mariait les amants. Mais la fin de cet été-là signifiait qu'Elie et Yves allaient être séparés sans autre promesse que celle de se revoir « l'été prochain » et « peut-être cet hiver, si je passe à Paris. Nous irons au concert ». Ils ne se connaissaient que depuis dix jours. Yves venait aussi de découvrir le compte à rebours, addition des jours qui n'est, en fait, que soustraction. Yves aimait Elie parce qu'Elie lui posait des questions, l'autorisait à parler, et ne se moquait pas de lui s'il bafouillait. Si Yves se trompait ou hésitait en récitant un poème, Elie ne donnait pas de coup de règle sur un bureau. Il n'interrompait pas la récitation. Il écoutait. Et pour remercier son ami, Elie récitait à son tour un « encore plus beau poème ». Quand ils s'étaient quittés, Yves s'était tenu les yeux fermés pour ne pas pleurer, bras croisés, couvrant son ventre, crampe des sanglots prêts à éclater, poings serrés, tassé sur la banquette arrière de la voiture, pendant de longs kilomètres. Il avait décidé de ne rouvrir les yeux qu'après le passage de la frontière. Dans l'autre sens. Le sens obligatoire de la séparation. Tenir jusque-là. Faire front.

Dans la « chambre des garçons », à Vétheuil, il y a trois grands lits de cuivre. Deux côte à côte, tournés vers la fenêtre du soleil levant, pour François-Pierre et Jean-Jacques, et un troisième, pour Yves, perpendiculairement, au vu des deux premiers, près de la cheminée, tourné vers la fenêtre du midi et les grands arbres de l'écureuil. Sur la cheminée, le petit chalet dont Yves soulève de temps en temps le toit pour écouter « si la musique est encore là ». Et « personne d'autre que lui n'a le droit d'y toucher ». Elie a expliqué à Yves qu'il fallait remonter prudemment le mécanisme de cette boîte à musique et surtout « ne jamais forcer ».

Dernières semaines d'août. René fait l'aller et retour, « au bureau », « à Paris », chaque jour. S'il pleut, en fin de journée, orage qui tournoie au-dessus du village, comme pointé du doigt, menace et protection, par le clocher de la collégiale, René et les aînés vont ramasser des escargots, sur la colline. Yves est autorisé à les accompagner « mais tu dois nous suivre sans rien dire ». Dans les hautes herbes couchées, ployées par le vent et la pluie, cornent des « gros », des « Bourgogne », « les meilleurs », et aussi en bordure des chemins et sentiers. Il y a toujours un « meilleur coin, plus haut, par là ». Et à la nuit tombée, René dit « je n'y vois plus rien, maman va s'inquiéter », ils renoncent, rentrent, paniers pleins, en bandoulière, la main sur le couvercle du panier pour qu'ils « ne s'échappent pas ». Ils les mettront « à la diète » dans une ancienne cage à lapins, sous le garage, pour qu'ils « dégorgent ». Un jour, à la buanderie, Adrienne les jettera tous dans une lessiveuse d'eau bouillante. Yves observera l'immense couvercle du récipient soulevé par des bulles, comme une bave. Adrienne le fait « pour papa ». Le jour venu du festin, René trouvera les escargots « trop salés » puis « tu as trop mis de sel ». Reproche. Yves n'en veut pas. Adrienne en goûte deux ou trois. Les « hommes se régalent ». Yves n'ira plus jamais ramasser des escargots avec eux. En passant sous le garage, il n'ose pas regarder la cage, et dans la cage « les prochaines victimes ».

Sur les berges de la Seine, René a fait, droit de propriétaire, construire « son ponton ». Une barque neuve y est amarrée qui a été peinte de la même couleur que les volets de la maison. Côté Vétheuil, sur cette rive, tout au long du « bras mort » que n'empruntent pas les péniches, des pêcheurs attachent leurs barques à des piquets et restent là, des heures entières, lignes à la main, chapeaux sur la tête, de temps en temps un gardon ou une ablette. Ils louent les emplacements *Chez Marc,* un peu plus loin, près de cette maison abandonnée, tout en hauteur, à colombages, aux volets clos, sous la colline, comme coincée entre la route et le fleuve, parc livré à lui-même, ponton délabré, à l'entrée de laquelle une plaque annonce *Le Rivier.* Autour de la guérite de Marc, un désordre de barques retournées, coques vers le ciel, un tas de vieilles rames, un panier de dames, et un coffre plein de bouées et de ceintures de sauvetage. Parfois, en famille, des promenades « sur l'eau ». Adrienne se tient bien au milieu. Elle demande aux aînés de ne pas bouger. René rame. Il faut aussi écoper s'il a plu. C'est toujours à l'heure du soleil couchant parce que « la lumière est plus belle ». René annonce qu'il vient d'acheter un « canoë qui appartenait à Viviane Romance ». Il ira le chercher « du côté de Pontoise », à la fin du mois. Mais il faudra « des sandows » spéciaux et un autre « fixe-au-toit » pour la voiture. Yves cherche « sandow » dans le dictionnaire de ses frères. Drôle de mot avec un W à la fin. Sang d'eau.

Un matin, un cri. René est déjà parti pour le bureau. Les aînés font « leurs devoirs de vacances ». Denise est à la cuisine. Elle vient de reprendre son service. Adrienne, dans sa chambre, en faisant « les lits », celui de René et le sien, à Vétheuil, ils ne dorment pas ensemble, a entendu du bruit derrière le rideau de la cheminée et l'a soulevé : une chouette. Une de ces chouettes qui, la nuit, viennent du parc se poser sur le rebord des fenêtres et regardent fixement l'intérieur des chambres. Une de ces chouettes dont René a dit qu'elles étaient « les gardiennes du potager ». Une de ces chouettes est tombée dans le conduit de cheminée. Cri. Adrienne appelle les aînés. Elle se tient dans le couloir. Elle n'ose plus rentrer dans sa chambre. Jean-Jacques va chercher un panier à salade et, devant François-Pierre qui fait semblant de l'aider, pousse l'oiseau, avec un bâton, dans le panier. Quelques instants plus tard, Jean-Jacques accrochera le tout au bout d'un vieux manche à balai et, flanqué de François-Pierre, partira en procession au bord de l'eau. Yves les suit de loin. Il est sorti sans la permission de maman. Les pieds dans la vase, chaussures de corde à la main, Yves regarde ses frères au bout du ponton. Plusieurs fois, à deux, ils immergent le panier, le retirent de l'eau, ça dégouline, et le font plonger de nouveau. Et ainsi de suite, tant et tant de fois qu'Yves ferme les yeux. Il n'y a plus qu'une petite boule toute mouillée au fond du panier. Quand Yves rouvre les yeux, Jean-Jacques vient de jeter la petite bête dans l'eau du fleuve. Elle flotte et part, emportée par le courant. Ils rentrent. Mission accomplie. Maman a eu peur. Yves va s'asseoir au bout du ponton, pieds nus dans l'eau. La petite chouette morte est loin. Déjà il ne la voit plus.

Les aînés n'ont pas le droit d'« aller jouer avec les garçons du village ». Or, Jean-Jacques est devenu le « copain » de Lercier. Lercier l'a mis au défi de manger un goujon vivant. Jean-Jacques l'a fait. Mais les amis sont vite ennemis, et « la bande à Lercier » provoque Jean-Jacques. Ils passent devant la maison en chantant « à Parisiens, têtes de chiens, et Parigots, têtes de veaux ! » Le combat singulier doit avoir lieu après le dîner, sur le terre-plein, au bord de l'eau. Yves a entendu ses frères en parler dans la chambre. Pendant le repas, il ne mange pas. « Tu n'as pas faim ? Il faut manger » puis « cet enfant va tomber malade ». Yves est terrorisé : et si Jean-Jacques était tué par Lercier, un des deux frères de Denise ou un des sept enfants Pêché, la famille Pêché qui ne vit que dans « une seule pièce » ? Sous prétexte de monter dans leur chambre, les aînés ont disparu. René « lit le journal » au salon. Adrienne dessert la table. Denise fait la vaisselle. Yves essuie les assiettes. Pas les verres. Il n'a pas encore le droit d'essuyer les verres. Il a peur d'arriver trop tard. Il ramasse une fourchette, la cache dans sa chemise, descend à la cave, fait le tour de la maison et sort sans faire grincer la grille. La nuit. Une vague lueur encore dans le ciel. Yves descend vers le bord de Seine. Les murs lui semblent hauts et muets, indifférents au drame qui se trame. Et là, en bas du chemin, fourchette tendue de la main gauche pour défendre son frère, Yves observe les garçons, en demi-cercle, marquant l'aire sur laquelle Jean-Jacques et Lercier, foulards rouges au bras, bondissent, tournent, s'injurient sans jamais vraiment s'approcher l'un de l'autre. Soudain, une main empoigne Yves par l'épaule : René ordonne aux aînés de rentrer et Yves, tarabusté, poussé de l'avant, se met à courir « allez, file, que je ne te voie plus ». A la maison, Yves range la fourchette dans le tiroir du bahut de la salle à manger, passe dans le salon, embrasse sa mère sur le front, Denise sur les deux joues, et va se coucher. En bas, des cris. Des coups. Adrienne supplie René « d'arrêter ». René crie « c'est de ta faute Mimi. Tu ne les surveilles pas ». Quatre à quatre les marches de l'escalier : Jean-Jacques entre dans la chambre en riant. François-Pierre referme la porte en murmurant « je t'avais dit qu'il ne fallait pas y aller ». Jean-Jacques se couche, vêtements épars. Sitôt sous les draps, il traite François-Pierre de « froussard ». Puis la nuit. Yves a pris le chalet sous les draps et le tient à deux mains sur son ventre. Nuque calée dans l'oreiller, il regarde la fenêtre, guette la première chouette qui viendra se poser et le regarder. Alors, en remuant uniquement les lèvres, sans voix, il lui dira « elle est morte » puis dénoncera « ils l'ont tuée, eux, là » et « ne pleure pas ». Yves pleure. Yves installe le drame. Ou bien le drame est-il partout. Il y aurait ceux qui le vivent, et ceux qui ne font que le frôler en haussant les épaules.

Les abeilles ont envahi la vigne vierge. Quand les repas ont lieu dehors, Yves a peur d'en avaler une et de mourir piqué, dedans, « comme la voisine du 3, villa Sainte-Foy, elle est morte dans l'ambulance. On n'a pas pu la réanimer ». Bonne-Maman raconte toujours la mort des autres avec satisfaction et en détail « elle ne pouvait plus respirer. L'air ne passait plus par sa gorge ».

Sur la bicyclette à jantes de bois dont les aînés ne veulent pas parce qu'elle est « de fille », « moche » et « pourrie », Yves fait des aller et retour, sur le chemin, devant la maison. Le guidon au-dessus de la tête, la pointe de la selle dans le dos, c'est la lancée. Les freins ne marchent pas bien. Il faut éviter les silex et les trous. Yves fait plusieurs chutes mais recommence. Il faut savoir. Tout savoir faire. Et se tenir prêt au départ. C'est quoi « un concert » en « hiver » ?

Pendant la journée, ils vont se baigner à Lavacour. Pour la traversée, Jean-Jacques rame. Adrienne a peur des péniches. Il y a une baignade, et un plongeoir. Adrienne surveille les aînés qui sautent de « trop haut ». Yves entre un peu dans l'eau, mais ne mouille jamais son maillot. Adrienne a fait connaissance avec « la femme du docteur ». Ils ont une « prame », eux, à « six rames », et la maman tape dans ses mains pour donner le rythme à ses filles et à son fils aîné. Son petit dernier a l'âge d'Yves. Il est timide. Ordre leur est donné de « jouer ensemble ». Ils se parlent peu. Yves préfère regarder le village, son village, de l'autre côté, les maisons, les toits, les frondaisons des parcs, la collégiale comme un navire échoué et les collines. L'ami timide lui dit enfin « tu n'as pas de sœur, toi ? » Yves répond « je vais en avoir une ». Le lendemain, la femme du docteur félicite Adrienne « vous l'attendez pour quand ? » Adrienne, au retour, dira à Yves « il ne faut jamais mentir ». Yves aurait préféré être embrassé.

Au fond du lit, Yves récite ses poèmes. A Elie. Pour Elie. Jean-Jacques, de son lit, grogne « laisse-nous dormir ». Alors Yves récite, sans voix, en remuant les lèvres, c'est tout. Comme pour la chouette.

Denise a commencé la lecture d'un nouveau livre, *Le Pays du Dauphin vert*. Yves est transporté dans des forêts vierges, des jardins luxuriants. Les jeunes filles de bonne famille, sous la « vérandah », avec un H, pas comme dans le dictionnaire, portent des robes blanches. Et les esclaves sont noirs. Le plus sympathique des Noirs s'appelle Jacky Poto. Yves l'aime parce qu'il est « noir » de tous les péchés dont parlait sœur Marie. Et parce qu'il veut « être libre ». C'est son « ami du livre ». De chapitre en chapitre, Yves n'attend que « lui ». Yves reste dans le bain jusqu'à ce que l'eau devienne froide. Denise lit très mal. Elle ne s'arrête pas aux virgules et saute parfois un point.

C'est la cueillette des mirabelles. Yves se fait piquer par une abeille. Adrienne lui suce le doigt « ne pleure pas, sinon tu auras encore plus mal ». Elle parle brusquement comme sa mère, Grand-Mère.

Les roulottes passent tout juste dans le chemin qui descend au bord de la Seine. Dans l'après-midi, deux manèges se dressent et une piste d'autos tamponneuses. Il y a aussi un stand de loterie, un autre de tir et des buvettes. Le premier soir, retraite aux flambeaux. Le cortège passe devant la maison. René illumine le parc avec des feux de Bengale et fait partir quelques fusées. Mais une fusée s'est envolée avec la bouteille dans laquelle elle était tenue droite pour le lancement et Jean-Jacques a reçu un éclat de verre. René a illuminé « son parc ». Le jet d'eau était au plus haut.

Sur le cheval de bois qui monte et qui descend, Yves se cramponne à la barre. Ça tourne : le village, le bras mort, Lavacour, les collines, puis le village, le bras mort, Lavacour et les collines. Yves ferme les yeux. Il attend la fin du tour sans fin. Il n'aime pas les chansons, *Où vas-tu Basile, Cerisiers roses et pommiers blancs, Douce France,* toujours les mêmes chansons, toujours le même manège qui reviendra chaque année, dernier dimanche d'août. Yves fredonne la chanson d'Elie.

Sous une tente, il y a bal. Ceux qui entrent se font tamponner la main, « payé ». Du dehors, Yves voit l'ombre agitée des danseurs, portée sur la toile. C'est Jules, le patron du restaurant de la gifle, qui est à l'accordéon. René dit « rentrons ». Il salue le maire, monsieur Cahurel. La femme du docteur appelle ses enfants en criant à l'aigu leurs noms. Sur le chemin du retour, René dit à Adrienne « c'est une mégère ». Adrienne murmure « oui, mais elle a du courage, avec sept enfants ». Ce soir-là, René et Adrienne ont fait le tour du parc et du potager, ensemble. Yves a écouté les flonflons du bal jusqu'au petit jour.

Le mardi suivant, plus rien. L'herbe du terre-plein a été piétinée. Le sol est jonché de cartons de tir, de boules en papier, de capsules de bouteilles de bière et de morceaux de serpentins. Le bord de Seine est meurtri. Septembre. De nouvelles pluies. Et de nouveau les escargots. Chaque jour, un chaudron de confitures embaume la maison. Yves est chargé de préparer les étiquettes *Gelée de pommes 47, Quetsches 47, Mirabelles 47, Gelée de groseilles 47, Gelée de coings 47.* Il s'applique. Elie, debout, derrière lui, le surveille. L'an prochain ? Il n'y aura jamais de « concert » en « hiver ».

S'il y a adéquation entre l'auteur et l'œuvre : danger. S'il n'y a qu'adéquation entre l'idée que l'auteur veut se faire de lui-même et de son œuvre : plaisance. Le dernier possessif (« son » œuvre) indique bien que si le second type d'auteur agit en propriétaire et récréateur, le premier demeure approprié, créateur. L'approprié des autres. L'approprié de sa douleur. Et pour la douleur, chaque être en établit la mesure.

Le premier vendredi de septembre, René, Adrienne et Yves attendent « quelqu'un » à l'arrivée du car. Un jeune homme maigre, le front dégagé, en descend, se présente. Il a une manière précise de placer son pas, des gestes justes, un regard dirigé. Il parle de son voyage qui fut « bref et confortable ». René lui montre le village. Adrienne sourit. Yves les suit. Sitôt à la maison, boisson fraîche dans le petit salon. Le jeune homme raconte « sa guerre », son « séjour forcé en Allemagne », son « évasion » et sa vie dans une « ferme du Danemark ». Puis son retour, chez ses parents, « à Strasbourg ». Le jeune homme prépare son agrégation de lettres et de latin-grec. Yves a peur que René ne lui dise de repartir. Mais René se lève « Mimi, veux-tu montrer à Antoine la chambre qu'il occupera ». Antoine est là pour faire travailler les aînés. La famille s'agrandit.

Il faut faire sécher les noyaux des abricots puis, avec un marteau, les casser un à un sans écraser l'amande. Petite tâche qu'Yves accomplit avec attention. Il regarde ensuite Adrienne placer « ses amandes » à la surface des pots de confiture. « Va jouer dans le parc. » « Je peux pas jouer seul, man ! » « Alors, sarcle les mauvaises herbes. » « Pourquoi as-tu toujours l'air triste, man ? » Adrienne ne répond pas. Elle découpe des petits carrés de cellophane, couvre chaque pot de confiture et place les élastiques. Il ne reste plus qu'à coller les étiquettes. Yves sort de la cuisine en marchant à reculons. Il n'aime pas la sarclette qui a coupé le serpent en deux.

## 33. Samedi 31 mai

Joucas. Cher Jean-Jacques et chère Marie-Claude. Je suis arrivé de Paris, tard dans la nuit. La maison était froide. Ou bien avais-je froid. J'ai allumé un grand feu de bois dans la cheminée et, j'avais beau me frotter les mains, cela n'a pas suffi. Alors, j'ai sorti les radiateurs électriques que j'avais déjà rangés dans un placard. Et je me suis couché, transi, sur le dos, mains croisées sur le ventre, comme si je tenais encore le petit chalet offert par Elie. Je doute de cette entreprise, et plus fort que jamais. Le sentiment que ce texte me déchire au sens figuré et surtout au sens propre, également, me hante. Je m'interroge sur le danger. Voilà plus d'un mois que je ne dors pas une minute, la nuit, tenu en éveil par cette toute petite douleur pointue, aiguë, qui n'est rien en regard de toutes les souffrances de ce monde et de toutes les violences entretenues par ses bêtes humaines, mais qui est là, en moi. Elle me tient. Elle me parle aussi. Non que je l'aime, mais elle tire le trait de chacune de ces lignes. Faut-il continuer ? Le sujet de ma vie est-il dénué de tout intérêt ou bien le monde s'est-il forgé une absolue conscience qui tient désormais en mépris et en échec l'expérience d'origine de chacun ? La seule peut-être à parler à tous ?

La peur d'être jugé, moqué, à chaque ligne me tourmente. Cette fois, de la gueule du loup, je suis entré dans la gorge du loup. J'y suis. Et c'est là que j'ai mal.

En octobre 1947, je suis entré en classe de neuvième. De cette année-là, je n'ai qu'un souvenir de couloir, de banc et d'abandon. La maîtresse était une vieille dame à cheveux blancs, un peu sourde, qui n'entendait même plus les bruits de la classe. Ni premier ni dernier, toujours « Yvette », je me suis mis à me cacher de tous et de tout. En rentrant du lycée, je m'imaginais que j'étais devenu brusquement transparent. Parfois aussi, dans la maison, je jouais à cache-cache avec moi-même et me plaisais à croire que je ne me trouvais plus là où je me tenais. Je sortais de la lecture des livres avec un tel vertige qu'il me fallait du temps avant de reprendre mon souffle et mes sens. Et si je me relevais trop vite, je vacillais, chancelais. Il m'est arrivé de tomber. Je ne croisais plus les regards. Je baissais la tête et les yeux. Ils disaient de moi que j'étais sage. C'était leur manière douce d'ignorer que je souffrais de ne pas pouvoir opérer le partage, me couper en deux, être deux, devenir deux. Ne plus être seul. Ce soir, nous allons dîner ensemble, et je vais vous lire cette lettre. Il n'y a que les hypocrites, les étranglés de l'âme, pour tourner la sincérité en supercherie. Le texte, quand il est, n'est que lettre destinée à un lecteur unique ou appelée à être lue à voix haute : ainsi naquit le roman par le poème et la voix.

Ils disent de moi désormais que je suis agressif et que j'ai du succès. C'est leur manière confortable et insolente d'ignorer que je souffre de ne pas pouvoir opérer le partage, me couper en deux, devenir deux, quand ils ont renoncé, eux, à le faire, tenter le possible, ou pis font semblant. Tout crie en moi et je ne pourrai jamais me taire. Rien ne me paraît plus suspect que la sagesse de ceux qui prétendent dominer la souffrance en la rendant suspecte. Aucune théorie morale, philosophique ou esthétique n'a de prise sur le vécu de chacun. Les mages et les apôtres de toutes soutanes ne fournissent que des exemples auxquels on ne peut que se suspendre ou se pendre, quand le vécu surprend. Rien ne le comprend ni ne le contient. Jamais.

L'hiver 1947, j'ai vu un film, *Rome ville ouverte,* au Régent, avec l'aumônier du lycée et mes parents. Il y avait une femme qui courait derrière un camion dans lequel les Allemands emmenaient l'homme qu'elle devait épouser le jour même. Les Allemands la tuaient. Ce même homme, torturé, portait en lui un secret et ne le livrait pas. Un prêtre, accusé lui aussi, disait à l'homme en question « tu n'as pas parlé ». Et l'homme mourait, soulagé. Il y avait une femme qui dénonçait tout le monde parce qu'on lui avait donné un manteau de fourrure et d'étranges pilules. Dans sa chambre, un lit en satin, un très beau miroir. Elle caressait le lit. Il y avait un chef de police qui traquait tout le monde. Dans son bureau, d'un côté la salle de torture, de l'autre il suffisait de pousser une porte pour entrer dans un salon, beau décor, plantes vertes, dans lequel des officiers allemands se disputaient aux cartes, fumaient, buvaient. L'un d'eux, beau, blond, jouait du piano. Il n'y avait donc qu'une porte entre les deux univers. Je n'ai rien, rien oublié de ce film. Je l'ai revu récemment. Comme par hasard on vient d'en tirer une copie neuve, et il était projeté en salles d'exclusivité, les jours derniers, à Paris. Le prêtre, qui n'y voit plus, sans ses lunettes, ligoté à une chaise, dans un pré, fusillé de dos. Et les enfants qui sifflent une chanson. Rien, je n'ai rien oublié. Et j'en fis, il y a quelques jours, très exactement la même lecture : les bons meurent et les mauvais vivent. Le courage condamne. La traîtrise c'est le satin. L'amour est toujours trop vite sanctionné par la mort. Des deux côtés de la porte, le même danger. Tout, dans ce film, me paraissait trop et faux. Jamais personne n'est ni totalement l'un ni totalement l'autre. J'essaie de raisonner comme l'enfant que j'étais. Car je n'ai pas, depuis, appris à raisonner mieux. Bien au contraire. Je n'ai jamais eu de héros. Je n'y ai jamais cru.

Cet hiver-là, je ne regardais même plus Bonne-Maman. Antoine m'intimidait au point que je n'ai pas le souvenir de lui avoir adressé un seul mot. Denise cessa de me faire prendre mon bain avec les dernières pages du *Pays du Dauphin vert*. Les dimanches, à Vétheuil, vrillaient dans ma tête de profondes douleurs. Je n'ai pas le souvenir d'une seule récréation sans coups. Mon père me demandait parfois, après le dîner, de lui lire à voix haute l'éditorial de Léon Blum dans *Le Populaire*, pauvre journal qui, de mois en mois, perdait ses pages et bientôt n'en eut plus que quatre. Le souvenir est pittoresque. Pourtant il « est ». Au printemps, je fis ma première communion privée. L'événement passa inaperçu. Le goût de l'hostie me parut bien fade. Il me faudrait désormais aller me confesser une fois par semaine. Mais que dire à l'aumônier qui me tenait par la nuque, le front posé sur son genou ?

L'été suivant, Elie nous rendit visite pour quelques jours à la pension Alphubel, à Saas-Fee. Quand nous nous trouvions seuls, il me posait des questions. Mais les mots ne venaient plus pour lui répondre. Et si nous partions nous promener un peu, ensemble, c'était en silence. Je lui en voulais de ne m'avoir pas rendu visite pendant l'hiver, autant que de n'avoir pas eu le courage de « tout abandonner pour le rejoindre », mais où ? Et m'attendait-il vraiment ?

A Vétheuil, j'appris à faire le tour du village, à bicyclette. J'avais besoin d'elle pour partir en éclaireur. Je fis des tours de plus en plus larges. J'allais de plus en plus loin. Parfois, halte, je me couchais dans l'herbe d'un fossé ou derrière des haies et fixais le ciel, nuages à la dérive, vols de merles. Je vis un jour surgir de la crête des collines crayeuses un avion silencieux, sans moteur, comme un oiseau : mon premier planeur. Il y avait cet été-là jamboree et des milliers de scouts dans la forêt de Moisson. Une belle animation.

Oui, vous l'avez deviné, je ne veux pas de ces années-là, années de coupure, de mutisme et d'enlisement. En famille, je baissais la tête. Sur ma bicyclette, je fuyais. Je n'étais pas assez grand pour m'asseoir sur la selle, mais je faisais des kilomètres. Je suis même allé voir les planeurs, du côté de Chérence. Je poussais ma bicyclette jusque-là. Je passais des heures à les observer, tractés par une jeep, retenus par un filin qui sitôt l'envol se détachait et tombait à terre, lourdement, comme un serpent géant.

Ce sont les années lisses de ma mémoire. Dix mille pages ne suffiraient pas : j'inventais le malheur. Ou bien avais-je décidé de m'y soustraire. Je n'ai toujours pas de réponse à donner.

Pour mes sept ans, maman m'avait emmené chez un photographe, rond-point des Champs-Elysées. Je portais un costume neuf à pantalon golf et ma première cravate. J'allais perdre ma première dent de devant. Maman voulait une photo de moi, avant. Le photographe, pour me faire rire, lança un nounours dans son dos. Clic.

En octobre 1948, je suis entré en huitième. Nicolas avait été renvoyé du lycée. Restaient Meuriot et Fradet. Je n'ai aucun souvenir de la maîtresse de cette année-là. Je ne la regardais plus. Je me contentais d'apprendre mes leçons, de bien faire mes devoirs. Jamais je ne sortirais de ces couloirs. Il y eut de grands dîners à la maison, très animés. Années de bonheur gâché par l'idée même de bonheur. Seul grand moment de mes journées, la nuit, et le rêve : j'appris à voler en planeur et tournoyais au-dessus de Vétheuil. Les vents me tenaient haut dans le ciel. Et brusquement, c'était la chute. Je me voyais tomber dans un puits qui devenait colonne vertébrale, et tout au fond le feu. Réveil en sursaut.

Les visites de madame Lalanne, les brefs séjours de Grand-Mère, les remontrances de Bonne-Maman, les colères de mon père, les migraines de ma mère, les insolences de mes frères : à peine esquissé, l'inventaire est déjà truqué. Il se truque automatiquement par la force des êtres qui vivent chacun leur vie, comment savoir ? Je ne sais que la mienne. Je crois la savoir. Cette biographie ne devrait accuser personne. Et quand je vous lirai, ce soir, ce chapitre daté, ne retenez pas en vous la question de savoir si je devais, ou pas, parler de ces années-là. Parlons-en : cent mille pages ne suffiraient plus. Ce sont les années de suture. Je me souviens aussi d'un film sur la vie de Frédéric Chopin. Il jouait une polonaise devant des riches, pendant que les riches dînaient. Et les riches parlaient, riaient entre eux, n'écoutaient pas. Mais il jouait. Et brusquement, il saignait du nez, sur le clavier. C'était, je crois, un des premiers films en couleurs. C'est toujours le même repas : ils paient et ils n'écoutent pas. Ils écoutent après. Jamais pendant. Ou alors, ils font semblant. Et si parfois, au présent de ma vie, j'accepte tel ou tel dîner chez eux, avec eux, c'est pour saigner du nez. Finalement, il n'y a qu'une porte. Et leur compagnie tragique me revigore. Je peux alors revenir vers cette machine à écrire, Valentine qui est devenue deux puisque Christophe, votre fils, a accepté de me céder la sienne. Je n'ai plus, ainsi, à transporter ma « vieille », ma « bonne », ma « douce » de Paris à Joucas, de Joucas à Paris. C'est sur la sienne que je tape, frappe, ce chapitre.

L'été suivant, nous sommes au Planet. La visite d'Elie est brève. Il souffre. Il est perdu. Je l'ai senti, car c'était désormais à moi de lui tenir la main. Mon père et mes frères partent parfois deux jours. Ils vont faire de l'escalade. Nous avons un chien. Un caniche. Il s'appelle Wagguy. Antoine l'a surnommé Pantalon sans doute à cause de sa tonte, pattes habillées de poil noir et bouclé qu'il faut brosser, et corps rasé. Wagguy ne m'aime pas. Il me mord si j'essaie de le toucher.

Quand j'entre en septième, madame Pierre, la maîtresse, me dit le premier jour qu'elle doute qu'on continue à me donner la dispense pour entrer en sixième et qu'il me faudra certainement redoubler cette classe. Les couloirs du lycée me paraissent encore plus longs. Mon père a une voiture neuve, une Hotchkiss 24 chevaux, couleur bordeaux, conduite à droite, avec des fauteuils de cuir. Il a aussi, désormais, un chauffeur. Cet hiver-là, ils m'emmènent plusieurs fois au théâtre : *Tartufe* à la Comédie-Française, *Knock*, *L'Ecole des femmes*, *Dom Juan* à l'Athénée. J'ai toujours droit au strapontin en bout de rangée. J'écoute. Tout ce qui se passe en scène, c'est nous, lui, elle, moi, toi, eux, tous. Le théâtre me confond : je rougis de peur. Je me dis qu'ils écoutent en même temps que moi et qu'ils ne peuvent pas ne pas se rendre compte que c'est aussi notre histoire. Je revois la statue du Commandeur, sur la scène de l'Athénée, un dimanche en matinée. A la sortie, il neige. Je n'ose pas regarder mon père.

Dimanche dernier, je n'osais toujours pas le regarder. Et si dans tous les romans que j'ai écrits jusqu'à ce jour j'ai pu donner, et me donner, l'impression de m'échapper, je ne peux aujourd'hui, ici, que noter, inscrire une fois pour toutes que rien n'a changé. Il est toujours là, ils sont toujours là, eux, deux. François-Pierre et Jean-Jacques, eux, ont fondé d'autres familles. Et j'en suis toujours au même point. « Il doit bien y en avoir un autre comme toi » disait ma mère. Où est-il ? Je ne peux plus me couper en deux, être deux, que par le texte, secret de la multiplication des lectures, à chaque fois une lecture, une, coupée de moi. Deux fois un. Pas deux.

Et j'ai un petit peu moins froid de vous avoir écrit cette lettre. Je sais que je vais « redoubler » ma septième, avec madame Pierre. La seconde année, j'irai à Levallois, chez elle, prendre des « petits cours » de français payés, offerts en cachette, par ma mère. Je prends aussi des cours de piano, chez mademoiselle Guébel, rue de la Tour. Je me souviens d'une première audition en public, salle Chopin-Pleyel. Je devais jouer *Potiron fait du ski* de René Bhâton. Bhâton avec un H. J'ai joué trop vite, ce jour-là, vertige de la salle.

Ici, à Joucas, dans la pièce du bas, sur une étagère au-dessus de l'évier, il y a le réveil Jaz qui longtemps anima de son tic-tac la cuisine de la villa Sainte-Foy et que j'ai retrouvé, ouvrant au hasard un carton, quand j'ai « vidé » la maison de Vétheuil, en 1973. C'est le même tic-tac. Je ne connais que cette mesure du temps.

En décembre 49, alors que je me savais condamné à l'inévitable redoublement parce que trop jeune, mon père fit totalement reconstruire la maison de la villa Sainte-Foy. Le temps des travaux, nous logeâmes chez Bonne-Maman qui, à la demande de son fils, s'était momentanément « exilée à Condom ». La maison définitivement tourna le dos à l'immeuble blanc, et chacun eut sa chambre en façade, sur la villa. L'entrée en sous-sol libéra le salon sur toute la largeur. J'avais ma chambre, au premier étage, à côté de celle de mes parents. Mes frères avaient chacun la leur, au second. Denise nous quitta : elle allait se marier. Bernard et Bernadette, chauffeur et femme de chambre, entrèrent au service de la maison. Ils eurent droit à une chambre, à l'arrière, au second. Quand Bernadette se retrouva enceinte, ce fut un autre couple. Et de nouveau « on » les appela Bernard et Bernadette. Je ne sais plus très bien. Cela faisait beaucoup de monde à la maison. Dans ma nouvelle chambre, il y avait une bibliothèque. Je rangeais mes livres par ordre de lecture.

Je viens de gommer de nombreux incidents. Je viens peut-être de gommer l'essentiel. Les goûters d'enfants qui me faisaient vomir, les premiers concerts bouche bée, le service d'enfant de chœur à Saint-

Pierre de Neuilly, et Weill en descendant du 43 qui me cracha au visage en me traitant de « sale catholique », et moi lui rendant le crachat. Et sa mère, téléphonant le soir à ma mère, m'accusant d'avoir traité son fils de « sale juif ». J'ai revu Weill, dans un train, vingt ans plus tard. Il ne se le rappelait pas. Peu importe. Je « vais avoir dix ans ». Sur les conseils de l'oncle Gabriel, nous irons passer les fêtes de Noël au col de Vars, dans les Alpes du Sud, un grand hôtel, seul dans la montagne. L'abbé Fouine a accepté que je fasse l'an prochain, au printemps, ma première communion solennelle. Mon père a dit qu'il valait mieux « me débarrasser de ça » avant mon entrée en sixième. Voilà. Décembre 49. Je me suis fait petit pour qu'ils se souviennent de moi. Et ils m'oublient continuellement. Douloureux et coupable, je suis mon propre complice.

Aujourd'hui, trente ans plus tard, si je fais le compte des amis que je peux appeler la nuit, en cas de palpitation : il y en a peu ou plus. Je n'ai pas su me croire aimé et proposer l'amour. Les appels font fuir. Les êtres humains ne savent pas vivre ensemble. Il ne faut pas l'écrire. Il ne faut pas le dire. L'art de la réunion est perdu. La tribu n'existe plus. Plus personne ne veut être tributaire de qui que ce soit.

Et je l'écris, et je le dis. Nous en parlerons ce soir. Nous n'avons pas à prouver le contraire. Ni à nous émouvoir. A tout de suite. Je me sens mieux. J'ai grandi de quatre ans en quelques pages. Et nous allons dîner ensemble. La vie rêvée séduit. La vie de l'autre fait peur. Pourquoi ?

## 34. La fin du monde

Pour la première fois, Yves va dormir « dans un lit, dans un train ». C'est cohue gare de Lyon. Les quais sont hérissés de skis. Les bonnets de laine, multicolores, font taches de couleur. Adrienne dit à Yves « ne me quitte pas ». Dans un compartiment, René et François-Pierre occuperont les couchettes du haut, Adrienne et Yves celles du bas. Jean-Jacques a sa couchette dans le compartiment voisin. Les skis sont placés sous les banquettes. Les chaussures, lacets noués, forment un tas sous la fenêtre. Comme toujours, il y a trop de valises. Comme toujours Adrienne aura oublié quelque chose de « très important » pour René et, le séjour durant, elle se le fera reprocher avec humour, constance, ironie ou violence selon les interlocuteurs et témoins du reproche. René excelle dans l'art d'humilier sa compagne pour lui dire son amour. Yves apprendra, ainsi, par René, à rendre ses aimés coupables de tout, jusqu'à provoquer la rupture, et en souffrir.

Quand le train se met en branle, Adrienne est déjà allongée, comme pour « ne gêner personne ». Yves attend que son père et son frère aîné se couchent à leur tour. Quand ils éteignent la lumière plafonnière, Yves se poste près de la fenêtre, écartant du doigt le rideau baissé : la lumière portée, du train, sur le ballast, le fascine. Celles aussi des banlieues, puis des villages, celles enfin des gares, vives, fusantes, quais vides, horloges électriques, puis la nuit, et bientôt la neige, miroir de glace sous la lune. Pantalon est du voyage. Il change constamment de place pour finalement monter sur la couchette d'Yves et s'installer confortablement sur l'oreiller, côté couloir. Yves n'a plus le droit de bouger. S'il tend la main, Wagguy grogne et montre les dents. Alors, rideau à peine écarté, Yves guette. Le bruit du train, halètement, vibrations, le tient en éveil. Chaque gare, étoile filante. Puis des haltes, le train se calme, apaisement. De grandes verrières sonores, Dijon, Lyon, Valence.

Puis le jour se lève. Peu avant Gap, tous se sont réveillés. Yves a la tête pleine de lumières brèves, nuit déchirée, fuite, course vers un jour glacé. En gare de Gap, Gabriel attend avec ses deux aînés. Courtes embrassades sur le quai et remise d'un panier avec « le petit déjeuner », bouteilles thermos de café brûlant et de lait frais, sucres, brioches, confitures, et trois petites enveloppes aux noms de François-Pierre, Jean-Jacques et Yves : les étrennes de l'oncle, des billets neufs. Pour Yves, trois billets de mille francs, un trésor. Les numéros se suivent, mais cette fois, il n'y en a pas de collés. Yves souffle dessus pour vérifier.

Aux toilettes, Yves trouve un journal, *Ici Paris*. En dernière page et en manchette sur toute la largeur, *La fin du monde,* et la photo d'une dame, en robe longue blanche, bandeau sur les yeux, sur la scène de la salle Pleyel. La dame a annoncé, *tout ce qui va se passer en 1950, invasion des Russes, guerre atomique, disparition de la Terre, anéantissement total*. Yves replie le journal, le remet là où il l'a trouvé, coincé entre la cuvette et la paroi, remonte et reboutonne sa culotte, se lave les mains « à cause des contagions » et revient dans le compartiment. Jean-Jacques lui dit « t'es malade ? » Adrienne observe Yves. René ne prête pas attention. François-Pierre finit le pot de confitures. Ils ne savent pas. Ils ne se doutent de rien. Faut-il les prévenir ?

Le train roule plus lentement. Nombreux arrêts dans de petites gares. A Mont-Dauphin-Guillestre, il faut faire vite. René et François-Pierre sont les premiers sur le quai. Jean-Jacques fait passer les valises et les skis par la portière. Yves est chargé de tenir Pantalon. Dans le car qui les conduit au col de Vars, Yves compte les jours qui les séparent du 1er janvier de l'année fatidique. Adrienne lui dit « et je veux que tu restes dehors toute la journée ».

L'hôtel s'appelle *Grand Chalet,* large bâtisse en béton qui n'a pas encore été recouverte de bois. C'est la première saison d'ouverture. L'hôtel a l'air perdu, en haut du col, près d'un petit refuge, à 2 000 mètres d'altitude. Le directeur dit à René « sans l'aide de votre beau-frère, je n'aurais jamais eu les crédits... » Une dizaine de familles se retrouvent ou font connaissance et se retrouveront pendant dix ans, rituel des vacances de Noël et de Pâques. Il y a des amis de Port-Jérôme et leurs enfants, un directeur de compagnie pétrolière, femme et enfants, un officier « supérieur » de la Marine, femme et enfants : Yves est le plus jeune de tous les « gosses ». Il skie, seul, un peu le matin, un peu l'après-midi, s'arrangeant pour être toujours au vu de quelqu'un. Les obsessions sont multiples : « jambe cassée », « skis cassés », « tempête de neige », « panne du remonte-pente », « gerçures », « perte des gants », « pieds gelés ». Le ciel se glace vite en début d'après-midi. Yves tue le temps. Le froid lui coupe le souffle. D'autres obsessions : « la guerre », « la bombe atomique », « les Russes », « les juifs », « la tuberculose », tout ce qui est inscrit au tableau noir des conversations de grands. Multiplication d'interdits. Les pères, pourtant, parlent de tous ces « périls » sans en avoir peur. Quand Yves se couche, il voit la dame, le bandeau sur les yeux. Autre compte à rebours. La fin. La fin de tout cette fois.

Il y a un piano dans le salon. Dès le retour du ski, Yves s'y installe et joue cette *Sonatine* de Schumann, ce *Solfegietto* de Bach, la *Lettre à Elise* que tout le monde « connaît », et *Le Petit Nègre* de Debussy dont il aime varier la cadence. Mais dès que quelqu'un entre dans le salon, trop tard, ils arrivent, Yves s'arrête de jouer, rougit, ferme le clavier, et monte vite dans sa chambre pour se changer.

De tous les pères, René est le plus fier parleur et chaque soirée prend des allures de joute amicale. Les voix fusent. Chacun recherche l'éclat et la raison : ils veulent tous « avoir raison ». « Mon cher Président, au risque de vous fâcher... » Et ils se fâchent tous pour rire. Plus que trois jours, plus que deux jours, plus qu'un.

Le soir du réveillon, pendant le tournoi de bridge, Yves aide la femme du propriétaire du *Grand Chalet* à décorer les tables. Ensuite, du salon au bar, du bar au salon, dans le couloir, Yves attend. « Votre fils est charmant », « comme il est gentil », Yves méprise les autres mères car elles moquent la sienne. A cause de René qui moque tout le temps Adrienne. A cause de René dont elles sont jalouses, aussi. Alors ?

Qu'ils meurent tous. Tous ensemble. Et Yves avec. Et plus personne après. Plus rien. Pendant le souper de réveillon, Yves se trouve encore à un bout de table, ni avec les enfants ni avec les grands. Personne n'a remarqué les décorations, boules dorées, branches de sapin, guirlandes. Ce petit air de fête avant la catastrophe finale n'a même pas attiré leur attention. Yves remet en place le bas de ses pantalons golf, à mi-mollet, et tire sur ses chaussettes, en dessous. Puis il reprend place, bien droit sur sa chaise : il attend. Quand les lumières s'éteignent, un grand « ah » dans la salle à manger. Qui tape les douze coups sur un gong ? Profitant de l'obscurité, Yves file dans sa chambre, l'escalier trois à trois, et là, à genoux, au pied de son lit, entre les deux fenêtres, face aux lits de ses frères, mains jointes, essoufflé, il compte neuf, dix, onze... douze ! Il a fermé les yeux comme s'il allait y avoir la grande explosion finale. Puis rien. Rien.

Quand il est redescendu dans la salle à manger, Adrienne lui a fait signe « tu ne m'as pas embrassée » puis « va embrasser ton père ». René n'embrasse pas : il se laisse embrasser. Yves a regagné sa place. Au menu du dessert, « bombe glacée ». Yves ne trouve pas ça drôle. Puis il sourit. Il rit. Personne ne saura jamais.

Il regardera les autres danser. Il invitera sa mère, mais elle refusera. Il remontera dans sa chambre, se couchera, prendra un livre. Mais il n'aime pas lire couché. Alors, les yeux ouverts, fixant le plafond, lumière éteinte, il écoutera le bruit de leur fête. La terre tourne dans le vide. Si elle tombait ? La dame est là, avec son bandeau sur les yeux : quelle menteuse. Yves se sent bien : heureux d'y avoir cru et coupable de n'avoir rien dit.

## 35. Portrait du père

Les premiers à flatter René sont les premiers à tomber en disgrâce. Yves dresse toutes sortes d'inventaires concernant son père. Il apprend à distinguer ceux qui l'affrontent vraiment de ceux qui ne désirent que le blesser pour jouer, le téméraire du fourbe et l'ambitieux de l'intéressé. L'expérience et l'écoute des dîners, celles aussi des « visites d'amis » à Vétheuil, celles enfin des conversations avec Antoine lui prouvent que nul ne peut ou ne désire entrer en amitié avec son père. Cet homme n'a pas de « principe » de rébellion. Il ne peut seulement puiser de force que dans le doute que chaque être rencontré fait naître en lui. René se méfie des savants « qui ne savent qu'eux-mêmes », des artistes « qui sont devenus les parasites de la société », des riches « qui ont tout, sauf les morales qu'ils se créent », des politiciens « qui mentent à tout le monde et taisent en eux la vérité ». René est un rêveur qui n'ose pas avouer ses rêves. La science, pour lui, doit « inspirer l'humanité entière et lui donner des moyens de survie ». Des mots reviennent souvent, « égalité », « également », « juste répartition des richesses naturelles », « équilibre naturel », « droit des pays producteurs de matière première pétrolière », « or noir ».

Souvent René dit devant ses amis que ses trois fils « deviendront ingénieurs » et que, seulement après, « ils feront ce qu'ils voudront ». Tout passe, pour lui, par la connaissance scientifique. Et c'est comme en cachette, coupable, qu'Yves va visiter des musées avec Adrienne. Chaque jeudi, un musée. Coupable aussi, Yves fait des progrès en piano. Jamais René ne lui demandera de jouer devant lui. Adrienne dissimule le prix des leçons sur les comptes qu'elle est obligée de tenir et qu'Yves doit vérifier, service quotidien rémunéré, prétexte à un peu d'argent de poche. Un soir, par hasard, René s'assoit au piano. Il ouvre l'épaisse partition des sonates de Beethoven et déchiffre d'un trait le mouvement lent de *L'Aurore*. Qu'a-t-il voulu prouver ? C'est la seule et unique fois qu'Yves entendra son père jouer. Adrienne se tenait debout, interdite, au milieu de la salle à manger et Yves derrière la porte du salon. Etait-ce vraiment par hasard ?

René tait toujours les mots attendus, retient les gestes désirés. Son comportement est imprévisible. Hanté, à tout propos, par l'idée de justice, il est injuste envers celui ou celle qui l'approche. Lui seul a le droit de tendre la main, toujours au moment où l'autre, prêt à la rupture, n'attend plus. Règne autour de lui une terreur vraie : celle, tactique, de l'affectueux qui se méfie de l'affection et la mate ; celle de l'orgueilleux qui sait d'où il vient, où il va et qui ne veut jamais s'arrêter en chemin. Yves multiplie les définitions de son père. Il essaie de le traquer, de le cerner, d'épuiser en lui une curiosité fascinée qui le mine. Et l'analyse sans cesse rebondit : l'homme montre un visage nouveau. Yves voudrait fixer son père dans un comportement précis afin de pouvoir un jour dénoncer, faire front, et quitter une fois pour toutes. Mais l'homme devance et invente sans cesse. Pour René, il est toujours « trop tôt pour s'exprimer ». Il attend d'autres preuves.

Yves voudrait se sentir solidaire de ceux qui contestent son père. Mais toujours, à répondre, René découvre un mot incisif, inusité, inattendu, porteur d'émotion, et derrière le mot son discours s'affine, déconcerte. L'homme est intarissable. Nul ne peut le stopper. Et plus Yves cherche les raisons de haïr son père afin de se couper de lui et de se poser en adversaire, plus René lui paraît seul, honnête, franc, désemparé. Se coupe-t-il des autres ou est-il coupé ? Yves apprend par lui à distinguer le personnage de la personne et la promesse vaine de la conviction risquée. L'homme, brut, n'est brutal que par tendresse. Ses colères de père ne sont que l'ombre d'une volonté intègre de voir se réaliser, autour de lui, une politique de recherche scientifique qui tienne compte tout autant des réalités économiques que des aspirations de l'humanité, idée qui fait rager autour de lui tout autant qu'elle amuse, et qui l'isole. Yves se met à ressembler à son père. Ou bien seulement commence-t-il à se rendre compte qu'à vouloir se détacher de lui il ne fait que s'attacher plus encore. Et, secret, sans mot dire, Yves écoute ce que dit René, ce que pense René. Cet homme refuse pour mieux accueillir, méprise pour mieux trancher. Ce père n'est dupe de rien. Pas même de lui-même. Rien ne l'arrêtera.

Jamais Yves et René ne se parlent. Plus tard Yves avouera à son père « je t'écoutais, tu sais, je t'écoutais si fort que je suis devenu toi ». René regardera son fils avec arrachement et fierté et murmurera « je n'ai pas fait attention à toi. Je ne faisais attention à personne. Je ne me donnais pas le temps ». Puis « j'ai raté ma vie mais je ne voulais pas la vivre autrement. J'ai fait ce que j'avais à faire. J'ai dit ce que je devais leur dire. Je ne peux toujours pas croire à la condamnation de l'homme par l'homme ».

En coulisses, Yves a regardé le père. Il a appris par cœur le texte des malentendus afin d'en connaître les moindres césures. Mais le texte était sans fin. Le discours continue. Les chaises sont vides. René n'a aucune notion de l'argent. Les hommes de capital rendent encore plus vif son accent du Midi. Il surnomme « vautour » tel agent de change qui lui fait la cour, l'invite et le fait participer à des chasses de banquiers : le pétrole fait flamber la Bourse. René, un soir, explique à ses enfants qu'il n'a pas « à jouer à ce jeu-là qui exploite ». René a pris de longs crédits pour acheter Vétheuil et rembourser les travaux de la maison de la villa Sainte-Foy. Adrienne explique à ses fils que « papa veut simplement que vous ayez tout pour être heureux, et que vous fassiez de bonnes études ». La formulation peut paraître anodine, elle n'en est pas moins dévouée et inquiète. René ne veut pas avoir à se soucier de sa famille. Les gouvernements de la Quatrième République tombent les uns après les autres. Le soir, après le dîner, René jette vite les journaux, par terre, autour de son fauteuil. Il ne les lit plus, lassé. Il désespère. Nuque calée, visage légèrement renversé, il reste longtemps immobile, pensif, tourmenté. Parfois, Adrienne ouvre la porte de la chambre d'Yves « ton père s'est endormi, je n'ose pas le réveiller ».

Yves est rentré de Vars avec une conscience qu'il veut toute neuve, déterminé à confondre définitivement son père, à le moquer, le narguer, le stopper en lui. Mais comme si l'homme l'avait senti, jamais Yves ne put se jouer assez fort le jeu de la haine : rien n'enfermerait jamais la violence de son père. Il fallait suivre cet homme. Le suivre encore. Et petit à petit, sans même s'en rendre compte, l'imiter.

Vif, intuitif, René n'acceptait pas la contradiction. Et Yves prit en horreur ces systèmes de pensée qui conduisaient tel ou tel contradicteur à des affirmations qui ne faisaient qu'éloigner le débat du sujet de passion, sujet unique et d'origine : justice. Autour de lui, discrètement, on disait René « idéaliste », « utopiste », « humaniste », à voix feutrée. L'homme vigoureux ne se ferait pas abattre si facilement : René était irrécupérable.

Yves ne se mit pas à aimer son père. Mais plus il organisait sa fuite, plus il entrait en lui. Non pour le copier, le décalquer, pâles copies de surface, apparences, mais les bras dans les bras, les pieds dans les pieds, les mêmes pas dans la même direction, et les mêmes gestes face aux mêmes violences, incapable de se taire. Yves se rendit compte les premiers mois de cette année-là que « c'était déjà trop tard ». Qu'il était dedans son père. Il ne vivrait jamais le confort de l'acquis. Il ne se donnerait jamais vraiment le temps de l'amour des autres. Voici achevé le portrait du père insatisfait et du fils que jamais rien ne pourra satisfaire.

Et parfois, bref moment d'aveux, un geste tendre pour Adrienne, des cadeaux excessifs, inattendus, l'impression que René est heureux. Puis très vite, de nouveau, les menaces, les silences de plomb, les repas tragiques, toute une agitation de détails qui masque à peine l'agitation plus grande de l'être. René, en famille, dénonce ceux qui « trahissent le pays », ceux qui « bradent », « vendent », « extorquent ». Ceux aussi qui usent de leur savoir pour « berner ». Il les reconnaît « à leurs voix douces » et « à leurs mains pointues ».

En quelques mois son corps a doublé de volume. Son visage s'est bouffi. Son menton s'est plissé. A table, à côté de lui, Pantalon se tient sur une chaise. Et comme personne n'ose parler, René parle au chien « toi au moins, tu es content » ou « toi au moins, tu es fidèle ». Il ira le promener après le dîner et en profitera pour rendre visite à sa mère qui n'a qu'une idée fixe : son fils doit divorcer. *Biographie* est le roman d'une émigration dont on ne parle pas : Paris. Les parvenus n'y liront, ou liraient, qu'une histoire de parvenus qu'ils sont, eux. Les Navarre, pas.

« Tu as fait les comptes de la maison ? » « Oui, pa. » « Ils sont justes ? » « Oui, pa. » C'est tout.

## 36. Monsieur Edouard

Parfois il demande à René l'autorisation d'aller cueillir dans le jardin de la ciboulette, de l'estragon ou du serpolet. Il aime « les herbes ». Il écrit « des recettes ». Fin gourmet, il est, dit-on, « le successeur de Curnonsky ». Il écrit des livres sur « l'art des mets ». Mais uniquement « pour gagner de quoi vivre, et encore, les éditeurs ne me paient que peu ou jamais ». Il vit dans une toute petite maison en bordure du chemin qui monte à la collégiale. Sur la porte d'entrée, il a peint en tout petit *Domek Babci*. Il est polonais d'origine. De Pomiane est son nom français. *Domek,* c'est la maison, *Babci,* c'est la grand-mère, sa mère. Il a, dit-on aussi, connu Claude Monet, Abel Lauvray et tous les artistes qui ont vécu à Vétheuil au début du siècle. Souvent René l'invite, « parce qu'il est seul », à « partager la table familiale ». Yves écoute cet homme sage, étonnamment corpulent et svelte à la fois, vêtu de larges vareuses aux couleurs délavées, souriant, et qui félicite toujours Adrienne, en lui baisant la main, au moment de quitter la maison. C'est lui, le « parasite de la société ». Pourtant, René aime la compagnie de ce voisin, semble se réjouir de lui et l'écouter quand « il raconte sa vie ».

Quand Yves s'installera à Joucas le dimanche de Quasimodo, en 1970, il fixera à la porte de « sa toute petite maison » une plaque gravée, apportée de Paris, sur laquelle le passant peut lire encore *Domek Babci*. Personne ne saura jamais vraiment pourquoi. Yves a toujours rêvé d'une « toute petite maison », « dans » un village. « Toute petite » et « dans ».

Parfois, monsieur Edouard nettoie son « jardinet » et va jeter les herbes arrachées, par brouettées, cahin-caha, au bord de la Seine. Yves l'accompagne. Il va aussi l'aider à sarcler. Mais il attend surtout les fins d'après-midi quand monsieur Edouard va s'asseoir sur une coque de barque, près de *Chez Marc*. Il extrait alors des larges poches de sa vareuse un carnet de papier à dessin, une minuscule boîte d'aquarelles, deux ou trois pinceaux très fins, un chiffon blanc et une fiole d'eau. Alors, par touches, il peint « la lumière du soleil qui se couche ». Presque toujours du même endroit et la même perspective du « bras mort » qui sinue, entre les noyers et les saules, vers l'ouest et les escarpements d'Haute-Isle. Yves est autorisé à le regarder faire « mais sans rien dire s'il te plaît ». Et il plaît à Yves d'être tutoyé par monsieur Edouard qui dit « vous » aux parents. Chaque fois Yves s'émerveille. Comment cet homme peut-il « suivre la lumière » avec si peu de couleurs, effleurant à peine les pastilles d'aquarelle, mouillant le pinceau juste ce qu'il faut, l'essuyant ensuite, et recommençant. Du vert et du bleu transparents, tout vire, petit à petit, au rouge du soleil couchant. Monsieur Edouard ne fait pas un tableau, mais toute une série de visions qui se superposent, écrans successifs, l'une recouvrant l'autre. Et quand le soleil disparaît à l'horizon des arbres, à ce moment où un vent froid semble tomber du ciel et couler avec le fleuve, monsieur Edouard dit « il faut arrêter. Rentre vite chez toi, sinon tes parents vont s'inquiéter ».

Yves voudrait pouvoir capter aussi les lumières qui passent. Pour les vacances de Pâques 1950, il a eu « les encouragements » mais cela « ne sert à rien puisqu'il devra redoubler, c'est tout de même malheureux », Adrienne offre à Yves « une boîte de peinture à l'huile », un chevalet et des cartons toilés. Premier sujet : la barque attachée au ponton. Mais la barque est vue d'en haut comme si Yves rêvait encore. C'est dur la perspective, et Yves ne voudrait peindre que la barque et le ponton. Monsieur Edouard lui dit « il faut d'abord apprendre à dessiner, ensuite oublier, et enfin tout commence ». Comme Yves a l'air fâché, il ajoute « mais tu as le sens des couleurs ». Alors, Yves se cache pour peindre. Au fond du parc d'abord. Dans les prés au-dessus de la collégiale, ensuite. Il « veut peindre ». Et quand il rentre chez lui, à chaque fois, ce sont de plus vives douleurs dans sa tête. Est-ce l'odeur de la peinture à l'huile, ou le sentiment que plus il s'attache au tableau, plus celui-ci perd sa transparence de départ ? En famille, il n'ose pas montrer « ses œuvres ».

François-Pierre et Jean-Jacques ne vont plus « chez les scouts ». Ils ont seize et quinze ans. Ils préparent leurs examens : le bac, échéance fatidique. Antoine, « en récompense » et « en toute complicité », leur a offert un curieux livre, *Vercoquin et le plancton,* dont il « prise l'humour ». Yves a lu le livre, en cachette, tout un après-midi, mais il n'a rien compris : les mots semblaient ne jamais être à la bonne place. Jean-Jacques s'est fait « des amies, à Haute-Isle ». Et des amis aussi. Ils ont des Lambretta. René a interdit à ses aînés de monter sur « ces engins-là ». Les carnets de notes sont « déplorables ». Les scènes violentes se multiplient. Jean-Jacques, parfois, disparaît des nuits entières. Il connaît les marches de l'escalier qui ne craquent pas. Il revient tôt le matin, juste avant le lever du jour. François-Pierre dort. Yves l'attend. Jean-Jacques lui fait signe de ne rien dire.

Yves a peint un planeur, qui est devenu un oiseau, qui est devenu une tache de plus en plus sombre reliée aux bords du carton toilé par des traits noirs, comme les montures d'un vitrail. Il repeint le tout, par-dessus, en blanc. Il n'ose plus demander des conseils à monsieur Edouard. Le canoë de Viviane Romance prend l'eau si vite qu'on ne peut même pas écoper et traverser la Seine. Et si l'un des deux pagayeurs fait le moindre geste non coordonné, l'embarcation chavire « comme dans Victor Hugo ».

Le 1er mai, Yves est allé très tôt le matin cueillir du muguet dans le bois de la Désirée, de l'autre côté de la vallée. Il a ensuite vendu des bouquets au bord de la route. Il met de l'argent de côté pour la fête du village et pour acheter de nouvelles toiles. Souvent, il va à pied jusqu'au terrain d'aviation de Chérence, empruntant « le chemin de la colline ». Au retour, enivré par l'odeur des sous-bois, il s'arrête près de l'éolienne qui « ressemble étrangement à un derrick », se déshabille et se couche sur ses vêtements, nu, face au ciel. Le moindre craquement le fait tressaillir. Il frissonne de tout son corps. Il aime la caresse du vent.

Et plus il part en balades, plus il s'écarte, plus il va loin, et plus il aime l'impression de se perdre, cette confusion. Mais il connaît bien « les chemins du retour ». Le soleil le guide. Il n'est jamais en retard aux repas.

Il a vu avec Adrienne, au musée du Jeu de paume, *Vétheuil vu de Lavacour, Vétheuil sous la neige, Vétheuil vu de l'île Saint-Martin.* Il collectionne les reproductions des tableaux de Monet. Un tableau est à la Frick Collection de New York, deux autres au Metropolitan Museum. Yves ne cherche pas à copier. Il veut « voir » son village comme d'autres l'ont « vu ». Il cerne. Il circonscrit le lieu. Il veut un état de siège. Et ses tableaux ne lui plaisent jamais. Yves a le sentiment de toujours trop dessiner. Le jour où il essaie de l'expliquer à monsieur Edouard, celui-ci lui répond en lui pinçant gentiment la joue « j'ai mis plus de cinquante ans avant de commencer à faire autrement. Je débute, moi aussi, tu sais ».

Yves apprend, quand il est nu, à s'éloigner de ses vêtements sans trop avoir peur. Il s'exerce, nouvel exploit. Debout, nu, en mouvement le frisson est plus fort encore. Yves rentre chez lui, égratigné, sous ses vêtements, de partout. Il vient de découvrir son « corps tout entier ». Mais qui donc lui avait interdit de le faire jusqu'alors ?

C'est le début du troisième trimestre. Quand Yves essaie de se faire un camarade, au lycée, il lui raconte tout trop vite, les montagnes, les glaciers, les refuges. Il dit qu'il fait du planeur, qu'il a vendu plus de cent bouquets de muguet, qu'il traverse la Seine à la nage, qu'il y a tous les fruits dans le jardin de son père, que ses frères ont des photos de femmes nues, des photos sans retouches, on voit tout ! Il dit qu'il peint d'immenses tableaux, qu'il écrit un roman d'aventures, que son père a rencontré la reine de Hollande, le pape et le président de la République. Il dit qu'il deviendra architecte mais que pour cela il faut d'abord être ingénieur. Il dit qu'il a donné un concert en public, qu'il écrit des poèmes et qu'il passe des journées entières, nu, au soleil. Et ses « futurs amis » ne le croient pas, tout de suite, ne le croient plus et le traitent de menteur. « Yvette = menteuse. » Le petit papier a fait le tour de la classe. Madame Pierre l'a confisqué. Elle regarde Yves, ajuste ses lunettes « Navarre ? Vous êtes un cornichon ! » Elle a un cheveu sur la langue. La classe éclate de rire. Comment ne pas dire tout, tout de suite, si on veut que l'ami soit ami ?

## 37. Le partage des meubles

Tôt, un matin de mai, villa Sainte-Foy, Adrienne réveille Yves, l'embrasse sur le front et lui dit à l'oreille « Grand-Mère est morte. Je serai de retour dans trois jours ». Yves a voulu se lever. Adrienne lui a fait signe de se rendormir, les deux mains sur la joue, visage penché, comme sur la photo d'elle, jeune fille, posée dans un cadre sur son écritoire. Yves a replacé sa tête dans l'oreiller, guettant sa mère, sourcils froncés : jamais elle n'eut de sourire plus doux.

La maison, sans la mère, maison vide et place vide à table. Au premier repas de midi, Bonne-Maman décide, ordonne, prend le pouvoir par intérim. Elle est presque gaie, vive, enjouée. Après le café, elle monte au premier étage. Yves la suit. Il se dit qu'elle ne doit pas « aller fouiller dans les affaires de maman ». Bonne-Maman s'arrête sur le palier, se tourne vers Yves « tu vas être en retard au lycée ». Yves rougit « je ne veux pas... » Bonne-Maman sourit « tu ne veux pas quoi, mon petit ? Il faut tout me dire ! » Yves dévale l'escalier, attrape son cartable dans l'entrée, traverse le jardin et fait claquer la grille. Le « tout » lui a fait peur. Fureur. Comme un début de crise. Pantalon l'a poursuivi en aboyant. Sur le chemin du lycée il donne des coups de poing dans les murs et sur le tronc des arbres. Il veut avoir mal aux poings.

En fin d'après-midi, il y a cours de piano chez mademoiselle Guébel. Le chauffeur est ponctuel. Bonne-Maman est allée se changer rue de l'Eglise. Elle est là, prête, tailleur, foulard, rang de perles, parée, gantée « je dois t'accompagner, c'est un ordre de ton père ». Pendant la leçon, Yves fera tant de fausses notes que mademoiselle Guébel, excédée, lui saisira brusquement les poignets, les secouera et dira « Yves, qu'est-ce qui se passe aujourd'hui ? » « Je veux mourir. » « Mais tu es fou. » Mademoiselle Guébel a éclaté de rire « allons, jouez. Regardez la partition. Faites attention au doigté, surtout là ». Bonne-Maman n'a rien entendu. Yves n'a même pas décidé de dire qu'il voulait mourir. C'est venu ainsi sur ses lèvres, confidence, à voix très basse. Il s'appliqua à mieux jouer « pour maman » qui n'était pas là et pour Grand-Mère qui était « morte ».

Dans la voiture, en rentrant, Yves regarde Bonne-Maman et lui dit à voix claire la phrase qu'il a répétée sans cesse dans sa tête pendant les cours de l'après-midi et qui, présente, harcelante, l'avait empêché de bien suivre le début de la leçon de piano « je ne veux pas que papa quitte maman ». Le chauffeur regarde Yves dans le rétroviseur. Il lui adresse un bref sourire, du regard, connivence. Bonne-Maman ôte ses gants, prend la main gauche d'Yves, la serre un petit peu et répond « c'est une affaire qui ne te concerne pas ». Yves retire sa main, croise les bras. Ils longent le bois de Boulogne, l'avenue du Maréchal-Maunoury, la place Dauphine puis, dans le bois, des voitures qui stationnent, des couples qui s'embrassent. Normalement, Yves compte ces voitures-là, ces couples-là, pour agacer Adrienne et pour finalement la faire rire. Un gant de Bonne-Maman tombe par terre. Yves fait semblant de ne pas l'avoir remarqué. Elle ne le ramasse pas. Elle attend. Elle aussi. Tout le monde attend. Et c'est à qui ne fera pas le premier geste.

Au dîner, la place d'Adrienne, en bout de table, est restée vide. Bonne-Maman comme d'habitude a pris place en face de son fils. Antoine, les aînés et Yves de chaque côté. Et Pantalon, sur sa chaise, entre Antoine et René. Silence. Pas un mot. Pantalon tend la patte pour que René lui donne quelque chose. René ne lui donne rien. La seconde Bernadette (ou la troisième ?) apporte le dessert et annonce « c'est un gâteau que Madame a fait hier ». La famille respire. René se sert du vin. Il pose à Antoine des questions concernant son prochain concours d'agrégation. Les fenêtres du salon sont ouvertes. Il fait vibrant dehors. On entend les bruits et rumeurs des familles voisines dans les maisons de la villa. « Qui va promener le chien ? » Yves répond « moi ! » Dehors enfin, il respire, gorge dénouée. Il fera faire à Pantalon le grand tour par le boulevard du Château. Là, devant la clinique, il y a une pissotière. La nuit vient de tomber. Yves remarque, pour la première fois, des hommes qui se tiennent au bord du trottoir, s'observent, entrent et sortent de l'édicule. Plusieurs fois il passe et repasse avec le chien au

bout de la laisse. En espion. Puis il rentre en courant. Pantalon aime ça :
il aboie, mord la laisse, tire dessus.

Dans le salon, Bonne-Maman est encore là avec René. Yves a
l'impression qu'il vient d'interrompre leur conversation. René regarde
son fils « tu as quelque chose à me dire ? » Yves fait signe que non,
observe Bonne-Maman, sort du salon à reculons, referme doucement la
porte derrière lui et va vite se coucher. Et si elle en profitait pour
s'installer ?

Au lycée, certains enfants portent parfois le deuil, exhibition. Un ruban
à la manche, au revers de la veste ou encore une cravate noire. Yves a
simplement prévenu madame Pierre, après le cours et avant la
récréation du matin. Madame Pierre a dit « et vous l'aimiez beaucoup ? » Yves a répondu « je n'ai pas eu le temps de la connaître. Et j'ai
peur ». « Vous avez peur, Navarre, mais de quoi ? » « Mon père veut
renvoyer ma mère. » Alors madame Pierre se penche vers Yves « et
pourquoi me le dis-tu à moi ? » Yves hésite « pe, pa, parce que... » et
fond en larmes. Madame Pierre l'attire vers elle, le serre contre elle et
murmure « vous avez raison, Navarre, il faut dire les choses quand elles
brûlent les lèvres. Mais pour vos parents, ne vous tourmentez pas. Ils
s'aiment plus que vous ne le pensez. Ce petit drame n'est sûrement que
dans votre tête ». Elle lui pince le menton, le force à la regarder
« compris ? » « Oui, madame, j'ai compris. » Sonnerie de fin de
récréation. Sauvé. Une récréation de moins. La publicité du malheur ne
sert à rien. Elle seule, pourtant, pourrait éveiller.

Le second soir, ils allèrent au cinéma, avec Bernard et Bernadette. Huit
en tout. Yves était incapable de regarder le film. Un film américain,
*Mrs. Minniver*, cette autre femme dans cette autre maison, cette autre
vie dans cet autre pays. Il ferma les yeux, appela au secours les images
de Condom, le figuier, l'ogive, la chapelle, le puits, le kiosque à
musique et la cathédrale où on allait célébrer la messe d'enterrement de
Grand-Mère, le lendemain matin. Adrienne a voyagé seule.

Yves, pendant ces trois jours, veilla chaque soir jusqu'à ce que René
raccompagne Bonne-Maman. Si Bonne-Maman était restée pour passer
la nuit, dans la chambre d'amis, il serait allé lui dire « non, va-t'en ».
Toute la journée, au lycée, il répète à tue-tête « non, va-t'en ! »

Madame Pierre prête à Yves un roman, *Le Grand Meaulnes*. « L'an
prochain, je vous ferai faire des comptes rendus de lecture. Ne regrettez
rien. Nous passerons une belle année de redoublement ensemble. »

Le soir du retour d'Adrienne, le train arrivait vers minuit, gare d'Austerlitz, ils allèrent « tous quatre » à la rencontre de « maman ». Lentement ils remontaient le quai. René d'abord, avec le chien, puis les aînés, et Yves furieux de ne pas être plus grand pour voir Adrienne en premier, contre-courant des voyageurs de l'arrivée. Puis ce fut elle. René la serra dans ses bras. Jean-Jacques, mains dans les poches, se laissa embrasser sur le front, François-Pierre prit sa valise, et Yves, en voulant embrasser Adrienne sur les deux joues, hésita, troublé, et tout droit cogna ses lèvres sur les lèvres de sa mère. Dans la voiture, Adrienne posa seulement des questions concernant « la maison », demanda si « tout s'était bien passé pendant son absence ». Elle dit aussi « Grand-Mère est morte en dormant. Elle ne s'est rendu compte de rien ». C'est quoi, une « belle mort » ?

Dans les jours qui suivirent, Adrienne reçut de nombreux coups de téléphone, le soir, tard. Sa sœur Elise, sa sœur Henriette, l'oncle Gabriel, tous, sauf Adrien, appelaient. Adrien ne voulait pas de « l'indivis » et exigeait « le partage immédiat ». Adrien que René ne nomme plus devant son épouse qu'en disant « ton frère... » d'un ton coupé. Adrien qui désormais est « tuberculeux » et dont l'oncle Gabriel « ose dire » parfois à René qu'il « n'est pas charitable de l'abandonner ainsi, totalement, et que... » René toujours l'interrompt.

Ils sont partis très tôt le matin, le chauffeur et René à l'avant de l'Hotchkiss, Adrienne et Yves à l'arrière. Les parents ont décidé d'emmener Yves au dernier moment pour qu'il « revoie sa ville natale et la connaisse mieux ». Mais il a été bien précisé, contrat de départ, à Yves qu'il « n'irait sous aucun prétexte dans la maison des Promenades pendant le partage ». René laisserait Adrienne et son fils à Condom et irait directement à Lacq, près de Pau, où il avait « à rencontrer des gens importants ». Le fait même que René précise « des gens importants » prouvait à Yves le mensonge amoureux, dépité, coupure encore.

A Condom, ils logent chez Margot dans la petite maison qu'elle vient de faire restaurer, rue des Ecoles, et où elle passe « ses vacances, fidèlement ». Yves reste consigné la première journée dans la librairie tenue par sa marraine Michèle et sa cousine Sabine, filles d'Adrien, auxquelles Adrien ne rendra pas visite. Pourquoi ? Autres biographies. Parfois, Yves s'échappe et va jusqu'au kiosque. De là, il observe la maison. Le sapin de son premier Noël est déjà plus haut que le toit. Il ne voit personne entrer ou sortir. Ils sont « dedans », ils « partagent ».

Le soir, Yves dînera seul avec Adrienne. Elle explique à Yves que chaque lot est « tiré au hasard », dans un sac, des boules avec des numéros. Elle dit aussi qu'elle ne « reconnaît plus ses sœurs » et qu'elle a la responsabilité de la part de Jeanne qui reviendra aux trois aînés de l'oncle Gabriel. Yves l'écoute. Jamais Adrienne ne lui a parlé si longtemps. Mais elle parle aussi pour elle-même et pour ne pas en dire plus, désarroi, ou pis, tristesse.

Le lendemain, à la librairie, un télégramme pour Adrienne. Michèle est allée chercher des paquets à la gare. Sabine ne peut pas quitter le magasin. Ni aubaine ni excuse, un laissez-passer, signe, c'est tout : Yves part en courant, télégramme à la main, vers la maison interdite. Rue des Cordeliers, il ralentit pour reprendre son souffle. Devant la maison, il hésite. Il pousse la grille, respire profondément, tape à la porte principale, celle « par laquelle on ne passait jamais ». Personne ne vient. Yves tape de nouveau et plus fort comme sur l'écorce des arbres ou les murs de Neuilly. Des bruits de pas dans le couloir. Une voix « qui est là ? » « C'est Yves… » La porte s'ouvre. Une vieille femme : tante Elise. Elle a de la barbe. Yves tend le télégramme « c'est pour maman, c'est urgent ». Tante Elise se penche, prend le visage d'Yves à deux mains « comme tu es grand » puis « comme tu lui ressembles », une bise qui chatouille, et « entre ». Elle enferme Yves dans le grand salon « reste là, je vais chercher Pipou ».

Volets clos, soleil strié par les persiennes, odeur de poussière, de tapis et de meubles abandonnés, tout est resté comme sur la photo de mariage des parents. Le guéridon près du piano. Le châle sur le piano. Les tapisseries, les sièges, les fauteuils, les tableaux, tout est en même place. Et tout est plus petit que dans la mémoire d'Yves. La tête ne grandit pas, pas de casquette, mais le souvenir ? Soudain la porte s'ouvre : un homme au teint pâle, aux mains très blanches, un homme qui sourit en refermant la porte doucement derrière lui entre, tend la main vers Yves « viens ! Viens vite dire bonjour à ton oncle ». Et, comme Yves ne bouge pas, pétrifié, télégramme à la main, Adrien s'approche de lui, pose une main sur sa tête et de l'autre lui tient le menton « à qui ressembles-tu le plus ? » Ses mains tremblent un peu. Yves observe cet homme au regard lunaire, costumé, cravaté, le col de sa chemise est trop large, cou décharné, cet homme souffre et cache maladroitement sa souffrance derrière un sourire « sur mesure » et « pour enfant ». Tous deux s'observent sans rien dire. Puis Adrien embrasse Yves sur le front et lui pince les deux joues « souris donc ! Je ne te verrai pas si souvent que ça ». Et, des deux pouces, il force Yves qui se dégage, recule, manque de renverser le tabouret du piano. Adrienne entre. Adrien sort sans rien dire. Yves tend le télégramme à sa mère. Adrienne le lit, regarde son fils « papa vient nous reprendre ce soir. Nous roulerons de nuit ». Elle plie le télégramme, le glisse dans son chemisier, prend Yves par la main et le reconduit dehors « tu m'avais promis de ne pas venir. Non. Ne dis rien. Va vite te laver les mains et le visage. Et promène-toi. Profites-en pour faire le tour de la ville. Ne reste pas enfermé dans la librairie. Allons, va ».

Yves se brosse les dents. La tête la première dans le lavabo, il plonge son visage, yeux fermés. Avec le gant, il se savonne, le menton, les joues, le front. Plusieurs fois il se savonnera les mains. Puis il s'essuiera et pliera de côté la serviette. Alors seulement, il se mettra à pleurer, menton contracté d'abord, lèvres mordues ensuite, nez froncé puis les larmes, inévitables : il aurait voulu parler à Adrien et il ne lui a rien dit.

Dans la maison de Margot, Yves a attendu qu'Adrienne revienne. Ils ont préparé les bagages, fermé les volets, coupé l'eau, l'électricité et rendu les clés à la voisine. Devant la maison, assis sur les valises, ils ont attendu la voiture. Et quand elle a surgi, il faisait nuit, ou presque. Au dernier moment, Adrienne a dit à Yves « surtout ne dis rien à papa. Il serait capable de me tuer ». Dans la voiture, dans la nuit, en route vers Paris, Yves cent fois a répété « il serait capable de me tuer ». Cette phrase ne s'invente pas. Yves voudrait l'oublier, l'effacer, en la répétant. Mais elle revient, fusante, cinglante, et Yves se met à lui donner beaucoup trop d'importance. Mais peut-on blâmer cette importance donnée ? La vie vraie n'épuisera jamais assez l'inventaire de ses flèches. Ce ne sont toujours que « paroles en l'air » auxquelles « il ne faut pas donner trop d'importance », pour les autres, quand ils ne sont pas « dans » la famille. Et pour être le petit dernier, Yves n'en a pas moins l'impression de guider la sienne.

René a dit qu'il ne voulait pas « des meubles de Condom » villa Sainte-Foy. Seule l'horloge espagnole a été placée sur le palier, entre le premier et le second étage. Et les sourds battements de son balancier, les coups graves et lents des heures sonnées deux fois animeront la maison toute neuve et rappelleront calmement, obstinément, avec constance, le divorce profond d'un père et d'une mère, d'une famille et de l'autre unique passion, le divorce sans divorce, ce lien dont on ne parle jamais. Cette horloge, désormais, rythmera les rêves d'Yves. Elle témoigne. Elle témoigne toujours dans la nouvelle maison de la Malmaison.

Les autres meubles ont été stockés dans le grenier de Vétheuil. Yves, d'année en année, petit à petit, les fera sortir de l'ombre. Il accrochera les miroirs, placera les fauteuils, suspendra les petites tapisseries, mettra en place les parures de cheminée, et René, à chaque fois, fera semblant de ne pas s'en apercevoir. Il y a aussi le châle qui recouvrait le piano. Yves s'en sert désormais de nappe, à Joucas, sur la table ronde, les soirs d'hiver, couleurs chaudes. Le châle et le réveil Jaz. Yves n'a jamais oublié le crissement des chaussures d'Adrien quand il a quitté le salon et le regard perdu et doux que le frère et la sœur se sont échangé.

Parmi les objets rapportés de Condom, un service de table qui remplissait plusieurs caisses et qu'Yves aussi, un jour, remit en circulation. Grandes assiettes de faïence avec entrelacs de liserons et de lierre, motif gris-bleu, délicat, formant médaillon en haut de bordure. A l'intérieur du médaillon : deux pigeons, sur une branche. *Deux pigeons semaient d'amour tendre...* A la Malmaison, c'est devenu le « service de tous les jours ».

## 38. Les fraises des bois

Yves n'a pas encore vu la mer. Il l'a vécue dans les livres, dans les poèmes, en images, en tableaux, dans la musique, impressions, ou dans les films, mais il ne l'a pas « vue ». René toujours conduit sa famille vers les montagnes, Alpes suisses, Alpes françaises et, cette année, les Dolomites. Ils ont traversé la Suisse, l'Autriche, Innsbruck, franchi le Brenner, puis l'Italie, fin du voyage flèche, Ortisei, une route qui se perd dans la montagne et s'arrête à un hôtel, Monte Pana, face à un pic, le Sassolungo. Le premier jour, René s'est enquis du « meilleur guide » et le programme des balades a été établi. Yves est toujours jugé trop petit pour suivre son père et ses frères. Une fois seulement, ils « feront la Marmolada », lui et Adrienne, par « la voie facile que tout le monde peut prendre, il n'y a pas de précipices », et « les hommes » en escalade par une voie « en cheminées ». Ils se retrouveront au sommet, brève collation, photos, et retour menacé par le surgissement de nuages. Vent froid, brusque. Il faut dévaler. Yves tient la main d'Adrienne. Adrienne répète « ne me lâche pas ». Au moment où ils entrent dans la voiture, le ciel se déchire en éclairs.

Les jours où « ils partent », Yves reste avec Adrienne et Pantalon. Adrienne tricote, coud, brode. Il y a une piscine d'eau glacée dans laquelle personne jamais ne se baigne, un court de tennis sur lequel Yves quelquefois « fait des balles » avec sa mère. L'hôtel est presque vide. C'est un hôtel de sports d'hiver. Il y a, devant, un télésiège qui remonte jusqu'au pied du pic. Adrienne ne veut pas le prendre ; elle a peur du vide. Elle a peur aussi « qu'il ne s'arrête pendant la montée ». Dans le salon, un piano. Yves joue « de mémoire », en sourdine, toujours quand il n'y a personne. Le second jour, milieu d'après-midi, un client de l'hôtel, grand, maigre, au « visage d'artiste », homme de distinction, étonnamment secret, toujours accompagné d'une femme encore plus grande et maigre que lui dont René a dit « je suis sûr que c'est une danseuse », s'approche d'Yves, le surprend au piano, et la main sur son épaule lui demande avec un fort accent germanique « voulez-vous jouer pour nous ? »

Yves, bouche bée, le regarda, rougissant, tremblant déjà. Mais la femme s'approcha, prit une chaise, sourit à Yves, et s'installa tout contre le piano, comme un professeur. L'homme se tint debout, de l'autre côté. Yves joua. Très hésitant d'abord. Honteux des fausses notes : ses mains se nouaient. Puis il regarda la femme, et l'homme, respira profondément et, armé de leur sourire, recommença, sans faire une faute, sans trop appuyer sur la pédale, sans trop plaquer les accords non plus. Yves leur offrit « tout » son répertoire. Même la *Lettre à Elise* et surtout le *Nocturne* de Fauré. Et quand il eut dit « c'est tout ce que je sais », la femme l'embrassa, l'homme applaudit. Ils l'invitèrent à aller prendre du thé et des gâteaux sur la terrasse. Adrienne se tenait loin, sur une chaise longue, près de la piscine. Elle lisait « le dernier *Jalna* ». Yves nomma son lycée, parla de Vétheuil, d'Elie, de Stravinski, de monsieur Edouard et de Monet. Il raconta sa vie, à sa manière. Cette fois, un « couple » l'écoutait, le croyait, même si parfois ils lui faisaient répéter un mot.

René et les aînés « rentrèrent de course », tard. Il faisait nuit déjà. Ils eurent juste le temps de se changer pour le dîner. Et ce soir-là, quand ils entrèrent tous les cinq dans la salle à manger, Adrienne, puis René, les aînés et Yves en dernier, le monsieur se leva de table, se présenta, présenta son épouse, et félicita René et Adrienne de leur dernier fils « il joue bien ». La scène amusa un peu la famille. René dit « mais il faut aussi qu'il soit premier en mathématiques ». Le monsieur dit « croyez-vous que ce soit la peine ? » René les invita à « prendre un café ensemble » après le dîner.

Après le dîner, Yves n'osa pas s'approcher de leur groupe. Et il alla se coucher, à contrecœur, plus tôt que prévu. Il fit à la dame un baisemain maladroit. Adrienne exultait. René parlait avec le monsieur, en allemand.

Le lendemain, seul de nouveau, assis à une table sur la terrasse de l'hôtel, Yves « les attendait ». En dessinant. Au crayon noir. Sujet, la montagne. Bientôt ils s'approchèrent de lui et l'invitèrent à partir en promenade avec eux « et si madame votre mère veut se joindre à nous... » Adrienne refusa. Elle préférait « rester là ». Sans doute avait-elle deviné qu'Yves préférait partir seul, avec eux « et sois très poli ».

Yves insista pour prendre en charge le sac au dos contenant le plaid, les bouteilles et le repas. Yves, au début, marcha à leur côté, puis, la direction étant donnée, les devança, pour ne pas trop les gêner. Il aimait les sentir derrière lui, libres de s'échanger des regards, de se parler ou de se tenir la main. Parfois, ils s'arrêtaient pour admirer une fleur, un panorama, la lumière dans le sous-bois, un cours d'eau ou à une croisée des chemins pour décider de la voie à emprunter. Tous trois n'avaient pas à se parler. Le bonheur des rencontres est silencieux. Et quand vint l'heure de midi, Yves se sentait « si loin », « si bien », qu'il se plut à choisir l'endroit du repas et à tout préparer lui-même, disposant sur le plaid les sandwiches, les fruits, les verres, les bouteilles, leur demandant d'attendre à l'écart que « tout soit prêt ». Il plia les papiers d'emballage, les dissimula dans le sac, alla cueillir quelques fleurs et leur fit signe d'approcher. Ils prenaient des photos. Ils le prirent en photo. Yves eut l'impression de n'avoir jamais goûté un repas aussi bien que celui-ci. Le fait d'avoir tout transporté et mis en place lui donnait aussi le sentiment de ne s'être pas imposé, culpabilité chassée. Comme ils étaient heureux, tous trois. Yves s'inventa de nouveaux parents. Il irait vivre à Vienne, avec eux.

Et quand, après le repas, ils découvrirent, non loin du lieu de halte, un coin de sous-bois tapissé de fraisiers sauvages, ce fut plus encore : un régal, à qui offrirait à l'autre la plus grande palme de fraises sauvages, ou trouverait la plus belle d'entre toutes. Puis ils marchèrent. Ils rentrèrent. Et ce fut de nouveau le concert, le thé et les gâteaux. Adrienne cette fois les rejoignit. Pantalon faisait tout beau pour qu'on lui donne un sucre. Adrienne et la dame se parlèrent en anglais. Le monsieur demanda à Yves « qu'est-ce que tu veux faire plus tard ? » Yves répondit « architecte ». Adrienne parla du « très beau livre » qu'Oscar Niemeyer, « ami de mon mari », venait d'offrir quelques semaines auparavant à Yves, avec, en dédicace, *Pour le jeune Navarre, un des futurs Niemeyer de la France.* Il y eut un silence. Le monsieur interrogeait Adrienne du regard, Adrienne répondit, comme un aveu, « Yves veut écrire, mais son père dit que ce n'est pas un métier ». C'était en juillet 1950. A Monte Pana. Dans les Dolomites. Le monsieur s'appelait Rudolf Bing. Pendant l'hiver, il enverra, d'Autriche, des photos prises au cours des nombreuses promenades. L'année suivante, Yves les retrouvera. Avec un nouveau répertoire. L'année d'après : ils ne seront pas là. Le directeur de l'hôtel expliquera à Adrienne « monsieur Bing a été nommé directeur du Metropolitan Opera de New York ». Yves ne le retrouvera que vingt-huit ans plus tard, en octobre 1978, au moment de la sortie du roman *Les Loukoums* à New York sous le titre de *Sweet Tooth*, la dent douce. Sir Rudolf Bing, désormais à la retraite, se rendant chaque jour « à un bureau », pour le principe et « par habitude », lui dira de sa femme *she was not my wife, but she is still, after so many years, the one love of my life. I will never forget our picking up wild strawberries*. Ce n'était pas mon épouse, mais elle demeure l'unique amour de ma vie. Je n'oublierai jamais notre cueillette de fraises sauvages. La personne responsable du lancement du roman d'Yves aux Etats-Unis avait été l'attachée de presse de sir Rudolf. Retrouvailles. « And what do you do now, Yves ? » « I write, sir. » Et que faites-vous, maintenant ? J'écris, sir.

Cette première année, de Monte Pana, ils rentrèrent en France par le nord de l'Italie. Ils longèrent le lac de Garde, déjeunèrent au bord de l'eau, remontèrent dans l'après-midi, par « l'autoroute », jusqu'au lac Majeur, et passèrent la nuit dans une pension à l'entrée de Stresa, en face des îles Borromées. C'était une bâtisse ocre et rose. Il pleuvait. Les couleurs de l'Italie deviennent vives sous la pluie. Le front mouillé, un être humain est toujours plus beau. Le lendemain matin, ils allèrent « voir les îles », le château, les grottes baroques avec leurs barques en forme de cygne. René et Adrienne ne goûtaient pas cette architecture. Pour la visite, ils étaient les seuls touristes. Le ciel était bas et la pluie si drue, flagellante, qu'il fallut attendre au moins une heure, à quai, que le capitaine du petit bateau qui faisait la liaison avec Stresa décidât de rentrer. La famille n'était décidément pas faite pour redescendre dans les vallées et rejoindre les villes. Ils déjeunèrent à la pension. Accalmie : des nuages s'effilochaient sur le lac. Des brumes se levèrent puis se dissipèrent. Le soleil pointait faiblement. René décida de faire une sieste. Il rentrait de vacances « épuisé par les escalades ». Il disait aux aînés « je suis devenu trop lourd pour vous suivre ». Il avait rendez-vous le soir même, à Milan, avec le président de l'E.N.I., Marcello Boldrini, « professeur de statistiques qui est aussi le traducteur d'Apollinaire en italien », phrase lancée au repas de midi comme une « preuve », et Enrico Mattei, directeur général, appelé à cette fonction par son ami d'enfance Boldrini, « Mattei lui doit tout. Mattei n'a pas fait d'études », seconde phrase lancée cette fois comme expression de cette « exception qui confirme la règle des études ». Les aînés sont partis se promener dans Stresa. Adrienne se tient dans le salon de la pension. Elle veut « terminer cette nappe avant la fin du voyage ». Ils ont déjeuné tard. La voiture est devant le perron de la pension. Yves est inquiet pour ses frères : s'ils ne revenaient pas à temps ? François-Pierre a été collé à son baccalauréat et doit se représenter en septembre, session « de repêchage ». Il a dit à Jean-Jacques « tu verras, toi, l'an prochain ! »

En face de la pension, de l'autre côté de la route, et au bord du lac, une terrasse en demi-cercle, des tables, des chaises, un podium, trois musiciens, un chanteur. Pour toute audience, des serveurs qui attendent d'hypothétiques clients. Et une femme, jeune, grande, vêtue d'une robe verte, extrêmement moulante et décolletée, longs cheveux noirs qui glissent sur ses épaules et dans son dos. Elle attend, à une table, en bordure d'allée centrale. Elle regarde le chanteur. Yves se dit qu'elle « appartient » à cet homme. Yves s'est adossé à la balustrade. Il tourne le dos au lac, surveille les volets de la chambre où René fait sa sieste. Puis, comme commandés, musiciens mécaniques, le petit orchestre se met à jouer et l'homme à chanter, voix douce, langoureuse. Le soleil cesse de poindre. Les nuages gris sont revenus. Le ciel « roule ses tonneaux », Danaïdes, Yves se récite le poème. L'homme chante. La femme le dévore des yeux. A la fin de chaque chanson, elle applaudit, seule, et c'est gênant. Yves écoute les paroles des chansons, *amore, amore, dime da dove vieni...* et *amore, amore, non posso più aspettare...* A la fin de cette chanson, Yves applaudit. La femme se retourne et lui sourit. Yves rougit. Mais pendant la chanson suivante, les serveurs se mettent à retourner les chaises sur les tables, tombent quelques grosses gouttes, le lac frissonne, et un vent se lève qui porte une nouvelle pluie en rafales. Yves a attendu le dernier moment pour quitter son poste d'observation, et se mettre à l'abri. Le chanteur a arrêté. La femme a couru vers lui à petits pas, à cause de la robe étroite. Et il l'a aidée à monter sur le podium. Elle avait des talons hauts, à lanières croisées jusqu'à mi-mollet. Sa robe verte était criblée par la pluie. Ils s'embrassèrent sur la bouche. Il la tenait, mains croisées autour de ses hanches, micro à la main. Yves se dit qu'elle pleurait. Les musiciens rangeaient déjà leurs instruments dans des housses et plaçaient leurs partitions dans une grande valise. Bientôt, il n'y eut plus personne qu'Yves. La pluie se calma. Yves quitta son abri et lui prit l'envie de faire des glissades sur la piste de danse. Il le fit une fois, dans un sens, mais il remarqua que les volets de la chambre de René étaient ouverts. Il remonta vite à la pension « où étais-tu ? » Les aînés étaient déjà dans la voiture. Quand ils reprirent la route, ils croisèrent les musiciens qui sanglaient une bâche sur le fixe-au-toit d'une minuscule

Fiat. Les instruments étaient là, dessous, contrebasse, violon, guitare, accordéon.

Sitôt arrivés à l'hôtel de Milan, René les quitta. Adrienne et ses fils passèrent une partie de la soirée à se promener dans les rues. La nuit, Yves fut dévoré par des moustiques. Le lendemain, ils visitèrent le Duomo, ils allèrent « voir *La Cène* » et, sur la route de Gênes, s'arrêtèrent dans un monastère : chaque moine avait « sa petite maison », « son petit jardin ». Tout était « en marbre ». Photos. Tard dans la nuit, ils arrivèrent à Menton et stationnèrent sur le front de mer, devant l'hôtel des Anglais « je vais voir s'ils ont de la place ». En sortant de la voiture, rituel des valises qu'il fallait « monter dans les chambres pour qu'on ne les vole pas », Yves sentit une présence inhabituelle, respira un air qu'il ne connaissait pas, et vit « de l'autre côté », nuit sans lune, un horizon uniformément sombre : la mer était là. Où finissait la mer, où commençait le ciel ?

Le lendemain matin, premier levé, guettant l'aurore derrière les persiennes, il entrevit la plage déserte, les vagues, l'eau qui devint de plus en plus bleue. Avant le petit déjeuner, René dit à Adrienne « je suis sûr que tu as oublié les maillots ». « Non, René, ils sont dans la grande valise blanche, tout au fond. » Yves se revoit aidant Adrienne, glissant ses menottes sous les vêtements parfaitement pliés, cherchant à l'aveuglette « et le tien, man ? » « Je ne me baigne pas. Je ne peux pas. Pas aujourd'hui. »

René et les aînés nagèrent au large. Adrienne venait encore de dire à Yves « ne va pas trop loin ». Cette fois, Yves avait de l'eau jusqu'au cou, eau dont il aimait le goût salé, dans laquelle il se sentit léger. Puis il y eut une vague. Yves perdit pied. Et sans même s'en rendre compte fit les mouvements de jambes et de bras : il nageait. Depuis des années, à la baignade de Lavacour, ou à celle de la petite île, en face de *Chez Marc*, il n'avait vraiment jamais osé « se lancer sans la ceinture ». Et là, c'était pourtant simple, une peur venait d'être oubliée, une autre naquit : la surface de l'eau, immense, vers le large, et le fond de mer, montagnes à l'envers. Yves dit à ses frères « j'ai nagé pour de vrai ». Ils ne le crurent pas. Il fallait déjà repartir.

Le soir, ils arrivèrent à Antibes. Margot les accueillit dans une vieille maison, sur les remparts, qu'elle louait depuis des années. Il y avait fête dans la rue. Un orchestre de « jazz » jouait *Les Oignons* et « Picasso était là ». C'était le mariage de « Sydney Bechet ». Etrange musique. Fête de désordre. Banderoles. Et l'écho des rues. Longue conversation de fin de repas. Margot répétait sans cesse « mais non, René, tu as tort ». Il était question de « l'homme-objet » et de « l'homme-sujet ». Les aînés étaient sortis. Adrienne écoutait mais ne participait pas. Margot insistait « l'homme est asservi par la science, mon bon René, tu... »

Le lendemain, Yves alla faire des courses, seul, avec la cousine de son père qu'il appelle et appellera toujours « tante Margot ». Margot s'arrête près d'un mur et dit à Yves « regarde ! » Sur une pierre, une inscription qu'Yves déchiffre, lettre à lettre, *Saltavit et placuit*. Margot explique qu'il s'agit là d'une pierre tombale d'époque gallo-romaine, réutilisée pour bâtir les remparts, et que l'inscription célèbre « un enfant », nommé « Septentrion », qui avait été « probablement danseur et mourut très jeune, de passage avec une troupe. Ils allaient de port en port. Les riches propriétaires les payaient pour se distraire ». Yves apprend le mot « épitaphe ». Margot explique « c'est l'art de résumer la vie de quelqu'un ». Et comme Yves lui demande de traduire l'inscription du latin, Margot, cheminant, souriante, avec accent et diction, heureuse de la leçon, commente *Saltavit et placuit*. Elle dit que c'est « tellement concis » qu'on ne peut pas « traduire sans trahir ». Elle essaie : « Il a dansé et il a séduit, il a bondi et il a ravi. » Puis, s'arrêtant, posant une main sur l'épaule de son petit-cousin, « tu ne vas pas faire comme tes frères, toi ? Il faut que tu t'instruises. Il faudra que tu sois premier en latin. C'est une langue morte qui fait vivre les langues vivantes ».

En 1974, peu après la publication de son roman *Le Cœur qui cogne*, Yves recevra la visite d'un chorégraphe qui lui commandera un « sujet de ballet pour célébrer un danseur, et, autour de lui, la troupe ». Yves écrira *Septentrion* : l'apparition de l'artiste, son surgissement, son bondissement. Et tous ceux, séduits, juges, qui tentent de le séduire, de « l'avoir », suite de pas de deux. Et Septentrion, toujours fidèle à son élan premier, ne dansant jamais la danse des autres, ceux-là qui célèbrent et qui paient, finalement rejeté par eux, se suicide, danse jusqu'à mourir, devant eux. Et eux ne bougent plus, ne font rien pour l'empêcher de se tuer. Marius Constant acceptera d'écrire la musique « c'est mon histoire ». David Hockney acceptera de faire le décor « c'est mon histoire ». Ils diront tous « c'est mon histoire ». Mais quand commence-t-on à danser la danse des autres ? Quand cesse-t-on d'être fidèle à un élan premier ? En mai 1975, à Marseille, Yves descendra avec David pour la création du ballet. David a emporté dans sa valise la gouache originale du décor. Personne de la municipalité ne l'accueillera, personne non plus du musée Cantini auquel il aurait souhaité offrir l'œuvre : David n'est pas encore assez connu. Pour « tuer le temps », David et Yves iront au château d'If. Sur le bateau, David prend Yves en photo. Ils parlent de *Septentrion*. David dit à Yves « one day, you should write your biography ». Un jour, tu devrais écrire ta biographie. Il sourit. « No writer, really, did it ever before. » Aucun écrivain ne l'a jamais fait vraiment. « Your biography. » Ta biographie. C'est de lui, l'idée. L'émotion viendra plus tard arracher la décision.

Ce fut donc tout cela, l'été 50. Après Antibes, curieux retour en zigzag, ils visitèrent l'abbaye du Thoronet, Albi, Conques, vision de la statue sévère de Sainte-Foy, puis Tournus, Vézelay : l'itinéraire a été fixé par René. Yves est heureux. Il n'aime pas l'arc brisé du gothique. Le plein cintre l'émeut. La terre ronde contre les mains jointes. René aussi se méfie du « baroque », du « flamboyant », du « jésuite » et du « néoclassique ». Quand ils arrivèrent à Vétheuil, il y avait tant de framboises au fond du jardin qu'Adrienne décida d'en faire des confitures « dès demain ». Ce soir-là, ils mangèrent des artichauts crus, du jardin, avec un peu de sel et du pain. De Monte Pana à Vétheuil, Yves venait de vivre, pour la première fois, un voyage et la mer. Le lendemain, après la cueillette des framboises blanches (les plus parfumées) et rouges (les plus sucrées), couvert de piqûres d'aoûtats, il marchera jusqu'à l'éolienne et, nu, il ira plus loin que jamais en criant les noms de son voyage, et ceux des « quatre éléments » désormais au grand complet.

Confondre veut dire réunir, ruiner, faire échouer, étonner, tomber dans le désordre, s'humilier, se tromper. Toutes ces acceptions évoquent l'état de trouble fréquent dans les œuvres d'imagination. L'imagination, ici, stricte mémoire des faits et des gestes d'une vie, est la plus confondante de toutes. Ce texte, plus du tout imaginé, au plus cerné, traqué, devance et me confond, réunion, ruine, humiliation.

## 39. Le redoublement

Quand Yves part pour le lycée, ce jour de rentrée scolaire 1950, il étrenne son premier « pantalon long », genoux couverts désormais, drôle d'impression. Le 24 septembre, quelques jours auparavant, jour de son anniversaire, il « s'est fait petit », volontairement, non pour créer un drame, mais pour vivre celui qu'il imaginait : l'oubli d'une date, d'une fête, la sienne. Il a disparu pendant la journée, s'est tenu dans sa chambre, a rangé « sa » bibliothèque, ses papiers, ses cahiers. Il a taillé tous ses crayons consciencieusement. Il a préparé son cartable, inventé une multitude de petites obligations de classement, la gomme, la règle, le plumier, et les nouveaux cahiers, étiquettes neuves. Il fallait aussi recouvrir les livres de classe, mêmes livres, année de répétition, avec un papier toilé, bleu sombre, comme la mer, le soir, bleu « outremer ». Amer. Amertume. L'amertume joue avec les mots. Elle fait feu de détails. Yves ne devait surtout pas se signaler pendant la journée : il fallait qu'ils, « ils », oublient de fêter ses dix ans. Le soir venu, après le retour de René, il tarda à descendre dans la salle à manger. Personne ne l'appelait, bon signe. Cette amertume l'enivrait. Il voulait être gommé d'eux, par eux. Il avait honte du redoublement. Il allait perdre un an. Les Russes n'avaient pas envahi la France. La bombe atomique n'avait pas détruit le monde. Adrienne avait décidé de garder les pots de confiture de framboises « pour les grands jours uniquement ». L'horloge, dans l'escalier, jetait deux fois les heures. Quand Yves entra dans la salle à manger, la soupière était déjà sur la table. Yves embrassa son père. Adrienne lui caressa la nuque pour qu'il aille vite s'asseoir. Les aînés, face à face, baissaient les yeux. Dans l'assiette d'Yves, sous sa serviette, il y avait un paquet : raté, pas de drame, pas d'oubli. René alors annonça à François-Pierre qu'il venait d'être « recalé » à la session de repêchage du bac. Colère. Mots secs. Mot en K. Yves déplia sa serviette en cachant le paquet sur ses genoux. Adrienne fit signe à Bernadette de rejoindre son mari à la cuisine « je servirai, merci ». Yves tendit son assiette. René donna un coup de poing sur la table. Le paquet tomba par terre. Drame. La violence vécue après l'amertume rêvée. Sans transition.

Quand Yves part pour le lycée, ce jour de rentrée scolaire 1950, il hume Neuilly : tout y est duveteux, grillagé, joli, fleuri, poli, et sans perspective. *Neuilly, c'est dimanche, tous les jours dimanche...* Yves n'a jamais pu achever ce poème. Plusieurs fois, il l'a recommencé, pris d'assaut, feuille vierge, de son écriture, l'écriture bien ronde d'Adrienne, *Neuilly c'est dimanche, tous les jours dimanche...* et jamais la suite. En quoi Yves ressemblait-il à tous ceux-là qui l'entouraient et prétendaient ne pas se ressembler entre eux ? Qu'avait-il de commun avec les siens, famille, sa famille, si ce n'est l'esprit de distance, chacun écartant l'autre, comme une ultime preuve d'affection ? Et qu'avaient de commun les siens avec les autres, les voisins, les voisins de Neuilly, ceux des pavillons, des hôtels particuliers ou des immeubles cossus ; protestants, catholiques ou juifs ; familles nombreuses ou pas ; habitant là depuis plus ou moins longtemps ; toutes ces familles attachées secrètement à une fierté de ne vivre ni vraiment dans la ville ni vraiment en banlieue, un mi-chemin de tout ; familles attachées à des morales, principes, préceptes, devoirs, obligations, rites, habitudes, mépris, orgueils plus vides les uns que les autres, vidés de leurs contenus ; familles de Neuilly seulement attachées à elles-mêmes, au fait de leur voisinage ? Neuilly, c'était donc cela : le dimanche d'un type de famille, le dimanche, jour morne, temps arrêté, jour lisse et habillé, empesé, gourmand, il y avait la queue à la sortie de la messe, à la pâtisserie Saint-Pierre, dimanche d'une société, d'un pouvoir, d'un portefeuille « de père de famille ». Et ce n'est pas ici « faire dire » à Yves ce qu'il ne pensait pas encore. Ce n'est pas ici formuler à postériori, en adulte de bientôt quarante ans, ce qu'il ne formulait pas ainsi, alors. Les deux premières lignes du poème si souvent inauguré, *Neuilly c'est dimanche, tous les jours dimanche...*, suffisaient à elles-mêmes et disaient tout ce qu'Yves apprit, par la suite, à exprimer douloureusement en formulant. Neuilly c'était aussi ailleurs, nulle part, un lieu entre-deux, sans couleurs, sans histoire, ville où tout était parqué, enjardiné, acclimaté, ville du Jardin d'acclimatation, entrée payante, miroirs déformants, train fantôme, grand huit, rivière enchantée, tout y était prévu, en principe, même la distraction. Et que faisaient-ils, eux, les Navarre, là ? Des bruits de pas dans le gravier des jardins. Gravier ratissé. Famille, un drôle de mot, comme vanille : les bâtons de vanille parfumaient les placards de la cuisine, villa Sainte-Foy.

Dans le paquet, cadeau d'anniversaire, il y avait deux livres des éditions Fernand Nathan, *Quelle est donc cette fleur ?* et *Quel est donc cet oiseau ?* Deux livres richement illustrés qu'Yves consultait au hasard, nature épinglée, fixée, nostalgie d'Adrienne, qui sait ?

Dans la cour du lycée, « cour des moyens », les rangs de la septième III se forment à l'appel de madame Pierre. Yves frémit à chaque nom. J,K, L,M... et c'est « Meuriot ». Il redouble aussi. C'est « foutu ». La guerre continue. Yvette a des pantalons longs.

Yves n'a pas aimé *Le Grand Meaulnes*. Il n'est pas « entré dans le livre ». Les petits cours, chez madame Pierre, à Levallois, appartement qui sent le biscuit sec, se déroulent mal. Les comptes rendus de lecture concernant ce roman ne sont pas sincères. Yves essaie d'y exprimer une conviction qu'il ne ressent pas. Jusqu'au jour où Yves explique à sa maîtresse d'école pourquoi il n'aime pas ce texte : descriptions touffues, un rêve qui est trop rêvé, une réalité qui n'est jamais réelle et « ces rencontres qui n'ont jamais lieu ». Il dit aussi « baroque », avec une pointe de mépris, comme René lors de la visite des Borromées. Yves ne lira jamais *Le Grand Meaulnes* jusqu'au bout. Madame Pierre opte pour *Vol de nuit*. C'est la découverte de Saint-Exupéry. Mais madame Pierre ne saura jamais qu'Yves n'aime les romans de cet auteur-là que parce qu'ils lui rappellent le rêve du lit bleu, et celui du planeur.

Dans la classe, Yves passe pour le favori de la maîtresse. Aussi madame Pierre veille-t-elle à ne jamais lui donner la meilleure note s'il la mérite, à ne jamais le mettre premier en composition s'il est premier de fait. Elle le lui explique, après, en petit cours.

Ils iront à Vétheuil presque chaque week-end, et à Vars pour les fêtes de Noël et celles de Pâques. Les aînés sont tous les deux « en première » et préparent leur bac. Antoine, cette année, sera « reçu à coup sûr » à l'agrégation. Il donne aussi quelques premiers petits cours de latin à Yves : les déclinaisons. Yves voudrait entrer en amitié avec Antoine. Il accepte de lui montrer quelques-uns de ses tableaux. Il les cache sous son lit, comme si personne ne pouvait les dénicher, là. Il montre aussi à Antoine quelques poèmes achevés, forcément moins bons, puisque achevés. Mauvais alexandrins. Mais Antoine, parfois, semble aimer un accord de mots, un voisinage, une image. Il appelle ça de « beaux moments » ou des « touches justes ». Il enseigne à Yves le petit art de recouvrir les livres proprement, sans « trop user de papier ». Il lui montre également comment écrire calmement, techniquement, prenant le temps de chaque mot, veillant à la ponctuation, et surtout, remplissant la page, ne laissant pas « d'espace mort ». Yves applique « cette règle de liberté » à sa manière de jouer du piano. Il se met alors à penser plus à la mesure de l'ensemble qu'à l'effort, ou l'effet de détail. Yves voudrait conquérir Antoine. Au jour de ce chapitre, Yves n'a jamais osé publier ni même montrer ses poèmes à qui que ce soit d'autre, ou si rarement. Il a publié onze romans, attend la publication du douzième, écrit celui-ci, et il n'est toujours « pas sûr » d'avoir conquis Antoine. Antoine qui professe désormais en province, auteur de plusieurs essais, Antoine qui lui a appris à douter de tout. Et à aimer les cahiers. L'amour de ces « livres blancs » commençant par le respect des pages, et le plein emploi de chacune des lignes.

Cette année-là, René achète un chien pour aller à la chasse. Cette année-là, Adrienne et René partent plusieurs fois en « voyage officiel ». En leur absence, les aînés organisent des surprises-parties et « paient » Yves pour qu'il retienne Bonne-Maman chez elle, rue de l'Eglise. Yves la force à jouer « au bridge à deux », chacun avec son « mort » en face de lui et seulement six des treize cartes retournées au moment des annonces, jeu de hasard. En l'absence de ses parents, Yves va aussi au cinéma avec Bernard et Bernadette. Il voit un film, *La Seconde Chance*. La guerre, encore la guerre, des femmes, des rafles dans les rues de Paris, des enfants qui appellent « maman ! » sur le quai d'une gare, poussés par des soldats, et des femmes, dans des « camps », qui meurent de faim, de froid, que l'on fusille, que l'on tue à bout portant, que l'on emmène dans des camions vers une étrange usine. Elles partent « en chantant ». La seule d'entre elles à être épargnée « savait parler allemand ». Les autres, des camions, lui crient des noms, des numéros de téléphone. Et elle, elle est là, en bordure de route. Elle est sauve. Yves « rêvera » d'apprendre l'allemand. Mais René ne veut pas. Le latin et l'anglais. Yves refera, pendant des mois, le cauchemar de ce film.

Une autre fois, toujours au cinéma *Le Chézy*, salle comble, des bonnes sœurs à cornette, peu d'enfants dans l'assistance, comment a-t-on laissé entrer Yves, Bernard et Bernadette croyaient qu'on projetait « un film anglais très drôle », Yves vit sur l'écran « une vraie naissance », un bébé sortir du ventre de sa mère, film « danois ». Yves a vu le petit être visqueux, gros plan, le visage contracté de la mère, autre gros plan, des hommes en blanc, autour, plan fixe. Tout s'est passé si vite, brusquement, à la fin du film, ce lit d'hôpital, cette femme couchée, ce ventre gonflé, ces jambes écartées, et l'apparition de la tête du bébé. Le sourire radieux de la mère après « tant de souffrance ». Il y eut, après la séance, un débat sur « l'accouchement sans douleur ». Yves, à côté de Bernadette, ne bougeait pas. Personne n'avait osé quitter la salle. Tout le monde se taisait. Ils étaient choqués et complices : ils avaient « vu ». En scène, un monsieur parlait et constamment répétait dans le vide « qui veut prendre la parole ? » ou « avez-vous des questions à poser ? » Bernadette fit jurer à Yves de ne rien dire « aux parents ».

Cet hiver-là, Yves prépare aussi sa « première communion solennelle ». Mais comment croire désormais à « l'annonce faite à Marie », à « Marie pleine de grâce » ? Pendant le catéchisme, Yves souvent se mordra les lèvres pour ne pas rire. L'abbé Fouine lui tirera l'oreille non sans plaisir : on ne tire pas l'oreille d'un enfant, comme ça, si fortement. Yves n'aime rien de ce qu'il lit, rien de ce qu'il écrit, rien de ce qu'il voit, vit, peint, dessine, écoute et dit. Il n'aime rien. Rien. Mais il lit, écoute, dévore, capte, se passionne, oublie, recommence. Plus sa bibliothèque se charge de livres, plus le sentiment de manque heurte en lui. Plus il se sent petit alors qu'il « grandit à vue d'œil », plus il se sent mutilé. Rien n'est acquis. Rien. Les nuits ne sont faites que pour calmer ses maux de tête. Chaque nuit, cauchemars, camps de concentration, accouchements, rendez-vous manqués avec les amis qui passent, écoutent, se penchent et partent, ont-ils peur ? Elie, monsieur Edouard, monsieur Bing, Antoine, lettres qui n'arrivent jamais ; concerts qu'Yves « doit donner », le public attend, Yves ne sait pas ce qu'il doit jouer ; pièces de théâtre dans lesquelles Yves a le rôle principal, il doit entrer en scène, il n'a pas eu le temps d'apprendre son texte, quel texte ? films, romans, tours du monde, nuits noires brusquement, sursauts : « Man ? »

Yves promène le chien, boulevard du Château. En pantalons longs, il a l'impression de passer inaperçu. Il observe le va-et-vient des hommes autour de l'édicule, les voitures qui passent, ralentissent. Il rentre villa Sainte-Foy, le ventre dans la gorge.

Leitmotiv : il n'y a pas une littérature homosexuelle mais une littérature *de* l'homosexualité. Il n'y a pas une écriture homosexuelle mais une écriture *de* l'homosexualité. On ne devient pas homosexuel, on *est* d'une sensualité différente, équivalence d'une différence, qu'elle soit masquée, honteuse, travestie ou à visage découvert. Boulevard du Château, tout se passe de nuit. Yves, cette année-là, se rend compte qu'il vit dans cette nuit-là depuis longtemps, comme toujours. Jamais personne ne l'approche, à cause du chien, grâce au chien, et parce qu'il est « trop petit ». Mais Yves approche. Neuilly, ville neutre. Neuilly, ville fermée. Champ clos. Un champ comme un camp. Année de retenue, année de redoublement.

Dîner villa Sainte-Foy : un invité dit d'un homme politique qu'il a de « l'envergure ». Yves pense que celui qui règne est celui qui ment. Yves découvre Apollinaire, *c'était un soir de brumes, à Londres...*

## 40. Les réveille-matin

Parfois, au repas de midi, quand par « miracle » Bonne-Maman n'est pas là, Adrienne répète à ses fils « vous avez tout. Vous n'avez pas le droit de vous plaindre ». Mais ce n'est là que taire sa propre plainte, la juger inopportune, juger pour trancher et se tenir à l'image du couple qui « ne doit pas divorcer », effet du droit de mainmorte de l'époux et du père. Ce n'est aussi que manière pour elle, Adrienne, d'accueillir confrontation et affrontements quotidiens, cette « idée » dans laquelle René la tient : elle « n'est pas à sa hauteur », elle « est de moins en moins à sa hauteur ». L'exercice et l'expérience de ces faits et de ces peurs ne sont pas inventés par Yves, mais scrutés, guettés, peut-être trop attendus, et surtout jamais distraits par qui ou quoi que ce soit d'autre. Yves s'est installé, et a été installé observateur. Il n'y a pas à établir de partage de responsabilité. Yves ne fait que remplir son rôle, non de petit dernier adulé, mais de petit dernier oublié parce que apparemment sage et en quête perpétuelle d'attention. Adrienne ne veut que maintenir, étouffer, sauvegarder. Yves sent que tout ce qui devrait permettre à Adrienne de s'exprimer rentre en elle, contenu par elle, et la mine. Rien n'évolue. Tout involue. Tout a commencé à ce moment-là. Vingt ans plus tard, elle sera perdue. Elle se sera gommée à force de taire et se taire.

Parfois Bonne-Maman quitte la table, au milieu du dîner. Elle se lève, plie la serviette, remet sa chaise en place et sort de la salle à manger sans rien dire : provocation. Elle attend que René la suive et lui demande de rester. Mais René ne bouge pas. Il attend que la porte du jardin signale le départ de sa mère. Il n'a pas « succombé à la tentation ». Silence de métal. Le dessert n'en est que plus amer. Alors, le moindre choc de couverts, d'assiettes ou de plats, à la cuisine, fâche le père. René a très certainement eu une « conversation définitive », avec sa mère, au sujet du « divorce ». Bonne-Maman a « vraiment cru » qu'elle allait prendre le pouvoir de sa bru pendant le voyage d'Adrienne à Condom. Depuis, perdante, cassée de son fils, elle « perd ses gants », elle ne termine plus ses phrases, elle veut faire un reproche mais ses lèvres ne font que trembler. Elle s'en va. En quittant ainsi la table, inopinément, et sans aucune raison directe, elle fait l'apprentissage de son départ. Parfois seulement elle dit, comme en bravade, « je ne reviendrai jamais à Condom ! » Mais qui l'a menacée de la renvoyer là-bas ? René la « fait vivre » à Paris. Elle a « le chauffeur quand elle veut ». Elle est « associée à tous les repas ». Et quand, fait rare, elle vient à Vétheuil, sitôt arrivée, elle veut « repartir pour Paris ». Elle ne dit pas Neuilly, mais Paris. René, « à coup sûr enfin », sans toutefois prendre le parti d'Adrienne, vient violemment d'ordonner à sa mère de cesser de harceler « son couple ». Et si Bonne-Maman, dans un premier temps, « joue aux absences », « fait l'égarée », excelle dans le rôle de « l'abandonnée », très vite ses absences ne sont plus jouées, ses égarements ne sont plus forcés et son abandon n'est plus commandé : la glissade, puis la chute, durera dix ans. La folie. Et la mort.

Parfois René ordonne à ses fils d'aller se coucher « sans dîner ». Sans aucune raison non plus. Simplement parce qu'ils viennent de prendre place à table et que leur présence éveille en lui une colère que « le docteur lui a dit d'éviter ». Jean-Jacques osera demander à Adrienne « qu'est-ce qu'il avait papa, hier ? » Adrienne répondra « il était fatigué » ou bien « il vous le dira lui-même, s'il le veut ». Le bon vouloir du père. Sa déception aussi. René aurait souhaité être « couronné par ses fils ». Nul désir de pouvoir ou de promotion. René ne veut pas s'admettre prisonnier d'une morale de deux mille ans. C'est l'arbre qui frémit en lui. Les racines font mal. Il dit volontiers qu'il n'y a, à Paris, que des « fourbes » et des « minables » pour régner. Le mépris de René n'est qu'une demande fervente, forcenée. Il sait qu'il a perdu « sa bataille », mais le mot « échec » est banni de son vocabulaire et il restera jusqu'au bout, luttera contre les malentendus, s'étourdira d'actions menées, de discours lancés, tenus parfois contre l'avis des « Affaires étrangères ». Il pourfendra « les impérialismes ». Il défendra envers et contre absolument tous une « politique pétrolière plus juste » qui s'avérera « prophétique » au moment où, en 1974, un président de la République, qui, bas le masque, dans l'exercice de son pouvoir septennal, deviendra vite parvenu notoire et regrettable, le mettra « de force » à la retraite. Sous prétexte de « limite d'âge ».

**Printemps 1951** : Yves observe Adrienne, Bonne-Maman et René. Tous trois semblent dire, comme s'ils étaient atteints d'un mal incurable, *n'affichez pas un sourire de circonstance. Ne me dites pas que je vais m'en tirer vite. Que ce n'est qu'un mauvais passage. Que ce n'est rien. Faux ou vrai, ce sourire porte entrave à la rencontre qui est nôtre en ce moment.* Yves ne le formule pas ainsi, vingt-neuf ans plus tard, « pour eux », « à leur place ». Ce *sourire de circonstance*, il l'a vécu. Il ne l'a pas « compris ». Mais il a « senti » à quel point chacun des trois venait de capituler. Yves est en train de les quitter. Yves les quitte. Et il lui faudra justement vingt-neuf ans pour commencer à les quitter vraiment. Ce *sourire de circonstance*, et dans circonstance il y a constance, c'était pourtant un peu d'amour, un peu de cet « espoir » des textes courageux, un peu de cette « espérance » prônée dans les églises. Non. Ils se quittent pour créer « l'état de siège ». Adrienne l'a dit ainsi. Ils ont choisi, de guerre lasse, de ne plus guerroyer. Ils ont choisi de se quitter en restant côte à côte, à chacun sa perte. Et Yves, à les écouter, à les voir, à les vivre décidés à ne plus rivaliser, décidés à se replier sur eux-mêmes, chacun sur soi, opte pour le même repli. Mais il ne veut pas de condamnation. Il ne veut pas de l'involution, de la glissade ou de l'étourdissement dans l'action. Pourtant, il vivra les trois à la fois : involutif, fou, actif. François-Pierre lui lance « laisse-moi tranquille » ou « reste dans ta chambre ». Jean-Jacques lui dit « tu n'as qu'à te défendre tout seul ». Sur le chemin du lycée, s'il parle à un camarade, il s'entend jeter « tu mens, tu mens tout le temps ». S'il confie à l'aumônier que le responsable des enfants de chœur l'a fait venir chez lui, l'a déculotté, qu'il n'a rien compris qu'une « grande chaleur » dans tout son corps, et « surtout pas ce que l'autre voulait faire », sa honte en rentrant chez lui, répétant « salaud », « salaud », l'aumônier lui dira « je crois qu'il vaut mieux que tu n'en parles pas à tes parents », le tout bouclé, classé, tu, en serrant Yves contre sa soutane sale. Neuilly. Tout a l'air plaisant, mais il y a des murs et des grilles, partout.

Il y a une « semaine de retraite obligatoire » et plus de cours au lycée avant la Première Communion solennelle. Yves retrouve son carnet de première communion privée. Il a seulement noté en page de garde, *le passage de la discussion de monsieur l'Abbé qui me plaît le plus est celui où il dit la joie que l'on ressent à regarder le ciel.* C'est tout ce qu'il a noté la première fois. Il ne notera rien la seconde. Yves ne connaît qu'un ciel, celui de l'éolienne. Dernier jour de retraite : l'aumônier emmène ses futurs premiers communiants visiter l'église des Carmes. Il y fait froid et sombre. Si froid et si sombre qu'Yves pense que c'est là tout, sauf un lieu de prière. Et l'aumônier se met à raconter une histoire, à voix basse, mais à voix basse de qui ? Une histoire de « prêtres » qui « eux aussi » ont été « résistants pendant la Révolution ». Ils étaient là, enfermés. L'aumônier montre l'église vide, chaises vides, vague parfum d'encens qui se confond avec celui de la poussière et de la pierre grise. Puis l'aumônier ordonne aux enfants de se mettre en rangs par deux. Yves se place en dernier, tout seul, chiffre impair. Et tous ses camarades, devant lui, entrent par couples, dans un couloir noir, marchant plus ou moins à tâtons, bousculades, petits cris, puis « chutt... » Le couloir fait un coude : tout au bout, une porte que l'aumônier ouvre, un perron, la lumière d'un jardin. L'aumônier s'arrête sur le perron, se retourne et fait signe aux enfants de ne pas bouger. Lui seul est dans la lumière. Il explique que les révolutionnaires « étaient là, dans le jardin », que les prêtres « étaient là, dans le couloir », et que contraints par d'autres révolutionnaires, sous la menace des armes, les prêtres se sont présentés « un à un sur le perron », ont été « tués un à un » et « ne furent pas enterrés ». L'aumônier se retourne, descend dans le jardin « maintenant, vous pouvez avancer ».

Yves voudrait faire demi-tour mais il a peur d'être moqué, et s'il les perd, comment revenir à Neuilly ? Les rangs se sont écoulés. Reste Yves. Quand il arrive sur le perron, lumière vive, soleil : éblouissement. Il tombe. Il reprend connaissance dans les bras de l'aumônier. Vite il se relève, et dit comme Adrienne, même ton, même voix, « ce n'est rien » puis « je vous assure, mon père, ce n'est rien ».

La nuit suivante, veille du « grand jour », dans la nuit de sa chambre, dans le secret des draps de son lit, Yves retirera pour la première fois son pyjama et, nu, recroquevillé sur lui-même, placera ses mains sur son sexe sans aucune honte, comme pour calmer la peur du lendemain. Ce qui est bon, c'est tout le corps, nu, dans les draps. Un petit crayon entre les jambes.

Le lendemain, pendant la cérémonie, Yves a presque l'impression d'avoir « la foi », celle dont « ils » parlent. Parce qu'il fait beau dehors. Parce que Adrienne est belle, au banc d'honneur, en face de la chaire, sous une grande capeline. René aussi a l'air heureux. Yves se croit le héros du jour : la famille est réunie. Tante Suzanne et ses fils, Margot, son frère Pierre et sa fille Poulou, des cousins de Bonne-Maman et Michèle sont là. Michèle est la seule « Bax ». Et il y a les « cadeaux ». Curieusement tous ont pensé au même, et Yves se retrouve avec cinq réveille-matin, « de voyage ». Il porte le brassard de son père, qui a été porté par chacun des aînés, et il se dit que personne ne le portera jamais, après lui. Il se dit aussi qu'étant le plus jeune de sa génération de cousins-cousines, sa « première » communion est la « dernière ». Il a entendu quelqu'un rire « maintenant, nous ne nous retrouverons que pour les mariages ! » L'aumônier dit le bénédicité et préside le déjeuner. Yves, en bout de table, pense qu'il n'est le héros de rien et que tout cela n'est que prétexte. Pièce montée. Socle en nougatine. Il porte un costume gris qu'il « pourra remettre après ». En fin de journée, réception. Qui donc offre à Yves un livre de reproductions de la *Châsse de sainte Ursule* de Memling et écrit, devant lui, sur la page de garde, *pour Yves, en lui souhaitant d'être aussi sage que ces images ?* Yves n'attend que de se retrouver nu, dans son lit, pyjama roulé en guise d'oreiller.

Sur le perron de l'église des Carmes, ç'avait été tous les films d'un coup, *Pour qui sonne le glas*, *Rome ville ouverte*, *La Seconde Chance* et même celui de la « naissance » pour ne citer que les déjà nommés : tous les films à la fois, et pour de vrai, brusquement. Eblouissement. Yves a remonté les cinq réveille-matin, puis il les a fermés dans leurs boîtiers, a écouté leurs rivalités de tic-tac et les a cachés dans un tiroir, au fond, sous ses cahiers, romans, inachevés, son trésor pour étouffer ces réveille-matin, comme les siens. Parfois, Adrienne regarde Yves sans rien dire. Et Yves lui répond en pensée « je ne peux rien pour toi puisque tu le veux ainsi ». Il parle aussi en pensée à René, à Bonne-Maman, à madame Lalanne, à Margot, à Antoine, à l'oncle Gabriel, à Bernard et Bernadette, à Joseph le chauffeur, à madame Pierre, à la boulangère et au boucher de Vétheuil, à tous ceux qu'il croise, il dit en pensée « je ne peux rien pour vous ». Et, rageur, comme s'il allait sangloter, « et moi, alors ? » A quoi bon parler de « charité » ? Yves note, au jour de ce chapitre, *les images préconçues n'auront jamais le dernier mot de la souffrance*. Il ne sait pas pourquoi. Il ne sait pas vraiment ce qu'il veut dire par le canal de ces mots-là. Mais il a besoin de l'écrire ainsi, maintenant. Ici. A cette page. Ni temps passé ni temps présent : le même temps. Dire « il » pour mieux dire « je ». Et se battre à chaque ligne pour ne rien reconstituer mais pour bien constituer au mot près, à la sensation stricte et quitter enfin. Comment fut-il, comme tant ou tous, façonné ? Et comment, comme tant ou tous, il se façonna. Le poème sur les « tic-tac » demeura, lui aussi, inachevé. « Enchevêtrement » prenait un accent circonflexe. Antoine le lui fit remarquer. Le seul cadeau dont Yves se servit fut celui d'Adrienne : un dictionnaire neuf.

## 41. Le petit valseur

François-Pierre fut reçu et Jean-Jacques collé. François-Pierre allait entrer en math élém. De retour du second séjour à Monte Pana, ils laissèrent Jean-Jacques en gare de Milan. Il devait prendre un « train de nuit » pour Paris et entrer le lendemain matin en « boîte à bac ». La fin du voyage, Yves ne la vécut que dans ce climat de terreur dont il se défend aujourd'hui de penser qu'il était exclusivement entretenu par lui ou exclusivement entretenu par les siens. L'instinct judéo-chrétien de ségrégation le tient encore et gouverne en lui, malgré lui, ce besoin de distinguer, de classer, d'accuser, de couper l'humain en deux, bons et méchants, fourbes et valeureux, vainqueurs et vaincus, propriétaires et appropriés.

Yves se fit quelques amis, à Vétheuil. Il allait pêcher avec eux, à l'embouchure du ru, et quand l'eau de cet égout du village devenait rouge du sang des bêtes tuées par le boucher, « ça mordait ». Il suffisait de jeter sa ligne, hameçon sans appât, les petits goujons pullulaient et se laissaient prendre, affolés par le sang, instantanément. C'en était même lassant. Mais l'auberge Saint-Christophe affichait « les fritures du jour » et leur achetait ces « pêches miraculeuses ». Ils se partageaient l'argent « pour la fête du village ». Yves se trouvait être, encore une fois, plus jeune qu'eux. Ils allaient fumer des Week-End, en cachette, dans un champ de pommiers, en contrebas de la route qui mène à Saint-Martin-la-Garenne et à Mantes-la-Jolie. Là, parfois, ils jouaient à qui se mettrait nu le premier. Ils avaient « des poils », eux ; Yves pas. Ils

« jutaient », eux ; Yves pas encore. Et Yves, par goût, mais ils ne le savaient pas, ils ne pensaient qu'aux filles, et par peur d'être chassé du groupe, ils menaçaient tout le temps de le « laisser tomber », apprit à se mettre à genoux devant eux et à les faire jouir, dans sa bouche. Un jour, ils surprirent un couple, couché à l'écart de la route, derrière un talus, hautes herbes ployées, l'homme plaquant la femme, comme encastré, et Yves fit avec ses amis une étrange danse de Sioux autour « des amoureux ! » Ce fut aussi l'époque des cabanes, chez l'un ou chez l'autre, jamais chez lui, au fond de leurs jardins respectifs, et les parties de Monopoly ou de Nain jaune se terminaient inévitablement comme dans le champ de pommiers. Yves ne se souvient vraiment que de la peur, alors, d'être surpris par « des grands ». C'était « interdit », on pourrait le « dénoncer ». Il se sentait coupable, lui, et ses amis pas. Pourquoi ? Cette culpabilité lui faisait aimer le rôle qu'ils lui faisaient jouer : ils lui tenaient la tête, par les oreilles, et pendant ce temps-là ils fermaient les yeux, eux. Ils jouissaient toujours trop vite. Goût.

Quand il rentrait chez lui, Adrienne regardait Yves et Yves baissait les yeux. Si elle lui posait des questions, il ne répondait plus. Il lui arrivait même de faire le tour de la maison et d'entrer par le parc pour monter dans sa chambre sans être « vu » d'elle. Aux repas, il n'écoutait plus. Sa tête bourdonnait. Et quand, pour se faire désirer de ses amis, les inquiéter aussi, il disparaissait l'après-midi entier, il allait bien au-delà de l'éolienne et, au pied des falaises, couché, nu, tenant son sexe, il attendait que surgissent les planeurs de Chérence. L'odeur de l'herbe l'enivrait. Le halètement lointain de péniches calmait les battements de son cœur. De retour à la maison, caché dans le grenier, il se mit à peindre des « visages abstraits ». Les lèvres, le nez, les yeux, le menton, les oreilles : il inventait des visages, très flous.

Yves découvrit aussi tout en haut de la colline, à l'aplomb du cimetière, la carrière abandonnée dans laquelle on avait taillé les pierres de la collégiale. Ce creux, envahi de verdure, devint son territoire. Il s'y sentait coupé de tout. Et sur un énorme bloc rectangulaire, nu, il se couchait, la joue gauche contre la pierre, bras écartés, mains à plat, attendant que la chaleur de la pierre gagne son ventre. A la fête du village, dans une auto tamponneuse, il se cogna violemment la tête sur le volant. Il alla vite se coucher, un gant mouillé sur le front. Des lancements dans la tête. Il n'attendait de l'autre, de quelqu'un d'autre, qu'un baiser. Un baiser échangé.

Mi-septembre, ils partirent en fin de journée, un vendredi, sans chauffeur, et sans Jean-Jacques. Ils couchèrent en route, et tôt le matin arrivèrent à Aurillac juste à temps pour le mariage d'Antoine qui venait d'être reçu « premier » à l'agrégation. Yves porte « son costume de premier communiant », un costume comme les autres, en flanelle grise. Adrienne dit « tu vois, j'avais raison, et il te servira encore ». Yves veut faire à Antoine et Marie un « cadeau personnel ». Il court dans les rues, trouve un fleuriste. Il n'y a plus que des œillets rouges. Il fait composer un gros bouquet, avec des branches d'asparagus, et quand il se présente, au domicile de Marie, bouquet à la main, remerciements, confusion, le bouquet disparaît de main en main. Ils ne le montrent pas à la jeune mariée : Yves devient aussi rouge que les œillets. Pendant la cérémonie religieuse, à la cathédrale, Yves seulement comprend : toutes les fleurs sont blanches. Les fleurs des mariages « doivent être blanches ».

Le repas de noces, dans une auberge de campagne, durera jusqu'à la nuit tombée, suite spectaculaire de plats, de toasts et de discours. Et le soir, il y aura bal dans les salons de l'hôtel du Commerce. Yves invite une nièce d'Antoine. Une valse. Puis deux. Puis trois. Il est heureux. Il danse. Il fait danser. Il est plus petit et plus jeune que cette jeune fille, mais ils tournent bien ensemble. La tête leur tourne un peu aussi. La fête bat son plein. Brusquement, Yves se rend compte que Marie et Antoine ont disparu sans dire au revoir à personne. Il s'assoit sur une chaise. Il ne veut plus danser : il n'a pas eu le temps de leur expliquer « les fleurs rouges ».

Yves entre en sixième. Il connaît déjà « un peu de latin ». Il aura de bonnes notes, au début. Mais très vite, les autres déclineront sans lui et mieux que lui : le professeur de latin s'ennuie. En anglais aussi, Yves connaît quelques mots. Mais le professeur a l'air de ne même pas écouter ce qu'il dit. Le professeur de français, lui, ne fait que chasser les « épithètes » et les « adjectifs ». Il en voit partout. Il ne voit que ça. Yves aime les textes, si peu les explications. Cours de solfège, cours de dessin, cours d'histoire et géographie : Yves se contente de faire ce qu'on lui demande de faire. Rien ne doit le signaler. Il veut seulement devenir premier en gymnastique. « Alors Yvette, t'es plus première ? »

Antoine enverra une lettre, peu avant les fêtes de Noël et le départ pour Vars. Il y fera mention de sa nièce qui « peu de temps après le mariage a rompu ses fiançailles à la plus grande surprise de toute la famille » et accusation sera portée, humour, tendre ironie, à la « séduction du petit valseur ». Villa Sainte-Foy, ils diront à Yves en riant « c'est à cause de toi ». A cause de. La cause. Accuser. Premier alibi.

## 42. Vendredi 13 juin

Mon cher Xavier. Voici trois mois, aujourd'hui, que j'ai entrepris *Biographie*. Mi-parcours puisqu'il me reste trois autres mois et quelques jours d'ici le 24 septembre, date anniversaire de mes quarante ans, et je n'ai que onze ans, je viens à peine d'entrer en sixième. Mais l'exercice sensuel vient d'être déclaré, tout comme on déclare un enfant au registre des naissances, à la mairie, et je me sens aujourd'hui un peu mieux. J'ai des questions à te poser, qui n'appellent pas de réponse, mais qui ont besoin d'être lancées, placées à ce moment du texte, couchées sur les lignes, n'attendant du lecteur, et de toi en premier, que d'être mises debout, attention portée, ombre portée du regard attentif, fécondité de la lecture.

Pourquoi l'usage de nos corps est-il encore et si fort frappé d'interdit ? Pourquoi, libéré que je suis, beaucoup plus par l'émotion que par le principe de ce texte, ai-je tu tant de ce qui fut bon, et beau, dans la découverte que je fis, petit à petit, de l'âge tendre à celui d'aujourd'hui, onze ans, tant ou presque tout ce qui, biographie parallèle des sens, me fit jouir au sens « propre » du terme : contacts, regards, odeurs, érections, guets, traques, frissons, quête du corps de l'autre, avidité et curiosité de tous les sens, ce *n'importe comment et partout* sensuel ? Pourquoi ai-je tu tout cela ? Ne suis-je pas encore sous une dictée ?

René parlait d'influences « perverses ». Je l'entends dire aussi « ce sont des gens vicieux ». Mais jamais il ne nommait le doute qui le saisissait quand il me voyait : il ne voulait pas dire le mot qui me définissait. Il me plaisait alors de penser que je n'étais pas son fils, d'inventer toutes sortes de naissances tragiques, d'adoptions forcées. Et j'allais, tout ébroué d'histoires fausses, illusions, consulter l'album de photos et cherchais dans celles qui le représentaient à mon âge la preuve absolue de paternité : je lui ressemblais tellement. Je lui ressemble. Alors pourquoi n'aimait-il pas ceux qui m'aimaient, ceux qui « s'intéressaient à moi ? » Car il blâma Elie, bien après, quand par souvenir ému je mentionnais son nom. Il se méfia aussi de monsieur Edouard, de monsieur Bing, et même d'Antoine ou de Margot s'ils prenaient « ma défense ». Il n'aimait pas que quelqu'un m'adresse la parole ou « s'occupe de moi ». Car tous, alors, lui disaient qu'il devait « être fier de moi ». Et dans l'album de famille, pas une photo de son père, mon grand-père, ce silence autour de Joseph, pourquoi ?

Un calme m'anime : je suis en train de me retrouver. J'ai dîné ce soir chez Dominique. Je la voyais quand j'étais petit, les dimanches, à Vétheuil, à la messe. Nos parents se saluaient, c'est tout. Leur maison était sur la colline. Le chemin de l'éolienne passait derrière leur parc. Je vis, l'espace d'un été, une maison s'élever, contre le mur, toute belle, en pierres sèches. Et j'appris, au repas, chez moi, que ses parents avaient fait construire une « maison pleine de jeux, pour leurs filles ». Ce soir, Dominique m'a raconté ce qui s'était passé de l'autre côté du mur. Elle jouait peu avec sa sœur Catherine. Elle n'avait pour passion que la cabane à bois qui se tenait là dans l'angle du mur. Elle grimpait sur le toit, sautait, regrimpait, sautait. Des journées entières à grimper et à sauter. Et entre les bûches, une couverture. Il lui arrivait de dormir là. C'était « sa maison au fond de l'eau ». Quand elle donnera cette explication à sa mère, celle-ci lui répondra « quelle folie ! » Et à la fin des vacances, cabane détruite, une belle maison de pierre avait été construite à la place, avec « sofas et ping-pong ». Dominique m'a dit tout à l'heure « je n'y entrais pas. J'allais voir les planeurs de Chérence ». Nul besoin d'inventer. La réalité déjà.

Ecoute, Xavier : je ne suis plus seul à écrire *Biographie*. Chez Dominique, il y avait aussi André, metteur en scène de *La Troisième Partie de la nuit* que je considère comme un des films les plus accomplis, film dont je porte encore en moi le souvenir marqué et humain, et un ami américain qui vient de collaborer au script du film qu'André va bientôt tourner à Berlin avec son amie Isabelle. Et je n'ai pas pu, comme nous venions Dominique et moi de confronter les deux versions de notre histoire « de chaque côté du mur », ne pas leur annoncer *Biographie,* exprimer la course de fond de ce texte, son urgence et son couronnement de septembre. Dominique alors a dit « then, you will be free », après, tu seras libre. Et comme André et son ami américain me regardaient, j'ai répondu « no, I just want to be alienated differently », non, je veux seulement être aliéné différemment. Je les ai quittés heureux et coupable d'avoir livré mon « secret ». Isabelle venait d'arriver. Il était minuit. Elle avait l'air fragile, dans une robe blanche, trop grande pour elle, trop « grande dame », et si belle dedans qu'intimidé j'ai fui. André et moi sommes nés à quelques jours d'intervalle, lui à Varsovie, moi à Condom. Nous nous sommes embrassés en nous quittant. Dominique a un chat, Marcel, qui écoute les conversations, comme Tiffauges. Moi aussi, j'ai construit une cabane, derrière un buisson de lauriers, dans le parc, à Vétheuil. Un dimanche, quand je suis arrivé, le carré avait été nettoyé par les jardiniers, ordre de René. C'est ce qui me jeta contre les falaises et leurs entrées de grottes où je me glissais, jusqu'à étouffer. Le cœur dans la gorge, il me fallait remonter vite, reprendre souffle et connaissance. Je jouais avec l'évanouissement. Et le surgissement des planeurs, à la crête de la colline, me faisait jouir quand je ne « jutais » pas encore. Ce soir, Xavier, j'ai retrouvé un calme, mode de vie, emploi du temps. Cette douleur qui me mine depuis sept semaines semble s'atténuer. Le traitement de cortisone et de pénicilline agit. Enfin. Pourquoi casse-t-on les maisons que se créent les enfants ? J'étais jaloux de Dominique. J'aurais voulu lui parler. Je ne peux lui parler que maintenant, trente ans plus tard, et devant son fils, dix ans, qui sourit en nous écoutant. Pourquoi nous éduque-t-on dans l'idée qui rend synonymes « souvenir » et « vieillesse » ?

Pourquoi n'ai-je pas, conformément à l'esprit qui anime ce texte, assez exprimé le comment et le pourquoi des rejets de chacun des amis de mon âge que j'approchais ? Une fièvre s'emparait de moi à chaque fois qui me poussait à leur raconter la vie comme je la vivais et jamais ils ne me croyaient, parce que c'était vrai. Etaient-ils plus « éduqués », plus habitués déjà à ne souscrire qu'à ce qui avait « l'air vrai », qu'à ce qui était conforme aux images et aux bons points distribués ? Pourquoi suis-je encore, et plus que jamais, à trop parler et me livrer dès que je me trouve en compagnie, en couple, en groupe, dehors, ailleurs, chez d'autres ? J'ai trop parlé à Ruptures n° 1, n° 2, n° 3, n° 4, tout de suite et à chaque fois trop : ma vie leur paraissait incroyable parce que c'était seulement la vie. De quoi ai-je peur ? Il serait trop facile de répondre que l'objectif unique est alors de plaire pour plaire. Il serait juste de dire que j'ai seulement et violemment peur de ne pas être accueilli pour ce que je suis. Uniquement ce que je suis. Rien ne me conduit plus à désespérer que le spectacle des « intelligents » et des « modestes ». Eux seuls, si nombreux, ils prolifèrent, entretiennent le mensonge qui dévalorise tout. Ils font chasse morte aux émotifs et aux actifs. Ils ne veulent pas de cette capacité de s'émouvoir sans laquelle nul ne peut sur-venir, survenir aux autres et à lui-même. Notre civilisation se meurt de n'avoir qu'imposé la répétition d'images reçues, et multiplié les reproductions de reproductions. Je te le dis ainsi, fort mal peut-être, ce « peut-être » j'y tiens, et ce n'est pas un jeu de mots car je « peux » et je « veux être » encore. Pourquoi, après avoir trop parlé, dans l'exercice de mes rencontres sociales, reviens-je chez moi, seul, avec ce terrible goût de cendres dans la bouche ? Pourquoi suis-je tout le temps à parler à voix haute m'adressant à l'une, à l'autre, ici, chez moi, de mon bureau, querelles avec des absents : alors seulement je trouve les mots qu'il faut ? Enfant je bafouillais. Les mots faisaient l'amour n'importe comment dans ma bouche.

Nous nous sommes parlé au téléphone. Tu es en train de lire la seconde partie de ce texte, du chapitre 15 au chapitre 37. Et voilà que je te parle de mon hystérie. Tu me réponds qu'étymologiquement l'hystérie n'est que « la maladie du ventre au moment de l'enfantement ». C'est bien là que tout se passe : rien dans la tête, tout dans le ventre, schéma factice, et pourtant. Je me souviens des propos savants de ce directeur de clinique qui s'occupait de ma mère, les premiers temps de sa chute dans le silence. Il me disait, la voix pointue, élégante, la clinique marchait bien, *les femmes ont le cerveau à la place de l'estomac*. Très vite j'intervins auprès de mes frères et de mon père et fis rentrer « notre mère » chez « elle ». Cette scène, je l'ai décrite dans *Le Cœur qui cogne*. Mais au temps de ce roman-là, je ne pensais pas qu'Adrienne deviendrait madame Dauzan. Et je prêtais au personnage principal, Pierre, un frère que je n'ai pas eu, une fiancée juive, sortie des *Thibault* de Martin du Gard, et des sœurs que je n'aurais jamais. Je ne trichais pas. Je composais. Composition française. Je tournoyais. Trente-neuf ans de vol plané. Ici, enfin, je plonge.

Rien ne sonne plus juste qu'un mensonge car l'écoute le cisèle et le malin peut facilement le manier. Pourquoi ai-je si peur de ce texte qui advient, maladie de mon ventre, moment d'un enfantement ?

Pourquoi me fut-il dit très tôt, par l'aumônier, que la sanction du sexe se nommait « maladies honteuses », syphilis, blennorragies ? Pourquoi a-t-il hanté ainsi mes premiers rapports sexuels ? Pourquoi, aujourd'hui, la honte de ces maladies fait-elle encore si fort scandale qu'on ne peut même pas en prononcer les noms, pauvre petite blenno accidentelle et sournoise syphilis qui ronge encore le sang, résiste aux traitements, « recrudescence » dit-on : ce sont toujours les autres qui l'ont ? Je ne m'égare pas Xavier : je mesure le chemin parcouru et le chemin à parcourir. Jusqu'ici, j'ai tu une part de moi-même, avide de jouissance, capable de toutes sortes de heurts, plein exercice sensuel de l'enfant qui gigote encore en moi à écrire ces lignes. Et à partir d'ici, je vais taire ce qu'il ne faut pas nommer, les maladies, et surtout la peur de ces maladies. Je pense à Panizza et à son *Concile d'amour :* jamais personne n'a relevé vraiment le propos de son œuvre. Je pense à Maupassant, à Wagner, à la quête du Graal dans *Parsifal,* pourquoi ? Je pense à Rasky dans *Les Loukoums.* Je pense à cette amie morte folle et paralysée, il y a un an, et à qui je rendais visite les premiers temps de sa maladie. Elle avait la syphilis depuis trente ans et ne le savait pas. Elle ne s'était jamais fait faire de contrôle. Elle ne pouvait pas « l'avoir », elle. Je pense aux médecins qui ne donnèrent le diagnostic que lorsqu'elle mourut. Je pense à cette amie, les premiers temps de son attaque de paralysie, me tendant son bras valide et me disant d'une moitié de bouche, *je n'ai jamais aimé qui m'aimait et j'ai toujours détesté qui ne m'aimait pas.* Peu ou plus personne ne lui rendait visite. Fini. Pourquoi l'aumônier m'a-t-il menacé de ces maladies-là ? Prenait-il la revanche de mes confidences ? Je le lui ai dit, plus tard, l'année de mes vingt ans, à Briançon, dans les Hautes-Alpes. Nous nous étions retrouvés par hasard. Nous marchions le long d'un torrent. Je parlais. Il se taisait. Nous nous sommes quittés sans nous serrer la main. Il baissait les yeux. Il avait les lèvres fines et un pli au menton. D'où vient le sale et qui a tout sali ? La réponse est dans toutes les blanchisseries.

N'en déduis rien au sujet du mal qui me tient en ce moment. Ce serait prendre ce texte au pied de la lettre. La syphilis n'a pour elle qu'une qualité : elle est là, toute douce, on ne la sent pas, on ne le sait pas. Or depuis deux mois je ne vis que douleurs vives qui me tiennent en éveil les nuits durant. Je voulais simplement te dire qu'au moment de ce texte un aumônier intervient pour me flanquer des menaces de maladies et tenter de rendre coupable chacune de mes jouissances partagées.

Et toi, fils d'un second mariage de mon oncle Gabriel, chagrin de la mort de Jeanne, donc beaucoup plus mon cousin d'esprit que mon cousin tout court, seul vrai cousin certainement, puisque nous nous écoutons, sache que ce texte est tien tout autant que mien : je redonne à nos pères respectifs et complices le rôle d'influence qu'ils donnaient eux, par principe des familles, culturel, tribal et habituel, à nos mères. Alors ? Les pervers, c'était eux. Ton père et le mien. Tape-moi dans la main. Et rions !

En sortant de chez Dominique, hier, il faisait beau et chaud. La nuit était vibrante. J'ai décidé de rentrer à pied. Au carrefour de la rue Dante et de la rue des Ecoles, je croise un copain, un garçon que je connais peu et depuis longtemps, un de ceux-là qui me veulent conforme à l'image triomphante qu'ils se font de moi. Il me voit, lève la main en signe de bonjour et me lance, *ça va Yvette ?* C'est tout. Il n'a sans doute pas compris pourquoi je le regardais étonné et ravi, ravi à cause du texte en cours.

Pourquoi, en dehors de Jean-Jacques et Marie-Claude, d'Emanuel et de toi, pourquoi tous ceux, autres, qui composent l'horizon de ma vie ont-ils disparu depuis que j'ai entrepris *Biographie,* depuis aussi que les douleurs me tiennent ? Plus je plonge, plus ils s'écartent. Ils ne veulent pas de figuration d'origine. Ils croient que l'art ne peut procéder que de la transfiguration. Il y a de l'aumônier là-dessous, encore une fois. Je ne chasse pas la soutane. J'essaie seulement de capter un regard qui interdit la jouissance. Même le mot « jouissance » a été rendu scabreux.

Dans une semaine, je serai de nouveau à Joucas. Mais je ne descendrai pas encore pour l'été, avec les chats : il faut que je rentre ici et trouve quelques petits travaux rémunérateurs comme celui que je fis avant-hier pour annoncer qu'un fromage frais « ail et fines herbes » allait être vendu un franc de moins. Certains auraient pu dire que je donne là des verges idiotes pour me faire fouetter. Mais seraient-ils arrivés à cette page ?

J'ai peur de me retrouver seul à Joucas, cet été. Peur de me coucher seul, de me lever seul, alors que, paradoxe, je n'ai jamais pu partager mon lit. Peur de trop parler à voix haute, seul, et de trop parler avec d'autres quand, par hasard, il y aura visite. Peur de me sentir enfermé dans cette maison qui « enferme » vraiment quand on y réfléchit. Peur de me souvenir du jeune homme de l'été dernier, du jeune homme de l'été d'avant, des deux premiers aussi : je n'ai que quatre doigts aux deux mains. Stop là. Suis-je en train de me contredire ?

Au lieu de t'écrire, j'ai failli, pour ce chapitre, adresser une lettre à Antoine, lui parler de la réalisation de ce texte, lui dire que le chapitre précédent s'arrête à l'événement de son mariage, et lui demander de m'envoyer certaines des lettres que je lui ai adressées, et elles furent nombreuses, et il m'a dit les avoir conservées, car de douze à vingt ans je lui écrivais chaque semaine. Je croyais, sans jamais lui avoir fait aucun aveu, qu'il allait me comprendre et me sauver de mon père. Mais la discipline de ce texte propose de limiter les présences amies. Je doute fort d'Antoine encore. Je crois qu'il a souffert de mon père autant que moi. Le temps viendra, en parcours de texte, années de mes dix-huit ans et de mes vingt ans, où je transcrirai des lettres de lui et des lettres de René. Les seules conservées. Elles suffiront.

Un dimanche, il y a trois ans, à la Malmaison, j'ai trouvé à la cave, dans une armoire de métal, de grands dossiers cartonnés portant des noms, *François-Pierre, Jean-Jacques, Yves,* dossiers dans lesquels mesdames Touffu et Vabre, secrétaires et amies de mon père, pendant trente ans, avaient classé tout ce qui nous concernait, mes frères et moi. J'ai pris mon dossier. Je l'ai jeté il y a un an. A peine l'avais-je feuilleté. Je venais d'y trouver les enveloppes d'origine de lettres qui m'avaient été adressées et que mon père avait interceptées, agrafées à la transcription à la machine des textes. Les doubles aussi du courrier échangé avec ton père au sujet d'un éventuel recours à une lobotomie du cerveau pour moi et pour ton demi-frère, Pierre, mon cousin germain. Tout cela est vrai, mais comment le dire ? Je frémis d'avance aux questions que l'on me posera au sujet du roman à venir en septembre, mon *Jardin d'acclimatation.*

Un jour, j'ai répondu à mon père que « le pervers de l'histoire, c'était moi, et pas ceux qui m'entouraient ». Mais dans « pervers », il mettait « vice », « déviance ». Et dans pervers, je mettais « curiosité », « plénitude ».

Demain, j'irai déjeuner avec lui, Adrienne, l'infirmière et Pantalon le troisième du nom. C'est la fête des Pères. Et j'ai peur de ne plus le voir de tout l'été. J'ai peur. Encore.

Demain, Romain et Géraldine, tes enfants, te feront des cadeaux. Embrasse Marie-Lys, fort et franc, de tout cœur. J'ai douze ans. Je sors de classe de cinquième. Mes parents partent pour l'Amérique du Sud. Un Institut français du pétrole doit ouvrir ses portes au Pérou. Adrienne veut revoir Mendoza. Ils visiteront le Mexique en rentrant. Ils m'envoient en Angleterre. J'ai ordre de leur écrire chaque jour, en anglais. Ainsi qu'à Bonne-Maman. A bientôt. Yves.

P.S. On ne peut pas dire tout. Le « tout » n'est que le « mirage du mensonge ». J'ai noté cette phrase, *pour me venger, je les ai tous déculottés. Ils ne pouvaient pas jouir sans moi.* Mais cette affirmation transige. Je modifie la proposition, *pour les conquérir, je me suis mis à genoux devant eux. Avec moi, ils jouissaient mieux.* Conquérir ou ravir ? Je me souviens de Violette Leduc furieuse de l'analyse scabreuse faite de certaines pages de *La Bâtarde,* souffrant de l'accueil scandaleux réservé à *Thérèse et Isabelle.* Elle disait, *l'odeur des latrines les insupporte. Elle leur rappelle qu'ils ou elles furent ce qu'ils ou elles ne sont plus.* Ce jour-là, au sortir de chez moi, elle cassa son parapluie sur la tête d'un de mes amis qui venait de lui dire en riant que ses romans étaient *cochons !* Les latrines du lycée Pasteur. Celles du troisième étage, moins fréquentées, visiteurs amoureux.

## 43. Duel au soleil

Douvres. Mrs. Murray, son fils Oswyn, quatorze ans, et sa fille Ruth, dix ans, attendent derrière une barrière, sur le quai, en bas de la passerelle du ferry-boat. Yves vient de faire sa première traversée en mer, et son premier voyage seul. Il a « son » passeport, et « ses » bagages, deux grosses valises dans lesquelles il emporte trop de vêtements. Il part pour « longtemps », les trois mois d'été. Adrienne a veillé à ce qu'il ne manque de rien au cas où, surtout, « il ferait froid ». Manteau, imperméable, cache-col, pull-overs, costumes, chemises blanches et de fantaisie, cravates, chaussures noires, grosses chaussures, sandalettes, shorts, slips, gilets de peau qu'Adrienne appelle « vêtements de contact » : Yves a tout plié précautionneusement. Il a de l'argent liquide et des « chèques de voyage ». Il a fallu qu'il « trouve une signature » pour le passeport et pour les chèques : il a écrit simplement Y. et son nom en toutes lettres, lisiblement, comme Adrienne, avec une barre en dessous et un point. Il emporte aussi, tapée à la machine, la liste de toutes les adresses auxquelles il faudra qu'il écrive successivement à ses parents. Les Murray sont des cousins des Waterfield. Monsieur Waterfield est attaché scientifique à l'ambassade de Grande-Bretagne à Paris. Yves a reçu de René l'ordre d'être « correct et avenant » et surtout de ne « jamais parler français ». Mrs. Murray « portera un bonnet rouge ». C'est elle. Elle est là. Sur le quai. Avec ses enfants. Le ciel est gris. Un orage menace. Yves étouffe dans son costume et son manteau. Les valises pèsent lourd. Mrs. Murray a l'air surprise, pressée, puis déçue. Ruth est vraiment une toute petite fille.

Oswyn ne dit pas un mot. Il se met à pleuvoir. Chaque fois que Mrs. Murray adresse la parole à Yves, Yves ne comprend pas ce qu'elle dit, un mot ou deux, parfois. Rafales de pluie. Mrs. Murray répète « it rains », « it is raining », « it is pouring » : la leçon commence. « How old are you, Yves ? » « I am going to be thirteen, madam. » Ça, Yves l'avait appris par cœur. Mrs. Murray ne le croit pas : « really ? »

Les Murray habitent au milieu d'un bois, non loin de Guildford, au sud de Londres. Fin juin 1953. Un vendredi soir. Yves s'est changé pour le dîner. Lavé, peigné, cravaté, chaussures noires, il a peur qu'on ne le renvoie. Mrs. Murray observe Yves : ce n'est pas l'enfant qu'on lui avait décrit, ce n'est pas un enfant pour ses enfants. Son mari ne parle pas. Ou peu. Yves dit trop souvent « thank you ». Il apprend le mot « shy », timide, et le soir, dans son lit, il note sur un carnet, *it rains, it is raining, it is pouring, Mrs. Murray said I was shy*. Le lendemain matin, il écrit une première lettre à ses parents pour qu'ils la trouvent dès leur arrivée à Rio de Janeiro. Il veut les « assaillir ». Puis il passe sa journée à tailler une haie d'aubépine avec Mr. Murray. Ruth ne quitte pas sa mère. Oswyn prépare des examens dans sa chambre. En fin de journée, il pleut de nouveau. Yves demande la permission de jouer du piano, dans le salon. Il joue, seul, dans cette pièce, porte fermée. Il attend que quelqu'un entre, s'assoie, écoute. Personne ne vient. Alors il joue pour lui tout seul. Il s'étourdit. Trois mois comme ça, et là ? Le lendemain Mrs. Murray expliquera à Yves qu'elle s'est mise d'accord avec la directrice de l'école où Ruth doit revenir le soir même. Il ira là-bas, avec elle. Le collège d'Oswyn a refusé : il n'y avait pas de lit disponible.

L'école est à Petworth. *Northend School.* La bâtisse ressemble plus à une maison privée qu'à un pensionnat de petites filles. Un jardin, tout en longueur, jouxte le parc d'un château qu'Yves visitera plusieurs fois, salons baroques aux boiseries encombrées d'une multitude de tableaux que quelques rares visiteurs semblaient admirer. Yves loge dans l'appartement privé de la directrice, Mrs. Baggaley. Chaque soir, elle enferme Yves, à clé, double tour, dans cette chambre au plafond bas et aux rideaux fleuris. Sous le lit, il y a les valises vides et un pot. Chaque matin, Mrs. Baggaley fait tourner la clé dans la serrure « it is time to get up ! » Yves a emporté deux réveille-matin. Un qu'il met en marche et l'autre fermé, qu'il n'utilisera qu'en cas de panne du premier. Tic tac. Yves écrit à ses parents pour leur donner la nouvelle adresse. Pendant la journée, il a le droit d'assister aux cours. Mrs. Baggaley lui a fixé un emploi du temps. Cours de poésie, cours d'histoire, cours de calcul, cours de dessin : il est le seul garçon dans l'unique classe de filles. Et Mrs. Baggaley lui donne une leçon particulière en fin de chaque après-midi. Elle lui fait lire *Our Mutual Friend* de Dickens, à voix haute, corrigeant son accent, l'interrompant continuellement « repeat after me ».

Le premier vendredi, Yves va à la banque échanger un de ses chèques de voyage. Il doit « payer » Mrs. Baggaley. Sept livres et quelques shillings. Yves est là pour cinq semaines. Il tient les « petits comptes » de cet argent qu'il ne « devait pas dépenser ». Et c'est mieux ainsi. Il « paie ». Ruth et lui se disent bonjour et bonsoir du regard, c'est tout. Yves, très vite, se met à aimer qu'on l'enferme dans sa chambre. Ses carnets se chargent de mots nouveaux : quand il reviendra chez les Murray, il « leur parlera ».

La gardienne de l'école est catholique. Elle a un fils, un peu plus grand qu'Yves, mais comment savoir son âge, très blond, agité, qui ne sait pas parler et qui rit tout le temps. Il s'appelle Peter. Les petites filles de l'école se moquent de lui. Sa mère l'enferme pendant qu'elle travaille ou pendant les récréations et ne le laisse sortir dans le jardin que pendant les cours. Souvent Yves l'a vu, par la fenêtre de la salle de classe, dansant, tournant sur lui-même, bras levés comme s'il voulait s'envoler. Le premier dimanche matin, Yves répond « yes, madam » à la question de savoir s'il veut aller à l'église ou pas. C'est Peter qui est chargé de l'accompagner. Ou bien les deux femmes ont-elles décidé de charger Yves de Peter ? Et Peter, démarche cassée, puis calme, sombre, et de nouveau faisant un geste brusque, toujours avec les mains, ne désignant rien, au hasard, mais désignant comme s'il voyait quelque chose, lui, emmène Yves de l'autre côté de Petworth. A l'église, pendant la messe, comme apaisé par le lieu, Peter se lève, s'agenouille, baisse la tête, se tient mains jointes ou bras croisés, sans plus sourire. Sérieux. Il essaie de faire les réponses aussi, et des sons neutres et graves n'arrivent pas à sortir de sa gorge. Yves le trouve beau, de profil, le menton, les lèvres. Et cette peau de lait.

En rentrant de l'église, ils passent devant un cinéma. Une affiche annonce *Duel in the sun*. Duel au soleil. Un western. Et pendant le repas de midi, en cercle restreint, en présence des quelques petites filles qui n'étaient pas rentrées chez elles pour le week-end, dont Ruth, Yves demande à Mrs. Baggaley la permission d'aller au cinéma avec Peter. « Why not ? » Pourquoi pas.

Pour la première fois, Yves achète sa place, et même « deux places ». Peter le regarde intensément, et Yves se sent tenu tout autant qu'il tient l'ami. Pas besoin de parler avec lui. Peter ne comprend que les regards et les gestes. Yves ne verra pas *Duel in the sun,* mais observera Peter, tout le temps, sur fond sonore de coups de feu et de grands élans de musique, cent violons, les mélodies du ciel bleu et des grands espaces désertiques. Un peu avant la fin du film, en tremblant, il prendra la main de Peter. Et Peter, un bref instant, lui sourira. Un vrai sourire.

Et quand, sur le chemin du retour, soleil se couchant entre les nuages, ils passeront par le parc du château, c'est Peter qui devancera Yves de deux pas, brusquement s'arrêtera et, planté, se penchant, attrapant Yves par la nuque, l'embrassera sur les lèvres. Premier baiser. Peter gardait les dents serrées. Il écrasait seulement ses lèvres contre les lèvres d'Yves. Et Yves s'agrippait au bras qui le tenait. Ils ne se touchèrent pas. Un baiser, rien qu'un baiser, dents serrées, et Yves tenu si fort par la nuque. Le voyage avait désormais un sens. Un vrai sens. Un sens interdit. Yves venait d'être embrassé. Fougue. L'Angleterre était un bien beau pays. Toute la nuit, Yves se caressera les lèvres et pensera au dimanche prochain.

La semaine fut belle. Et Yves particulièrement attentif à ne rien laisser paraître du désordre de sa jubilation intérieure. Poli, discret, posé, serviable, il gagna la confiance de Mrs. Baggaley. Il numérotait aussi les lettres adressées à ses parents et s'employait à y faire figurer tous les mots et toutes les expressions qu'il apprenait. Et, fort de ce comportement conforme à l'attente de Mrs. Baggaley, Yves ne pouvait que mieux guetter Peter en passant par l'entrée de l'école, furtivement, derrière la porte vitrée de cette pièce dans laquelle il vivait avec sa mère, et, plus furtivement encore, de son pupitre, au dernier rang de la classe. Il surveillait le moment où la porte donnant sur le jardin s'ouvrait enfin et libérait son ami. Peter, les mains dans les poches de son pantalon, tête baissée, haussait les épaules dix fois, vingt fois, nerveusement, secouait la tête, toujours le même mouvement de tête, comme pour dire non. Inlassablement. Et le voir suffisait. Même s'il ne se doutait de rien. Yves alla plus souvent parler à Ruth. Mais c'était pour cacher plus encore l'histoire de Peter. Et le soir, dans son lit, muni du dictionnaire, il préparait la lecture des pages de *Our Mutual Friend,* cherchait la signification des mots autour desquels le sens semblait pivoter. Mrs. Baggaley le félicitait. Confidence : elle expliqua à Yves que son mari avait été général dans la Royal Air Force et qu'il était mort pendant la guerre. Yves rougit, bredouilla « I am really sorry » et Mrs. Baggaley lui offrit une tasse de thé. La nuit suivante, Yves ne dormit pas. Mardi, mercredi, jeudi : en fermant les yeux, la nuit, Yves s'entraînait à fixer en lui l'image du visage de Peter, la beauté nette de ses traits et son regard émerveillé, bleu, un regard bleu, transparent. Comme lui, dans la nuit de la chambre, il se mit à faire des gestes incontrôlés, brusques, fous. Les petites filles disaient de Peter qu'il était « mad », « abnormal ». Elles ne l'appelaient pas « Peter » mais « Pity », pitié. « Come on, Pity ! » Pity et Yvette.

Yves, dans son carnet de mots, nota *mad, abnormal, pity, duel in the sun, kiss on the lips,* baiser sur les lèvres.

Le vendredi, Yves paya Mrs. Baggaley. Avec jubilation. Il s'agissait bien de tenir cette femme à distance et de ne surtout pas trop entrer en confidences avec elle : le second dimanche approchait. Le matin de ce jour-là tant attendu, jouissance permanente des jours écoulés de la semaine, Yves se retrouva à l'église avec Peter, au dernier rang. Et tous deux, à genoux, côte à côte, se frôlèrent du coude et du bras. Peter, constamment, se mouillait les lèvres avec la langue. Yves eut du mal à capter le regard de son ami. Yves tremblait des mains, des genoux, et ce n'était aussi qu'un immense frisson, corps secoué. Et quand, après le repas de midi, ils reprirent le chemin du cinéma *ABC,* ce fut entre eux un étrange silence, si fort et si violent silence que, comme d'un commun accord, ils se donnèrent la main pour se calmer. Le film s'intitulait *Glenn Miller Story*. La main dans la main, dans le noir, Peter plantait ses ongles dans les doigts d'Yves jusqu'à lui faire très mal. Yves n'attendait que le chemin du retour. Derrière les arbres du parc, au même endroit, Peter le devança à nouveau de quelques pas, et ce fut un même baiser, puis deux, puis trois et, comme excédé, Peter se mit à donner des coups de tête à Yves, front contre front, face à face, chacun mains à plat contre les mains de l'autre, arc-boutés, l'un tenu debout par l'autre. Combien de temps restèrent-ils ainsi à se donner des coups de tête, à essayer comme des chiots de se mordre le nez et les lèvres ? Ce fut l'heure des carillons des églises. La pluie menaçait encore. Le soleil, entre les nuages, jetait quelques rais. Il y eut un arc-en-ciel, face au château, au-dessus de la pelouse, et Yves n'en avait jamais vu un de couleurs si vives. Brusquement Peter se détacha d'Yves et se mit à courir en direction inverse de celle de l'école. Yves eut du mal à le rattraper. Alors, le tirant par la main, il lui expliqua « we cannot be late », nous ne pouvons pas être en retard, « they must not know about us », ils ne doivent rien savoir à notre sujet. Yves séparait encore le « must » du « not ». Il n'avait pas encore compris ce que lui expliquait Mrs. Baggaley au sujet des « contractions ». Et Peter voulait aller plus loin dans la forêt. Un seul son rauque, toujours le même, restait bloqué dans sa gorge, un son qui voulait dire « non ». Yves le lâcha. Rentra. Peter se mit à le suivre. Yves pleurait. Larmes de joie. Grosses larmes qu'il se mit à lécher quand elles roulaient sur sa lèvre supérieure. Quand ils arrivèrent à la *Northend School,* la mère de Peter gifla son fils : il avait mouillé son pantalon. Elle répétait « you are wet, again ! » Et elle pointait du doigt sa braguette.

Le dimanche suivant, ils allèrent voir *Dial M for Murder,* titre français *Le crime était presque parfait.* Au moment où l'assassin s'approchait de Grace Kelly, dans son dos, un bas à la main, pour l'étrangler, Peter se pencha vers Yves et lui mordit l'épaule. Cette morsure à l'épaule gauche, Yves la portera en lui longtemps, comme une cicatrice que rien n'efface jamais. Si peu la mémoire inutile des grands moments de vie. Avec Peter, ce ne fut qu'un instant.

Il n'y eut pas d'adieux. Mrs. Murray revint, expliqua à Yves qu'ils ne pouvaient pas l'emmener en vacances avec eux et qu'elle allait le conduire à Worthing, au bord de la mer, chez une dame qui avait une fille de son âge et qui acceptait de le prendre chez elle jusqu'à la fin du mois de septembre moyennant un *bed and breakfast* d'une livre et trois shillings par jour sans compter le linge. Yves calcula : il avait assez d'argent. Cet argent apporté qui avait fait si peur à Mrs. Murray. Yves refit ses bagages. C'était un samedi. Il fallait partir tout de suite. Quand Yves passa près de la porte vitrée, il vit Peter, de dos, à sa table, en train de dessiner. Il remit à sa mère un petit paquet, pour lui, avec dedans l'autre réveille-matin. C'est tout. Même pas un petit mot : Peter ne savait pas lire.

Yves passa sept semaines chez Mrs. Martin et sa fille Suzan. Mrs. Martin avait un visage durement défiguré, lèvres et joues recousues, et l'œil droit à moitié fermé, profondes cicatrices à la joue et aux sourcils, comme si elle avait été tailladée. Elle avait été victime du bombardement de Londres. Elle était enceinte alors (Yves nota *pregnant*) de Suzan. Suzan est belle. Elle veut devenir vétérinaire. Elle élève des oiseaux *badges,* qu'elle revend. Parfois, ils vont tous trois sur les collines ramasser des balles perdues en lisière du terrain de golf. Balles que Mrs. Martin revend. Yves écrit à Mrs. Murray et à Mrs. Baggaley pour les remercier. Il écrit aussi une longue lettre à Bonne-Maman, et les lettres quotidiennes aux parents. Jusqu'au jour où, via Guildford, un télégramme parvient de Buenos Aires : René et Adrienne, inquiets, n'ont reçu aucune lettre. Yves répond par télégramme qu'il en a déjà envoyé trente-deux. Le télégramme de réponse, aussi, est rédigé en anglais.

Yves passera des journées entières sur la plage. Parfois, marée haute, il se baignera dans l'eau glacée. Et le choc des vagues lui parlera de Peter.

Yves aussi ira jusqu'au *pier,* immense ponton avec salles de jeux, et jouera au bingo avec de vieilles dames. Cent fois il arpentera la rue commerçante en quête du magasin où il se fera faire les deux costumes qu'Adrienne lui a recommandé de « bien choisir » en lui donnant « une enveloppe à part », « parce que les tissus, là-bas, sont de meilleure qualité ». Yves se fera faire un costume prince de galles et un autre de flanelle grise, avec gilet. Chez *Hector Powe.* Deux essayages. Curieuse impression entre les jambes, quand on lui prit la longueur des pantalons.

Les jours de pluie, il va à la piscine couverte. Il y a un bassin pour les femmes et un bassin pour les hommes. Entre les deux, un mur. Yves découvre les vestiaires, visions furtives d'hommes nus, et d'enfants nus comme lui. Pendant des heures, il écoute la pluie crépiter sur la verrière. Il se laisse enivrer par l'odeur de chlore, celle aussi de carrelage et le fracas de voix en écho. Il guette l'un ou l'autre. A chaque fois, il choisit un élu et ne le quitte plus des yeux. Le port du maillot fixe son regard sur des sexes devinés. Plis. Parfois il plonge pour se retrouver l'esprit vif. Il lui faudra deux semaines avant d'oser parler à Christopher. Et Christopher acceptera d'aller avec lui chez Mrs. Martin. Ils resteront longtemps dans sa chambre, fenêtre ouverte sur le jardin. Suzan passera plusieurs fois devant et les regardera. Yves essaiera d'embrasser Christopher mais celui-ci le repoussera. Pourtant, en le frôlant, Yves a senti qu'il bandait. Et au moment où Yves se mit à genoux, Mrs. Martin ouvrit la porte de la chambre, le temps de dire « tea is served », et la referma. Elle avait « vu ». Thé amer. Sans lait. Sans sucre. Pas bu. « No, thank you. » Gorge nouée. Christopher et Suzan rient, se racontent des histoires drôles qu'Yves ne comprend plus.

Le jour de ses treize ans, Mrs. Martin fit un *birthday cake* pour Yves, immense gâteau de « jelly », gelées multicolores, formes molles qui figuraient un lac et son pourtour, et sur lequel Suzan avait placé de petits cygnes en sucre. Christopher était devenu l'ami de Suzan. Il était là, pour elle, plus pour lui. A chaque bouchée de gelée, Yves pensa « tapioca ». Le lendemain, Mrs. Murray vint reprendre Yves. Il passerait le dernier week-end avec eux, chez eux, et ils rendraient visite le dimanche aux cousins Waterfield. Pour se rendre chez eux, Yves porte son costume prince de galles, tout neuf, empesé. Il pleut encore. Un grand feu dans une cheminée. Les Waterfield et les Murray s'amuseront à poser à Yves quantité de questions sur *the communists in France, Picasso* et *the taxes.* Yves comprendra d'abord « taxis » puis, confondu, se rendra compte qu'il s'agit des impôts. Un nouveau mot pour le carnet.

Un ami des Waterfield, vieillard au visage poupon, l'emmènera au premier étage sous prétexte de lui montrer la maison. Et dans une chambre, le monsieur lui caressera la joue, puis le menton. Yves effrayé redescendra au salon, tremblant, rougissant. Le vieux ne réapparaîtra pas. Le surlendemain, Mrs. Murray, tôt le matin, accompagne Yves à Londres, lui fait visiter la Tate Gallery, Westminster et l'accompagne à la Victoria Station. Sur le bateau, Yves ne quitte pas ses valises. Le lendemain matin, Adrienne est là, sur le quai, gare Saint-Lazare. Elle ne lui posera aucune question sur le voyage. Dans la voiture, elle dira seulement, comme un reproche, « ton père a reçu une lettre de Mrs. Martin » : Yves a été « vu ».

Deux jours plus tard, Yves entrera en quatrième B2-M1. Il voulait prendre en seconde langue obligatoire le russe. Mais René l'a inscrit d'office en espagnol. La moitié de la classe, B2, fait du latin, l'autre, M1, moderne, fait surtout du français. Pendant l'année, Yves prendra des « petits cours » avec le professeur d'anglais et corrigera une à une toutes les lettres envoyées à ses parents et à Bonne-Maman, y compris le télégramme. Pendant l'année, aussi, sans prévenir son père, il passera de B2 en M1, affirmant au proviseur Saissac « j'ai l'accord de papa ». Et quand René, quelques semaines plus tard, l'apprendra par le carnet de notes, il regardera Yves comme il l'avait regardé à Evolène, même regard. Colère tue. Il dira simplement « notre société n'a plus besoin de professeurs de français ».

Au kiosque à journaux de la porte Maillot, Yves achète des revues, *Body Builders, Adonis*. Il rêve d'avoir un jour le corps de ces hommes-là. Il est premier en gymnastique, premier de la première vague. Barres parallèles, corde lisse, lancement de poids, 100 mètres chronométré : il bat les records de la classe. « Vas-y Yvette ! » Pour les jours de plein air obligatoire, il a pris l'option « piscine ». Parfois, il met une chaussette dans son slip. Ce fut l'année Chopin, mazurkas et valses. Et pour chasser, ou retrouver le souvenir de Peter, Yves se cognait parfois le front contre le mur de sa chambre. Le jour de Pâques 1954, seul, villa Sainte-Foy, les parents étaient en voyage à Vienne, les aînés étaient partis en week-end chez « des amies », Fernande la nouvelle cuisinière était allée passer la journée dans sa famille en Normandie, Yves, nu, sur son lit, découvre qu'il jouit. Il ne s'est pas touché. Il se cambrait, c'est tout. Et ce fut une vague de tout son corps qu'il n'avait jamais connue. Le lendemain, au lycée, il prendra un air supérieur. Il regardera la « cour des grands ». Où est la lettre de Mrs. Martin ? René

n'en a jamais parlé. Yves a remis les comptes très précis du voyage, au
« penny près ». Exacts.

Le jeudi, il va faire du cheval au manège de Neuilly. Adrienne a dit « il
faut que tu rencontres d'autres enfants ». Yves découvre le « ciné-club
paroissial » et les « Jeunesses musicales de France ». Il va voir des films,
seul, assiste à la discussion, rêve de prendre la parole. Il va aussi à la
salle Pleyel. Kempff, Jeanne-Marie Darré. Tout ce qui peut le
transporter hors de chez lui le passionne. Dans sa classe ils disent tous
« moi je ferai Polytechnique », « moi je ferai Sciences-po », « moi j'irai
jusqu'à l'E.N.A. » Inutile de citer des noms : ils ont fait Polytechnique,
Sciences-po et l'E.N.A. Et Yves ? Yves vient de lire *Les Frères
Karamazov*, *La Montagne magique*, *Les Faux-Monnayeurs* et un
précieux petit livre de Pierre Herbart, *L'Age d'or*. Dans le tiroir de sa
table de nuit, il y a un mouchoir pour essuyer les traces. Chaque nuit, il
se réveille mouillé. Le baiser sur les lèvres, dents serrées, le fait jouir
encore, et encore.

## 44. Les roses au fond du jardin

Printemps 54. Fernande, en bonne Normande, essaie elle aussi de prendre le pouvoir dans la maison. Elle va jusqu'à moquer « Madame », ouvertement, devant René. Petite, trapue, tellement rebelle à toute féminité qu'on pourrait la croire vieille alors qu'elle n'a pas ses trente ans, cette ancienne servante de curé, recommandée à Adrienne par l'A.D.C.N., Association des dames catholiques de Neuilly, a des allures guerrières : chaussures plates à grosses semelles, harnachement de blouses, tabliers, bas de laine, fichus, chandails. Elle est toujours trop couverte. Elle surveille tout, se plaint quotidiennement de ne pas avoir de fenêtre dans la cuisine, va, vient, monte, descend, à la moindre sonnerie décroche le téléphone avant tout le monde, « de la part de qui ? » et fait grincer l'escalier chaque matin à six heures moins dix : c'est « la plus fidèle de la messe basse ». Sous ses ordres, Anne, femme de ménage payée au mois, mais non logée, repasse, encaustique, coud, fait les courses et la vaisselle. Les deux femmes ne se parlent pas. L'une, dominante, donne des ordres, c'est tout. L'autre, dominée, plus âgée, fluette, un rien pourrait la casser, exécute sans rien dire et sans jamais se plaindre. Fernande, aussi, « tient les comptes » tout comme elle tient René : c'est une cuisinière hors pair. Elle reproche à Monsieur et Madame de ne pas donner assez souvent « des dîners ». Fernande a de l'indifférence pour François-Pierre, de l'admiration pour Jean-Jacques, du mépris ironique pour Yves, de la complicité pour Pantalon, de l'agacement pour Adrienne et un ton canaille et complice quand elle parle à René. Elle dénonce tout. Le moindre incident est rapporté au père sous prétexte que « ce n'est pas bien de cacher ». Fernande s'amuse : tout était lézardé dans la famille, elle brise. Adrienne dit qu'elle a enfin « une perle » et pense que Fernande ne les « quittera jamais ». Fernande appelle Bonne-Maman « Madame-Mère » mais sa voix dérape sur l'accent grave de « mère » et l'appellation finit en sarcasme « Madame-Merde ». Bonne-Maman dit à sa bru « vous devriez la renvoyer, ma petite ». Adrienne répond à sa belle-mère « Fernande me seconde parfaitement ». Souvent, dans le salon, au moment du café, Yves surprend Bonne-Maman en train de parler seule, à voix pointue et haute « vous n'auriez pas dû m'annoncer cela ainsi... » « mais si, mais si, nous étions très liées... » « son testament n'est pas valable, vous le savez très bien... » « ni même un quart, je vous le dis, je n'accepte pas le partage... » Alors, il s'approche d'elle, la prend délicatement par le bras et la conduit à un fauteuil où elle s'assoit, se calme, regarde fixement devant elle. Ses lèvres tremblent encore un peu. Elle compte.

Fernande promène le chien. Yves raccompagne Bonne-Maman. Elle ne peut désormais plus traverser l'avenue Sainte-Foy toute seule. Yves doit attendre devant la porte de son appartement qu'elle ait bien, de l'intérieur, fermé les trois serrures de sécurité « tu peux partir, petit ! » Bonne-Maman dit qu'on veut « la piller ». Elle ira bientôt porter des louis d'or en chocolat au coffre-fort.

Les visites du docteur Léger sont de plus en plus fréquentes. Il reste de longues minutes, enfermé dans la chambre du premier, avec Adrienne. Et quand la porte s'ouvre, quand il repart, il dit invariablement « ce n'est rien madame Navarre, continuez le traitement. Et surtout, n'arrêtez pas un seul jour ».

Suzan Martin est venue passer deux semaines, fin avril, villa Sainte-Foy. René, en répondant à Mrs. Martin, en la remerciant de « l'accueil réservé à son fils », lui avait proposé un échange pour l'été à venir. Et Yves a fait, pour Suzan, ce qu'Adrienne n'avait jamais jugé digne de lui faire faire : visite du Sacré-Cœur, visite de la tour Eiffel, une opérette au Châtelet. Et aussi le tour du Louvre qu'Yves connaissait par cœur pour avoir suivi tant de « visites commentées ». Adrienne lui faisait toujours signe de rester près de la conférencière. En deux semaines, Suzan n'apprit pas un seul mot de français. Yves perfectionnait son anglais. Ils allèrent aussi au zoo de Vincennes. Yves découvrit « le grand rocher » de ciment du haut duquel, les journaux en faisaient parfois l'écho, des suicidaires se jetaient. C'est tout ce qu'il vit, rocher obsédant, construit. Les animaux parqués avaient d'insoutenables regards hébétés. Il y eut un week-end à Vétheuil. Yves emmena Suzan sur la Seine. Il ramait, seul. Suzan lui faisait signe de s'approcher de la rive : sous les herbes, dans la vase, il y avait des poules d'eau. Le seul mot qu'elle apprit, en français, fut « poule d'eau ». Ils envoyèrent une carte postale à Mrs. Martin, et une autre à Christopher. En bas de celle adressée à Chris, Suzan dessina plusieurs croix : autant de baisers. Et Yves, en raccompagnant Suzan à la gare Saint-Lazare, instinctivement se mit à marcher comme Peter, à secouer la tête comme Peter, à pointer du doigt n'importe quoi, comme Peter. Suzan ne comprenait pas.

En « petit cours de français », le professeur lui fit commenter mot à mot, page par page *L'Etranger* de Camus. C'était un jeune professeur, blond, pâle, distrait. Il préparait une thèse sur *Les Racines de l'existentialisme chez Camus*. Yves lui servit d'apprenti horloger. De cette expérience maniaque, il tirera l'enseignement exemplaire du « présent de l'indicatif » et de la « phrase courte ». Mais du sujet, du livre dans la globalité, il ne retint qu'un sentiment de « composition », de « maîtrise », de « trop grande retenue », et si l'émotion parfois naissait de l'image, ce n'était que pour rendre encore plus tenue et prisonnière la phrase voisine et son message. Tout cela était poli. Tellement beau. Ensuite, ils étudieront le *Partage de midi* de Claudel. Et Yves, à caresser ce verbe-là, pas celui des autres pièces, surtout pas celui plaintif de *L'Annonce faite à Marie*, découvrira le sentiment excessif et obscène, et sa pureté quand le mot jeté, terriblement placé, le porte, échappant aux doigts de l'auteur, venant tout droit des lèvres comme un baiser à peine achevé. Il vit plusieurs représentations de la pièce. Il y revint seul. Mais le jour où René l'y avait emmené, avec le professeur belge, Margot, Bonne-Maman, il avait en sortant déclaré « c'est incompréhensible ».

Yves, après avoir raccompagné Bonne-Maman, fait le grand tour par l'avenue du Roule, l'avenue de Neuilly, un tour de plus en plus grand. Il marche, dans la rue. Il guette, surprend, attend. Si quelqu'un le remarque et le suit, il fait demi-tour, baisse les yeux, croise l'inconnu l'air indifférent. Parfois même, il prend le métro et va faire le tour de la place de l'Etoile. La place est couronnée d'édicules. Il observe le manège des hommes jeunes, vieux, des jeunes gens, mais il reste à distance. S'il s'approche ou les regarde, un seul regard avoue son âge et il leur fait peur. Quand il rentre villa Sainte-Foy, il y a encore de la lumière dans la chambre des parents. Il se couche en faisant juste assez de bruit pour signaler son retour. La lumière dans la chambre voisine s'éteint.

Aux jours de juin, René et Adrienne sont invités presque tous les soirs. Sorties « obligatoires ». Sitôt rentré du bureau, René a tout juste le temps de prendre un bain et de se changer. Adrienne est prête depuis longtemps, belle, superbement coiffée, dans des robes décolletées, très souvent épaules nues. Elle porte les bijoux que René lui a offerts pour leurs vingt ans de mariage, la parure de topazes ou celle d'aigues-marines. Elle aide René à s'habiller. Il manque toujours « la perle du gilet », « un bouton de manchette » ou « la pochette blanche ». Et si René casse un lacet de ses vernis, c'est le drame. Fernande à genoux en remet un neuf « attention, vous serrez trop ». Petits faits. Et pourtant. François-Pierre, dans sa chambre, « bûche » ses examens. Jean-Jacques n'est pas encore rentré. Le chien s'est échappé : il est amoureux d'une « louloute » blanche, chienne d'un « cabaretier » du boulevard du Château. C'est toujours là qu'on le retrouve. Le chauffeur lustre la voiture avec une peau de chamois. Anne va rater son train pour rentrer chez elle, en grande banlieue. René dit à Adrienne « qu'est-ce que c'est que cette robe ? » Mais au dernier moment, en sortant de la maison, il adressera un sourire à Fernande « nous vous laissons la maison ». Yves dîne en face de François-Pierre. François-Pierre ne dit rien. Au dessert Jean-Jacques apparaît, mange en vitesse, et repart aussi vite. Fernande ne lui dit rien. Mais quand Yves veut sortir, immanquablement, elle lui lance, de la cuisine, « où allez-vous encore ? » Yves ne répond pas et fait claquer la porte derrière lui.

Courir, courir d'abord, le plus loin possible et ne s'arrêter qu'à bout de souffle. Sauter sur la plate-forme du 43, descendre à Pleyel, remonter l'avenue de Wagram, et faire dix, vingt fois le tour de la place de l'Etoile. Pour le défilé de la Libération, ils étaient là, un peu plus bas. Yves va s'asseoir sur le rebord du trottoir, à l'endroit précis où il s'était tenu. Il revoit le couple qui s'embrassait sur la bouche. Dans dix jours, il sera de nouveau à Worthing. Il ira faire des balades à cheval, avec Suzan, dans les Downs. Il prendra ses premiers cours de golf. Il fera les excursions de Chichester, Bath, Arundel Castle, Brighton. Il ira au théâtre, à Londres. Il verra *The Mousetrap* et *Richard II*. A Worthing, au Connaught Theatre, des troupes en tournée présenteront *Seagulls over Toronto* et quelques autres comédies dont il oubliera le titre. Mais il aimera le double savoir des odeurs de salle des deux pays, le sien et celui-ci d'outre-Manche : l'écoute n'est pas la même, ni même les rires. En France, le public est inquiet de ce qu'il y aura de mauvais. En Grande-Bretagne, il vient prendre ce qu'il y a de bon. En France, le public ne s'identifie au drame que dans le secret de chacun, coupé de ses voisins. En Grande-Bretagne, le public tout entier, d'emblée, identifié, entre dans le drame. Schémas trop simples ? Yves a treize ans. C'est très exactement ce qu'il ressent et exprime dans ses lettres à ses parents.

Mais s'il leur écrit, nulle réponse. Yves mettra en post-scriptum de chacune de ses lettres « why dont you write ? I start to be anxious ». Les jours passent. Piscine les jours de pluie mais Yves ne peut croiser le regard d'aucun élu. Et la mer, les jours de soleil, cinglante, toujours glacée. Yves écrit des poèmes qu'il déchire, *If I come back, Peter, Pity, will you see me ? If I come back, Pity, Peter, will you, will you what, tell me, you are the only one to know the truth*. Si je reviens, Peter, Pitié, me verras-tu ? Si je reviens, Pitié, Peter, voudras-tu, voudras-tu quoi, tu es le seul à connaître la vérité.

Au courrier, une lettre de Jean-Jacques qui commence par *N'aie pas peur petit frère, je t'écris justement parce que je m'en suis sorti...* L'écriture est tremblante. Le papier est à en-tête de l'hôpital Claude-Bernard, pavillon X, service du professeur Y. Jean-Jacques annonce qu'il a eu une polio du pharynx, que ce fut *dur*, qu'il est *sauvé*, ... *et comme tu dis dans tes poèmes : il y aura toujours des roses au fond du jardin*. Yves répond. Lettre exprès. Yves commence un roman, *La Famille décapitée*. Le roman se passe à Vétheuil. Il nomme Vétheuil Audreuil. Et l'action se déroule dans la maison *Le Rivier* à côté de *Chez Marc*. Phrases courtes. Présent de l'indicatif. Mais ratures : comment faire pour ne pas composer ? En marge, Yves note, *position : oui. Transposition : non.*

La veille de son départ, fin août, Mrs. Martin emmène Suzan, Chris et Yves dans un restaurant chinois à Brighton. Tout le monde parle à voix basse dans ce restaurant. Yves ne veut plus de « tous ces mélanges », langues, lieux, nourritures. Il veut « revenir ». Chris donne la main à Suzan. Mrs. Martin est fière. Quelques années plus tard, Yves recevra le faire-part de mariage de Suzan et de Christopher. Tous deux vétérinaires. Vision à genoux, devant Chris. « Tea is served. » Suzan était passée plusieurs fois devant la fenêtre.

Sur le bateau de retour, Yves guettera les côtes de France. Qui l'attendra à la gare ? Que va-t-il se passer ? La mort vient de frôler, invisible, comme le vent du large. Yves jette par-dessus bord le cahier du roman et ses sept premiers chapitres : écrire ainsi, tout de suite, porte malheur.

## 45. Le grand voyage

Monsieur Perche, le chauffeur, prend une valise, et Yves l'autre. Il dit à Yves « votre père vous attend ». « Et Jean-Jacques ? » « Votre frère va mieux. » Gare Saint-Lazare. 18 heures. Ce vendredi. Fin août 1953. Yves comprend que monsieur Perche préfère ne rien annoncer d'autre. En bout du quai, René, en costume, chapeau feutre sur la tête. Il ne s'est pas avancé. En s'approchant de lui, Yves n'ose pas le sourire de l'arrivée. C'est beaucoup plus difficile de porter un seul bagage. Il faut s'y prendre à deux mains, et se pencher de l'autre côté. Yves pose la valise, embrasse son père « et Jean-Jacques ? » René répond « ton frère est sauvé » puis « la voiture n'est pas loin ».

Assis sur la banquette arrière, Pantalon. Il guette. Dès qu'il voit son maître il se dresse sur ses pattes, l'œil vif, il remue la queue. Monsieur Perche et Yves placent les valises et le sac de voyage dans le coffre. René qui prend toujours place à l'avant, à côté de monsieur Perche, vient de s'asseoir à l'arrière. Il a fait claquer la portière. Il force Pantalon à descendre de la banquette. Tout cela est inhabituel. Yves se retrouve assis à côté de son père. Au moment où la voiture démarre, René dit « nous n'allons ni à Vétheuil ni à Neuilly. Je t'envoie en Espagne. Tu pars tout de suite. Je t'accompagne à la gare d'Austerlitz. Maman est avec Jean-Jacques. Elle passe toutes ses journées là-bas. Au début, elle ne pouvait pas le voir. Elle restait dans le couloir. Ton frère a beaucoup souffert » puis, silence, feu rouge, Yves échange un regard avec monsieur Perche, dans le rétroviseur, « ton frère a failli mourir » et, quelques minutes plus tard, sur le quai de la Seine, « la polio du pharynx est mortelle dans presque tous les cas. C'est la première fois que quelqu'un n'en meurt pas dans le service du professeur Mollaret » et enfin « le professeur dit que la volonté de ton frère l'a sauvé. Pour lui, il n'y a pas d'autre explication ». Yves retient sa respiration. René a parlé en regardant devant lui. Yves, légèrement de trois quarts, n'osait pas bouger. Pantalon, la gueule sur le genou de René, attendait une caresse. Monsieur Perche conduisait très lentement.

René et Yves se rendent au buffet de la gare d'Austerlitz. Yves retire enfin son manteau, ôte sa cravate et défait le col de sa chemise. Les valises sont là, contre la table. Monsieur Perche est allé promener Pantalon. René commande deux thés et deux cakes. Il ouvre sa sacoche et en extrait un dossier « madame Vabre a tout préparé ». Mais avant de l'ouvrir, il regarde Yves « nous ne savons pas où ton frère a attrapé le virus. Je vais faire désinfecter la maison de Neuilly et celle de Vétheuil. Ta mère et moi avons décidé de t'éloigner le plus longtemps possible. Je me suis mis d'accord avec Saissac : tu manqueras les deux premières semaines d'octobre. Tu vas être reçu dans une très bonne famille. Je te demande d'en profiter pour apprendre aussi bien l'espagnol que tu as appris l'anglais. Tu as choisi Moderne. C'est important pour toi ».

Puis « Jean-Jacques ne peut communiquer que par écrit. Il demande souvent de tes nouvelles. C'est lui qui a tenu à t'annoncer ce malheur. Il voulait te rassurer tout de suite. Il a chargé maman de te remettre ce petit mot. Tu peux le prendre sans avoir peur : tout ce qui sort de sa chambre est stérilisé ». Papier plié que René tend à Yves. Yves lit, *Profites-en au max. Tu me raconteras. J.-J.* Le nez qui coule d'abord, le tremblement du menton ensuite. Yves retient les larmes. René ouvre le dossier.

François-Pierre, lui, est parti depuis deux mois. La fondation Zellidja, parrainée par l'architecte Jean Walter, qui a pour but de susciter chez les jeunes « le goût de l'aventure, du voyage et de l'expérience vécue », lui a remis une bourse de cent mille francs d'alors. Avec cet argent, et s'engageant à ne recevoir aucune autre aide financière, au volant d'une 4 CV Renault, François-Pierre est parti pour le cap Nord. « Et François ? » René répond « nous avons préféré ne pas l'alerter. Le dernier message que nous avons reçu de lui provenait d'Hammerfest. Il t'a envoyé une carte postale. Tiens ». La photo représente un fjord. René verse le thé. Yves sert le lait. Petits nuages. Sucres. Cakes. Yves ne s'est jamais trouvé ainsi, en tête à tête, avec son père. René poursuit « François-Pierre ne sera pas de retour avant la fin du mois de septembre. Jean-Jacques, d'ici là, je l'espère, sera rentré à la maison. Il lui faudra beaucoup de repos et des mois de rééducation ».

Yves remet à son père les « petits comptes » de l'argent anglais, et le solde en billets et pièces de monnaie, au penny près, comme l'année précédente. René lui tend une feuille, tapée à la machine « tu vas au sud de l'Espagne, à la frontière du Portugal. Tu dois changer de train trois fois. A la frontière, demain matin. A Madrid demain soir. Monsieur et madame Angulo viendront t'accueillir, et te feront changer de gare. Monsieur Angulo est président de la Calvo Sotelo, mon homologue en Espagne. Tu vas chez une de ses sœurs. Une famille de neuf enfants. Le père est gouverneur de la province. De la gare du Sud, tu prendras un second train de nuit. Tu arriveras dimanche matin à Séville. Une heure plus tard, de la même gare, tu partiras pour Huelva. Madame Summers t'attendra là-bas. Ils sont actuellement en vacances au bord de la mer. En échange de ton séjour, leur fils aîné viendra chez nous, au printemps prochain. Tu voyages en wagon-lit » puis « maman m'a chargé de te remettre ce livre et de te dire qu'elle t'aime ». René tend à Yves *Tras el Pirineo*, son livre de classe d'espagnol. René paie pour le thé et les cakes. Il se lève « ne m'accompagne pas. Garde cette table. Ton train ne part que dans deux heures. Je dois être à l'hôpital avant 8 heures. Je dirai à ton frère que tu l'embrasses ». Tout s'est passé très vite, René a posé une main sur l'épaule de son fils et l'a enfin regardé droit dans les yeux. Il aurait voulu parler encore, mais il se l'interdisait. Sous le regard de son père, Yves se sentit coupable de partir et heureux à la fois. Au dernier moment, René lui dit « je te fais confiance. Ecris-nous, chaque jour. En espagnol ». En sortant, il lui adresse un faible sourire, regard fuyant : il consulte sa montre.

Brouhaha du buffet de la gare. Assis à sa table, les mains sur le dossier, manteau posé sur les valises, le sac sous la chaise, Yves voit passer l'Hotchkiss dans la cour de la gare, René à l'avant, à côté de monsieur Perche, et Pantalon, seul, assis sur la banquette arrière, comme un roi.

« Attention, le train va partir. » Une lueur encore dans le ciel. Seul dans son compartiment, assis sur le lit, Yves se mord les lèvres, se frotte les yeux. Madame Vabre a tout prévu, même le dîner dans le wagon-restaurant. Il ouvre une valise, change de chemise, remet sa cravate, se donne un coup de peigne. Il voudrait avoir mauvaise conscience, mais le petit mot de Jean-Jacques est un vrai billet de voyage. Hier encore, Yves était à Worthing. Et là, sans transition, deux autres nuits, deux autres jours, il va voyager. Il a l'impression de partir pour l'autre bout du monde. A Vétheuil, ce soir-là, dernier week-end d'août, c'est retraite aux flambeaux et le début de la fête du village. Le manège tournera sans lui. Au wagon-restaurant, Yves se sent désormais tout à fait comme un grand. Dans son compartiment, tête calée dans l'oreiller, chaleur lourde, parfum de boiseries, étrange apprêt des draps, il passera la nuit à relire les premières leçons de *Tras el Pirineo*. Savoir. Apprendre vite les mots qu'il faut.

A la frontière, ses valises seront fouillées jusqu'au fond et il les refera consciencieusement devant les douaniers. Du côté espagnol, à quai, le *Talgo*. Une affiche annonce, *le train le plus moderne d'Europe*. Pas de séparations entre les wagons, curieux train vert, comme un grand serpent. Et à l'intérieur, pas de compartiments cloisonnés, une impression d'avion. Yves a une place près de la fenêtre. Il a plié son manteau, retiré sa veste, enroulé sa cravate et retroussé les manches de sa chemise. 10 heures du matin. Le train n'arrivera à Madrid qu'à 6 heures du soir. Tours d'horloge. Yves écoute les voyageurs autour de lui : la langue chante, les femmes agitent des éventails, il fait une chaleur d'enfer, le pays traversé ressemble à un désert. Plus Yves boit, plus il a soif, plus il transpire. Le paysage est éblouissant de lumière. Soleil blanc et rocaille. La Castille. Yves se sent ailleurs, nulle part, en route, comme pressé de connaître la fin d'un poème et soucieux de ne jamais en arriver au bout, de ne surtout plus savoir qui, pourquoi, où. Il s'endort, bouche ouverte, la tempe contre la vitre.

Douleur dans le cou, corps endolori, mains mortes, écho sonore d'une foule sous une verrière : Yves s'est réveillé en sursaut au moment où le train s'est arrêté en gare de Madrid. Il ne se souvient d'aucun rêve. En dormant, il n'a vu que du noir. Bouche sèche, il se lève. Les autres voyageurs quittent déjà le train. Vite, Yves reboutonne sa chemise, noue sa cravate, enfile sa veste, se coiffe avec les doigts, attrape les valises, le sac, le manteau et, tête lourde, hébété, se retrouve sur le quai tout encombré de lui-même, et l'absence de rêve comme un deuil, brusque opacité de la mémoire du jour. Un si grand voyage. Il se rend compte brusquement que René ne lui a donné aucun signalement de monsieur et madame Angulo. Il attend. Il se sent lourd. Tout aussi lourd de bagages et de vêtements que d'histoires passées et de rêves souhaités. Il n'a vu que du noir, en dormant. Cette impression ne le quitte pas. Un air chaud stagne, plaqué au sol du quai. Un courant d'air brûlant coule à hauteur de tête et picote le visage. Des porteurs proposent à Yves leurs services. Yves se souvient du professeur d'espagnol expliquant, en riant, au lycée, que dans les gares de son pays il y avait « plus de porteurs que de voyageurs ». Yves ne peut même pas plier son manteau dans une des deux valises : elles sont pleines à craquer. A Paris, il n'a pas pensé à retirer les cadeaux pour chacun. Il y en a même un pour Fernande. Le train s'est vidé. Le quai est presque désert. Le manteau sur une épaule, le sac en bandoulière, une valise à chaque main, Yves se dirige vers la sortie. Il a trop serré sa cravate. Il étouffe dans sa veste de tweed. Il se sent harnaché, ridicule, chaussettes de laine, pieds brûlants. Il voudrait pouvoir se moquer de lui-même : il ne peut que rougir. Un couple se dirige vers lui. Et devant l'air exténué et ahuri d'Yves, heureusement, l'homme et la femme sourient. Yves pose ses valises, son manteau, son sac, salue la dame puis le monsieur, main tendue, en baissant la tête à chaque fois, geste droit et courtois. Puis il donne gentiment des coups de pied dans ses valises, regarde le couple en dodelinant de la tête. Ils rient, tous trois. Ensemble. Amis. Un accueil. L'instinct du clown.

Monsieur Angulo fait signe à un porteur et prend le manteau. Madame Angulo aide Yves à retirer sa veste et lui conseille de *quitar la corbata*. Dans leur voiture, toutes vitres baissées, avenues ombragées, un air plus tiède et parfumé s'engouffre. Ils parlent à Yves comme si Yves comprenait tout ce qu'ils disent. Il est souvent question de *su padre* et de *su hermano*. Autre chauffeur. Autre rétroviseur. Monsieur Angulo et Yves ont pris place à l'arrière et madame Angulo à l'avant. Le coude gauche sur le dossier du siège, elle se tourne vers eux. Yves les écoute, sourit, et bientôt avoue à monsieur Angulo, *yo no entiendo muy bien lo que dice usted, señor*. Il ne faut surtout pas dire *comprender* mais *entender* pour « comprendre ». Une des premières leçons de *Tras el Pirineo*. Ils deviennent encore plus amis.

A une terrasse de café, en plein air, Yves a l'impression que tous les habitants de la ville sont descendus dans la rue pour lui. La joie de la foule du *paseo* le gagne et l'étonne. Il commande un jus d'orange. Sur le mot *naranja*, il trébuche deux fois : le « r » qui devrait rouler sur la langue, et le « j », phonétiquement « rreu », qui devrait lui racler la gorge. Plusieurs fois, madame Angulo lui fait répéter le mot. Eclats de rire. Puis ils feront en voiture un tour dans la ville, le Prado, les Cibeles, le Palacio Real, jusqu'au moment où monsieur Angulo consultera sa montre.

Au restaurant, ils se parleront en anglais. Monsieur Angulo mentionnera que son beau-frère Summers est le dernier descendant d'une famille anglaise établie à Séville depuis de nombreux siècles. Quel beau nom pour une fin d'été tragique. *Profites-en au max*. Yves se dit qu'il racontera tout à Jean-Jacques. Il prend trois desserts. Il raconte Londres, la Suisse, Vétheuil, Monte Pana, le piano, la peinture. Il dit même qu'il écrit des poèmes. Monsieur Angulo regarde de nouveau sa montre : il est temps de partir. Madame Angulo donne son bras à Yves. Monsieur Angulo met des lunettes noires. Il fait nuit.

Et sur le quai de la gare du Sud, valises, manteau et sac dans le compartiment, Yves instinctivement remettra sa veste pour prendre congé d'eux. Il embrassera madame Angulo et serrera la main de son mari, sans baisser la tête cette fois, heureux, en répétant *muchas gracias*. Puis, de son compartiment, vitre baissée, il se penchera longtemps pour leur faire, de la main, le signe de l'au revoir : il vient de traverser une ville bourdonnante de gens nouveaux, ville de ses rêves, tout le monde était dehors, les femmes avec les femmes, les hommes avec les hommes, les hommes regardant les femmes, les femmes faisant semblant de ne pas remarquer les regards des hommes. Une ville avec des aveugles qui vendent des billets de loterie, des pauvres, des mendiants, des riches, des petites filles habillées comme des dames, des dames déguisées en veuves, *luto*, il notera le mot, deuil, des trams hérissés de voyageurs, des marchands de ballons, des marchands d'images pieuses, des vieillards avec des cannes à pommeau d'argent, costumes impeccables, cravates piquées de perles, et des militaires, des militaires, des militaires. Jusqu'au dernier moment, jusqu'à ne plus les distinguer dans la foule du quai, Yves agitera sa main en signe d'au revoir. Au lycée Pasteur, on disait que le professeur d'espagnol, réfugié politique, ne pouvait plus rentrer dans son pays. Mais cette joie, qu'il avait communiquée à ses élèves, en première année de cours, à parler de son peuple, de *su pueblo*, Yves venait de la recevoir de face, comme une gifle. Il laissa la vitre ouverte, baissa le store de cuir qui se mit à battre au vent, se déshabilla, et nu, arrachant la couverture et le drap du dessus, se coucha sur le ventre et s'endormit instantanément.

Yves rêve au parquet à échardes : il se redresse, se frotte les genoux, les échardes tombent comme un pollen, genoux lisses brusquement. Mais la douleur dans la tête n'en devient que plus vive, et darde encore plus fort. Ce rêve est bien celui de la troisième nuit du voyage. Ce rêve est de cette nuit-là, précisément. Yves le refera souvent. Et il sera toujours daté de la troisième partie de la nuit d'un grand voyage. La chaleur le réveille, une chaleur de roc, brutalement. Le train ralentit, hurlement des freins puis soubresaut de l'arrêt. Yves bondit de sa couchette, s'agenouille devant le store de cuir et le soulève un peu, joues en feu, cœur battant. La lumière l'éblouit. Une gare. Des gens qui se tiennent à l'ombre d'un mur, des affiches de la R.E.N.F.E., Réseau national des chemins de fer d'Espagne, figurant des trains en perspective s'élançant dans des paysages de cartes postales, et une horloge, montre de géant suspendue à un portique de fer, au-dessus du quai où descendent quelques voyageurs. Séville ? Yves n'a pas le temps d'avoir peur : l'heure, 11 h 37. Et une plaque *Córdoba*. Il respire, transpire et soupire à la fois. D'émotion, il lâche le cordon du store qui s'enroule en un éclair de temps. Lumière. Le voici nu, sous la vitre baissée, en pleine gare. Il attrape un drap, le place autour de ses épaules, se cache le ventre et le sexe, attrape le cordon, baisse le store de nouveau et le fixe à un crochet. Dans le miroir au-dessus du coin-lavabo, il se voit, effaré ou effrayé, le front perlé de sueur. Il rit. Il a les dents de la chance. Il y glisse un petit bout de langue, s'adresse une grimace, puis fait couler l'eau froide : elle est chaude. Il s'éclabousse le visage, se brosse les dents, se mouille les cheveux, se fait la raie à gauche, se passe un gant mouillé sur le corps, et s'habille en vitesse, chemise propre, pas de cravate mais un foulard noué. Il ne veut plus des cravates qui l'étranglent et il ne veut pas non plus avoir l'air négligé. Il sort dans le couloir. L'employé du wagon-lit se dirige vers lui, pointant du doigt sa montre, *tenemos dos horas y media de retraso, señor*. Yves est *señor*. Deux heures et demie de retard. L'employé a l'air de le féliciter d'avoir dormi si longtemps. Il lui donne le choix entre thé et café pour le petit déjeuner. Yves demande, *té por favor*. L'employé répond, *sin favor, señor*, disparaît et revient quelques minutes plus tard avec un plateau, napperon, petite serviette roulée, jus d'orange, verre d'eau, petits pains de forme inconnue, très secs, un peu de beurre dans des glaçons qui fondent à vue d'œil. Assis sur son lit, désordre des draps, store levé, plateau posé sur un trépied déplié, Yves se régale, mange tous les sucres, la confiture à la cuillère, et les pains en mordant dedans à pleine bouche. Une à une, il ramassera les miettes sur le napperon et en fera un petit tas, dans un coin, comme l'écureuil de Vétheuil. Et plusieurs fois il se tamponnera les lèvres, comme Bonne-Maman, un doigt glissé dans la serviette, du bout du doigt, délicatement, pour rire encore.

Par la vitre baissée, un visage d'enfant surgit, marchand de *chupas*, graines à sucer, un autre de *gaseosa*, sorte de limonade, un troisième brandit des journaux. Des gosses. Ils transportent leur tabouret, grimpent dessus à la hauteur de chaque compartiment et tendent ce qu'ils ont à vendre, *por favor, señor*. Yves sait que dans l'enveloppe d'argent espagnol il n'a que de gros billets. Il leur fait signe que non, à chaque fois, et il le regrette. Parce qu'ils font un travail. Parce qu'ils sourient. Parce qu'ils sont beaux. Parce qu'ils sont le visage d'un peuple qu'il n'a jamais vu sourire en Angleterre où tout était toujours tellement prévu, rigoureux, subtilement désenchanté. Au vent capricieux des longues promenades à cheval dans les Downs, avec Suzan et Christopher qui tenait mal son cheval et le laissait galoper dangereusement, succèdent brusquement ce soleil en éclats, ces gens de deuil et de joie, cette passion tranchante. Un marchand de billets de tombola est passé avec son gibet de papiers multicolores. Il le fit entrer par la vitre, le secoua au-dessus de la tête d'Yves, et le retira aussi vivement qu'il l'avait fait entrer. Il criait *buena suerte* ! Yves entendit *muerte*. Et sur son carnet, il notera les deux mots côte à côte, puis la phrase, *he desayunado en el compartimento*, j'ai pris mon petit déjeuner dans le compartiment. Bonne chance. Bonne mort.

Midi, le train est encore en gare. L'employé vient retirer le plateau. Yves n'ose pas lui parler du train de Huelva. Il rédige une première lettre, pour ses parents, en espagnol. Il a déjà tant à raconter. Il sait qu'il fait des fautes, mais tant pis : il les corrigera en « petit cours ». Puis une lettre à Jean-Jacques, *Córdoba. Dimanche matin. Cher J.-J. J'en profite au max...* Coups de sifflet. Le train grince et s'ébranle lentement, pesamment. Yves se dit que le métal fond. Et bientôt un paysage de chênes-lièges, de murets de pierres sèches et d'ânes qui trottinent dans des chemins creux. L'odeur de terre sèche vibre et craque sous l'odorat, poussières brûlantes, courants de feu. Yves baisse le store. Il refera son lit par habitude mais aussi et surtout parce qu'il veut que tout soit en ordre pour attendre : il a peur de rater la correspondance. Le voyage de Cordoue à Séville est interminable. Yves s'interdit de boire : il aurait encore plus soif. Il dénoue le foulard et le pose sur sa tête, se cache le visage pour plus de fraîcheur. Mais très vite, sous cette coiffe, il étouffe. Alors, pour faire passer le temps, il range tout ce qu'il y a dans son sac de voyage, trousse de toilette, cahiers, carnets, stylos, crayons, gomme, taille-crayon, passeport, billets, l'enveloppe avec l'argent et surtout le programme tapé à la machine. Il relit, *arrivée à Séville à 12 heures. Départ pour Huelva à 13 h 20 sur le même quai (ce train ne prend pas de réservations, mais l'agence de voyages nous a assuré qu'en première classe il y avait toujours de la place).*

Séville, 15 h 15. Le train s'est arrêté plusieurs fois en rase campagne. Trois heures et quart de retard. Yves a payé la note du petit déjeuner et a donné à l'employé un pourboire, *la propina*, dont madame Summers lui dira que c'était trois fois trop. La gare de Séville est déserte. Heure morte. Les porteurs ont dû repartir. Les gens qui attendaient aussi. C'est l'heure de la sieste. Les voyageurs du train, silencieux, irréels, s'effacent comme des mirages. Yves, manteau sur l'épaule, sac en bandoulière, valises à la main, s'arrêtant tous les treize pas, il les compte, pour reprendre des forces, cherche quelqu'un avec une casquette, ne serait-ce qu'un employé dans ce monument vide. Il ne trouvera qu'un guardia civil, *por favor, señor, el tren para Huelva*.

L'homme fera un signe vague. Yves se souviendra de la leçon n° 3 de *Tras el Pirineo* : « *ha salido el tren ?* » L'homme répondra « *claro que si. Dónde va usted ?* » « *Voy a Huelva. A casa del señor Summers.* » « *El gobernador ?* » « *Si, el gobernador.* »

Le guardia civil, obligé, emmènera Yves à la toute proche station centrale des autobus. Pas de transport assuré le dimanche. Le guardia téléphone au Gobierno civil de Huelva. Longue attente. Puis il parle, *si señora, esta aquí. El tren tenía tres horas y cuarto de retraso...* Longue conversation. Silence. Puis la voix au bout du fil. Le guardia raccroche, explique à Yves qu'une voiture viendra le chercher, à cet endroit-là, exactement, *aquí mismo* dans deux heures environ, et s'en va. Yves se retrouve seul, avec ses valises. Son sac. Le manteau. Obsession. Tête qui tourne. Il a faim, terriblement soif. Il entrevoit un café tout au bas d'une rue. Des tables, des chaises, personne en terrasse. Il n'ose pas abandonner ses valises. Il décide l'expédition. Les volets des maisons sont fermés et, sous le regard des jalousies, Yves transporte tout son arsenal, haltes successives. Cette rue en perspective avec ce café vide, au bout, en contrebas, apparaîtra désormais dans ses rêves, image fixe, qui signalera la fièvre.

Le café est fermé. Un chien dort sous une table. Yves s'est placé à l'ombre du mur. De là, il peut surveiller l'arrivée de la voiture. Pour la première fois, il se rend compte qu'il n'a pas de montre au poignet. Il ne porte pas l'heure avec lui. Pour la première fois il fait l'expérience des conséquences d'un retard. Il déboutonne sa chemise jusqu'à la ceinture. Depuis quelques mois il a un fin duvet au-dessus de la lèvre supérieure et un peu de poils blonds à hauteur du sternum. Fierté. Abruti par la chaleur, il respire faiblement, il se sent sourd, la soif le tient, une petite crampe à l'estomac aussi. Il se souvient du mot *bocadillo*, sandwich. Et une heure plus tard, quand une femme ouvrira les volets de la porte d'entrée du café, il lui demandera *un bocadillo y un vaso de agua por favor*. Elle n'a ni eau, ni sandwich. Elle dit *una cerveza si quiere*. Yves accepte. Il boira trois bières tièdes coup sur coup. Simplement pour que quelque chose coule dans sa gorge. Et quand la voiture arrivera, c'est en titubant qu'il remontera la rue avec ses bagages. Le chauffeur rira de le voir ainsi et lui conseillera de prendre place à l'arrière, *es más fresco*, c'est plus frais. Et Yves, saoul, se couchera sur la banquette, la tête entre les mains, recroquevillé sur lui-même, comme au fond du petit lit bleu, sommeil instantané. Yves, en tenant sa tête, voudrait qu'elle ne tourne plus. Et c'est une fraîcheur de fin d'après-midi qui le réveillera. Ils entrent dans une ville, maisons basses et pauvres, rues à angle droit, cahots des pavés, regard du chauffeur dans le rétroviseur « *como se siente usted, señorito ?* » « *Mucho mejor, gracias.* » Les pages de *Tras el Pirineo* deviennent vivantes.

La ville de Huelva a l'air déserte. Maisons basses et sans étages. Rues de terre battue. Un air de province règne, comme un oubli. La voiture débouche sur une place carrée, une fontaine, des arbres, quelques façades plus hautes dans le goût de la fin du siècle dernier : la foule est là, costumes blancs, robes multicolores, jeunes filles qui se donnent le bras, des marins, autre *paseo*, tout le petit monde de Huelva semble s'être donné rendez-vous à cet endroit, cœur de la ville. C'est la promenade du soir. La chaussée est envahie. Le chauffeur donne des coups de klaxon. Yves remarque alors les petits fanions officiels sur les ailes avant de la voiture. Les passants se penchent, regardent qui se trouve à l'arrière : lui, Yves. Il s'accoude, rougit, cache sa tête dans sa main. Puis une rue adjacente, vide brusquement, un bâtiment moderne flanqué de drapeaux et l'inscription *Gobierno civil*.

Une entrée privée, un ascenseur qui conduit directement au quatrième et dernier étage et, sur le palier, une femme corpulente, toute juchée, poitrine sanglée, radieuse, bras ouverts, qui embrasse Yves sur le front, tout de suite, comme si elle venait de retrouver un enfant perdu. Ses trois plus jeunes fils sont là, les « derniers ». Ils ont douze, dix et neuf ans. A côté d'eux, Yves a l'air d'un petit homme. Il y a le malin, le gros et le timide : des gosses, chemises blanches à manches courtes, bermudas blancs, chaussettes et chaussures blanches, curieux trio. Ils traversent d'abord la partie officielle de la résidence du gobernador qui occupe tout le dernier étage, décor neuf, fauteuils dans lesquels jamais personne n'a dû encore s'asseoir, parfum de peinture fraîche, lustres, appliques, un mélange d'offense et de discrétion. Puis, dans la salle à manger privée, une immense table en acajou, un seul couvert : un repas froid a été préparé. Yves mange et boit sous le regard des trois derniers qui ne disent pas un mot, l'observent fixement, la tête dans les mains, les coudes sur la table. Doña Emilia, elle, parle, sourit et rit. Elle pépie. Et Yves, de nouveau, comme la veille avec la sœur et le beau-frère de doña Emilia, explique qu'il ne parle pas encore très bien. Le repas est délicieux et l'eau citronnée d'une fraîcheur tranchante. Doña Emilia et Yves s'échangent des regards complices et exquis. Yves hésitera longtemps, ici, à ces lignes, avant d'écrire les mots « complices » et « exquis ». Mais tel fut le sentiment, plénitude d'un premier accueil.

Sitôt le repas achevé, ils repartirent en voiture. Route étroite, bombée, fendue par endroits comme une croûte de pain gris, vieux macadam qui part en poussière, trous, puis des travaux, chemin de terre, route ravinée par les quelques rares pluies d'hiver, brûlée par de longs mois d'été. Ils ont d'abord filé vers le nord, le long du fleuve ensablé, disparu, pas même un filet d'eau, un ru, fleuve sec, dix kilomètres peut-être, puis un pont provisoire, dommage de guerre, semblable à celui qu'Yves traverse sur la Seine, devant la cathédrale de Mantes-la-Jolie, en route pour Vétheuil. Puis ils sont allés droit vers l'ouest et le soleil couché à peine : ciel pourpre et lancinant. A gauche et à droite, à perte de vue, des champs d'oliviers et des champs de chênes-lièges. Deux des derniers ont pris place à l'avant, le troisième et plus jeune s'endort dans les bras de sa mère, et Yves à côté d'eux. Parfois le chauffeur ralentit, contourne un trou, évite une crevasse : il connaît tout cela par cœur. Ils entrent dans le village de Lepe, quittent la route, obliquent vers le sud, chemin de terre et brusquement, dans un creux, des champs de coton : la nuit est tombée, clair de lune, Yves voit comme des flocons accrochés aux arbustes. Puis une côte, colline hérissée de pins parasols, l'air embaume. Et brusquement, comme un toboggan, la descente, et l'Océan de face, immensément la plage à l'est et à l'ouest, et, sous le clair de lune, la cuirasse atlantique de bronze sombre. Yves respire un coup bref, du ventre, et reste bouche ouverte. C'est donc là le terme du voyage : le bout du monde.

En sortant de la voiture, Yves reçoit en plein front le vent venu de l'Océan, froid, net, vent vif cherchant inlassablement le heurt. Un terre-plein, quelques voitures, et, de chaque côté, deux rangées de maisons posées dans le sable comme des cubes blancs, sable montant à l'assaut des murs d'enceinte de chaque villa. Le chauffeur porte une valise, Yves l'autre et les enfants le sac, le manteau. Le petit dernier se frotte les yeux. Des plaques de lattes de bois dallent le sable, composent l'allée principale entre les deux rangées de maisons et les voies latérales d'accès à chaque villa. Quelques lumières dans les patios, derrière les murs, ou sur les terrasses. Etrange impression de lieu qui n'est habité que l'été. Les Summers occupent deux maisons, une en front de mer dans laquelle sont logés les garçons, les trois aînés, Paco, Manolo, Enrique, vingt, dix-neuf et dix-sept ans, les trois derniers et le chauffeur, et une seconde, juste derrière, où logent les filles, Carmen, Nachi, Emilita, seize, quinze et treize ans, les parents et les quatre « muchachas », deux fois deux sœurs qui sont aussi cousines et qui s'occupent *de toto en la casa*, de tout dans la maison. Doña Emilia, qui n'a rien dit dans la voiture, sans doute à cause du chauffeur, s'est remise à parler à Yves. Elle a du mal à marcher sur les plaques de lattes. Elle rit de sa maladresse.

Yves a droit à une chambre pour lui tout seul, dans la maison du bas.

Etrange nudité des murs peints à la chaux, ampoule plafonnière pendue au bout d'un fil, pas un objet, pas un tableau, pas même une armoire. Des lits et des chaises, c'est tout. Et partout le vent qui s'engouffre, le vent qui vient droit de l'Océan. A peine a-t-il posé sa valise que doña Emilia prend Yves par la main. Ils traversent le patio, croisent l'allée centrale, franchissent le mur d'enceinte de la maison du haut : sur la terrasse, ils sont trente, quarante filles et garçons. Ils ont entre quinze et vingt ans. Doña Emilia tient Yves par le bras pour gravir les quelques marches qui conduisent à la terrasse. Et brusquement, tous crient *bravo, olé*, jouent de la guitare, chantent, rythment en tapant dans leurs mains. Et au milieu du groupe, dans un fauteuil d'osier, un petit bonhomme, tout rond, chauve, de fines lunettes de myope sur le nez : monsieur Summers, don Francisco, époux de doña Emilia, le gobernador. Quand il se lève, il arrive à peine à la hauteur de la gorge de sa femme. Le couple grotesque est beau : ils s'aiment, ils accueillent, ils embrassent. Don Francisco lève la main, pince la joue d'Yves, l'accuse d'avoir retardé le train, rires, et le présente à ses filles, à ses fils, sourires ; puis aux cousines, aux cousins, et aux quelque deux ou trois qui ne sont pas de la famille : ils sont tous de la même famille à La Antilla. Rires. Don Francisco explique, comme un discours adressé à Yves et à tous, prenant des airs de tribun, qu'il a onze frères et sœurs et que doña Emilia est la quatorzième et petite dernière de sa famille. Et il se met à faire des multiplications. Yves ne comprend plus très bien le discours. Puis don Francisco assoit Yves sur une chaise, demande le silence, annonce un interrogatoire et pose à Yves des questions « comment t'appelles-tu ? » « pourquoi t'appelles-tu Yves ? » « ce saint Yves, c'est un barbare, n'est-ce pas ? » « combien as-tu de frères ? » « combien as-tu de sœurs ? » « quel âge as-tu ? » « quelle est ta date de naissance ? » « pourquoi es-tu si grand déjà ? On m'avait annoncé un bébé, j'avais acheté un *chupete* et voilà que tu es en âge de choisir une *novia* ». *Chupete* et *novia* ont fait rire aux éclats. A chaque réponse, Yves, maladroit, ne sachant pas bien s'exprimer, fait aussi rire tout le monde. Alors don Francisco essaie de dire quelques mots en français pour amuser plus encore. Les muchachas écoutent, à distance et en rang, bras croisés, dans leurs blouses bleu pâle, coiffées de petites tiares de dentelle amidonnée. Elles rient aussi et de bon cœur. Don Francisco explique qu'il n'est jamais sorti d'Espagne que pour aller à Gibraltar. Il dit aussi de doña Emilia qu'elle n'a jamais osé aller plus au nord que Madrid. Et comme un pitre, sublime, derrière ses lunettes, il pointe Yves du doigt, joue la menace, *sabes que tendrás que contarme todo lo que has visto fuera de este país*, et il va falloir que tu me racontes tout ce que tu as vu hors de ce pays. Alors, au signal du père, Carmen, Nachi et Emilita s'emparent d'Yves, le lèvent : garçons et filles se mettent à danser autour de lui en chantant, sur un air de sevillana, *pastilla de jabón, ayali ; pastilla de jabón, ayala*, toujours le même refrain. Et ceux qui regardent tapent dans leurs mains. Doña Emilia se tient debout derrière le fauteuil dans lequel don Francisco s'adosse, heureux de la fête et de l'accueil, ne quittant pas Yves des yeux, l'air malicieux et terriblement net.

Combien de temps ont-ils dansé, chanté, bu de l'eau citronnée ? Jusqu'au moment où don Francisco demanda à Yves de chanter lui aussi, *una canción francesa*. Comme Yves expliquait qu'il n'en connaissait aucune, don Francisco fit signe à Manolo de jouer une valse à la guitare et Carmen, l'aînée des trois filles, blonde aux yeux bleus, le visage rouge de soleil, s'approcha d'Yves. Tous s'écartèrent. Ils dansèrent. Un étrange silence s'installa. Juste les notes de guitare et brusquement, en tournant et tenant sa cavalière, Yves distingua le fracas des vagues de l'Océan. C'était marée haute. La mer s'agitait sous la lune et son encre se frangeait d'écume. Plus Yves entraînait Carmen, plus celle-ci s'accrochait à son bras et à son épaule : Carmen fermait les yeux, la tête lui tournait. Quand elle s'arrêta, interrompant la danse, Yves la reconduisit titubante jusqu'à la chaise de l'interrogatoire et tous, y compris don Francisco et doña Emilia, se mirent à applaudir et à scander le nom d'Yves, comme ça : « I-bess ! » Yves était adopté. Au bout du monde, une fête. Et le vent, inlassablement le vent. Yves, ce soir-là, se sentit en proue de tout. Terriblement prêt.

Peu avant minuit, *medianoche*, ils dînèrent en famille, les parents, les neuf enfants, et Yves à droite de doña Emilia. Le petit dernier dormait le front dans son assiette vide. Les quatre muchachas faisaient passer des plats de pastèques, de tortillas et de crudités. Dans cette maison, aucun décor non plus, aucun objet, des murs nus. Don Francisco se remit à poser des questions à Yves. Doña Emilia l'interrompit *papa, déjalo comer*, laisse-le manger. Don Francisco brandit pour rire son couteau *mira, mama, te voy a cortar el pelo*, attention, maman, je vais te scalper. Et Manolo imita son père. Paco, l'aîné, regarda Yves : il partait le lendemain matin, à la première heure, pour une « période militaire ». Yves ne le reverrait qu'à Paris, au printemps.

Après le souper, tard dans la nuit, ils restèrent un long moment sur la terrasse, face à la mer. Plus aucun ne parlait. Ils écoutaient le vent, regardaient les étoiles. Parfois un chien aboyait au lointain, dans leur dos, du côté de Lepe. Yves sentait encore en lui profondément les trépidements du train. De tous les trains des trois jours. Mais les foules des gares s'éloignaient déjà, visions microscopiques, pour ne plus devenir qu'un point. Yves se sentit coupé de tout, avec eux. Il ne voulait plus dormir. Le grand voyage se terminait par un début. Quand il se coucha, le jour se levait. Le réveille-matin s'était arrêté pendant le voyage. Yves avait oublié de le remonter.

## 46. La leçon du gnome

*Chupete* est le nom donné à ces tétines fixées à une rondelle de bois ou de plastique que l'on place dans la bouche des bébés pour les empêcher de pleurer entre les biberons. Ils mâchonnent. Et *novia* veut dire « fiancée », « petite amie » et peut-être même, encore à cette époque-là, en Andalousie, « celle que l'on s'engage à épouser ». Voilà ce qui avait fait rire le premier soir. L'ironie de don Francisco est forte et affectueuse. Il s'adresse toujours à Yves en l'appelant « señorito I-bess ! » Exclamation. Yves remplit des carnets de mots et de phrases. Dans les lettres adressées à ses parents, il dira tout, sauf sa jubilation. Un bonheur sur un malheur, pour employer leurs mots, pour effectuer leur tri, ça ne se dit pas. Et un malheur sur un malheur, s'il n'est pas tu, n'est entendu que dans le secret de chacun de ceux ou celles qui n'osent, ou ne peuvent pas, prendre la parole.

Ils se lèvent à midi, déjeunent à cinq heures de l'après-midi, et dînent à minuit. Horaires décalés. La nature impose. Impossible de marcher dans le sable, pendant la journée : il est brûlant. A peine peut-on se déplacer sur les plaques de lattes. La plage fait au moins un kilomètre de large. Les maisons sont à mi-chemin de la dune et de l'eau. En bordure d'océan, quelques paillotes, petits carrés d'ombre tournant avec le soleil. Les places sont chères. Ils s'entassent, se frôlent. C'est la bagarre, les jeux et les cris. Les filles portent des maillots « une pièce », noirs. C'est la loi dans la province de Huelva. La loi dont, en principe, le gobernador est le représentant. Plaisanteries. Et les garçons portent un

« maillot-short ». Les formes des « machos » ne doivent pas être dévoilées, et les nombrils et hanches des jeunes filles sont interdits aux regards. Doña Emilia a prêté à Yves le maillot de Paco, trop grand, qu'Yves noue à la taille, cordon qui sans cesse se défait. Les jours où il n'y a pas de bancs de méduses ou de bancs de serpents de mer, ils se baignent tous, immenses vagues qui s'effondrent sur eux, écume, goût âpre dans la bouche. Dans l'eau, les garçons ne s'approchent jamais des filles, les filles provoquent les garçons, les garçons font des pyramides, trois, plus deux, plus un. Une fois, Yves se retrouve tout en haut, le temps de voir la plage à perte de vue, plate, infinie, de chaque côté, et ce fut la plongée. Eau glaciale et sable brûlant. Le temps de rejoindre une paillote ou l'autre, le corps est déjà sec et se couvre de sel. Seuls les enfants se baignent. Les parents passent les journées à l'ombre des terrasses.

Allongé sur le ventre, dans le sable, Yves observe les maillots-shorts, avec leurs filets intérieurs, bien plus obscènes qu'un simple maillot. Les garçons se mettent toujours dans des poses apparemment innocentes, et les filles voient entre le short et la cuisse, sans avoir l'air de voir. Entre eux, cousins, cousines, *novios, novias*, un rapport mêlant fraternité et rivalité : ils sont tous de Séville et de familles riches. La Antilla leur appartient. Ni commerce ni dépôt de boissons, il n'y a que les villas. Les domestiques vont faire les courses à Lepe. Familles « bourgeoises et nanties », cette expression si souvent employée, pour d'autres, par ceux qui devraient s'en réserver l'usage. Seule la famille de don Francisco échappe à la définition : le gobernador n'a pas de biens. Les deux maisons sont louées. Il est au service d'un généralissime que les vieilles familles de Séville détestent et respectent par peur du pire. Don Francisco fait reconstruire les églises mais ne va à la messe qu'en cérémonie officielle. Quand il jure devant sa femme, et pour rire, doña Emilia se signe. Et quand Manolo chante *se va el caimán por la barranquilla*, chanson interdite sur les ondes de Radio Nacional de España, par Franco, qui sait qu'on le prend pour le crocodile en question, don Francisco a l'air ravi.

Souvent, à l'heure du soir, il emmène Yves en promenade sur la plage. Il lui explique qu'il n'avait « qu'une histoire à vivre, et qu'il l'a vécue ». Il parle de Pétain. Yves répond de Gaulle. Mais Yves se défend de porter un jugement car ce qui accuse don Francisco le rend aussi admirable : cet homme qui se moque du pouvoir de l'Eglise et de la cécité des riches, cet homme incapable de mentir, de nature fulgurante et généreuse, ce gnome dont on a envie d'embrasser les mains, cet ancien avocat promu gobernador ne parle que de « juste justice » et se sait aimé du petit peuple de la province de Huelva, pour la simple raison qu'il se bat en haut lieu et obtient des crédits pour leur donner au moins, *por lo menos*, des maisons. Et dans cette province pauvre, méprisée, quasiment oubliée par les Andalous eux-mêmes, des centaines de Portugais immigrent, et de nuit passent la frontière pour trouver une terre meilleure. Il faut aussi les loger, ceux-là, *aquellos, I-bess*, et intervenir auprès des maires et des villageois pour qu'ils ne chassent pas les intrus. Et lors de la visite de Francisco Franco, deux ans auparavant, dans la province, à la traversée des villages et dans les rues de Huelva, il y avait eu des banderoles et des arcs de triomphe avec pour inscriptions *arriba España*, le grand cri franquiste, mais aussi *viva don Francisco* et le Généralissime avait cru que cette familiarité lui était adressée. Don Francisco riait de l'histoire.

Yves et lui allaient si loin, vers l'ouest et la frontière, que la nuit parfois les surprenait avant même qu'ils rebroussent chemin. Et au retour, don Francisco récitait des poèmes de Machado, de Lorca, des pages entières de Juan Ramón Jiménez dont les œuvres étaient encore interdites dans son pays. Yves apprit, avec don Francisco, et par l'expérience de ces longues conversations, qu'un peuple opprimé vit encore et revendique plus que jamais ce droit au vécu que les intellectuels des pays observateurs oublient en ne parlant plus que de botte : une vie qui continue. Et don Francisco parlait des communistes très exactement comme on parlait d'eux, en France. Alors ? Yves, à écrire ces lignes, se sent en flagrant délit de « mauvaise conscience ». Mais la mauvaise conscience qu'on pourrait lui dicter ici, et dans dicter il y a encore dictateur, n'est pas meilleure que la bonne conscience de ceux qui se contentent de dénoncer, miradors des penseurs respectés. Yves avait simplement conscience, ni bonne ni mauvaise, et don Francisco lui apprit, entre deux poèmes, à ne pas donner un seul sens à l'histoire, à se méfier aussi du processus qui conduit à toutes les dictatures. Yves se souvient très bien : ils arrivent à La Antilla, ils grelottent de froid, l'un et l'autre, le vent s'est levé, il est l'heure du dîner, don Francisco lui saisit le poignet, le serre très fort et dit lentement, très distinctement, « il nous a fait croire qu'il s'agissait d'une guerre sainte. Tout le sud de l'Espagne y a cru. Ce sont les évêques qui l'ont porté au pouvoir ». Don Francisco lâche le poignet d'Yves « c'était ça ou les rouges ». Puis silence. Il : Franco.

Un seul tableau, dans la maison du haut, ridicule, seul, sur un mur. Il représente une pastèque entière et une autre en tranches. Nature morte. Une croûte. Souvent, pour taquiner doña Emilia, don Francisco dit *este cuadro, me lo voy a comer*, ce tableau, je vais le manger. Puis, se tournant vers Yves, *es bruto, verdad* ? il est laid, tu ne trouves pas ? De retour de promenade, un soir, en cachette, don Francisco demandera à Yves de décrocher le tableau et, armé de ciseaux, avec Yves, devant Yves, découpera la pastèque et chacune des tranches, appellera une muchacha, disposera les petits bouts de toile sur un plat avec ordre de servir doña Emilia en premier. Yves n'avait jamais vu une famille saisie de fou rire. Lui-même, plié en deux sur sa chaise, suffoquait. La crise dura jusqu'à ce que doña Emilia se mette à rire à son tour. Mais ils resteront une heure au moins sans pouvoir manger, sans pouvoir boire, et les muchachas, écroulées, sans pouvoir servir : il suffisait que tout le monde se calme, reprenne place autour de la table, pour que la crise reprenne. Et ainsi de suite. Don Francisco, des larmes dans les yeux, pouffa de rire dans son verre d'eau, éclaboussant la table.

Au début de la troisième semaine, Pilar arriva. Elle venait passer « les dix derniers jours », chez des cousins qui la surnommaient *la loca*, la folle. Et quand, le premier matin, Pilar descendit sur la plage en bikini, et cheveux défaits, longs cheveux roux, ce qui aussi était interdit, il fallait au moins une tresse, des nattes, un chignon, ne serait-ce qu'un peigne, sinon les jeunes filles n'étaient plus regardées comme telles, ce fut un scandale. D'autres rumeurs circulaient depuis quelques jours au sujet de Pilar. Elle était *bruja*, sorcière, *guapa*, belle, mais la manière de le dire en parlant d'elle n'était pas la même, et surtout *vieja*, vieille, elle n'avait que vingt-trois ans, et pas de *novio*, pas de fiancé, étrange, n'est-ce pas ? Les garçons l'attendaient. Les filles racontaient aussi qu'elle était orpheline, qu'elle s'était échappée de chez les bonnes sœurs et qu'un oncle célibataire l'avait recueillie. Elle avait fait des études d'infirmière pour devenir sage-femme. L'oncle était mort au printemps sans lui laisser un sou. C'était la dernière fois, *ultima vez*, qu'on l'invitait.

Quand don Francisco apprit au cours du déjeuner que Pilar s'était montrée ventre nu, dans un maillot deux-pièces, et décoiffée, sur la plage, il imita le directeur de la police de Huelva appelant ses guardias, leur ordonnant d'arrêter cette *perdida*, perdue, et de l'enfermer au plus vite. Tous riaient de la scène. Doña Emilia disparut dans sa chambre. Un long temps, à table, ils attendirent qu'elle revienne. Une muchacha vint prévenir don Francisco que la señora pleurait. Don Francisco se leva, alla la consoler et très vite ils revinrent, bras dessus bras dessous : doña Emilia séchait ses larmes avec un mouchoir blanc et don Francisco, jouant de sa petite taille, faisait encore le pitre. Sitôt assis, don Francisco, l'air sérieux, mais il ne l'était toujours pas, expliqua à son épouse que Pilar était *guapa*, mais cette fois il disait *guapa* avec admiration, et il affirma qu'elle avait le droit de montrer qu'elle était belle. Silence.

En fin d'après-midi, Manolo et deux autres garçons partirent avec Pilar. Ils se dirigèrent droit vers la dune, la crête, et disparurent dans le bois de pins, de l'autre côté. A l'ombre du mur d'enceinte de la maison du bas, ils se tenaient en groupe. Yves apprenait de nouveaux accords de guitare. Une fille se mit à sangloter. Son *novio* était parti avec *la loca*. Mais Yves sentit que cette peine faisait partie de leurs jeux amoureux. Il se mit à faire de beaux accords, lents et graves, et récita son poème préféré de Saint-John Perse, *C'étaient de très grands vents sur toutes faces de ce monde / De très grands vents en liesse par le monde qui n'avaient d'aire ni de gîte / Qui n'avaient garde ni mesure, et nous laissaient, hommes de paille / En l'an de paille sur leur erre... Ah ! oui, de très grands vents sur toutes faces de vivants.* Ils l'écoutaient, étonnés. Yves avait récité en regardant la haute dune hérissée d'arbres, et derrière, le mystère d'une promenade. Le vent allait par là. Le vent allait brûler la terre. Pour la première fois, Yves venait de vivre un poème. Chaque mot, brusquement palpable, corps autre que l'on découvre et contre lequel on se tient, jusqu'au baiser volé des fins de stances. Il posa la guitare. La novia ne pleurait plus son novio. Enrique à son tour récita, *Y que yo me la llevé al río / creyendo que era mozuela / pero tenía marido. / Fué la noche de Santiago / y casi por compromiso. / Se apagaron los faroles y se encendieron los grillos.* Lorca, victime des guardias, venait de prendre la parole chez le gobernador. Yves ferma les yeux, adossé au mur, nuque cambrée, les doigts plantés dans le sable chaud. Il imagina Pilar et ses trois compagnons en train de courir dans les champs de coton, et disparaître. Le poème de Lorca, lui aussi, était interdit. Enrique en connaissait par cœur la version non expurgée par le gouvernement de Franco et plusieurs fois il en dicta le texte aux autres, dont une fois à Yves qui voulait le rapporter en France, comme un trésor.

Dans la maison du bas, dans un coin de la pièce centrale, vide et sonore, qui ne servait que de passage pour se rendre aux chambres, il y avait une potiche rose, d'un goût douteux. En visite, don Francisco la pointait du doigt, *es bruta también*, et faisait semblant de donner des coups de pied dedans. Doña Emilia le retenait. Ils se chamaillaient comme des enfants. Un soir, après le souper, don Francisco décida du sort de l'objet, envoya « les derniers » chercher le jeu de croquet des cousins voisins. Et dans la salle du bas, ce fut à qui, d'un bout de la pièce à l'autre, faisant rouler une boule, casserait la potiche en premier. Don Francisco ajustait ses lunettes, manquait sa cible. Ce fut Manolo, au nième essai, qui brisa *la bruta*. Et tous, en cortège, allèrent déposer un petit bout de porcelaine aux pieds de doña Emilia qui se tenait, fâchée, sanglée dans un châle, assise dans le fauteuil d'osier, sur la terrasse du haut. Elle répétait *idiotas*. Et plus elle répétait le mot, plus elle souriait. A la fin, elle se mit à rire, inévitablement. Sans tableau et sans cruche, il n'y avait plus aucun objet dans les deux maisons. Don Francisco demanda à Yves ce qu'il avait vu à la Tate Gallery. Il lui parla de Turner et surtout d'un tableau de Dali. Yves l'avait-il vu ? Et Yves raconta sa visite, don Francisco baissa la tête, retira ses lunettes : il ne voulait pas perdre un mot de ce que disait « I-bess ». C'est ainsi qu'il voyageait.

Chaque soir, il y avait « fiesta » dans une villa différente. Même groupe, même rituel de chansons et de danses. Pilar portait des robes décolletées, sans bretelles. Et au moment le plus joyeux de la fête, quand tout le monde dansait, elle disparaissait, entraînant un garçon, jamais le même. Yves se retrouvera avec elle, au haut de la dune, dans un creux d'herbes sèches, sous un pin que le vent faisait grincer. Il se laissera caresser, embrasser, mordiller le menton et le bout du nez. Pilar, à genoux, devant lui, nue, posera alternativement ses lèvres sur les genoux d'Yves. Le ciel semblait basculer. Pilar s'allongera contre Yves, glissera, lui embrassera le nombril et tout autour le ventre, puis, posant sa tête là, soupirera. Yves osera un seul geste et lui caressera les cheveux. C'était bien dire non à Pilar. Et quand, sur le chemin du retour, Pilar lui dira « tu es un champion, ils le sauront tous », ce sera sans ironie. Et les garçons, prévenus, se mettront à regarder Yves différemment. *La loca* disait qu'il était le meilleur. Lui ! Le vrai mensonge ne cache pas la vérité, mais un autre mensonge.

Le lendemain, don Francisco, en uniforme de gobernador, emmène Yves à la fête d'Ayamonte, petit port à la frontière du Portugal. Le chauffeur a mis sa casquette à galons et consulte sa montre. Ils s'arrêtent quelques minutes en rase campagne pour arriver à l'heure exacte. Et quand ils entrent dans la ville, les habitants, hommes, femmes, enfants, agitent des drapeaux, crient le nom de don Francisco qui dit à Yves, en riant, « c'est une erreur. Il doit y avoir l'arrivée d'une course de vélo, juste après nous ». Le chauffeur rit. « Et ça vous amuse, Juan ? » Juan prend un air sérieux. « Ça ne vous amuse pas, Juan. Je croyais avoir dit quelque chose de drôle. » Et ainsi de suite. Yves assiste à sa première corrida. Quand le taureau entre dans la minuscule arène, don Francisco pince le bras d'Yves « le pauvre, ils ne lui ont pas donné à manger depuis qu'il est né. Les malades de l'hôpital n'auront pas grand-chose dans leur assiette ». Puis, en aparté, pour ne pas avoir à assister au carnage, « parle-moi de ta mère. Tu lui ressembles, n'est-ce pas ? »

Il y eut un bal au Cercle nautique. Yves confondait les serveurs et les officiers de marine. Il renonça à demander à boire. Il fit danser doña Emilia, Carmen, Nachi, Emilita. Et doña Emilia de nouveau. Des milliers de moustiques les piquaient. Et dans la voiture, au retour, tous se grattaient les chevilles et le cou. Don Francisco dit à Yves, *no me olvidarás, verdad ?* tu ne m'oublieras pas, n'est-ce pas ? Et Yves lui sourit comme il n'avait jamais pu sourire à René.

## 47. Calle Rosario 8

Fin septembre. Les jours raccourcissent. Le soleil blanchit. Le vent devient nerveux et les marées se font amples et violentes. Yves a reçu une lettre d'Adrienne. Le courrier parvient à Paris avec beaucoup de retard. Elle commençait à s'inquiéter. Elle annonce que Jean-Jacques « fait des progrès chaque jour » et rentrera villa Sainte-Foy dès la première semaine d'octobre. François-Pierre est revenu du cap Nord très amaigri et avec un début de scorbut. Lui aussi doit « reprendre des forces ». Il a été reçu en classe de préparation aux Arts et Métiers à Lyon, où il sera pensionnaire. Adrienne mentionne également que Fernande a fait les confitures à sa place, à Vétheuil ; que « le piano a été réaccordé par l'aveugle de chez Gaveau » ; et que « tout reprendra comme avant très vite. Je t'embrasse. Maman ». Adrienne ne signe jamais Adrienne. Sur les mots d'excuse pour le lycée, quand Yves comme ses frères aînés ne fait pas un faux, elle écrit A. Navarre. Elle n'aura son premier chéquier qu'en 1965, treize ans plus tard. Elle ne sait pas conduire une voiture. René lui a toujours dit que c'était inutile. D'ailleurs elle « serait recalée au permis ».

Fin septembre à La Antilla. Le soleil se couche si vite en fin d'après-midi qu'il semble se glisser, entailler l'horizon de l'ouest, coupure, le sang gicle. Yves, depuis bientôt quatre semaines, guette les regards des garçons, et leurs corps, sur la plage. Délectation. Au début, ils étaient flattés qu'Yves leur porte autant d'attention. Puis, gênés, petit à petit, sous le regard du guetteur, ils se sont mis dans des positions plus décentes. Les filles étaient frustrées. Les garçons commençaient à s'en inquiéter entre eux, quand Yves fit son escapade avec Pilar. Depuis, ils ne comprennent plus. Ils se sont rapprochés d'Yves, Manolo en premier, mais aussi et surtout son cousin Javier dont Yves aime entrevoir les bourses et la verge étonnamment brunes dans les mailles du filet de son maillot-short. En pleine baignade, Javier demandera à Yves, à l'écart des autres, *te gustan los hombres ? Dímelo. Es un secreto.* Tu aimes les hommes ? Dis-le- moi, c'est un secret. Yves, pour toute réponse, plongera devant lui, sous l'eau donnera un coup de reins et passera droit entre les jambes de Javier, le caressant, furtivement, de la main gauche. Mais lorsque Yves refera surface, coupable et heureux du geste osé, un si long temps retenu, il verra Javier s'éloigner comme un fou, en crawlant, vers le plus haut rouleau des vagues et s'y perdre, la tête la première. Plus tard, sous la paillote, Yves essaiera de croiser le regard de Javier. Mais Javier, bras enserrant ses genoux, mâchoires de fer, fossettes, lèvres plus pulpeuses que jamais, son air fâché, restera longtemps à regarder le large, fixement. Un secret.

Certaines villas étaient déjà fermées et le groupe diminuait. Manolo parlait de faire du cinéma. Le film « expérimental » s'intitulerait *La Niña de luto*. Il obtiendrait de l'Ecole des beaux-arts, à Madrid, pendant l'hiver, une caméra et de la pellicule pour le tourner *aquí mismo, el año próximo*, ici même, l'an prochain. Pilar serait la star. Paco écrirait le *guión*, scénario. Yves avait déjà rempli deux carnets de mots. Il parlait avec une telle joie que don Francisco lui demandait, parfois, pour rire, de parler moins vite, imitant Yves le premier jour, *yo no entiendo muy bien lo que dice usted, señor*. Mais les rires devenaient acidulés. Dans trois jours, il faudrait rentrer à Huelva. Don Francisco passait les journées à lire des dossiers, le nez tout contre les pages. D'un coup de pouce, de temps en temps, il ajustait ses lunettes. Doña Emilia tricotait des châles, un noir, un blanc, un rose. Dès qu'elle se lassait de l'un, elle passait à l'autre. Yves fit le chemin de Lepe avec Javier, Nachi et Emilita, dos d'âne, ils firent la course. Carmen ce jour-là ne quittait pas sa chambre : elle avait reçu une lettre de son novio, officier de marine, qui ne passerait en escale à Cadix qu'en novembre avec un mois de retard. Doña Emilia avait dit à Emilita, *dejala llorar. Es mucho mejor antes que despues,* laisse-la pleurer, c'est bien meilleur avant qu'après. Don Francisco avait souri en posant un dossier.

Le guet. Les rets. Leurs dents quand ils souriaient, des dents comme des amandes fraîches, et leurs voix quand ils chantaient, voix éraillées, plus graves brusquement, car toutes les chansons étaient d'amour. Garçons. Garçons de La Antilla. Futurs multiplicateurs. Peaux brunes. Sang mêlé de Séville. Les Arabes passaient encore dans les regards de ces petits hommes prisonniers de tant et tant de principes que le moindre mot osé avait le timbre de l'appel et le plus fort regard croisé, ou échangé, devenait caresse ponctuelle et sensuelle. Garçons. Garçons de La Antilla, parqués, camps des familles, zones protégées des terrasses, garçons employés à ne trouver que la novia multiplicatrice. Yves les provoquait. Un simple *abrazo,* accolade pour accepter le bonjour, se souhaiter le bonsoir ou se féliciter d'un exploit, buste contre buste, en se tapant gentiment dans le dos, était vécu par Yves comme une étreinte et les garçons se détachaient de lui, surpris par la demande du geste. Autant d'histoires d'amour qui ne durèrent que des fractions de seconde. Autant d'histoires frôlées qui rendaient Yves aussi fou que Javier crawlant vers le large, plongeant dans le creux de la plus haute vague. Les maillots-shorts, au sortir de l'eau, se plaquaient à la peau, épousaient les formes, rebondies derrière, turgescentes devant. La mémoire insiste et signale l'obsession de la nudité souhaitée d'une part et de tout ce qui, d'autre part, sous prétexte de cacher cette nudité, la rendait encore plus vue. Yves était « d'autre part » : l'autre partie des interdits le fascinait. Yves n'avait accepté de suivre Pilar en haut de la dune que par convoitise de tous ceux qui avaient suivi *la loca* avant lui. Il ne désirait que placer ses pas là où ils avaient placé les leurs, eux, autres, frères, cousins, aînés, frères aînés. Yves ne voulait vivre que ce qu'ils avaient vécu avec elle, ce scénario-là, le comment des gestes, le coucher des corps, le ciel qui bascule. Tout s'était arrêté au sexe. Pilar avait souri, sans toucher. On ne se décide pas. On admet seulement un jour la nature de son élan vers l'autre. Pilar, dévoreuse, prenant une systématique revanche contre celles et ceux qui l'isolaient, avait compris qu'Yves était de même fougue qu'elle. Yves savait enfin qui il était.

Dernière nuit, la veille du départ pour Huelva, Yves ne dort pas. Nu, entre les draps de son lit, le drap du dessus remonté jusqu'au menton, mains plaquées sur son ventre, là où Pilar avait posé sa tête, il scrute la petite lucarne ouverte, le volet intérieur et le petit carré de ciel, lumière lunaire. C'est solstice. La marée monte. Yves se sent harcelé par la rumeur du vent et des vagues qui va en s'amplifiant. Il arrache le drap, saute du lit, enfile le maillot, son maillot, sien, celui des baignades de Vétheuil, celui qu'il n'a pas pu porter depuis son arrivée, attrape une serviette et sort de la maison, comme un chat, en frôlant les murs. Lentement, parce que se croyant épié, il va droit vers les paillotes et, sitôt en bord d'océan, les pieds dans le sable, léché par les vagues et l'écume qui gagnent la plage, il oblique vers la gauche, l'est et le levant. Il se dit encore qu'on le regarde. Il compte ses pas, et quand à mille il se retourne, les villas de La Antilla ne sont plus qu'un point derrière lui. Il ôte son maillot, le jette sur le sable sec, petite tache sombre, et part en courant, brandissant la serviette au-dessus de sa tête, ivre du fracas de la mer, fouetté par le vent, s'éclaboussant, bondissant : il danse. De tout son corps il respire, frémit, frissonne, se tend, fait de grandes enjambées, comme s'il allait s'envoler. Jamais il ne s'était senti aussi pleinement en accord avec lui-même et les éléments. Jamais il ne s'était senti aussi puissant et infime. Jamais il n'était allé aussi loin, aussi librement. Si peu une exaltation mais une jouissance brute, totale. Un inassouvissement que chaque pas de fuite rend plus poignant encore. Un poignard dans le ventre. Il va si loin qu'il croit un instant s'être perdu. Et cela ne rend la course que plus bouleversante. Criblé d'écume, et dans la bouche ce goût de sel, âcreté, il lance la serviette vers la plage : plus rien ne le retient. L'idée qu'il n'y a qu'un vide, précipice, derrière l'horizon de la mer, brève illusion, le rend encore plus bondissant. Il imagine qu'il va se perdre, plonger et disparaître à tout jamais. L'eau lui paraît douce. Il se baigne, nage. Puis s'arrêtant, les vagues en derniers remous lui battant les épaules, bien planté sur ses pieds, face à l'Océan, résistant au reflux, faisant front au flux, il observe les immenses vagues, dentelles de lune, qui se creusent de plus en plus fort, se lèvent de plus en plus haut, et s'effondrent. A chaque fois, il crie de joie. Un cri rauque, cramponné au ventre et qui monte de là. Puis il sort de l'eau à bout de souffle, corps glacé, se jette sur le sable sec, à plat ventre, bras en croix, tête tournée vers l'est : le jour se lève. Il a froid. Il grelotte ou bien rit. Il ne sait plus : il est heureux, échappé. Le sable le réchauffe. Et sans même se toucher, comme un éblouissement, il jouit, petites larmes claires. Il s'est cambré pour voir : sable criblé.

Sur le chemin du retour, il ne retrouve ni la serviette ni le maillot : la mer les a emportés. Et il ne veut pas de cette honte du retour qui pourrait s'emparer de lui : tout cela ressemble brusquement à une farce, tant pis. Il rentrera nu. Il fait jour quand il arrive à La Antilla, un jour faible et vif, lumière de septembre, la plus belle de toutes, celle qui doute de l'été passé et tranche, pureté retrouvée. Instinctivement, à l'approche des villas, il couvre des deux mains son sexe. Mais l'idée d'une méprise, d'un vu par d'autres, lui paraît désormais impossible. Il n'y a que la honte pour dénoncer quelqu'un. Et quand il se couche, tête lourde, corps rompu, son brusque sommeil est comme une noyade. Tourbillon. Il vient de faire l'amour avec la terre entière. Et jamais personne ne le croira.

A Huelva, Yves occupe la chambre de Paco. Manolo est parti pour Madrid et Enrique à Séville. Ne restent que les trois filles. Les derniers sont rentrés à l'école. Yves passe des journées entières dans la ville, le long du fleuve mort qui, lui a-t-on dit, s'est creusé un lit profond. L'ingénieur Eiffel a commis là un pont métallique désormais interdit à la circulation, en partie détruit, et qui servait aussi, sur l'autre rive, de rampe d'accès aux wagonnets d'une mine de pyrite abandonnée depuis longtemps. Huelva a également été ville d'eaux et lieu de villégiature pour les pulmonaires. Huelva fut prospère à la fin du siècle dernier, le temps sans doute de se construire, de dresser un plan de rues à angles droits, de s'offrir quelques façades autour de la place principale, mais déchue tout aussi vite que promue, le temps s'était arrêté. Yves parfois marchait jusqu'au delta ensablé : la mer avait tellement reculé qu'on ne la voyait plus. Et les cargos remontaient jusqu'au pont Eiffel. Yves aima Huelva par dépit. Cette forme d'amour lui convenait. Cette ville était en échec. Or des gens y vivaient. Des enfants venaient toucher la main d'Yves, jeu, et repartaient en riant. Yves s'étonnait à chaque fois. Un sentiment d'exil le gagna, qu'il savourait.

Le soir du 24 septembre, Yves accompagne Carmen, Nachi et Emilita au dîner de clôture de l'université d'été de *La Rabidad,* ce monastère, proche de Palos de Moguer, où Cristobál Colón a séjourné plusieurs années avant de partir pour les Amériques. Chaque été, des étudiants de toutes nationalités se retrouvaient là, pour un séminaire de « civilisation hispano-américaine ». Don Francisco, plutôt que de présider le dîner, a préféré déléguer ses trois filles. Yves se retrouve costumé, cravaté, au milieu de professeurs, d'étudiants. Chants, toasts, discours, multiples remerciements. A la table centrale, Carmen, Nachi et Emilita lèvent leurs verres chaque fois qu'on leur rend hommage. Trois jeunes filles pour une centaine d'hommes.

Après le dîner, projection d'un film avec Juliette Gréco dans le rôle d'une bonne sœur. Yves quitte la salle dès les premières images. Le film est doublé. Gréco, en cornette, parlant espagnol, avec une voix d'ange, perlée, c'est trop. Il veut sortir. Un garçon s'approche de lui, *no te gusta esta película ?* Yves répond qu'il n'est pas venu en Espagne pour voir un film français. Le garçon a la peau brune, des cheveux noirs, courts, bouclés, un regard sombre, brut et des yeux de femme. Il a vingt-cinq ou trente ans. Un vieux. Qui a entraîné l'autre ?

Ils longent le monastère, se dirigent vers la colline, s'engagent dans une allée de chênes, ombres portées lunaires. Le garçon pose un bras sur l'épaule d'Yves et de la main lui caresse le lobe de l'oreille gauche. Brusquement, Yves n'est plus guetteur mais guetté, joueur mais joué, donneur mais donné. Plus loin, un escalier monumental, délabré, conduit par paliers à une colonne au haut de laquelle se trouve une statue. Entre les dalles disjointes, des herbes sèches, des ronces.

Plusieurs fois Yves se pique les genoux à travers les pantalons. Le garçon lui tient la main et l'entraîne. Tout en haut, il attrape Yves par la taille et l'embrasse sur les lèvres, bouche ouverte. Yves n'aimait pas ce garçon. Il n'avait pas eu le temps de l'observer. Mais il aima le baiser comme un pas dans le sable mouillé, à la frange de l'écume. Salive.

Le garçon l'entraîna encore plus loin, en contrebas, sous un olivier. Ils s'allongèrent sur leurs vêtements épars retirés à la hâte. Et le garçon, tenant la tête d'Yves à deux mains, donnait des ordres, *chúpame !* étant le plus répété, du verbe *chupar*, comme *chupete*. Tout se passa très vite, pourtant ils restèrent longtemps. Chaque geste de cette étreinte était heurté, maladroit. Et la jouissance finale intervint comme une douleur. Un regret. Une sanction.

Yves secoue son pantalon, sa chemise et sa veste. Chaussettes, chaussures, cravate : le garçon l'a mordu à la lèvre, à l'épaule et à la hanche. Il se rhabille lui aussi, mais il tourne le dos. Yves brûle dans ses vêtements. Sur le chemin du retour, ils ne s'échangent pas un mot. Le garçon semble pressé de rentrer. Yves le retient : il doit brosser ses vêtements, sinon on va le remarquer et lui poser des questions. Dans la chambre du garçon, ancienne cellule de moine, un matériel de peinture, des toiles, un chevalet et des valises faites, prêtes, qui ne demandent qu'à être fermées. Le garçon s'appelle Eloy Robledo. Il est peintre. Il habite Séville. Yves se lave les mains dans une vasque, un peu d'eau fraîche sur le front, les joues, le cou. Il a un peu mouillé le col de la chemise, le ferme, refait son nœud de cravate et se donne un coup de peigne. Eloy le brosse dans le dos. Puis Yves se brosse les manches, les pantalons et boutonne sa veste. Il demande à Eloy son adresse pour lui écrire. Eloy sourit, le sourire de l'hésitation, celui qui dit non en montrant les dents. Yves insiste, écrit la sienne sur un bout de papier et la tend à Eloy, l'invitant à le prévenir si jamais il vient à Paris. En échange, mais de mauvais cœur, Eloy écrit son nom et son adresse, *calle Rosario 8. Sevilla.*

Ils sont vite redescendus. Le film venait de s'achever. La voiture attendait. Il fallait repartir. Seule Carmen regarda Yves d'une étrange manière. Eloy avait disparu. Dans la voiture, les trois filles à l'arrière et Yves à l'avant à côté du chauffeur : silence. Ils traversèrent Palos de Moguer, village d'allure fière sur un léger promontoire, perdu au milieu de champs d'oliviers, cerné de tous côtés par des arbres, à perte de vue, et qui fut le port du grand départ pour les Amériques. Yves se dit qu'il ne pourrait jamais plus partir pour nulle part ailleurs. Il pleurait. Seul le chauffeur s'en rendit compte. C'était le soir de ses quatorze ans. Une douleur dans le ventre qui n'avait été qu'une douleur.

## 48. Vendredi 27 juin

Hyères. Hôtel *La Rose des mers,* chambre 6, premier étage, moquette rouge à fleurs, dessus de lit bleu uni, papier mural vert à rosaces, rideau de dentelle mécanique, salle de bains rose, une petite table carrée avec un dessus en formica, huit heures du soir : j'écris, face à la mer, mer sans marées, Méditerranée. Un pétrolier désarmé est ancré dans le golfe depuis des années. Il m'évoque Sébastien et *Le Jardin d'acclimatation* dont j'ai vérifié les épreuves d'imprimerie, il y a huit jours, avant de quitter Paris pour Joucas. De l'autre côté du golfe, le cap et le phare de Bénat derrière lesquels se trouve la maison que René, mon père, papa, a achetée pour ses « petits-enfants », mes onze neveux et nièces, il y a dix ans environ. Il voulait « réenraciner la famille ». Je n'y suis allé que trois fois, pour déjeuner. Je n'aime pas cette maison choisie trop tard, et pour laquelle fut sacrifiée celle de Vétheuil. Mais j'anticipe. Le phare est là, le cap est là, le pétrolier désarmé est là. A l'horizon les îles, Port-Cros, le Levant. Le soleil se couche derrière l'hôtel. Au déjeuner de midi, comme chaque année au moment du Festival du jeune cinéma, nous avons décerné le prix du Premier Roman. J'aime faire partie de ce jury. Les premiers romanciers n'ont que le visage de leur texte. Et le Prix, pour employer le jargon du milieu littéraire, n'est pas « inféodé » à telle ou telle maison d'édition. Paradoxalement même, ces maisons-là se moquent bien de la récompense accordée. Nous sommes donc libres d'aimer et d'élire. Demeure le principe du Prix qui ne couronne qu'un seul lauréat. Une célébration ne peut être qu'injuste. Tout m'a toujours paru terriblement à double tranchant. Mais j'imagine la joie du premier

# BIOGRAPHIE

romancier couronné, et cela suffit pour taire en moi l'inutile débat de la juste justice. Au cours du déjeuner, j'ai longuement parlé avec Paul. Je suis venu à lui dire, constat, que depuis dix ans, depuis que je me tiens à Joucas été comme hiver, depuis que j'ai été publié, je ne suis plus mobile, « j'ai perdu ma mobilité ». Je lui ai même confié « je ne me déplace plus pour voyager ». Je ne vois la mer que trois jours par an quand je viens ici, voter. Paul nous a quittés sitôt après le café. Il m'a regardé en souriant, de vrai cœur, et m'a dit « à bientôt fils. Continue ».

Neuf heures du soir. Je vais aller dîner en ville. Seul. A une table. Seul. Je n'ai jamais trouvé de compagnon de voyage. Je n'ai jamais trouvé de compagnon tout court. Deux fois, j'ai tenté le possible. Avec Rupture n° 3, il y a deux ans, ici ; et avec Rupture n° 4, il y a un an, ici encore, récidive. Les deux fois, nous étions logés dans un hôtel proche de celui-ci, mais de l'autre côté du boulevard de mer, nommé *Le Petit Navire* dans *Le Temps voulu* et qui, cette année, n'avait pas de chambre libre. Hasard ? Le romancier n'est pas à l'affût des signes : ils abondent. Et s'il les crée, le texte fane et l'encre sèche. Ce n'est alors que de l'encre d'imprimerie. Cette année, *Rose des mers,* c'est le vrai nom de l'hôtel, accès direct à la plage, le pétrolier, Bénat, je vais aller dîner seul, à une table, seul. Et c'est tant mieux. J'ai bien écrit plus haut « tenter le possible ». Marguerite est là. Elle assiste à toutes les séances de la section « Cinéma différent ». J'aime son regard quand nous nous saluons, embrassade, elle me tient la main gauche et m'interroge sans rien dire. Paul Guimard et Marguerite Duras. Si j'avais dit le nom de Paul, tout de suite, et si j'avais répété celui entier de Marguerite, ces lignes n'auraient pas eu leur vraie nature biographique : je me sens coupable des trois derniers chapitres. Le voyage en Espagne. Choc. Je suis choqué.

Minuit. J'ai quitté le restaurant où j'avais pris place : au bout de trente minutes, ils n'avaient toujours pas pris la commande. Cela rendait la solitude, à table, insupportable. A la terrasse d'un café voisin de la salle de cinéma où sont projetés les films du Festival, j'ai commandé un sandwich et un verre d'eau. Une jeune actrice est passée, chancelante, droguée, elle dessinait des croix dans le dos des gens, « pour m'amuser » criait-elle à qui se retournait surpris. Puis un des organisateurs du Festival, homme de quarantaine comme moi bientôt, me fit signe de me joindre à son groupe. Les jeunes gens qui l'entouraient, filles et garçons, étaient ses enfants et les amies, amis de ses enfants. Je n'ai toujours pas admis que les miens, si j'en avais eu, auraient eu bientôt vingt ans. L'organisateur me présenta aussi une de ses amies « qui a lu tous tes romans et qui rêve de te rencontrer ». Et cette femme se mit à me parler « le plus beau de tous, c'est *Niagarak* ». Elle alluma une cigarette. Ses mains tremblaient en tenant le briquet. Et comme elle vit que je le remarquais, elle ajouta « chaque fois que je veux faire un cadeau qui ait vraiment un sens, c'est ce roman-là, de vous, que j'offre ». Or, dans *Niagarak,* le personnage principal, nommé Cuelga, c'est Huelva. Le roman de cette ville. Comment savait-elle ? Elle ne savait pas : je me sens coupable des trois derniers chapitres. Coupable du sens que l'on pourrait donner à cette narration de faits vécus. Coupable d'avoir essayé d'exprimer leur intensité. Coupable parce que j'y ai l'air, malgré moi, en restituant, restituant les faits de ce voyage et de ce séjour, de m'excuser d'avoir été reçu « chez ces gens-là » sous ce « régime-là ». Oui, don Francisco fut ami et autre père : il me fit sentir que le fascisme ordinaire, transparent, de nos fiertés intellectuelles et historiques était bien à l'égal de celui flagrant, apparent, dont il était le représentant. Coupable aussi d'avoir, dans ces chapitres, dénoncé l'exaltation, comme si je devais la moquer, alors que tout, au bord de cet océan-là, ce septembre-là, m'exalta. Et la rencontre d'Eloy que je gardais au fond de ma mémoire, première personne qui me prit totalement dans ses bras et me prit, je viens de la revivre petite, sans importance sensuelle réelle, si peu en regard des regards échangés, de l'Océan écouté et du vent reçu, eux seuls m'avaient promu : ils venaient de me donner mon corps. Eloy n'avait fait qu'en jouir vite, et mal, premier de ces « amours furtifs » qui n'ont d'amoureux que le creux qu'ils créent dans la tête et le désir qu'ils font naître de s'arrêter à un seul être, une fois et pour longtemps. Longtemps pour ne pas écrire toujours. Quand donc ai-je soutenu publiquement que *deux êtres se reproduisent d'abord et surtout dans l'amour qu'ils se portent* ? Ai-je dit amour, ou compagnie ? Formule ? Eloy fut le premier d'une lignée d'égarés, comme moi, contre lesquels je me suis cogné le temps de jouir, passage, éclair, et de me retrouver, ébloui et déçu, comblé et manqué, à chaque fois un petit peu plus seul qu'avant. Quand je prends un repas en solitaire, à Paris ou à Joucas, à la cuisine, j'aime Tiffauges parce qu'il occupe une chaise, la chaise en face de moi, comme Pantalon autrefois à côté de René, et me regarde jusqu'à ce que je lui donne un peu de mon manger en partage. C'est terriblement drôle. Il ne faut pas essayer de comprendre. Que le regard de la lecture, ici, caresse, sensation de toucher, et passe vite, ou juste ce qu'il faut de temps, à la ligne suivante.

*Samedi 28 juin.* Midi. J'écris, allongé dans une clairière du petit bois proche de la plage des naturistes. Le vent lève le sable. Impossible de rester au bord de l'eau sans fermer les yeux. Ici, familles, voyeurs et homosexuels voisinent. Manège des rôdeurs. Demain, je rentre à 253Jou et lundi à Paris. Le 11 juillet, je redescendrai avec les chats, pour tout l'été, jusqu'au 24 septembre, date à laquelle j'achèverai ce texte, non par principe de hâte, mais pour respecter, noble respect du coureur de fond, la distance et le temps du parcours textuel, sensuel, à effectuer encore. Sur un bout de papier, ce matin, au petit déjeuner, j'ai noté, *le milieu littéraire, monde en soi, clos, ne peut regrouper que des gens hors d'eux. Il est rare d'y rencontrer quelqu'un avec un regard.* J'ajouterai ceci : je doute même de Marguerite, de Paul et de quelques autres dont les regards croisés au hasard de nos rencontres me touchent immanquablement et me tiennent en route. Même ceux qui regardent ont peur de se donner. Il n'y a plus de livrée amicale ou si peu. Notre milieu est sans amour. Autour de nous la critique flatte ou aboie. Elle ne lit plus. Elle n'a plus besoin de lire pour critiquer comme elle critique. Je viens de dessiner un rond dans la poussière de cette clairière, avec un bout de sureau. Le petit bâton s'est cassé. J'avais appuyé trop fort. Dans les buissons, labyrinthe, hommes, vieillards, jeunes hommes et même un transsexuel, des seins en haut, un sexe en bas, le tout pendant, vont et viennent, se frôlent, s'étreignent, se regroupent ou s'évitent. Deux garçons viennent de passer près de moi. Ils m'ont reconnu. L'un a donné un coup de coude à l'autre. Ils se sont dit trois mots à l'oreille et se sont éloignés en haussant les épaules après avoir fait un « pffft ! » de bouche. J'ai vécu cela des centaines de fois. Dans notre milieu, la timidité va de pair avec l'arrogance, et le plus esquissé des gestes d'amour véritable est reçu comme une menace ou une offense à l'interdit qui gouverne mentalité et sensualité : nous ne voulons d'identité que dans l'échec de nos relations. Ce n'est pas une règle. Ce n'est pas une affirmation. Quand j'aime, je suis tous, je suis l'autre, et l'autre a toujours peur de mon approche. La peur du propriétaire : quelqu'un va entrer chez lui, en lui. Un regard suffit parfois : tout commence et c'est déjà fini. Si vite oui et en même temps non : au suivant.

Après avoir mangé mon sandwich et bu mon verre d'eau, hier, je suis entré dans la salle de cinéma. La jeune femme qui venait de me parler s'était brûlé le doigt en écrasant trop nerveusement sa cigarette dans le cendrier. Le film ne me plut pas. Je suis ressorti très vite. J'avais encore faim. Je n'ai plus mal depuis quelques jours. Le traitement de cortisone et les piqûres ont fait de l'effet. Je dors mieux. J'ai faim, tout le temps. Je suis entré dans un second restaurant. Jeune Loup n° je ne sais plus combien du Parti socialiste et sa femme m'ont invité à leur table. Nous avons parlé de Mitterrand, de Rocard, de Mauroy, de ces querelles internes qui pour être le signe d'un parti capable de se modifier et de se contester, rare capacité, n'en sont pas moins, le temps passant, devenues signe flagrant de faiblesse. J'ai redit à Jeune Loup n° je ne sais plus combien que le pouvoir pour le pouvoir ne m'intéressait pas et que le milieu de politique de parti, à force de récupérer tout le dit, de s'emparer sans cesse des promesses ou défis avancés par les autres, systématiquement, à force d'user les mots pour ne plus leur laisser porter un message, et interdire tout possible messager, pratiquant une démocratie du vide et de l'effacé, avait à ce point désintéressé un peuple, le mien, que tout ne pouvait que ballotter, dériver vers toutes sortes de crises économiques, morales et spirituelles. Je n'ai pas à tenir ce langage. Je lui ai fait remarquer aussi qu'il y avait trop de points d'exclamation dans ses articles parus dans *Le Monde,* et qu'un point ne faisait pas l'exclamation. J'ai cité Bory. Il m'a répondu, en souriant, que c'était « peut-être vrai ». Or c'est vrai, il le sent. Alors pourquoi encore « peut-être » ? Le Parti communiste ricane derrière un pitre. Le Parti socialiste a décidé de faire la vaisselle de combien d'années ? Sera-t-elle terminée en temps voulu ? Répétition de ce qui a été déjà noté : Pierre Mendès France me disant, hasard d'une rencontre dans le train qui nous conduisait d'Avignon à Paris, *vous savez, on ne fait pas la toilette d'un parti du jour au lendemain.* Et les partis au pouvoir jouent le bal des fantômes. Partis en perpétuels chantiers rivaux. Ils parlent de continuité. Plâtrage. C'est la continuité dans le flou. Ouater le plus longtemps possible. Dans les buissons, les garçons marchent les pieds dans la merde. La mer est sale, il est conseillé de ne pas s'y baigner. Un garçon rencontré ici, mercredi dernier, m'a fait visiter une fabrique de roses. Immense serre. « Il y a plus de cinquante mille pieds. » Technique : parfois on laisse une rangée fleurir jusqu'à ce que les pétales tombent. Les rosiers croient alors sans doute qu'on ne va plus couper leurs roses et en font de plus belles. Et le massacre recommence. Le garçon m'a fait entrer dans la salle frigorifique : roses coupées par bouquets de douze et par bacs de vingt. Morgue de fleurs qui feront « de si beaux bouquets ». Mais qu'ici, à ces lignes, on me laisse sur tige. Je suis toute une rangée et je veux les pétales. Après, tout recommencera, autre versant de ma vie. Tout se mêle et tout se tient : le garçon en question avait besoin de renifler des poppers « sinon ça chavire plus assez ». Et j'ai chaviré avec lui. Je ne sais même pas son prénom. Nous avons fait l'amour dans un lit défait. Le lit toujours défait de ces amours-là. J'ai honte des trois derniers chapitres. Et je n'aime pas la honte car elle n'est ni de mon encre ni de mon être. *Biographie* n'a pas de leçon à donner. Dans *Biographie* le narratif ne devrait jamais l'emporter sur l'incisif : nous sommes tout le temps à nous couper. Et ça saigne. Il faut sucer le sang. Il n'y a que le sang pour arrêter le sang et la douleur pour calmer la douleur. Je suis si peu exemplaire. Ce texte est d'insécurité. Je viens d'avoir quatorze ans. Parfois, je me dis que je ne peux pas écrire à quelqu'un dont je ne connais pas le visage. Tout se contredit, aujourd'hui, ce soir, bientôt minuit. Pleine lune. Demain, je rentrerai à la maison. J'ai acheté des géraniums Rosa au parfum subtil. La voiture embaume. Sur la petite terrasse de Joucas, il y aura de belles vasques. En me quittant, Jeune Loup n° je ne sais plus combien m'a dit qu'il regrettait qu'on n'ait pas utilisé le thème que j'avais proposé pour les élections européennes, *Parti socialiste, le vrai visage de la France*. Et il m'a demandé, récidive, au nom de Mitterrand « qui t'aime bien », disait-il, « trois mots pour les présidentielles, comme en 36 ». Trois mots ? comme en 36 ? Il était redevenu efficace. Demain soir, à Joucas, Jean-Jacques et Marie-Claude viendront dîner. Je leur lirai ce chapitre. Seule la lecture à voix haute imprime. Je n'ai pas d'autre exemple, ici, à donner que ma vie passée qui passe encore, pour la vivre mieux, modifiée. Et cette vie n'est pas exemplaire. Le tome I n'est pas celui des années de jeunesse, mais celui des années d'apprentissage. J'ai besoin d'un corps compagnon. Me reproduire en lui suffirait. L'écriture aide. Elle seule est acte politique. Au temps de mon enfance j'ai vu des ruisseaux qui coulaient couleur d'herbe.

Dans les *Cahiers du cinéma* n° 312-313, Marguerite a écrit page 7, sous le titre *La perte politique*, un court texte qui commence ainsi, *pour beaucoup de gens la véritable perte du sens politique c'est de rejoindre une formation de parti, subir sa règle, sa loi,* puis plus loin, *pour moi la perte politique c'est avant tout la perte de soi, la perte de sa colère, autant que celle de sa douceur.* J'ai parlé hier, à Marguerite, du projet de *Biographie* et de son entreprise quotidienne, définie dans un temps. Je lui ai dit « je parle de toi aussi ». Elle m'a répondu « de notre voyage en bateau ? » J'ai souri « non. Je n'ai que quatorze ans depuis deux jours. J'en parlerai plus tard ». Du projet lui-même, de l'entreprise en question, elle ne fit aucun commentaire. Elle me regardait derrière ses grosses lunettes, différente et émerveillée, tellement en elle-même que je me suis surpris à lui dire qu'elle m'intimidait encore. Mais ma timidité envers elle n'ira jamais de pair avec une arrogance : je me sens inconnu d'elle, notre rapport est fragile. Nul ne peut la ravir à la correspondance qu'elle entretient avec Lol. V. Stein ou Aurelia Steiner, femmes multiples, femme unique, femme rencontrée, rencontre, femme qui attend la rencontre.

*Dimanche 29 juin.* Onze heures vingt-sept. Sur la terrasse de l'hôtel. Je dois rendre la chambre avant midi. Ciel nimbé. Soleil blanc. Mer calme. J'ai vécu les trois derniers chapitres comme une fièvre. Je suis arrivé à ce point de ma vie où, armé et conscient de mon corps, je ne pourrai plus rien vivre sans me rendre compte de ce que je vis. J'ai oublié de noter ces longues heures passées autour de la cathédrale détruite de Huelva. Des fils de fer barbelés en interdisaient l'accès. Don Francisco m'avait dit qu'avec un peu de patience, en observant les piliers et les quelques pans de voûte, je pourrais voir et entendre une pierre tomber. J'ai oublié de noter aussi l'ambiance de ce cinéma où l'on programmait deux films chaque soir. J'y allais quand je voulais. Je m'installais, seul, au *palco del gobernador,* la loge du gouverneur. J'y ai vu une projection du film *Anna Karénine*. Copie censurée, tronquée, parfois au milieu des dialogues, et qui ne durait plus qu'une heure à peine. Parole coupée. Sur l'écran, les personnages semblaient s'inquiéter du montage dictatorial. La veille de mon départ, don Francisco tenait à ce que je prononce un discours à l'issue du dîner d'adieux. J'avais préparé un texte, sous forme de poème. Je me revois debout, le papier à la main : plus aucun mot ne sortait de ma gorge. Larmes nerveuses. Et plus je pleurais, plus ils riaient. La douleur était revenue dans ma tête. J'allais rentrer. Rien ne serait pareil. Eloy m'avait fait mal. Et je lui écrivais chaque jour, *Calle Rosario 8, Sevilla*. J'ai oublié de parler du torero *El Litri* chez lequel don Francisco m'emmenait parfois le soir, en visite, et qui me fit essayer, nu, un de ses pantalons de soie. El Litri avait un caniche, cousin lointain de Pantalon. J'allais le promener.

Midi. Il faut que je rentre à Joucas. Rupture n° 3 et Rupture n° 4 n'ont que peu d'importance. C'était il y a deux ans, un an. Je ne les ai pas retrouvés, ici. Je ne les ai pas retrouvés parce que je ne les cherche plus. Ce ne fut donc à chaque fois qu'une histoire entre moi et moi. A l'horizon, Bénat, le pétrolier, Port-Cros : des bruits de pas dans les aiguilles de pin. Seul à cette table de terrasse, j'écris. Sur la plage, des enfants jouent.

Vingt heures. Joucas. Le repas est prêt. J'ai faim. J'attends Jean-Jacques et Marie-Claude. Il y a de beaux nuages dans le ciel. Les martinets crient. Je n'attends plus personne. J'attends terriblement quelqu'un. Dans une chanson de Piaf, je me le rappelle, elle clamait *c'est toujours la même histoire, pas la peine de vous raconter*. C'est toujours la même histoire et ça vaut la peine amoureuse de la raconter. Réduction de peine.

*Lundi 30 juin*. Je repars pour Paris. J'ai déjeuné chez Jacques et Mira. Mira vient d'achever la lecture des quatre cents premières pages de ce texte et me dit « on peut aimer ou ne pas aimer, mais on ne peut pas ne pas être touché ». Cela suffit pour m'inviter à continuer. Souvent, au cœur d'un chapitre ou devant un mot (« honte », « exaltation »,

« coupable »...), j'hésite. J'ai l'impression de flancher. Je doute de la juste mesure de ce texte. Le romancier du roman de sa vie ne peut ni ne doit émailler son texte d'éclats. Jamais je ne me suis senti aussi astreint, attentif à l'exact emploi du temps et à un emploi des mots conforme à la course de cette histoire de vie. La gorge du loup est profonde.

## 49. La version et le thème

Dans la maison de la villa Sainte-Foy, les pièces ont été redistribuées. Jean-Jacques occupe la chambre de François-Pierre, Yves se retrouve au second étage dans l'ancienne chambre de Jean-Jacques. Adrienne, désormais, fait chambre à part, au premier, dans ce qui fut le repaire d'Yves. La translation s'est sans doute effectuée sans que personne en prenne la décision. Adrienne est venue accueillir Yves à la gare. Dans la voiture, sur le chemin de Neuilly, elle lui a simplement dit « désormais, tu habites au second, quand François-Pierre viendra, il dormira dans la chambre d'amis ». Adrienne observera Yves sans rien dire de plus. Yves regardera les quais, les avenues, les rues, Paris de nouveau : cette ville est du Nord, il ne l'avait jamais senti aussi fort. Les trottoirs étaient jonchés de feuilles mortes. Sur le quai de la gare, Yves n'avait pas osé regarder sa mère droit dans les yeux, avant de l'embrasser : il rougissait de tout ce qui venait de lui arriver.

Et quand il vit Jean-Jacques, à table, au repas de midi, lever le menton et boire une gorgée d'eau entre chaque cuillerée, si lentement, avec cette application et cette conscience qu'inspire la lutte, Yves rougit encore. Il tremblait des lèvres et c'était tout autant de colère que d'émotion : il se sentait coupable des jours passés dans ce voyage. Du mot *coupable*, il fera un poème en prose, texte court, de quelques lignes où il jouera avec le mot pour le confondre, *coupé, coupure, coupe, capable*. Fernande insiste pour que Jean-Jacques prenne encore une bouchée. Elle lui remplit son verre d'eau. Elle le sert comme elle a dû servir les messes de son curé, en Normandie, quand il n'y avait pas d'enfant de chœur. Adrienne n'a plus le même regard. Sa tête penche un peu. Elle observe le blanc du mur. François-Pierre est parti. Adrienne a dit « papa rentre tard le soir. Il a beaucoup de travail. Il ne faut surtout pas le contrarier ». A dater de ce retour d'Espagne, Yves entendra souvent sa mère user du mot « contrariété ». Mot prudent qui se mit à contenir toutes sortes de violences inavouables. Jean-Jacques toussait, s'étouffait et n'avait pas encore le droit de parler. Ce repas-là de midi, ce jour-là, Yves sentit qu'il ne devrait jamais rien avouer, jamais rien dire ni raconter. La famille était démantelée. Sur l'échiquier de la maison, les pions avaient brusquement changé de place. Bonne-Maman ne venait plus déjeuner et rarement dîner. Fernande dit « Madame-Mère se fait prier. Vaut mieux pas insister. Elle critique tout ». L'horloge sonne deux fois une heure de l'après-midi. Yves a juste le temps de préparer son cartable : déjà plus de deux semaines de retard et il ne doit pas manquer les cours de l'après-midi.

Dans la troisième B2-M1, les places qui restent sont à l'avant-dernier ou au dernier rang. « Qu'est-ce que t'es bronzée Yvette ! » Yves répond par un coup de poing dans l'œil, à la manière de Jean-Jacques quand, une fois ou deux, il lui avait donné des leçons de boxe. « Oh, Yvette, tu te fâches maintenant ? » Yves répond par un coup de pied dans les tibias. Quand Yves frappe, ils le prennent désormais au sérieux. Yves s'étonne : on ne lui a pas rendu le coup de poing et le coup de pied. Un garçon dit « je vous préviens, je suis du côté de Navarre », un autre « on n'est plus en sixième, quoi ! » et un dernier, s'adressant à Yves, « laisse-les, c'est des cons. A ta place j'aurais tapé encore plus fort ». Ils devinrent amis. Trois jours plus tard ils créaient une bibliothèque de classe. Une semaine plus tard, ils décidèrent de fonder un journal de lycée. Titre, *Pastoral*. Le groupe comprenait un protestant, deux juifs, trois catholiques, et Cramaix qui se disait athée, prétendait avoir lu *L'Etre et le Néant* jusqu'au bout et « en savoir trop pour aider », mais il acceptait néanmoins de « participer ». Les réunions eurent lieu chez l'un, chez l'autre, à tour de rôle. Jamais chez Yves, à cause de Jean-Jacques : il ne fallait pas faire de bruit.

Le premier numéro sortit début décembre. Yves s'était bien gardé de prendre le poste de rédacteur en chef que l'équipe lui avait proposé parce qu'il avait « eu l'idée ». Yves avait plaidé pour un comité de rédaction, sans hiérarchie, et sans aucune définition de poste. Il n'était même pas précisé en page de garde du numéro 1 que l'équipe était composée d'élèves de la troisième B2-M1. Yves avait insisté pour que tous ensemble ils aillent demander l'autorisation de publication au proviseur Saissac. Et quand le premier numéro parut, pauvre petit journal sur papier polycopié jaunasse, comme du buvard, un peu rugueux, ou trop encré ou pas assez, dans lequel fusaient toutes les rubriques possibles, *du monde entier, cinoche, comment sortir du lycée sans être vu, mots croisés pasteurisés, faits divers de la cour des grands, pour ou contre la peine de mort, témoignages sur le flirt, le mot de l'aumônier, du bruit autour de « Elle n'a dansé qu'un seul été », à quoi bon ? y a-t-il encore des existentialistes ? notes de lecture, poésie,* les querelles naquirent d'elles-mêmes. Yves les avait pressenties. L'un se fâcha avec l'autre, l'autre décida de créer un « contre-journal », réconciliations, ruptures, discussions, rencontres au sommet sur le « terrain neutre » du boulevard d'Inkermann, provocations, bagarres : Yves n'avait de passion que pour le fait physique du journal, sa réalisation, sa mise en ordre. Tous se cotisaient en principe mais ce furent, très vite, toujours les mêmes qui donnèrent l'argent nécessaire et curieusement ceux qui n'en avaient pas ou ceux auxquels, de règle familiale, on n'en donnait point ou peu. Et c'était le cas villa Sainte-Foy. *Pastoral* verra le jour trois fois au cours de l'année scolaire. Mais passé l'élan premier, Yves se rendra compte qu'ils ne seront plus que quatre, puis trois, puis deux dans l'équipe. Soirées entières passées à relire les stencils, à corriger les fautes, à faire tourner la polycopieuse prêtée par l'aumônier, à empiler les feuilles, tasser, vérifier la pagination, agrafer, mettre sous couverture numéro 1, numéro 2, numéro 3, les numéros étant inscrits à la main, tout ça pour distribuer gratuitement le journal à la sortie du lycée, entendre les uns dire « c'est confessionnel », les autres « y a rien à lire d'intéressant » ou « c'est de la merde » et ramasser ensuite des exemplaires piétinés, déchirés, jetés sur le trottoir, quelques mètres plus loin. Tout était parti d'une voix lançant « je vous préviens, je suis du côté de Navarre ».

Aux réunions, ne venaient que ceux qui voulaient critiquer mais jamais prendre la parole par écrit. Ceux-là avaient peur de signer de leurs noms. Yves aima cette aventure, tissée, tramée d'échec, parce qu'elle lui permettait de faire l'expérience de la difficulté de la réunion, ce que l'aumônier appelait « communion », ce que d'autres nommaient « action collective », « prise de conscience », « expression des élèves ». Adrienne donnait à Yves de l'argent, en cachette, mais en cachette de qui et pourquoi, et il en fallait toujours pour payer le papier, pour payer les agrafes, pour payer l'encre. De semaine en semaine, Adrienne finança *Pastoral* sans le savoir. Le numéro 1 annonçait une rubrique *les élèves ont la parole,* invitait chacun à prendre la plume et à faire des suggestions. Il était question de « l'esprit du forum ». Il y eut même une boîte aux lettres autorisée par le censeur mais l'équipe n'y releva que des dessins obscènes ou des mots anonymes *à bas Yvette ! sales juifs, les communistes au pouvoir, ça pue la soutane là-dedans,* ou même du papier w.-c., froissé, sale. Un jour la boîte aux lettres disparut, arrachée, une main avait écrit sur le mur *TRAITRES* en lettres capitales et à la craie : anonymat. Pour le numéro 2, quelqu'un de l'équipe proposa d'écrire de fausses lettres d'élèves « c'est toujours comme ça, pour le courrier des lecteurs ». Tout le monde était d'accord, sauf Yves. La rubrique disparut. L'erreur était de ne pas avoir accepté d'être le chef. Yves ne publia qu'un poème dans le numéro 1. Le poème s'intitulait *La Lettre*. Pauvre texte. Du petit Prévert. *La lettre est sur la table, cachetée, qu'est-ce qu'il y a dans la lettre...,* etc. Un poème pour tout le monde. Si peu un poème de Huelva. Yves écrivait souvent à Eloy. Eloy ne répondait jamais.

Comment « réunir » ? Ceux qui étaient les premiers à dénoncer le pouvoir étaient les premiers à vouloir le prendre. Ceux qui n'avaient que peu à dire étaient les seuls à vouloir parler, écrire. Au départ, l'idée avait enthousiasmé. Le principe de l'équipe, alors, semblait acquis. Tous, et Yves autant que chacun, avaient cru que l'équipe existait. Aucun n'influencerait l'autre. Chacun pourrait s'exprimer. Mais sitôt la réalisation pratique amorcée, enclenchée, irréversible, ç'avait été la démission de l'un, les bonnes excuses de l'autre, l'éclosion de clans, le début d'un jeu de jalousies, le dénigrement, la dénonciation, la moquerie de tous crins ou, pis, l'indifférence : Yves exultait, non par goût de l'échec comme il serait trop aisé de le souligner à ce virage de vie, mais par soif d'expérience, découverte du *doute, cette seule et unique certitude,* propos qu'il prêtera à l'adolescent Bertrand dans *Le Jardin d'acclimatation.* Aux religions de chacun ou à leurs prétendus athéismes de toutes veines de pensée, venaient se greffer des colorations de mentalités provinciales ou étrangères, des esprits de quartiers, Levallois, Asnières, Paris XVII$^e$ arrondissement, Neuilly bourgeois-fauché, Neuilly bourgeois-aisé, Neuilly parvenu (on se rapprochait du Bois) et Neuilly immensément riche : chacun constituait un cas et tenait l'autre en ségrégation. Et Yves, ici, à restituer ce « chapitre de sa vie », se bat avec les mots pour les employer très exactement comme il les employait : aucun des garçons du lycée ne désirait en fait livrer quoi que ce soit de lui-même à une action collective. L'idée d'action et l'idée de groupe avaient suscité l'élan mais devant l'action et le groupe, devant l'expérience, ces « travaux pratiques », chacun reculait à sa manière, usant paradoxalement des mots superbes de l'avancée. Tous refusaient sous apparence de trop accepter. Il n'y avait pas quelques racismes en cours, pas seulement ceux, scandaleux, dont on parlait officiellement, mais une telle multiplicité de racismes qu'Yves eut très vite conscience offensive de l'incapacité de chacun à renoncer à lui-même pour devenir tous.

Yves, cette année-là, mesura à quel point un seul, tenace, obstiné, et par goût du massacre, pouvait défier le groupe impossible, l'équipe informable, et réaliser ce que tous compromettaient en affirmant le souhaiter. Yves venait de découvrir que le créateur, l'artiste, était celui capable de se jeter dans une aventure perdue d'avance. Il se mit à entendre un pluriel dans le mot « désespoir » : « des espoirs ». Yves, s'étant tenu au papier, à l'encre et à l'agrafe, jubila, devant les grilles du lycée, ce jour de février et cet autre jour de mai 1955 quand il distribua les numéros 2 et 3 de *Pastoral*. Au troisième numéro, il gagnerait enfin le doute principal, absolue certitude, que rien n'avait jamais été entrepris avec d'autres que dans la théorie mensongère des relations historiques et que seul comptait celui qui n'avait peur ni de la matière première ni de l'outil. En fin d'année scolaire, il fit le point : il ne s'était fait que des ennemis, tant parmi les élèves que parmi les professeurs. On le regardait, amusé. On le disait déjà « maso », « dramatisant tout ». Mais il avait prouvé et s'était prouvé que rien ne pouvait arrêter le désir d'un seul si celui-ci savait confier son désir à l'expérience, à l'effort et aux affrontements dont la violence donnait la cadence.

Cette année-là, Yves quitta les siens et surtout René. Il était là, à table, partageant le repas, mais il était ailleurs. Non pas l'ailleurs du rêveur, ce que pensait de lui sa famille, manière affectueuse de ne pas trop se soucier du « canard noir », mais un ailleurs précis, contourné, un vécu de la moindre fraction de seconde, une attention rebelle et cramponnante portée à tout ce qui survenait d'attendu, de conforme et de commun, et cette autre attention jumelle, allant de pair et d'égal avec la première, guettant dans l'expression de l'autre ou dans le simple déroulement du temps tout ce qui, inattendu, pulsif, neuf, hors du commun étayant les joies reconnues et habituelles, donnait envie de vivre encore, et tenait en éveil. En famille, Yves se prit à écouter plus que jamais et avec une dévotion obstinée le silence de chacun. Celui de Jean-Jacques qui ne voulait pas qu'on le considère comme un infirme et qui se fit un point d'honneur de ne pas profiter du statut privilégié que lui conférait son malheur. Celui de René qui se disait « attaqué de partout », « par les plus proches », et qui chez lui ne pouvait plus donner libre cours à ses colères de père. Celui d'Adrienne qui tenait fermée la porte de communication entre sa nouvelle chambre et celle de René. Silence. Tant de silences. Jusqu'à celui de François-Pierre qui oubliait d'écrire chaque semaine, et quand il écrivait, la lettre était décevante « il ne dit rien, nous ne savons rien de lui, Mimi, et tu trouves cela normal ? » Adrienne se taisait. Pantalon attendait qu'on le sorte. Paco vint passer six semaines. Yves l'emmenait, le soir, dans Paris. Cette année-là passa si vite apparemment, si lentement en réalité : Yves commença à abandonner la lecture de certains romans. Dès qu'un héros se prenait pour un héros, il quittait le texte et c'était parfois dès les premières pages. Dès qu'un personnage dictait ou reproduisait un savoir, se targuait d'une expérience, s'instituait messager d'une pensée, Yves laissait le menteur aux menteurs, le faiseur aux faiseurs. La fabrique d'images ne l'intéressait pas. Chez mademoiselle Guébel, il travailla un prélude de Moussorgsky et surtout l'avant-dernière sonate de Scriabine, dite *Messe noire,* dont il goûtait les ambiguïtés sonores. Puis il se mit à improviser. Villa Sainte-Foy, s'il se retrouvait seul, il se tenait au piano et jouait, sans autre partition que celle d'un instinct, une musique à lui, très ou trop mélodieuse, tout en arpèges. Il calmait en lui la récente découverte du fait humain : il n'y avait pas de plus grand racisme que celui de l'autre que l'on rejette par peur d'être soi-même, tout entier, démasqué, pour de vrai, en compagnie.

C'était un premier jour de mai. Il faisait beau. Exceptionnellement chaud. Paco repartait pour l'Espagne. Yves l'accompagnait. Monsieur Perche les avait conduits à la gare d'Austerlitz mais Yves lui avait demandé de ne pas attendre. Il rentrerait à Neuilly par ses propres moyens. Paco avait passé la plus grande partie de son séjour au cinéma et à la Cinémathèque. Il avait vu deux et parfois trois films par jour et repartait pour son pays fier de pouvoir raconter à Manolo les versions intégrales de tel ou tel chef-d'œuvre du septième art : en sa mémoire, un trésor de scènes coupées. Il achèverait le scénario de *La Niña de luto* avant l'été. Le film durerait vingt minutes. Ils le tourneraient à La Antilla. Yves serait là au moment du tournage. Pilar aurait le rôle principal. Don Francisco venait d'être nommé gobernador de la province de Grenade. Sur le quai de la gare, Yves et Paco se donnèrent l'*abrazo*. Pour rentrer, Yves prit le métro.

Il changea à Bastille, direction Pont de Neuilly, ligne n° 1. C'était l'heure de sortie des bureaux. A chaque station, des gens entraient, poussaient, bousculades, rires, chaleur étouffante : Yves était en bras de chemise, manches retroussées, pull-over sur les épaules. Haut la main gauche, il tenait la barre verticale, pressé de droite de gauche, dos à dos avec quelqu'un. Saint-Paul, Hôtel-de-Ville, Châtelet. A Châtelet, les portes s'ouvrirent, flux, « pardon », « laissez-moi passer s'il vous plaît », puis reflux, et de nouveau la bousculade. Entassement. Yves reprit sa place tout contre la barre. Le métro démarra. Tunnel. Dubo, Dubon, Dubonnet. Trépidations. Depuis Eloy, Yves n'avait songé à rien, plus rien, plus personne. Comme une absence, à cause du regard d'Adrienne sur le quai de l'arrivée ; comme une décence à cause du drame de la famille ; ou comme si *Pastoral* avait été corps, étreinte, histoire de jouir. Or là, dans le métro, une main le frôle. La hanche d'abord, la ceinture, puis plus bas, caresse furtive. Yves regarde l'homme. Trente ou quarante ans, des lunettes, l'air sévère, une sacoche à l'autre main, un air de professeur triste, une cravate très fort nouée, vieille et luisante, un costume trop grand pour lui, costume gris, homme gris qui fait semblant de regarder ailleurs. Palais-Royal, Tuileries, à Concorde l'homme profite du flux et du reflux pour changer de position et se plaque contre la hanche d'Yves, Yves le sent, raide, pulsions. Et tête vide, ventre noué, pris de vertige, tout bandant, Yves descend à George-V, sans se retourner. Il se met à courir, gravit les escaliers quatre à quatre. Il trébuche sur la dernière marche et, sitôt dehors, respire un grand coup, l'air, le ciel, les gens, les Champs-Elysées : il tient son pull-over à hauteur de ceinture. Instinctivement, il se retourne : l'homme est là qui lui adresse un sourire. Yves se met à marcher vers la place de l'Etoile, s'arrête devant la vitrine du hall d'exposition des voitures Panhard. L'homme vient se placer à côté de lui. Et plusieurs fois, même jeu, plusieurs vitrines. L'homme s'approche enfin et murmure « venez, je vous emmène chez moi ». Yves le suit sans rien dire.

Ils reprirent le métro. Une ligne qu'Yves ne connaissait pas. Le métro sortait de terre, devenait aérien, Anvers, Barbès-Rochechouart : ils descendirent à La Chapelle. L'homme regardait devant lui. Il ne disait pas un mot. Les mains dans les poches de son pantalon, pull-over noué autour de la taille, Yves compta ses pas, tête baissée. Un immeuble noir de poussière. Une loge de concierge devant laquelle l'homme passa comme une flèche, puis un escalier de bois, étroit, odeur de moisi, peinture en faux marbre, murs décrépis. Au cinquième étage, l'homme tira des clés de sa poche, ouvrit la serrure d'un geste bref, étonnamment précis et silencieux, fit signe à Yves d'entrer sans faire de bruit, d'aller jusqu'au bout du couloir, et referma la porte avec une infinie précaution : comme un soupir. Dans un coin de la chambre, un lit, étroit, couvert de cretonne. Au milieu, une table, des piles de copies à corriger et des livres de classe. L'homme posa sa sacoche, d'un regard furtif invita Yves à se déshabiller, attrapa le couvre-lit et, geste étrange, le plaça contre le miroir de son armoire à glace, le fixant en haut, à l'intérieur du battant, avec des punaises qui étaient prêtes, à portée de la main, dans une soucoupe, sur la cheminée. Cet homme avait peur d'être vu, même du miroir. Il tourna la clé dans la serrure, si lentement qu'Yves eut envie de repartir. Par la fenêtre, comme en gouffre, à pic, en dessous, la tranchée des voies ferrées de la gare du Nord. L'homme tira les rideaux. Yves attendait en slip et en chaussettes. Alors seulement, l'homme retira ses lunettes, sourit comme au sortir du métro George-V et murmura « tu te sens bien ? » Yves haussa gentiment les épaules. Il voulait repartir. Mais l'homme s'agenouilla devant lui.

Nu, sur le lit étroit, Yves se laissa faire. L'homme s'allongea contre lui. Il tremblait des genoux, des mains et du menton. Il fermait les yeux en embrassant. Cet homme avait peur, peur du quartier et des regards derrière les fenêtres, peur de l'immeuble, peur de la concierge, peur de la personne qui lui louait cette chambre ou bien partageait-il cet appartement avec sa mère, et surtout peur de lui-même, peur de caresser sans la protection de la foule du métro, peur de jouir trop vite aussi : il se cambrait alors, se détachait du corps d'Yves et, fermant les yeux, comme une grimace, reprenait un souffle. Jouissance retenue. Miroir recouvert de cretonne. Cet homme avait tout autant peur de se voir que d'être vu. Et Yves, pour aimer l'instant de cette rencontre, se prit en flagrant délit de deviner quelle était la vie de cet homme-là, ce qu'elle avait été, ce qu'elle n'était plus, tant et tant d'interdits, jusqu'au mur tendu de plastique transparent, dans le coin du lit, à hauteur de jouissance, plastique épinglé, cent épingles couturières à têtes microscopiques, hérissant le pourtour, faisant barrière, des épingles pour ne pas faire de trous voyants dans le papier mural, des épingles pour ne pas laisser de trace et du plastique pour pouvoir essuyer. Cet homme, certainement, faisait l'amour seul, allongé sur le dos, et dans l'étourdissement de ses jouissances giclait un peu partout. Yves pensa très exactement au verbe *gicler*. Plusieurs fois, l'homme se recroquevilla et posa sa tête sur le ventre d'Yves, voulait-il s'endormir là ? A chaque fois Yves eut l'impression qu'il allait sangloter. Quand Yves jouit, l'homme bondit du lit, comme pris de panique, alla chercher une serviette et la tendit à Yves en fermant les yeux. Et tout se passa très vite. Yves se rhabilla. L'homme enfila des chaussons, des pantalons et une chemise qu'il boutonna consciencieusement. Ni un mot ni un regard, rien, c'était fini. L'homme tourna la clé dans la serrure, sans bruit, ouvrit la porte lentement, se pencha dans le couloir et fit signe à Yves de passer devant lui. Et Yves se retrouva sur le palier. L'homme en refermant la porte d'entrée de l'appartement avait seulement baissé les yeux. Yves dévala l'escalier, passa devant la loge de la concierge comme un voleur et reçut l'air chaud du dehors comme un vent d'Atlantique. Peter, Eloy et cet homme-là. Pour la première fois, Yves venait de s'enfermer dans une chambre avec quelqu'un qu'il ne connaissait pas. Dans le métro, sur le chemin du retour, il regarda les voyageurs. Hommes, femmes, vieillards, enfants : tous racontaient une histoire. Il suffisait de croiser les regards jusqu'à ce qu'ils s'esquivent.

Yves fut reçu au B.E.P.C. En anglais et en espagnol, il n'était pas le premier. Il était fort en thème, s'appliquait à trouver les mots qu'il fallait dans le sens de la langue étrangère. Mais il avait toujours de mauvaises notes en version : tout ce qui le ramenait au français, sa « langue paternelle », jeu de mots auquel il tenait, levait en lui un désir d'écriture personnelle. Il ne traduisait plus. Il créait un autre texte. Sur la première page d'un cahier, il écrivit *La Loca. Roman. Yves Navarre.* Puis en seconde *Chapitre I.* Il s'était arrêté là. Il ne savait pas encore s'il allait dire « je » ou « il ». Il allait aussi revenir en Espagne : l'histoire n'était pas terminée. Jean-Jacques était guéri. Il venait de se remettre à jouer au tennis et avait gagné des parties. Ses parents préparaient un voyage de deux mois en Amérique du Sud. Au retour, ils visiteraient le Mexique. Ils iraient ensuite en Inde, au Pakistan et en Iran. Quand Yves rendait visite à Bonne-Maman « qui est là ? » « c'est Yves », il lui fallait attendre qu'elle ouvre les trois verrous intérieurs. Elle se barricadait. Fernande venait d'annoncer qu'elle entrerait au service d'un ambassadeur, boulevard du Château, dès la rentrée. Elle avait attendu que « monsieur Jean-Jacques aille mieux pour le dire à Madame ». Yves écrivit une pièce de théâtre, *Le Roi fou.* Unité de lieu : Vétheuil. Sujet : un père se croit roi, et son royaume n'a que les limites du jardin. Tous ceux qui l'entourent le quittent. Une pièce poétique. *Le vent se lève, il faut rentrer à la maison...*

## 50. Il

Un autre se détacha de lui qu'Yves se mit à ne pas aimer. Non qu'il s'était aimé jusqu'alors pour se parer et se voir plus beau ou plus souffrant qu'il n'était, mais cet autre qui se détachait de lui, proie d'Eloy, proie de l'homme du métro La Chapelle, personnage des étreintes, troublé, n'avait ni les traits ni la capacité d'écoute et de présence de sa personne d'origine. Yves devint deux. Yves devint le voyeur de ses propres ébats amoureux, élans et insatisfactions ; ébats sensuels, le moindre regard alertait ; ébats sexuels, corps à corps en pure perte. Et plus il écrit *Biographie,* plus il se demande si tout ce qui va survenir, après, dans sa vie, après Peter, après Javier, après La Antilla, après la Loca, Pilar, après Eloy, et après l'homme gris, ne s'est pas passé sans lui. C'est un autre, que les autres façonnaient au gré de leurs désirs furtifs ou de leurs attentions passagères, un autre toujours différent de lui, jamais lui, dont les autres s'amusaient, jouissaient, se moquaient ; que les autres utilisaient ; auquel les autres s'adressaient. Pas lui.

Je me le demande et la demande est amoureuse. La demande amoureuse survient bien avant l'acte sensuel et n'est rien en regard de l'acte sexuel. *Samedi 5 juillet.* Quatre heures de l'après-midi. Coup de téléphone. La voix d'un ami à qui j'adresse depuis des années, fidèlement, chacun de mes romans, avec un mot de cœur, et qui n'en a jamais lu aucun. Il y a quelques jours, alors que nous prenions un café à une terrasse, vent de novembre en juillet, je lui ai dit « un livre qui n'est pas lu est un livre mort ». Et comme je lui faisais remarquer que j'avais, depuis des années, pris le temps attentif et spontané de m'intéresser à son travail, de tout faire même pour le promouvoir, peu importe ce que cet ami fait, ce qu'il fait est beau, et j'ai su faire partager mon émotion, cet ami s'est tu. Il venait de me demander de passer quelques jours à Joucas, chez moi, avec moi, cet été. Et je venais de me rendre compte que lui, proche, comme tant d'autres de mon entourage, n'avait pas eu la curiosité ou le courage, en réponse amicale, de la lecture de mon travail d'écriture et de son partage. Et cet ami m'appelle. Là. Il vient de m'appeler. Voix de vêpres « ça va ? » Je lui réponds « ce n'est vraiment pas la question qu'il faut poser ». Et comme, voix légèrement tremblante, et c'est un grand gaillard, gros ours qui se balade toujours avec d'autres livres que les miens sous le bras, il a ajouté « mais ça doit aller si tu fais le vide autour de toi », j'ai raccroché. J'ai eu peur du mot « vide ». J'ai eu peur du vide. Je revois Adrienne, dans la voiture, quand nous franchissions les cols suisses, lorsqu'elle se trouvait du côté du précipice.

Un autre se détacha de lui avec lequel Yves s'efforça de ne pas jouer. Et pour les autres, seul cet autre lui-même existait. Depuis quelques jours, je viens et reviens vers ce bureau, j'interroge ma Valentine, j'ai la gorge serrée et un poing dans le ventre : je veux m'arrêter là. C'est le dessin que sœur Marie me faisait colorier au jardin d'enfants : la fourche, l'embranchement, le chemin de gauche et le chemin de droite. Tout était coupé en deux. Ils m'ont coupé en deux. Un autre survient. Un autre que les autres fabriquent de toutes pièces. Un autre conforme et désiré d'avance. Un autre que moi-même. Pas moi. Et pourtant, je suis encore là, je. Je suis tout entier dans mon écriture. L'autre n'écrit pas. Si l'autre avait écrit, il aurait sans doute vécu de sa plume, récits ficelés qui font profit, copies conformes qui font recette. Je ne me targue d'aucun génie. Je revendique seulement mon honnêteté : je n'ai pas triché avec moi-même, le premier moi-même, le toujours premier moi-même. Ce n'est pas l'autre qui a écrit, le personnage que l'on m'a créé et que l'on me crée encore, mais moi, rien que moi, tout seul moi. Les autres vous veulent autre, triomphant, pour mieux vous briser. Ils veulent enfermer le savoir de chacun. C'est leur manière de taire « quelqu'un ». Oui, de ce jour de printemps 1955 où j'ai écrit sur la première page d'un cahier *La Loca. Roman. Yves Navarre* au 7 janvier 1971, j'ai écrit, apprentissage, théâtre, poésie, nouvelles, romans, tant de romans refusés pendant tant d'années chez tant d'éditeurs, pour entendre un lundi soir de janvier, tard, la voix d'un homme travaillant dans une « maison d'édition » m'annoncer une « prise d'option » sur ce qu'il croyait être mon « premier roman » et qui était en fait dix-huitième manuscrit. Il n'y a pas de joie quand tout vient trop tard. Surtout pas la joie des autres qui veulent que l'autre, en vous, se réjouisse. Arrêter *Biographie,* ce serait arracher toute la quincaillerie, l'arsenal de tubes, de bocaux et de sérums qui me tiennent en vie. Image juste : je suis relié à une bouteille d'encre.

A la veille de cet été-là, il allait repartir pour l'Espagne et Grenade, un autre se détacha de lui qu'Yves se mit à observer : cet autre allait grandir, pas lui. Yves avait dans sa bouche le goût d'une autre bouche : celle de l'homme gris. Un goût âcre de peur et de repentir, un goût de terreur quotidienne, la peur de la tache et de l'image, la peur du sale et du réfléchi. Le goût écœurant des prisons morales. Yves souhaitait l'abandon.

Biographie, du grec *bios* : la vie, et *graphein* : écrire. Ecrire la vie et vivre de son écriture. Biographie, de *bios,* la vie, immatérielle, que rien ne peut définir ni contenir ; et de *graphein,* écrire, la matière écrite qui contient et définit. Entre les deux, l'écriture, tentative de saisie de la vie, entre les mots, entre les phrases, entre les lignes, entre les instants et respirations du texte, la vie, parfois : Yves a toujours placé des virgules comme des accents aigus. L'aigu stoppant l'adjectif.

II. Il s'enfermait dans sa chambre. Son bureau était devant la fenêtre et la fenêtre ouvrait sur des arbres, feuillage en dôme du marronnier du jardin. Il lui fallait partir, s'échapper, quitter, rompre, dénoncer et surtout passer à l'annonce des textes. Mais, les coudes sur le bureau, menton posé sur ses poings placés l'un contre l'autre, sillons des doigts serrés, front légèrement baissé, il observait les feuilles, le petit carré de ciel, et ne pouvait s'évader qu'en rêverie. Il s'inventait des histoires. Des histoires greffées sur sa vie. Des histoires déviées de sa vie. Au point de départ, il y avait toujours un fait réel, un regard croisé, un silence de René, une moquerie de Jean-Jacques, une absence d'Adrienne, une remarque de Fernande, une insulte lancée par un camarade de lycée. Et à partir du mot, du regard, de la sensation, c'est tout un film qu'il se mettait à projeter en pensée. Assis, immobile, les avant-bras en étais, le menton retenu par ses pouces, presque instantanément, il oubliait son corps. Il n'était plus là. Il se déplaçait dans la fiction de l'histoire qu'un rien du réel avait suscitée, un petit détail auquel il avait prêté une attention inquiète. Le détail révélait. Il s'évadait par le dedans. C'est ainsi qu'il apprit à parler en public et à vivre de manière indépendante. C'est ainsi qu'il prit la fuite. Et il suffisait d'un bruit, dans la maison, sonnerie du téléphone, appel d'Adrienne, aboiement de Pantalon ou grincement de l'escalier, pour que l'histoire ne se déroule plus, film stoppé net. Yves, engourdi, tête lourde, revenait alors à lui-même. Ce qu'il venait de vivre avait été fulgurant.

Assis à son bureau, devant la fenêtre ouverte, il se laissait ravir par ces histoires brèves, rapides, dans lesquelles avec aplomb, force, esprit de repartie, brutalité il répondait aux coups par des coups plus forts encore et trouvait en temps vif les mots qu'il fallait pour « avoir » le dernier mot. Il n'était plus alors lui-même mais autre, répondant aux autres, jouant leurs jeux. Il se figurait piétinant avant d'être piétiné, quittant avant d'être quitté, choisissant avant d'être choisi, emportant avant d'être emporté. Et surtout il interpellait René, lançait ce que « personne n'osait lui dire ». Il lui parlait enfin librement. Mais en rêve éveillé, il n'osait pas encore trop s'approcher de son père de peur de recevoir un coup, curieux revers de la main droite, que René donnait si vite qu'on n'avait même pas le temps de s'esquiver.

Il rêvait de gares, de villes, d'hôtels, et de rencontres secrètes avec ceux qui, pour lui, acceptaient de se liguer contre son père. Il rêvait d'emmener Adrienne aussi. Avec lui, elle n'avait plus mal à la tête : ils buvaient des boissons fraîches à la terrasse de cafés, à Venise, à Florence, à Vienne, au Caire, à Manille. Ils allaient ensemble à Mendoza. C'était toujours l'été quand ils fuyaient à deux dans ces films-là. René les faisait suivre mais les détectives devenaient amis et renonçaient à leurs tâches. Et quand Yves et Adrienne revenaient, René venait les attendre sur le quai de la gare. Yves lui disait « tu as compris, maintenant ? »

Une voix dans la maison « à table ! » ou bien « Yves, le dîner est servi ! » Il passait en vitesse dans la salle de bains, s'inondait d'eau le visage, se frottait avec une serviette, se donnait un coup de peigne, raie à gauche, et descendait prendre le repas du soir avec eux, les bras encore engourdis, des fourmis dans les doigts, la tête pleine de films impossibles. Alors, il regardait son père et sa mère comme s'ils avaient vécu ce qu'il venait de vivre, en rêve, l'instant d'avant. Adrienne disait « comme tu es pâle... » Margot en visite lançait avec éclat « il faut faire du sport. Un sport d'équipe. Tu devrais te dépenser ». René ne le regardait plus.

Qui est il ? Qui est je ? Un autre se détacha de lui qu'il se mit à accuser de l'entraîner là où il ne voulait pas aller, de dire ce qu'il ne voulait pas dire, de le compromettre, de le ridiculiser, de vivre des aventures qu'il ne voulait pas vivre. Vouloir. Un autre voulait tout à sa place. Un autre conforme à la volonté des autres.

Il. Il alla à Grenade. Le *Palacio del gobernador* était une grande bâtisse carrée flanquée de terrasses, balcons et pergolas, gigantesque gâteau à la crème. Don Francisco faisait aménager les appartements privés du premier étage. Le shah d'Iran et l'impératrice Soraya devaient loger là, pour deux jours, en voyage officiel, la première semaine de novembre. Le précédent gobernador, célibataire, avait abandonné le Palacio à la poussière. Don Francisco emmena plusieurs fois Yves à Séville, où, utilisant une lettre d'introduction d'un de ses cousins, évêque de la ville, il pouvait entrer dans les couvents et choisir dans les biens mobiliers que les bonnes sœurs avaient hérités tel tableau, telle chaise, telle table, tel lit. Yves attendait dans les parloirs. Pendant des heures. Don Francisco réapparaissait le plus souvent avec un bois sculpté dans une main, un tableau ou un miroir sous le bras. Un trésor s'accumulait. Derrière ses petites lunettes, dès que la voiture démarrait, don Francisco adressait un clin d'œil à son ami Yves. Il disait des bonnes sœurs qu'elles étaient *brutas* et *tontas,* moches et bêtes, et il lui décrivait les trésors entrevus. De retour à Grenade, ils passaient des nuits entières à nettoyer les tableaux avec des pommes de terre coupées en deux, des cotons imbibés de térébenthine et d'huile d'olive. Yves apprit, avec lui, à faire revivre les objets. Il vit sous ses doigts renaître les ors, les couleurs, les scènes des tableaux. Des visages. Don Francisco mettait des noms et des dates sur tout. Il consultait des livres et, quand il trouvait la référence, l'objet devenait plus beau et plus rare. En quelque trois semaines, un trésor fut accumulé, ravi à l'ombre des combles des couvents.

Il. Il n'était plus le même à La Antilla. Javier s'était fiancé officiellement. Paco, Manolo, Enrique, tous étaient fiancés. Novios et novias jouaient aux petits couples. Un jour sur deux, bien avant le lever du soleil, don Francisco partait en voiture avec Yves. Couvents et monastères, ils quadrillèrent la région. Ils allèrent même jusqu'à Jerez de la Frontera, déjeunèrent chez les Domecq, cousins de doña Emilia, et dans l'immense salle à manger du Palacio familial, huit portraits d'ancêtres, peints par Goya, surveillaient le repas. Ils n'étaient que trois, servis par six, la douairière le regard fixé droit et haut, devant elle, l'autre bout de l'immense table, personne, don Francisco à sa droite et Yves à sa gauche. « Tu verras, avait dit don Francisco, elle me hait parce qu'elle croit que j'ai pris la place de son roi. Elle ne dira rien. Mais regarde les tableaux. » Au Puerto de Santa Maria, non loin de Cadix, ils assistèrent à une corrida. El Litri offrit sa cape à Yves et Yves, frémissement, sentit qu'on s'interrogeait autour de lui sur l'identité du jeune homme auquel revenait un tel honneur. Don Francisco gloussait, un beau rire d'enfant, rire venu du ventre, petit bonhomme bedonnant qui s'amusait, avec Yves, d'aventures qu'il n'avait sans doute pas eu le temps de vivre.

Il. Il se souvient du bruit des éventails, dans l'arène, du côté de l'ombre, aux places d'honneur. Il ne retiendrait des corridas que ce bruit-là, cliquetis, comme un tourbillon. Au moment de la mise à mort, il ferma les yeux. Don Francisco venait de tourner la tête, lui aussi.

Il. Il se laissa gagner et obséder, à la fête de Lepe, par le bruit des sandales sur la terre battue, pendant les paso doble. Chaque couple rythmait en traînant des pieds, glissements des semelles de corde et clappements des talons, les talons comme des langues.

Il. Il revint sur la plage, une nuit, seul. Mais la rencontre ne fut pas la même. Un autre que lui venait revivre une histoire vécue par lui, pleinement, un an auparavant. Mais pas lui. Plus lui. L'eau, la terre et le ciel lui refusèrent une étreinte qu'il avait mal connue, depuis, avec d'autres. Il se sentit coupé de lui-même.

Il. Il participa au tournage du film. *Luto,* le deuil, et *niña,* la fille ou la jeune fille, la jeune fille de deuil, *la niña de luto.* Un secret circulait : Pilar attendait un enfant. Elle était belle, en robe noire, les cheveux déployés sur les épaules. Elle jouait le rôle de l'héroïne au cœur pur, qui par tradition, règle du deuil, ne devait pas quitter sa maison, et qui en cachette, au soleil couchant, venait dire adieu à l'homme qu'elle aimait. L'homme, c'était Javier. Costume, gilet, cravate, cravate noire, une valise à la main, seul, au milieu de la plage : elle courait vers lui. La caméra ne fonctionnait pas bien. Rien que pour tourner la scène *del último encuentro,* de la dernière rencontre, Manolo usa toute la pellicule. Les novias fixaient du regard le ventre de Pilar. Yves vivait le roman à venir, toujours le même roman, premier roman, une émotion, une seule. Rien de plus. Une vie n'y suffirait pas. Le roman d'une naissance.

Il. Il dansa, aux fêtes de *Las Colombinas,* à Huelva, sur le chemin du retour à Grenade. Il porta ce soir-là, pour la première fois, le smoking que Jean-Jacques n'avait jamais voulu mettre, refusant d'accompagner dans des bals les filles d'amis des parents. Derrière une barrière, les gens de Huelva regardaient les jeunes filles en robes du soir blanches, roses ou jaune pâle, et leurs novios, tous vêtus de noir. Sur une photo, Yves danse avec Nachi. Il regarde Javier qui enlace élégamment sa fiancée. La veille du départ de Grenade, tard le soir, don Francisco emmènera Yves dans les sous-sols du Gobierno civil, couloir sombre, geôles, et lui montrera, larmes sèches, le menton tremblant, la cellule où Federico García Lorca avait passé sa dernière nuit. *Voces de muerte sonaron cerca del Guadalquivir...* Les voix de mort retentirent non loin du fleuve Guadalquivir.

11. Il prendra pour la première fois l'avion, de Grenade à Madrid. Baptême de l'air. Si peu le lit bleu : la tête dans un sac en papier. Il passera la nuit au 5 plaza Marqués de Comillas, dans le premier palais d'Isabelle la Catholique, bâtiment en ruine dans lequel Eloy louait depuis quelques mois un atelier, sous les toits. Echec des retrouvailles. Eloy n'était qu'un amant de la première fois. Yves n'aurait pas dû insister pour le revoir. Ni surprise ni désir : plus rien. La nuit durant, il écoutera Eloy respirer bruyamment, en dormant bouche ouverte. Tôt le matin, il le quittera en sachant qu'il ne le reverrait plus jamais. Libre jusqu'au soir, il avait laissé ses bagages à l'aéroport, il ira au musée du Prado. *El viento de Madrid es tan sutil que mata a un hombre sin apagar un candil,* le vent de Madrid est si subtil qu'il tue un homme sans éteindre une chandelle. Septembre. Soleil froid. Le vent de Guadarrama, le vent caracolant des montagnes. Dans le musée, Yves, au hasard des salles, croise plusieurs fois le même garçon, grand, blond, aux yeux verts et à la peau extraordinairement blanche. Yves remarque ses mains, immenses, quand il croise les bras devant un tableau. Puis ils se parlent. En anglais. Il est allemand. De Berlin. Dans une salle du sous-sol du musée, seuls, devant *Le Jardin des délices* de Jérôme Bosch, surveillant l'irruption d'un visiteur ou d'un surveillant, ils se tiennent la main, se penchent l'un vers l'autre, échangent un baiser. Le garçon tremble. Yves tremble aussi. C'est devant ce tableau-là, ce jour-là de septembre. Le tout début d'une grande histoire ? Or, Yves devait reprendre l'avion pour Paris. Calle Rosario 8, Sevilla ; plaza Marqués de Comillas 5, Madrid : les adresses du début et de la fin. Une histoire chassant l'autre. Mémoires.

11. Il entraîna le garçon au-dehors. Ils prirent un taxi. Yves expliqua qu'ils voulaient aller à la piscine. Et le chauffeur, étonné, les conduisit au nord de Madrid. L'endroit s'appelait *El Lago,* le lac. Quatre heures de l'après-midi. Il faisait froid. Le soleil déclinait. Yves loua deux maillots et une cabine. Le lieu était désert. Pour le principe et sous le regard d'un maître nageur surpris, lui aussi, par ces derniers clients de l'été, ils se baignèrent dans l'eau de glace de la piscine. Et très vite ils regagnèrent leur cabine. Transis. Grelottants. Mais là, dans la prison des quatre murs, ils se frottèrent le dos, les bras, les jambes et pour se réchauffer se mirent à se battre, l'un brandissant l'autre, le repoussant, l'attirant vers lui, puis à genoux, tour à tour, chacun plantant sa bouche.

Puis le garçon, debout, le mordit si fort à la lèvre qu'Yves se mit à saigner. Le garçon l'embrassa encore plus fort. Yves le mordit à l'épaule, marque des dents, revanche des coups. Et ce fut bientôt joute de sexes et de bras et une jouissance, en même temps, tous deux, l'un face à l'autre, comme des crachats. Ils s'essuyèrent avec les serviettes de location. Tout s'était passé très vite parce qu'ils s'imaginaient, l'un et l'autre, que le maître nageur s'inquiétait de voir trop longtemps fermée la porte de la cabine. Yves écoute encore le silence du garçon dans le taxi qui les raccompagnait à la station de départ des autobus pour l'aéroport. Ils se tenaient la main, sur la banquette, très fort. Une autre histoire, pour une autre année, et ainsi de suite. Le garçon s'appelait Horst Schulterbrancks. Il griffonna son adresse à Berlin sur le ticket d'entrée au musée du Prado. Mais à genoux sur la banquette arrière de l'autobus, lui adressant un ultime signe d'adieu, Yves savait qu'il ne le reverrait jamais, non plus qu'Eloy, que dans la mémoire de ses textes, s'il écrivait. Il écrirait. Il ne rêverait plus. Il écrirait. Souvent, comme un tic, Yves se mord la lèvre inférieure, à l'endroit exact où il a été mordu ce jour-là. C'est le lieu de son corps marqué Horst. Tatouage. Le sang a le goût âcre et salé de l'océan. Le lendemain, Yves entrait en classe de seconde, la lèvre enflée. « Alors Yvette, tu t'es fait casser la gueule ? » « Et *Pastoral,* si on recommençait ? »

Il. Il fera des rêves de cabines, rai de lumière sous la porte, surveillance du maître nageur, lieu déserté, combat, l'un plaquant l'autre contre le mur, et inversement, chacun se cognant à l'autre et le cognant comme si ou l'un ou l'autre avait pu, aurait pu, pourrait, pouvait, les conjugaisons ne fonctionnent plus pour cet acte, entrer totalement dans le corps de l'autre et s'en habiller. Partir et vivre habillé de l'autre, en l'autre. Entrer en lui comme dans un pyjama neuf. Devenir autre. Un autre, aimé. Si peu les autres.

Il. Il venait d'avoir quinze ans. A seize ans, il aurait son bac du premier coup. Sans mention. Mais il l'aurait.

Il. Il n'écoutait plus ce qu'on lui disait en famille, si par hasard on s'adressait à lui. Un autre s'était détaché de lui qui faisait acte de présence aux repas, au lycée, à Vétheuil les fins de semaine, à Vars pour les vacances de ski ou en réunions familiales. Sur des cahiers, il se mit à écrire une histoire, toujours la même histoire, et plus il l'écrivait, plus elle devenait différente, immense, interminable, à suivre à tout jamais. Et ce n'était rien qu'une toute petite histoire, toujours la même, la sienne, rien que la sienne, rien que sa vie. Et tout ce qu'il lisait, Malraux, Bernanos, Camus, Gide, ne parlait qu'à l'autre, qu'à celui qui s'était détaché de lui. Chacun de ces auteurs-là, et tant d'autres auteurs célébrés, se représentait dans des actions, dans des personnages souhaités. Toute une littérature de parade. La pire des célébrations étant la modestie, la feinte sagesse ou le courage démontré. Il n'aima que *La Chute* de Camus : dans ce texte-là, l'auteur redevenait homme. Ou bien survenait. Il ne blaguait plus avec la grandeur. Il n'aima, jusqu'à usure des pages, que *Les Faux-Monnayeurs*.

Il. Il chercha dans ses cahiers à se présenter tel quel, tel qu'en lui-même. Un seul écrirait, lui, et pas l'autre, pas celui détaché de lui que les autres seuls voyaient. Il apprit alors à se servir du stylo que l'officier allemand avait oublié chez Bonne-Maman et que Bonne-Maman lui avait offert le jour de sa première communion. Il apprit à aimer ce stylo vert, de marque Montblanc, vert comme les yeux de Horst. Le stylo de la cabine. Encre bleu roi. Le pugilat commença. Le pugilat des pages. La Loca. Le ventre de Pilar. Elle attendait un bébé. Le bébé des regards.

Il. Il savait qu'on lui reprocherait toujours de ne pas inventer des histoires, de ne pas se représenter. Identité : Yves ne pouvait, pouvoir des mots et des pages du cahier, que présenter, se présenter, saluer, inviter. Un autre se détacha de lui qui se mit à vivre sa vie. Mais il, il, seulement il, et tant pis si ce n'est pas clair, et tant mieux puisqu'il ne triche toujours pas, il se mit à s'écrire pour survivre. L'autre vivait. Il survivait. De l'encre dans les veines. Un goût de sang à la bouche. Rien que ça. Rien que ce goût-là. Il n'avait pas d'autre exemple à donner que celui de son vécu, sensé, sensations. Emotion en pure perte. Garçons qui se cognent.

## 51. Mercredi 9 juillet

Pourquoi suis-je encore en train de me disculper ? L'humain est furtif, bref, mais il est humain. Comme ce « mais » est chagrin. Ne rêvons-nous pas toujours de ce que nous avons ? C'est la part de l'artiste, à part, tenu et se tenant à part. Pas l'artiste missionnaire qui s'accomplit dans la rhétorique du vide.

Lettre. « Paris, le 9 juillet 80. 23 heures. Mon cher Emanuel. J'ai quitté la représentation des *Noces de Figaro* après le troisième acte. Et ce, pour plusieurs raisons. La plus secrète étant que je redoute les premiers accents de l'*atto quarto,* et l'air de Barbarina *L'ho perduta... me meschina !... Ah chi sa dove sara ? Non la trovo... e mia cugina... E il padron cosa dira ?* Cet air empreint de mélancolie à chaque fois m'étreint. Il dit la plus nette des attentes. Son innocence blessée me transporte. A chaque fois que je l'écoute, tenu par le silence que doit respecter le mélomane, je tremble de la captivité de mon transport. Une autre raison est que tu ne te trouvais pas là, avec moi. Un manque. Je ne peux plus écouter la musique, seul. Jouait aussi le fait du souci de *Biographie,* l'obsession de ce texte, de tout ce qui tourne, avance continuellement dans ma tête et me fait perdre cette capacité d'attention abandonnée sans laquelle on ne peut pas jouir d'une musique et de son exploit. Opéra ! Dans la salle enfin il y avait tous ceux-là qu'on ne peut connaître que par absence de cœur. Ceux-là, spectateurs, en tenue de gala, qui viennent, la plupart, uniquement pour se voir. Ceux-là qui composent ce qu'on appelle communément le Tout-Paris. Je les connais tous, ou presque, si peu chacun, et c'est déjà trop. Le grand chic est de se dire " tu ". Je gêne telle dame parce que je l'embrasse sur les joues, maquillage, tel monsieur parce qu'il ne veut pas qu'on sache que nous nous connaissons, tel autre parce que je lui fis maintes fois remarquer ce peu d'éducation qui est sans doute le fait des gens qui exploitent, dominent et jugent, du haut de leur tas de fric. Cercle de mort de ces entractes-là. Fascination-répulsion : la répulsion en moi désormais l'emporte plus vite. Je n'ai plus la souplesse d'humour qui me permettait, dérision, de me laisser aller à la fascination des pantins. Un opéra, une salle d'opéra, un public d'opéra, c'est la peur du riche. La représentation la plus absurde du combat entre l'art et le toc, la grandeur de la musique et la poubelle des gens.

« Je n'ai que quinze ans. Chapitre 51. J'ai oublié bien des faits. Combien de fois suis-je allé écouter *La Flûte enchantée* avec Adrienne, ma mère, maman ? Elle me disait " ferme les yeux, écoute bien ". Elle affirmait aussi qu'on ne pourrait jamais " mettre en scène " cet opéra. Elle ajoutait " mais rien ne remplace d'écouter la musique sur le vif ". Elle disait " sur le vif ", tout doucement. Pendant l'air de Papageno, un jour, elle me prit la main : elle voulait partager son écoute. Ce soir, j'ai quitté la représentation des *Noces* parce que je pensais aussi à elle. Je ne vais plus la voir de l'été. Dimanche dernier, je l'ai observée, à table, serviette autour du cou, l'infirmière la redresse d'une main et de l'autre lui donne la becquée. Ce texte n'est pas un cirque, tu le sais. Je " nous " donne la parole quand trop souvent nous n'avons pas su la prendre en temps voulu.

« Demain, je pars pour Joucas. Je t'enverrai cette lettre de la gare. Je pars avec les chats, Tiffauges et Tiffany dans leur caisse grillagée, et Tityre dans un panier d'osier. Une expédition. Le petit exode de l'été. J'espère rester à Joucas jusqu'au 24 septembre et achever ce texte, là-bas, le jour de mes quarante ans. Je ne ferai qu'un aller et retour à Paris, les 29 et 30 juillet, pour voir ta collection et signer le service de presse du *Jardin d'acclimatation*. Tu me manques. Tu me manques aussi quand nous sommes ensemble et quand je te sens inquiet, tenu, pris par ton travail de création. Ce midi, dans ton studio, j'ai été frappé par le brusque désordre de ton lieu de travail, son envahissement, et aussi, ferveur, ce qu'il y avait de toi, d'origine et de colère, dans ces tissus que tu drapais sur le corps d'Annette, associant les couleurs, mariant les fibres, définissant une forme, une structure, faisant naître de tes doigts un " beau porté ". Je t'ai senti ravi au sens du pouvoir ravisseur du travail créateur. Tu avais le regard noir des jours de fugue, fuites du fugueur, enfant fugueur. Jamais tu ne me parleras assez de ton enfance à

Aix-en-Provence. En parlant de mon père, je parle aussi du tien, n'est-ce pas ?

« J'ai peur. Peur de Joucas. Non de la maison, cabine, geôle, petit tas de pierres dans lequel je me terre, mais peur des autres, la voisine veuve qui depuis des années se plaint de ce que mes chats passent de mon toit sur le sien. Si elle les empoisonnait ? Peur du chien noir du potier qui m'empêche d'emprunter la calade qui conduit au haut du village et à la maison de Céleste. Ce chien un jour va me mordre. Ses maîtres s'amusent de le voir m'attaquer. Peur des coups de téléphone puisque mon numéro est dans l'annuaire. Toutes ces voix, sans visages, et l'arrogance que dicte la timidité, l'insolence des inconnus qui par impulsion appellent et ne trouvent, pour toute excuse de leur acte, que des insultes à proférer. Peur du lit vide alors que je n'ai jamais pu dormir avec quelqu'un : je guette la respiration de l'autre, tout de lui, alors, me tient en éveil. Peur du retour à Paris, après *Biographie*. Il me faudra resituer ma vie, ma vie de tous les jours, mon mode de vie, quitter peut-être cet appartement. Ils annonçaient chez Flammarion " un pas en avant " et un plus grand succès. Ils disaient " avoir vendu " 35 000 exemplaires du *Temps voulu*. Il n'y en eut effectivement que 19 267. Ils appellent ça les " exemplaires porteurs de droits pour l'auteur ". Et ce chiffre " provisoire " peut être encore diminué de milliers de retours d'invendus : pourquoi ai-je rêvé de vivre de ma plume ? C'est impossible. J'ai peur. Peur de retrouver à Joucas les fantômes de Rupture n° 4, l'été dernier, et de Rupture n° 3, l'été d'avant. Et si je les rencontre à Aix-en-Provence ou à Orange ?

« Ecoute Emanuel : aimer beaucoup, c'est trop ; aimer bien, c'est ne pas aimer, le bien est chagrin ; alors je t'aime tout court, ça suffit. Le plus beau des amants n'est qu'un ami. Le meilleur des amis est un frère, un frère que l'on approche et découvre constamment : quand donc cesserons-nous de rêver de ce que nous avons ? Qu'est-ce qui nous pousse, toi de ton côté, et moi du mien, vers ces points et en ces lieux d'extrême solitude qui nous semblent, à chaque fois, de non-retour ; ce qui fait que nous avons besoin de nous, nous deux, pour nous dire et nous lire, nous tenir à la tâche des années qui passent et des saisons qui n'existent plus. Je te laisse Paris sous la pluie, le pire Paris de froidure : celui de juillet.

« Un jour je voudrais vous réunir, Jean-Jacques, Marie-Claude, Xavier et toi, tous les cinq. J'ai besoin de vous, en ce moment, très fort. Dimanche dernier, chez ton frère René et ta belle-sœur Eliane, nous avons ri et nous avons chanté. Autour d'une table. Et nous avons fait rougir ta nièce Isabelle. Que ce moment fut bon : nous ne savons plus nous réunir pour nous réjouir. Rien ne remplacera jamais une table, des chaises et un repas.

« Ce matin, dans ton studio, j'ai senti que tous les tissus s'étaient mis à vivre sous tes doigts. Les couleurs et dessins se levaient sous ton regard. Rendez-vous le 29. Ta collection et ma *Biographie*. Et ne m'en veux pas d'avoir tapé cette lettre. Elle est du jour et du texte en cours. Elle est à toi et à tous. A tous, parce que sans toi, cent fois, j'aurais eu peur de la gorge du loup, gorge profonde, à chaque ligne plus profondément encore.

« Curieux texte que celui-ci : j'ai l'impression d'être toujours à la première ligne du premier chapitre. Je t'embrasse. Yves. »

*Jeudi 10 juillet*. Je prends le train à 16 h 52. Sur mon bureau, un texte d'analyse. Titre, *Entendre Yves Navarre. Recherche a-critique*. Depuis des mois, ce texte est là. Je ne peux pas le lire. Je ne veux pas. L'auteur de ce texte souvent me téléphone ou m'écrit. Je sais qu'il se plaint autour de lui du peu d'attention que je porte à son travail. Or je ne veux ni ne peux me voir démonté comme un mouvement d'horlogerie. Le mot *a-critique* me rebute tout comme m'avaient choqué, en première page du projet de texte qu'il m'avait soumis il y a deux ans déjà, le mot *paradigme* et le verbe *hypostasier*, bistouris dont on ne sait pas très bien à quoi ils servent. Une curiosité cependant, et encore une fois beaucoup plus une émotion qu'une idée, m'invite à placer ici les quelques extraits d'entrevues, les deux ou trois répliques de certaines de mes pièces de théâtre et les citations de mes romans qui émaillent son texte d'analyse. Et ce, dans l'ordre et sans la référence des titres et des pages : c'est toujours la même page, le même roman, la même pièce de théâtre, la même entrevue. Demain, à Joucas, je reprendrai sagement le chemin de ce texte et son parcours jusqu'à une fin. Voici les extraits, morceaux choisis par un autre. Ce qu'une mémoire, autre, a retenu. Herbier. Alors et alors seulement, à Joucas commencera la seconde partie du voyage.

  « Killer, fils de juge et d'une mère morte, fils d'un censeur mort et d'une femme vivante. »

  « On ne peut pas tout dire d'une vie. Tout vire à la fiction. »

  « Alors, peut-être, multiplié, dans le secret des lectures, ce récit, ce roman, ce texte parlera un tout petit peu comme on ne parle plus. Ce texte, je l'ai saisi à deux mains, comme on étreint quelqu'un. »

« ... un monde vendu, revendu, récupéré jusqu'à la trogne par tout et par tous. »

« Cette société qui à prétendre bâtir détruit, qui à prétendre se libéraliser ne fait qu'entretenir le culte de toutes sortes de systèmes moraux, religieux ou antireligieux. »

« Blessure de la solitude quand elle vire de plus en plus à l'isolement. »

« Epuration des mots gentils : retirer du texte écrit tous les n'est-ce pas, tous les alors, toutes les charnières inutiles. Décharner le texte, lui donner de la raideur, de la vigueur, le faire rebondir, polir les mots, jeter les amandes jolies mais creuses, ne garder que les gourmandises pleines, celles qui font encore surprise. Tendre la corde du texte à s'en scier les doigts. »

« L'artiste, franc-tireur de son art, dit ce qu'il a à dire, rejette le défendu, le jeu des fortifications sociales, les contraintes des mentalités cotées en Bourse et prend le monde tout entier dans la paume de sa main. A la source. L'eau première. Il boit, se désaltère et transcrit l'émotion. »

« Je suis née dans un système, une société précise, cristallisée, ni grande, ni bourgeoise, mais provinciale et jouissante, un peu guindée, pour mieux gagner, se hisser, riche de tout l'or de la France et de toute son histoire, ivre d'inventer et d'accumuler. »

« Dans Lescun il y a deux systèmes de circulation de rues. On peut aller des lavoirs aux maisons, des maisons à l'église sans que les chemins des cagots et des non-cagots se croisent. Dans notre ville aussi il y a des lâches, des cagots, des espudits. On est toujours le chassé de quelqu'un, griefs, rancœurs, croyances. »

« Nous étions, subrepticement, à mi-chemin de toute classe. »

« Toutes les familles, à les raconter, sont familles brisées, espoir insensé d'être ensemble. »

« Son écriture était orale. »

« Gabriel croit encore refaire le monde en commandant sa famille. Il règne, on ne le comprend pas, il dit qu'on le fuit, qu'on ne l'écoute plus. Il donne les ordres et les horaires, il impose les élans, il paie quand il faut payer, et il se plaint, fort, très fort. »

« Il n'a jamais su émouvoir les autres à trop les désirer parfaits, conformes à ses désirs légitimes, lui, de par la loi, et de fait, père de tout ce beau monde. »

« Je sais pourquoi je suis venu. Je suis venu pour dire ce que mon père n'a jamais osé me dire. »

« Et ce fut un fiasco. Je n'avais pas compris que cette bourgeoisie était une forme idéalement éprouvée, mise à l'épreuve de mesure et d'harmonie. Que les hypocrisies et les principes étaient somme toute de bon aloi. Et surtout, que dans des remparts bourgeois on ne peut vivre qu'en bourgeois, sans démesure et surtout sans espoir. Ils gâchent tout. Ils vous font courir un risque d'hécatombe. »

« Apparemment je n'ai rien à dire, je ne communique plus. Pour eux, de l'extérieur, c'est terrible, un drame, une mélancolie d'involution disent-ils. Ils parlent de ralentissement psychomoteur précoce. Ils me qualifient. Quand en fait, tout en moi, au tout dedans de moi, intacte, je suis et serai là à m'interroger sur ce goût dévastateur et meurtrier de l'analyse qui fait de moi, d'eux, de tous et de tout dans notre société ce qu'elle est. Etouffée. Imbue. »

« A recevoir coups et caresses, mêmes mains, mêmes gestes, à être toujours là, prête à recevoir, je serai le bourreau du bourreau, et nous vivrons longtemps ensemble. »

« Rien, il n'y a rien à dire, le rituel du silence est plus fort que tout. »

« Il y a des lieux de bonheur qui sont en fait des lieux de massacre. »

« La faute à qui ? Il n'y a pas de coupable. Il n'y a que de l'amour mal exprimé. »

« Mon père a le cœur qui paie. Et il croit avoir bon cœur. Ou plutôt il n'a jamais su avoir bon cœur autrement. »

« Un roman n'est que la compagnie de l'enfant que nous sommes, et que nous resterons, rejeté, face à la vie, pour une vie entière, face à la vie, en train de se demander comment prendre dans ses bras cette immense chose. »

« N'y aurait-il que les enfants, pour menacer ? Et ceux qui le demeurent ? »

« Qui parle, qui ? Dans la vie, qui dit je, qui dit il, qui sait quoi des autres ou de lui-même ? »

« Alors, côté identité, Julien Brévaille, connais pas. On m'appelle ? Je regarde à droite, à gauche, c'est peut-être le voisin, c'est pas moi. »

« Je ne suis vraiment jamais moi-même, nulle part. J'ai vécu à Saint-Mandé, comme un étranger. Je ne suis ni leur fils, ni leur frère, mais quelqu'un d'autre qui n'a pas d'identité. »

« Quelque chose me dit de dessiner puisque je ne sais pas très bien écrire, d'exprimer l'inexprimable puisque je ne peux ni ne sais encore exprimer l'exprimable. »

« Ecoute la *Lettre à Elise*, mi-ré-mi-ré-mi-si-ré-do-la, do-mi-la-si, mi-sol-do-la, écoute. Encore quelqu'un qui aimait quelqu'un. Et qui voulait lui dire ce " quelque chose " qui nous blesse le cœur et l'esprit quand on ne le dit pas. Et ces choses-là sont fragiles. Fragiles. Il faut les prendre comme elles sont. Les aimer telles quelles. Et il ne faut surtout pas se poser de questions à leur sujet. C'est tout un art et une liberté de s'abandonner. »

« En ce lieu bas de la colline, pas d'alternative. Qui donc pourrait me surprendre au fond de la forêt ? J'y suis encore, quelque part, au plus profond de moi-même. C'est cette image de la colline que je conserverai de ma vie, ce lieu-là auquel je penserai, comme un frisson l'accord de mon corps avec cette terre et cette mousse, le creux que je m'y fais. »

« Conrad, London, Wells, le tour du monde de Corentin, les mystères de la Momie : quand je dormais, ensuite, les pages tournaient dans ma tête. C'était haute mer, vent dans le désert, conquêtes, rien que des conquêtes. Je me disais, quand je serai grand, je ne ferai pas une œuvre, mais des œuvres. Au coup par coup. Moi aussi, j'irai voir, j'irai vivre. Tel était mon désir. Tout serait tactique d'obsessions et de continuités, images fulgurantes et voyage qui n'en finirait pas. »

« L'enfance voit la mort de face, cruelle, buccale. Implacable. »

« Et puisque tu n'es plus, je serai à ta place. C'est promis. Et les promesses d'enfant forment des cicatrices que le temps n'efface pas. Et je me glisse entre les draps blancs, entre les deux pages blanches d'un cahier sur lequel j'inscrirai mon premier poème : notre rêve poignardé. »

« Julien Salcon est sorti du ventre de sa Bonne-Maman, la maman de son papa, et non pas du ventre de sa maman. Ce serait trop simple. »

« Julien se dit que s'il avait écrit un roman, un jour, s'il avait eu cette force, il aurait écrit l'histoire d'un petit garçon de dix ans qui répète à sa Bonne-Maman tout ce que sa maman lui dit de ne pas répéter, et ne répète pas à sa maman tout ce que sa Bonne-Maman lui dit de répéter. L'histoire d'un petit garçon parfait, parfaitement gentil, parfaitement parfait, tellement-tellement. L'histoire d'un petit garçon qui joue sans en avoir l'air un petit jeu qui brise sa famille. »

« David la regardait fixement, intensément. Un regard qui ne peut plus se détacher de la mémoire d'une mère. »

« Leur amour est un complot dont je serai la victime. Le voilà prononcé, le mot, le grand mot. Tous les enfants sont des victimes. Victimes de tout. Victimes de tous. Abandonnés. »

« Un bon juge. Il n'y a qu'un cas qu'il n'ait jamais osé juger. Le sien. Il n'y a qu'une catégorie d'humains qu'il n'ait jamais osé aimer. Les siens. »

« Mon père ! Même quand il parle, il se tait. En dehors de lui, rien n'existe et je n'existe pas. »

« L'usage du moi interdit l'exploit du je. »

« Je suis né de ma chambre d'enfant, de ses ombres et de ses secrets. Je suis né des nuits les yeux grands ouverts, des rêves éveillés, et des premiers rêves mouillés. J'ai cette chambre dans ma tête. Elle occupe tout le crâne et je m'entends marcher dedans, dormir dedans, rêver dedans. Je ne suis pas encore sorti de cette chambre-là. Ils m'y tiennent. Ils m'ont eu. Ils m'ont. Je suis encore à tout m'imaginer des êtres, et des faits. Cette chambre-là est fermée, et moi dedans, dans ma tête. J'ai bien fait mes devoirs, je connais mes leçons par cœur et je ne suis pas né. Pas encore. J'y ai cru. J'y crois. Mais je suis encore là, au deuxième étage d'un pavillon, à Saint-Mandé. »

« Pour un peu, ils m'auraient habitué à me taire, moi aussi, toute ma vie. Ils m'ont mis au monde, mais je ne suis pas né. Toujours pas. »

« L'adulte est un enfant qui n'est plus perfectible. L'adulte, formé, est, en réalité, déformé par les codes, les normes et les modes, il a oublié l'écriture à son origine. Je me bats pour la retrouver. L'écriture est la seule innocence. »

« Ils me tiennent encore avec leur gravier, leurs rouges, leurs lilas coupés, leurs silences échangés et toutes sortes de peurs imposées. »

« Je ne fais que me rapprocher de moi, moi-même, de ce que je n'ai pas été, ce que je n'ai pas su être en temps voulu. Le temps voulu est à venir. »

« Tu veux rester scribouillard de ta société, chroniqueur d'un temps qui n'en est pas un, d'une époque dont tu rougis et souffres qu'elle soit ton époque. Tu veux observer ton pays, sa manière de se tenir désormais au balcon de l'histoire, au balcon seulement, bien calé, bien droit, avec cette manière pincée de rejeter désormais tout ce qui le confronte, de n'accepter que ce qui l'installe. »

« Notre système est inattaquable. Chacun de nous pense qu'il ne fait qu'exploiter un système qui exploite. Pas de majorité. Pas de pouvoir. Il n'y a qu'une fédération de puissants ex-cep-tion-nels. Conscients de tout et conscients de rien. »

« Mes parents et leurs invités jouaient dans le plus courtois des silences. Leur conscience politique était celle du petit ou du grand chelem. C'est ainsi. J'avais quinze ans. C'est toujours ainsi. Je vais avoir quarante ans. Mais cette année-là, ce mois-là, j'ai compris qu'il n'y avait en France de conscience politique que matée, étouffée, lointaine, piétinée. Que les leaders étaient tous, d'origine ou d'accession, de la même trempe ou de la même fonte. Nous n'étions faits que pour durer et nous sauvegarder dans l'idée de ce que nous ne sommes plus. De ce que nous avons peut-être été : les plus grands. »

« On prend, on garde, on jette, on se croit propriétaire, on est riche ou pauvre, on assure, on s'assure, on se traque, on se guette. Ce langage-là, je le connais par cœur. Il n'est pas celui du cœur : il ne partage pas, il vole, frappe au plus bas. On ne veut pas le tenir, mais il vous tient. On ne veut pas le transcrire, mais il revient et s'impose, mentalité. »

« On n'écoute l'autre que dans l'emploi qu'on lui prête. On ne veut lui faire écrire que ce qu'on veut lire. »

« Je vote socialiste. Je ne sais plus pourquoi. Je ne voterai jamais ailleurs car je sais trop pourquoi. C'est le chelem, pour tous ceux-là qui veulent le pouvoir pour le pouvoir. »

« Dénoncer la destruction de l'idéal occidental, du respect de l'individu par un système tendu vers le conformisme, la standardisation, et le plus commun dénominateur. Il aurait sans doute voulu que les êtres humains recommencent à s'aimer, donc à pouvoir organiser leur vie dans la Cité. En cela, son désir était étymologiquement politique. La politique n'est rien d'autre que cette organisation. »

« Un à un, il a démonté les mécanismes de sa société, de ses gouvernements, de son monde et du Monde, et partout les mouvements étaient faussés, la justice responsable des rythmes était bafouée, il n'y avait plus qu'à se terrer et attendre, ou bien aller de rue en rue vers les terrains vagues, en bas, quand il y a un beau garçon pour défaire les boutons de sa chemise et vous offrir l'odeur d'un buste, la moiteur d'un baiser lassé, la vigueur d'un jeu de mains, jeu de vilains. »

« Il n'y a de politique que le temps des gestes amoureux. Voilà ce qui nous reste. »

« Je suis né de l'usage de mon corps. »

« Et ils rêvent tous encore, en tuant les insectes qui les dévorent, de se retrouver simples dans la nature. Ils s'arrêteraient alors dans un jardin à Petworth dans le Sussex, à Vétheuil en Ile-de-France ou bien encore à Joucas au sud de Carpentras. Peu importe d'être seul si la nature vous accueille de nouveau, vous enveloppe, vous habite et vous emporte. L'homme qui va mourir n'est qu'un enfant qui ne demande qu'à être rapté. »

« Mais jamais Pierre n'avait retrouvé le plaisir simple de Silvacane. Cette jouissance de tout le corps quand d'un arbre à l'autre il bondissait et se laissait pendre. Et parfois, quand Sarah se serre contre lui, il en rêve. C'est tout un bois qu'il voudrait reprendre dans ses bras. »

« Pas à pas, de note en note, mosaïque, nous allons accompagner Pierre Kurwenal au bout de son chemin, et c'est petit à petit un enfant que nous emmènerons avec nous. »

« L'esprit chagrin et altier n'aime pas qu'on lui parle du corps, quand tout commence là, là d'où l'on est sorti. »

« L'âme est ainsi faite que rien ne peut la limiter. Son champ d'action et d'inspiration est toujours en avance d'une avant-garde. Elle est cet éclaireur du corps et ne peut s'exprimer que par le corps. Son allance ! Inventerons-nous des mots ? Il le faut. »

« Verra-t-il mon ciel, ma colline et mes planeurs dans mes yeux ? »

« Les rapports que nous entretenions avec la nature furent principalement genèse de nos rapports. Il n'y a sans doute d'accord entre deux êtres que jaillissant d'une contemplation mutuelle avec une même nature. Le partage se fait avant tout sur le corps vaste du monde. Il n'y a pas de vallon ou de ruisseau qui ne fasse alors penser à l'autre, qui ne soit aussi géographie du corps de l'autre. Il n'y a pas de vent cruel ou appelant qui ne soit à l'image même du regard de l'ami, de l'aimé, du poète. »

« C'est un jeu, sans suite, furieux, entre deux hommes. Je plonge en lui. Il saisit mes mains et les mord, pour ne pas crier. Voici l'épée et le ravin. Les collines que nous avions franchies sont là, douces, au bas de mon ventre. Je suis devenu immense, et du ciel je me courbe pour embrasser la terre et la serrer dans l'étau de mes bras. Fleuve qui coule dont un instant vibrant j'ai l'impression qu'il coulera sans fin. Et je bascule. Voici que la terre renverse le ciel, et que l'homme entre en moi comme je suis entré en lui, d'un coup. Il jouit. »

« Le corps n'est pas affaire de codes et de modes. Le corps est mœurs en soi. »

« Il n'y a pas que le corps. Mais tout passe par le corps, pages de l'esprit. »

« Le souvenir des corps n'est jamais révolu. C'est la première et la plus nette de toutes les lectures. La plus inachevée aussi. La source est là, et son secret. Le texte lu, c'est la chute, ou bien l'envol. »

« L'érotisme ordinaire joue avec les cambrures, les cadrages, les drapés. La pornographie, elle, s'axe sur le pli, la banlieue, la lisière, le mont ou bien le phallus, une frustration inverse. Ici, phrases, mes phrases, je ne veux aucune de ces deux représentations, mais au-delà et au plus tactile, je veux dire cette présence corporelle, sensuelle, rien alors ne se cambre ni ne se déploie abusivement, il s'agit bien d'une écoute. »

« Sa topographie ne comporte pas de lieux maudits. »

« Espoir absurde de revenir là d'où l'on n'est jamais vraiment totalement sorti. »

« De tout son être, on fait tout pour ouvrir grands les yeux, chercher l'image sœur, le portrait frère, on veut se produire et se représenter.

Dans l'autre et pour l'autre. Pure perte. Renoncement. Il y va, ici, d'un secret et d'une source, le même secret et la même source, pour tous. »

« Dans l'étreinte, la voix de l'être se lève. Un geste. Il va parler. Le geste, esquissé, tracé, souligné, nous restitue. Si peu et tant à la fois. Obstinés que nous sommes. Un couple ? »

« Le corps, terrain de l'esprit, invite. Mystérieux, jamais nous ne l'investirons vraiment. Ni le nôtre. Ni celui de l'autre. »

« Nous ne serons jamais heureux. Mais heureux ne veut rien dire. Alors, nous ne serons jamais satisfaits. Ceux qui prétendent l'être se mentent à eux-mêmes. Nous ne reviendrons jamais totalement là d'où nous sommes sortis. Le frère n'existe pas. Le frère, la sœur, le père ou la mère. Le jumeau, nous ne le rencontrerons jamais. Nous le savons. Mais nous le cherchons. Nous nous butons. Nous nous cognons. »

« Il n'atteindrait jamais d'autre conscience que la sienne, dans la prison de son être, prisonnier de ce que d'autres ont fait de lui... »

« Dire les choses, dire les êtres et les faits. Il n'y a de provocation que dans l'esprit des fourbes qui ont peur de se lire. Ceux-là vivent à côté d'eux-mêmes en feignant de s'ignorer. Je veux vivre en moi, être ce que je suis et, à ce prix-là, parler, communiquer. Au risque de répéter. Toute une vie, à bras-le-corps. »

« Un roman. Des phrases sans verbes comme des accidents de voiture. Parce qu'une phrase sans verbe, c'est une phrase qui saigne. Et certains n'aiment pas ça. Roman ? Des flots de sang. Du vrai. Du qui vient du cœur. Du sang parlé, voulu, aimé, giclant fort et bien dans la gorge et en pleine figure. Une giclée de foutre-en-mots. »

« Un roman, autant le dire et le redire tout de suite, c'est quelque chose de féroce et d'ébouriffé quand on souffre. »

« Ma systématique de la bribe et du vrac est délibérée. Elle correspond à une volonté de rendre compte de l'intolérable discontinuité du monde, de la reprendre à mon compte, car pour l'esprit humain, là est à mon sens la véritable blessure. »

« La vie, rien que la vie, vécue, sentie, avec ses moments drôles, touchants, quelquefois dramatiques, toujours sincères. »

« Le roman romanesque. L'écriture n'a plus peur du sensible. A une époque où le sentiment est devenu suspect, j'écris le sensible sans peur d'émouvoir. J'écris entre le cœur et le sexe. Je crée le sacré là où il peut exister : dans la pudeur. »

« Mariage de la vie et d'un herbier de mots, de sensations et de souvenirs. Au chant biscuit des littératures de laboratoire, aux mots secs que les sentiments ont fuis, si nous préférions la vision d'un instant, le frisson d'une lumière franche, le matin d'un jour qui surprend parce que le temps change, sentiments à saisons, l'Indian Summer n'est plus en retard : d'où vient le vent aujourd'hui à New York City ? »

« Je n'ai d'autre ambition que celle de la palpitation. Un dernier petit coup au cœur dans un monde où, images multipliées à l'excès, tout est livré aux idées et aux terreurs, aux reproductions des malheurs et des révolutions. Tout désespoir n'est pas perdu. Je le répéterai. C'est ma manière d'entaille. »

« Il n'y aura de splendide que le quotidien, au plus étreint. »

« Témoigner de l'éternité de ce cran en dessous du fleur de peau, là où se trame le sentiment sans lequel rien ne peut être véritablement exprimé. »

« On peut situer la poésie. Mais on ne l'écrit pas. On écrit autour d'elle. Mais on ne l'écrit pas. On la caresse, on la frôle, mais on ne l'étreint jamais. L'étreinte n'est jamais absolue. Jamais parfaite. Il manque toujours, au plus simple, un cri d'oiseau, un bruissement de feuillages, une lumière vivante ou au plus complexe ces degrés de contact avec toutes choses et tous êtres qui échappent à toute mise en forme. »

« Un roman ne se raconte pas. Il se vit. A chacun son émotion, des bruits de pas dans les aiguilles de pin. »

« Les mots, encore les mots, qui se rassemblent, assemblent, jouent avec eux-mêmes pour dire une vérité, être ce que l'on est, au plus risqué. »

« Je n'expose ni ne m'expose. J'impose une vision, sur le papier, support, l'imprime, m'implique, m'applique et propose. »

« L'humanité ne se sauve plus, elle ne peut plus que se confronter, se voir telle qu'elle est. Quand elle a le courage de se voir telle qu'elle est. Quand certains ont la folie de tendre un miroir qui ne déforme pas, n'embellit pas, ne bronze pas, un miroir qui n'est qu'un miroir, froidement. On ne descend plus, on va droit devant soi. L'enfer est là, devant soi. »

« Ils sont là, famille, tout autour de moi, tout le temps. Ils ont lu la lettre de Duck, avec moi, et ils ne veulent pas admettre qu'elle est touchante, vraie, ils ne veulent pas des images de l'étreinte, ils taxent tout ce qui leur échappe d'obsession sexuelle, ils reproduisent, eux, dans la nuit. »

« Le jour où nous ne nous opprimerons plus, alors nous nous rendrons compte que nous n'étions pas tellement opprimés. »

« Je saisis le truc à faire des enfants. Je ne m'en servirai pas. Je ne veux pas faire de petits heureux comme moi. »

« La différence de mes couples jumeaux, le choc de nos identités n'ont d'anormal que l'extraordinaire normalité de notre élan, et de touchant que l'obstination dont nous faisons preuve à nous choisir en pure perte. L'idée de procréation rôde encore. Mais la finalité de l'autre, étreint, et de son étourdissement, est aussi belle que celle de l'être issu, créé. Deux êtres peuvent se générer, se modifier. »

« Je porte en moi des angoisses indélébiles que seule l'encre bleu roi peut mater : les angoisses ne supportent pas le miroir de l'écriture. »

« A bien s'écouter, tenter l'impossible, le dialogue, qui sait, deux êtres ne peuvent que se retrouver identiques dans leurs misères et dans leurs joies, chacun restant à sa place, dans ses rêves, dans ses faits et dans son sac de peau. »

« La mort en puissance interdit. »

« TIPOTA. En grec, rien et personne, autre manière d'avoir le dernier mot, ou le premier, la plus belle réplique. Tipota. »

« Tipota : tout pour ceux qui n'attendent rien. »

« Il n'y a de rencontre que dans le début. Tout débute, tout le temps. A la dernière page, dernière ligne, tout débutera encore. Nous ne sommes pas faits, individus, humains, choses, êtres, sacs de peau, pour nous rencontrer. La vie nous replace, sans cesse, au tout début de tout. »

« Il n'y a qu'un seul point sur lequel je me sente supérieur au commun des hommes : je suis ensemble plus libre et plus soumis qu'ils n'osent l'être. La supériorité n'est pas de caste mais de générosité. Elle n'est pas le fruit d'une ambition mais celui, sauvage, du don. Le don d'exister suffit. Suffirait. L'excès ne s'exprime qu'avec économie. Et l'humain, au plus cerné, étreint, direct, sert les desseins risqués de qui veut être en s'exprimant. Ici, je m'exprime. »

« Et nous sommes tout, livré, pour un autre, unique, lié, dans l'état amoureux. Ce texte aura jusqu'au bout l'innocence des faits tels qu'ils se sont déroulés, et la fragilité des sentiments tels qu'ils m'ont tenu. Il n'y a de partage qu'anonyme. J'écris. »

« Je n'ai que ma vie à offrir en partage. »

« C'est ma vie. C'est tout. Ecrire me tient debout. »

« Ce sont les lecteurs, en fait, qui écrivent un livre. Les autres qui en fait vivent notre vie. Toute lecture est écriture. »

## 52. Le ciel de craie

Juin 1957. Un samedi. Rue des Martyrs. En plein Pigalle. Un collège de jeunes filles. Yves vient de passer l'oral du bac, là. Son livret scolaire est bon. Doivent s'ajouter aux points obtenus pendant les deux journées d'examen ceux de gymnastique (course et natation), de musique (solfège et histoire de la musique) et de dessin (sujet imposé et sujet libre). En maths, en physique-chimie et en sciences nat, matières épineuses pour ces épreuves orales, étranges tête-à-tête d'un professeur et d'un élève, dans des classes vides, chaleur lourde, Yves n'a fait que répéter, de manière pondérée et prudente, uniquement ce dont il se souvenait avec certitude, cours appris par cœur, donc sans cœur. Seul le professeur de maths a souri « vous, au moins, vous ne ferez pas Polytechnique ». Yves a répondu en pensée « vous ne croyez pas si bien dire ». Le professeur attendait de lui une vraie réponse. Et comme Yves se taisait, le professeur sourit de nouveau « je vous mets la moyenne ? » Yves cassa le bâton de craie en le replaçant dans la rainure, sous le tableau noir. « Alors, la moyenne ? » Yves le regarda « oui, s'il vous plaît ». Il fallait demander.

Les résultats seront affichés vers 17 h 30. Yves attend, de l'autre côté de la rue, sur le trottoir, adossé au mur. Il a retiré sa cravate, ouvert le col de sa chemise. Il est allé dans un bar voisin boire un verre d'eau de Vichy. Mais le verre était sale et l'eau tiède. Une seule gorgée lui a donné mal au cœur. Rien ne le désaltérera. S'il est collé, le silence de René deviendra plus gravement encore un reproche. Et s'il est reçu,

René l'obligera à entrer en math élém. René fait, aussi, depuis quelques années, partie du Conseil national de l'Enseignement supérieur, sa grande idée étant de promouvoir dès les classes terminales un enseignement plus poussé des mathématiques et de créer un troisième cycle d'études supérieures. Il faut former « des savants », « des techniciens » dont « la France de demain aura besoin », les meilleurs philosophes étant bien sûr, selon lui, « avant tout des mathématiciens ». La classe de philo n'ayant « plus de place que dans un passé révolu et néanmoins respectable ». Avec Gaston Berger, le père d'un danseur « scandaleux » qui se nomme Maurice Béjart, René vient aussi de fonder une revue, *Prospective,* dont les premiers numéros ont été imprimés par les soins de l'Institut français du pétrole. Jean-Jacques, comme François-Pierre, fait ses études d'ingénieur. Ne reste qu'Yves. Et Yves sait qu'il ne peut espérer aucun gain de cause. La cause en question, tenue au secret tant par son père que par lui, ne peut être ni entendue ni écoutée. En attendant les résultats, bras croisés, un genou relevé, pied contre le mur, la tête qui chavire à la manière d'Adrienne quand elle ne fait plus attention, lassitude, de guerre lasse, Yves ne se sent ni libre ni condamné, seulement tenu par le silence d'un père, silence obstiné, déçu, affectueux, moqueur, dégoûté ou indifférent, tout cela à la fois. René n'aime pas René. Et René n'aime pas Yves, ou plutôt n'aime pas en Yves ce quelqu'un qu'il n'a jamais nommé : son propre père. Mais comment savoir ? René ne se confie jamais. Et chaque fois que Margot, Antoine ou des amis proches avaient tenté de prendre la défense d'Yves, avaient essayé de dire à René qu'il devait laisser son dernier fils libre de faire les études de son choix, Margot, Antoine ou les amis, tour à tour, pour un temps, étaient « tombés en disgrâce », traditionnelle expression employée par Adrienne pour expliquer tel ou tel silence, telle ou telle absence, se gardant bien d'excuser ou d'accuser, ménageant le père et le fils, sauvegardant un peu de cette vie de maison et de famille à laquelle elle dédiait sa vie. Les résultats furent placardés : reçu, sans mention. Reçu. C'est tout.

Yves rentre villa Sainte-Foy. Le chauffeur l'attend. Il ferme la maison. Saint-Cloud, l'autoroute de l'Ouest, Les Mureaux, Meulan, cette vallée verdoyante aux confins du Vexin et la descente, route en lacets, sur Vétheuil. Quand ils arrivent, la table est dressée, dehors. La famille est là, réunie. Ils n'ont pas attendu Yves pour se mettre à table. Yves prend place, déplie sa serviette et dit simplement « je suis reçu ». Silence. Une gêne. Pas même un regard échangé. Yves se souvient de la saveur de la soupe aux fèves, ce soir-là. Le petit salé aux lentilles. La salade aux croûtons frottés à l'ail. La fine tarte aux abricots et le vin de Bordeaux. Il but à s'en cogner la tête. Pourquoi ce drame et pourquoi ces silences ?

Sitôt après le dîner, nuit tombée, des lumières aux fenêtres de la maison, odeur de pelouse fraîchement tondue, bruit du jet d'eau dans la rocaille, Bonne-Maman droite, sur sa chaise, ailleurs, figée, Adrienne enroule un châle autour de ses épaules, François-Pierre se tient les coudes sur la table, tête penchée, Jean-Jacques recule sa chaise et croise les jambes, René se lève et disparaît côté jardin. La famille respire. Jean-Jacques se penche vers Yves et murmure « papa a tué tous les arbres fruitiers » et comme il va sourire, pour rire, Adrienne le stoppe « je t'en prie, n'insiste pas ».

René a fait l'essai d'un nouvel engrais mis au point par « les laboratoires de l'Institut » et la poudre, placée trop près, au pied et autour de chaque arbre fruitier, en une semaine de temps a rongé, sapé, brûlé l'écorce. Arbres morts. François-Pierre dit « si on allait parler à papa ? » Jean-Jacques répond « vas-y si tu veux ». Puis de nouveau le silence. Et l'accoutumance à la nuit : les arbres du parc, sombres, se découpent sur un ciel plus clair. Jean-Jacques se tourne vers Yves, sourit de nouveau, le ton de la blague « alors c'est la fête, t'es reçu ! » Et curieusement, tous ont envie d'éclater de rire. Même Bonne-Maman. Une voiture passe devant la maison. Coups de klaxon, discrets. Jean-Jacques se lève. François-Pierre dit « tu pourrais rester ce soir. Pour une fois que nous sommes réunis ». Jean-Jacques disparaît sans rien dire. Yves aide Adrienne à débarrasser la table. François-Pierre accompagne Bonne-Maman dans sa chambre. Elle dit « je ne vois plus les marches. Quand rentre-t-on ? Demain ? »

Yves attend longtemps René, dans le salon. Seul. Pour lui parler. Debout. Lumière allumée. S'interdisant de guetter par une des fenêtres le retour de son père. Debout pour ne pas être assis quand il surviendrait. Mais René ne rentre pas. Et plutôt que d'aller se coucher, Yves se retrouve sur le chemin de l'éolienne.

Il va loin, beaucoup plus loin que d'habitude, contourne les falaises crayeuses, escalade, et tout en haut de la colline, en surplomb de la vallée et du méandre de la Seine, à perte de vue la forêt de Moisson, à l'ouest le profil de la tour du château de La Roche-Guyon, à l'est l'ombre du clocher de la collégiale de Vétheuil, et parfois sur la route les phares d'une voiture, ou dans le ciel le vrombissement d'un avion : il récapitule.

Depuis deux ans bientôt, depuis Eloy, Horst, depuis son entrée en classe de seconde, Yves s'est employé aux secrets de Paris, les lieux où les garçons se retrouvent, squares, jardins, buissons, bars, cafés, toujours la nuit. Et l'un et l'autre, et le suivant. Tant d'histoires à raconter. Tant de rencontres pour rien, rien que la certitude de se quitter après l'acte des corps cassés comme si tous ceux-là, autres, croisés, étreints, n'avaient qu'une hâte : ne jamais revoir qui que ce soit, ne jamais s'arrêter à un être. Comme si tous ceux-là des rencontres avaient peur de s'arrêter, de s'attacher ou de prendre le temps de savoir autre chose de l'autre que son corps, quand ils ne fermaient pas les yeux en jouissant. Amours furtifs, clandestins. Une clandestinité forcée, imposée, mais aussi organisée, annoncée, orchestrée par les passagers de la nuit, eux-mêmes. Rien que cela. Yves récapitule : chaque fois qu'il pose une question à l'être rencontré, c'est une question de trop, motif de rupture. Et si l'un ou l'autre répond, c'est pour mentir sur sa propre vie. Chacun se cache, jouit à la sauvette. Yves a fait l'amour sous des porches, dans des caves, dans des voitures, toujours très vite, très mal. Et il ne veut pas admettre que ceux-là de ses rencontres souhaitent seulement que tout cela se passe très vite et très mal. Ils prétendent avoir peur des autres et n'ont peur que d'eux-mêmes. Une adresse donnée, un numéro de téléphone griffonné le plus souvent sont faux. Et l'un, et l'autre, et le suivant. Et ainsi de suite. Personne dans la grande ville, terriblement pleine et terriblement vide. Et la peur aussi, chez ceux-là des rencontres, du détournement de mineur. Yves n'a pas dix-sept ans. Il se jette. On le jette.

Sentiers, ronces, épines, hautes herbes, silex, falaises, fleuve, îles, forêts : Yves voudrait d'un geste prendre La Roche-Guyon dans la main droite et Vétheuil dans la main gauche, comme des galets, frapper, taper, en appel, et tomber dans le vide, la tête la première. Depuis deux ans, il n'écrit plus. Cahiers abandonnés. Il ne veut plus écrire « le roman ». Il se dit que le roman s'écrira un jour. Rien ne décide l'écriture. Le ciel est de craie. De nuit et de craie. Doux. Impassible. Le ciel sait vivre son propre tourment. Yves attend que le jour se lève. Il recule pour ne pas tomber, attiré, gobé par le paysage de la nuit.

Récapitulation : au début de l'année scolaire, jour gris, d'automne, au sortir du lycée, Pollack, le plus âgé de la classe, le fou, le marrant, le casse-cou, brandit au bout d'un manche à balai un drapeau hongrois et tous se mettent en rangs par trois, derrière lui, dans le plus grand silence. Boulevard d'Inkermann, place Winston-Churchill, avenue de Neuilly : ils se rendent en cortège devant la vitrine du siège de la section du Parti communiste. Et là, ils entonnent *La Marseillaise,* chantent ou fredonnent, si peu connaissent les paroles. Mais le chant est brut. Après, très vite, aux cris de « Budapest » et « Liberté », c'est le désordre. Les encriers d'abord. Les pierres ensuite. Des coups de barre. La vitrine vole en éclats. Mise à sac. Les dossiers sont dispersés sur le trottoir. De l'autre côté de l'avenue, les ouvriers du garage Simca, en bleus de travail, alignés le long du trottoir, observent en silence. Combien sont-ils du lycée ? Cent, deux cents ? Plus ? La police met beaucoup de temps à arriver. Pourtant le commissariat est dans le même pâté de maisons, sur l'avenue du Roule. Récapitulation : le drapeau, les rangs, le silence, le chant, puis inévitablement le désordre. Et la fuite. La fuite parce que le désordre. Le ciel est de craie. De craie et de nuit. Un jour va se lever. La terre tourne. Yves pourrait se jeter dans le vide. A quoi bon tout savoir, tout vouloir, tout défendre ? A quoi bon entreprendre ? Et pourquoi désirer la rencontre ?

Tant et tant de faits apparemment marquants ou futiles. Lectures, découvertes, dragues, bals, smoking, théâtre, cinoche, discussions politiques, messe du dimanche, repas, nuits, rêves, lycée, piano, improvisations, et cahiers blancs, cahiers vierges, poèmes qu'Yves écrit à voix haute par peur de les écrire vraiment et qui s'effacent aussitôt de toute mémoire humaine, sitôt dits, lancés, sitôt l'oubli, soliloques. Tant et tant de faits, apparemment décisifs. Mais tout dit à Yves qu'il est décidé, tenu, retenu, ligoté. Et Yves refuse de s'évader en pensée. En deux ans, il n'a fait que s'abandonner à son instinct et aux lectures. Le temps est passé. Il est reçu au bac. Et puis après ? Le jour se lève. Le ciel est de craie, comme nacré. Yves rentre à la maison. Quand il arrive, René l'attend dans le salon. Assis. Dans un fauteuil. Les mains à plat sur les accoudoirs. Pantalon dort en rond, à ses pieds. Yves, surpris, baisse les yeux devant son père. Il a froid. Le froid de qui est resté trop longtemps devant un paysage nocturne. René murmure « dis-moi la vérité ». Yves répond « quelle vérité, papa ? » même voix, même ton neutre. Un ton irréel. Tous dorment dans la maison, sauf eux, deux. René regarde Yves. Yves le fixe, nul défi. René baisse les yeux et murmure de nouveau « la vérité sur toi ». Silence. Yves respire profondément, lentement, sans faire de bruit, pour calmer les battements de son cœur. La douleur dans sa tête se met à pointer, elle lancine déjà, tremblements aux genoux et aux coudes « je n'ai rien à te dire, papa. Rien que tu ne saches déjà ». Autre silence. Pantalon se réveille, se dresse, lèche une main de René. René lui caresse la tête. Puis René interroge longuement son fils du regard, et dit à voix plus haute « avoue, Yves, avoue tout ». Yves répond « je n'ai rien à avouer, papa ».

Et Yves, debout, au milieu du salon, bras ballants, attend que son père se lève, quitte la pièce, monte l'escalier, traverse le couloir du premier étage et entre dans sa chambre. Des chiens aboient, un coq chante. Quand Yves se couche, habillé, sur son lit, il entend le sourd trépidement d'une première péniche. Et quand il se réveille, onze heures du matin, chaleur, soleil, en éclats, un camion stationne devant la maison. Dimanche. Les jardiniers sont venus. Combien sont-ils dans le jardin à arracher les arbres morts, feuilles et fruits morts, pommiers, poiriers, cerisiers, pruniers, même les pieds de vigne ? Le camion est plein. René parle déjà des nouvelles plantations.

Sur les berges de la Seine, des pancartes, *Interdiction de se baigner*. Pendant l'hiver, une crue a emporté le ponton et la barque. Le fleuve charrie des poissons morts, gardons, ablettes, carpes. La boulangère du village sert le pain d'une main, l'autre bras dans un plâtre : la dalle de ses latrines a cédé. Elle est tombée dans la fosse, « dedans la merde et jusqu'au cou » dit le boucher en ficelant un rôti, « et il a fallu les pompiers de Mantes pour la sortir de là ». L'après-midi, la maison couverte de vigne vierge bourdonne d'abeilles. Le soir, les rosiers embaument. Yves plusieurs fois surprend l'écureuil. Adrienne ne répond plus aux questions qu'on lui pose. Le grenier a été transformé en atelier, mais personne jamais ne s'y tient. Yves sauve les meubles et objets de la maison des Promenades, un à un il les sort des caves, les nettoie, les astique, les restaure et les place dans la maison. Adrienne lui dit « tu sais très bien que ton père ne veut pas ». Des amis, en visite, disent à René « Navarre ! Vous allez finir ministre ». Et René, en se défendant, sans même s'en rendre compte, entre petit à petit dans leur jeu.

## 53. L'invention de l'orage

Octobre 1957. Yves vient d'avoir dix-sept ans. Pour la douzième année consécutive, il entre au lycée Pasteur. De la cour des petits il est passé à la cour des grands, un peu comme si chaque année un couloir en avait caché un autre, dédale, labyrinthe, la hantise étant toujours d'arriver en retard aux cours ou d'être collé le jeudi. Les clans, dans la classe de math élém, se sont encore formés comme des rangs de jardin d'enfants. Yves a le sentiment de n'avoir, somme toute de ses études dans cet établissement, que fait l'expérience du caractère immuable des êtres et de leurs origines, fidélité de chacun à sa race, sa religion, son quartier, les plus fidèles étant ceux qui se prétendaient les plus rebelles aux sceaux de leurs familles respectives.

Le surnom d'Yvette circule encore, mais désormais comme un chantage. Yves, d'un mot cinglant, d'une remarque à la serpe, apprend à le deviner dans le regard de ceux qui vont en faire usage, moquerie habituelle, et à le stopper net. Par la menace du surnom ses camarades le forcent, par jeu, à devenir agressif et à faire preuve d'un humour tranchant, suppléant aux coups des récréations. Tout cela prend des allures de surenchère. Yves paie d'un humour qu'il ne souhaite pas, humour de repartie et de traits si possible blessants, le prix d'un silence, d'un surnom qu'il veut tu, tué, effacé, qu'il souhaite gommer à tout jamais de la mémoire collective du groupe du lycée. Mais plus il s'emploie à prévoir le sarcasme et plus il s'attache à en souligner le ridicule à ceux plus proches et amicaux, plus le surnom est subtilement utilisé comme une arme d'offenses. Et Yves, acculé, ne peut avoir recours qu'à cet humour de saltimbanque qui séduit, fait rire dans un premier temps, et très vite devient objet supplémentaire de reproches et de griefs, feux de paille vifs et brefs : Yves sent naître en lui des colères de plus en plus brusques, qu'il ne maîtrise plus. La stratégie commande d'amuser avec constance et continuité sans laisser à qui que ce soit d'autre le temps de placer un mot, le mot, le surnom. Et plus il amuse, plus Yves mesure le goût absurde des autres pour le factice, le mythologique et le mensonger, le mythe étant tenu d'une main par le falsificateur et de l'autre par le menteur, encadré, emmené de manière policière. Image fixe. Afin de ne pas courir le risque des reproches et des griefs, Yves s'emploie à se moquer en premier. Et son humour guerrier, apparemment offensif, profondément et sensiblement défensif, remparts, trace de lui petit à petit une image grotesque. On l'aime, c'est-à-dire qu'on l'accepte sans le moquer encore, pour une parade, une distraction et une brillance qui masquent à peine une frayeur que tous font semblant de ne pas voir quand elle transparaît, détour d'une phrase, respiration, tonalité de la voix virant au grave. Yves sait désormais que l'humour n'est que l'expression intrinsèque d'une tristesse, la tristesse du mélancolique, la tristesse de l'attentif. Rien ne gère autant l'économie de l'humour que le sentiment d'échec de la réunion et de l'incapacité de chacun à se réjouir en groupe. Pour cela sans doute, le soir des résultats du bac, à Vétheuil, après le dîner, quand René avait disparu dans son jardin mort, ils avaient eu, en famille, comme envie ou besoin de pouffer de rire ensemble.

Mais ce sens-là de l'humour tribal, tragique, ricanement autour du totem pour mieux l'adorer ou le respecter forcément, restait contenu. La famille, d'apparence intacte, se disloquait intérieurement. Elle implosait. Et chacun sentant que la rébellion était le pire acte de soumission, tous se pliaient à la règle du père : dans la classe de math élém, Yves se sent tout de front pris au piège et désireux de prouver par le piège qu'il peut se plier à la discipline imposée et réussir. Réussir cette seconde partie du bac. Heureux presque à l'idée de gagner, par cet exploit accompli à contrecœur, et l'estime de son père et une possible liberté d'action. Il arrive même à se convaincre de la nécessité de cette épreuve. Il se passionne pour la géométrie. Tout ce qui est dessiné, construit, tout ce qui pose un problème « dans l'espace » rejoint l'espace de ses rêves, celui aussi d'une poésie qu'il n'ose plus écrire. Mais devant l'algèbre, les chiffres, les nombres, les racines carrées, les intégrales, il se sent perdu, indifféré. Les autres de la classe comprennent, lui pas. Pierre, Philippe, Didier, François et les autres joutent avec le professeur. Ils sont déjà virtuellement en math sup, en préparation aux grandes écoles, à Polytechnique, aux Mines, à Centrale.

Ils occupent déjà mentalement les postes qu'ils occupent aujourd'hui, postes de commandement. Seul le commandement les inspire. Ils veulent en imposer, s'imposer, mais proposer les répugne, la proposition pour eux est suspecte. Tout est équation. Yves très vite se sent distancé. Parfois, boutade, quand ils se moquent de lui parce qu'il n'a rien compris au dernier cours, Yves leur donne rendez-vous « dans trente ou quarante ans quand je serai à l'Académie française ». Le grotesque de nouveau l'emporte. Mascarade. En cours de philo, un professeur pâle et désenchanté parle, parle, parle. Yves comprend encore moins. Au bout d'un mois de classe, dès les premiers jours de novembre, Yves ne fait plus qu'acte de présence. Il prend note des cours, fidèlement, proprement, sur des cahiers. Mais il ne fait que recopier. Il sait qu'apprendre par cœur ne suffira plus. En cours d'anglais et d'espagnol, l'heure est désormais au vocabulaire technique, aux mots savants du commerce et de l'industrie, au langage des affaires. Là aussi, il n'écoute plus. Et dans l'amphi de physique-chimie une sale odeur traîne, d'acides et de colorants. Il est question de « provoquer des réactions », de « catalyse », et en physique, jamais Yves ne pourra faire la différence entre un « poids » et une « masse ». Le calcul des mouvements lui paraît inutile. Tout cela mis en équation le rebute. Et le professeur de philo qui devrait apporter la vie ne parle que pour dévider du fil gris. Entre les cours, pour ne pas être moqué, Yves fait son « numéro imposé ». Il n'ose même pas écouter ce qu'il dit. Un humour façonné, prévu, risible puisqu'il fait rire les autres, jaillit de lui instinctivement, tournant tout en dérision, à commencer par lui-même. Et si Yves, par bribes, flèches, flashes, livre des visions de sa vie de nuit, dans Paris, comme le ton est celui de l'incision, ni Pierre ni Philippe ni Didier ni François ni aucun des autres ne le croient. Et pourtant, ce qu'il dit de lui alors est vrai. Même l'expression de sa sensualité n'est pas crue et son visage découvert regardé, reconnu. Alors ?

A cette époque-là, Yves se lie d'amitié avec Lucien, de vingt ans son aîné, dont il est le « premier amour » homosexuel. Lucien travaille dans le cinéma. Il a été le premier assistant des plus grands réalisateurs. Lucien, amoureux obstiné, malheureux, qu'Yves rendra encore plus malheureux en ne se donnant jamais à lui, présentera Yves à Jacqueline, poétesse. Chez elle, il rencontrera Arletty, Cuny et d'autres artistes. Jacqueline deviendra l'épouse d'un député, membre du Jockey Club. Tout se compliquera très vite : ceux-là qu'Yves admirait et qu'il rencontre, écoute, avec lesquels il converse, se lie d'amitié, doutent, doutent si fort d'eux-mêmes qu'Yves a, d'entrée d'artistes, la certitude que le talent n'est gratifié que de solitude, célébré impossiblement dans l'isolement.

Anne a remplacé Fernande. François-Pierre est à Lyon. Chaque vendredi soir, les parents partent pour la chasse jusqu'au dimanche minuit. Jean-Jacques disparaît ces jours-là. Anne en profite pour rendre visite à sa fille. Et des heures entières, seul maître de la maison, Yves s'installe au piano et joue. Il ne prend plus de cours chez mademoiselle Guébel qui le trouve « trop grand et capable de travailler tout seul, désormais ». Mais au lieu de déchiffrer, Yves improvise. Parfois aussi, il roule les tapis du salon, pousse les sofas et fauteuils contre les murs, dresse un buffet sur la table de la salle à manger, installe un électrophone sur la cheminée et organise une surprise-partie. Tous les copains dont il mendie l'amitié, l'attention ou la confiance, tous les messagers du surnom débarquent. Bruit. Désordre. Les camarades de Pasteur, leurs sœurs, leurs petites amies, leurs conquêtes du cours secondaire de jeunes filles qui se trouve de l'autre côté du lycée : Yves veut voir la fête, chez lui, leur fête. Pas la sienne : il ne danse jamais avec qui il voudrait danser. Il n'aime que le rôle de celui qui reçoit et, surtout, se retrouver seul, après, maison secouée, apparemment dévastée, et tout ranger, nettoyer, remettre en place, veiller à ce que ne subsiste aucune trace de l'événement. Et quand la maison est de nouveau parfaite, comme avant, vers 8 ou 9 heures du matin, dimanche neutre et morne de Neuilly, Yves jubile de fatigue, obsédé par l'idée d'un détail oublié qui le trahirait auprès de ses parents : il monte se coucher, et dans son lit retrouvé cherche à tirer une leçon de la soirée inutile, à comprendre la nature de la réjouissance des autres, « on s'est bien marré », « c'était chouette », « quand est-ce que tu remets ça ». Rien. Il ne comprend pas. Plus Yves reçoit, plus il invite, plus il accueille, plus les autres, « les autres », « tous les autres », semblent le suspecter, mais de quoi ? Si Yves s'ouvre à eux de ce sentiment de rejet, du paradoxe de cette accusation, l'un ou l'autre répond invariablement « tu ne t'aimes que persécuté ». Pertinence. Or cette évidence n'est que leur manière habile de ne pas vivre la vie, oser le rapport, la compagnie ou le partage. Ils ne veulent que ce dernier mot. Un dernier mot. Lieu commun. Ils vivent des vies vécues d'avance. Quels que soient leurs origines, leurs quartiers, leurs mentalités, le lycée à lui seul constituant une promotion et un tremplin, ils ne vivront qu'une vie décidée d'avance, soumis aux codes tout autant conformistes qu'anticonformistes, tous définis, canalisés. Nuls desseins. Yves vivait, écrivait déjà *Biographie* : il observait, provoquait à sa manière. Sujet : que peut une société devenir si tout lui dicte de ne plus s'abandonner à l'enthousiasme ? Autre formulation du sujet : l'enthousiasme est-il la capacité de survie d'une société ? Mille sujets, mille formulations. Yves rêve du jour où Elie, en promenade, au-dessus de Saas Fee, l'avait baigné, nu, dans l'eau d'une fontaine. Baptême. Yves suffoquait. René et Adrienne, témoins de la scène, souriaient. Yves, un instant, immergé, à genoux dans l'eau, bras croisés, mains plaquées sur ses épaules, avait placé sa tête sous le jet d'eau de glace, pure. Une eau qui avait un goût. Là était l'autre sujet, le vrai. Un enfant nu dans une fontaine.

Cette année-là, Yves découvre la lecture de Jean Genet. Il se défend du sentiment d'interdit qui auréole ce nom et surtout du jugement collectif qui ramène et cantonne l'univers de ce poète à celui des mauvais garçons, pittoresque de la prison ou du travesti. Yves frémit dans ces pages-là, y accomplit ses nuits et découvre l'habile manière qu'une société a de rattraper l'artiste d'écriture neuve par l'idée de scandale. Etiquette récupératrice. Il y a aussi la lecture du *Coup de grâce* et des *Mémoires d'Hadrien* de Marguerite Yourcenar. Yves y puise l'expérience sensible des appels à l'aimé confondus d'entrée de texte avec l'échec amoureux. Le chant des déceptions. La sanction de la mort laissant en route les mendiants et les souverains. Il y a enfin la saisie des *Mythologies* de Roland Barthes, lecture sensuelle, révélatrice, d'un passé proche, actualités qu'il vient de vivre, lectures d'événements en principe révolus, qu'Yves assume enfin à travers cette analyse qui se défie du langage analyste. Rien donc ne classe le passé. L'idée d'archives ne doit plus gérer la mémoire humaine. Chaque être porte au présent des événements que rien ne verse à l'oubli définitif. Yves essaie, ici, de retrouver les mots qui tramaient sa pensée, formulaient alors son sentiment de lecture. Les exégètes ne sont plus que des assassins.

Printemps 58. *Hiroshima mon amour.* Yves assiste à plusieurs projections du film. Au cinéma George V. Au premier rang de balcon. Il veut le film pour lui tout seul. Fasciné, il revient dans ce cinéma. Il n'a pas vécu Hiroshima. Il a vécu à sa manière l'histoire d'amour avec le soldat allemand. Mais ce qui le passionne le plus, c'est le montage, l'art de la séquence brève, de la phrase narrative courte, le sens de l'ellipse et du raccourci, nouvelle structure de récit.

Et si chocs il y eut, outre ceux des lectures d'enfant, *Le Petit Chose* notamment, *Les Aventures de Corentin* et l'étrange immoralité de la comtesse de Ségur, il n'y eut que ceux-là, vraiment, de déterminants.

Cet hiver-là, Yves s'explique enfin pourquoi, un an ou deux auparavant, au théâtre de l'Athénée, un dimanche de neige, en matinée, René avait loué presque une rangée de places d'orchestre. Margot, Bonne-Maman, les aînés, le professeur belge et son épouse étaient là, brochette, la pièce s'intitulait *Sud,* de Julien Green, René avait fait un esclandre, obligeant tout son monde à quitter le théâtre. L'acte s'était achevé sur la confrontation de deux jeunes hommes, en costumes de l'époque de la guerre de Sécession. L'un, aimé, se tenait dans le salon grand-bourgeois. L'autre, aimant, venait d'entrer. Ils se regardaient. Et comme l'aimant allait dire à l'aimé son amour, un coup de tonnerre avait retenti, plaque de tôle agitée en coulisses, voix couverte par le bruit de l'orage. Le rideau était tombé. Le public, éberlué, s'interrogeait du regard. René, furieux, avait accusé Adrienne d'avoir choisi ce « spectacle dépravé ». Paradoxe : Genet était récupéré, tenu en marge, et Green pour un aveu à peine esquissé choquait son monde : il avait inventé un orage. Yves, au lu de *Mythologies,* de *Notre-Dame des Fleurs,* des *Mémoires d'Hadrien* et au vécu du film qu'avait écrit Marguerite Duras, venait de comprendre le paradoxe du scandale de *Sud.* Son acte d'écriture commencerait à la fin de l'acte premier de cette pièce en crinolines, beau décor, et régie attentive à placer le bruit du tonnerre au bon moment.

Cet hiver-là, Yves entre aussi dans le « cercle d'amis » d'un comte surnommé « comtesse de Racole-Boches » en souvenir, disent ses acolytes, « de son action courageuse pendant la dernière guerre ». Aux réunions, chez lui, un marquis surnommé la « Sauve-qui-peut », un directeur de cabinet de ministre surnommé « Béant du Derrière », lequel ministre a pour surnom « Pompe-le-Mousse ». Il y a aussi la « Folle du Jarret » et quelques autres momies, un prince qui attend le droit de porter son titre et rêve d'écrire un livre sur les alchimistes, et tout un petit monde de jeunes gens en quête de cravates de chez Charvet, comme dans Proust. Chez « Racole-Boches », homme poudré, souriant, exquis, pointilleux, Yves rencontre Carlo Coccioli dont il a lu le roman *Fabrizio Lupo* et Marcel Jouhandeau. Ils deviennent amis. Discrètement. Mais les noms ici affluent. Histoires. Petites histoires. Yves ne parle jamais à ses nouveaux amis de son désir d'écrire. Carlo et Marcel n'assistent à ces réunions, eux aussi, que par inadvertance. Les célébrations du groupe sont factices et les engouements de trop bon ton. Yves se lie d'amitié avec Gauthier, fils aîné de Malraux. Ils projettent de fonder une revue, ensemble. Gauthier n'aime pas particulièrement les homosexuels. Il ne vient chez le comte que par curiosité. Histoires. Petites histoires. *Biographie* n'a pas à tenir de propos secrets : un nom prononcé jette trop vite un éclat mensonger. Amitiés passagères. Lucien, Jacqueline, Carlo, Marcel, Gauthier, chacun approche l'autre pour mieux le fuir, peur du lien, peur d'un monde coupant tout de tout. Ils ne furent que peu en regard de Panos.

Panos Topalidis, grec, maçon de métier, athlète aux cheveux blonds, bouclés, aux yeux bleus et au regard rieur. Yves l'a rencontré rue du Cherche-Midi, devant le bar de garçons *Le Fiacre*, tard dans la nuit d'un samedi à un dimanche. Panos l'avait entraîné dans l'entrée d'un immeuble. Et là, porte refermée, en bas de l'escalier, Panos avait placé sur la tête d'Yves, et noué au menton, un foulard de soie, foulard de dame, qu'il tenait prêt dans la poche de son imperméable. Pour qui serait entré et les aurait surpris, c'était un couple normal qui s'embrassait. Un homme et une femme, une femme avec un foulard. Yves aima Panos pour ce détail. Pour le goût de sa peau et de sa bouche aussi, cette fougue, et cette manière de casser en serrant contre lui. Chaque jeudi après-midi ils auront rendez-vous à 4 heures, à l'entrée de la piscine Lutétia, sombre et profonde piscine verte, carrelée et de béton, verrière opaque, crasse de la ville, écho des cris des enfants du petit bain : là, Panos et Yves se feront l'amour deux fois, chaque jeudi, un vestiaire pour deux, en arrivant, après s'être déshabillés à la hâte, et avant de repartir, jusqu'à ce que le gardien donne en passant un coup de clé sur la porte afin de vérifier, au bruit, si la cabine avait été libérée ou pas. Des bleus aux coudes et aux genoux, des morsures à l'épaule et au cou : Panos était violent. Une violence gourmande, curieuse de tout le corps de l'autre. Et Yves, soulevé, brisé, dans les bras de Panos, apprit à se laisser manger et à mordre à son tour. Il ne fallait surtout pas cogner la porte et signaler au-dehors. Ils se revirent ainsi pendant six mois, chaque semaine, fidèlement. Jamais ils ne s'échangèrent leurs adresses. Yves, à chaque rendez-vous, aimait la peur d'attendre et de voir son compagnon surgir du métro, traverser la rue de Sèvres en courant, toujours en retard de quelques délicieuses minutes, comme s'il avait voulu aiguiser tant son appétit que celui d'Yves : jetée des corps. Ne rien savoir de l'autre que son corps. Et son nom. Pour ne jamais oublier son nom. Cette histoire, Yves la relatera dans plusieurs de ses romans, publiés ou non publiés. Il la « racontera ». Il ne fait ici que la placer, comme une morsure. Puis la cassure : ce jeudi d'avant les vacances de Pâques, Yves attendit plus d'une heure. Panos ne vint pas. Yves décida d'entrer dans la piscine. L'homme des vestiaires le regarda d'un drôle d'air. C'est tout. Fini.

Vétheuil. Vacances de Pâques. Yves, dans sa chambre, a placé sa table de travail devant la fenêtre du parc. Il est resté enfermé matin, après-midi, soir, nuit, assis, là, pendant les deux semaines, ne descendant que pour partager les repas. Adrienne a cru qu'il préparait ses examens. La dernière nuit, Yves s'endort le front sur le troisième cahier : il a écrit le mot « FIN » en bas de page 213 du manuscrit de son premier roman *La Loca*. Le roman « s'est écrit ». Comme une chatte qui fait ses petits dans un coin de penderie.

De retour à Paris, Yves fait taper le manuscrit et l'envoie, par la poste, paquet recommandé, aux éditions Julliard, l'éditeur qui « découvre les jeunes auteurs ». Yves ne veut pas d'autre voie que celle-là, anonyme. Chaque jour, il attend le courrier. Puis 13 mai 1958, retour du Général. Depuis peu, il y a une télévision villa Sainte-Foy. René rentre de plus en plus tard le soir. Yves le croise parfois, dans l'escalier : le père et le fils ne se disent rien. Puis les examens du bac de math élém. Résultat : collé. Yves n'a même pas eu la moyenne en philo. Pendant plusieurs jours, René refusera de lui parler. Et quand René lui parlera ce sera simplement pour lui dire « si tu veux me livrer bataille, je me battrai jusqu'au bout ». Le 10 juillet, Jean-Jacques épouse Christine. Cérémonie religieuse à Saint-Pierre de Neuilly. Antoine, témoin de Jean-Jacques, est venu avec son épouse, son fils et sa fille. Houle. Drame. René fait partie des rédacteurs du Préambule à la Constitution de la Cinquième République. Le bruit circule qu'il a des chances d'être nommé ministre de l'Education nationale. Il demanderait alors à Antoine d'être son directeur de cabinet. Eté brûlant. Yves entre en « boîte à bac » au lycée Henri-IV. Pensionnaire. Il y écrit un second roman, *Les Mains longues,* dédié à Panos. Session de septembre. Résultat : collé. Il doit redoubler. Toujours pas de réponse des éditions Julliard. Il envoie son second roman. Lucien lui a offert une machine à écrire, de marque « Antares Parva Baby ». Yves tape désormais ses manuscrits. En octobre il rentre en math élém au lycée Claude-Bernard. Dans la classe, il retrouve un « copain de Pasteur ». De nouveau le surnom d'Yvette circule. Tout simplement parce que Yves a demandé à son copain de ne pas en parler.

Novembre 58. Yves a dix-huit ans. Un troisième roman s'écrit. *Les Bois morts.* Yves se donne l'hiver pour l'achever. Ce sera « un grand roman de mille pages », il le veut. Il reçoit une lettre de chez Julliard. Au rendez-vous donné par un des directeurs littéraires, l'homme lui dit « mais quel âge avez-vous ? » « depuis quand écrivez-vous ? » « vos parents le savent-ils ? » « nous ne pouvons pas publier ces deux romans. Mais je tiens à rester en rapport avec vous ». Yves se retrouve dans la rue, les deux manuscrits sous le bras. Refus. Tout est refusé. Il se mord les lèvres. Il pleure. Mais comme il pleut, cela n'a aucune importance : les passants ne le voient pas.

La composition du premier gouvernement de la Cinquième République a été annoncée. Jusqu'à la veille, René était « ministrable ». Mais le

Général, la dernière nuit, a renoncé à la création d'un ministère de l'Action, et le ministre prévu à ce poste, monsieur Paye, préséance, s'est vu attribuer l'Education nationale, portefeuille qu'il abandonnera quelques mois plus tard pour devenir ambassadeur à Pékin. René dit à l'oncle Gabriel « je n'avais aucune chance, je ne suis ni Compagnon de la Libération ni médaillé de la Résistance. Je n'aurais pas dû y croire. Je resterai à l'Institut. Tant qu'ils ne me chasseront pas ». Gabriel répond « vous n'avez pas le droit de parler ainsi, René. Je vous le demande : faites-vous confiance ». Ce *faites-vous confiance,* Yves ne le comprendra que plus tard. Maintenant. En achevant ce chapitre.

*Lundi 14 juillet 1980.* 21 h 30. Pourquoi suis-je seul et coupable ? L'humour m'a coupé de tous. L'amour ne m'a rapproché d'aucun. Seule l'amitié me tient. Et la présence des chats. Joucas. L'été est arrivé. Les jours raccourcissent déjà.

## 54. La pirogue d'ébène

Chaque matin, Yves prend l'autobus 43 jusqu'à la place des Ternes, remonte ensuite à pied jusqu'à la gare de la porte Maillot et prend le train de Petite Ceinture jusqu'à la porte d'Auteuil. A cette heure-là, les voitures font un bruit crissant et velouté sur les pavés. Il fait encore nuit. Yves traverse le boulevard extérieur, longe le Bois et le jardin des Poètes que personne ne visite jamais : on ne met pas les poètes, de force, dans un jardin, dalles serties dans les pelouses, gravées de mots morts, une idée administrative. Puis Yves passe devant la piscine Molitor où il se rend chaque jeudi après-midi plutôt que de revenir à Lutétia où il fut heureux et où il risque d'avoir pour cabine une de celles où il sut s'éblouir avec Panos. Quelques mètres plus loin, blockhaus de béton bâti sur la zone, le lycée Claude-Bernard, sans histoire, avec sa grande et unique cour carrée intérieure dans laquelle tournoie un vent qui semble s'engouffrer et ne jamais pouvoir regagner le ciel. Le choix du lycée a été effectué par René en fonction d'un professeur de maths de bonne réputation. Le professeur en question n'est qu'un malin qui manie un humour empreint de haine et de toutes sortes de racismes qui se prétendent antiracistes, pour ridiculiser chaque élève et lui donner des allures de cancre. Il dit n'avoir que des imbéciles dans sa classe. N'en sortiront, si on l'écoute, que des génies parce que « le génie est idiot ». Pauvre pitre. Il se joue chaque année le même drame auquel il assiste, de l'estrade, en spectateur comblé et flatté par « sa réputation ». Dans ses classes, il n'y a en moyenne que deux collés au bac. Yves sait qu'il sera de ceux-là. L'enseignement du professeur est le même. Seul son mépris, pédagogie de l'insulte, fonctionne de manière primaire avec ceux qui croient avoir de l'amour-propre et n'en ont pas. Yves écrit *Les Bois morts,* roman de solitude et de confrontation : un adolescent en convalescence chez une très vieille femme, dans une maison perdue à la campagne, à la lisière des bois. Leurs rapports. La vieille femme mourra le jour de la première chute de neige. Yves règle des comptes amoureux avec *Le Grand Meaulnes* et Bonne-Maman, ses études de piano et Vétheuil, et surtout le dessin de départ, le dessin de sœur Marie, qu'il faut toujours colorier, chemin de droite chemin de gauche. Le personnage de l'adolescent du roman n'est ni un héros ni un anti-héros : il est, il va, il questionne, il se perd, il admet qu'il vit ce qu'il vit et rêve ce qu'il rêve, il vit comme il rêve et rêve comme il vit, mais jamais rêve et vie ne se dissocieront. Or le directeur littéraire de chez Julliard veut du « dissocié », du « clair », il a même dit « l'écriture doit être lisse comme du marbre ».

Depuis le mois de septembre, Yves a sa carte du Centre de coordination de la jeunesse en faveur de l'action du général de Gaulle. Il va aux réunions, rue du Mont-Thabor, non loin de la rue de Rivoli, chaque mercredi. En observateur. Curieux de voir et vivre ce que peuvent faire les jeunes d'une nouvelle République. Et à chaque vote de motion décidant de telle ou telle manifestation, telle ou telle prise de position, deux courants se forment, égalitaires. Une rivalité se trame. Puis c'est la lutte, ouverte, et la scission. Le chemin, encore une fois, est coupé en deux et, au lieu d'aller, les deux groupes piétinent, s'insultent, perdent temps et passion à se dénigrer, mutualité du vide. L'action est rendue impossible. En quelques semaines, c'est le retour progressif, puis vif, à tous les sectarismes d'antan, ceux du ou de tous les pouvoirs, ceux du ou de tous les contre-pouvoirs, opposition aux visages d'hydre. Chaque clan se referme en contre-société ecclésiale. Discours dans le vide. Chaque clan revendique le droit de guider. C'est toujours la cour de récréation. Rien n'a changé. Rien ne changera. Ils ne feront que « parler » de changement.

Et Yves peine, du verbe peiner, peine amoureuse, ici, à ces lignes. La mémoire, c'est la mêlée. Rien ne distingue historiquement, histoire de chaque individu, la volonté de prendre parti politiquement du souvenir d'un corps aimé, obsédant, violent ; et l'apparement respectable du désigné frivole. Il n'y a de politique que le temps des gestes amoureux : leitmotiv. Tout a été vécu de front, tout est vécu de front, encore. Lorsque Yves sera un des fondateurs du Syndicat des écrivains de langue française, en 1975, au temps de Rupture n° 2, Marie, la présidente, leur dira un soir, après une réunion, dîner improvisé dans la cuisine de l'appartement du quai des Célestins, « ce syndicat, c'est mon mec ». Ce syndicat, aussi, se coupera en deux, en dix, en cent, en autant de fois qu'il y aura d'écrivains désireux de le voir naître et défendre les droits de corporation d'un métier. La fausse idée de politique récupère et divise tout. Seuls les êtres de compromis règnent. Les passionnés ne peuvent qu'être rendus à un dépit de plus en plus coupant. Et la sage indifférence prônée par certains n'est que la pire des trahisons. En décembre 1958, Yves rencontre Ange. Ange est noir. Plus noir que du noir.

Ange sort d'une boutique de la rue de Chartres, à Neuilly. Il vient d'acheter des confitures pour ses patrons. La petite histoire dit que Marcel Proust envoyait Céleste choisir là ses « petits pots préférés ». Proust est de bon ton et partout. Passe-partout parce que de bon ton. Le pire adorneur. Bon pour la célébrité. Ange et Yves s'échangent un regard. Ange n'a pas d'âge. Il est grand, maigre. Son visage est pur et merveilleusement dessiné. « Tu viens chez moi ? Tout de suite ? » Yves fait signe que oui, propose de porter les paquets. En chemin, de temps en temps, sourire adressé à Yves, Ange montre un petit bout de langue rose, entre ses dents. Ange est maître d'hôtel. Ses patrons habitent boulevard Maurice-Barrès « avec vue sur le Bois. Ils ne supportent personne en face. Et les tiens ? » « Nous on a une maison avec un marronnier devant. » « T'es le plus jeune ? » « Je suis le dernier. » Ange vit dans une chambre de service, derrière l'immeuble de ses patrons, au-dessus des garages. Il n'a que peu de temps. Il lui faut préparer le dîner. Yves surnomme Ange *Jacky Poto* en souvenir du *Pays du Dauphin vert*. Or là, dans la chambre, porte fermée à clé, étrange décor de peaux de zèbres, de bois taillés, d'arcs et de flèches suspendus aux murs, parfum de bois de santal, et natte au sol servant de lit, en quelques minutes, Jacky Poto prend le temps des gestes, minuties, extrême gourmandise, nulle hâte : Yves et lui se regardent les yeux grands ouverts. Et Yves courbé, cassé, planté, pieu d'ébène, n'aura ni mal ni remords, et découvrira avec lui, celui-ci, Ange, Jacky Poto, pirogue chavirant au-dessus de son corps, un plaisir sans plus aucune retenue, une jouissance sans idée de sanction : l'abandon. Une course sur la plage de La Antilla. Nuit retrouvée.

La fixité et la franchise du regard de Jacky Poto tiennent Yves. Si peu une histoire d'amour, une histoire de corps. Une élégance aussi qu'Yves ne trouvera jamais chez ceux qui se prétendent tels. Jacky Poto donne un double de la clé de sa chambre à Yves qui reviendra le voir la nuit, le dimanche matin, ou aux heures de fin de journée. Yves découvre avec lui ce plein emploi du corps, ce goût des doigts de pieds et des doigts de mains, la mesure, aussi, du temps de l'étreinte, mesure infinie sans laquelle la curiosité échangée ne peut pas se renouveler.

Jacky, c'est le noir et la nuit, un rêve d'enfant qui se réalise, le bas du chemin du bas en regard des principes imposés, et pourtant, seulement, de plain-pied, une rencontre. Jamais Yves ne vivra le paysage de ses étreintes avec Jacky Poto deux fois de la même manière. Sitôt la porte refermée, rituel, ils s'observent d'abord, se touchent du bout du doigt les lèvres, s'embrassent, se déshabillent sans même s'en rendre compte et sur la natte, douce natte de paille tressée qui gémit un peu sous les corps enlacés, c'est la descente majestueuse du grand fleuve. Le grand fleuve d'Afrique. C'est ainsi qu'Yves le ressent. Parfois, Jacky se couche sur le ventre et Yves à coups de langue remonte le fleuve jusqu'à la source et la nuque. Il mord Jacky, et Jacky se cambre. Yves ne voit plus que des bouches roses. Contractées. Se décontractant. Et quand Jacky se retourne, Yves accroupi au-dessus de lui s'empale. Il se sent alors brandi. Un arbre pousse en lui. Comment le dire : tout cela était net. Seul le lecteur qui se veut voyeur salit tout. Yves « se voyait » avec Jacky Poto, abandonné, toujours surpris, longues randonnées des corps.

Adrienne dit à Yves « il ne faut plus que tu provoques ton père. Il est capable de tout ». En visite chez Jean-Jacques et Christine, Jean-Jacques dit à son frère « si tu t'en sors avec papa, chapeau ! Mais fais gaffe à lui. Il raconte n'importe quoi. Je crois qu'il te surveille de près. Il dit aussi que tu voles de l'argent dans son portefeuille. Je lui ai répondu que je t'avais montré quand et comment il fallait s'y prendre. Du coup, il est parti en claquant la porte ». François-Pierre, lui, écrit à Yves « travaille, sois raisonnable, c'est papa qui a raison et il t'aime beaucoup ».

Le patron de Jacky Poto est directeur d'une société pétrolière et donne souvent des dîners. Un soir, Yves attend Jacky, dans la chambre, nu, couché sur la natte, minuit. Jacky entre, se déshabille, glisse le long du corps d'Yves, entrave de son sexe, douceur, chaleur. Jacky murmure « j'ai servi tes parents, ce soir. Ta mère était à la droite de mon patron. Elle souriait. Et quand elle ne souriait pas, elle était encore plus belle. Elle est elle. Je me trompe ? Ton père ne parlait que de l'avenir. Il a la voix qui chante. Tu es du Midi ? » « Non. Nous sommes gascons. De Condom. » Jacky se dresse au-dessus d'Yves et lentement, traction, pose son corps sur le corps de son ami, pieu noir, sceptre, bâton sacré « maintenant je te connais mieux ». « Ne dis plus rien. » « J'aime bien le prénom que tu me donnes. Tu l'as inventé ? » Dialogue gravé en mémoire des gestes. Avec Jacky, c'était doux, propre, profond. Dès qu'Yves sentait poindre dans sa tête la douleur vive, coup de sabre, poignard, migraine, il se rendait chez Jacky et l'attendait. Une douceur chassait la douleur.

Un soir, en sortant du garage, Yves vit un homme en imperméable gris. Le passé simple conjuguera la fin de l'histoire. Yves s'arrêta, net. L'homme fit semblant de regarder sa montre, d'attendre quelqu'un, deux pas à droite sur le trottoir d'en face, puis trois pas à gauche. Yves le fixa du regard un si long temps que l'homme, gêné, s'en alla. Yves se mit à le suivre. Le temps des premiers pas, la situation l'amusa : suivre le suiveur. Mais il avait mal. Tout flanchait. La ville ne respectait plus l'anonymat. L'amour avait aussi sa police. Le père était capable de tout. Yves suivit l'homme jusqu'à la porte Maillot. Là, l'homme entra dans le métro. Yves dévala les marches derrière lui. Et sur le quai désert, il était minuit passé depuis longtemps, seuls voyageurs, l'un regardant l'autre, l'autre fixant les rails, Yves respira l'odeur de fer et de tunnel, l'odeur électrique et duveteuse. Des rats entre les rails. Longues minutes d'observation. La rame du métro surgit enfin et s'arrêta. Signal sonore. L'homme entra. Yves resta sur le quai. Et comme les portes se refermaient automatiquement, même signal, Yves croisa le regard de l'homme en imperméable gris, lui adressa un sourire et un petit geste de la main. Un geste aimable. D'adieu.

Yves revint immédiatement chez Jacky Poto et lui raconta l'histoire. A genoux, habillés, face à face, les mains dans les mains, ils se regardèrent longtemps. C'était fini. Jacky lui donna rendez-vous huit jours plus tard, en fin d'après-midi, devant le magasin de la rue de Chartres, mais Jacky ne vint pas. C'était en avril, ou mai. Il faisait chaud et beau déjà. Yves ratera son bac de math élém pour la troisième fois. Yves, un soir de juin, vers 7 heures, se rendra au-dessus des garages, couloir aveugle, avant-dernière porte à gauche. Il entendra derrière la porte une voix de femme et une voix d'homme : des Espagnols. Jean-Jacques dira à Yves « papa a fait taper toutes les lettres que tu lui as envoyées, et même certaines qu'il a interceptées et qui t'étaient adressées. Il les montre à des psychiatres. Tu devrais faire un peu plus attention. C'est plus fort que toi ? » Jamais le mot « homosexuel » ni ceux de « pédé » ou de « tante » ne seront prononcés entre eux.

Jacky, c'était l'ébène, la pirogue et la nuit. Jacky, c'était la descente du fleuve-nuit. Le résumé n'est pas sommaire et encore moins truqué : Jacky était *Black* et Yves sa *Lady,* son mec-lady. Jacky léchait les yeux d'Yves avec sa langue rose, et Yves tenait le sexe de Jacky à deux mains, gouvernail. Ils riaient. Tout ce qu'ils vivaient dans cette chambre était propre et bon. Un homme était venu mettre du gris. Un homme auquel Yves avait souri. Et chaque fois qu'Yves passera, ligne n° 1, station Porte Maillot, dans le sens Neuilly-Paris, il regardera, il se verra sur le quai en train de tenter de désarmer avec un sourire. Mais l'homme était payé. Un amour disparu. Tout finit toujours par des histoires comme celle-là. Le dessein souverain comme la servitude maladive.

## 55. Le jeune homme de Dresde

Pâques 1959. Yves attend ses parents à l'aéroport d'Orly. Ils rentrent d'un voyage officiel à New Delhi. Un Institut franco-indien du pétrole va être créé à Deradoum, au pied de l'Himalaya, ancien lieu de villégiature des Anglais quand ils fuyaient la mousson, résidence du Dalaï-Lama. Yves attend avec monsieur Perche et Pantalon qui tire sur la laisse à chaque arrivée de voyageurs. Depuis un mois, Yves se sait surveillé. Ange n'est pas venu au rendez-vous de la rue de Chartres. Yves est là pour accueillir ses parents et les interroger du regard. Surtout René. Depuis quelques jours, le manuscrit de son troisième roman, *Les Bois morts,* est en lecture chez Julliard. Il fait gris et froid à Paris. Quand René et Adrienne franchissent la douane, René d'abord, Adrienne ensuite, derrière lui, Pantalon se jette sur son maître en aboyant et en lui léchant les mains. René lui dit « comme c'est gentil de me faire la fête ». Et seulement après, René regarde Yves, furtivement, le temps de murmurer « tu es là ? » Aucun des deux ne s'approche de l'autre. Ils ne s'embrasseront pas. Adrienne, foulard sur la tête, lunettes de soleil, n'a pas supporté le voyage. Yves lui offre son bras. Elle se serre contre lui, en marchant, et lui parle du Gange, des temples, de la visite des musées, mais sa voix est lointaine. Diversion. Elle n'attendait pas la confrontation.

Dans la voiture, René à l'avant, Adrienne et Yves à l'arrière, il pleut, crissement des essuie-glaces, métronome, René dit à Yves « que vas-tu faire pendant ces vacances ? » Yves répond « Vétheuil... » René réfléchit, puis d'une voix blanche « je t'offre un voyage. Une semaine. Où tu veux » et « il faut que tu aies ton bac ! »

Amsterdam. *West Einde Hotel.* Une pension « pour garçons » dont Yves a trouvé l'adresse dans un guide spécialisé. La salle de bains est à l'étage. Quand quelqu'un va se doucher, il y a toujours un ou d'autres clients pour aller prendre une douche qui devient collective. Il fait un froid de neige. Yves passe ses journées le long des canaux et dans les musées. Pull-over, cache-col, manteau, il joue avec cette ville, en promeneur solitaire, comme avec un jeu de cubes : il a l'impression de placer les ponts avant de les traverser, de poser chaque maison et chaque église avant de les admirer. Le soir, il va danser au club COC. Il lui a fallu insister pour obtenir une carte de membre : il n'est pas majeur. Tangos, valses, cha-cha-chas, c'est le ghetto dans une cave tendue de velours rouge, petits salons en alvéoles, miroirs dorés, bouquets de fleurs artificielles, peur cravatée des garçons. La joie d'être là les guinde. Quand Yves invite, on lui répond « no, thank you ». Et quand on l'invite, ce n'est jamais le partenaire qu'il souhaite. S'il accepte, l'autre veut toujours guider, et Yves, pour la danse, ne sait pas se laisser entraîner. Il marche alors sur les pieds de son cavalier. Il renonce. Assis au bar, il observe : la rencontre ne se fera pas là. La rencontre ne se fera jamais là. Il reviendra toujours là, mais pour rien. Il sent, hume, renifle : le ghetto n'est pas une réponse. Le club n'est pas une libération. Et comme par hasard, c'est un sous-sol, une cave. Les murs suintent sous le velours rouge. Comme par hasard aussi, il faut *descendre* dans ce lieu. Yves aurait voulu danser avec Ange. Mais les Indonésiens, dans ce club hollandais, ne sont pas acceptés. Un Noir eût été refoulé, en ce temps-là.

La veille du départ, il pleut. Yves revient au Rijksmuseum. Dans la salle des Goya, il croise un jeune homme de son âge, d'une blondeur extrême, cette blondeur de blés, germanique, presque maladive, et ce teint de peau, porcelaine, fragilité. Le jeune homme fait semblant de ne pas remarquer qu'Yves l'observe. Ils se suivront de salle en salle, l'un suivant, l'autre se sachant suivi, premier jeu amoureux, éternité des petites secondes de guet, oui ? non ? jusqu'à la fermeture du musée. Et ce n'est qu'après avoir longuement marché dans la ville qu'ils s'adresseront enfin la parole. Ils prendront un thé, ensemble. Le jeune homme est allemand, il vit à Munich. Il vient de commencer ses études de droit. Son anglais est hésitant et guttural. Il ne sourit jamais. De nouveau ils se promènent le long des canaux. Yves n'ose pas l'entraîner au COC. Et ce n'est que tard, le soir, après avoir dîné dans un restaurant chinois, au moment de se quitter, qu'Yves osera lui prendre la main. Le jeune homme a peur. Yves insiste. Comme des voleurs, ils gravissent les marches de l'escalier pentu qui conduit directement au second étage du West Einde Hotel. Ils s'enferment dans la chambre. Yves tire les rideaux. Ils s'embrassent, habillés, allongés sur le lit, baisers maladroits, gestes incertains, la quête collégienne. Le jeune homme tremble. Yves se lève, se déshabille, et à genoux sur le lit défait le nœud de cravate du jeune homme, déboutonne le col de sa chemise. Le jeune homme se lève, retire lentement ses vêtements, et dans l'ombre de la chambre, faible lueur électrique de derrière les rideaux, Yves voit se profiler le corps svelte, élancé, le corps élégant et touchant du visage. Le jeune homme se couche sur le lit : son corps n'est qu'une immense blessure, la peau n'est que cratères, cicatrices aux épaules, au ventre, aux jambes, comme si le jeune homme avait été lacéré, brûlé à la torche. Et comme Yves ferme les yeux, le jeune homme les lui rouvre et lui dit « I was a baby in Dresden... » J'étais un bébé à Dresde. « I was in Dresden when... » J'étais à Dresde quand ils ont bombardé la ville. Le jeune homme prend les mains d'Yves, les plaque sur ses épaules et murmure « don't stop kissing me, please... » N'arrête pas de m'embrasser, s'il te plaît.

Le soir de son retour à Paris, Yves vient d'écrire les premières pages de son quatrième roman, *Le Bal*. Sujet : un homosexuel de quarante ans, dénoncé par ses voisins d'immeuble, va être arrêté pour détournement de mineur. La veille de son arrestation, il écrit son mémoire de vie, son angoisse du vieillissement, et l'histoire d'amour pour Heinz, soldat allemand rencontré, rapté et ravi par lui, pendant la guerre. L'effet de *Hiroshima mon amour*. Mais aussi et surtout la permanence du souvenir d'un soldat blond qui a raccompagné Yves de l'institution Sainte-Geneviève à la villa Sainte-Foy, le goût de Horst, et le tact du jeune homme de Dresde. Poème, *il avait le corps de son visage et les mains de son regard...* Dans sa chambre, Yves vient d'écrire les premières pages d'un roman dans lequel il ne se masquera plus. René entre sans frapper.

Yves n'a pas le souvenir d'avoir jamais vu « son » père dans « sa » chambre. Yves se lève. René prend sa place, au bureau, les coudes sur la table, mains jointes, doigts croisés. Silence. Yves a juste eu le temps de refermer le cahier et de le retourner. René recapuchonne le stylo. Yves murmure « c'est Bonne-Maman qui me l'a donné. C'est le stylo que le soldat allemand avait oublié chez elle ». Long silence. René regarde Yves, met une main dans la poche de sa veste, en extrait une lettre, la tend à son fils et lui dit « lis-moi ceci à voix haute, s'il te plaît ! » Point d'exclamation. Ponctuation de ces drames inénarrables. Yves rougit, tremble en prenant la lettre. En son absence, la chambre a été fouillée. Il ne s'en est même pas aperçu, pressé qu'il s'était senti d'écrire les premières pages de ce roman qui brusquement lui tenait à cœur et lui brûlait les doigts. Une lettre. Une des rares lettres d'amour envoyées par un garçon, mais quel garçon, comment s'appelait-il déjà ? Une lettre vieille de deux ou trois ans, lettre bête, *tes beaux yeux bleus...*, lettre langoureuse et de dépit, lettre compassée d'un jeune homme parfumé qu'Yves n'avait pas voulu revoir. Lettre oubliée dans un tiroir. Mais pourquoi l'avoir conservée ? Yves la lit, voix neutre, hésitante parfois, gorge nouée, mais il faut faire face. Longue lettre, dernier feuillet, puis, *je t'en supplie, cette fois, réponds-moi. Je t'aime. Jean-Claude.* Jean-Claude ? René dit à Yves « veux-tu relire la fin ? » Yves reprend sa respiration, soupir vif, *je t'en supplie, cette fois, réponds-moi. Je t'aime. Jean-Claude.* Silence. René interroge « alors ? » Yves répond « je n'ai aucun commentaire à faire, papa ». René quitte la chambre en claquant la porte.

A cette époque-là, René envisagera de faire subir à Yves une lobotomie du cerveau et ce sur les conseils de psychiatres, psychologues et médecins consultés et sur la promesse faite par des chirurgiens de Barcelone et de Genève de rendre à leurs familles des fils ou des filles « guéris de leur déviance sexuelle ». Ce fait biographique, placé ici dans le temps du texte, et qui constituera plus tard un thème majeur, ligne de force, du *Jardin d'acclimatation,* ne sera révélé à Yves qu'en 1970, par René lui-même, et présenté, alors, par son père, comme l'expression de son « vouloir tout faire pour sauver un fils ». Selon l'aveu de René, la décision de l'opération n'avait pas été prise que parce que l'oncle Gabriel l'avait jugée indigne de « chrétiens pratiquants ». L'incroyable, ici, ne devrait pas l'emporter sur la gravité, et la fiction sur la réalité des faits. L'intention ou l'omission sont aussi importants que l'acte ou la mise au silence. Chacun croit agir par amour. « J'ai même rencontré le chirurgien de Barcelone. Il faut que tu le saches. J'étais prêt à tout faire pour te sauver. Je ne te sentais pas heureux non plus. »

Yves assiste au « Bal du Pétrole », au palais de Chaillot. René reçoit en tant que président de l'Association française des techniciens du pétrole. Habit. Décorations. Il vient d'être nommé officier de la Légion d'honneur. Un sourire fleure sur les lèvres des amis des parents quand Yves les salue. Adrienne porte une robe longue, blanche, que René a trouvée « ridicule » parce que « blanche ». Dans ce grand foyer aux colonnes de marbre noir, Yves va d'une colonne à l'autre. Il attend. Il observe. Il s'ennuie. Acte de présence. Soudain, une valse. Il rejoint Adrienne, lui baise la main et l'entraîne. Yves fera valser sa mère en lui disant « regarde-moi », « regarde-moi sinon la tête va te tourner ». Et Adrienne fixera Yves. Yves n'oubliera jamais ce moment. Ils se regardaient enfin, et quand on se regarde, plus rien ne tourne. Comme ils valsaient bien tous les deux. L'orchestre joua plusieurs valses de suite. Adrienne se laissa emporter. Elle ne tenait plus Yves, crispée, comme au début de la valse, parce qu'ils se regardaient. Yves de sa main droite la tenait à peine par la taille et de sa main gauche levait bien haut et bien large la main de sa mère, main confiante, enfin abandonnée. Mais entre la quatrième et la cinquième valse, Adrienne se rétracta, fit signe, puis demanda à Yves d'arrêter. « Non, maman, encore... » Adrienne murmura « je ne peux plus. Ton père nous observe ». Les mots exacts, *ton père nous observe*.

Yves fut collé à math élém en juillet et en septembre. Troisième et quatrième fois. Début octobre, le soir des résultats de la session de repêchage, il avait même eu 2 sur 20 en philo, sa copie ayant été jugée « trop littéraire », il avait cité Colette, Gide, Michaux et Gracq, René, furieux, contenant sa colère, à table, traite Yves de « pauvre efféminé ».

Yves quitte la table, monte dans sa chambre, et calmement, comme s'il avait préparé ce départ depuis longtemps, met dans une petite valise l'essentiel de ce à quoi il tient : les manuscrits, les lettres de refus de chez Julliard, la machine à écrire, le passeport, les revues porno qu'il ne veut pas laisser derrière lui, des cahiers de poèmes, des lettres, et il quitte la maison, sans faire de bruit. L'horloge espagnole a sonné deux fois neuf heures du soir, protégeant sa fuite. François-Pierre est là. Il doit repartir le lendemain pour Lyon. Yves part, mais il ne sait pas où il va. Il ne connaît personne chez qui aller. Il se retrouve gare d'Austerlitz. Valise à la main. Idiot. Tenu. Il se rend compte qu'il a toujours été conduit par des chauffeurs et qu'il n'a jamais acheté un billet de train. Ces deux détails déjà le tiennent. Il veut vaguement se rendre à Condom. Margot y séjourne à cette époque-là de l'année et elle pourrait peut-être l'aider. Avant de prendre le train, Yves appelle Annette. Annette vit au 8, villa Sainte-Foy. En face. Yves lui demande d'aller voir si « la maison est allumée » et si « elle entend du bruit ». Départ impossible. Annette revient : elle a vu François-Pierre devant la maison, François-Pierre lui a dit « tu sais où est Yves. Dis-lui que papa a une crise cardiaque ». Et Yves, par Annette, donne rendez-vous à son frère, dans un café, au pont de Neuilly. Là, François-Pierre lui dit « je te ramène. Mais si tu essaies de partir une autre fois, je te considérerai comme un assassin ». Comment faire pour que ces mots-là, encore une fois exacts, ne soient pas dénaturés par l'écrit des lignes, accusés, moqués par les pages et l'imprimerie ? En regagnant sa chambre, valise à la main, Yves entrevoit, par la porte du salon, René allongé sur un canapé, torse nu, main droite sur son cœur, le docteur Léger, debout, stéthoscope autour du cou, et Adrienne, à genoux, la main sur le front de René. Yves retrouve sa chambre. Le petit mot qu'il avait laissé sur la table avait disparu. Il passe la nuit à son bureau, la valise pleine et fermée devant lui. Le lendemain soir, René annonce à Yves qu'il est inscrit à l'institution Frilley, en préparation à l'Ecole des hautes études commerciales, H.E.C. Il triplera sa math élém, là. Etudes de compromis. Yves accepte. Pourquoi ?

En juin 1960, Yves est collé pour la cinquième fois au bac de math élém. Il est également collé aux examens d'entrée à H.E.C. et à l'E.S.S.E.C. Dans un très bon rang, mais collé. Il n'est reçu cette année-là qu'à son permis de conduire. *Le Bal,* quatrième roman, a été refusé chez Julliard. Un autre directeur littéraire, futur éditeur de renom, est commis par la direction de la maison d'édition pour relire en bloc *La Loca, Les Mains longues, Les Bois morts* et *Le Bal.* Son rapport de re-lecture de l'ensemble est négatif. « Ce jeune homme devrait arrêter d'écrire pendant longtemps. » Yves quitte le bureau du directeur littéraire qui vient de lui lire, faveur, le rapport, les quatre manuscrits sous le bras. Il vient d'achever son cinquième roman, *La Sonate à Clo,* mais il n'a pas osé en parler. Réforme de l'Education nationale : il n'y a pas cette année-là de session de repêchage en septembre. Yves se sent collé partout, refusé, rejeté, gommé, moqué. Il n'a d'espoir que dans un autre roman à venir. Une rencontre, qui sait, un jour, une lecture attentive.

René a demandé à Antoine, au professeur belge et à d'autres amis de rencontrer Yves et « d'intervenir auprès de lui ». Tous disent à René en conclusion « laissez-le faire philo ». Mais jamais aucun de ceux-là, amis, proches, par peur de René, n'a osé poser avec Yves le vrai problème : celui confondu de l'écriture du corps et de l'écriture tout court. Mode de vie et d'expression. Emploi du temps. Ils parlaient tous d'années perdues quand Yves avait le sentiment d'avoir gagné du terrain.

Il y a deux caniches à la maison. Un petit-fils de Pantalon, Itou, surnommé Pantalon II, et Pantalon, qui est vieux. Il n'a plus de poils. Sa peau suppure. Le vétérinaire annonce à René qu'il ne peut plus « prolonger la vie de ce chien ». Les traitements de sérum de Bogomoletz n'auraient plus aucun effet. Et c'est Yves qui sera chargé d'emmener Pantalon chez le vétérinaire pour la dernière fois. Il n'assistera pas à la scène de la piqûre et, quand le vétérinaire lui rendra le collier et la laisse, Yves aura peur, peur de tous ces petits meurtres, conçus, désirés, effectués. Et pourquoi lui, messager, revenant avec le collier et la laisse ? En rêve, Yves se verra pendu, un lit bleu, volant, tournant au-dessus du gibet, colonne de marbre noir.

Un soir de l'été 1960, dans le salon, à Vétheuil, assis dans un fauteuil, la tête chavirée, René ordonne à Yves de se mettre à genoux et de lui demander pardon. Yves ne bouge pas. Debout. Jusqu'à ce que son père se lève et aille se coucher. Combien de temps est-il resté, ainsi, sans broncher, les bras le long du corps, se mordant la lèvre à l'endroit de Horst, la tête pleine de planeurs surgissant de la crête des falaises ?

Fin août 1960, Bonne-Maman, en vacances chez tante Simone, à La Baule, ouvre un matin la fenêtre de sa chambre et se met à crier au voleur. Elle est soignée depuis quelques jours dans une clinique dite « de repos », à Nantes. René emmène Yves à Auxerre où Antoine passe des vacances chez un de ses beaux-frères. Antoine doit servir de médiateur. La confrontation du père et du fils, en sa présence, a lieu dans une chambre d'hôtel. René dit « je ne veux pas que vous m'accusiez tous. C'est Yves qui a décidé d'en être là ». Antoine n'ose pas dire à René qu'il a lu les premiers romans d'Yves. Antoine ne peut pas oser : René est de roc, il l'a vécu. Et d'Auxerre, toujours conduits, tous deux à l'arrière de la voiture cette fois, René et son fils se rendent à Nantes. Yves verra son père ressortir de la clinique, pâle, défait, coupable. Pourquoi coupable ? Ils dîneront dans un restaurant « deux étoiles » et rentreront à Paris dans la nuit. Curieux voyage en boucle. Yves a décidé d'aller « faire sa philo » au lycée d'altitude de Briançon. L'oncle Gabriel est en poste de trésorier-payeur général à Gap. Le lien, encore. René accepte. A contrecœur. Toute acceptation ne peut être que menaçante.

Yves arrive à Briançon le 20 septembre. Il loge chez l'habitant. *La Fresnaye Haute, chemin de la Tour.* Il y a un piano dans la maison. Monsieur et madame Sentis l'accueillent comme un de leurs fils. Le 22 septembre, Yves reçoit un télégramme de son père : Bonne-Maman est morte. Au téléphone, Adrienne dit à Yves que ce n'est pas la peine de faire l'aller et retour à Condom pour l'enterrement. Le 24 septembre, un dimanche, Yves n'a dit à personne que c'était le jour de ses vingt ans. Tôt le matin il part avec Fabrice, élève de classe terminale, pensionnaire, dont c'est le jour libre. Fabrice lui dit « je t'emmène là-haut » en pointant du doigt une montagne. Yves suit Fabrice parce que Fabrice est beau. Et Fabrice joue avec Yves. Yves vient de commencer un sixième roman, *Le Dialogue.* Marie-

Antoine, le professeur de philo, reçoit souvent ses élèves chez elle. En semaine, Yves fait des balades, seul. Il rôde aussi autour de la caserne de chasseurs alpins, accepte d'animer les discussions du ciné-club, organise un spectacle Ionesco, se remet à déchiffrer ses partitions de piano. Personne, au lycée, ne comprend comment il a pu faire « trois math élém ». Gauthier est mort avec son frère dans un accident de voiture. Yves avait besoin des montagnes. Il essaie d'apprendre la philo comme il a essayé d'apprendre les maths. Même ennui. Mais l'enjeu n'est plus le même. Vingt ans. Il a vingt ans. La moitié du chemin de *Biographie*. Yves découvre les repas, seul ; la vie, seul ; l'écriture, seul ; les balades, seul ; et cette petite ville, comme une citadelle : seul.

Documents : le chapitre 56, à venir, intitulé *Extraits du Bal,* livrera au lecteur de *Biographie* des pans de l'un des dix-sept romans écrits par Yves avant *Lady Black,* non publiés, et qui ne le seront pas : œuvres d'apprentissage. Mais dans ces extraits, choisis par Yves lui-même, Yves qui ne relit jamais ses romans et qui va relire celui-ci, une écriture est à la forge, un masque tombe, quête d'identité. Puis chapitre 57, intitulé *Les lettres*, une lettre d'Yves à son père, qui fut tapée à la machine, photocopiée, montrée à de nombreux psychiatres et amis ; deux lettres d'Antoine à René ; et le « mémoire » que René écrivit en septembre 1960, avant le départ de son fils pour Briançon. Après, chapitre 58, commencera la seconde partie d'une nuit.

Cette nuit que je porte en moi, nuit obstinée et nuit de doute. Peur du moindre mot menteur.

## 56. Extraits du Bal

Un quatrième roman. Où l'on voit Yves vivre une guerre qu'il n'a pas vécue, nommer Dieu et Satan pour plus facilement les gommer, jeter un masque, parler de pitié et de médiocrité, de piscines, d'un soldat et de l'abandon. Comment écrit-on à dix-neuf ans : en vrac, trop, et pour un refus. On débroussaille. A lire le cœur pincé, pour quelques mots, parfois, et ils comptent. Quand Yves, en 1965, fera lire ce manuscrit à Violette Leduc, il écrira en première page, *pardon Violette : j'ai écrit ce roman avec un cœur de bonniche*. Et Violette en lui rendant le texte lui dira « la fausse route, c'est toujours la bonne route ».

>Autour de moi tout est mort, mais en moi tout peut revivre. Dimanche de mai. Il pleut sur la ville. Je n'aime pas l'odeur de lilas mouillé. Quatre heures viennent de sonner chez la voisine, quatre tintements cristallins dans un salon que j'imagine tout de verre, encombré d'objets fragiles et précieux, monde mort attendant la mort de cette femme en deuil au regard éteint, au visage ridé, que je croise parfois dans l'escalier. « Bonjour madame. » « Bonjour monsieur d'Copen. » Quatre heures viennent de sonner marquant la mort d'un dimanche de mai. Il pleut. Dans quelques jours, qui sait, demain peut-être, la police viendra, questionnera la concierge, les voisins. Ils lui diront qu'ils ne voient que des hommes monter chez moi et parfois des enfants, que j'ai un drôle de genre et que je suis bien trop soigné, trop bien habillé, que j'ai les ongles faits et que parfois, le samedi soir, je porte un bleuet à la boutonnière. Fermant la porte de sa loge, priant les inspecteurs de s'asseoir, la concierge leur livrera tout ce que mes

voisins du dessus et du dessous lui auront raconté, déplorant que ma voisine de palier, si près de la mort, ne dise rien, se contente de sourire. Puis les inspecteurs emprunteront l'ascenseur et sur les parois, gravé dans le bois, ils pourront lire « méfiez-vous des tatas », « la grande folle du quatrième est une... », « il a un gros Q », « salope », « tapette à petits mignons ».

« Monsieur de Copen ? » « C'est ici. » « Police. » « Entrez je vous prie. » Je suis fier de mon appartement. Il m'appartient et c'est moi qui l'ai décoré. Un couloir jaune avec deux appliques de cuivre, au fond une penderie, à droite une cuisine et une salle de bains, à gauche deux pièces n'en formant qu'une, ouvrant sur l'avenue par deux larges baies. Un grand tapis de jute rouge, un lit à deux places au pied d'un miroir, des fauteuils bas, modernes, en forme de coquilles. Tout y est clair, simple, peut-être trop clair, trop simple, ennuyeux. Un parfum de lavande sort de la penderie. Entre les livres de la bibliothèque, quelques soldats de plomb, des poupées que j'ai rapportées d'Espagne et d'Italie, des coquillages, une pendule suisse qui ne sonne plus et le poignard d'un officier allemand. C'est tout. Je n'ai pas d'autres souvenirs sinon ceux que je porte en moi, inviolables, qu'aucune police ni aucun Dieu ne pourra juger entièrement. Dans le fond, il n'y a pas de justice. J'ai même vu des églises fermées, des prêtres me refuser l'absolution. Il n'y a que des salauds et tant pis si le scandale arrive, il faut que je me livre sinon les autres me jugeront sans procès, comme à la guerre. Je les entends déjà « suivez-nous, nous avons des questions à vous poser ». La voix sonore, transparente d'un juge me dira comme dans un cauchemar « Jean de Copen, vous êtes accusé d'attentat à la pudeur et de détournement de mineur, qu'avez-vous à dire pour votre défense ? » « Rien, monsieur le Juge. » « Alors, procédons par ordre. Vous êtes accusé d'avoir attiré le 28 avril dernier, dans votre cabine, un jeune garçon de seize ans, ceci à la piscine couverte municipale, et de lui avoir fait des propositions impudiques. Je demande que l'on juge à huis clos. »

J'ai poussé la table près du lit, devant la fenêtre ouverte. De l'autre côté de l'avenue déserte, ce ne sont que pavillons de banlieue et jardinets, lilas en fleur. Au loin, la masse sombre et uniforme de Paris sous le ciel gris, au loin Paris mon témoin numéro un, Paris mon cancer. Je ferme les yeux, la ville est là, devant moi, impassible. Tant de vies en son ventre. Je m'y croyais noyé. Définitivement hors d'atteinte, hors de conscience. Je croyais que je pourrais y vivre ma vie, que j'aurais de la chance. Les graffitis dans l'ascenseur et les racontars des voisins, je n'y prêtais plus attention. Je pensais pouvoir vivre cette vie sans histoires, sans police, sans justice. Je croyais que le banc des tatas avait lui aussi son confort, qu'il suffisait de s'y habituer et de ne pas trop y chahuter.

... Je viens de me voir dans le miroir appliqué au mur, à la tête de mon lit : je souriais. Ida, c'est bien loin, la guerre est passée. Je me souviens de tout. On n'oublie jamais rien. Il faut que je me livre, il faut que je sache comment on prend le chemin de soi, comment Satan conduit. Etais-je prédisposé ? Ne suis-je qu'une bête ? Je souris encore. Je me regarde dans le miroir : je suis blond, mes yeux sont bleus, je ressemble à un scout qui aurait trop grandi, mais je n'ai jamais été scout et je ne suis pas grand. Sur mon visage, rien ne cache mon âge, j'ai une peau terne et blanche. Je crois que je fane.

... Je souris une nouvelle fois : je me vois de côté, assis à mon bureau. Mes mains, longues et nerveuses, tremblent. Un vent étouffant gonfle ma chemise et m'enivre. La ville, devant moi, lavée des eaux de l'orage qui vient d'éclater, ressemble à un cadavre ruisselant rejeté par la mer. Combien de temps me reste-t-il pour me délivrer ? Que font maintenant ceux qui viendront demain me mettre les menottes ? Je les imagine dans un bois, avec leurs familles : après-midi manqué, ils ont oublié leurs gabardines et leurs chapeaux. Il pleut. Ils restent dans leurs voitures, écoutant à la radio le reportage d'un match de football, attendant une éclaircie qui ne viendra pas. Et je suis seul chez moi, je suis toujours seul chez moi.

... Dimanche dernier, piscine municipale. Vous sourirez si je vous demande quel est le parfum d'une piscine, cette atmosphère embuée des douches pestant le chlore et l'urine ? Des corps nus sous l'eau bouillante, des cris d'enfants qui jouent à boucher les évacuations d'eau, des regards complices échangés entre habitués, entre « gens du même banc ». Les tatas. Ce sont toujours les mêmes que je rencontre dans les douches. Les piscines, le dimanche, été comme hiver, regorgent de monde, regorgent d'enfants rieurs aux belles dents, insouciants, préservés, heureux. Des hommes rôdent autour d'eux. Ils me dégoûtent. Pourtant je suis comme eux. Je suis là pour la même raison, pour le même plaisir qu'eux. Je suis là à la même quête, la même attente. Je suis là par besoin, par habitude, par nostalgie. Je suis là par honte, ce qui n'est pas paradoxal. Je suis là par absence. J'attends. Les portes s'ouvrent et se ferment, des enfants entrent et sortent, s'amusent. J'attends. Je souris. L'eau me fouette, crépite sur les larges dalles de ciment, un fracas sourd et continu lentement m'envahit dans cet enfer où les eaux devraient purifier. Je reste là. Je regarde. Les enfants eux ne me regardent pas. Je viens là tous les dimanches : je ne suis plus seul.

... Etrange caveau qu'une cabine, on s'y enferme, on s'y déshabille. Un petit trou dans la porte permet de voir sans être vu. Sur les murs, des graffitis aussi, des cuisses écartelées, des rendez-vous, des mots sauvages qui crient dans leur laideur une souffrance, une chute qui ressemble à de la détresse. Les cabines trompent les sens. Il y a aussi cette odeur de piscine qui traîne partout, les rires, les cris des enfants qui enlèvent toute pesanteur au corps, qui pénètrent, rongent voluptueusement jusqu'à l'os. Je frissonne. Parfois je prends un crayon et je me mets à écrire moi aussi des mots fous sur les murs sales. Je suis grisé par les splendeurs d'un autre monde : celui de ma jeunesse que je n'ai pas vraiment connu, monde où je suis passé dans ma coquille, préservé, haineux.

... Dimanche dernier, piscine municipale : je suis sous la douche depuis plus d'une heure. Dehors, en ce dernier week-end d'avril, le soleil brille dans un ciel net, le vent est vif. Par les lucarnes entrouvertes, au haut du mur de la salle de douche, je devine le ciel immensément bleu, un de ces ciels dont la pureté vous fait baisser les yeux. Une joie simple m'emplit pourtant : un printemps nouveau naît, un été le suivra, des vacances, de nouvelles rencontres, le soleil mon ami, brûlant pour me faire oublier, me donner l'impression d'oublier. L'eau me vivifie et je fais sous la douche, comme cela m'arrive souvent, l'inventaire de mon bonheur miniature : un appartement, une voiture, une bonne situation. Ce bonheur-là, entaché seulement par les graffitis de l'ascenseur et les racontars de la concierge, cette petite et médiocre liberté faisaient de moi un satisfait. Pas un heureux, un satisfait. J'avais de bonnes pantoufles, c'est tout. Il y a une semaine.

... Les douches, la porte s'ouvre doucement, un gosse de quatorze, quinze ans, il est blond, il a les yeux bleus, c'est toujours la même histoire qui recommence. Les épaules sont élégantes, courbes, déjà musclées. Je regarde le visage de l'enfant, ses lèvres surtout, ses yeux. Je croise son regard. Il m'évite. J'aime les oiseaux, dans les parcs : ils ne se laissent pas approcher, mais par petits bonds ils s'approchent de vous, ils se moquent de vous avec leurs ailes, leurs petites mines. J'aime les moineaux de Paris et leurs jeux, leurs vols. Gourmandise.

... Il a évité mon regard et pourtant il s'approche de moi. J'appuie sur la commande d'eau. Le jet puissant me gifle. La vapeur monte autour de nous. Il est près de moi dans un brûle-parfum. Je souris. L'enfant sourit. Il a la peau douce, je le devine, je n'aurais qu'à tendre la main. Il bouche, lui aussi, l'évacuation d'eau, le niveau d'eau monte : je vois ses jambes, son maillot bleu, son ventre. Je me sens intérieurement griffé : l'enfant est si près de moi, pourquoi est-il venu, qui l'a envoyé ? L'a-t-il fait volontairement, comprend-il ?

... Fuir une image, la vapeur, cet enfant et dehors le ciel qui prépare son trousseau pour l'été. Je baisse les yeux, le sol est visqueux, la piscine glaciale. Je me serre entre mes bras, un banc, je m'assieds, je ferme les yeux, je vois de la buée, un enfant qui sourit, celui que j'attends depuis des années, évidemment, c'est celui-là, et je ris, je me moque de moi-même, j'ai honte, je pleure. Jean de Copen pleure sur un banc de piscine un dimanche après-midi. Il pleure pour un gosse qui l'a croisé. C'est lamentable, pourtant, c'est mon histoire. J'ai pleuré sur ce banc et libre à vous de rire.

J'observe la grande verrière : impossible de distinguer un bout de ciel pur. Les grands carreaux sales jettent un jour vert, aquatique, sinistre. Ecoutez : le gosse s'est approché de mon banc. Il est venu s'asseoir près de moi, presque contre moi. « Je vous reconnais, dit-il d'une voix brisée, je vous ai vu dimanche dernier à la piscine Rex. » Je le regarde, son regard me pèse. « Vous avez peur ? » Je ne dis toujours rien. Il se penche en avant, coudes appuyés sur ses genoux. « Quel âge me donnez-vous ? » « Quinze ans. » « J'ai quinze ans. » La piscine vibre comme une étrange usine. La verrière inondée de soleil jette un jour pourri. Dans ce palais d'eau et de verre je me sens caché, à l'abri des cris et de l'insouciance des autres baigneurs. Pourtant, je tremble. Je lui dis bêtement « vous venez souvent ici ? » « C'est la première fois. » « Vous ne manquez pas d'assurance. » « Je sais. Ça vous gêne ? » Des mots fous dans un globe sonore : il me semble que je rêve. Le gosse me fait peur. Je me lève. « Vous partez ? » « Peut-être. » « Restez un moment, parlez-moi de vous. » Je m'assieds de nouveau. Je sens son épaule contre la mienne. Il rit. « J'ai bien fait de venir aujourd'hui. » « Vous ne vous baignez pas ? » « Jamais ! » C'est tout son bras que je sens contre le mien. « Ça vous gêne ? »

... Pour la première fois un gosse m'effrayait. Que se passait-il en moi ? Que s'était-il passé ? Le regard de l'adolescent était franc et clair, presque innocent. Pourtant. Je décidai de partir. Le gosse était trop beau et proie trop facile. Sa franchise et son assurance m'étonnaient. Peut-être se moquait-il de moi ? Il me fallait l'éviter. Je sortis de l'eau à bout de souffle et me dirigeai aveuglément vers les douches qui commandent l'accès des cabines et de la sortie. « Vous partez ? » Il est là près de moi, souriant. Je tiens la porte de la douche entrouverte. « Alors je vous suis. J'ai envie. » Il se dirige vers une douche, l'actionne et, enlevant son maillot bleu, me tend un savon qu'il vient de ramasser par terre « frottez-moi le dos, s'il vous plaît. C'est permis ». Il y a une semaine de cela. Il vint dans ma cabine. Personne ne nous surprit. Nous fûmes heureux puis tristes quelques instants dans cette prison d'amour. Toutes forces rejaillirent en moi. Ce gosse n'était pas comme les autres gosses : il me ressemblait. Il était le miroir où je me regardais vingt ans en arrière. C'est de moi que j'avais peur et non de lui. « Je t'attends à la sortie », murmura-t-il d'une voix grave. Et il sortit de ma cabine comme un voleur. Je ne connaissais même pas son prénom.

... Je n'aime pas la pitié et je sais que vous aurez pitié de moi, pire même si vous êtes parents. Ou bien vous serez indifférents et je n'aime pas l'indifférence. Ma vie est médiocre, je le sais. Seule la médiocrité est impardonnable et je n'ai jamais cru au pardon. On ne m'a jamais pardonné.

... Novembre 1943, six heures du soir, le métro. Je reviens du lycée. J'ai de longs cheveux blonds, la raie à gauche. Je suce un bonbon amer. Mon cartable est usé. A le regarder, on a l'impression que je travaille beaucoup. J'ai écrit dessus mon nom et le numéro de ma classe : B2-M1. Je tire de ce cartable un bouquin de latin et, me baissant, frôle de la main un poignard dans son fourreau d'ivoire, serti d'une croix gammée. Je garde le bouquin de latin dans mes mains sans l'ouvrir et lève les yeux : un soldat allemand me sourit. Je rougis. Autour de moi, les visages sont impassibles, résignés, indifférents. J'ouvre fébrilement mon bouquin et m'attache à lire les vers de Virgile à apprendre pour le lendemain. Mon cœur bat. Je ne retiens rien. Station Etoile, on redescend vers Neuilly. J'ai peur. Bientôt, station Obligado. Le soldat semble ne pas bouger, pourtant, insensiblement, il s'est approché de moi et sa main frôle mes pantalons. Il sourit toujours ; je remets le bouquin dans mon cartable, me fraie un passage jusqu'à la portière que j'ouvre un peu : un vent étouffant et lourd me baigne le visage. Obligado. Je descends. Dehors, il fait nuit. Je n'ai pas osé me retourner. Au moment où je me crois libéré, j'entends un pas derrière moi. « Vous avez peur de moi ? » Je le regarde sans rien dire. « Alors, c'est vrai, vous avez peur ! » Je n'étais encore qu'un enfant. Je ne comprenais rien au monde, aux hommes, aux adultes, à la guerre, je me promenais dans ma coquille, je n'étais qu'un enfant et les enfants comme les chiens savent lire dans les yeux, savent accueillir un regard, pénétrer. J'ai regardé le soldat et j'ai « aimé » son regard. J'y ai lu quelque chose de tragique, de merveilleux, quelque chose comme les aveux bouleversants des princes et des princesses dans les contes qu'Ida me lisait lorsque je me baignais ou lorsque je n'arrivais pas à m'endormir. « Tu veux venir ? » J'ai répondu oui. Il me tenait par le bras. « Vous me faites mal. » « Vous mentez. » « Quel âge as-tu ? » « Quel âge me donnez-vous ? » « Quinze ans. » « J'ai quinze ans. » Ma mémoire est-elle claire et fidèle ? Je peux me tromper, pourtant non, je me le rappelle, ce furent les mêmes mots et dans la cabine, en m'habillant, je les entendis portés en écho. J'arrivai en même temps que le gosse à la sortie de la piscine. « Où allons-nous ? » « Chez moi, veux-tu ? »

... Son costume de flanelle surprenait par son élégante simplicité. Richard s'était fait une raie parfaite. A bout de bras, il tenait une valise Air France où il avait rangé ses affaires. Je tenais mon Petit Prince. « C'est là », dis-je en m'arrêtant à la porte de l'immeuble. La

concierge dans sa loge nous vit passer. « Ce vieux hibou me guette. »
« La mienne, je lui tire la langue », avoua Richard. « Mais pourquoi
ne prenons-nous pas l'ascenseur ? A quel étage habites-tu ? » « Quatrième. » « Moi je le prends. » « Non. » « Pourquoi ? » Les graffiti. Je
baissai les yeux. Il ouvrit la porte, poussa la grille, je le suivis.
Appuyant sur le chiffre quatre il put lire l'inscription « Pedal's floor ».
« C'est pour ça ? Tu devrais t'en moquer. » Quand nous entrâmes
chez moi, quatre heures sonnèrent chez la voisine. « Tiens, remarqua
Richard, un poignard allemand. »

Malheur à moi si le scandale arrive ? Mais je ne cherche pas le
scandale. Mon histoire est bien simple. Je livre les erreurs d'une vie
devenue médiocre. Le temps a tout étouffé en moi des cris tragiques
que me fit pousser la guerre. Je tisse en ce moment la toile d'araignée
de mon malheur, dussé-je me prendre à son piège et découvrir la
vérité comme l'on force le coffre d'une banque. Qu'est-ce qui m'a
précipité dans l'ordre médiocre de la satisfaction, dans le désordre de
cette semaine passée près de Richard ? Comment ai-je trouvé le sens
même du désordre de mes années de guerre, car ce désordre avait un
sens : toutes les valeurs en moi, à peine embryonnaires, s'étaient
brisées et il fallait que je vive. Le tragique, deux fois au moins, aura
donné un sens à ma vie. Ce soir de novembre, le soldat allemand
m'embrassa sous un porche. « Montez chez moi, vous tremblez. »

... Il m'allonge par terre, entre des coussins. Je me souviens d'un
uniforme s'ouvrant étrangement sur un corps nu, des épaules contre
mes lèvres jetèrent sur moi un sort, la lumière du lustre m'aveugle,
une grande douleur me traverse le corps, un autre soleil, un grand
soleil doux et brutal. « Il faut que je rentre chez mes parents,
soufflai-je en me levant, où sommes-nous, quelle rue ? »

... Dimanche. La pluie cesse de tomber, l'avenue ressemble à un long
miroir. La ville au loin s'illumine, le ciel s'est éclairci. Le soleil jette
quelques faibles rayons. Dans les bois, les familles sortent des voitures
et font quelques pas entre les arbres. Chacun se sent enivré par l'odeur
de terre mouillée. Je me suis levé, j'ai enfilé un pull-over et j'ai mis un
disque de blues puis j'ai fermé les yeux : les lèvres de Heinz près de
mes lèvres. Il s'appelait Heinz.

... Les mauvaises herbes, comme les méchants amours, poussent
n'importe où. Faites surveiller les piscines, parents, associations de
parents, et aveuglément nous irons ailleurs. Et ailleurs, aveuglément,
vos enfants nous rejoindront. Il n'y a rien à faire. Ni de notre côté ni
du vôtre. La sale histoire. C'est votre copain Satan qu'il faudrait
arrêter. Je n'ai jamais su prier. Si j'avais essayé je ne me serais
peut-être pas laissé glisser avec plaisir dans le mal. Un véritable

toboggan, le mal. Un véritable bal, le mal. Je suis corbeau sur des cadavres, inutile sagesse.

Page 88 ... Me voilà donc sans masque mais aussi sans souterrains : ne reste que mon histoire et cette joie à fleur de peau qui pourrait peut-être bien un jour me pénétrer comme un poignard. Lundi soir. Richard était pour moi à la fois dur et fragile, rieur et grave : je m'attachais à ses rires comme à sa gravité, à sa dureté comme à sa fragilité. Richard était moi-même comme un mirage étreint, palpable, étrangement présent. Richard passait dans ma vie comme un météore et je venais de le saisir.

Page 89 ... Richard, jeune et cruel, impudique, franc. J'encaissais ses coups et plus j'en encaissais, plus Richard m'en envoyait. Tout était prétexte à me rappeler mon âge et le fait que malgré mon âge il me trouvait beau et « m'aimait ». Il me domptait et alors qu'au fond de moi-même j'avais envie de me séparer de lui pour sauvegarder mon confort, ma vie calme, somnolente et sans histoire, plus je sentais que petit à petit il resserrait entre nous des liens dont il était le seul à connaître la prise.

Page 93 ... J'aime la ville morte de la nuit, ses lumières et ses arbres, l'ombre de ses immeubles borgnes, les rues gaies aux vives enseignes puis les larges avenues pavées. J'aime la solitude et les mystères d'une ville endormie. Une heure du matin, ce matin : une rue sombre, une porte faiblement éclairée, une pancarte indiquant qu'il s'agit d'un « club privé ». Deux garçons en sortent en se donnant le bras. « Bonsoir Jeanne ! » « Bonsoir. » Je les entends chuchoter derrière moi : « T'as vu la tête qu'elle fait ce soir ? » « Elle vieillit. » « Tu trouves ? »

Page 99 ... Dieu. Je croyais croire en Dieu. Ce soir-là, j'ai perdu ma foi innocente, d'un seul coup d'un seul comme dans un tir forain une balle sur un jet d'eau, que l'on tire, que l'on touche et qui éclate. Ma foi ? Rien de plus qu'une bulle de savon. En quelques instants, le temps de quelques jeux de doigts et de lèvres, j'étais devenu une sorte de monstre vert, l'ombre d'un uniforme allemand que j'avais vu s'ouvrir sur un autre corps que le mien. Un autre corps.

Page 103 ... J'ai donc réglé le problème Dieu ce soir-là de novembre 1943. Dieu allait me gêner dans cette aventure. Plus de « Je crois en Dieu », plus de « Notre Père qui êtes aux cieux » formulés bêtement au pied du lit avant de m'endormir. Je venais d'entrer, par la porte basse, dans le monde des hommes, dans leur bal. Le froissement d'une robe du soir, la petite tape sur l'épaule de mon père, la porte que l'on ferme puis le bruit de la grille de l'ascenseur ; il n'en faut pas moins pour se sentir ivre de liberté, pour fermer des armoires sur des souvenirs et ouvrir des portes sur des aventures. Une voiture verte, de l'autre côté de l'avenue, m'attendait. Depuis ce soir-là, j'ai toujours craint la première rencontre : les amours ne furent pour moi trop souvent que des aventures vite déliées au petit jour. A côté de moi, dans ce lit, combien ont dormi dont je ne savais même pas le prénom, combien de proies silencieuses, rouages d'une étrange et implacable horloge ? « Nous nous reverrons au bar, peut-être. Tu y vas souvent ? » « Quelquefois ! » « Alors, à bientôt. » Combien de fois la porte de mon appartement s'est-elle ainsi refermée sur un prénom, sur un remords, sur un jour cru qui met tout à nu ?

Page 115 ... « Je parle, disait Richard, il ne faut pas m'en vouloir. Je parle tout le temps. Je ne parle que de moi. Je ne m'aime pas. Je me regarde tout le temps dans les mots. C'est mon miroir portatif. Tu souris ? Prends ma main, écoute : je parle parce que j'ai peur de devenir autre. » Il se tait, je le fixe : il baisse les yeux. Il est couché sur le lit, contre moi. On a toujours l'impression de tout s'être dit au bout d'une heure. Ensuite on apprend à savoir que l'on ne sait rien. Je n'invente rien. Je ne peux rien inventer : je ne suis rien de nouveau. Des mots, des sourires, des gestes inutiles mais aimés, voilà la panoplie des parfaites ivresses, celles qui suivent les souffles arrachés au plaisir. Heinz tire son poignard et le pointe sur mon cou « tu as peur ? Tu as toujours peur ? »

Page 118 ... Face à la ville j'avais honte, mais face à Heinz, j'étais possédé. J'oubliais tout. J'oubliais ce que Richard appelle aujourd'hui « le reste » : les ombres et les consciences de ceux que l'on croise, de ceux qui boulonnent, de ceux qui ont un syndicat. Pas de syndicat de tatas. Pas encore. Et Dieu ? J'ai devant moi une feuille blanche. Et Dieu ? Je ne craignais rien, mon père était tout. Mon père était invulnérable et me rendait invulnérable. Il était mon armure et j'étais sa peau.

Page 129 ... Une année est pour moi comme une ascension. Janvier, je suis au fond du gouffre. Le vent siffle et me transit. Je remonte lentement vers le ciel plus clair. Avril, je le sens plus proche et me mets à courir. Juillet, le ciel éclate, il me brûle. De la plaine, je passe aux monts puis aux montagnes. Je suis à bout de souffle, j'ai la bouche pleine de sang : je domine la terre, je presse sur mes lèvres un bouquet d'edelweiss, joue bienfaisante. Mais le soleil décline, le ciel s'obscurcit, éclate en flocons de neige. Je suis sur les nuages, tout en moi s'apaise, puis c'est Noël que je refuse, la chute. Je retombe au fond du gouffre, et tout recommence. Une année est un mauvais rêve.

Page 142 ... Le soir même j'étais ivre. L'image de mon père s'était à peine évadée de mon esprit : elle était mon esprit. Elle m'envahissait.

L'ivresse seule me calma. « Tu resteras ici, me disait Heinz, je te défendrai. »

Page 143 ... Plus j'écris sur ce cahier, plus l'impression croît en moi de ne rien dire, de ne pas dire l'essentiel. Tant de détails, tant de sourires resurgissent dont il faut que je me libère.

Page 148 ... Un jour, Heinz arriva essoufflé. « Vite, dit-il en claquant la porte et en fermant les verrous, c'est fini. » Hagard, il se dirigea vers la chambre et en sortit quelques instants plus tard chargé de dossiers et de papiers qu'il jeta dans la cheminée. Un peu d'essence, la flamme fit un bruit sourd. Dans la rue, brusquement, des rafales de mitraillette. Je demeurai immobile, dans l'entrée. Je ne sais quelle fatigue, quelle indolence, quel rêve où se mêlait la photo de mon père au regard de ma mère m'empêchaient de bouger. Heinz remua les papiers dans la cheminée. Quand il se releva je vis ses yeux vides. Puis, des voix dans l'escalier. Les coups de feu se firent plus proches. Les vitraux d'un palier éclatèrent sous une rafale. « Heinz ? » J'ouvre la porte de la chambre. Il est là couché sur la moquette. Autour du poignard, un sang épais tache son uniforme. Coup de sonnette. Une rafale de mitraillette crible la porte. J'arrache le poignard et m'enfuis. Au moment où j'entre dans la cuisine, la porte d'entrée est défoncée. Je descends quatre à quatre l'escalier de service, traverse l'entrée de l'immeuble comme une flèche. Dans les rues, je me mets à courir. On se bat. On me regarde : j'ai la bouche pleine de sang.

Page 157 ... Le 7 janvier 1948, je revins donc à Paris. La ville était grise sous le ciel gris. C'est la saleté qui me frappa le plus après plusieurs années d'exil.

Page 158 ... Onze heures viennent de sonner chez la voisine. Irai-je jusqu'au bout de moi-même ou bien m'arrêterai-je en chemin ? Verrai-je enfin clair sur ma vie ? Ai-je vraiment manqué le premier pas de l'âme ? Lâche, désœuvré, pédale, tapette, fou, tata, désaxé, dégénéré, que suis-je de tout cela ? Tout cela à la fois ? J'entends déjà le concert des rires imbéciles. Paris la nuit, parloir des amants.

Page 159 ... Paris la nuit, combien de fois me suis-je cogné contre moi, inutilement ? Combien de fois me suis-je donné l'illusion d'être heureux, celle aussi parfois d'oublier ? Combien ?

Page 160 ... Heinz, je t'écris ce soir, c'est le vent qui m'emporte. L'homme oublie. L'homme veut oublier en parlant de son oubli. L'homme ne fait que se souvenir. Il y a dans mon cœur une pierre entourée d'herbes folles et de chaînes qui ne frémissent même pas lorsque souffle le vent, lorsque le vent siffle des mots sans forme, des mots plus fous que les herbes folles, des mots plus simples, des mots plus lourds que les lourdes chaînes dans le cœur des hommes, des mots portant de plaine en plaine les cris de guerre. Sais-tu ami ce qui m'attend ? Qui trouverai-je pendu à la croix des chemins, quelles sont ces mains inertes, pesantes mains de l'homme de sang déchiqueté par les oiseaux de proie ?

Page 163 ... L'homme de sang ne comprit pas le bonheur des hommes et cette guerre qui le côtoie. Ce soir, l'homme de sang est en moi, ombre mêlée à mon ombre. Ma main tremble. Lundi. Ils vont venir, police du petit monde de la paix, police des mœurs. Ils ont raison. L'homme de sang eut peur d'un nouveau visage et se choisit une âme. Le temps en tournant autour de moi me fit un corps, j'étais heureux car autour de mon âme j'avais une peau, nerveuse. J'avais une âme. Mais tu vins et de pore en pore mon âme se mêla à la nuit. Il ne me resta plus que le corps. « Ne bouge pas, disais-tu, à quoi bon s'étirer, à quoi bon parler, à quoi bon rire ? » Je me souviens d'une nuit de décembre, sous la pluie. « Regarde mes cheveux ruisselants. Regarde mes dents. Dans mes yeux vois-tu le vent, les ronces ? » Et je voyais le sang couler, et le vin couler, l'eau. « Regarde mes doigts tremblants, regarde mes doigts qui ne tremblent plus, regarde, tout change autour de moi, je vis. » Dis-moi, Heinz, ce que l'eau était fraîche, dis-moi. Dis-moi, Heinz, ce que le feu coûtait d'amour, ce que la bête disait à l'autre bête à l'aube du massacre. Ta voix. « Regarde, je vais sourire, regarde, je vais frôler tes mains de mes lèvres. A quoi bon les mots, j'aime les mots, j'aime mes mots. A quoi bon la haine ? » Je me suis perdu dans la foule des villes. Le monde est un miroir. Le monde est un cri. Le monde est un regard. Sais-tu ami ce qui m'attend, qui trouverai-je pendu à la croisée du temps. Souvenirs qui défilez, cheveux d'or d'une fête dont je sens trop vite venir la fin ?

Page 165 ... Je tends la main, tu me regardes, je prends tes doigts, tu me mords. Le souvenir enchaîne les gestes, savantes pressions des jours d'un été tragique qui n'en finit pas même l'hiver, d'un hiver qui n'en finit jamais. Souvenirs monstrueux, si je pouvais enfin me libérer de vous. Mon corps est une nasse.

Page 168 ... Un uniforme qui s'ouvre sur un corps nu. J'en parle, je suis honnête. La guerre qui n'en finit pas en moi et sur la terre. Le bal continue. Heinz mon ami, cette lettre est morte. Je ne suis pas heureux.

Page 169 ... Lundi. Le jour va se lever. Je n'ose pas relire ce que cette nuit m'a inspiré. J'ai dû tomber de délire, emportant dans ma chute l'encrier qui s'est brisé par terre, entre la table et le lit, étoile de deuil.

Des pigeons roucoulent dans les gouttières. Il y a dans le ciel de grandes lueurs blanches qui me font augurer d'un jour de mai plus lumineux que celui d'hier.

Page 172 ... Oh, je n'invente rien. Je rabâche peut-être ce qui a été déjà dit. Ce matin, pourtant, en me levant, ce sentiment m'est apparu sous un jour nouveau et vrai. Je suis. Je. « Qui est je ? » demande l'enfant. La « grande personne » ne sait quoi répondre. Le bal à Amsterdam. Week-end. Dans l'hôtel où je descends on m'appelle madame Jeanne. J'ai une grande chambre froide et sans âme, tapissée de mauve. Au mur, un tableau représente un capitaine à la barre de son navire, en pleine tempête. Torse nu, en plein vent, il sourit. Amsterdam, ses canaux frissonnants, son ciel vide, le vent de l'océan. La nuit, j'erre comme à Paris. Puis, vers minuit, je me dirige vers le nord de la ville et là, dans un quartier désert où les eaux semblent stagner, où les maisons jettent leurs yeux noirs la nuit, j'entre par une porte basse dans une cave où l'on danse. Des fleurs. Des gerbes de fleurs dans tous les coins. Je me souviens d'un soir d'ouverture. Le club ressemblait à un tombeau. L'atmosphère déjà enfumée pestait le pois de senteur et l'œillet. Carrefour du monde. Il y avait là de tout.

Page 175 ... Un jour, j'entraînai un jeune Allemand dans ma chambre d'hôtel. Son corps était couvert de blessures. Des éclats d'obus. J'étais au bord de la nausée. Pourquoi ?

Page 178 ... J'ai dit la vérité. Voilà ma vérité. Pourquoi cacher, pourquoi se cacher, pourquoi masquer la souffrance si elle peut apprendre à vivre ? Je suis comme je suis. Je vis ma vie. Je vivrai jusqu'au bout la vie que je vis si aujourd'hui elle a retrouvé un sens.

Page 179 ... Puis, elles m'oublieront et le bal en prison reprendra, le bal de la vie, le bal des justes, le bal pour les imbéciles. Je n'ai plus peur maintenant. Je regarde mes doigts : ils ne tremblent plus, je vis. Ce sont les dernières pages du cahier, celles qui coûtent le plus d'amour. Il me semble que je ferme une porte de plomb sur une vie ratée. Leur mal a glorieusement tout éteint en moi. Cela paraît facile de dire de sa vie qu'elle est ratée. En fait, chacun de ces mots, en rouvrant en moi une plaie, a tout délié de mes souffrances, de mes erreurs, de mon inconscience. Je peux maintenant me demander : qui ai-je rencontré dans ma vie ? Personne.

Page 180 ... Voilà ma vie livrée dans toute sa crudité. Je ne triche pas en en parlant. Je n'ai pas triché en la vivant. Triché avec mes parents. Triché avec tous ceux que j'ai rencontrés, que j'ai cru rencontrer, et que je n'ai fait qu'étreindre. J'avais une âme. Le temps en tournant autour de moi me fit un corps. J'étais heureux : j'avais une peau. Je me collai à vous mais, de pore en pore, la nuit se mêla à mon âme et je ne gardai que la peau. La vie n'est qu'une maladie que l'on attrape le jour où l'on devient conscient. Après le bal, on se retrouve tel que l'on est vraiment. On a peur, mais on vit.

Page 182 ... Heinz. Une dernière fois ta voix « regarde mes doigts tremblants, regarde mes doigts qui ne tremblent plus, regarde, tout change autour de moi, je vis... » Chanson, triste chanson de guerre. Ce fut pour nous une victoire. Le matin nouveau me redonnera-t-il une âme ? Belle question pour un matin comme celui-ci avec au creuset de mon cœur une petite histoire qui se tord de douleur comme une lettre que l'on fait brûler. Le monde pourrit de partout. Adieu Richard, adieu Heinz. J'ai remis un peu d'ordre dans ma vie, si peu, mais au Bal des imbéciles, au Bal de leur justice, à ce Bal qui m'attend, je ne m'ennuierai pas. Un lundi de printemps. Le jour est tout neuf. Un vrai matin de premier communiant. Fin.

## 57. Les lettres

Documents : le fils, le médiateur et le père ; une lettre d'Yves, deux lettres d'Antoine, et le « mémoire » de René.

Le fils. Lettre d'Yves à son père. Il vient d'achever *Le Bal* et va être collé pour la quatrième fois au bac de math élém. L'été d'avant l'idée de « recours à une lobotomie du cerveau ».

> Le 12 juillet 1959. Cher papa. Une lettre s'impose car ces deux jours m'ont prouvé que les quelques lettres que je t'ai envoyées n'ont trouvé en toi aucun écho. Je n'ai même pas l'espoir de t'en entendre reparler un jour car je me suis rendu compte que toi tu espérais par mille diplomaties et mille réflexions sous-entendues me faire revenir à des décisions qui, dans ton esprit seulement, sont raisonnables. En fait, je me sens de plus en plus fort dans mes intentions et une telle campagne de ta part ne ferait que les fortifier. Intentions de quoi, me diras-tu ?
> 
> Eh bien, je te répondrai par une question qui sera encore un coup de poing mais qui fait (selon ton expression) partie de cette « intimité virile » qui existe entre chaque homme. Je ne veux pas de réponse, car je la connais déjà. Es-tu vraiment heureux ?
> 
> Ta réussite t'a laissé seul et ces hommes à qui tu prêches cette foi en la vie, et surtout en l'action, t'ont-ils toujours compris ? Certes, ton œuvre est belle et même colossale pour être l'œuvre d'un seul homme, mais tu as toujours été seul pour la faire.

Cette solitude lui donne toute sa valeur intrinsèque, mais aussi en constitue le principal défaut. Cet esprit de l'homme que tu essaies de protéger contre les assauts du progrès et du machinisme, tu sens toi-même fort bien combien il lui faut, pour avoir de la force et un sens, se fondre, s'unir aux autres esprits. Le bonheur c'est peut-être alors de trouver ces esprits frères. Or tu es resté toujours seul. Je suis même sûr que tu as dû éprouver à certains moments une certaine puissance dans cette solitude. Et qu'il t'est arrivé de la cultiver. C'est du moins ce que tu fais en ce moment. Je ne te connais aucun ami et tu m'as avoué ne pas en avoir. Je ne te connais aucune admiration pour qui que ce soit. Tu détruis tout le monde autour de toi. Tu trouves toujours un moyen de teinter tes jugements sur les meilleurs de ce monde. Il semble que « the huge world comes around to him » s'applique par définition à l'homme d'Emerson, mais aussi à toi-même. J'ai cru longtemps que ton orgueil était d'ordre purement mystique. J'ai trouvé là un moment une explication. Peut-être n'avais-tu de comptes à rendre que devant Dieu, cela pouvait expliquer tes réactions, simplement ton action.

Mais cette explication ne pouvait me satisfaire. Tu n'as rien d'un rêveur, rien d'un mystique non plus. Je te crois trop attaché aux choses de ce monde. La réponse je la donne quand même : tu n'es pas heureux. Car, enfin, en dehors de ton action, de tes amis, qu'as-tu fait pour ton bonheur ? Rien. Dans le cadre familial n'en parlons guère.

Si nous jouons au tennis, aux boules, au bridge, au golf : ce n'est pas une atmosphère sportive ni amicale ni de détente qui règne. Tu rends tout dramatique. Il faut certes prendre tout jeu au sérieux, mais non d'un sérieux amer. Ceci n'est qu'un exemple. Je te défie de me citer un seul de nos moments familiaux où nous fûmes simplement heureux.

Ce qui se passe au bridge, les reproches, les regards furieux, les sous-entendus, les disputes, est à l'image même de notre vie familiale. La détente n'a jamais régné. On n'a pas arrêté de se guetter. Je n'ai pas arrêté de me taire.

Les seules personnes qui m'aient perverti intellectuellement, c'est vous. J'ai dû pour me défendre dans ma famille apprendre très tôt à vous comprendre. J'ai su trop tôt ce qu'il fallait faire et ce qu'il ne fallait pas faire, ce qu'il fallait dire et ce qu'il ne fallait pas dire. Vous ne vous êtes jamais rendu compte que je pouvais avoir des yeux, des oreilles, un toucher qui puisse bientôt engendrer le souffle d'esprit, aiguiser le souffle et me rendre sensible, marteler cette sensibilité jusqu'à me la rendre consciente. Et c'est pour cela que je t'écris aujourd'hui. Cette sensibilité consciente vous l'avez usée et je n'ai pu me contenir. Cette lettre est plus importante que mon bac, il faut que je la termine.

Sur le plan du travail et de ton action : tu as payé ta réussite du prix de ton bonheur. Sur le plan familial, tu as usé ta femme et tes enfants, et moi plus que les autres car j'étais plus jeune et il m'était imposé de me défendre. Sur le plan intérieur enfin, ne me dis pas que tu es heureux. Je crois en la perfection de ta culture, mais je crois aussi qu'elle est trop limitée sur tous les plans et ne peut t'apporter aucune jouissance véritable. Où trouverais-tu le bonheur. Es-tu vraiment heureux ?

Voilà, j'ai répondu. Cette réponse n'a aucune relation avec la question, n'est-ce pas ? Eh bien, détrompe-toi. Si je t'écris cette lettre, c'est que tu me crois creux. Réfléchis. Creux. Mais qui donc es-tu pour te permettre de dire cela avec assurance ? Mais qui es-tu donc pour disposer ainsi du cœur, de la petite intelligence des autres, petites mais vivantes, indépendantes ? Qui es-tu pour te permettre non de détruire des villes mais de détruire des cœurs, ce qui est plus grave. Un authentique crime.

Je t'ai parlé d'un cri du cœur. C'est un de ces cris qui préludent l'assassinat ou la fuite devant l'assassin. Moi, il m'est donné de fuir encore, et je ferai tout pour que tu ne me touches pas.

Le devoir d'un père est d'aider ses enfants, mais de ne pas les étouffer. Tu m'as donné le spectacle d'un homme malheureux partout. Je veux être heureux, entends-tu, et ce que je ferai si tu me le laisses faire je le ferai bien. La plus belle carrière que je puisse faire dans l'industrie ou dans la science, c'est une carrière semblable à la tienne. Or d'autres choses que les tiennes me passionnent sur cette terre. Sache-le, et tu ne peux m'en empêcher : j'aime écrire — et je suis écrivain — et si je le suis, c'est à cause de vous car vous m'avez appris à regarder, à entendre, et non à cause d'Antoine qui ne m'a accordé qu'une indifférente audience. Vous avez été la pierre qui a fait jaillir en moi cette vocation. Je suis seul à en avoir entretenu cette flamme. Je ne la dois qu'à moi-même.

Tu me dis « creux » sans me connaître. Je commence à croire que tu détestes tout le monde — ou plutôt que tu ne sais aimer personne, pas même toi.

Une rectification : si tu détruis souvent, tu le fais par excès d'amour. C'est ce que je te disais plus haut à propos des parents qui étouffent leurs enfants. Tu as failli m'étouffer. J'ai attendu le plus longtemps possible. Je suis sauf. Quant à être sain je saurai moi-même tout faire pour le devenir. Tu as attaqué Margot par amitié aussi, je n'en doute pas. Seulement elle est polie et indulgente et a su se taire. Je dis bien polie et indulgente car c'est ce qui, à ton égard, engendre le silence.

Ta mère a détruit le bonheur de maman, par amour pour toi. Elle a détruit de même en partie le tien. Tu détruis le nôtre de la même façon. Pour moi c'est plus grave car mon bonheur est plus intérieur et déterminé, axé, que celui de mes frères. Tu les as étouffés pour ensuite les ranimer et leur dire « c'est moi qui vous ai sauvés — moi seul — et pas les autres ».

Tu peux encore m'étouffer — mais cette fois-là, méfie-toi, il y a des facultés en moi qui sont invulnérables. Tu n'arriveras jamais à le faire jusqu'au bout.

Je te le répète : je sais la nécessité d'avoir un métier autre que celui d'écrivain. J'ai toujours placé dans mes projets Sciences-po et une licence d'espagnol. Je refuse le reste. Que peux-tu faire ? Tu peux accepter. Je ne dis pas te résigner, car réfléchis, est-ce vraiment de la résignation ?

Nous pouvons tous être heureux. Toi, maman, François-Pierre, Jean-Jacques, Christine. Nous devons faire tout pour sauver ce qui nous reste. Je sais que j'ai la part belle. Je suis jeune. Et je t'offre beaucoup avec ces injures. Tu me dis toi-même dans ta lettre « songe combien d'occasions restent à ton père de passer des vacances avec toi ». N'est-on heureux qu'en vacances ? Etions-nous heureux en vacances ?

Alors, choisis. Lève ce voile amer qui plane sur la maison. Tu en tireras des satisfactions qui te permettront non seulement de sourire sans que ce soit un de ces sourires crispés que je te connais. Tu y trouveras une force qui te permettra même d'aller plus haut encore dans ton action. Ton échec de l'an dernier fut un authentique échec. Tel que tu es, tu ne peux monter plus haut car tu es au bout de ton œuvre et tu es sans amis. En refaisant la conquête de ta famille, tu referas celle de tes amis et un monde nouveau s'ouvrira pour toi, pour nous aussi.

Ne dis pas que cette lettre te blessera. Elle est claire malgré mon écriture. J'ai droit à un certain nombre de chances d'être qui je suis. Tu ne peux me les enlever par amour pour moi, ni non plus parce que tu me détestes — ce qui m'étonnerait, ou alors tu ne serais plus mon père. Et réfléchis encore au « je me battrai jusqu'au bout », jusqu'au bout.

Nous avons tout pour être heureux et nous ne le sommes pas. Qu'on soit fils de roi ou de contrôleur des P.T.T., qu'on soit monsieur ou président, père ou fils, nous sommes tous des individus doués de cœur et d'esprit et l'on doit respect au plus idiot et au plus vil. Il ne faut être ni vaniteux, ni complexé. Le vaniteux tire trop souvent vanité de ses complexes. Il faut savoir être orgueilleux sinon l'on devient prétentieux. Je t'ai parlé de mon respect et de mon admiration. C'est par respect et par admiration que je t'écris. Comprends-le. Tu ne peux être dupe. Jouer le jeu serait une lâcheté envers toi-même. Je t'embrasse. Yves. P.S. Peux-tu garder cette lettre. Je n'ai pas ici ma machine. Cette lettre est trop importante pour que tu sois seul à l'avoir. Dépose-la si tu veux sous pli fermé sur mon bureau dans ma chambre. Cette lettre n'a rien à voir avec mon bac. Elle est dans mon esprit plus importante que mon bac.

## Lettre d'Antoine à René.

Le 10 mars 1960. Cher Monsieur, je ne vois de moyen pour me faire pardonner mon long silence qu'en vous écrivant à l'instant. Ne me croyez nullement offensé : simplement à la fois dépassé par la somme de mes occupations et par le problème que vous avez eu l'amitié de me soumettre.

Laissons le premier aspect, mes cours, le bac, le B.E.P.C. et diverses autres servitudes qui ont déjà réduit à néant toute correspondance (d'où mes faire-part omnibus) et toutes mes activités extra-scolaires.

Le second aspect, essentiel, et que votre lettre m'a révélé des abîmes que je ne devinais nullement. Yves m'écrit assez souvent, mais je ne l'en connais guère mieux et je dois bien dire que ses propos sur lui-même, généralement obscurs, me sont restés à peu près imperméables. D'où la difficulté où j'étais de vous répondre, et l'impossibilité de le faire aussitôt. Il me faut en effet collationner les lettres d'Yves et les relire à la lumière de la vôtre, pour essayer de deviner quelque chose.

Je regrette en effet beaucoup que l'honneur que vous me faites de me croire plus informé ou éclairé que vous ou Madame Navarre sur Yves ne soit en rien mérité : je le connais fort mal depuis quelques années (mettons trois ans), et je ne pourrais vous apporter que des hypothèses fragiles et très relatives.

Sans doute Yves m'a-t-il passablement écrit, et envoyé quelques poèmes ou proses ; mais j'ai l'impression que je lui servais d'exutoire littéraire, et non de confident, ce qu'il m'écrivait restant flou, allusif et, pour moi, pratiquement incompréhensible.

Quelques points clairs, qui ne vous apprendront rien, car je vous en avais touché un mot en Espagne voici plus d'un an et demi : 1. l'attitude d'opposition à votre égard, qui n'a rien que d'attendu (vous l'avez connue, sous d'autres formes, avec les aînés) et même d'inévitable entre un père à très forte personnalité et un adolescent qui ne veut pas renoncer à former la sienne (si contestable au demeurant qu'elle se présente) ; 2. un point précis d'application touchant l'orientation scolaire et professionnelle, Yves se figeant dans une attitude « antiscientifique » qui correspond non pas à une question d'aptitudes (j'en conviens aisément avec vous), mais à une question de caractère, et je me permettrai d'y insister ; 3. caractérologiquement, Yves me paraît avoir beaucoup de traits du « nerveux » : émotif, médiocrement doté de réserves énergétiques (obligé de se prendre par la main pour agir, surtout avec continuité et austérité), inconstant et plus épris de nouveauté ou d'étrangeté que d'habitudes et de cohérence. La rigueur est certainement à l'extrême opposé de ses tendances (j'entends la rigueur envers lui-même et dans son comportement). C'est assurément un tour d'esprit qui ne peut vous parler, car vous êtes sur-actif et agir vous est, plus encore que facile, nécessaire. Pour Yves, ce me semble, tout acte réel suppose effort et continuité, double désagrément pour lui. D'où un repli sur soi, un intérêt à son moi, et même une sorte de narcissisme entraînant un solide égoïsme ( mais l'égoïsme est ici une conséquence, non une cause, je crois).

Or, les nerveux sont généralement « artistes », et vous savez que le terme a plus d'un sens, un seul étant louable (créateur). Vous ne m'en voudrez pas, je pense, de me glisser ici dans cette ébauche d'analyse : je n'ai pas poussé Yves à écrire ; je ne l'y ai même pas encouragé en soi ; j'ai simplement voulu lui faire comprendre que, s'il voulait y consacrer des loisirs (j'y ai toujours insisté fortement, et Yves ne m'a présenté ses écrits, parfois en dépit des vraisemblances, que comme des à-côtés de son activité essentielle), il lui fallait y apporter plus de travail, de rigueur, de construction, toutes qualités que je savais ne pas lui être spontanées et dont j'espérais qu'il les aborderait peut-être par un violon d'Ingres plus aisément que par un labeur utilitaire qu'il assurait peu attrayant (et que je lui affirmais d'autant plus indispensable). Au demeurant, pris comme je le suis depuis trois ans, je ne lui ai que peu et rarement écrit, mais toujours dans le même sens : travail d'abord et, pour une création de loisir, travail encore. Enfin vous me connaissez, je crois, et savez qu'il n'est point que dans mon caractère de débaucher (au sens premier du terme) quiconque et surtout un proche. Ceux que j'ai pu pousser vers les lettres sont à ce jour en khâgne (l'un 1$^{er}$ à Louis-le-Grand ; un autre 1$^{er}$, un autre 2$^{e}$, un autre 4$^{e}$ à Lakanal ; un autre dans les I.P.E.S., etc.). Ceci dit sans amertume ni fierté, car c'est l'énoncé de mon simple devoir.

Il me paraît intéressant toutefois de vous signaler qu'il y a certainement des dons d'expression (non exclusivement littéraires) chez Yves ; je vous l'avais dit, je peux le maintenir ; à Yves même, bien sûr, je ne l'avais pas dit, craignant l'infatuation, et préférant le convier à être créateur dans une profession (j'avais suggéré l'architecture).

Au reste, ces dons demandent à être orientés et utilisés valablement. Or les écrits d'Yves, qu'il le veuille ou non, lui servent non à créer, mais à dévider quelques tourments intérieurs, fréquents chez les « nerveux », et accentués en lui par des données biographiques ou physiologiques (ou peut-être sentimentales ?) que j'ignore. Il s'agit d'un exutoire psychologique dont l'efficacité ne me semble pas de longue portée et dont l'inconvénient est sûrement de mobiliser un temps précieux. Non que le résultat en soit « décadent » parce que littéraire, mais les écrits sont « décadents » parce que motivés par des incertitudes, troubles ou obsessions psychologiques dus à des données de caractère, au stade non encore dépassé de l'adolescence, et à des causes contingentes que j'ignore tout à fait.

Une grande question est de savoir quelle importance réelle (et non narcissique ou égotiste seulement) ont ces troubles, et s'ils sont seulement le fait de l'adolescence ou voués à plus de retentissement. Je ne suis malheureusement pas armé, ni par la compétence ni par la possession des données essentielles, pour en juger. Ce n'est pas une dérobade. Si vous croyez que quelque « examen » amical de ma part et quelques sermons (bien que les précédents, fort sérieux, je vous prie de le croire, soient restés sans effet) pourraient vous aider, n'hésitez pas à nous envoyer Yves dans la période de Pâques — et si vous le pouvez, à venir aussi, ne fût-ce qu'un peu si votre retour, vos occupations, et malgré quelque fatigue inévitable même chez les plus infatigables, vous le permettent.

Tout ce que je viens d'écrire est une approche très générale d'un problème dont les seules données concrètes et déchiffrables me sont fournies jusqu'ici par vous, en même temps que l'aperçu de son acuité.

Il me reste à consulter (ouvrages de psychologie, lettres d'Yves) pour essayer une analyse concrète et, si possible, constructive. Y parviendrait-elle qu'elle resterait incompétente et incomplète. Je ne puis guère y consacrer que la fin extrême de mars et le début des vacances de Pâques. Je crains au demeurant que, sur plus d'un point, il n'y ait rien à faire, au moins d'effet immédiat ou rapide.

Croyez cependant que je ferai tout pour vous aider tous trois, Madame Navarre, Yves et vous, si modeste que puisse être ma contribution. Je le dois à votre amitié, que je n'ai pas sans quelque peine vue assombrie de soupçons que je ne méritais pas, mais que je vous sais gré de m'avoir fait connaître. Une amitié vraie connaît les traverses, parce qu'elle doit être franche et durable ; croyez que la mienne est de cet ordre, et que c'est une des formes de sa fidélité ; puissent Madame Navarre, vos enfants et vous-même ne pas vous y déplaire. A.

Seconde lettre d'Antoine à René.

Le 12 mars 1960. Cher Monsieur. Cette seconde missive vous fera, par sa simple existence, mieux comprendre pourquoi je ne vous répondais pas. Chaque fois que je m'y préparais et croyais tenir quelque matière valable, un bref examen m'amenait à en voir les insuffisances, les faiblesses ou l'inanité. Votre appel, irrésistible, m'aura fait me résoudre — vingt-quatre heures — à rédiger du fragmentaire ; cette lettre-ci prouve que je sens bien n'avoir pu vous répondre comme le mérite la question posée. Pis : je trouve aussi insuffisant ce que je voulais ajouter, et ne vois plus d'autre raison de le rédiger que de compléter ce début décevant.

Voici toutefois un point que je m'en voudrais de n'avoir pas rapidement signalé, car, sans préjuger de la nature de vos décisions, il faut leur conférer leur climat et peut-être une plus grande efficacité.

Les « nerveux », trop peu actifs et cohérents pour eux-mêmes se modifier dans le sens d'une amélioration constructive, ont besoin d'y être entraînés par des satisfactions d'amour-propre. Au contraire, les blâmes et critiques, pis : les analyses, d'autant plus cruelles qu'elles sont plus exactes, ne pouvant les inciter à construire par eux-mêmes, les entraînent dans l'opposition, la bravade et même une aggravation, une détérioration de soi accentuées.

Ne pouvant en effet, faute d'énergie, s'améliorer, ni davantage, par amour-propre narcissique, admettre des torts et travers qu'ils se sentent incapables de redresser, ils valorisent leurs défauts mêmes pour y trouver une assurance et une satisfaction de soi mensongères, mais dont l'illusion leur est aussi indispensable que celle de la drogue pour l'esclave de celle-ci.

A l'inverse, toute démonstration (même un peu sollicitée ou forcée) qui leur est faite qu'ils ont, dans tel acte, manifesté telle qualité, qu'ils se sont améliorés en quelque chose, table sur leur vanité pour les pousser à accentuer une bonne tendance qui était peut-être de rencontre ou de hasard. Mais qu'importe, si elle est bonne !

Autrement dit, la critique ne fait que déterminer chez les nerveux une inversion luciférienne des valeurs, par souci de défendre l'image avantageuse qu'ils veulent en toute occurrence avoir d'eux. Ce dernier trait manifeste au demeurant une incertitude plus fondamentale sur eux-mêmes et leur valeur réelle, dans la mesure où la vanité essaie de se dissimuler par l'extérieur une faille intérieure (alors que l'orgueil, sûr de lui, n'a besoin d'aucune confirmation extérieure).

D'où la nécessité de toujours relever, en tout, ce qu'il y a de positif, pour en faire le point de départ d'un éventuel redressement. Très entre nous soit dit, car cette lettre est aussi confidentielle que les vôtres. Excusez, je vous prie, ces propos décousus dont je souhaite qu'ils vous apportent quelque chose, ne fût-ce que la preuve de mon amitié. A.

« Mémoire » que René écrivit peu après le voyage à Auxerre et à Nantes et dont Yves ne sait toujours pas à qui il était destiné. Sans doute fut-il adressé à ceux, moins proches ou proches, que René avait consultés, médecins, psychologues, psychiatres, chirurgiens, ou que René avait sollicités, Antoine, l'oncle Gabriel, Margot, le professeur belge. A moins que René ne l'ait écrit que pour lui-même. Yves n'en aura communication que beaucoup plus tard, par hasard, feuilletant dans le secrétariat de son père le dossier qui lui était consacré. La dénomination « mémoire » est de René mais il fut aussi question, pour ce document, d'autres définitions, « note d'intentions » et « contrat d'avenir ».

Le 8 septembre 1960. Pour établir le climat d'un échange de vues définitif sur l'orientation des études d'Yves, il est nécessaire de préciser les points suivants.

1º Tout d'abord, dans les circonstances actuelles, Yves seul prendra sa décision, choisira son objectif et les conditions de réalisation qui lui apparaîtront les meilleures.

2º J'ai donné mon accord formel à la solution qui consiste à abandonner les voies successivement entreprises jusqu'ici et pour qu'Yves fasse l'année prochaine purement et simplement une année de philosophie. Je donnerai donc mon concours entier matériel et moral au plein succès de cette année d'études et sur ce qui en résultera comme études et carrière ultérieures.

3º Cette participation doit commencer évidemment par les avis que je puis avoir et que je puis recueillir sur l'examen réfléchi des mérites respectifs des différentes modalités possibles pour la réalisation de chaque étape. Cet examen doit pouvoir se faire d'une manière totalement détendue et ouverte, à l'abri de la déclaration formelle que j'ai faite sous l'article 1er.

4° Je regarde désormais comme parfaitement inutile et probablement nuisible le fait d'analyser et surtout de rappeler pour elles-mêmes les causes qui ont pu conduire Yves aux échecs successifs que nous déplorons. Il n'en sera donc plus question de ma part. Je fais cependant une réserve : ces causes doivent pouvoir être, de nouveau d'une manière détendue, rappelées dans la mesure où leur rappel peut nous aider à trouver la meilleure solution pour assurer des succès dans l'orientation nouvelle adoptée.

5° Ces échecs n'ont en rien altéré la confiance que je garde dans la possibilité pour Yves de faire des études brillantes et, tout en respectant ses aspirations personnelles de caractère artistique ou littéraire, de parvenir à une position sociale dont le niveau et le degré d'assurance m'apparaissent comme indispensables à l'assouvissement, même dans un degré de liberté suffisant, de ses aspirations.

Le principe directeur n'est donc pas un principe d'abandon, mais un principe de reconversion, sans diminution de l'amplitude intellectuelle des objectifs.

Je pense que dans une certaine limite il serait dans ces conditions mauvais de considérer les trois dernières années comme des années totalement perdues. Deux points de vue peuvent nous aider à éviter cette erreur. S'arranger pour bénéficier dans les meilleures conditions de ce qui a déjà été fait dans le passé dans le cadre de la scolarité nouvelle, et bénéficier des avantages que donne à Yves le fait d'entreprendre des études dans lesquelles il s'engage à un âge plus avancé que la normale, avec une expérience plus grande y compris celle de ses déceptions et de sa souffrance personnelle.

6° Je suis certain qu'on ne bénéficie totalement des efforts que l'on fait, surtout en cours d'études, qu'à condition que l'acquisition de culture que l'on a en vue soit prévue comme devant être utilisée plus tard dans une nouvelle étape d'enseignement ou dans une carrière dans laquelle on pourra utiliser ce que l'on est en train d'apprendre.

Cela donne de nouveau une sorte de principe directeur à l'effort intellectuel qui ne doit pas se traduire par une sélection dans les éléments du programme, mais par une sorte d'attention soutenue sur les aspects privilégiés des matières qui permettent d'accrocher l'attention — d'approfondir quelques éléments, ce qui est l'essentiel pour l'acquisition d'une culture vraiment assimilée.

C'est pour cela qu'à côté de la décision de faire l'année prochaine la philosophie il est bon d'envisager l'avenir, quitte à modifier d'ailleurs les plans établis, l'acquisition de la culture dont nous venons de parler étant un bénéfice absolu utilisable quelle que soit l'orientation ultérieure.

7° En ce qui concerne un plan possible de développement d'Yves, j'ai suggéré le suivant : après philosophie, propédeutique lettres modernes. Ensuite deux voies possibles.

Une voie universitaire basée sur la transformation de la Faculté des lettres en « Faculté des lettres et sciences humaines » avec des certificats utilisant les connaissances et les goûts d'Yves pour les langues vivantes et l'histoire et, si cette vocation s'affirme, pour les disciplines qui seront traitées dans la nouvelle branche des sciences humaines. Des scolarités ultérieures à la licence sont en train de se bâtir à la Sorbonne dont je serai d'autant plus informé que je participe à ce développement dans les deux voies des sciences humaines proprement dites et de la prospective.

Au bout de ce cycle, on peut envisager la participation, au niveau élevé où on met aujourd'hui ces départements spécialisés, au service des relations humaines des grands groupes. On peut aussi penser que le C.N.R.S. et l'Université vont dans le domaine de la prospective créer de nombreux centres qui, avant d'éclater leurs bienfaits sur la société et la gestion économique et politique, auront pour de nombreuses années à constituer leurs propres cadres et offriront ainsi en leur sein même des carrières de haut intérêt.

Il y a enfin les groupements qui dans le monde se chargent de plus en plus d'étudier les grands problèmes régionaux ou nationaux de développement et dans lesquels il est parfaitement décidé aujourd'hui d'introduire des spécialistes de l'examen de ces questions sur le plan purement humain.

En dehors de la scolarité purement universitaire, il ne faut pas exclure celle qu'offrent encore les Sciences politiques, à la condition d'être attaquée avec des moyens de base suffisants et avec la volonté de s'accrocher aux meilleures perspectives qu'ouvre encore cette école.

Tels sont les sept points qui, à mon avis, doivent créer le climat d'examen des différentes solutions qui peuvent permettre à Yves d'effectuer dans les meilleures conditions son année de philosophie.

Nous allons maintenant discuter ce point particulier. Pour faire cette année de philosophie, trois possibilités s'ouvrent au choix d'Yves.

La première comporte l'installation d'Yves à Paris. Le recours à des cours par correspondance, à des leçons particulières avec un professeur bien sélectionné de philo. Eventuellement une occupation auxiliaire avait été envisagée, par exemple dans le domaine du livre.

Je ne me suis pas montré jusqu'ici très favorable à cette première solution pour les raisons suivantes : il ne faut prendre aucun risque sur les matières autres que la philo. Il sera déjà extrêmement difficile à Yves de s'astreindre à une attention soutenue dans ces matières dans le cadre d'une scolarité organisée. Il me semble que l'effort sera beaucoup plus grand et presque en dehors des possibilités humaines que de s'attacher à cet effort seul. Or il est extrêmement important que, pour tirer le bénéfice du passé dans l'esprit d'un des articles ci-dessus, Yves saisisse cette occasion qui lui est donnée d'apprendre le plaisir qu'il y a à approfondir les choses réputées connues, à recevoir la leçon que certains continuent à recevoir toute leur vie dans le fait qu'on se fait toujours des illusions sur le caractère complet de ses connaissances. Le plaisir enfin de dominer un sujet et de le voir reconnu par les inévitables juges de la société à laquelle on appartient.

En ce qui concerne la philo proprement dite, ce système pouvait avoir des avantages extrêmement sérieux. Le choix du professeur en particulier, ainsi que la faculté de donner à cette discipline principale une intensité d'efforts que permet précisément le fait d'avoir déjà étudié à plusieurs reprises le reste du programme. Le choix du professeur nous amènera à traiter ici un point de vue qui a sa valeur dans toutes les hypothèses de la réalisation de l'année de philo.

Je crois que l'année de philo est une nécessité que je placerai dans les nécessités sociales pour avoir un diplôme qui ouvre toutes les autres perspectives, mais ce serait être infidèle à plusieurs des principes énumérés ci-dessus que de ne la regarder que comme telle. Pour la formation intellectuelle d'Yves, l'année de philo peut être, en dehors du succès ou de l'insuccès, le meilleur ou le pire.

En vertu des principes que nous avons énumérés ci-dessus, nous ne reviendrons pas inutilement sur le passé mais nous y reviendrons quand il sera nécessaire de le faire.

J'accepte, sans en assumer toutes les responsabilités, qu'Yves a été progressivement réduit à la solitude intellectuelle. C'est un fait qu'Yves a été réduit à vivre sur lui-même, qu'il a peu reçu ou peut-être peu accepté, pour des raisons dont nous ne pouvons ici faire le procès, de ses parents et de ses professeurs.

Il faut rouvrir les portes de l'extérieur à l'esprit d'Yves. Lui apprendre la joie et la nécessité qu'il y a à connaître la pensée des autres, à apprécier les analyses qu'ils ont faites de leurs observations, à déceler le mécanisme de la pensée des autres, à apprendre tout ce que ces acquisitions peuvent ouvrir de voies à l'intervention de la pensée personnelle, à s'imprégner des autres sans s'y asservir.

La philosophie, et plus particulièrement la psychologie, en apprenant à Yves combien les notions les plus simples sont complexes, combien il est difficile de décortiquer seulement une sensation, le mécanisme de la mémoire, celui de la douleur ou du plaisir, peut apprendre la fragilité de la notion d'évidence dont les mathématiciens et les scientifiques ne sont pas seuls à souffrir. Il peut sortir de lui à cette occasion pour voir quel plaisir on peut avoir à scruter l'expérience et admirer ce que d'autres ont fait dans ce domaine.

La comparaison des grandes synthèses philosophiques, si elle est faite précisément avec sérieux, lui apprendra qu'il est difficile également de s'engager dans les idéologies, certes plus simples que les phénomènes naturels de la pensée mais pleines d'embûches aussi quand il s'agit de faire un choix et encore plus quand il s'agit de vouloir apporter soi-même un nouveau système à ceux qu'ont imaginés nos professeurs.

Le domaine de la transcendance enfin que lui apportera la métaphysique m'apparaît également devoir être du meilleur bénéfice pour un esprit comme le sien, à la condition aussi qu'il s'agisse d'un travail prudent et patient qui s'éloigne bien entendu du seul jeu des mots pour atteindre ce qui exprime l'homme et les faits universels.

Tout ceci peut être d'un bénéfice important pour un garçon dont l'essentiel des déceptions personnelles et des échecs antérieurs est certainement dû à la prison qu'ont tissée autour de lui, pense-t-il, ses parents et ses frères, mais qu'il doit apprendre lui-même à ne pas se fabriquer, qu'il doit surtout apprendre à déchirer aujourd'hui dans des conditions qui ne le mènent pas dans une deuxième prison, mais dans la véritable atmosphère de liberté à laquelle il aspire.

Or précisément une philo mal faite avec un professeur insuffisant ou avec une attention insuffisante peut faire plus de mal que de bien dans cette optique. Si exagérément isolé ou devant un enseignement défaillant Yves se laissait aller à saisir dès les premières leçons ou au début de chaque chapitre quelques notions partielles, si avec une certaine avidité il se mettait à les faire siennes et à broder personnellement d'une manière prématurée, alors j'augurerais très mal du bénéfice personnel qu'il retirerait de l'année prochaine. Tout au plus aurait-il trouvé une matière plus vaste et peut-être plus attrayante, mais sans grande valeur, à une activité trop personnelle qui de ce fait l'enfermerait plus encore par ses attraits nouveaux dans ce qui a constitué à mon avis la cause essentielle de ses échecs, de l'incertitude de ses résultats et de sa peine personnelle.

C'est par conséquent un certain « quitte ou double » mais on n'a pas le droit dans ce cas de jouer avec incertitude. C'est pourquoi le choix du professeur avait une telle importance et qu'il aurait pu apparaître a priori comme un élément favorable à la solution des cours par correspondance. Mais la nécessité imposée par les matières annexes aussi bien que l'utilité de la confrontation nous ont fait penser qu'il fallait écarter cette solution. Encore faudrait-il ne pas y perdre la qualité du professeur.

La deuxième solution est celle que nous venons d'instruire ces derniers jours et qui consiste pour Yves à quitter Paris et à aller faire une année de philosophie au lycée de Briançon. Quitter Paris, je pense en effet que ceci peut être considéré par Yves comme un gros avantage, une rupture d'habitudes pouvant l'aider effectivement à une sérieuse reconversion d'activité. Je pense aussi que le climat qui l'attire et les perspectives que ce climat peut offrir pour son développement physique et pour ses distractions personnelles sont des éléments très favorables à la solution actuellement adoptée par Yves. Je me suis acharné au cours du voyage à trouver une solution d'installation qui ménage les différents points de vue que j'ai exposés en préambule et à cet égard il n'y a pas de difficulté.

Restent deux problèmes : celui de la qualité du professeur de philo et celui d'impossible isolement intellectuel d'Yves à Briançon. Au point de vue du professeur, j'ai eu la chance de pouvoir m'entretenir avec elle. Il s'agit d'une jeune fille qui semble avoir une quarantaine d'années. Elle a été visiblement frappée d'une difformité physique importante, ce qui ne l'empêche pas d'avoir un accueil ouvert. C'est certainement une personne qui a l'esprit très actif. Elle semble avoir acquis aussi la confiance de certains de ses élèves et avoir eu des résultats acceptables au baccalauréat. Je demeure cependant effrayé de ne pas en savoir davantage, puisque finalement tout repose sur son enseignement et sur la façon dont elle saura le compléter ou l'adapter au cas particulier d'Yves, en particulier de son âge.

Prendre la solution Briançon est donc prendre un risque considérable sur ce point de vue. Si Yves confirme sa décision, cette décision sera respectée, mais je tremble à la pensée que l'avenir de mon fils est un peu aveuglément ainsi confié à cette personne. Je me méfie terriblement des réactions des vieilles filles professeurs. Pour certaines d'elles leur isolement les a conduites à une grande générosité ; pour d'autres, au contraire, elles ont beaucoup de mal à respecter la mesure. J'aurais mieux aimé évidemment avoir plus de garanties que je n'en ai en ce qui concerne ce professeur.

Il y a un autre point qui m'inquiète dans la solution Briançon, c'est la question d'isolement. Je crains qu'Yves n'y voit un remède à l'oppression de sa famille et un remède au climat qui règne dans notre maison. Je ne sais pas si dans l'état actuel des dispositions que nous avons à cet égard ce n'est pas une sorte de fuite inutile. Je regrette profondément que dans cette période-là je ne puisse être en mesure, comme je le souhaiterais, d'apporter à Yves le concours personnel que je pourrais certainement lui donner. Encore une fois, si la solution Briançon est choisie, elle le sera avec mon accord et avec mon concours. Mais je pense que cette décision doit être confirmée par Yves tout seul, après avoir donné à une troisième solution une considération de quelques heures suffisante.

Cette troisième solution a été de faire admettre Yves dans un grand lycée littéraire qui a l'habitude d'avoir dans ses classes de la graine de ce que l'on appelait autrefois la « première supérieure », de la graine de futurs agrégés ou de futurs candidats littéraires à l'Ecole d'administration.

Ce que je cherche dans cette troisième solution c'est uniquement la qualité certainement très grande du cours dont Yves pourrait bénéficier, la qualité aussi de la confrontation et enfin les possibilités à peu près sans limite qu'offre Paris pour approfondir les études de l'année prochaine s'il restait effectivement de l'activité libre à Yves.

Certes le côté physique souffrirait par rapport à la solution de Briançon. J'offrirais cependant bien volontiers à Yves qu'il aille pour toutes ses vacances scolaires, sans considération d'obligations familiales, où il le voudrait pour les sports d'hiver ou ailleurs, pour assurer ce contact avec le soleil et ce renouveau physique qui est certainement un élément important à considérer.

En ce qui concerne l'activité auxiliaire dont il aurait besoin entre les vacances scolaires, Paris peut lui offrir des possibilités de caractère physique que je lui propose de choisir sans considération de frais ni de préférences personnelles. Si Yves voulait y joindre une activité latérale de caractère artistique, j'ai également des propositions à lui faire : des crédits par exemple à mettre à sa disposition pour rechercher des objets de valeur, pour améliorer son installation, celle de la maison ou sa bibliothèque.

La raison de ma préférence pour cette solution réside essentiellement dans l'absence de risques qu'elle comporte au point de vue de la valeur de l'enseignement. Mais elle tient aussi au fait que je suis disposé à donner à Yves le meilleur de ma pensée et de mon expérience pour tirer parti de la situation et non pas la subir et pour, dans le cadre des directives qu'il aura choisies lui-même, lui accroître les chances de succès.

En terminant je dois souligner un point qui aurait dû en fait constituer le 8e des éléments à prendre en considération dans le climat d'examen des différentes solutions. Une des raisons des échecs d'Yves est certainement constituée par le fait qu'il a donné dans une mesure qu'il ne réalise pas lui-même le meilleur de lui à ses essais d'écriture d'œuvres personnelles.

Il ne faut pas juger en cette matière par le nombre d'heures affecté à ces travaux, mais par l'intérêt qu'on leur porte et par la passion que l'on y met, surtout si celle-ci est exclusive.

En fait, je pense qu'Yves, qui ne prenait pas d'intérêt aux études qui lui étaient proposées ou même à celles qu'à titre de compromis il avait acceptées, réservait à une activité qui n'aurait dû être à cette époque de sa vie qu'accessoire pratiquement tout l'intérêt de sa vie intellectuelle.

A ce moment-là il faut se souvenir d'un grand principe : on ne donne le meilleur de soi-même qu'à une chose, les autres doivent se contenter de ce qui reste de capacité à notre pensée et ceci n'est pas lourd, surtout si on se réfère à des matières que l'on doit comprendre, approfondir et enregistrer.

C'est pour cela qu'une des raisons essentielles du choix sur les modalités devra être la chance plus ou moins grande que donne la modalité choisie à Yves de considérer les études de philosophie prises sous leurs aspects scolaires et classiques comme dignes du meilleur de lui-même l'année prochaine.

## 58. Le pont du Diable

Sitôt arrivés au sommet de la montagne, ce 24 septembre 1960, le soleil bascule déjà, Yves a suivi Fabrice, sans cesse distancé, n'osant pas lui demander de renoncer à aller jusqu'en haut, un alpage en cachant toujours un autre, puis le roc, couloirs d'éboulements, et le sommet, Fabrice regarde Yves « tu es fatigué ? » Yves ne sent plus ni ses pieds ni ses jambes. Il enfile et ferme son anorak. Il a froid, brusquement. Tout autour de lui, pics et glaciers, neiges éternelles, les vallées comme des tranchées, crevasses d'ombre, ciel net, soleil blanc, Fabrice murmure « dommage, faut qu'on rentre tout de suite, sinon je vais être en retard. Et comme c'est le premier jour de sortie ! » Exclamation. Il rit, donne un coup de poing à Yves « dis que tu es fatigué ! » poing de glace, un bleu au bras ? Yves se souvient d'un « petit cours » de français, en classe de quatrième, à Pasteur. Le professeur lui avait fait remarquer que, dans ses essais de romans, il ne décrivait jamais le visage des autres. Il fallait, disait-il, « des mots pour les traits sinon le lecteur ne peut pas se figurer les personnages ».

Yves est à Briançon depuis huit jours. Dans sa chambre, à la Fresnaye Haute, chez monsieur et madame Sentis, il s'est recréé un cadre familier. Dans la malle-cabine qui avait fait le voyage de noces de ses parents aux Etats-Unis et qui portait encore les étiquettes du paquebot *Ile-de-France*, Yves a fait venir de Paris les deux tapis qui se trouvaient dans sa chambre, des livres, un tableau rapporté de Grenade, représentant un Christ assis, nu, pensif, et derrière un mur des pharisiens qui l'observent, et des objets usuels, assiettes, couverts, serviettes, draps, et surtout cette pierre sculptée, cadeau de Nehru à son père, représentant une déesse du sourire et dont René lui avait fait don « pour ses vingt ans », quelques jours avant le départ. Le cadre recréé, Yves s'était lancé à la découverte de la ville, la vieille ville, avec ses fortifications, ses ponts-levis. Au lycée, lycée mixte, il était « le plus vieux de tous ceux de terminale ». Dans la classe de math élém, il n'y avait que des garçons et une fille. Fabrice était le chef et le charmeur de cette classe. Pensionnaire au lycée d'altitude depuis plusieurs années, il était l'ami de toutes et de tous, le protecteur des plus jeunes aussi, mais cette ambiguïté ne faisait que l'amuser. Tout entier livré à une image de lui-même qu'il façonnait constamment pour atteindre cette pâle perfection qui épatait, il fit, dès le premier jour, irrésistiblement, entrer Yves dans le jeu de ses charmes. Mais Yves savait que toute peine, avec celui-ci qui survenait, était perdue d'avance. Il n'aima en Fabrice que sa manière de mener ce jeu qu'il croyait partagé : Yves ne le décrira pas. Dans la mémoire d'Yves, Fabrice a le visage lisse. Il était trop beau, et ne cherchait dans le regard des autres que sa propre image.

Dans la classe de sciences ex, il y avait moitié filles et moitié garçons, et en classe de philo, des filles et seulement trois garçons. Les élèves de terminale vivaient entre eux. Marie-Antoine, le professeur de philo, les avait déjà reçus tous ensemble, chez elle, une fois. Yves regarde le panorama. Fabrice vient de le prendre en photo avec un petit appareil qu'il avait tenu caché dans une pochette à glissière attachée à sa ceinture « je t'ai eu, hein ? » Fabrice se met à dévaler, sautant de pierre en pierre. Il déboule, glisse, ne tombe jamais, fait signe à Yves de le suivre « on a moins d'une heure ! » Yves se jette à sa suite. Pour cette course du retour, il se sent suspendu au ciel. Les alpages, puis la forêt : Fabrice descend droit dans la vallée. Puis des prés, des murets, un pont sur un torrent. Les premières maisons sont en vue. Fabrice fait signe à Yves, de loin « tu ne peux plus te perdre, à demain ! »

Fourbu, courbatu, ivre, sensations physiques qui accompagnent ou provoquent si souvent le sentiment de frustration, Yves, de retour dans sa chambre, chavire tout habillé, sur le lit, et s'endort comme on s'évanouit. Entretenir la souffrance, c'est tenir en éveil la conscience, la confiance et le doute, tour à tour tout ce qui conduit non au malheur préhensible mais à la vérité, ce heurt. De la fenêtre de sa chambre, Yves verra chaque matin, pendant dix mois, face à lui, au-dessus de l'autre versant de la vallée, bloquant l'horizon de l'ouest, cachant le soleil couchant, cette montagne au sommet de laquelle Fabrice l'avait emmené le jour de ses vingt ans. De la photo, il n'aura jamais que le tirage de la planche de contact, petite photo du format d'un timbre-poste. Fabrice oubliera toujours de la faire développer. Cette photo-là n'avait d'importance pour Yves que celle du panorama. Un sentiment de froid aussi. Le froid retrouvé et une âme. L'exil, c'était Paris.

Puis il y eut la neige et ces visions de ville morte, endormie, le soir, après le dîner, quand Yves sortait de cette maison, à mi-chemin de la ville basse et de la citadelle, où il prenait tous ses repas en compagnie d'une employée de la Caisse d'épargne, célibataire, jamais un mot échangé ; d'un comptable quinquagénaire qui ne lisait que *Le Chasseur français* et ses petites annonces ; d'une jeune coiffeuse et d'un vieux couple, à la retraite, qui tenait à être servi en premier et qui tardait après le repas : chez eux le chauffage marchait mal. Madame Garcia faisait la cuisine, grosse bonne femme aux mains grasses qui s'épongeait continuellement le front avec son tablier et qui était la seule à rire des blagues d'Yves quand Yves se hasardait à en faire. Chacun s'observait et se demandait pourquoi l'autre était là. Vies ratées ? Après le dîner, Yves se promenait dans la ville du bas. Des pas dans la neige. Trottoirs verglacés. Lumières électriques. Maisons aveugles. Un cinéma où il allait voir tous les films, n'importe lequel. L'écran et la projection seuls comptaient. Mais à l'entracte, jamais aucun regard échangé avec un des spectateurs. Ou la ville du haut, ses ruelles étroites, ses fontaines chargées de glace. Puis Yves rentrait. Ville morte, au carrefour de trois vallées, sur un piton, bastion, remparts. La voie de chemin de fer s'arrêtait là. Et quand Yves arrivait à la Fresnaye Haute, monsieur et madame Sentis s'étaient déjà retirés dans leur chambre. Le lendemain matin, avant de faire chauffer l'eau pour le thé du petit déjeuner dans son cabinet de toilette, Yves irait allumer le chauffage de la maison, aller et retour à la cave, le temps d'appuyer sur un bouton, escalier de bois à échardes, bois de pin, décapé, une austérité, et l'air gelé du matin. Allumer le chauffage, dans cette maison, ne lui déplaisait pas.

De sa classe de philosophie, Yves ne retiendra que la passion obstinée de Marie-Antoine, le professeur, pour le *Traité du caractère* de Mounier. En assurant continuellement ses élèves de sa sereine impartialité, traitant avec une passion de dentellière de « toutes les philosophies au programme », Marie-Antoine en revenait toujours à Mounier. Mounier ? La revue *Esprit* ? Le renouveau de la pensée chrétienne ? Yves transcrivait scrupuleusement les cours mais ne se mit jamais à penser. Intuitivement et d'instinct, il ne voulait pas jouer le jeu de cette pensée enseignée sur des bancs, ramenée à des tendances, des modes, un savoir, et à tout un langage usant de mots empesés. Cette mathématique de l'esprit, cette mise en équation du matériel et du spirituel lui paraissait suspecte. Thèse, antithèse, synthèse : comme tout cela était fragile, mesquin, dangereux si l'on se hasardait à ne pas écrire ce qu'il était convenu d'écrire, si l'on prenait le risque de se dire. Le sentiment personnel ne devait pas apparaître. Toute cette littérature de la pensée gommait l'être en affirmant le sauver, et ouvrir des voies. Tant de vérités. Jeu de systèmes. Jamais la vérité. Yves se souvient des sujets. *Qui fait la Loi ? Le passé est-il nécessairement inactuel ? L'unanimité est-elle un critère de vérité ? La mort est-elle pensable ? La nécessité de produire s'oppose-t-elle nécessairement au désir de créer ?* Kant et la liberté de pensée, Aristote et l'égoïsme, Malebranche et la raison universelle, Descartes et la définition du Beau, Hegel et le rapport entre la pensée et les mots : le savoir réduit à l'état de monnaie. Rien. Yves ne voulait pas de cet échange-là.

Et Yves eut peur. Peur de rater aussi ce bac-là. En mathématiques et en physique-chimie, pour la quatrième année consécutive, il dut suivre les mêmes cours. Comme tout cela lui était étranger, inhabité, parce que d'ores et déjà démontré. Le professeur d'anglais, hystérique, craignait le chahut, arpentait la classe en donnant des coups de poing sur la table. En cours d'espagnol, ils n'étaient que trois élèves. Les deux autres apprenaient encore leurs conjugaisons. Et Marie-Antoine, être chaleureux, généreux, passionnée par ses élèves jusqu'à la dévotion et au renoncement, en affirmant le droit de chacun de penser librement, inconsciemment, ou sciemment et avec amour, imposait l'éthique vaguement progressiste de Mounier. Et tout revenait à ce Mounier-là.

Yves cet hiver-là refit souvent le même rêve. Il se retrouvait avec Adrienne aux magasins du Louvre une veille de fêtes de fin d'année. Etrange impression de rêve en culottes courtes. Adrienne le tenait par la main pour ne pas le perdre et le conduisait au dernier étage du magasin, dans une pièce sombre où il n'y avait que des enfants, assis, levant la tête vers un théâtre miniature dans lequel, vivement éclairées, en costumes bariolés, se heurtaient des marionnettes. Adrienne l'abandonnait là « je viendrai te reprendre dans une heure. Je vais faire des achats ». Comme sa voix était blanche, dans le rêve. Et Yves, assis au dernier rang, en bordure de banc, les mains sur les genoux, écoutait les autres enfants hurler le nom de Guignol comme un « au secours ! » et rire de qui était battu, et surtout les voyait pointer du doigt le méchant. Ils dénonçaient, criaient « il est là ! » « il est là ! » L'école de la délation. Et Yves ne pouvait pas partir parce que Adrienne lui avait dit de rester là. Il baissait la tête, se cramponnait à ses genoux, les ongles dans la peau, se mordait les lèvres, fermait les yeux, taisait en lui un cri

« arrêtez ! » et ce cri maté, contenu, devenait douleur, douleur pointue, profonde, un poignard dans la tête. Les enfants hurlaient et Yves, secoué, comme jeté par le rêve, se réveillait par terre, au milieu de la chambre, transi, le front contre le parquet à échardes. Son corps entier ne répondait plus à la commande des gestes. Il avait comme des sabres dans les bras, dans les jambes. Il ne sentait plus ses mains. Il lui fallait alors, conscient du fait que le rêve venait une fois encore de s'emparer de lui, reprendre petit à petit sa respiration, maîtriser les tremblements, froid du dehors et froid du dedans. Puis, calmé, rouler sur le tapis et, sur le dos, bras en croix, petit à petit, masse inerte, retrouver la commande de chaque geste, comme si son sang se mettait de nouveau à couler dans ses veines. La crise, après ce rêve, durait plus d'une heure, près de deux. C'était toujours au milieu de la nuit. Et quand Yves pouvait enfin se lever, c'est un théâtre de Guignol qu'il avait dans la tête et des enfants qui le pointaient du doigt. Il buvait un verre d'eau, s'aspergeait le visage, enfilait de grosses chaussettes, un pull-over, refaisait son lit, s'y glissait et, sur le dos, fixant le plafond, attendait que le réveille-matin sonne. Yves se sentait dénoncé. Paris l'accusait.

Dans la ville erraient des chiens abandonnés par les bergers à la fin de l'été. Il s'en trouvait toujours un pour suivre Yves, fidélité de l'instant, gueule basse. Et Yves, talonné, savait qu'il ne devait ni caresser ni regarder la bête car cela eût signifié l'adoption. Yves alors oubliait de regarder le paysage. Et si la bête insistait, il se tournait et lui disait « va-t'en ! » Il criait « va-t'en ! » les yeux fermés, plusieurs fois. Certains passants ne comprenaient pas la scène. Yves attirait ces chiens-là. A chaque fois, c'était le déchirement. C'était toujours Tu, le chien d'Evolène, l'ami du premier refus. Ce chien qui avait couru derrière la voiture. Un jour de chute de neige, un chien suivit Yves. Il avait envie de jouer et Yves fit une longue promenade avec lui. Ils roulèrent ensemble dans la neige. Le chien bondissait de joie. Au retour, Yves s'arrêta chez un boulanger de la ville basse, acheta deux chaussons aux pommes, deux petits pains et deux barres de chocolat et partagea ce goûter d'enfant avec le nouvel ami. Le chien, affamé, mâchait ce qu'il mangeait. Il prenait son temps. Pas comme Pantalon I ou Pantalon II, chiens gavés. Il ne mendiait pas. Il attendait, bien droit et à bonne distance, qu'Yves lui donne quelque chose de plus. Et ce fut un bien beau repas. Mais quand Yves se leva, le chien remua la queue. Yves le caressa en murmurant « va-t'en maintenant, je ne peux pas te garder avec moi ». Le chien lui lécha la main. Yves reprit quand même le chemin de la Fresnaye Haute. Le chien le suivait, il le savait. Le chien voulut entrer dans la maison. Yves se sentit coupable vis-à-vis de madame Sentis qui l'avait prévenu. Le chien coucha devant la porte. Le lendemain matin, il accompagna Yves au lycée. A la sortie du lycée, il était là. Et ainsi de suite quelques jours. Ils prirent l'habitude d'aller chez le boulanger. Yves se plut à ne lui donner aucun nom. Leur liaison dura jusqu'à la première nuit de grande chute de neige. Le lendemain matin, le chien n'était plus là. Dans les jours qui suivirent, Yves se surprit à l'attendre, à le chercher partout, à le voir quand ce n'était pas lui. Non. Il était perdu. Yves n'alla plus jamais dans « leur boulangerie ». Comme la philosophie était ennuyeuse ! Toute cette pensée déjà formulée. Pour Yves comptaient seulement l'instant à venir, le lendemain, la présence des montagnes, le vent des vallées, la rumeur des torrents et les possibles rencontres.

Yves, pendant ces dix mois, ne quitta jamais Briançon. Il ne rendit pas visite à l'oncle Gabriel, à Gap, qui de son côté ne l'invita pas, par peur, sans aucun doute, de donner un triste exemple aux enfants de son second mariage, dont Xavier, ni ne fit le voyage de Paris pour revoir ses parents. Une fois par semaine, il leur écrivait, *Chers parents...* Il tenait à s'adresser à eux deux, ensemble. Entité. Ses lettres étaient banales, d'esprit rangé, toujours confiantes, de pures lettres insignifiantes. Seule Adrienne répondait, parfois, lettres sans points ni virgules ni majuscules carrées, écriture constamment ronde et caressante, inventaires de petits faits du quotidien, sa musique, nulle flagrance et surtout aucun aveu de souffrance. A les relire, Yves cherchait vainement le mot qui aurait pu la trahir, un emploi de temps, une conjugaison, mauvais accord, ou une hésitation dans le graphisme. Mais Adrienne avait atteint cette profondeur d'elle-même où plus aucune étourderie ne la signalait à qui que ce soit d'autre, pas même à elle-même. En public d'amis, René avait pris l'habitude de lui reprocher indirectement, art subtil de l'allusion qu'il s'était mis à manier pour ne pas avouer ouvertement sa rancœur, d'avoir compromis, elle, Adrienne, en n'étant pas à sa hauteur, sa nomination de ministre. Il disait aussi et sans humour « tu ne m'as dit qu'une seule fois oui : le jour de notre mariage ». René était alors le seul à sourire.

Souvent, en fin d'après-midi, Yves se rend tout en haut de la citadelle, sur l'immense terre-plein entouré de casernes désaffectées. Nul ne va jamais plus là. Dans le tapis de neige, intact, de pas en pas, Yves dessine de grands cercles concentriques. Puis il franchit la double porte de l'Est et le pont-levis. La vallée, vers l'Italie, à cet endroit, n'est qu'un ravin, gorge profonde, et, tout au fond, les eaux vives de la Durance. Une route étroite descend vers un pont qui, d'une seule arche, franchit le ravin : le pont du Diable. A chaque fois, Yves s'arrête net, à l'entrée du pont, saisi de vertige, n'osant pas traverser. Lieu de fascination. Et il revient toujours avec un désir renouvelé de se maîtriser mais, plus il s'approche, plus les forces créées en pensée s'estompent et plus le corps, tremblant, commande l'arrêt, au risque de l'évanouissement.

Un dimanche de décembre. Yves n'est pas allé skier avec Fabrice et deux ou trois de ses amies. Dans la ruelle qui conduit au haut de la citadelle, un soldat le devance et l'entraîne. La caserne des chasseurs alpins se trouve dans la ville du bas. Y sont cantonnés, pour des périodes de repos, des Algériens qui se battent en Algérie sous uniforme français. Les bars de la ville leur sont interdits. Ou bien n'ont-ils jamais osé y entrer. Yves a croisé le soldat au carrefour du Casino, l'autre cinéma de la ville, à mi-hauteur de la chaussée qui relie la ville du bas et la ville du haut. Le soldat a évité son regard. Donc Yves le suit. Le terre-plein. La double porte de l'Est. Et la descente vers le pont du Diable que le soldat franchit calmement, sans s'être retourné une seule fois pour vérifier si Yves le suivait ou pas. Et, invité, Yves traverse, retenant son souffle, clignant des yeux pour ne rien voir ni à gauche ni à droite, se dominer, aller. De l'autre côté du pont, heureux, reprenant son souffle, tapant et soufflant dans ses mains pour les réchauffer, soleil d'aiguilles, et réverbération de la neige, neige vierge, Yves place ses pas dans les pas du soldat. Haut, loin, dans le bois à flanc de ravin, le soldat l'attend contre le tronc d'un sapin. Mi-gitan, mi-algérien, il porte une alliance et se laisse faire, bras croisés. Pas un geste, pas un regard. Il se cambre avec fierté et désespérance. Quand Yves veut l'embrasser, il n'ouvre pas les lèvres, dents serrées. Il ferme les yeux. Ce n'est pas ce qu'il attend. Et quand, quelques instants plus tard, Yves se relève, frottant ses genoux, il voit des larmes sur les joues du soldat. Ce n'était peut-être que le vent, la lumière, le soleil, l'air vif, ou bien ?

Le soldat rebrousse chemin. Yves attend un moment. Mais brusquement la peur d'avoir à retraverser le pont l'envahit. Il ne doit pas perdre de vue le soldat. De grandes enjambées dans la neige. Il voudrait le rattraper, lui expliquer, lui demander, traverser avec lui. Mais quand il arrive au pont, le soldat est déjà de l'autre côté. Yves traverse, tombe, se redresse, éblouissements, suffocation, le vide en dessous, une seule arche : le soldat disparaît dans la citadelle. Yves parvient à l'autre bout du pont et tombe, à plat, les bras le long du corps, le front dans la neige. Il restera ainsi inerte, conscient, déterminé, abattu. La réalité est plus romancée que le roman. Yves reviendra au pont du Diable mais pour apprendre à le franchir seul, sans avoir peur du vide. Qui donc autre que lui-même pourrait savoir et dire que cette année-là la traversée de ce pont-là constitua un plus grand exploit dans sa vie que tous les cours de philosophie ?

Peu avant Noël, à l'initiative d'Yves, les élèves de terminale se retrouveront tous, un dimanche après-midi, à la Fresnaye Haute, chacun apportant un cadeau nominatif et deux cadeaux anonymes. Ce fut une fête autour de Marie-Antoine et de monsieur et madame Sentis. Chocolat chaud, brioches, cadeaux dans de grandes hottes, discours ubuesques adressés au « professeur de philo », chants, Yves se mit au piano puis raconta des histoires drôles. Ils avaient même acheté de la cire pour nettoyer le parquet du salon et du couloir d'entrée après leur départ. C'est ce détail-là qui invite Yves à noter ici cet événement-là, apparemment peu important : après la fête, il fallait toujours, tout de suite, tout nettoyer. La fête ne devait pas laisser de traces.

Yves reçut une lettre de Carlo qui venait d'émigrer au Mexique. Calle Obrero 100, Mexico City. Après avoir écrit ses premiers romans en italien, quelques autres ensuite en français, il allait désormais écrire en espagnol. Et Yves lui répondit dans cette langue. Yves reçut aussi une lettre de la comtesse de Racole-Boches. Elle annonçait qu'elle entrait dans un plus grand appartement donnant sur le Luxembourg et qu'elle pourrait enfin recevoir tous ses amis. Elle disait qu'Yves « leur » manquait beaucoup et que la mort de Gauthier était « insupportable ». Mais à la lettre convenue et fort bien tournée du second, Yves préférait le message fiévreux, quasiment illisible de l'ami Carlo. Yves écrivit trois versions du roman *Le Dialogue*. Mais ce roman, sans intrigue, l'inquiétait. Cette longue conversation n'était que la suite personnelle et maladroite de *La Chute* de Camus : un roman n'a pas une fin. Il crée et creuse des souterrains, ceux-là mêmes qu'il faut emprunter pour vivre ses rêves et surtout vivre sa vie : au bout du pont du Diable, Yves est tombé comme un arbre, les bras le long du corps.

Plusieurs fois Fabrice conseilla à son meilleur copain, José, de rendre visite à Yves, le soir, dans sa chambre. José était « pion » en même temps qu'en terminale et avait le droit de quitter le lycée. Mais Yves n'osa jamais aucun geste vers José parce que Fabrice « l'envoyait ». Cette quête du spontané, d'autres, pour moquer Yves ou pour ne point se démasquer, la nommeront « désir d'absolu ». Yves taisait l'explication. Le spontané pour les autres était considéré comme une exhibition.

Yves, en promenade, longeait les sanatoriums, croisait les malades qu'il reconnaissait uniquement à leurs regards flous et à la blancheur de leurs mains. La main d'Adrien dans la maison des Promenades, le jour du partage des meubles. Yves préférait aller skier seul. Mais petit à petit, c'est à son bureau qu'il préféra se tenir. Le bureau devant la fenêtre. Et sur le rebord de la fenêtre, du riz, dans la neige, pour les oiseaux qui venaient par deux, trois et même dix. Et ce n'était jamais la bagarre. Yves les observait. Où vivaient-ils ? Et à l'horizon, la montagne du premier dimanche. Fabrice était devenu l'amant d'une surveillante du lycée. La rumeur circulait qu'elle attendait un enfant de lui. Est-ce cet enfant qu'Yves verra, un soir de novembre 72, flanqué de son père, inchangé, sourire de champion de tennis, sur le palier devant sa porte « tu me reconnais ? Lui, forcément, tu n'as pas eu le temps de le voir naître. Alors, tu as enfin publié un roman ? Je peux entrer ? Si tu savais comment j'ai eu ton adresse... » Il parlait. Son fils avait déjà l'âge de ceux que Fabrice protégeait au lycée. Yves ne saura jamais ce que peut être un enfant. Il ne peut avoir d'autre enfant que lui-même. Je suis le père de l'enfant que je fus.

## 59. L'éclipse

Très tôt le matin, il fait encore nuit, Yves quitte la Fresnaye Haute, descend le chemin de la Tour, emprunte la route qui mène droit, à flanc de coteau, au carrefour du Casino. Là, il rejoint des groupes silencieux qui se dirigent vers la ville du bas. Certains pensionnaires du lycée, parmi les plus jeunes, font des glissades sur la chaussée mais ils ne crient pas. Lumière électrique, fantomatique. Le paysage de la nuit est glacé. Il fait un froid de poignard. Certains se parlent, mais en murmures. Bientôt, ils longent la gare, traversent la Durance, et se dirigent vers l'autre versant de la vallée. Il faudra marcher pendant une heure au moins. Tous sont endormis, endoloris par le froid, emmitouflés, bonnets, cache-col, parkas et grosses chaussures de neige, le bout du nez gelé. Ils s'observent sans rien dire. Peur et ferveur animent ce cortège. Le milieu de la nuit n'étant qu'une excuse au silence observé par chacun. Personne ne se tient par la main, aucun couple ne se donne le bras, des familles en file indienne, le père, puis les enfants et, en dernier, la mère, tout cela ressemble à une procession. Yves se souvient de soirs de Noël quand ils descendaient du col de Vars au village de Sainte-Catherine pour assister à la messe de minuit. Le paysage était le même. L'odeur de nuit était aussi forte, animale et végétale, odeur de roc et de bergeries. Mais le silence était plus doux : au bout du chemin, il y avait une église, un poêle qui enfumait et faisait tousser ceux qui osaient chanter *Il est né le divin enfant*. Mais là, les pèlerins de la nuit n'avaient rendez-vous qu'avec le dieu premier : le soleil. Pendant quelques jours, à Briançon, deux clans s'étaient formés : celui-ci des moqueurs de l'événement, des paresseux de l'oreiller, et celui-là des curieux, anxieux du phénomène si rarement observable. Il y avait aussi, ni d'un clan ni de l'autre, ceux qui prétendaient simplement ne pas vouloir attraper froid. La gendarmerie avait fait publier dans la presse locale un « avis aux automobilistes » leur déconseillant d'emprunter leurs véhicules pour se rendre aux possibles points d'observation, les cols étant fermés et pratiquement toutes les routes interdites.

Une lumière se lève, faible, montagnes de cristal. Yves se laisse distancer. Dans les lettres d'Adrienne et dans celles, plus rares, de ses frères, une sensation se glisse entre les lignes, non dite, comme s'il était dangereux de l'exprimer : ils pensent tous, dans la famille, qu'Yves vit cette année-là avec amertume. Comment pourraient-ils savoir qu'en fait, constat, il ne conçoit ni rancœur ni joie, et que son enthousiasme est calme, grave sa sérénité ? Yves mesure au fil des jours l'espace d'une solitude à laquelle, voué, il se voue. Celle peut-être, immuable, identique, du berceau, et de derrière les barreaux. Il sent plus que jamais, comme il l'a dit et écrit à son père, que *la distance est la seule et unique preuve d'affection* et que le détachement n'est qu'une forme plus aimante encore d'attachement. Rien n'arrache vraiment jamais. Au lycée on le dit ténébreux, et capable d'être drôle par moments. Mais sa vérité n'est ni de ténèbres ni de rires : Yves apprend l'isolement. Et les souvenirs de rencontres, ce qu'il appelle son « carnet de bal », Peter, Eloy, Javier, Horst, Panos, Ange, le jeune homme de Dresde, ne sont là que pour marquer de plus en plus précisément son territoire de solitaire. Les souvenirs d'Elie, de monsieur Edouard, de monsieur Bing et de don Francisco aussi : cette manière qu'ils avaient tous de lever la tête vers le soleil et de ne pas cligner les yeux, éblouis. Ils faisaient front. Yves sentait plus que jamais l'inutilité des spectacles et des exploits. Nul « splendide isolement » non plus pour ceux-là qui croient qu'il a « fui Paris ». Paris est là, en lui, dans sa gorge, comme une boule, Paris est au bout de ses doigts, l'empêchant d'écrire ce qu'il a besoin d'écrire : l'ordinaire grandeur de sa vie. Yves a aussi un village à la place du cœur, Vétheuil, ses planeurs, cette odeur de pelouse fraîchement tondue, ses baignades désormais interdites, ses champs d'orties et de bleuets, ses coins à morilles, dans les bois, et cette table, devant la fenêtre de la chambre, sur laquelle il a écrit son premier roman. Tout cela, ce matin-là, en route, distancé, Yves se le remémore sans rien cerner. Rien de la mémoire n'enferme. Elle ne peut qu'inviter à ne pas se livrer aux comportements mensongers qui épatent et créent les vogues. Un seul être est à lui seul toute une histoire de l'humanité. Et pour ce dire, exprimer et témoigner, il ne lui faut que veiller à être constamment ce qu'il est, ne jamais prendre le risque de devenir ce qu'on voudrait qu'il fût. Tout cela, Yves le notera, après l'eclipse, de retour à la Fresnaye Haute. Tout cela, Yves le notera toute sa vie et jamais l'expression inscrite ne le satisfera pleinement. Yves apprend l'insatisfaction.

Au-dessus d'un hameau, tous se sont arrêtés, groupés comme s'ils avaient peur, petits, humains, rien. Yves, lui, continue à marcher au-delà, un monticule en cache un autre, le jour s'est levé, et quand il se trouve, bien plus haut, seul, au vu de personne, debout, car il veut voir l'éclipse debout, il s'arrête et se tourne vers les montagnes de l'est : le soleil pointe au-dessus des pics, se détache, jette ses flèches de glace. Et tout se passe très vite, ... *une pleine lune et un plein soleil pour un plein obscur de quelques secondes, autres nuits, autres ombres, car dans cette nuit-là les ombres sont comme phosphorescentes ; nuit pailletée de quartz, nuit pour l'éclat des micas et des schistes, nuit à faire frémir les granites et les neiges éternelles. Une nuit et une clameur. Non pas celle des humains, ils sont là, en contrebas, mais clameur des brebis, des vaches, des juments, des mulets, des ânes et des chèvres, clameur dans les bergeries, cris assourdis des bêtes domestiques se mêlant aux hurlements des bêtes sauvages, l'isard, le lynx, l'ours, le chat sauvage, le bouquetin, la marmotte, le renard, le blaireau, le sanglier, tous, ils hurlent tous à cette nuit de quelques secondes, à cette lumière noire, brusque, contrariante. J'ai l'impression quelques instants que l'air est doux, velouté, caressant... Ce cri qui a commencé à se lever au moment où la lune a entamé le soleil s'amplifie, grandit, devient immense, comme s'il voulait emplir la voûte céleste, comme s'il devait être entendu par la terre entière. Cette nuit-là de l'éclipse, je la respire encore. Elle est mon souffle. Ce cri-là, je l'entends, comme une origine, au tout début de toutes les musiques... Puis le cri se fait plus aigu encore, à l'unisson, à ce dixième de seconde où la lune masque totalement le soleil. J'ai l'impression que la terre va se décrocher, tomber dans le vide, comme une pierre, tournebouler... Puis très vite, comme un mouvement de chute précipitée, la lune se détache du soleil, la clameur des bêtes se fait plus grave, le soleil de nouveau jette ses flèches, une lumière habituelle redessine le paysage, tout revient dans l'ordre... Alors et alors seulement, les humains, en contrebas, se mettent à applaudir. Ils poussent de stupides cris de joie... Je porte en moi un soleil et une clameur. Je vis où je m'attache, page 93.*

Peu avant les vacances de Pâques, et pour préparer la venue d'un conférencier invité par le Cercle d'études du Briançonnais dont Marie-Antoine est l'animatrice, Yves monte en dix jours, avec des élèves de terminale, un spectacle Ionesco, lecture jouée, en costumes et en décors, chaque garçon et chaque fille gardant son texte à la main.

Plusieurs salles de classe se trouvent vidées de leurs estrades qui, dans le gymnase du lycée, composent une scène. Yves pille le grenier de la Fresnaye Haute : bancs, fauteuils, vieille radio, guéridons, lampes à abat-jour fanés, valises au rebut, et même une horloge folle dont la plus grande aiguille tourne à vue d'œil alors qu'Yves, derrière le décor de *La Cantatrice chauve,* sonne les heures précipitées mentionnées dans le texte. Puis des extraits du *Nouveau Locataire :* Yves joue les déménageurs avec Fabrice. Ils portent en scène tous les objets qui submergent petit à petit le héros de la pièce, houspillé par sa concierge. En seconde partie, *La Jeune Fille à marier :* José joue la jeune fille, bel éclat final. Et pour clore le spectacle, le discours de la mère Pipe dans *Tueur sans gages.* Yves, travesti, fait la mère Pipe. Et les notables de la ville, sous-préfet, maire, député, docteurs, directeurs de sanatoriums, colonel et commandant de garnison, conseillers municipaux, n'étant pas venus, par indifférence ou suspicion, le premier soir, il fallut donner, à la demande du proviseur, une seconde représentation le lendemain. Les rires officiels ne furent pas ceux des élèves de la veille. Marie-Antoine, au premier rang, jubilait. Tout s'était passé si vite : Yves venait de revivre la vertu des actions brèves et la puissance du désir d'un seul pour entreprendre un travail collectif. Il fallait surprendre. Comme à la pêche au fouetté, à Vétheuil, avec Jean-Jacques : donner un bref coup de sion et ne pas mettre d'appât à l'hameçon. Ne surtout pas laisser le temps, aux autres, de se figurer dans l'action entreprise en groupe. L'enthousiasme doit désormais être violé. Yves se souvient aussi des applaudissements montant de la salle, ces applaudissements qui scandaient au rythme accéléré des battements de son cœur. Le romancier ne voit jamais son public. L'auteur ne peut jamais entrer dans le théâtre des pages tournées par le lecteur.

Pendant les vacances de Pâques, Yves décide la relecture de tous les cours de philo des six premiers mois. Il passe ses journées dans ce parc abandonné, le long de la Durance, un kiosque à musique, des bancs rouillés, un tracé d'allées et de massifs, des arbres qui ont grandi et qui s'étouffent. Le parc s'achève en étranglement sous le pont du Diable. Quelques sentiers, au-dessus, à flanc de ravin. Là, il fait soleil de midi à trois heures de l'après-midi. Un jour, un enfant blond de dix ou douze ans surgit dans le parc, chevauchant une bicyclette d'adulte, à cadre horizontal, pédalant la jambe droite dans le cadre, contorsion. La première heure, Yves ne le regarde pas vraiment. Il le laisse tourner autour de lui. Ce n'est qu'un gosse. Puis l'enfant passe devant lui une fois, deux fois, si souvent qu'Yves finalement lui adresse un regard. L'enfant répond par un sourire. Yves reprend la lecture de ses cours : rien, pages lisses, à quoi bon, il ferme le cahier. L'enfant pose sa bicyclette contre un banc. Il sourit de nouveau, court vers le sentier, grimpe, se retourne, grimpe encore, attend qu'Yves se lève et le suive. Comme Yves ne bouge pas, il lui fait signe, et repart en escalade. À l'heure où le rideau d'ombre glissera sur le bois, en surplomb du parc, Yves caressera en tremblant, enfin, la joue de l'enfant. L'enfant lui mordra la main et partira en riant, criant, fou, dévalant la pente. Il a simplement dit « j'suis pas une fille ! » De retour dans sa chambre, Yves tombe à genoux, le front sur le parquet. Il sera reçu au bac de philo, « de justesse, et grâce au livret scolaire ». Sur le quai de la gare, personne ne l'accompagnera. Personne. Train de nuit pour Paris.

## 60. La photo de mariage

Sitôt arrivé à Paris, bachelier, enfin, Yves se trouve confronté au problème de son service militaire. S'il ne peut pas avant le 15 juillet, date limite impérative, fournir un certificat d'admission dans une grande école, il doit partir sous les drapeaux, et donc pour l'Algérie. Monsieur Debré a fait peur à son monde, au début de l'année, à la télévision, au moment du putsch des généraux. La guerre continue. Perdue ? Elle continue. Yves se présente au concours d'entrée à l'Ecole des hautes études commerciales du Nord, E.D.H.E.C., qui dépend de l'Institut catholique de Lille. Et ce, uniquement, parce que les résultats sont donnés le 11 juillet. La dissertation française a un coefficient 7 ; 4 en maths ; 4 en physique-chimie ; et surtout 4 en langues étrangères. Le sujet de la dissertation est extrait de la pièce *Antigone* d'Anouilh. La morale d'Ismène. Thèse, antithèse, synthèse : Yves compose un petit bijou destiné à orner la soutane du correcteur qu'il imagine en train de lire sa copie. Dans la synthèse, un zeste de Mounier et, avec un peu de chance, le prêtre progressiste y trouvera un grain de choix. Yves a triché, ce jour-là. Mais le 11 juillet, il est reçu. Sa dissertation a été notée 17,5 et il est le seul à avoir eu la moyenne. Pas de guerre d'Algérie.

François-Pierre vient, lui, d'achever son service militaire dans la Marine. A la surprise générale de la famille, il annonce son mariage avec Dominique, sœur jumelle de Christine. Les deux frères et les deux sœurs. Messe à Saint-Pierre de Neuilly, puis réception. Peu avant l'arrivée des invités, un photographe est là que René a fait venir pour qu'il le prenne en photo avec chacun de ses trois fils, face à face à chaque fois, sa main droite sur l'épaule gauche de François-Pierre, puis de Jean-Jacques, puis d'Yves. Une photo de groupe ensuite. Dans un salon, entre deux portes vitrées, le photographe a placé deux chaises, une pour la mariée, une pour Adrienne. Il met en place son appareil à plaques et attend que le groupe familial se forme. Or, René retire une chaise. Il ne veut pas d'Adrienne sur la photo. Il ne veut que ses trois fils et ses deux belles-filles. C'est Yves qui remettra en place la chaise d'Adrienne et conduira sa mère, lui offrant son bras. Les faits saillants de la mémoire ne relèvent que de la petite histoire. Or, ce fait-là, drame sans dramatique, grave, saillant brusquement, se déroula dans le plus grand silence, chacun ayant peur de provoquer la colère du père alors que les invités arrivaient déjà. Il allait falloir ouvrir les salons. Ils attendaient, dehors, que la photo soit prise. Yves se revoit, remettant la chaise en place, allant chercher Adrienne qui ne savait plus où se tenir dans la maison. Une belle histoire d'amour. Et dans belle, il y a cruelle, et croyance tout autant que beauté et ténacité. Sur la photo, René fixe l'objectif, tête légèrement penchée, un sourire aux lèvres, étrangement doux, contrariété affectueuse. François-Pierre se tient à côté de son père, bien droit, en uniforme, et Dominique, assise, devant lui. De l'autre côté, debout, Christine, puis Jean-Jacques et Yves. Yves presque à l'écart, de trois quarts. D'un geste, il pourrait poser les mains sur les épaules de sa mère, assise devant lui. Elle sourit, elle aussi, faiblement, en regardant l'objectif, tête légèrement penchée. Nul regret. La famille est réunie. Elle est là. Parfois, depuis, Yves interroge la photo : le groupe et les coulisses du groupe. La coulisse de chacun. Tant de tendresse par omission.

Yves part le lendemain pour Oxford où il suivra les cours d'université d'été. Dans la foule des invités, amis des parents, proches des deux familles, intimes, officiels, courtisans, Yves surprend, dans le regard de celles ou ceux auxquels il adresse la parole, comme une ironie mâtinée de frayeur : chacun et chacune vérifient instinctivement si René observe la rencontre. Ils ont tous peur de lui. Yves ne peut entamer aucune conversation véritable : le rôle qu'on veut lui faire jouer, scandaleux, est défini, mesure, dicté par rapport au père. Et René est fâché parce que Yves a « imposé Adrienne ». Yves, au jour de ce chapitre, a noté sur une feuille volante, à côté de sa machine à écrire, bien avant de reprendre souffle, long moment de réflexion avant de pouvoir faire cliqueter sa Valentine n° 2, celle de Joucas, ... *l'humanité est coupée en deux désormais. Ceux qui ne sont pas contents parce qu'on leur dit bonjour quand on leur dit bonjour. Et ceux qui sont amers parce qu'on ne les salue pas quand on ne les salue pas. L'humanité n'est composée que de passants indifférents. Gare à celui qui dit bonjour ou qui ne salue pas.* Et ce qui est ici, formulé, au présent de ce texte devrait pouvoir s'appliquer au fait de ce jour de mariage : les regards se dérobaient à l'approche d'Yves. Il fallait donc passer, ne faire que passer. Qui donc dira jamais le saugrenu de la présence d'un homosexuel désigné, en silence, par chacun, à un mariage en bonne et due forme ? Qui donc dira les regards des autres, alors, et leurs sourires coupants ? Yves se souvient de bises froides et d'éclats de rire nerveux « et toi, quand donc nous présenteras-tu ta fiancée ? »

A Oxford, Yves s'inscrit au cours d'art dramatique animé par un professeur de diction, homme aveugle qui use de sa canne comme d'un fleuret, et touche net le cœur de chacun de ceux qui l'entourent quand ils prononcent mal. Ils répètent *Arms and the Man* de Bernard Shaw. Informée, dans une de ses lettres Adrienne dira à Yves que cette pièce, *Le Héros et le Soldat,* avait été adaptée en langue française par Elie pour Louis Jouvet. Yves joue le héros. Les répétitions se déroulent dans la bibliothèque privée du doyen de Christchurch College. Yves participera au concert des étudiants, accompagnera au piano *Le Pâtre sur la montagne* de Schubert, et jouera, en seconde partie, un morceau improvisé annoncé *Barrocco Suite*. Ses pas le conduisent aussi au théâtre où il assiste à plusieurs représentations de *Look back in Anger* d'Osborne et à ce pub, le *Gloucester Arms,* où se retrouvent, discrètement, les garçons de la ville, brassage, étudiants, fermiers, ouvriers, jeux de regards, personne n'osant approcher l'autre trop vite. Il fallait attendre et boire. Yves fait la connaissance de Noel. Noel a peur d'être ce qu'il est. Il commande bière sur bière. Dans la chambre à Christchurch, chaque matin, au saut du lit, Yves devra prendre garde de ne pas mettre le pied sur des bouteilles vides et de les cacher dans des sacs en papier pour que le « scout » d'étage, chargé du maintien des lieux, ne les trouve pas. Il fallait aussi secouer Noel, ivre mort, chaque matin, pour qu'il parte en cachette et surtout pour qu'il n'arrive pas en retard à l'école d'enfants arriérés où il était animateur. Noel avait le corps doux et nerveux de ceux qui s'interdisent tous les séjours. Yves lui apprit à ouvrir les yeux en embrassant. Yves apprit, en le lui apprenant, à ne rien oublier du corps dans l'exploit de l'étreinte. Il découvrit des goûts, des coins, des splendeurs, doigts des pieds et doigts des mains, vallées, lisières, toute une géographie.

Un soir, en rentrant de l'auberge du Swan, dans la campagne, Noel se mettra à frapper Yves, coups désordonnés, coups fous de l'ivrogne quand l'alcool lui donne le brusque sentiment d'une puissance. C'était les yeux d'Yves que Noel voulait atteindre. Yves eut même l'impression que Noel voulait l'énucléer. Et c'est en sang, chemises déchirées, qu'ils se sépareront, dans un pré, à l'orée d'un bois, Noel pointant Yves du doigt et lui criant de disparaître à tout jamais. Noel hurlait « stop looking at me that way », arrête de me regarder ainsi, « go away... », va-t'en. Noel ne supportait pas qu'on le touche, même du regard. Noel en sang, hurlant, seul, au milieu d'un pré, et Yves l'abandonnant.

Au *Parson's Pleasure,* dans le parc de l'université, pelouse entourée d'une haie, lieu de baignade exclusivement réservé aux hommes, Yves rencontrera un géant avec lequel il partira, sur sa moto, loin, si loin vers l'ouest, nuit absurde qu'il contera dans le cahier d'Oxford de *Killer.* Peaux, odeurs, jetées, fuites, jusqu'au jour où le « scout » d'étage disposera un bouquet de fleurs sur la table de nuit de la chambre d'Yves et lui proposera de prendre en charge le nettoyage de son « petit linge », l'air complice et gourmand. Théâtre, musique, le corps et le sang, réapparition de Noel, rencontre du révérend Malcolm et longues promenades avec lui et son chien. Yves a loué une bicyclette et part des journées entières. Yves se remet à peindre, pour Malcolm, des projets de vitraux. Il écrit des poèmes. Des poèmes qui parlent trop. Le jour où, sous une pluie battante, Malcolm osera enfin prendre la main d'Yves et l'embrassera, il le mordra si fort à la lèvre, premier baiser échangé, qu'Yves goûtera son propre sang. Ils étaient fous, tous. Rendus fous par l'idée du mal. C'était mal. C'était interdit.

Et quand Yves reviendra à Oxford, en janvier 1977, son roman *Les Loukoums* venait d'être publié à Londres, une de ses pièces, *Histoire d'amour,* était donnée en tournée dans les instituts français, son amie écrivain Iris Murdoch l'emmènera au *Gloucester Arms,* « c'était bien ici, dira-t-elle, que vous rencontriez vos amis ? Parlons ». Et Yves, le lendemain, essaiera de rencontrer Malcolm, désormais vicaire. Adresse lui sera donnée d'une maison de repos où il se trouvait « depuis déjà de nombreux mois ». Et en pyjama, assis sur le rebord de son lit, Malcolm lui racontera une histoire, dont Yves fera un poème, un poème qui parle trop. C'est quoi, un mauvais poème ?

Oxford : les carillons à l'heure du soir, des bleus partout et des morsures, le goût de l'autre, goût de peur. Et sur la table de chevet, les œuvres complètes d'Apollinaire offertes par Marie-Antoine en souvenir de l'année passée à Briançon. En page de garde, elle a inscrit cette pensée de Mounier, *rencontrer des personnes, c'est cela que j'attendais de la vie. Et je sentais bien que cela voulait dire : rencontrer la souffrance.* Voici le poème. Le premier poème de *Biographie*. Il en fallait un entre dix, cent, ou mille : le poète ne compte pas ses poèmes.

SINCLAIR JUNIOR, SENS INVERSE ou Du côté des Parcs les feuillages. Poème. Yves Navarre. Février 1977.

1.
Il s'appelle Sinclair Junior quelque chose
Je l'ai rencontré Broad Street
Le dix-sept août de l'année dernière
Ou bien plutôt l'ai-je croisé
Il courait
Et moi, le Révérend, je marchais
Qui donc était
A contre-courant de l'autre ?

Nous venons dans ce pays
De vivre deux étés
Très chauds, étouffants
Si peu l'ordinaire
J'allais de gris, et lui en tenue
Qui de nous deux, le premier, a voulu
Et les questions déjà
Pour me serrer la gorge
Les souvenirs sont pointus
Faute d'oubli, la faute à qui ?

Je veux te dire simplement
Ce qui est arrivé ce jour-là
Il s'appelle Sinclair Junior
Un très grand nom d'Amérique
Il deviendra sénateur
Il me l'a dit.

2.
Sitôt livrée ici
L'aventure ne fera que commencer
L'histoire d'une croisée
Puis deux étés
La fin de l'un
L'autre tout entier
Le premier pour la rencontre
Le second pour un adieu
Avant lui, j'étais vieux
Maintenant je ne suis plus
Que quelqu'un
J'attends, Révérend Quidam
Que Broad Street s'écarte plus largement encore
Me nicher là, dans l'angle aigu

Avec et en lui
Unique forêt de son corps
Lui, Sinclair Junior
Si fier de son nom
Il courait donc
Et je marchais
De gris, de noir et lui en tenue
Broad Street est devenue
La rue
D'un heurt
Un regard si, et violence
C'était en tout début d'après-midi
Le dix-sept août d'une année à venir encore.

3.
Et si la vie ne peut
D'une narration se satisfaire
Je veux ici défaire
Ce qui par lui
Dénoué, si droit, tendu
S'est mis à vibrer en moi
Il le disait
Corde de violon prête à craquer
Trop nette l'image n'est-ce pas ?
Et pourtant de lui je la tiens
J'aurais tant voulu le
Saisir ou brandir pour de vrai
Je l'ai attendu si longtemps
Et là
Broad Street
Il surgit
Trois heures viennent de sonner
Un coup pour chaque pas
J'étais pressé de ne rien faire
A trop attendre
Depuis tant et tant d'années
A ne plus même me surprendre
Ombres, miroirs de sacristies
Moi
Une image pieuse
Trois heures au clocher de Saint Mary Magdalen
Trois coups
Il entre en scène.

4.
Strict peut devenir obscène
Sinclair avait le goût de s'habiller

Voici que l'imparfait
A nommer le Junior
Se love pour annoncer un désir défini
Comme un parfum de Philadelphie
Une rigueur du Connecticut
Bon genre et cravate des mayflowers
Nulle ironie dans tout cela
Sinclair Junior en tenue de coureur
Tout de blanc, de court ou de short
Bandeau au front
Pour retenir ses cheveux blonds
Evidemment
Je l'ai regardé
Il courait vers les Parcs
Il me le dira, son entraînement quotidien
Dix, douze enjambées
Celles des trois coups, puis les autres
Devant la librairie Words & Music
Il s'arrête
Se retourne
Etonné
Comme un échange
Pour me rendre mon regard, au fouetté
Puis il traverse la rue
Coureur de fond
Enfant de vingt ans et quelques
Bronzé, radieux
Copie de statue de demi-dieu
Et dans l'angle, au sommet de Broad Street
Profond, il disparaît
Une ruelle mène aux Parcs
Je suis surpris
Comme ébloui
Il m'a rendu mon regard.

5.
De lui en premier
J'ai aimé les genoux
Ménisques et creux
Comme des fossettes
Visages et couple de ses jambes
Les deux jumeaux de sa course
Bien sûr, moi aussi, je me suis retourné
Pour voir s'il se retournerait
Et il l'a fait
Premier acte
Je l'ai interrompu dans sa course

Moi, le Révérend
Lui, le Junior
Et je suis entré chez Words & Music
Pour m'étourdir
A regarder tous les livres
Philosophie, voyages, poésie, jardinage
Et ne voir qu'un titre
Un seul
Son regard
C'était lui.

6.
Notre histoire
Aurait pu s'arrêter là
Mais quand je suis ressorti de la librairie
Deux heures un quart plus tard
M'ébrouant encore
De son regard
Au moment même où je refermais
La porte de Words & Music
Sens inverse
Il revenait des Parcs
Décoiffé
Un genou blessé
Il souriait
Il s'arrête net
Devant moi
Je vous connais, dit-il
Je vous ai vu à la cathédrale
Et comme je regarde son genou
Il rit
Ce n'est rien, j'ai trébuché
C'était un jour de la fin d'août
L'an dernier
Si beau, si chaud
Nous sommes rentrés chez moi
Pour boire du thé glacé, comme si
Nous nous connaissions depuis longtemps déjà.

7.
Tous les événements de ma vie
Convergent vers ce jour-là
L'angle aigu de cette rue-là
Clocher couché au cœur de la ville
Fléchage invitant aux Parcs
Un coureur de fond
M'entraîne au lieu banni de mes prières

A relever sa mèche
Il exaspère tout d'un coup
Je vous reconnais, répète-t-il encore
Je vous ai vu à la cathédrale
Rue et livres de peau
Ses poils blonds, duvet de blés
Du vent dans les fossettes
Loopings au-dessus du genou blessé
Je suis petit, insecte, humain
A me cacher pour mieux admirer
A survoler pour mieux me cacher
Oui, il fut un an durant
Vitre pour me cogner
Lumière de Sinclair Junior
Eclairage indirect au-dessus d'une bibliothèque dix-septième
Importée de Touraine
Il me l'a dit
Il m'a tout dit
Les mots, chez lui, se couchaient sur moquettes
Comme des chiens
Et pour mieux attendre
Sinclair les caressait
Gorgée de thé glacé
Il me dit
Je vous attendais.

8.
Si je résume ma vie
Ce serait par l'économie d'un lieu
Cette ville grise
Mi-collèges, mi-usines
Au milieu des pelouses
Quarante-quatre ans de service religieux
Fils de pasteur
Et pasteur moi-même
J'ai toute ma vie gommé mon corps
Pour me heurter un jour
A celui de Sinclair Junior.

Ou si peu
Il n'y eut d'étreintes
Que celles de nos regards
Le premier regard
A nous briser l'un l'autre, car
Nous pouvions ne pas nous revoir
Et aujourd'hui
Je le dis, je le crois

C'est la plus belle étreinte
Un regard suffit
Qui n'en finit pas de vouloir se poser en moi
Point de repos désormais
Ecoute-moi, c'est toi qui parles
Au jeu des incidences de vie
Qui est Qui ?

Sinclair Junior m'a pris en négatif
Il a tiré la photo de mon corps
Sur papier mat, thé glacé
J'étais vieux sur la photo, brusquement
J'ai mesuré le temps passé.

9.
Sinclair précis
Aux rendez-vous
Nous avons parlé de tous
De tout et de nous
Juges du monde
Nous nous sommes enivrés
A célébrer ou dénigrer
Toujours à l'excès
Nous avons fait la grande toilette
Des êtres et des faits
Nous nous sommes parlé au point
D'éclater de rire
Nous implosions
Et chacun en lui-même
Attendait ce geste
Ou ce signe de l'autre
Qui aurait pu briser, réunir
Tout de nous, anéantir
Je désirais trop cet élan
Sinclair Junior
Se fit alors
Petit à petit
A l'idée de le repousser
S'il venait de moi
Et je l'eus, ce geste
Un soir
Nous sortions de l'auberge du Swan
Il m'a dit de retour
Devant la grille de mon collège
Non
Chacun resterait, pour l'autre
Celui qu'il n'aurait pas pris dans ses bras

Mais que savait-il de moi
A répéter cela
Je décèle de sa part, tant de superbe
Quand en fait il n'y en eut pas.
Jeune.

10.
Chante, chante mon cœur
Ou mon malheur
Bouteille à l'envers
L'image à travers le verre vide
Déforme tout
Il y avait en Sinclair Junior
Tant de tendresse à fleur de peau
Un peu factice
Je l'avoue
Si beau, si doux
Et à ne pas se donner
Infirme
Coupé de lui
La belle image et pourtant
J'ai oublié tous mes doigtés
Je jouais du piano
Avant lui
Je ne joue plus désormais
Il est partition à venir
Une caresse à peine ébauchée
Evanouie
Le regard d'un premier jour
Et je te parle
Et je le dis
Souris :
Parfois du Gloucester Arms
Peu avant la fermeture
Il me téléphonait
J'entendais la rumeur du pub
Les voix des autres
Sinclair me disait
J'ai rencontré quelqu'un
Et il me décrivait le garçon
Ou bien non, mais il me téléphonait souvent
Pourquoi
Je ne sais.

11.
Et j'ai honte, Yves, de te dire cela
De l'inscrire en toi

La poésie vraiment ne doit-elle plus
Parler?
Pour moi elle est prière
A toi d'ensevelir
En toi je m'insère
Je succombe à l'angle aigu
D'une rue
Broad Street
Words & Music
Saint Mary Magdalen
Un angle aigu où il a disparu
Un angle aigu
Qui me l'a rendu
Blessé au genou
Le cheveu fou
Cette ville désormais
N'est plus la même
Sinclair Junior
Est partout
Tout est fuite vers les Parcs
Entraînement quotidien
Cette ville est son corps
Et je le foule
Et ça résonne
Et je me perds dans ses cheveux fous
Blonds, bien sûr
Peau de pêche, peau de velours, Sinclair
Je ne l'ai pas touché
Je le piétine
Je le presse
Que les trottoirs sont doux
Et la pluie, mes larmes,
Enfant, je n'avais jamais pleuré.

12.
Thé glacé d'un premier été
Thé brûlant d'un hiver tout entier
Le second été
Fut encore plus brûlant
Sinclair allait me quitter
Or dès le premier jour
Je comptais déjà à rebours
Maintenant je compte
Dans le vide
Et le dimanche
Il n'est plus là
Dans la foule de la cathédrale

Pour me regarder
Je n'officie plus pour
Personne
Comme un nouvel écho
Le doyen
M'a dit
Mais qu'est-ce qui ne va pas
Vous !
Tourmenté ?

13.
La poésie n'aime pas les ponctuations
Sinclair est parti, virgule,
A la fin du second été
Non, césure
Je respire
Je passe à la ligne de ma vie
L'encre ne marque plus
Comment disaient les autres enfants de mon enfance
Une encre magique
Mais qui la révélera
Sinclair
A embrassé mes mains
Les paumes
Tout au creux, au dedans
Je crois qu'il était ému, pour de vrai
C'était les premiers jours de septembre
Le doyen est mort
Un mois plus tard environ
Je suis désormais
Le doyen de la cathédrale
Classé, rangé, poussière des stalles
Et la photo de Sinclair
S'est coincée quelque part
J'ai un missel à la place du cœur
La photo marque la page
Blanche
Ligne suivante, encre tragique
Rien n'est écrit
Rien n'est jamais écrit
A tout te dire ici
Je n'ai rien dit
Une image, peut-être
Sinclair surgit
Dans ma vie.

14.
Un jour de décembre seulement
Trois mois plus tard
Les lèvres de Sinclair sur les paumes
De mes mains
Stigmates
Rien d'idéal ou d'exemplaire
Si peu le pittoresque
Un refus
Une fin d'après-midi
Décembre
La nuit tombe si vite alors
Qu'ai-je fait entre dix-sept heures quinze
Et vingt-trois heures trente
Chez moi
Je me revois à mon bureau
Préparant l'homélie du dimanche à
Venir
Je regarde ma montre
Dix-sept heures quinze
C'est le tintement cristallin d'une pendule
Dans ma chambre
Un coup pour la demie
De vingt-trois heures
Je me suis retrouvé sur mon lit
Entre les deux
Je n'ai de souvenir de rien, rien
Entre le bureau et mon lit
Quelques heures d'absence
Le présent venait de s'effacer
Cela ne faisait que commencer.

15.
Voilà pourquoi
Clinique
Je te chante Sinclair
Et répète
Rien d'idéal ni d'exemplaire
Je suis là
A ne plus même avoir recours
A la prière d'insérer
Ils disent que je suis fou
Je suis passé à côté de mon corps
C'est tout.

Et il ne suffit pas

De me dire qu'il est plus beau
Ainsi
De m'en être tenu
A l'étreinte du premier regard.

Oui,
Si je l'avais touché
Je l'aurais oublié
Et la ville désormais
Ne serait pas à trembler sous mon pas
Du côté des Parcs les feuillages
Les feuillages ont fait l'amour
Moi pas.

16.
Ils ne veulent pas que je sorte
Me suis-je mis à parler en blanc
A vide aussi
Un dimanche
Mais il n'était pas là
Je te le dis
Plus là
Le futur sénateur
Toujours si bien mis de sa personne
J'entends sa voix au téléphone
J'ai rencontré...
Non
Je ne sais
J'allais de gris, et lui en tenue
Je remonte le long d'une jambe
Broad Street
Le coureur de fond est tombé
Plaqué
Au sol de la ville
Ultime enjambée
Je remonte le long de sa jambe
Mais avant d'atteindre l'angle au sommet
Trois heures sonnent
Au clocher de Saint Mary Magdalen
Trois heures fixes
Et fou de ce que je fais
Honteux de m'être contenu tant de temps
Pour m'égarer là
Je m'arrête à la librairie
Words & Music
Les mots, et la musique
J'ai oublié tous mes doigtés

Par eux
J'avais prise sur le temps
L'interprétation je le sais
Exige un oubli total de la personne
Au bénéfice de l'œuvre.

17.
C'est fini
Blanche cette chambre
Et blanc ce lit
Et transparent mon corps
A qui je n'ai donné qu'un regard
Tendre pâture d'Amérique
Un nom sur une tombe
Epitaphe
Il fut doyen les derniers jours de décembre
Souvenez-vous de ses homélies
De la dernière
Blanche comme le blanc de son lit
Et son corps intact
Inutile
A quoi bon n'est-ce pas ?

Du côté des Parcs, les feuillages
Ont baisé celui-là
Coureur de fond de ma vie
Il court encore en moi
Je te le dis
Je ne l'ai pas touché
Je l'ai regardé
Je vous reconnais ne cesse-t-il de répéter
Je vous ai vu à la cathédrale
Et Broad Street écarte ses jambes
Plus largement encore
Dernière foulée
Puis le grand saut
En haut, aigu
Sommet
Je me love
Du côté de son Parc, les feuillages
Me font inventer
Les mots et la musique
Va-t'en, va-t'en avant que je ne te dise
Tout de son corps
Imaginé.

## 61. Mardi 29 juillet

A Paris. Tard dans la nuit. Pleine lune. La journée fut étouffante. J'ai quitté Joucas, hier, en fin d'après-midi. Il faisait brûlant. Ce matin je suis allé voir la collection d'Emanuel, présentée au musée Jacquemart-André. Ce fut un succès vrai, de regards et d'attention. Trois musiciens interprétaient un divertimento de Mozart. La perception directe de cette musique, irremplaçable sensation des coups d'archer, corps physique des sons que l'on n'entend plus, ou trop, qu'enregistrés, ajoutait à l'émotion de ce défilé de mode, défilé du mode de création d'Emanuel, sa détermination : il ne copie pas, il s'exprime. Il a le sens du tact, touchers, et mouvances. Je l'aime pour sa fierté de ne pas ressembler. Le public ne roucoulait pas, volières des critiques de mode : il applaudissait avec la spontanéité du respect. Rien ne peut arrêter l'artiste de s'exprimer sinon la mort, sa ligne de mire. Il crée pour prendre le temps de vie. Quelle passion, quels conflits, à chaque présentation de lui-même, pour en arriver au succès ou à la sanction quand il ne vit que de sensations. A chaque fois la même frayeur. Et pourquoi tel artiste de telle discipline serait-il moins honorable que tel autre de telle discipline ? J'écoute la *Deuxième Symphonie* de Sibelius : pourquoi l'a-t-on moqué, jugé mineur de son vivant ? On l'écoute maintenant. Je l'écoute. La vie de chaque écrivain, honnête du nom, comme la vie de chaque artiste, est une aventure collective.

Vers midi, j'ai pris un taxi pour Rueil-Malmaison. Hôpital Stell. Troisième étage. Chambre 307. Toutes les portes et toutes les fenêtres étaient ouvertes. Dans le couloir médian, un air coulait lourdement. Dans sa chambre, le corps à peine recouvert d'un drap, Adrienne, ma mère, maman, gisait, le visage calé dans un oreiller plus gris que les draps. Il n'était pas sale, il était gris l'oreiller. Elle dormait, bouche ouverte, nuque légèrement cambrée, deux tuyaux dans les narines pour l'aider à respirer, le bras gauche ligaturé, bandé, d'où sortaient d'autres tuyaux reliés à des bocaux suspendus au-dessus du lit et à un étrange appareil rotatif, posé sur la table de chevet, liquide, sa nourriture. Elle était sous perfusion. Maman, en dormant, essayait de respirer par la bouche un air qu'on ne lui imposait pas. Atteinte de pneumonie, mademoiselle T., son infirmière, l'a fait hospitaliser depuis trois jours. Et je suis là. Je la regarde. La cavité de sa bouche est noire. Je me dis qu'elle va mourir. Et je me dis aussi que depuis des années, déclin, aphasie, mélancolie d'involution, vieillissement prématuré, tourment, harcèlement de la passion de toute une vie, elle nous quitte déjà. Pourtant, de la bouche, elle inspire un autre air. Et je la veux vivante. Je la veux comme je la vois encore, secrète et généreuse, toujours souriante, refusant de se plaindre, farouchement fidèle à un amour premier.

C'est René, mon père, papa, qui m'a prévenu il y a deux jours. Il est à Bénat avec Pantalon III, Sophie qui s'occupe de lui, François-Pierre, Dominique et leurs six enfants. Jean-Jacques et Christine font le tour de la Corse, en bateau, avec mes cinq autres neveux et nièces. Il n'y a pas moyen de les prévenir. Pourquoi prévenir ? C'est ainsi. Depuis des années, François-Pierre, Dominique, Jean-Jacques, Christine et moi, nous demandons si « Mamie », « maman », « Adrienne », « Pipou » nous reconnaît quand nous nous penchons vers elle pour l'embrasser sur le front, c'est plus facile, car elle tourne la tête. Il n'y a pas de publicité du malheur. Il n'y a que la vie vraie et l'amour que l'on se porte, l'amour que l'on se tait, l'amour que l'on se cherche, l'amour que l'on se dit et le texte de chacun qui s'écrit. Décence. L'indécence, c'est de taire l'amour et de ne plus figurer le lien. Ceux qui prétendent être coupés ou détachés sont les vrais morts de la vie.

Je me suis assis près du lit, côté gauche, et sous le drap j'ai pris la main de maman. Elle a ouvert les yeux. Je sais qu'elle m'a vu. Je sais aussi qu'elle m'a reconnu. Je sais enfin qu'elle a entendu les mots familiers que je lui ai dits. Plusieurs fois elle a essayé de redresser sa tête. Plusieurs fois aussi elle s'est rendormie. Et nous sommes restés ensemble, un long temps. Les infirmières passaient en riant dans le couloir. Courant d'air chaud. Bruits de voix étrangères. Je sais qu'Adrienne, ma mère, maman, a compris ce que je lui disais — des noms, nos noms à tous, nos prénoms, noms de lieux et dix fois, vingt fois, tant et tant de fois, je lui ai dit « merci ». Je sais qu'elle écoutait, de si loin, mais pour de vrai, car elle ponctuait ce que je lui disais en fermant les paupières, ou par petites pulsions des doigts. Je lui ai parlé autant pour mon père que pour moi ; pour mes frères que pour moi ; pour mes belles-sœurs que pour moi. Je disais seulement des noms familiers. J'étais étranglé. Je disais merci. Des noms et le mot « merci ». Non que je croie à sa mort prochaine, mais simplement parce que là, rattachée à la vie par tout cet attirail, nourrie artificiellement, sous oxygène, dans ce lieu neutre, nous étions totalement face à face, ensemble. Et elle pouvait écouter comme elle n'écoutait plus depuis longtemps. Vision de son corps nu, défait. Combien de fois ai-je embrassé sa main comme il m'arrivait de le faire, enfant, quand cette même main était à hauteur de mon front ? Combien de fois me suis-je levé, penché, pour l'embrasser sur le front ? Elle fermait les yeux. Je lui rendais un peu de ce bon, bonté, élan, qu'elle m'a donné sans jamais compter. Je ne dis ici que le lien et le geste. Pour elle, mon Adrienne. Je ne le dis que pour lui donner la possibilité de répondre. Elle gémissait chaque fois qu'elle rouvrait les yeux. Mais elle ne tournait pas la tête et, bouche ouverte, inspirait plus fort encore. Que ces lignes lui rendent la justice du cœur. Nul n'est accusé et tous ont la parole. René, et elle en premier. *Biographie* c'est eux. Je lui disais des noms « papa », « René », « Vétheuil », « Condom » et des mots « piano », « je t'aime », « merci ».

Puis, mademoiselle T. est arrivée. J'ai parlé avec elle dans le couloir. Elle espère qu'on lui donnera la permission de partager la chambre et de tenir compagnie à maman, la nuit.

Je suis rentré à Paris. Un orage grondait. Dans un bureau aveugle de la maison d'édition Flammarion, j'ai signé plus de deux cents exemplaires du *Jardin d'acclimatation,* exemplaires dits de « Service de presse » qui ne seront adressés aux critiques qu'à la fin du mois d'août. Des noms, toujours les mêmes noms, depuis dix ans, douzième roman publié, et si peu de visages sur ces noms, si peu de lignes critiques. La plupart d'entre eux déchirent la page de garde, et revendent les exemplaires à des bouquinistes. J'ai même racheté un jour, sur les quais, un exemplaire de *Kurwenal* portant encore la dédicace à un certain Y.Z. Qui est-il ? Ce roman venait à peine de sortir en librairie. Il n'y a pas de loi. Mais ils font une bien curieuse loi. S'ils écrivent ce n'est la plupart du temps que pour eux-mêmes et se justifier aveuglément dans ce malheur, qui est le leur, de ne pas avoir écrit le livre qu'ils n'ont pas lu et dont, miracle, parfois, ils parlent pour tant de raisons, clans et coteries. Une civilisation se meurt quand l'outil critique est laissé de côté, abandonné. Pour notre temps, les modes et la pression économique l'ont emporté. A mauvais écouteurs, salut ! J'ai tremblé deux cents fois en écrivant *hommage respectueux :* je fermais les yeux, je voyais Adrienne, ma mère, maman, et ces pages, de *Biographie,* draps arrachés au lit qui ne doit pas l'emporter trop vite. J'ai pu lui parler. Je lui parle ici.

L'indécence, c'est le calcul des situations. C'est le jeu savant des éclairages. L'esthétisme porte la vérité mais jusqu'à un seuil qui, s'il est franchi, jette des ombres de mort. Nous sommes allés trop loin. Nous avons jeté trop de lumières artificielles et trop d'ombres meurtrières pour faire des contrastes. Or, tout se vit de front, le succès d'Emanuel, l'écoute de maman, et les hommages respectueux à ceux-là, et celles-là, qui se fâchent dès qu'on écrit quoi que ce soit d'autre. Tout un peuple d'Occident meurt de se créer des histoires, de se créer des idées, pour mieux pouvoir se les reprocher et ne plus faire que cela. Nous vivons encore à l'ombre d'un Christ crucifié qui n'a, pour tout message pratiquement transmis, que voué une humanité à l'errance de la bonne et de la mauvaise conscience. Il n'y a ni bonne ni mauvaise conscience. Il n'y a que la conscience, et l'effort, l'allance, si peu l'errance. Et il n'a semble-t-il, historiquement, pas suffi de le dire avec plus de clarté, de sagesse ou de brio. Nous en sommes toujours au point mort d'une morale qui, pour paraître ouverte, enfermait et nous acclimate encore. La juxtaposition des faits de ce jour n'est pas voulue : elle « est ». Elle lutte contre la peur du reproche. Combien de personnes, ces temps derniers, m'ont lancé « mais tu as mal interprété ce que j'ai dit », tout simplement parce que je les avais écoutées et que mon écoute nette, carrée, une écoute de conscience ni bonne ni mauvaise, de conscience brute, les prenait en flagrant délit de créer de toutes pièces un drame afin de pouvoir me le reprocher ? J'étais à gauche du lit. J'embrassais la main droite de maman. La main des mélodies.

Ce soir, j'ai dîné avec Emanuel, son frère René qui travaille avec lui, et sa belle-sœur Eliane. Nous aurions dû être heureux du succès d'Emanuel. Je n'avais rien dit de ma visite de l'après-midi. Seulement voilà : il y avait deux autres personnes. Un ami italien d'Emanuel qui a pris ombrage de la fière humeur de la soirée. C'est sans doute dans sa nature. Et une collaboratrice d'Emanuel, que je connais depuis longtemps, et qui, à la fin du dîner, m'a dit « je suis exténuée, je suis soûle, je peux enfin te dire ce que j'ai sur le cœur : tu es incapable d'un geste de tendresse ». Elle m'accusait de son incapacité. Fin de journée. Le jour se lève sur Paris. Je vois blanc. Dès que je quitte cette feuille, je parle à voix haute. L'Occident est atteint de surdité et ne s'emploie qu'à se gommer. Il est bonheur de l'écrire. Il faudrait le crier. Mais sur quel ton ? Leitmotiv : il n'y a que le quotidien pour modifier le quotidien et que les murmures pour être entendus.

*Jeudi 31 juillet.* De retour à Joucas la nuit dernière. Relecture et correction de ces pages. Voilà que je me mets à philosopher et à lancer des « peuples de l'Occident ». Et c'est bien un silence qui a mené René, mon père, papa, là où il est, comme il est, me demandant au téléphone s'il doit rentrer à Paris ou pas, et moi lui répondant que je n'ai pas à jouer de rôle, à donner de conseils ou d'ordres. Je lui ai simplement dit que maman avait écouté tout ce que j'avais dit. Et c'est bien un silence qui a conduit Adrienne, ma mère, maman, là où elle est, comme elle est, essayant vainement de soulever sa tête de l'oreiller de coton gris, cheveux gris, front en sueur, cette sueur sur mes lèvres. C'est ce même silence qui me guide, m'entraîne, me pousse à l'acte d'écriture et m'abandonne là où je suis, comme je suis, à chaque chapitre comme si la fin de ce texte pouvait nous redonner un encore plus fort goût de vivre. Or, ce silence est d'avant nous. Il date du premier jour du premier siècle de notre ère : la mort est devenue ce jour-là une peur, une fin, et la vie une force rebelle à la multiplication des interdits, résistant à cette nuit morale. L'ombre de notre ère n'est pas féconde. Elle emplissait la bouche d'Adrienne, ma mère, maman. Et maman gémissait. Il y avait sa main, dans ma main. Tenue et embrassée, comme ce stylo. J'écris ce chapitre à l'encre, son encre bleue, stylo de Bonne-Maman, pour nous donner encore un peu de désespoir, le seul espoir possible désormais. Cela sans doute a déjà été pensé. Si peu vécu. L'expérience du texte devrait conduire à l'effort premier de notre temps de chute.

*Vendredi 1$^{er}$ août.* Nuit de crise, prostré. Nuit lisse et blanche dans ma tête. Le corps répond à l'angoisse et alors, jeté, je ne le commande plus. Il me tient. Et toujours la même image : des sabres enfoncés dans mes bras, dans mes jambes et le ventre noué, une seule crispation qui durerait un temps immensurable. Je n'entends plus alors battre mon cœur. Images brèves de moqueurs sans visages. Je ne peux me calmer qu'en posant le front par terre. A Joucas, il y a du carrelage. Je sens vaguement les chats qui viennent se frotter à moi en ronronnant, Tiffauges surtout qui me donne alors des coups de tête.

Il m'a fallu la matinée pour réapprendre à parler. J'avais la gorge nouée. Ces nuits-là étranglent. A chaque crise j'ai l'impression que je vais « passer ». Le passage. Rien n'est plus proche d'une certitude qu'une impression. Quand mon père m'a téléphoné ce matin, je bafouillais. Les mots ne venaient pas. Des mots informes sortaient de ma bouche. Aujourd'hui est le jour anniversaire de son mariage avec Adrienne Bax.

Mon père m'a dit « tu es le seul à rompre mon isolement ». Et j'ai puisé, parce que le jour s'était levé éclatant, un vrai jour d'été, au plus profond de moi-même, la force de lui dire que je ne veux pas non plus jouer ce rôle-là : il est le seul à pouvoir rompre cet isolement qui le ronge et me hante. Décence de tous ces faits : il n'y a que de l'amour mal exprimé. Maman n'est plus sous masque à oxygène. Sa fièvre est tombée. Mademoiselle T. dit qu'elle est sauvée. Rien n'expose : tout propose, il suffit d'écouter. J'ai croisé Rupture n° 4, l'autre jour, à Aix-en-Provence. Après avoir longuement hésité, il s'est approché de moi et m'a dit « bonsoir monsieur Navarre ». J'ai répondu « que veux-tu ? Que je me jette dans tes bras ? » Il a hésité « non ». J'ai murmuré « alors via, via... » Et il est parti. Deux jours plus tard, j'ai reçu un mot de lui, décapité de mon prénom, même pas « Yves » ou « cher Yves » : rien. Et ensuite des « regrets » de tout ce qu'il a fait de « mal » l'an dernier. C'est Yves qu'il a connu. Pas Navarre. Et nous ne souhaitions ni « mal » ni « regrets ». Tout cela est absurde et lancinant. Le principe des adieux gouverne nos élans. Il n'y a que les dupes et les ravis, menteurs souriants, pour ne jamais en souffrir. Tout cela n'est rien en regard du regard d'Adrienne, ma mère, maman. C'est toujours la même histoire. Chapitre 62. Suite.

## 62. Rue du cœur qui flanche

Octobre 1961. Lille. Yves débarque au volant de sa première voiture, une 2 CV Citroën. Vêtements, objets, livres, dossiers, manuscrits, ustensiles de toutes sortes, tout ce qu'il a accumulé pendant un an, à Briançon, pour vivre seul, il l'emporte avec lui. La voiture est pleine. Boulevard Vauban, à la maison des étudiants de la Catho, on lui donne une chambre au premier étage, en façade, pièce étroite, tout en longueur, et plus haute de plafond que longue, étrange volume : Yves se sent pris dans l'étau des murs et s'emploie à rendre aimable l'endroit. Il y a de nouveau les deux tapis, les draps, les serviettes, les couvertures, la déesse du sourire, le même réchaud pour préparer le petit déjeuner et le tableau de Grenade, Christ toujours aussi pensif, impassible, sous le regard des pharisiens. Le décor est planté. Yves part à la découverte de la ville et la trouve belle, abandonnée, vidée de ses bourgeois, crasseuse, noire par endroits, toujours touchante : les trottoirs de la vieille ville sont intacts. Et les pavés. Et les estaminets. Et les trams. Et la brume. Et cette odeur d'automne, de cahiers neufs et de feuilles mortes, ce parfum fugace de rentrée des classes. Depuis quelques jours, il a vingt et un ans. Il est majeur et donc légalement libre face à son père. Mais rien n'a changé. Yves dépend de lui. Il dépend toujours de lui à ce jour : 2 août 1980. Il est entré dans l'histoire de René et ne vivra jamais la sienne. A moins qu'il ne la vive pour la première fois, ici, dans *Biographie*, acte de majorité, enfin ! Dans ce café où il revient souvent, derrière la place de la Bourse, près de l'Opéra, il y a un juke-box. C'est toujours la même chanson qu'Yves écoute, *tombe la neige, tu ne viendras pas ce soir...* Le chanteur a une voix de femme, éraillée, aiguë et grave à la fois, étrange voix, et la chanson est triste. Yves aime les chansons tristes : elles le requinquent, et il se sent moins seul. Mais de quelle solitude s'agit-il ? Un écart ? Un petit écart, c'est tout ? Le refus surtout des grands desseins. La certitude aussi de ne pas vivre la vie qu'il aurait voulu vivre et, en ce trait, de ressembler au plus grand nombre. Le sujet est là. Il le sent. Il faudra le traiter en temps voulu, le plus désespéré de tous les temps et le plus effectif, quand on se rend compte qu'on exige trop et qu'on n'exigera jamais assez.

A l'Ecole des hautes études commerciales du Nord, le jour du bizutage des élèves de première année, des feuilles blanches leur sont remises, et ils ont cinq minutes, sous les rires et quolibets des garçons et des quelques filles de seconde et de troisième année, pour « disserter » sur le sujet *homosexualité et promotion sociale*. Yves a simplement écrit « thèse : c'est vrai. Le prolo peut devenir princesse. Antithèse : c'est faux. La princesse joue au prolo. Synthèse : alors ils se détruisent parce qu'ils se mentent ». Et quand le Grand Maître du bizutage lira la copie d'Yves à voix haute, il se fera un drôle de silence dans l'amphi. Pour placer un bon mot obligatoire, le Grand Maître demandera à Yves « et ils se mentent à quoi ? » Silence d'Yves. « Réponds, Navarrrrrre ! » Silence d'Yves. Le Grand Maître dira « ils se mentent à l'eau. Vous avez zéro. Assis ! Debout ! Assis ! Debout ! J'ai dit assis ! Non, je pensais debout ! Il faut savoir ce que je pense ! » Et les autres riront. Yves pouffera de rire : ce pouvoir-là est trop facile à prendre. Un an plus tard, il sera Grand Maître du bizutage.

Yves ne se souvient de rien de ce qu'il a appris en trois ans dans cette école. En comptabilité analytique, *compta ana,* l'esprit des *bilans d'exploitation* lui échappe. Seuls certains libellés de postes le font rêver un peu, *clients perdus* notamment dont il fera un titre de poème. L'univers de la banque et de la Bourse lui est tout autant étranger. Il n'arrivera jamais à comprendre ce qu'est un *achat à terme* et à quoi correspond une *action* dans la vie réelle d'une entreprise. Yves compare volontiers, en conversation avec telle ou tel camarade de promotion, l'exercice de ces cours à des postes de radio qu'on lui ferait démonter, dont on lui expliquerait toutes les pièces détachées, ce qui ne lui indiquerait toujours pas d'où vient la musique et comment, diffusée, elle peut être captée. Or, ses camarades, amusés, ne le croient pas, ou font semblant de ne pas le croire. Et s'ils s'inquiètent pour Yves, ils se défendent de leur inquiétude en prenant Yves pour un pitre.

Yves deviendra délégué culturel de l'école, et à ce titre siégera aux réunions des deux syndicats étudiants, l'U.N.E.F. et la F.N.E.F., dont la scission récente a eu pour cause la guerre d'Algérie, estimant que la culture, si elle devait être placée sous la responsabilité de quelqu'un, dans une communauté, ne pouvait pas prendre ce genre de parti, épouser de telles querelles, même si sa conviction personnelle allait à l'U.N.E.F. Jamais le ciné-club des étudiants n'avait aussi bien marché, salles combles dans un cinéma de quartier. Yves allait prendre et rapporter lui-même, en 2 CV, les bobines, à la gare. Les films étaient dans des sacs. Le poids des sacs. Le toucher aux boîtiers d'aluminium. La projection. Et après, la discussion qu'Yves animait une demi-heure, montre en main, il n'avait pas de montre, Claudie ou Alain, au premier rang, lui faisait signe au bout de vingt-cinq minutes, et dans ce laps de temps Yves apprit à « faire rebondir les balles », à renvoyer ou susciter les questions, à confronter les interventions, à stopper gentiment les bavards et surtout à saisir le mot, l'image, le trait qui résumaient l'impression du film qui venait d'être projeté. Par le jeu de la demi-heure, limitant son rôle d'animateur à celui d'ordonnateur et, doucement, de révélateur de sensations, l'assemblée ne se clairsemait pas à la fin du film comme à l'habitude des autres ciné-clubs. Presque tous « restaient pour la discussion ». Le succès aidant, certaines soirées affichaient « entrée gratuite », mais au dernier moment, pour ne favoriser que ceux qui avaient favorisé.

D'autres soirs, Yves rôdait dans la ville. Un lieu souterrain et carrelé, près du départ du tram qui conduit à Roubaix. Là, il se fit les amis du corps, les amis de passage, ceux dont on ne sait même pas le prénom, ni d'où ils viennent ni s'ils reviendront. A l'Opéra, Yves assiste à des représentations d'œuvres du grand répertoire devant des salles quasiment vides. Tout cela, mise en scène, décors, chanteurs, orchestres, éclairages, mirages visuels et de musique, dans le sublime ou dans le faux, devant des salles inhabitées, spectateurs attendus qui ne venaient plus depuis longtemps : les fauteuils vides n'écoutent pas.

Sur les quarante élèves de la promotion, trente au moins sont de souche bourgeoise, quinze de Paris et quinze de la région lilloise, tous, comme Yves, plus ou moins « canards noirs » de leurs familles, tous ayant abouti là, dans cette école, parce que n'étant pas à la hauteur des ambitions de leurs parents. L'esprit de promotion ne se mettra à régner que parce que chacun a, plus ou moins fortement mais a, le besoin de se forger une fierté d'être là, malgré tout et tous. Parmi les dix autres, les deux ou trois qui y croient et « bûchent » et les sept ou huit qui vont être renvoyés en fin de première année. Le bruit court vite dans l'école que la promotion des élèves de première année est « maudite ». Le directeur relève de 12 à 13 la moyenne requise pour le passage en seconde année, par goût d'une certaine discipline. Et les trente « petits de bourgeois » se serrent les coudes et franchissent le cap de la première année, début de solidarité, allégresse de paumés, rendant encore plus dure la vie des deux ou trois bûcheurs passionnés.

Certains week-ends, Yves rentre à Paris. Ses parents sont à la chasse ou au golf. Il ne les voit que rarement. Majeur, il fréquente un sauna de la rue Saint-Honoré où il situera plus tard, dans sa tête, et sans le nommer, une de ses pièces de théâtre, *Les Dernières Clientes*. Là, comme à l'opéra de Lille, il aime que le lieu soit presque vide. Il est le client de la dernière heure, tard, le samedi soir. Là, il fait la connaissance d'un monsieur qui, sous le nom de Rasky, deviendra un des personnages de son roman *Les Loukoums*. Rasky connaît René et Adrienne. Ils se sont rencontrés tous les trois ans, depuis douze ans, aux congrès mondiaux du Pétrole, et quelquefois aussi à Paris. Rasky ne fait que gérer sa fortune, perdre de l'argent quotidiennement dans un cercle de jeux et chercher des jeunes gens qu'il ne fait que regarder. Il offrira à Yves la traditionnelle cravate de chez Charvet, « comme dans Proust », petit jeu d'un certain milieu. Il l'emmènera aussi chez madame Madeleine (Proust encore ?) qui tient un hôtel pour garçons dans une impasse de Montmartre, près d'un bar qui s'appelle *La Nuit*. Là, il offre à Yves tel un, tel autre, il regarde, tourne autour du lit. C'est tout. Chez Rasky, Yves rencontre tout ce que la République compte d'académiciens honteux ou fantasques, d'anciens ministres glorieux, de ministres en rupture, pour un soir, de femmes de ministres, et d'ambassadeurs poupons, de passage à Paris pour quelques jours. La table de Rasky est réputée. Il a, dit-on, la meilleure cuisinière de Paris. La petite histoire ne l'emportera pas sur l'histoire tout court : Yves ne rencontre chez Rasky que des êtres sans mémoire, des écrivains dont il se demande comment et quand ils ont pu écrire ce qu'ils ont écrit, des ministres dont il voudrait bien savoir comment et pourquoi l'histoire leur a donné un rang sur le perron de l'Elysée, et des ambassadeurs qui ne savent rien des pays d'où ils viennent, où ils vivent, et qui ne pensent qu'à ce qui se trame au Quai d'Orsay, félicitations, flatteries, congratulations, l'ironie ne versant jamais à l'humour, êtres manucurés, momifiés, vidés, usés, propres, terriblement propres et bien habillés. Jamais une femme dans le groupe de Rasky. Pour certains, accepter un dîner chez lui est une audace. Mais le diable a une bonne cuisinière, et « l'appartement vaut le coup d'être vu ».

Puis retour à Lille. Le petit déjeuner, dans un coin, près du lavabo. Et les brumes du matin. Le bruit des camions sur les pavés du boulevard

Vauban. Un peu de musique. Yves s'est acheté une guitare. Il compose des chansons. *Elle cueillait des orties, pour oublier, l'en avait les doigts meurtris, pour oublier...* Yves se fera de l'argent de poche en allant chanter dans des soirées d'étudiants. Très vite, il se compose un répertoire, quinze, vingt chansons, tristes pour la plupart, sauf *La Valse des culs-de-jatte* et un *Eloge des maisons closes* dédié à Marthe Richard qui font, ponctuation, leur petit effet.

Recommandé par René, Yves est reçu à plusieurs reprises dans ces familles de gros industriels du Nord qui ont si fort la réputation d'être altières et fermées. Sombres dîners, obligés de part et d'autre, dans ces immenses maisons cossues, perdues dans des parcs, labyrinthes des routes pour y accéder, familles du bout du monde, vivant entre murs clos. Et Yves, cravaté pour les circonstances, s'insurge parfois s'il lit trop dans le regard de ses hôtes et de leurs enfants l'ombre d'un scandale reproché. Il est toujours question de « votre père admirable » et de « nous sommes tant à lui devoir beaucoup », ceci lancé comme pour excuser la présence du fils réputé indigne. Yves entrevoit chez eux d'extraordinaires collections de tableaux, de sculptures, de meubles. Ces gens sont collectionneurs. Ils placent leur argent « dans l'art », et chez eux l'art a l'air mort. Les tableaux sont pendus.

En fin de première année de l'E.D.H.E.C., Yves se présente aussi à propédeutique, au Cambridge proficiency et à l'examen de la Cámara de Comercio española. Il est reçu partout. Vains diplômes. Il écrit un roman, *La Rue du cœur qui flanche.* Sujet : l'effondrement d'une famille du Nord, la fermeture d'une usine, la mauvaise conscience de chacun, mauvaise, encore. Et surtout la ville, la vieille ville de Lille, abandonnée. Son climat. Ses ombres.

L'été 1962, Yves revient à Oxford. Il retrouve Noel, Malcolm, et rencontre Donovan, jeune étudiant américain qui écrit des pièces de théâtre. En 2 CV, ils iront tous deux à Bath, à Chichester, une autre fois en Ecosse, six jours. Don, rouquin, le corps constellé de taches de rousseur, a des allures de petit boxeur. Lui aussi boit. Trop. Parce qu'il a peur de ce qu'il vit, le temps de cet été-là, avec Yves. Une faute ? Yves se souvient de cet ami, titubant, accroché à ses épaules, diable qu'il était lourd quand il était soûl. Et le jour se levait sur des morsures et sur des coups, dans des chambres « à l'habitant », *Bed and Breakfast,* louées au hasard des déplacements et qu'Yves rangeait précautionneusement, le matin, avant de repartir, pour ne pas trop inquiéter les propriétaires. Don ne voulait pas vivre ce qu'il vivait. Yves avait des bleus au front : combat animal, Don donnait des coups de tête à chaque baiser. Puis adieu. Don, sous un pseudonyme, est devenu riche, le temps d'un succès à Broadway. Une pièce commerciale. Si peu ce qu'il voulait écrire. Puis il a tout bu. Désintoxication. D'autres pièces. Des échecs cette fois. Et plus de cartes de vœux, plus de « Merry Christmas ». La petite histoire ne doit pas l'emporter sur la vraie. A quoi bon son nom : il n'a jamais voulu de lui. Il sentait l'ambre. Ou bien était-ce le musc ? Il fixait les parfums et les odeurs. Il était fixateur.

*Dimanche 3 août.* Dans *Libération* de ce jour, un entretien avec Philippe Lejeune, auteur de *Je est un autre*. Jean-Luc Hennig pose les questions. Voici la fin. *Question : Il y a des zones d'ombre. Il y a des questions que vous ne posez pas à votre famille. Réponse : Il y a des zones d'ombre dans la famille. Il y a des zones d'ombre en moi également. Question : Est-ce qu'on peut être ethnographe de soi ? En somme, vous ne les posez pas, parce que ce sont des questions qui sont liées à vous, qui sont des questions de vous. Donc, est-ce qu'on peut être ethnographe de soi-même ? Réponse : A la limite, non. Bien évidemment. Je ne peux pas être complètement un autre, c'est évident. Même si « je est un autre ». Question : Vous êtes toujours « je » ? Réponse : Je ne peux pas complètement être l'autre. Question : Ça a complètement retourné ce que vous disiez au début. A savoir que le « je » existe bien, et que vous le maintenez. Réponse : On ne peut être ni l'un ni l'autre, c'est évident. On ne peut pas être « je », on ne peut pas être l'autre, ou alors on devient fou.*

Voici donc ce qui se dit, ce qui se demande, ce qui s'interroge. J'écris bien « s'interroge ». François-Pierre vient de me téléphoner de Paris. Maman, qui allait mieux mardi dernier, a de nouveau de fortes poussées de fièvre. Les médecins de l'hôpital sont pessimistes. Septicémie. Son corps ne réagit plus. Les antibiotiques ne font plus leur effet. Ce matin, François-Pierre a fait venir un prêtre. « Elle était consciente », m'a-t-il dit. Mais depuis elle sombre dans un demi-coma. Mademoiselle T. a obtenu de l'administration de l'hôpital le droit de passer la nuit, dans un fauteuil, auprès d'elle. Mon père, hier encore, me demandait au téléphone s'il devait remonter à Paris. Je n'avais pas à répondre à sa question. Il fait une chaleur écrasante. Un vent épais coule dans la vallée, agite faiblement le faîte des arbres et brûle les fleurs. Les chats se tiennent dans la pièce du bas, près de l'évier, pattes écartées, gueules tendues. J'ai posé sur Tiffauges un torchon humide. Il s'est endormi. Quatre heures de l'après-midi. Joucas. A Rueil-Malmaison, hôpital Stell, chambre 307, troisième étage, Adrienne, notre mère, notre maman, la mère, la maman, n'entend plus ce qu'on lui dit. Je viens d'appeler Margot, au téléphone, à Aix-en-Provence. Elle m'a encore parlé comme à un enfant qui boude. Elle m'a dit avec cœur, et je n'en doute point, que c'est ce qui peut arriver de plus doux à maman, désormais. Pourquoi les fiertés de chacun, cette ténacité de clans, Navarre et Bax ? Pourquoi cette dissémination de la famille ? Nous sommes bien des émigrés, ceux-là venus des provinces, dont on ne parle jamais. Et tout de notre temps, perte des valeurs premières spontanées, maintien de préceptes moraux, et instinct de la conservation de l'émotion d'origine : tout nous ramènera à Condom, tôt ou tard. Et à une époque où tant de journalistes font dire « je » à des êtres et racontent leurs vies à leurs places, exploitent un passé pittoresque et touchant quand nous n'avons de présent que violent et d'avenir que menacé, pour « fabriquer » des succès de librairie, je me retrouve ici, à l'ouvrage de *Biographie*. Qu'est-ce qui se passe quand une actrice meurt en pleine représentation, non, en pleine présentation de l'œuvre ? Il n'y a d'exhibition que dans le mensonge. Une morale nous inhibe et nous biffe encore à l'extrême. Le texte, entre deux, roman d'origine, devrait recréer le mode amoureux. Je dis « je » pour eux, deux. Parce qu'ils sont tous deux en moi à écrire ce texte. Elle et lui. Lui à Bénat. Elle chambre 307.

Octobre 1962, Yves entre en seconde année de l'E.D.H.E.C. Il a obtenu un poste de professeur d'anglais dans un collège d'agriculture, à Genech, en plein pays de Bernanos. Deux après-midi par semaine. Une grande ferme au milieu des champs de betteraves. Deux classes, une seconde et une première. Les élèves sont pensionnaires. Pendant les cours, Yves ne prononce pas un seul mot de français. Les élèves ont le droit de tout dire, même de « raconter des histoires sales », mais en anglais. L'ambiance est bonne. Les deux curés qui dirigent l'établissement ne parlent pas un mot d'anglais. Ils entendent des éclats de rire, en classe de seconde notamment, et le père Cordonnier ne comprend pas qui est ce « Mister Shoemaker » qui amuse tout le monde. Jeux de regards aussi, et provocations de certains élèves, sous la table. Yves pense au Satan de Bernanos. Les élèves de la classe de seconde, qu'il aura deux années de suite, le provoquent de plus en plus ouvertement. Mais les cours sont suivis, fructueux. Yves, de l'estrade, découvre le théâtre et un public à visages découverts. A la nuit tombante, il repart pour Lille la tête pleine d'images furtives.

De Lille, en voiture, pour certains week-ends, Yves se rend de nouveau à Amsterdam. Le West Einde Hotel a été démoli. La Frederiksplein est hérissée de grues, construction de la Banque nationale des Pays-Bas. Un autre club s'est ouvert, le DOC, plus moderne, de plain-pied avec la rue, mais les clients sont les mêmes, et seule la danse du tapis permet de faire connaissance. Un dimanche de décembre, à Haarlem, Yves visite le musée, seul. Aux cimaises, tout un peuple de vieillards l'observe, par groupes. Yves se met à leur parler à voix haute, sans même s'en rendre compte. Un gardien alerté surgit. Et Yves rougit et prend la fuite, comme un voleur. Il a parlé aux tableaux.

Aux dîners de promotion, Yves a la responsabilité de l'animation. Il chante avec sa guitare. Mais on attend aussi de lui des histoires drôles. Et il fait encore, là, debout, au milieu des tables, l'expérience du théâtre et d'Arlequin. Il mesure l'attention d'un public, fil ténu qui ne doit jamais rompre. Il découvre le pouvoir de certains mots et tout ce qu'on peut leur « faire dire » pour susciter le rire ou, ponctuation, frapper un instant. Il apprend encore et encore à écrire.

Il loue désormais un studio, dans la vieille ville, non loin de l'Opéra. Parfois, il organise des « dîners à la maison ». L'aumônier de la Catho, Joseph Masselot, est toujours invité. Yves recommence Neuilly, recrée la villa Sainte-Foy.

L'été 63, Yves part pour l'Italie après s'être fait opérer des amygdales, par le professeur Aboulker qui habite dans le XVIIe arrondissement, sur une place qu'Yves appellera place d'Antioche, et dans un appartement qui deviendra celui des Prouillan dans *Le Jardin d'acclimatation*. Yves s'est rendu là en consultation une fois. L'odeur de l'appartement s'est gravée en lui. Quelques jours plus tard, en salle d'opération, dans une clinique, assis sur le rebord d'une table, bouche grande ouverte, assommé de calmants, Yves entend vaguement le professeur Aboulker l'injurier en essayant de découper ses amygdales. Boucherie. Sang. Dix jours de convalescence. René ne veut pas qu'Yves parte pour l'Italie en 2 CV et lui prête une DS noire. Et Yves découvre la vitesse sur les autoroutes, seul, au volant de cette voiture de deuil. A Rome, il doit effectuer un stage de deux mois à la Banca popolare di Novara, via Due Macelli. Il sous-loue un taudis sous les toits, près de la piazza Navona, vicolo della Palomba. Mais deux jours après son arrivée, Yves dîne avec Renata et Marcello Boldrini. Le président de l'E.N.I., l'ami que René avait rencontré en rentrant de Monte Pana, est sous le coup du meurtre récent de son ami d'enfance et proche collaborateur Enrico Mattei. Tous trois parlent jusqu'à une heure avancée de la nuit, sur la terrasse de l'hôtel Eden, face à la villa Médicis. Renata et Marcello écoutent Yves comme Yves aurait voulu être écouté de son père. Yves leur confie son désir d'écrire. Le lendemain, Marcello Boldrini appelle le directeur de la banque et dit qu'il s'occupe personnellement du stage d'Yves. Au déjeuner de midi, Marcello présente Yves au superintendant des Beaux-Arts, qui lui remettra une carte d'accès aux palais et collections privées, ainsi que leur liste. Yves passera les deux mois de l'été entre Florence et Naples, seul, à visiter, tout visiter. Il passera quelques jours chez les Boldrini, à Matelica, non loin de Loreto. Marcello lui fera visiter la maison de Leopardi en lui récitant des poèmes du maître des lieux. Et de retour à Rome, Yves découvrira la mer, à Ostie, les ghettos de garçons, dans les buissons, et dix fois, les nuits, il fera le tour du Colisée. De ce voyage, il rapportera des poèmes dont ceux-ci qui seront publiés dans la revue de l'E.D.H.E.C. Qu'est-ce qu'un mauvais poème ?

*Poème 1*
Les ruines sont
Entre le parfum de la menthe et la peur du lézard
Une architecture de la mélancolie
Puisque l'heure est passée
Puisque le soleil n'en finit pas de se coucher
Entre les herbes folles et l'artifice des cyprès.

Rome erre la nuit comme une femme sans amants
Elle se donne à vous comme au soleil
Pour un peu de désir brut.
Rome pétille de tristesse.

Le Caravaggio a pris des gants de fil d'araignée
Pour peindre les joues trop douces de ses adolescents
Ses tableaux ont encore
Un parfum de raisin vert.

La nuit, du Pincio, les coupoles ressemblent à des crânes
Posés sur les toits de la ville
Et les statues philosophes
Pensent la pierre et l'arbre dru
La verticalité des jardins où
Bacchus a brisé son verre de cristal en riant.

La ville sous la pluie se transforme en une vaste fontaine.

Je tends mes lèvres à la langue glaciale
De l'eau qui crève le cœur.
Au soleil couchant
J'ai cru voir en chaque fontaine
Comme une flaque de sourires
Comme une flaque de mon sang.

Fontaines comme les cheveux d'une nymphe au vent
Tritons et dauphins

Rome pleure de plaisir.
Neptune dompte les fontaines de Rome.

*Poème 2*
Ma chi sospira
La sera
A Matelica ?
E una spuma sonora e lontana
Un vento discreto, prudente
Gli ardori delle foglie e delle canne
I cani che di casale in casale
Tentano di cacciar via la notte intrusa.
(Publié dans *Il Gatto Selvatico*. Traduction professeur Marcello Boldrini.)

Octobre 1963, Yves entre en troisième année de l'E.D.H.E.C. Il a achevé le manuscrit de *La Rue du cœur qui flanche* mais il ne veut pas relire ce roman : cette histoire n'est pas la sienne. Il préfère les poèmes, au risque d'avoir honte d'eux et de les déchirer. Il préfère chanter à la guitare, placer sa voix, mesurer l'attention de ceux qui l'écoutent chanter. Il découvre Thomas Wolfe, auteur américain, moqué dans les revues littéraires françaises, si peu connu même dans son pays d'origine, et qui n'a fait qu'écrire sa vie, un roman, unique roman, vrai roman. Il se régale aussi de ses cours au collège de Genech. Ses élèves de seconde sont maintenant en première. Un jour, légèrement en retard, Yves entre dans la classe : tous les élèves se lèvent, braguettes ouvertes. Ils rient. Et comme Yves instinctivement regarde en direction du couloir pour voir si « Mister Shoemaker » passe par là ou pas, tous éclatent de rire. Vision. Puis le cours, normalement. Une bonne humeur. Yves vit avec Andrej, fils de mineur polonais émigré, serveur dans un grand restaurant de la ville. Ils ne se voient que dans la nuit de la chambre quand Andrej rentre de son travail, après minuit. Quelques heures, quelques rares confidences, gestes, baisers, étreintes, et quand Yves part le matin, Andrej dort encore. Au mois de juin 1964, Yves vient de rédiger un mémoire de fin d'études sur le thème *Exigences chrétiennes face aux plus pauvres dans une économie d'abondance*. Son travail est jugé « insultant ». Les professeurs n'acceptent pas de noter son mémoire. Mais il est diplômé. Le directeur refuse de poser sur la « photo de promo ». Les « maudits » s'en vont. Yves les retrouvera deux ans plus tard, à Chantilly, première réunion de promotion, tous mariés, lui pas, et leurs épouses s'échangeant les photos de leurs bébés. Ils ressemblent tous, petits couples, cadres moyens en passe de devenir supérieurs, à leurs parents. Répliques identiques quand, étudiants, ils montraient tant d'ardeur à critiquer leur société familiale et les injustices sociales. Vite, ils s'étaient rangés. Ce jour-là, Yves refusera de raconter des histoires drôles. « Et ta guitare, Navarre ? » Ils l'appelaient « Navarre », pas « Yves ». Dommage. Hommage. Salut. En 1974, Yves ne sera pas invité au déjeuner de dixième anniversaire de promotion.

Juin 1964. Yves est rentré à Paris avec toutes ses affaires. Comme un déménagement. La guerre d'Algérie est terminée depuis longtemps. Il fera son service militaire dans la Coopération. Les parents d'Yves sont en voyage au Japon. Andrej vient passer deux semaines villa Sainte-Foy. Puis adieu. Andrej part pour Bordeaux où il a trouvé un meilleur poste dans un plus célèbre restaurant. Deux ans plus tard, par hasard, dans un journal, Yves lira la mort de son ami. Ils étaient deux. Ils allaient skier dans les Pyrénées. Une halte dans un hôtel près de Pau, un chauffage au gaz défectueux. Souvenir affectueux. A deux mains, Andrej pinçait les joues d'Yves, pour le réveiller, avant de l'embrasser, quand il rentrait, le soir. Ses mains sentaient le linge blanc des grands restaurants.

*Dimanche 3 août.* 20 heures. Joucas. Un orage tournoie. Il n'éclatera pas. Jean-Jacques et Marie-Claude viennent dîner demain. Jacques et Nicole viendront mardi en fin d'après-midi faire une balade à bicyclette. Hier, en rentrant de la terrasse, mon stylo, le stylo de Bonne-Maman, a roulé sur le manuscrit, est tombé du haut de l'échelle, au-dessus de ma chambre, et s'est cassé sur le carrelage. Il s'est cassé dedans. Le mécanisme pour le remplir. Et quand je l'ai décapuchonné, il saignait de l'encre bleue. Alors, de nouveau le cliquetis de Valentine. Oui maman, j'écris. Maman, Adrienne, ma mère, car nul ne meurt jamais si l'on ose aimer. Et comme ils sont nombreux ceux qui narguent et se targuent de mieux. Je tiens, de toi, ce dessin-là : nul passé, tout nous devance. La transposition c'est l'excuse, donc la faute, cette idée de faute qui gouverne et parque encore. L'écrire du repentir est mort. La passion, oui. Pas la compassion.

## 63. La longe

René a fait créer, pour Yves, un poste de coopérant à l'Institut franco-indien du pétrole de Deradoum. Et Yves le refuse. Dans le bureau du directeur de cabinet du ministre de la Coopération, époux d'une proche collaboratrice de René, Yves explique à son interlocuteur qu'il ne veut pas, chaque jour, à des milliers de kilomètres de là, voir le buste de son père qui orne l'entrée de cet institut. Il a vu les photos. Il demande qu'on l'affecte à n'importe quel autre poste, mais pas à celui-là. En face de lui, l'homme sourit aimablement : il connaît René et ses colères ; René et sa bonté excessive, toujours tardive ; René et cette manière intolérante, violente puis affectueuse, de tenir son monde, à distance, chantages habilement menés. L'homme accepte et souhaite à Yves « bonne chance ».

De nouveau Yves a rempli la malle-cabine : les deux tapis, quelques livres, Apollinaire, Saint-John Perse, Char, Michaux, Bataille, Artaud, Lowry, Faulkner, Wolfe, Whitman, Mann, Musil, Gracq, Paulhan, Lorca, le pick-up de la Guilde du disque, des disques, des draps, des cahiers brochés toilés, sortes de registres de notaire sur lesquels il aime écrire, des cuillères, des fourchettes, des couteaux et la théière en argent qui lui viennent de Bonne-Maman, le tableau de Grenade, la déesse du sourire, des jeux de cartes, et la guitare, bien enveloppée, ficelée dans une couverture. Septembre 1964 : après trois semaines de « période militaire » à la caserne de Rambouillet, Yves regagne Paris et reçoit son affectation de coopérant. On l'envoie au Sénégal. Il a tout juste le temps d'expédier la malle-cabine. Dans l'avion, un seul garçon du groupe retient son attention. Il se signale à lui en ne lui parlant pas, en l'évitant même du regard. Il veut que ce soit lui, et nul autre. Il ne veut que lui pour vivre cette année-là. Souhait. Il croise ses doigts. Les autres ont un teint d'aspirine et le regard sec des futurs universitaires.

Au camp Leclerc, près de Dakar, chambrée, lits-cages, moustiquaires, Yves guette l'ami souhaité, élu. Il le retrouve sous la douche. Ils se savonnent. Disons qu'il s'appelait Robert, Bob, car il ne se souvient certainement de rien et cette histoire pour l'avoir effleuré ne le concerna que peu, autres mœurs qui lui étaient étrangères. Et pourtant, parfois ? Cette histoire, Yves fut le seul à la vivre. Peine perdue, dès le premier geste, avant même, en s'essuyant, qu'ils s'échangent leurs prénoms. Bob est professeur de gymnastique, fils d'un professeur de lettres et d'un professeur de maths. La photo de sa fiancée est posée près de son lit, à côté de sa montre. Quand Yves apprend qu'ils sont nommés tous deux, ensemble, au C.E.G. de Diourbel, loin dans les terres, il jubile, non qu'il espère quoi que ce soit de physique entre Bob et lui, mais parce qu'il trouve en Bob une image parfaite d'ami qui peut donner tout autant que recevoir, écouter tout autant que parler. Et Bob a le corps robuste du gymnaste, le regard calme du rêveur solitaire. La veille de leur départ, ils achètent ensemble une voiture, une Versailles d'occasion. Dans Dakar, fait de l'indépendance, il semble n'y avoir plus que des agents de police pour dresser des contraventions, et des ministères pour attirer la population. Les villas des quartiers européens sont abandonnées, volets clos, végétation sauvage. Yves téléphone à deux personnes recommandées par Rasky. Mais ni l'une ni l'autre n'acceptent de répondre. Sur leur territoire d'activité, ces gens-là de pouvoir se cachent. Yves n'insistera pas. Il ne leur sourira même pas quand, quelques mois plus tard, à Paris, ils lui diront « mais pourquoi ne m'avez-vous pas appelé ? » La peur du fonctionnaire. La tradition des mains moites.

Le matin du départ, Yves et Bob vont chercher la malle-cabine à la douane du port. La route est belle jusqu'à Thiès, des arbres, quelques cultures, des champs abandonnés, une usine de chaussures aux vitres cassées. Après Thiès, sur des dizaines de kilomètres, terre aride, plate et à perte de vue, route étroite et droite, reverbération, de temps en temps un flamboyant hérissé de charognards. Yves conduit. Bob a l'air heureux. La chaleur est étouffante. Ils se sourient. Ils prendront une douche en arrivant.

Diourbel. Un gril. Poussière grise et de feu. De larges avenues de terre battue, quelques bâtiments officiels en ciment, et des cases, comme des cubes, pas un arbre, un cinéma en plein air, sur une terrasse, pour éviter les resquilleurs, une gare où séjournent des semaines entières des familles qui attendent l'hypothétique train qui les conduira au bout de la ligne, chez le marabout qu'ils vénèrent et auquel ils doivent tout donner, et entre le cinéma et la gare, l'école. Au premier étage de l'école, trois pièces en enfilade, une salle de bains, une cuisine et une terrasse donnant sur un terrain vague. Diourbel, mirage, est sur un terrain vague. Le sol du logement est carrelé en large damier noir et blanc. Dans la plus grande des trois pièces, Yves installe avec Bob deux matelas, par terre, à droite et à gauche de la baie vitrée, et des moustiquaires, accrochées au plafond, qui tombent sur chaque lit en de beaux drapés : il crée un lieu et Bob s'amuse. L'entrée principale est condamnée. Il faudra passer par la cuisine, et le boy qui était là dès leur arrivée, pour ne pas perdre son poste, surveillera les allées et venues : on ne vole pas à Diourbel. Tout ce qui traîne est pris, c'est tout. Tout ce qui est ouvert est pillé. Pour le marabout ?

Deux films sont programmés chaque soir au cinéma voisin : un film musical égyptien ou indien, impossible d'écouter de la musique pendant ce temps-là, et un film européen, coups de feu, gangsters, sirènes de voitures de police, impossible de lire. Dans la seconde pièce, la salle à manger. Dans la troisième loge un autre professeur, ancien de l'O.A.S., qui ne dit pas un mot, entre, sort, mange, se couche, dort : il rumine. Parfois, il regarde Yves l'air moqueur. A la pharmacie du Bol, de l'autre côté de la rue, le couple d'Européens refuse de parler à Bob et à Yves : ils n'aiment pas les coopérants. Ils étaient là avant l'indépendance, eux. Dans les rues de Diourbel, de jeunes Américaines du *Peace Corps* se promènent les seins nus pour mieux s'intégrer à la population locale. Elles n'ont pas le droit de parler aux Français. Yves est responsable de trois enseignements : les deux langues étrangères, anglais et français, l'anglais en premier, le français en second, miracle de l'indépendance, et le dessin. En plus des cours de gymnastique, Bob donnera des cours de maths et de physique-chimie. O.A.S., planqué, a gardé pour lui les petites classes. A table, exceptionnellement, il lance « ce n'est même pas la peine de leur enseigner quoi que ce soit, ils n'apprendront jamais rien ».

Yves a deux classes de terminale et plus de soixante garçons et filles dans chaque classe. Aux premiers rangs, les quelques fils et filles de commerçants libanais. Tout le commerce de la ville est aux mains des

Libanais. Elèves doués. Ils savent tout. Derrière eux, les Sénégalais, nus, ou presque, 40° à l'ombre, ils veulent tous devenir fonctionnaires. Niveau d'études : cours primaire deuxième année. Or, en principe, ils passent leur bac à la fin de l'année. Bob est aussi décontenancé qu'Yves. O.A.S. se tait et fait claquer la porte de sa chambre. Musique et bruit des films, tam-tams des pèlerins de la gare. Bob demande à Yves de lui lire des poèmes et de lui parler de tous les instruments composant un orchestre. Yves ne dort pas et de son lit observe son ami, nu, sur l'autre lit, de son côté, près de la photo et de la montre. Douches, puis massages dans la nuit de la chambre, mais jamais un geste. Les regards suffisent. Douce complicité. Rien ne sera franchi.

Le second week-end, ils vont à Dakar. Le vent de la mer. Ils respirent. Pour payer les frais d'hôtel, l'achat de la voiture ayant sérieusement grevé leurs budgets respectifs, Yves se fait engager dans l'unique boîte de nuit restée ouverte depuis l'indépendance, *Le Pigalle*. Il chantera trois chansons entre la première partie du spectacle, des danseurs espagnols, deux hommes et deux femmes, qui composent le *Duo Malagueña, Les Félines de Paris, Antonio de Córdoba* et la *Cuadrilla Pepe*, belle affiche, faux programme, changements de costumes, et la seconde partie, *Josyane X, vedette de la télévision et de la radio*. Plus tard, Yves écrira une pièce de théâtre qui se déroulera dans l'unique loge des artistes de cette boîte de nuit, derrière la scène, un trou, *September Song*, pièce qui ne sera jamais publiée, jamais aimée de qui la lira, oubliée, elle chante toujours dans un tiroir. La patronne du Pigalle disait avoir connu Saint-Exupéry du temps de l'Aéropostale et tenir de lui des cartes postales toutes datées, *September song nº 1..., September song nº 2..., September song nº 3...* « J'étais belle, disait-elle, en ce temps-là. » Quand Yves chantait, il voyait enfin la salle : des putes espagnoles auxquelles les deux danseuses espagnoles refusaient le bonjour parce qu'elles étaient putes, et des commerçants libanais, rien que des commerçants libanais. La salle était blanche. Josyane X boitait, séquelles d'un accident de voiture dont elle était sortie « miraculeusement vivante », entre deux galas, en France, du temps où elle avait un succès. Sans cœur et la voix cassée, désormais elle chantait les chansons des autres. Bob attendait Yves dans la Versailles devant la porte du Pigalle. Avec le « cachet », ils se payaient l'hôtel. Le lendemain dimanche, ils se baignaient à N'gor. Puis ils rentraient, dans la nuit. Nuit aussi brûlante que le jour. Jamais un geste. Chacun formulant son désir en dedans de soi. Bob et Yves se parlèrent beaucoup, intensément parfois, avec une franchise de bel aloi et (pas mais) jamais ils n'eurent besoin de l'altérité de l'étreinte. Quand Yves parlera de cette histoire à Roland Barthes, Roland la qualifiera d'histoire de *quiétude insexuelle*.

Yves en fait ne saura jamais comment Bob vécut le temps de ces mois d'octobre et de novembre. La photo était là, près de son lit. Bob remontait sa montre chaque soir avant de faire tomber, au-dessus de lui, la moustiquaire. Or, Yves, une nuit, retrouva le rêve de la pelote de laine qui se dévidait, ses parents couraient devant lui, tout petits, de plus en plus petits, et lui faisaient signe de les suivre, fil qui s'emmêlait, pelote qui se brouillait. Yves se réveilla en sursaut. Il suffoquait. Bob dormait du sommeil des bons, sous le regard de la photo : il avait confiance. Il savait où il allait.

Le rêve revint chaque nuit. Les parents d'Yves étaient là, puis Bonne-Maman. La pelote se mit à rouler sur un carrelage en damier qui ressemblait étrangement au sol de la chambre où Yves était en train de dormir. Et comme une reine d'échiquier, Bonne-Maman se déplaçait et faisait tomber tout le monde. Yves, à chaque chute, tenait le fil de laine, haut la main pour qu'il ne se casse pas. Et tout s'embrouillait. Tout se nouait. Tout s'étranglait.

Yves tressaillit. Bob était là, sous sa moustiquaire, à genoux, penché au-dessus de lui, une main sur son front. Fièvre. Tremblement. Yves eut brusquement terriblement froid. Le froid de Vétheuil les dimanches d'hiver. Le froid de Vars quand il skiait seul : il neigeait et les rideaux de flocons l'isolaient du reste du monde, il se croyait perdu. Le froid de Corentin dans la tempête, cherchant un igloo. Le froid, station Porte Maillot, quand les portes s'étaient refermées sur l'homme en imperméable gris. Il fallait prévenir Ange le plus vite possible. Le froid du front contre la neige au bout du pont du Diable. Toutes sortes de froids. Yves claquait des dents. Puis des piqûres. Puis un sommeil lourd. Le jour : les bruits de l'école. La nuit : Bob attentif et prévenant. Yves n'osait plus refermer les yeux de peur de revoir le damier, la pelote, son père, Bonne-Maman mais plus maman. Adrienne avait disparu ? Et c'était toujours le même cauchemar, toujours la même vision, image fixe : René était là. Yves tenait un bout de laine, mais en fait c'était une longe au bout de laquelle René le tirait. Guildford, Petworth, Worthing, La Antilla, Grenade, Briançon, Amsterdam, Lille, Rome, Diourbel : plus Yves s'éloignait, plus son père le tenait. Le troisième jour, comme la fièvre ne tombait pas, l'unique interne de l'hôpital de Diourbel accepta de se déplacer, diagnostiqua une insolation avec complications pulmonaires et prescrivit des piqûres d'antibiotiques à haute dose, « par précaution » disait-il. Et les regards de Bob étaient insoutenables. Yves aurait voulu se sentir aussi robuste que lui. Humilié, rêve déçu, Yves n'avait même plus la force de lever une main. Bob le traînait, matin et soir, jusqu'à la salle de bains et ce n'était plus complice. Presque pitoyable. Yves essaya de lui parler du cauchemar et du damier, mais Bob ne comprit rien : il lui manquait le début de l'histoire, tout le début, jusque-là. Et Bob, comme pour s'excuser de ne pas comprendre, persuadé qu'Yves reprendrait des forces et son travail, frictionnait le corps d'Yves en lui parlant des week-ends qu'ils passeraient ensemble au bord de la mer, des chansons de nouveau, et du voyage qu'ils feraient en Casamance au congé de Mardi gras. Projets. Mais Yves avait perdu toute force. A chaque fin d'après-midi, les tam-tams de la gare reprenaient et rythmaient inlassablement la nuit. Les chants des films indiens ou les chants du Nil, les crissements de pneus des films policiers et le sourire hilare d'O.A.S. quand il penchait la tête, porte entrouverte, « alors, Navarre, ça va ? » l'air joyeux. Fini. Fin de l'histoire.

Bob remonte de l'école. C'est jeudi. Il n'y a pas de cours l'après-midi. Yves, avec l'aide du boy, a remis les deux tapis dans la malle-cabine, les couverts, la théière. Il laisse le pick-up, des disques, quelques livres à Bob et emballe le reste, la guitare dans la couverture et les vêtements dans la valise. Il repart. Il ne veut plus rester là. Il ne peut plus voir le carrelage. Dans le rêve, René a fait tomber Bonne-Maman et tire Yves comme un cheval dans *Les Misfits*. Dans la voiture, Yves raconte le film à Bob. Bob veut l'emmener à l'hôpital de Dakar. Yves veut rentrer en France. En deux semaines, il a perdu plus de dix kilos. Il ne veut plus des piqûres. Il ne veut plus du vent chaud. Un jeudi en fin d'après-midi. Ils portent la malle-cabine au service de douane et l'enregistrent, *Yves Navarre, 5 villa Sainte-Foy, Neuilly-sur-Seine, France*. Il y a un avion pour l'Europe à trois heures du matin, en provenance de Rio de Janeiro, compagnie Lufthansa, en direction de Francfort. Bob prête de l'argent à Yves pour payer le billet et le conduit à l'hôtel de la Croix-Blanche où Yves se reposera jusqu'à l'heure du départ. Sur le trottoir, devant l'hôtel, Yves se jette dans les bras de Bob. Bob se mord les lèvres pour ne pas pleurer. Mais il pleure. Pour la première fois, Yves l'embrasse, sur les joues, et lui dit de partir vite, « vite ! » Et Bob le quitte sans se retourner. Yves lui crie merci. C'était quoi son vrai petit nom ?

Yves n'a prévenu personne au camp Leclerc. Coopérant, son statut est néanmoins celui d'un militaire. Dans l'avion, les voyageurs dorment. Yves prend place comme un voleur. Il déserte. De Francfort, son billet ne lui permet de rentrer à Paris que par Genève. De l'aéroport de Genève, il prévient le secrétariat de son père. Monsieur Perche viendra le chercher à Orly. Et Paris de nouveau. Vendredi de décembre. Vendredi gris. Il pleut. A l'avant de la voiture, Yves parle de son père à monsieur Perche. « J'ai cru que j'allais me couper de lui, et je le voyais partout, tout le temps. Vous me comprenez. Je le sais. » Et monsieur Perche regarde Yves de temps en temps : il ne peut rien répondre. Au ministère de la Coopération, Yves se présente au général responsable des coopérants. L'homme écoute son histoire et conseille à Yves de rentrer chez lui. « J'ai des enfants de votre âge. Il n'y a qu'une solution pour vous éviter de passer en conseil de guerre : rentrez chez vous, dans la demi-heure qui suivra une ambulance viendra vous chercher. Vous serez interné au Val-de-Grâce. En tant que fou. Tenez le coup pendant trois semaines. Je vous le demande, au nom de votre père, que je connais, et que je respecte. Et dans trois semaines, au prochain conseil, je vous ferai réformer. Et après ? Que ferez-vous après ? » Yves se tait. Le général se lève, contourne le bureau, attrape Yves par le bras et le secoue violemment « moi non plus, vous savez, je ne comprends pas mes fils. Alors tenez-vous bien. Faites ça pour moi ! » Yves respire profondément, regarde le général droit dans les yeux et lui dit « merci » puis « merci, mon général ». Il aura au moins appris ça.

Villa Sainte-Foy, Yves est couché sur le lit. Adrienne, assise à côté de lui, lui pose quelques questions. Yves, plusieurs fois, raconte le cauchemar, la longe, René, Bonne-Maman, le damier, les pions, la pelote. « Je ne te voyais plus, maman. Je ne te voyais plus, tu comprends ? » Coup de sonnette. Bruit de la porte du jardin. Bruit de la porte d'entrée. Les aboiements du chien. Des pas dans l'escalier. Deux infirmiers. Adrienne se lève et remet la chaise en place, contre le bureau. « Qu'est-ce que je dois dire à papa ? » « Rien. Ou bien dis-lui qu'il ne vienne pas me voir. Non, ne lui dis rien. » En montant dans l'ambulance Yves voit Adrienne derrière la fenêtre de la chambre du second étage. Elle esquisse un geste. Sa main retombe. Il fait nuit. Vendredi soir. Il n'y a qu'un lit de libre au quatrième étage du pavillon de psychiatrie de l'hôpital du Val-de-Grâce, le lit sous la télévision posée haut, contre le mur, sur deux équerres de fer. Yves voit devant lui, de son lit, des dizaines de fantômes en pyjamas, visages blafards, lueur de la télé, et entend les voix sans visages d'un feuilleton qui captive cet auditoire. La plupart des garçons qui sont là ont des pansements aux poignets, ou des fils noués, à nu, paquets-cadeaux des tentatives de suicide. Un infirmier s'approche du lit. Yves sait que plusieurs portes ont été refermées derrière lui, à clé, et à double tour. Il revoit Bob, sous la douche, la première fois qu'ils s'étaient parlé « c'est comment ton petit nom ? » « Yves, et toi ? » « Moi, c'est... »

*Lundi 4 août*. Minuit. La fièvre de maman est retombée. Mais elle n'a pas repris conscience. Mademoiselle T. et François-Pierre se sont querellés. Papa m'a téléphoné. Nous nous sommes parlé pendant plus d'une heure. Je lui ai demandé de nous faire confiance et de se faire confiance, enfin. Je ne veux plus d'histoires. Je ne veux qu'une histoire, nouvelle, possiblement. Je ne veux plus d'intrigues. Je ne veux plus qu'on m'accuse des drames que l'on crée pour ne pas m'approcher. Je suis pris du vertige de celui qui se penche trop. Et je ne m'en vante pas. Il faut que je dorme tout cela. J'ai bien écrit, *il faut que je dorme tout cela*.

*Mardi 5 août.* J'ai fait un cauchemar. Rupture n° 2 me rendait visite ici, à Joucas, et m'annonçait en riant qu'il vivait « une aventure merveilleuse » avec Rupture n° 4 et que mes amis de Fontaine-de-Vaucluse les recevaient chez eux. Rupture n° 2, qui est psychiatre maintenant, me tendait un résultat d'analyse. « Tu as le quotient 345, 346 et 347 : tu es conscient de tout. » Il répétait « tu as le quotient 345, 346 et 347 : tu es conscient de tout ». Il me lançait cela comme une preuve de culpabilité. Il me jugeait encore. Il voulait m'accuser du malécouté de notre amour. « Tu es conscient de tout ! » Quand je me suis levé, je répétais instinctivement les chiffres « 345 », « 346 », « 347 ». J'ai donné à manger aux chats, j'ai mis de l'eau à chauffer pour le thé et du pain à griller. Le temps de sortir dans la rue après avoir repoussé la porte, le temps de contourner la maison et d'aller ouvrir la boîte aux lettres pour ne trouver que le journal du jour, une des cinq veuves qui m'entourent était entrée chez moi et criait « le pain brûle ». Puis sombres histoires : cette femme m'expliqua que le chèque qu'elle m'avait envoyé (sans mot d'excuses) pour payer le prix de la vasque qu'elle avait cassée devant chez moi en passant avec sa voiture, chèque que je lui avais renvoyé avec un mot « charmant », avait été débité sur son compte en banque. De quoi m'accusait-elle ? Puis elle me parla d'affiches pour la fête paroissiale de Murs qu'elle avait apposées sur les murs du village et qu'elle a retrouvées déchirées sous sa voiture. Elle me parla enfin d'un lilas qu'elle avait planté dans son jardin et qui avait été volé. De quoi m'accusait-elle ? « Pourquoi me racontez-vous toutes ces histoires, madame ? » Je suis devenu fou. Je l'ai flanquée dehors. Et j'ai claqué la porte. Pain brûlé. Eau bouillante dans la théière : je tremblais. Puis le téléphone sonna : mon père. J'étais sans voix. Je comptais encore « 345 », « 346 », « 347 », Rupture n° 2 venait à peine de me quitter en me lançant « tu es conscient de tout ! » Mon père répétait « parle-moi, je t'en prie. Il n'y a que toi pour me tirer de mon isolement ». Voici l'appel et la demande. Voici le danger de *Biographie*. Voici le risque du texte. Je n'ai vécu jusqu'ici que pour écrire ceci qui survient de jour en jour. Non pour dénoncer mais pour le plus simple des questionnements : qui nous poursuit, et qui nous hante ? Le politique n'est plus que là. Pour nous. Occidentaux. Gavés. Traqués. Marie-Claude et Jean-Jacques m'ont aidé à vivre la soirée d'hier. 16 h 15. J'attends Jacques et Nicole. Nous partirons en promenade au moment du coucher du soleil. Nous parlerons « théâtre » ensemble. Le manchot compte ses amis sur les doigts de ses mains. A Diourbel, mon père était dans la malle-cabine. A Joucas, il est au bout du « fil » du téléphone. Et Adrienne s'endort. Sans nous.

## 64. Le show

Des fenêtres à barreaux et à vitres en plastique ; des repas à prendre sans couteau ni fourchette, seulement une cuillère à soupe ; des pyjamas sans cordons, qu'il faut nouer à la taille ; Yves a fait demander à Adrienne de lui apporter un rasoir électrique, les lames bien sûr sont interdites, le « service psychiatrique » de l'hôpital est dit « de sécurité ». Dans l'aire centrale du grand dortoir délimitée par les lits, des tables, des chaises. Les autres jouent aux cartes en silence, se tiennent un coude sur la table, jambes écartées, tête baissée, ou bien, à califourchon sur leurs chaises, ils dorment, menton posé sur le dossier. Pendant plusieurs jours Yves ne peut quitter son lit que quand on le lève pour le conduire aux latrines. Il doit pisser et « faire » devant l'infirmier. Sa tête tourne dès qu'il est debout. Il entend le bruit de la gare, les murmures de pèlerins, les rythmes se chevauchant des tam-tams. Il voit des flamboyants hérissés de charognards, la route droite, vapeurs de chaleur, odeur de terre sèche, et il sent la main de Bob, parfois, sur son épaule. Bob dit « tu veux que je prenne le volant ? » Du lit aux latrines, des latrines à la table pour un repas de purées, de hachis et de portions de Vache qui rit, et de la table au lit, piqûre, sommeil forcé, vague bruit de la télé au-dessus de sa tête, les informations, puis le film : très vite, Yves sombre. Il est revenu. Il a raté le voyage de la coupure et les grands espaces. Le mot de *Casamance* tourne dans sa tête. Devant l'hôtel de la Croix-Blanche, Bob se mordait les lèvres. Il avait les joues pleines d'un enfant qu'on a tout le temps envie d'embrasser et de larges mains qui frottaient fort le dos, sous la douche, faisaient mousser le savon. Yves est revenu, K.O., le damier du cauchemar n'était qu'un ring. Parade. Son père vient de gagner. *Walk over.* Et Yves, pour ne pas se laisser endormir seul, se joue un peu de piano, un piano dans la tête, lance des planeurs du haut de ses falaises. Il est chez les fous. Il n'est pas fou. Chacun de ceux qui sont là se dit la même chose. Yves confond les infirmiers et les malades. Bruit des savates sur le carrelage, à petits carreaux cette fois, les petits carreaux des hôpitaux. Yves se rend compte qu'il n'a jamais eu de montre. Tous ceux qui l'entourent en ont. Quelle heure était-il à Diourbel ? Qui a pris sa place ? Qui dort dans l'autre lit ?

Le septième jour, Adrienne rend visite à Yves. Dans la pièce qui tient lieu de parloir, une table, deux chaises, et un infirmier qui surveille. Elle sort un pot de confitures de son sac « les framboises de Vétheuil, dit-elle, il y en a eu beaucoup cette année ». Mais c'est interdit. Pas de verre. Alors elle donne à Yves le rasoir électrique et murmure « je crois que ton père a compris. Tu vas sortir vite d'ici. Il faut que tu réagisses et que tu penses à un métier. Tu m'écoutes ? » Yves sanglote. Adrienne plaque ses mains sur les mains d'Yves, sur la table « ne pleure pas. Je ne veux pas te voir pleurer. Pas toi. Ton père m'a chargée de te dire qu'il ne viendrait pas puisque tu le lui as demandé. Mais il ne faut pas lui en vouloir. Tout ce qu'il a fait, il l'a fait pour toi. J'ai souffert, moi aussi, tu le sais. J'ai tout accepté. Alors aide-moi en ne l'acceptant pas ». Comme un souffle, l'infirmier n'a pas entendu. Une voix de nuit et de berceau. Une voix de loin, diction, comme un doigté au piano. « Tu m'écoutes ? » Yves tombe en avant, le front sur les mains de sa mère. L'infirmier dit « c'est l'heure madame ». Et les mains d'Adrienne glissent sous le front d'Yves. « Ne bouge pas. Je reviendrai dès que possible. » Elle ne voulait pas qu'Yves la voie bouleversée. Elle repartait avec le pot de confitures. Yves regagna son lit. De nouveau une piqûre. Yves choisit le mouvement lent de la *Waldstein,* dite sonate *L'Aurore,* pour sombrer. Adrienne était assise au piano, villa Sainte-Foy. Cette fois, elle jouait pour lui et lui seul. Plus besoin de se tenir derrière la grille du jardin, le cartable entre les jambes.

Le mutisme des autres. Chacun interroge son voisin du regard, mais nul ne formule jamais la question « comment en es-tu arrivé là ? » Yves est un des rares à ne pas avoir de traces de blessures aux poignets. Lui aussi se retrouve accoudé à la table. L'odeur du lieu est de coton, de gaze et d'éther. Une horloge électrique, au-dessus de la porte du dortoir, fait un bruit sourd, à chaque minute. Yves, petit à petit, sent de nouveau passer le temps, rythme, mesure, roue libre, pure perte. Le bruit des savates l'obsède. Les infirmiers, eux, ont des socques. Les socques signalent ceux qui ont le droit de franchir les portes. Les savates condamnent les autres à tourner en rond. Et l'idée de ne jamais sortir de là s'ancre en lui et se met si fort à retenir son attention qu'Yves demande et attend les piqûres avec plaisir. Seul un piano dans sa tête, et Adrienne à ce piano, l'invite à oser encore : il sortira. Comme Adrienne jouait bien, ces jours-là. Et Yves, qui s'est interdit, ici, dans ce texte, de porter un jugement sur le « mémoire » de René, et qui a décidé de ne pas intituler le chapitre où il le plaçait *La capitulation,* Yves, en ce temps du Val-de-Grâce, pavillon des fous, une cuillère à la main, sa cuillère, pour ses bouillies, ceinture du pyjama nouée plutôt trois fois qu'une, *récapitulait*. Jamais il ne s'était senti aussi bas et désespérément capable : il y aurait un commencement, puis de nouveau un commencement, le questionnement demeurerait le même. Seulement, à chaque fois, il deviendrait plus vif et pertinent. Yves ressemble tellement à son père qu'au jeu de la longe ils seront toujours deux à tirer dessus. Ils tirent encore. Et ce texte est de ressemblance. Il faut admettre. A chacun son admission. C'est alors qu'Yves formule pour la première fois un : *mon désir de me suicider n'a d'égal que mon instinct de conservation.* C'est ainsi qu'il s'exprime lorsque le professeur Juillet, chef du service psychiatrique, le reçoit en consultation au bout de trois semaines. Yves lui a demandé en entrant que l'infirmier n'assiste pas à l'entretien. Il dira au professeur « je suis tout sauf un simulateur. J'aurais voulu faire l'expérience de ce service militaire. J'aurais voulu vivre là-bas. Mais mon père m'avait suivi. Il était là, en moi. Il me surveillait. Ma sensualité pour lui est une perversion. Je peux vivre seul. Mais il faut qu'il me laisse seul. Je vous demande simplement de recevoir mon père, et de le lui dire ».

L'entretien a duré quelques minutes. Le professeur se lève, prend Yves par le coude et lui dit « on va vous changer de service. Je parlerai à votre père. Mais j'ai noté là deux adresses d'analystes. C'est à vous de prendre la décision d'avoir recours à l'un d'entre eux ». Debout, sur le pas de la porte de son bureau, le professeur regarde Yves. Yves plie le bout de papier « je n'irai pas, professeur, parce que... » « Je ne vous demande rien. Vous avez les adresses. » Yves le regarde et murmure « ... parce que je veux d'abord vivre seul ». Le professeur, en serrant la main d'Yves, sourit. Et Yves eut peur de ce sourire. Une peur comme une confiance.

Dans le nouveau service, des chambres de quatre. Pratiquement plus aucune surveillance. Yves porte un pyjama normal. Adrienne lui a porté une robe de chambre et des pantoufles. Il lit. Il découvre *To the Lighthouse* de Virginia Woolf, *A Handful of Dust* d'Evelyn Waugh et surtout les trois tomes de *A Glastonbury Romance* de John Cowper Powys, cadeau de Donovan le jour de leurs adieux. Il craignait d'avoir à payer un trop grand supplément de bagages lors de son retour aux Etats-Unis. En fin de chaque après-midi, Yves enfile deux paires de chaussettes, ses pantoufles, un tee-shirt et un slip, son pyjama, noue très fort la ceinture de la robe de chambre, enroule autour de son cou un cache-col tricoté par sa mère et descend dans la cour du Val-de-Grâce. Jours gris. Un petit air vif. Des pas dans les feuilles mortes. Stations sur tel ou tel banc. D'autres malades se promènent. La ville, derrière les bâtiments, fait un bruit sourd et continu. Personne ne parle à personne. A l'entrée du foyer d'animation, une affiche peinte à la main, *Grand Show de fin d'année. Vendredi à 16 h 30. Venez nombreux.*

La scène est décorée : papier doré, papier argenté, papier crépon multicolore, branches de sapin et boules de Noël. Dans la salle, quelques spectateurs, disséminés, figés, tous en robe de chambre, convalescents des différents services. Certains ont placé leurs béquilles dans l'allée, à côté d'eux, à portée de main. Puis les feux de la rampe s'allument, six ou sept lampes derrière un bout de tôle. Le rideau de coton rouge frissonne. Bruit de piano désaccordé. Le rideau s'ouvre. Grincement de tringle, et un vieillard guilleret, les joues maquillées de rose, les yeux faits, rieurs, surgit des coulisses un canotier à la main, en chantant *C'est ma pomme*. Et quand il pose le canotier sur sa tête, de guingois, il va de droite à gauche, de gauche à droite, en avant-scène, curieux entrechats, en tendant les bras vers le public, invitant à chanter le refrain avec lui. Mais ça ne marche pas. A la fin de la chanson, il s'éponge le front avec une pochette de dentelle, l'agite en faisant le pitre, dit « je suis comme Paris, j'ai l'âge de mes artères » puis « vous savez, j'arrive à pied de la Chine » et il rit, seul ; il rit, seul ; il rit. Une seconde chanson *Viens poupoule* et de nouveau le coup de la pochette. Puis il annonce sa « grande camarade », « amie de toujours », « étoile qui a brillé sur les plus grandes scènes du monde », et lance un prénom (Olga ? Tatiana ?) et un nom (Boriskova ? Popova ?) : la salle applaudit. Musique. *La Mort du cygne*. Les feux de la rampe s'éteignent. Restent les ampoules des cintres, faible lueur électrique, c'est la nuit, le mystère. Et sur les pointes, en jupe de tulle, collant bustier à manches longues, une perruque blonde et bouclée sur la tête, une tiare cramponnée à la perruque, une danseuse d'au moins soixante-dix ans entre en scène, frémissante, vacillante, un rien la soufflerait à terre. Elle ne danse plus qu'avec les bras et les mains, mouvements ondoyants. La position sur pointes lui est insupportable. Sitôt, et enfin, en milieu de scène, pieds croisés, talons à terre, elle se penche vers le public, bras tendus, se redresse, lève les bras, joint les mains au-dessus de sa tiare, puis ses bras retombent, elle se penche de nouveau et recommence, dix fois, vingt fois, pour finalement, fin de partition, derniers accords, se coucher à terre en prenant garde de ne pas se faire mal et mourir en un dernier sursaut. Rideau.

Derrière le rideau, ils l'aident à se relever. Stupeur. Rires nerveux. Puis le rideau se rouvre. Applaudissements. La vieille danseuse remercie le public et, plus elle le remercie, plus Yves et les autres applaudissent. Plus elle réclame le silence, et ce n'est pas un chahut, plus Yves, comme les autres, applaudit en scandant. La vieille danseuse essuie enfin une larme. Alors, les applaudissements stoppent net. « Merci, merci cher public, car ce spectacle... » elle reprend son souffle « nous vous l'offrons... » voix à l'aigu « de tout notre cœur ! » Et les applaudissements reprennent.

Il y eut ensuite une démonstration de deux jeunes élèves de la danseuse « et je sais d'avance que vous serez indulgents avec eux... » Puis de nouveau des chansons, des histoires drôles qui, par force ou politesse, désespoir de couloirs d'hôpitaux, firent rire. Et le « finale » : le chanteur, la vieille danseuse et ses deux élèves, *A Joinville-le-Pont, ponpon ; tous deux nous irons, ronron...* La pianiste vint saluer. 17 h 15. Dehors, il faisait nuit. Yves traversa la cour intérieure du Val-de-Grâce, lumières aux fenêtres, froid duveteux, vague parfum de fêtes de fin d'année : il est en pantoufles et en robe de chambre, dehors, dans la nuit, au cœur de la ville. Tout bascule. Tout a basculé. Il était là, dans la salle, avec les autres, et les autres comme lui, mêmes raisons, mêmes folies, pourquoi pas ? Il pourrait rester là, nourri, logé, et petit à petit oublié, effacé, s'effaçant, caressant les murs, se glissant dans le lit comme dans un ventre. Le poste d'aiguillage est invisible. La capitulation est le premier signe d'un nouvel affrontement ; et la peur l'expression naissante de la confiance. Dans sa chambre, ce soir-là, Yves ne peut même plus lire les lignes des livres : une salle de classe se lève devant lui, braguettes ouvertes ; un jeune garçon blond lui dit « tu me prends pour une fille »; Panos ne vient pas au rendez-vous ; Peter détale en agitant les bras ; sœur Marie ordonne de montrer les doigts vernis, rouge vif ; madame Lalanne offre une poupée ; *Notre Père, qui êtes aux cieux, que votre nom soit sanctifié, que votre peigne arrive ;* et puis ? Le chemin. L'itinéraire. Yves a demandé à Adrienne de ne plus lui rendre visite.

Le premier lundi de janvier, veille de la réunion de la Commission de réforme, le professeur fait une apparition dans la chambre d'Yves. Les trois autres lits sont vides depuis quelques jours. Ils peuvent parler. Le professeur est pressé « j'ai vu votre père. Je lui ai demandé de vous faire confiance. Il m'a répondu qu'il n'avait fait que son devoir et qu'il continuerait à le faire. Je vous demande seulement de ne pas perdre les adresses que je vous ai données. D'autre part, je viens de rédiger votre dossier, pour demain. Je tiens à vous prévenir et je veux votre accord : vous pouvez être réformé tout de suite pour cause d'homosexualité. La radiation, alors, sera automatique. Je vous ai déclaré homosexuel. En cas d'enquête faite par un futur employeur, puisqu'il va vous falloir trouver un travail et gagner votre vie avant de publier ces romans dont votre père m'a parlé, cette information ne sera pas transmise. Ne sera donné que le code de motif de réforme. Pas le motif ». Silence. Le professeur sourit à Yves « alors, c'est oui ? » « Oui » puis « merci ». Le professeur serre la main d'Yves « je ne peux rien faire d'autre ».

Le mercredi matin, Yves quitte l'hôpital du Val-de-Grâce. Ses parents ne sont pas prévenus. De la poste principale de la rue Claude-Bernard, il téléphone à Joseph Masselot, l'aumônier de Lille. Un appel au secours. Il lui raconte brièvement, gorge nouée, ce qui s'est passé depuis quelques mois. Il veut trouver un travail, très vite. Il ne sait pas lequel. Il n'a pas eu le temps d'y penser. Ou bien, étourdi, au sens grave du terme, il n'a pas pris le temps d'y réfléchir. Joseph lui donne le numéro de téléphone d'un de ses amis, directeur d'une agence de publicité américaine, à Paris. Yves appelle sitôt après. L'homme lui donne rendez-vous en fin d'après-midi. Yves rentre villa Sainte-Foy avec moins de crainte : il a un rendez-vous. Et le soir, au dîner, lourd silence, quand après le dessert René lui dit « alors, que vas-tu faire de ta vie ? » Yves répond, sur le conseil de l'ami de Joseph, « je veux devenir rédacteur publicitaire. Un service de rédaction vient d'être créé à l'agence Havas. Voici les noms de trois de leurs clients les plus importants. Tu les connais. Je te demande d'intervenir auprès d'eux. Je veux travailler le plus vite possible ».

Le lundi suivant, Yves entre à l'agence Havas en tant que rédacteur débutant. Salaire : sept cents francs par mois. Trois mois d'essai. Le secrétaire général de l'agence voulait le prendre dans son service et à un bien meilleur salaire, compte tenu de ses diplômes, « je ne comprends pas pourquoi vous tenez tant à aller travailler avec les fous, au cinquième ». Encore une fois, les fous sont un étage au-dessus. Ce premier lundi, en début d'après-midi, Yvon-Marie Coulais, directeur du service de rédaction, donne à Yves son premier travail : des messages radio de quinze secondes, de quarante-cinq signes chacun, « totalement farfelus », dans lesquels Yves doit répéter le plus souvent possible le mot *Stradair,* nom du nouveau camion Berliet qui bénéficie d'un « lancement mystère ». Et quand, en fin d'après-midi, Yves apporte une bonne vingtaine de messages à son patron, celui-ci lui en commande une « seconde fournée » pour le lendemain. Le lancement est en cours. Les messages sont envoyés aux différentes stations de radio, au jour le jour, au fur et à mesure. Règne une ambiance de « secret absolu ». Et Yves, dans sa 2 CV retrouvée, en rentrant à Neuilly, dès le mercredi, branche la radio, entend ses propres messages. La malle-cabine est arrivée. Il ne l'ouvrira que lorsqu'il aura trouvé une chambre ailleurs. Que lorsqu'il aura assez d'argent pour louer un studio. Un matin, il se voit enfin dans un miroir, en se rasant. Il a l'impression de se rencontrer pour la première fois : il a les yeux cernés. C'est lui, ça ?

*Mercredi 6 août*. Le roman romancé, apparemment créé, tout en apparences et en gravités, entièrement livré à son style, est facile.

## 65. L'astrakan véritable

Yves écrit plus de cent messages « gimmick », ludiques, absurdes, pour le Stradair jusqu'au jour J de la révélation publique de ce que cache ce nom. Puis on lui confie la rédaction technique de messages radio de trente secondes, qu'il faut calibrer à quatre-vingt-cinq ou quatre-vingt-dix signes, messages dits « d'entretien » pour soutenir le récent relancement du magazine *L'Express*. La règle de base est qu'il faut répéter au moins trois fois la marque ou le nom du produit annoncé pour qu'il soit « perçu », pour qu'il « passe », chaque individu étant confronté quotidiennement à plus de sept cents messages publicitaires, dont deux seulement sont retenus consciemment, et une dizaine à peine inconsciemment. Dans l'équipe, Yves est adopté. Mais il se prête moins aimablement aux réunions dites de « brainstorming », tempêtes sous les crânes, qui ont pour objet de « trouver collectivement des idées ». Chacun revendiquant, à l'ordinaire, la paternité de telle ou telle idée, Yves lance tant et tant de flèches qu'il se rend vite compte que le récupérateur passe pour géniteur. Règne dans l'équipe une atmosphère rancunière et de rivalité. Et Yves, comme les autres, apprend à « garder ses idées pour lui » et à ne les « ressortir » marquées du sceau de son nom que lorsque, devant témoins d'autres services de l'agence, services commerciaux notamment, nul doute d'origine ne peut être créé et entretenu. Il garde des doubles de tout ce qu'il fait. Il se compose un « dossier ». Il touche un premier salaire. Il cherche un studio pour ce prix-là, et n'en trouve pas : il faut verser une caution de trois mois d'avance, rétribuer l'agence. Il renonce. Dans sa chambre de Neuilly, chambre dans laquelle il n'a pas vécu de manière continuelle depuis son départ pour Briançon, Yves campe, bagages fermés : le tableau, la déesse, l'argenterie et les deux tapis restent dans la malle-cabine. Parfois Adrienne confie à Yves « tu devrais rester avec nous » ou bien « tu as tout, ici. Pourquoi veux-tu t'en aller si tu ne te maries pas ? » Adrienne sait ce qu'est un homosexuel, mais ne le conçoit pas et ne prononce jamais le mot. L'homosexualité, pour elle, est « autre », « ailleurs ». Aucune preuve possible ne la convaincra jamais d'être la mère « d'un tel être ». Et ce silence, venu d'elle, à ce sujet, est un signe paradoxal de discernement, le paradoxe étant la seule arme dont elle puisse se servir face à René, non contre lui, mais bien face à lui. Ou à ses côtés, quand elle renonce. Et elle renonce de plus en plus. Elle s'efface. Elle prend une distance. Même si René lui « fait prendre » cette distance.

Yves, avec ses parents, a trouvé un terrain d'entente, terrain de mésentente, au sens propre et au sens figuré : le golf. Chaque dimanche, très tôt le matin car René ne veut « avoir personne devant lui sur le parcours », Yves rejoint René et Adrienne au golf du Prieuré, non loin de Vétheuil. Il fait le trajet dans sa 2 CV. Sitôt après le repas de midi, il rentrera à Paris. Et au départ du parcours est ou du parcours ouest, le jour se lève, la campagne est glacée, c'est toujours le même rituel : René ne veut pas jouer à trois et ordonne à Adrienne de les suivre avec son caddy, un tour derrière. René « drive », donne le premier coup, toujours en premier. Et sur le green, quelle que soit la distance de sa balle, il « potte » aussi en premier. Yves tient le drapeau. René veut jouer en premier. Toujours premier. Toujours le meilleur score. Même s'il a perdu une balle, ou deux : il a les poches pleines de balles neuves. Il ne triche pas : il veut mieux jouer. Et comme la règle, sur un terrain de golf, est de ne pas parler, Yves et son père, pendant les trois heures du parcours de dix-huit trous, ne s'adressent pas ou peu la parole. Si Yves perd une balle, son père est pressé et ne la cherche pas avec lui. Si René perd une balle, par contre « il faut chercher ». Yves bat les buissons et les sous-bois. Son père lui reproche, silence de métal, de ne pas avoir trouvé et marmonne « c'était une balle neuve ». René ne joue qu'avec des balles neuves. Et le caddy qui tire son chariot est toujours responsable d'un mauvais coup, « vous étiez trop près, mon vieux » ou « vous avez bougé ». Tout cela, Yves l'accepte. Yves s'instruit. La mauvaise humeur et la volonté de gagner de son père composent une détermination d'une nature qu'il connaît bien : la sienne, même, identique. Et Adrienne ?

Adrienne les suit. René est heureux de n'avoir aucune équipe sur le parcours, devant lui. Et derrière, Adrienne l'isole d'éventuelles équipes qui arriveraient tôt, elles aussi. Et malheur à Adrienne si, par inattention, elle tape son coup trop tôt et si la balle vient rouler à hauteur de René. Adrienne joue bien, droit, régulièrement. Elle ne perd pas ses balles. René, lui, force trop. Balles perdues. Temps perdu. Retards. Et si une équipe de deux survient derrière Adrienne, Adrienne, règle du jeu, est obligée de la laisser passer. C'est alors le drame. Talonné par d'autres joueurs, René se sentirait humilié de les laisser passer. Une balle perdue est sitôt remplacée. Il ne faut pas « perdre de temps ». René reproche à Yves de ne pas jouer assez vite. Yves au fond de lui-même sourit ou rit : guerre de nerfs, leçon d'une amertume dont il ne veut plus, vécu de cette petite dramatisation du jeu, vision du paysage du Vexin, nuages en panache, soleil pâle, vols de corbeaux, masses sombres des bosquets et des bois, tapis vert et irréel du parcours de golf, exaspération du père, patience à toute épreuve du caddy. Et « maman », derrière.

Le samedi, René va chasser. Le dimanche est consacré au golf. Yves, pendant sept ans, ira jouer avec son père chaque dimanche matin. Rencontre neutre, comique presque, dont il goûte l'expérience prévenue. Mais ?

Mais René oblige aussi Adrienne à les suivre parce qu'il veut parler d'elle avec Yves. « Je ne la supporte plus » ou « je vais l'installer à Condom » ou encore « c'est elle qui me provoque continuellement : non, non, elle me dit toujours non ». Yves ne répond alors à son père que pour l'inviter à ne plus narguer, harceler, condamner. Et René se fâche. Rares réponses à de rares aveux qui, pour une balle qui roule, trop bien jouée par Adrienne, elle-même talonnée par d'autres joueurs, fusent en traits vifs, d'autant plus violents et injustes que René regarde alors son fils tendrement. Théâtre des peurs et des pleurs. Théâtre des aveux. Paroles lancinantes, blessantes. Au départ suivant, René « drive » encore en premier. En fin de partie, son compte de points ne concorde pas avec celui d'Yves. Yves compte pour son père et pour lui, règle du jeu. René ne compte que pour lui, ce qu'il veut, règle de son jeu.

En fin de parcours, après le dix-huitième trou, René redescend directement au Club-House. Yves attend Adrienne et, récompense du matin, tient le drapeau, sur le green, quand elle « potte » à son tour. Puis il l'embrasse. Ils redescendent ensemble. Une confidence parfois « il dit que je le ridiculise » ou « il me reproche tout ». Mais Adrienne très vite sourit, prend Yves par le bras : elle coupe court, parle d'autre chose. Elle gomme. Yves se souvient alors des mots en l'air, instinctifs, qu'Adrienne disait en caressant le front d'un de ses trois fils si celui-ci avait de la fièvre, des mots contre cette fièvre, « mon astrakan véritable », « prunelle de mes yeux », « ne dis rien, ne dis surtout rien, ce n'est qu'un mauvais moment à passer ».

René a pris une douche et a changé de « a trou-trou ». Il a mis une cravate pour le déjeuner. Les premiers au départ sont aussi les premiers au restaurant du Club-House. Dans l'ancienne salle capitulaire du Prieuré règne une ambiance de moquette, de tables, de nappes et de chaises neuves. Pendant le repas, tous trois s'observent. Pantalon II est resté dans la voiture. Il faudra aller le promener un peu, après, sur le parking. A quelques kilomètres de là, la maison de Vétheuil est fermée, entretenue et fermée. René parfois parle d'une maison plus grande pour « réenraciner toute la famille » et surtout « réunir ses petits-enfants ». A la question « et ton travail ? » Yves répond avec banalité. René ne comprend pas le métier qu'Yves fait et le méprise tout comme certains critiques littéraires le mépriseront d'identique manière en parlant des romans d'Yves, plus tard, glissant invariablement, que le compte rendu soit bon ou mauvais, quelques mots en guise de reproche sur « le métier d'origine de l'auteur » auquel ils associeront on ne sait trop quel goût de l'effet, de la percussion, du raccourci ou du scandale. Leur marketing du rejet.

Le second mois, à l'agence Havas, responsabilité est donnée à Yves d'une campagne dont « personne ne veut » en faveur du tourisme espagnol. Il lui faut écrire cinq doubles pages rédactionnelles, titres, sous-titres, textes, renseignements pratiques. Yves se passionne pour l'entreprise. Après tout, ce qu'il écrit est enfin diffusé, publié anonymement mais publié, et il peut ainsi mesurer le pouvoir des mots qui ont glissé sous sa plume, qu'il a choisis, voulus, aimés le temps d'y croire. L'idée d'une publicité tout entière vouée au mensonge est répandue, surtout dans un certain milieu qui se croit intellectuel en affirmant ne l'être point. Mais l'heure est à la société de consommation, à l'expansion économique. Les annonceurs publicitaires se multiplient. Les hommes de marketing se mettent à pulluler. Un semblant d'essor, comme un vertige, et les agences de publicité annoncent d'incroyables taux de croissance annuels. Or la « publicité de papa », la pub à base de slogans farceurs, elle aussi, est reconsidérée. L'image et le jeu de mots ne suffisent plus. Il faut des « concepts » qui « éveillent le désir ». Yves assiste, découvre, participe à ces travaux de recherche. Un langage se crée qui est bien celui d'un temps d'euphorie et même déjà de dégoût. Une société fabrique ses rets, se les jette, et s'y prend. Après la campagne pour le tourisme espagnol, Yves devra concevoir des annonces pour une société d'assurances, des messages radio pour le relancement du magazine *Femme pratique : Chaque semaine quarante amies ont rendez-vous, chez vous, avec vous, pour vous. Les quarante femmes pratiques de* Femme pratique, *et...* Redondances. La danse de l'abondance.

Au bout du troisième mois, Yves trouve sur son bureau une note de la direction d'Havas annonçant sa titularisation. Mais le salaire n'a pas changé comme promis. Il prend son dossier, se présente dans une autre grande agence. Il est engagé sur-le-champ au salaire de mille cinq cents francs par mois. Drame de couloir à l'agence Havas qui, l'ayant titularisé, l'oblige à faire un mois de préavis. Contreproposition d'Havas. Même salaire qu'à Synergie. Mais par fierté, Yves s'en ira. Il est entré à Havas sur recommandation de son père. Il entre à Synergie sur présentation de son dossier. Une ombre est chassée. Yves trouve un studio, prévient son père. René, scandalisé par le prix du loyer, décide de faire aménager trois chambres de bonne inhabitées dans un immeuble de l'avenue d'Iéna où sont logés une pléiade de directeurs de l'Institut du pétrole. Yves chasse son père d'un côté et le retrouve de l'autre. Il ne le retrouve pas parce qu'il le veut. Il le retrouve parce qu'il lui ressemble et parce qu'il l'aime. Fasciné.

Le 30 juin 1965, Yves s'installe dans son premier studio, sous les toits, 60, avenue d'Iéna, cinquième étage sans ascenseur, le grand escalier a été prolongé du quatrième au cinquième, un trou dans le plafond, demi-palier, marches étroites, pour éviter l'escalier de service. Yves bénéficie d'un loyer modique. Cette nuit-là, douce, fenêtres ouvertes sur un bout de toit et un bout de ciel, côté cour, silence, il s'endort sans même s'en rendre compte. Il est chez lui, enfin. Il a le téléphone. Un numéro. A lui. Tout seul.

*Jeudi 7 août.* Ou plutôt, nuit de jeudi à vendredi. Ce que je lâchais d'une main, je l'attrapais de l'autre. Plus je le quittais, plus je me rapprochais de lui. Plus je me méfiais, plus je lui ressemblais. Plus je me taisais, plus il écoutait ce que je disais. Plus je me croyais seul, plus sa solitude me hantait. Dans l'entrée de l'immeuble ou dans l'escalier, je croisais parfois tel un ou tel autre qui travaillait sous ses ordres. L'un d'entre eux est devenu ministre, depuis. Et je lui ai écrit l'an dernier pour qu'il intervienne en faveur de Rupture n° 4 qui avait du mal à obtenir un poste à Paris. J'en rougis encore, non de honte, je laisse cela aux orgueilleux, mais de passion.

Mon père m'a téléphoné en tout début d'après-midi, de Bénat. Il souffre de la chaleur. Il dit que maman va mieux. Voix brisée, lassée, cette voix, je la connais, il l'a toujours lancée ainsi au point de cassure, pour émouvoir, et reprendre prise. Il m'a dit aussi « peut-être à demain ». Peut-être. Chantage. Ma voisine de Joucas, elle, raconte à tout le monde son histoire de chèque que je lui ai rendu, qui aurait disparu, et qui aurait été débité sur son compte. Diffamation ? L'été dernier, à pareille époque, j'étais heureux avec Rupture n° 4. Je ne faisais pas de projets. Il en faisait, lui. Il se voyait à Paris, vivant avec moi. Et les amis qui me rendaient visite l'aimaient parce que je l'aimais. L'aimaient aussi parce qu'il était aimable. Lui n'aimait que Navarre, pas Yves. Il avait peur du second. C'était trop simple.

Deux heures du matin. Un orage gronde à l'horizon des Alpes de Haute-Provence. Je ne dormirai pas. J'ai l'impression que Rupture n° 4 rôde autour de Joucas. Je m'imagine même qu'il a trouvé refuge chez des amis, non loin d'ici. Je ne suis toujours pas sorti du cauchemar « 345 », « 346 », « 347 ». Je parle aussi à voix haute à ma voisine « faiseuse d'histoires ». Je ne vois presque plus personne dans la région. Surtout pas les colons de l'été. Un journaliste-écrivain qui vit non loin d'ici, au hasard d'une rencontre, ces jours derniers, m'a dit, alors qu'il m'annonçait qu'il était en train d'écrire la biographie d'un de nos grands hommes politiques, *évidemment, vous, romanciers, vous n'êtes pas engagés politiquement.* Et tel autre, voisin, pape de je ne sais trop quel Vatican du libéralisme, ne comprend pas pourquoi je ne le salue plus, ni lui ni sa femme ni sa fille ni son gendre. Un jour d'hiver il y a un an et demi, il portait une lettre à la poste du village. Je revenais de balade. J'allais entrer chez moi. Banalités « ... je viens de faire un grand tour, maintenant, je vais travailler ». Et lui, en réponse, « moi, je vais poster cette lettre à madame Caillois qui vient de perdre son mari. Vous le connaissiez ? » « Personnellement, non. Mais son œuvre, oui. » « Ah bon ? Vous connaissiez son œuvre ? Je ne pensais pas qu'un romancier comme vous... » Et la suite. Minable. Il va peut-être falloir que je quitte Joucas. Réaction bête : il faut que je quitte Joucas en restant à Joucas. Il faut que je quitte Paris en restant à Paris. Il faut que je quitte le roman en écrivant *Biographie*. Il faut que je quitte mon père en refaisant le chemin, avec lui, jusqu'au bout. Il faut que je trouve maman, en chemin. Et ce sera toujours trop tard.

Deux heures et quart du matin. J'étouffe. Plus je bois de l'eau, plus j'ai soif. J'attends des lettres. Je ne sais pas de qui, mais j'attends des lettres. Tout à l'heure, je serai devant la porte quand le facteur passera.

*Vendredi 8 août.* L'orage n'a pas éclaté. Il n'a fait que tournoyer. Il n'y avait, au courrier, que le journal du jour. Et une déclaration de Jean-Pierre Chevènement au sujet de l'alliance atlantique, *j'ai toujours souhaité que François Mitterrand soit candidat à l'élection présidentielle pour y défendre les orientations du projet socialiste. Je ne pense pas qu'il puisse y avoir deux lectures du projet socialiste comme il y eut deux lectures du programme commun. De toute évidence, il y a un débat qui doit progresser au sein du P.S. afin que nous définissions une politique étrangère qui soit cohérente avec notre stratégie de rupture avec le capitalisme.* Nous sommes malades de l'idée de rupture. Nous sommes compromis à l'extrême, façonnés, tenus, disgraciés par cette idée-là. Nous n'avons même pas commencé à nous interroger sur la nature de ce qui nous lie et qui, dans le principe d'un pouvoir disputé, n'est contesté qu'en termes de rupture. Cette famille que je traîne et qui m'entraîne, ici, est bien le noyau de cette histoire-là, décadente Histoire de notre temps. Dans le même journal, Chirac cite Malraux, *ce qu'on appelle culture, c'est l'ensemble des réponses que peut se faire un homme lorsqu'il regarde dans une glace ce que sera son visage de mort.* Quelles réponses ? Quand une société ne fait plus que se citer et poser des questions, elle meurt. Et ma voisine, hargneuse, faux sourire, passe devant chez moi « vous allez mieux, aujourd'hui ? » Réponse « et vous, madame ? »

## 66. Le goût du tabou

Yves a été engagé à Synergie en tant que « concepteur-rédacteur ». Dans le bureau qu'il partage avec deux autres personnes, il tourne sa table vers le mur et s'efforce de s'isoler quand il travaille. L'agence vit principalement des budgets de la Rhodiaceta et a la responsabilité de la *popularisation des fibres synthétiques*. Il découvre des mots, en principe magiques, comme *adiathermique*, frais l'été et chaud l'hiver. Tout *résiste* à tout. Et il n'y a pas d'autre mot que celui de *nouveau* pour dire *nouveau*. Il n'y a que la manière de le placer pour renouveler son pouvoir. Les concepteurs-rédacteurs de cette agence ont aussi les responsabilités du directeur artistique, et donc choisissent les maquettistes, les photographes, dirigent les prises de vue. Yves apprendra à épingler, de dos, les fonds de robes et les blouses en nylon Nylfrance pour que de face ils aient l'air sans pli, idéaux. Yves apprendra aussi à se méfier des flatteurs et des malins, une petite mafia règne : ce sont toujours les mêmes maquettistes et les mêmes photographes qui travaillent pour l'agence. Pourquoi ? Truqueries ? Enveloppes ? Faveurs ? Copinages ? Dans les services commerciaux, la proportion d'égarés serviles est écrasante. Pour s'armer contre eux, Yves rédige des « dossiers de création » complets, reprenant clairement chaque problème et les termes dans lesquels il se pose, formulant la *plate-forme de création* avec précision, manière de contrat de travail pour éviter toute contestation, et ensuite seulement l'exposé des thèmes possibles, de leurs formulations, une première sélection et des textes types. Cette technique personnelle, déjà employée à Havas, Yves la propose de fait à Synergie. Et les autres concepteurs-rédacteurs se voient bientôt obligés de l'imiter. Cette « mise en équation », cette présentation ordonnée, dans un premier temps, du travail de création, pour lui, seule, rend la création possible. Succès absurde. Réussite facile. Monde factice dans lequel un brin d'analyse l'emporte sur le farfelu. Yves formule ainsi sa méthode de travail : *90 % d'analyse et 10 % de récréation*. Il « crée » aussi pour un désodorisant, un hypotenseur artériel, des étiquettes autocollantes et des programmes immobiliers. C'est l'école du vide. Non le vide dénoncé par les détracteurs orgueilleux de tous crins, mais celui creusé par eux sans rien annoncer d'autre : le vide du désir devancé, banni. Tout désormais est exploité. Et les premiers des exploiteurs ne sont que les dénonciateurs eux-mêmes.

A cette époque-là, aussi, sans même s'en rendre compte, Yves entre dans le « milieu » homosexuel, fréquente régulièrement les bars, dîne de temps en temps chez Rasky, va parfois croquer un petit four chez la comtesse de Racole-Boches, rend visite à Marcel, en cachette d'Elise dont il faut fermer la porte en passant sur le palier du premier étage, dans la maison du parc de la Malmaison, et surtout la nuit, parcs, jardins, banlieues, lieux de rencontres et d'attouchements. Poèmes, des cahiers de poèmes. Romans, des pages de romans. Théâtre, tant de pièces lancées, laissées inachevées comme si Yves ne pouvait s'en tenir qu'au seul premier acte. Et cinéma, cinoche, dans l'ombre des salles, des heures et des heures de projections : un appétit d'images. Rien d'autre. Personne. Nuls compagnons que ceux de passage, qu'Yves ne prend même pas le temps de désirer, corps à corps de principe et de passade. Tous s'inventent des histoires pour ne jamais revoir quiconque. Chacun a peur de s'attacher et accuse l'autre de vouloir le retenir avant même de l'avoir abordé. Cette sexualité du furtif, hypocrite, clandestine encore, Yves la vécut alors comme il vécut la publicité et son vocabulaire de cent quarante mots : gare à celui qui trouve le cent quarante et unième.

En septembre 1965, Yves découvre la Grèce, seul, au volant d'une voiture de location. Epidaure, Sparte, Pylos, Olympie, Delphes : il voyage avec le guide Bleu annoté par son grand-père Joseph Navarre et débarque parfois dans des champs de fouilles abandonnés depuis cinquante ans. Puis, de retour à Athènes, il prend un bateau pour Mykonos. Le soir de son arrivée, il fête ses vingt-cinq ans, seul. L'île est belle. En marchant des heures entières, on peut trouver des plages désertes et s'y baigner nu. Le soir, sur le port, rencontres. Parfois, le matin, un échange d'adresses, mais rien de plus. Nulle amertume, nulle rancœur : une image circule aussi, pornographique, de l'homosexuel jeune et beau, svelte et capricieux, image à laquelle Yves n'a jamais correspondu et à laquelle les clans de garçons lui font remarquer qu'il ne correspond déjà plus. Et comme au lycée, Yves répond avec ironie, agression, humour, dérision : une surenchère commence. Il devient « pédé » comme les autres, pire peut-être que les autres dans la mesure où il en est conscient. « Conscient de tout » a dit Rupture n° 2 dans le cauchemar. Et Yves, par frayeur de se retrouver tout le temps tout seul, joue le jeu des groupes pour se faire adopter, joue le jeu des modes pour ne pas être rejeté et passer inaperçu, se soumet aux codes pour mieux observer. Partout il se promène avec un cahier mais il n'écrit jamais devant les autres. Il ne prend pas de notes. Ce qui est noté pour lui est mort. Il écrit par pans, par bouts, par bribes. Et chaque morceau de ce « vrac » constitue en soi un ensemble littéraire, un tout, un « dit partiel », dont l'inachevé appelle, invite. Face au désordre, il découvre en lui et sauvegarde ce « petit peu d'ordre », ordonnance classique de l'être, qui permet encore d'exister quand tout de l'expérience sociale, tant professionnelle que de ghetto, impose la parade et la fourberie.

Yves restera deux ans à Synergie. Il quittera cette agence en mai 1967, travaillera quelques mois dans une petite agence, le temps d'un été, le temps d'une Austin Healey 3 litres qu'il achètera quatre mille francs et qu'il revendra mille francs après avoir fait plus de trois mille francs de réparations : quelques petites impressions de vitesse, sur l'autoroute de l'Ouest, en allant à Vétheuil, maison fermée, maison mourante. Sa maison.

Entre Synergie et la petite agence, Yves fera un voyage avec ses parents. Chapitres 67 et 68, à venir.

En deux ans, Yves s'est équipé : chaîne stéréo, mobilier en plastique gonflable, costumes à col Mao. Il est passé de mille cinq cents à trois mille francs par mois. Il reçoit souvent à dîner, chez lui. Le dimanche soir, il y a foule. Foule de garçons, d'écrivains, d'acteurs et d'actrices, de petits Américains en vadrouille, foule d'amis qui se prétendent amis et qui ne le sont pas, foule d'envieux, d'ambitieux, de mythomanes. Parfois, pour amuser son monde, Yves projette des films porno rapportés de Stockholm, Copenhague ou Amsterdam. Films rares en ce temps. Et Yves, après ces fêtes nulles, se retrouve seul. Il aime ranger, nettoyer, et faire ensuite comme si rien ne s'était passé, comme si personne n'était venu. Dans le désordre, Yves gagne une indépendance. Adrienne vient parfois déjeuner avec lui, chez lui. « Il te manque un piano », dit-elle. Mais le piano ne passerait ni par les fenêtres ni par l'escalier. Même pas un piano droit.

Années de confusion qui furent aussi d'expérience, la première de toutes les expériences étant de considérer la confusion comme un sujet. La France entière, plus seulement la bourgeoisie, se découvrait capitaliste. La bourgeoisie comme le prolétariat, mots si fort prisés, galvaudés, usés, classes que l'on prétendait dirigeantes et dirigées, devenaient de bien curieuses abstractions en regard de la réalité sociale : un peuple de petits-bourgeois était en train de se reconnaître tel. Les desseins du Général redoraient le blason de l'Histoire. Les intellectuels, pris en flagrant délit de ne plus être « soutenus par la base », rageaient, rongeaient mille freins, voltigeaient d'une idéologie à l'autre. Et la télé en-chaînait son monde. Cette analyse, Yves la fait aujourd'hui instructivement quand il ne la fit alors qu'intuitivement, ou instinctivement. Le laboratoire de la « pub », labo de mots, banc d'essai de concepts, boucherie de toutes sortes de désirs, désirs avortés à venir, était pour lui une bien plus digne coulisse que celles où se glissaient les porte-parole d'une opposition de parade, paradoxalement dévouée aux crapuleries d'un pouvoir galopant. Ces années, plus tard, seront qualifiées d'*euphorie*. Yves vécut l'aimable destruction de ces années-là en cherchant le concept qui allait faire vendre tel ou tel produit, le visuel qui allait six mois plus tard séduire telle « cliente potentielle » ou telle « cible préférentielle ». C'était le cirque. Il jonglait. Dans son milieu professionnel, personne ne connaissait Barthes. Les médias ne faisaient pas encore la cour au grand homme, homme net et généreux, indubitablement bon, qui fut le premier à annoncer « le système de la mode », à en démonter les mécanismes qui allaient devenir meurtriers. L'hommage rendu ici n'est pas excessif : toute une société était entrée dans le système annoncé, sans s'en rendre compte. Le Général lui-même créait des modes, lançait des mots nouveaux, nouveaux parce que « jetés » de manière différente. Il avait le sens du saugrenu, du dérapage, de l'inusité, le tout au moment où on s'y attendait le plus, suprême surprise, quand la tradition du tribun eût indiqué de préférence le moment où on s'y attendait le moins.

Dans le petit studio du 60 avenue d'Iéna, on s'entassait le dimanche soir de dix-huit à vingt-deux heures. Et Yves, « au moment où on s'y attendait le plus », sans même éteindre les lumières, branchait le petit appareil de projection et, de l'autre côté de la pièce, sur le mur blanc, des corps nus, dans l'étreinte, ne dissimulaient rien, sexes, bouches, semences, films tournés à la sauvette dans des lieux banalisés : chacun venait voir l'image interdite qui le hantait encore. Et ce fait serait sans trop grande importance biographique si dans l'assistance ne s'étaient trouvés, mêlés à des inconnus, petits copains de passage, ceux-là mêmes qui constituaient un « échantillon représentatif » de ce que Paris comptait de gloires respectables, respectées et honorées. Yves jubilait de les voir ainsi attirés, non pour lui, mais pour « ça », fascinés comme des enfants cassant une mappemonde et la piétinant. La morale les tiraillait. Le goût du tabou l'emportait. Yves apprenait à ne plus respecter le respectable. Yves, éprouvettes, apprenait à vider les mots de leur sens ou à les emplir d'un sens nouveau. Dans les deux cas, il refusait le sens obligatoire, et la dictée des comportements.

Dans les galeries d'art, chez Yvon Lambert notamment, avec l'argent qu'il gagne, Yves achète à crédit des toiles de Colin Self, Lichtenstein, Warhol, d'Archangelo, Malaval. Il rencontre David Hockney, et Fassianos qui vient d'arriver à Paris. Il annexe deux autres chambres de service et vit désormais dans un appartement aux murs flanqués de tableaux qui eux aussi refusent le sens obligatoire de l'art. Un présent confus, euphorique, des êtres qui se croient en rupture de morales, êtres périmés qui brusquement sourient surpris de se sentir naître, piétinant les tabous, brisant les règles : Yves aime tout cela, désordonné, qui le conduit au « peu de lui-même », vraiment, s'il existe. Et ce « peu » deviendrait le sujet et la matière d'une écriture que le désordre aurait sortie de sa gangue.

Début 1967, un week-end, Yves part pour Avignon avec quelques fils de bonnes familles dont il est devenu le Paillasse. De là, un autocar les conduit jusqu'à Notre-Dame-de-Lumières, dans la vallée d'Apt. Le père de l'un des garçons attend au volant d'une 2 CV. Il y eut plusieurs aller et retour. Et Yves se retrouve au château de Joucas, commanderie de l'ordre de Malte, chez ses amis Kiener. Madame Kiener, « Tatite », accueille avec une attention rare, une tendresse déterminée, et ce savoir-vivre que le temps piétine et qui, sous son doigté de maîtresse de maison, prend des allures de derniers grands beaux instants. Du haut de la commanderie, Yves est frappé par le paysage, sa rigueur, sa douceur et son architecture de champs de blé, de lavandiers, de vergers, de collines rouge vif par endroits, et la ligne bleu sombre, à l'horizon, de la montagne du Lubéron. Un paysage dans lequel on entre sans plus jamais pouvoir sortir, non qu'il enferme (Vaucluse : vallée close), mais parce qu'il change avec les jours et avec les saisons, jamais le même, toujours tarabusté par le mistral. C'était là. Joucas. Yves était bouche bée. Une ordonnance naturelle. Ordre était donné de revenir.

## 67. L'offre et la demande

Mars 1967. Attention : majuscules. Le Président du Conseil Permanent des Congrès Mondiaux du Pétrole, monsieur Bockelmann, vient de mourir. Les statuts du Conseil prévoient qu'en cas de décès du Président dans un délai de six mois avant un Congrès, le Vice-Président est nommé à sa place. René, Vice-Président depuis plus de vingt ans et qui, la France n'étant pas une grande puissance pétrolière, n'avait aucune chance d'accéder à ce poste-là, se retrouve Président du Congrès qui doit avoir lieu au début du mois d'avril à Mexico. Sa nomination est « mal vue » par le Premier ministre Pompidou. René fait l'objet de pressions visant à le faire renoncer à cet « honneur ». En fait, le ministre de l'Industrie et celui des Affaires étrangères ont peur des discours que René pourrait prononcer à un moment où la France définit une politique pétrolière de modèle impérialiste et surtout essaie par toutes les voies possibles, principalement la voie états-unienne, de garder « un droit » sur le pétrole et le gaz d'Algérie. Or, René tient à ses discours. Il tient à son message. L'Institut français du pétrole a mis au point de nombreux procédés de transformation de la matière première brute finançables par les pays producteurs eux-mêmes. René se sait soutenu par les représentants minoritaires de ces pays que l'on ne dit plus « sous-developpés » mais « en voie de développement », subtile manière de les tenir encore économiquement. René accepte la présidence, au risque de perdre son poste, en France. Il le sait, et il accepte. Il se met à l'ouvrage du discours qu'il doit prononcer le 2 avril, devant les douze mille congressistes, lors de la séance d'ouverture de ce

VIIᵉ Congrès, dans la cour du Musée d'anthropologie de Mexico. Et ce, en trois langues : anglais, français et espagnol. L'anglais pour la majorité des participants, le français par fierté d'origine, et l'espagnol par courtoisie pour la puissance invitante. Une obsession : son ami Didier-Lambert, fondateur et rédacteur en chef de *La Vie française,* est mort, d'une crise cardiaque, à Mexico, quelques mois auparavant. La ville est à deux mille mètres d'altitude. René craint aussi un accident. Il veut qu'un de ses fils soit présent, avec lui, « là-haut ». François-Pierre refuse pour raison de famille. Puis Jean-Jacques, même raison. Reste Yves. Et c'est un peu à contrecœur, mais comment trouver le mot juste, il sera forcément injuste, surenchère des faits de mémoire, que René accepte que ce soit lui. Le dernier. Son dernier.

Yves vient de donner sa démission à Synergie. La fin du préavis coïncidera avec le départ pour Mexico. En cadeau d'adieu, dernier dossier traité, il écrit en deux semaines un faux numéro de *L'Express,* titré *Le Périscope,* pour le lancement d'une tour du même nom dans le quartier de la place d'Italie. A son retour de Mexico, Yves entrera à Technico, petite agence où il devra « faire des campagnes » pour Evian Fruité, le pare-douche B.S.N., Babygros, Arcopal. Salaire : trois mille cinq cents francs. De sept cents à trois mille cinq cents en deux ans : l'offre et la demande, loi, jeu, expansion.

La veille de son départ, Yves est convoqué par le président de Synergie. C'est la première fois qu'il « entre dans le bureau du patron ». Préambule, paroles creuses et de bon ton, puis « j'aime bien, lorsque mes collaborateurs me quittent, savoir pourquoi ils me quittent. Alors, monsieur Navarre, pourquoi partez-vous ? » « Je pars, monsieur le Président, parce que c'est la première fois que je vous rencontre. »

Cette histoire n'est pas de « petite histoire ». Elle n'est pas non plus de repartie : Yves n'aime pas les patrons, pères multipliés, invisibles, risibles. Il se moque d'eux. Ce président-là, ce jour-là, suffoqua. Yves riait aux éclats, dans l'ascenseur, dans la rue, puis chez lui, à son bureau. La valise était faite. Il écrivit une lettre, adressée à Marie-Antoine, son professeur de Briançon, une lettre qu'il ne pourrait pas lui envoyer, la lettre impossible, rien à voir avec les lettres qu'ils s'adressaient, vaines, tendres, fidèles, inutiles, toujours interdites de franchise ; et un poème, comme un testament, en cas d'accident, car Yves avait peur de l'avion.

Refusé chez Julliard, refusé chez Gallimard, refusé chez Flammarion, refusé aux éditions du Seuil, aux éditions de Minuit, refusé, refusé

partout. Yves, depuis neuf ans déjà, est le coursier de ses romans. Il les
« porte » dans les maisons d'édition. *Les Jours amers* : refusé. *Bidoche* :
refusé. *T'en fais pas mon vieux, il y aura toujours des roses au fond du
jardin* : refusé. Il n'en a jamais parlé à Marcel. Il a rendez-vous avec
Carlo, à Mexico, et ne lui en parlera pas non plus. Un temps n'est pas
venu. Et ces refus, Yves les vit comme des encouragements : sur ce
territoire-là, il ne trichera pas.

La lettre qu'Yves n'adressera jamais à Marie-Antoine.

>Le 28 mars 1967. Chère Marie-Antoine. Ma dernière lettre date du mois de septembre 1963, jour de mon vingt-troisième anniversaire. Près de quatre ans ont passé et je me retrouve, à quelques heures d'un bal masqué, de nouveau à vous écrire. Que s'est-il passé pendant ce temps où j'ai voulu « vraiment » me rencontrer, m'affronter sans masque, ne plus rien transposer, m'exprimer en toute nudité, c'est-à-dire en toute détresse et en toute chaleur ?
>
>J'ai écrit. J'ai essayé d'écrire. Tout semble toujours tourner, au début, autour d'une histoire de touche-pipi d'enfant de chœur. Puis je raconte la vie et l'arrestation d'une tata médiocre, qui manque de courage. Cette histoire, je suis censé la raconter à Pierre, l'animateur des enfants de chœur. Le fis-je vraiment ? Je ne sais plus. Je sais seulement que je lui ai parlé un jour, plus tard, longuement de moi, donc du « Bal », donc de Jean de Copen puisque Jean est un peu moi, puisque je suis un peu de Jean, puisque je suis grandement responsable dans cette sale histoire de mon adolescence.
>
>Je n'ai revu Pierre qu'une fois. Il me fait un peu remords de penser à cette visite que je lui rendis, un jour de mai, alors qu'il rentrait d'Algérie. J'aurais dû avoir honte de lui puisqu'il ne se rappelait de rien. Non, j'avais honte de moi, de mon élégance, de ce sourire ironique et nostalgique qui ne quitta pas mes lèvres alors que je lui parlais. Nostalgie de gestes de caresses qu'il avait eus envers moi et auxquels je n'avais rien compris sur le coup. Mais que j'ai, depuis, appris à aimer. Il était clair, dans le regard de Pierre, qu'il ne se souvenait de rien. Qui pouvais-je accuser ? Il me fallait quelqu'un : je choisis mon père, et autour de mon père, ma famille, à genoux.
>
>De cette période de mépris, d'insolence, je ne dirai rien. Vous ne la connaissez que trop et elle est bien extérieure à tout ce mouvement du dedans dont je voudrais retrouver les fils. Sortir de mon labyrinthe, mais comment ?
>
>Je n'ai encore rien dit sur moi. Je viens seulement de poser quelques photos, sur une table, sans rien dire. Qui sont donc les personnes que l'on voit sur ces photos ? Que voit-on exactement à l'arrière-plan ?

Dire aussi tout ce que la photo n'a pas pu fixer. J'appellerai donc cette première partie « Photos sans commentaire ». La photo n'est rien telle que je la pratique : il y manque le cœur, cette petite vibration intérieure et ce flux, magnétisme, qui se joue de nous et nous modèle au moindre événement. Il y manque un peu de ce flou que vous trouverez dans *Tartuffe,* le dernier poème en date, le premier peut-être de tous ceux que j'écrirai « vraiment ». *Tartuffe* sera la dernière photo sans commentaire. J'y parle de Vétheuil. J'y parle aussi de Satan, du Bien et du Mal, de cette première image qui se grava dans ma mémoire : à droite, le Bien, un chemin monte vers le soleil, à gauche, le Mal, un sentier descend vers la tempête. Que vais-je faire maintenant ?

Dans cette première partie de ma vie, je n'ai fait que plaquer sur du papier jauni des photos jaunies qui sentent déjà l'armoire de grand-mère et l'ongle brûlé : tous ces gestes, toutes ces confidences sont-elles parasites de l'âme ? Tout cela aussi est en vrac mais peu importe l'ordre, il est plus important de réanimer ces cadavres et de leur arracher un sourire qui en dira plus long que des pages d'anecdotes scabreuses. Mais comment écrire un regard, écrire un sourire ? Mon cœur s'est mis à battre à Vétheuil dans cette barque de pêche où je me blottissais et où je me laissais aller au fil de l'eau. Aujourd'hui aussi, pour que mon cœur batte, je vais me laisser porter : pas de ligne directrice, pas d'itinéraire contraignant. Sur ces données de base, sur ces photos jaunies, je vais essayer de retrouver l'espace de ma jeunesse et de mon adolescence. Je vais essayer d'en capter les perspectives toutes confusément liées au temps. Déjà fait ? Peut-être, mais je suis d'une nouvelle génération, celle qui, à vingt-six ans, n'a connu que vingt-trois ans de guerre sans en souffrir vraiment.

Je vais donc « m'abandonner » dans une deuxième partie et donner les clés du Bal, les clés de ma jeunesse et de mon adolescence, car entre les lignes écrites jusqu'ici, romans refusés, je me trouve tout entier, terré, craintif, derrière des paravents de principes.

Puis, dans une troisième partie, je vous raconterai ce qui s'est passé « Rue du cœur qui flanche », dans cette ville du Nord où je me suis réfugié pendant trois ans. Une histoire toute simple, une simple histoire d'amour, imaginée, mais mienne, la rencontre que j'aurais tant voulu faire. Dans combien de temps me trouverai-je ? Ayez patience si vous avez un peu d'amitié pour moi.

Tartuffe a secoué son mouchoir
Dans la maison les enfants ont des
Gants
Pour ne jamais salir les marbres du salon.

Tourne dans ma tête une vieille obsession
Tartuffe prend ma main gantée
Et harmonieusement
Au salon
Me parle de Dieu.
Son souffle fait de la buée
Sur le marbre de la cheminée.
Il secoue son mouchoir.
Le rêve ne tient pas debout.

La lumière se joue du moindre interstice
Les volets clos sont vulnérables
La moindre fissure
Et la lumière de paille m'empêchent de trouver le sommeil.

La lumière de la moindre fissure
Le mal de la moindre faiblesse
C'est la même rupture.
Il fait trop clair en ma pensée de deuil
Pour que jamais rien ne se brise
Lumière trop blanche, deuil d'un enfant.

Tartuffe me parle comme à un homme
Et je suis un enfant.
Tartuffe parle bientôt à un homme
Et l'enfant que je suis apparemment
Ne peut relever aucune trace
Aucune preuve de son passage
Sur le marbre de cette cheminée du salon
Qu'un feu ne peut jamais réchauffer.

Tartuffe est passé
Le chemin est tracé
A droite il monte vers le soleil
Il y a des arbres en fleurs
Et des prairies où j'aimerais me laisser rouler
A gauche l'orage et le sentier noueux
De grosses gouttes tièdes et pénétrantes
Vous tombent dans le cou comme du miel
Fièvre d'un porche sous lequel Mister Satan m'attend
Il m'embrasse dans le cou
Cela me chatouille et je souris.
Je suis un enfant
C'est crachant un sourire d'enfant
Et Satan me prend.
Tartuffe est passé
Le chemin est tracé

## BIOGRAPHIE

    Je descendrai en faisant semblant de monter.

    L'idée est jetée
    L'idée se brise en mille graines
    Et mon cœur devient ce jardin d'orties
    Que tout le monde croit abandonné.
    Non,
    Ces orties
    Je les sème et je les aime.
    Ces orties où je me suis poussé enfant, à Vétheuil,
    Devant Christian
    Ces orties où Christian me poussa en riant.
    Dans Christian il y a Christ
    Et je dis ça en riant.

    Tartuffe murmure
    Tartuffe susurre à voix basse
    Le mot Bien
    Le mot Mal
    Et la balance oscille sans cesse
    Je ne saurai jamais ce que je vaux.

    Jardin d'orties et de minuit
    J'aime la nuit et les orties
    Dans la cabane aux jalousies
    Je tends la main par gourmandise
    Il y a une table avec un nain jaune
    Et des cigarettes amères
    Il y a d'autres mains
    Et tout en moi s'éteint
    Douce chaleur que celle d'une autre main.

    Le fleuve a une odeur de vase
    Au fil de l'eau ce ne sont que mensonges
    Et frémissements.
    Sous les feuillages pleureurs que le vent lisse
    Il n'y a que moi dans la carcasse du bateau
    Au fil de l'eau.

    Tu seras seul sur les deux chemins
    Tu seras Tartuffe, a dit Tartuffe
    Et de mensonge en mensonge
    Tu iras à la fois vers le soleil et la tempête.
    Sous le porche ou dans le métro
    Un jour de juin
    Tu rencontreras Satan
    Profites-en.

Tu seras seul et sur les deux chemins
On te prendra pour devin,
Tu es si peu de chose dans ma main.

Les baisers de Satan sur tes joues
Se sont effacés comme sur du marbre glacé
Il n'y a de preuve que ce que tu deviens
Et dans ton jardin
Les orties ont déjà grignoté
La terre des allées
Jusqu'au roc du lit de ta rivière.

Le vent se lève
Il va pleuvoir
On a fermé le parasol du parc
Et derrière la fontaine
J'ai jeté ma bicyclette dans le massif de bleuets
Puis je suis parti en courant
Au rendez-vous de Satan
Sur la colline il y a des aubépines en fleur
Et des poignées de puretés dans mon cœur
Qui éraflent le cœur en passant.

Vétheuil et son large navire
Echoué sur les rives de la Seine
Vétheuil au Christ doublement crucifié et aux tilleuls enivrants
Vétheuil où j'ai couru à perdre haleine
Pour les bras des buissons aimer
Pour que les bras de Satan me guident.
Mister Satan, bonjour. Comment allez-vous ?

Chez Sauvage j'ai servi de gourmandise
L'escalier rouge conduit à une cave dorée
C'est une bonbonnière pour vieux gourmets
Chez Sauvage,
A Londres ou à Amsterdam
J'ai rencontré un vieux
Il est partout où je vais.
What's your name, Sir ?
Mister what ?

Le chemin droit sur la colline
Echelle adossée au ciel
Le chemin franc mène sans détours
A la carrière, à la grotte
Et au plateau où les murmures sont vite effacés par le vent
Où le moindre sourire est vite effacé de son désir

Tout, en haut du chemin grimpant, devient pur
La terre est rase, crayeuse
Derrière les jeunes bouleaux
Je me suis allongé
Contre toi le vent
Et le jour qui passe, grand navire gonflé d'orgueil
Apprentissage de Satan
Profites-en.
Parfois je descends dans la carrière
Où l'on tailla les pierres qui servirent
A construire
Le grand navire de Dieu
Collégiale échouée au centre du village,
Au haut du village, fièrement
Et contre laquelle j'ai écrasé tant de lézards brûlants
Comme la pierre chaude
Tant de lézards frétillants
Tout en haut du chemin intrépide
Il y a sous le ciel un grand plateau
Où les blés ondoient entre les bouleaux
Et où je me suis jeté à deux
Comme dans un océan vivant.
Personne ne va plus dans le navire du bas
A part les enfants du village pour s'amuser
Avant leur première communion
A part moi
Les jours de baptême pour sonner les cloches
Les jours d'enterrement pour sonner les cloches
Et les dimanches pour me pincer le bras
Sous la chaire
Pendant le sermon de Monsieur le Curé.
Mister Satan est dans les stalles du chœur
Il chante la messe en fermant les yeux
Mais tout à l'heure il me fixera
Et prendra le chemin du grand Océan.
Dans la carrière
Il se penchera sur moi
Une nouvelle fois
Et sur les pierres de l'église
Me mettra bras en croix
Pour rire,
Et je rirai des noisetiers
Des bouleaux, et du vent fou.
Ventre nu, il me lèche le ventre.
Je me cambre, un brin de blé
J'ai dix ans
Merci Satan

Profites-en.
Thank you.

J'ai dit merci Satan
J'avais dix ans
Au haut du chemin courageux
Ou sous les feuillages pleureurs des bords de Seine
Dans la carcasse de la barque de pêche.
J'avais dix ans
Tartuffe me poursuivait
De salon en salon
Jusqu'au bord du ciel bleu
Comme un professeur têtu
Comme un voyeur
Il me dénoncerait à la police. Ange fous le camp !

Si j'avais pu lancer à l'eau, à nouveau
Le navire de Dieu échoué au cœur du village
Je serais parti avec lui
Et mon corps aurait été d'avec celui des hommes.
Il fait trop tard sur mes rêves
Je ne me vois que mis à nu
N'est de preuve que ce que je suis devenu.

Le 28 mars 1967, veille de départ.
En moi
Tout se confond
Le flagrant et l'anodin
Force de témoignage
Multiplication des témoins
Nul message
Stop.
Message reçu
Stop.
Message nul
L'aventure est morte.

Je n'ai rien compris
De toi, de moi, de qui ?
Lucien où es-tu ?
Merci pour la machine à écrire.
J'ai cru aux autres
Et je suis resté seul.
La vie n'est plus qu'art de représentation
Briser un climat d'indifférence
Et me heurter à la même
Attitude, mur. Refus, tant de refus.

> Je ne danserai jamais leur danse.
> Je serai qui je suis,
> Je
> Je retrouverai toujours
> Mon indépendance
> Au risque
> Seul
> De mourir en naissant.
> J'aurais dû dire
> De naître en mourant
> Sens obligatoire. Hommage. Dommage.

Adrienne et René sont à Mexico depuis déjà huit jours. Dans l'avion il n'y a que des « ingénieurs du pétrole ». Yves a pris place à l'arrière. Les gens de connaissance l'ont salué curieusement. Par le hublot, à l'escale de New York, Yves voit cette ville pour la première fois. Il reviendra. Elle est de roc.

## 68. Le chevalier-aigle

Yves sait qu'il n'est pas poète. Du moins un poète tel qu'on veut pouvoir le reconnaître et le désigner. Il ne chante plus à la guitare, *l'aurore qui crève la nuit, des soldats et des fusils, ils l'ont mené, sur la grand-place du marché, pour le fusiller...* Il ne chante plus. Un dimanche soir, la guitare était sur le lit, dans l'appartement de l'avenue d'Iéna, et « une copine », faisant un numéro de « dame évanouie » pour épater « les autres », toujours « l'épate », toujours « les autres », s'est assis (singulier : la copine était un garçon) dessus : guitare cassée. Yves ferme les yeux et demande à son ami de partir avec l'instrument brisé : il ne veut pas voir « ça ». A Paris, il est interdit de chanter. Et tant pis si la lettre à Marie-Antoine n'est pas très claire, logique du texte, elle est une écriture et un questionnement de ce temps, trempe, encre ; tant pis si *Tartuffe* est un piètre poème ; tant pis si le poème de « veille de départ » n'est pas un poème : Yves donnait des coups de tête. Et dans l'avion, au-dessus de l'aéroport de Mexico, il fallut attendre que l'une des deux pistes soit libre, l'autre étant en travaux de « rallongement » en vue des Jeux olympiques. C'est du moins ce que le commandant de bord annonce. L'avion file de nouveau vers l'est, revient, consignes d'atterrissage, attachez vos ceintures, défense de fumer, no smoking, puis de nouveau l'avion reprend son vol, vire, ripe, reprend de l'altitude, et les « bons pétroliers » pâlissent, leurs épouses se tassent dans leurs fauteuils, un mouchoir sur la bouche ou la tête dans un sac en papier. Après treize heures de vol, dans l'avion « bourré à craquer », règnent brusquement une peur, de mauvaises odeurs avivées par le système d'aération, et un silence si lourd que le Boeing semble lutter contre lui pour voler encore. Crochet vers l'est, anxiété, l'avion rebrousse chemin, et de nouveau l'approche, descente, aérofreins, sortie du train d'atterrissage. Yves, la tête bourdonnante, gorge nouée, n'a pas mal au cœur comme la majorité des passagers, simplement parce que l'idée absurde de leur mort à tous, *le Congrès endeuillé, le monde du pétrole décimé*, l'amuse. L'idée aussi de sa mort, ce jour-là, dans cet avion-là, à ce rendez-vous-là : bon débarras, mauvais poèmes, mauvais romans, refusé, gommé, barré, un peu de cramé. Fini ? Puis l'avion touche la piste. Et dans l'instant de ce contact-là, Guignol, tous les passagers se mettent à applaudir en levant les mains. Respiration collective. La peur était complice aussi, car ils se connaissaient tous, fines fleurs des grandes écoles, hommes de carrières, « pétroliers de choc », et leurs épouses fanées, flétries, brusquement. Yves, une fois encore, n'a pas rêvé de se supprimer, mais a souhaité être supprimé. L'idée lui plaît d'être au plus vite retiré du cercle des humains, puisque la danse n'est pas la sienne, puisque au Bal il ne voit que les masques. Il vient de franchir l'Atlantique pour la première fois.

Adrienne attend Yves à l'aéroport. Dans la voiture officielle qui les conduit au centre de la ville, elle prend la main de son fils, légères pulsions des doigts, elle sourit, puis nerveusement elle rit, rire de détresse et de dérision, un rire qui vient du ventre, « ton père est malade, dit-elle, il a perdu sa voix ». Elle baisse la vitre, courant d'air en plein visage, elle regarde les avenues et murmure, d'un air détaché, pour calmer le rire, « on a fait venir un spécialiste de La Paz. Le spécialiste des chanteurs d'opéra. Si ton père ne parle pas pendant trois jours, il aura peut-être un peu de voix pour prononcer son discours ». Et, sourire d'humour, enfin, franc, sans esprit de revers, « nous sommes logés dans la suite qu'occupaient le général et madame de Gaulle quand ils sont venus ici. Une des femmes de ménage m'a dit ce matin que j'occupais le lit du Général et ton père celui de... » Silence, rire stoppé, puis « j'ai peur de l'ascenseur : c'est au dix-huitième étage ».

Hôtel Maria Isabel. Une plaque, à l'entrée, gravée dans le marbre, commémore l'inauguration de ce palace par son propriétaire, le baron Empain. Foule des congressistes tous désignés par des badges. Dans l'ascenseur, Adrienne dit à Yves « les Affaires étrangères ont délégué deux observateurs. Ton père les a reçus. Il a refusé de leur communiquer le texte de son discours d'inauguration. Or, ce discours est déjà imprimé, en trois langues, et ils avaient le texte avec eux, dans leurs attaché-cases. Ton père est tellement fatigué qu'il ne s'en est même pas douté » puis « je crois qu'il a trop réécrit son discours ».

Dix-huitième étage. Suite Marco Polo. Mobilier laqué, de goût oriental. Petit salon, grand salon, et quatre chambres, sur deux niveaux. Yves entre dans la chambre de ses parents, remarque les lits « faits sur mesure » : son père est allongé sur le lit de droite, la tête dans un oreiller, il fixe le plafond. Sur la table de chevet, un magnétophone en marche diffuse son discours, en trois langues. René l'apprend par cœur. Yves, debout, attend la fin de la bande. Alors, son père le regarde, sourit vaguement, soulève une main, la repose doucement sur le lit. Yves s'approche, se penche, embrasse son père sur le front en lui faisant signe de ne rien dire, mais René, effort de gorge, voix cassée, comme effacée, lui dit à l'oreille « tu vois, c'est comme dans *Les Chaises*. Il avait raison, Ionesco ». Yves pose l'index de sa main gauche sur les lèvres de son père « ne dis rien, papa. Tu pourras parler. Tu auras de la voix ».

Quelques années auparavant, au sortir de la représentation de ladite pièce, au Studio des Champs-Elysées, ç'avait été un beau scandale. René ne s'était pas gêné de dire à tout son monde de famille que cette pièce « ne voulait rien dire », que « le théâtre n'était pas ça ». Avenue Montaigne, sur le trottoir, il fulminait encore « on ne va pas au théâtre pour voir un homme, debout sur une chaise, qui ne peut plus parler » et à Yves « je te laisse ton Ionesco ! » Yves avait renoncé, plus tard, à emmener son père voir *Fin de partie* de Beckett.

Le matin du grand jour, Yves s'enferme dans la salle de bains avec son père. Adrienne est prête depuis longtemps. Elle attend dans le salon, étole de vison à portée de la main, chapeau sur la tête. Yves aide son père à se baigner. Il le savonne, le douche, l'aide à sortir de la baignoire. Puis il le frictionne, branche et lui tend le rasoir électrique. Son père ne parle toujours pas. Mais il a de la voix : un regard échangé suffit à le dire. Puis Yves aide son père à enfiler le trou-trou, la chemise, le slip, les chaussettes, et, dans la chambre, il lui fait son nœud de cravate et l'aide à s'habiller, pantalon, gilet, veste. Il le coiffe et met en place la pochette blanche. Dans une petite boîte, quelques pilules. Yves recommande à son père de ne plus rien prendre. René veut écouter la bande une dernière fois, mais Yves lui dit que ce n'est pas la peine « tout se passera très bien, pa ». Il vient de dire « pa », comme à Evolène, le jour du premier refus. René le regarde, étrangement, avec bonheur.

Dans l'entrée de l'hôtel, René fait signe à Adrienne d'attendre. La voiture fera un aller et retour et reviendra la chercher. Yves regarde Adrienne, regard confiant, complice. Et dans la voiture, tous deux à l'arrière, vitres baissées, air conditionné débranché, Yves prend la main de son père, de sa main gauche, et la serre fortement. René murmure « tu crois... » Yves lui fait signe de se taire.

Extraits du discours prononcé par René Navarre, le 2 avril 1967, devant plus de douze mille personnes, dans la cour du Musée d'anthropologie de Mexico. Silence dans l'audience. Et régulièrement le bruit de douze mille pages tournées en même temps : les congressistes lisaient et écoutaient en même temps. Pâle, fragile, debout, arc-bouté sur ses deux bras, agrippé à la tribune, René parle avec la diction du désespoir, pire espoir, discours rongé. Yves lui dira « tu es un humaniste perdu au xxe siècle ». René répondra « je ne veux pas comprendre ce que tu me dis ». Yves aurait préféré dire « idéaliste » mais cela eût fâché son père.

« Nous qui voulons montrer les vertus d'un travail d'équipe, inspirons-nous de l'exemple donné par ces milliers d'hommes lançant de main en main sur des dizaines de kilomètres les briques qui prenaient place dans la construction d'immenses pyramides, dont la taille rivalise avec l'ampleur des œuvres de la nature et arrive à s'intégrer à elle parfaitement dans des paysages que, j'espère, vous aurez l'occasion d'admirer... »

« Nous qui voulons bâtir solide et utile à l'homme, pénétrons au moins par la pensée au sein même de ces ouvrages pour y admirer la persévérance séculaire qui a permis à chaque âge et à chaque culture d'ajouter patiemment à l'œuvre achevée dans la période antérieure. Admirons que l'on puisse y retrouver parfois intact le Temple qui, à chaque époque, culminait l'étape accomplie comme pour témoigner du soin pris par chaque bâtisseur de respecter et de transmettre le lieu où s'exprime le mieux l'élément permanent essentiel du progrès de l'homme, la spiritualité et l'espoir... »

« Nous qui avons pris la décision de veiller à ne rien détruire inutilement dans nos débats, méditons l'inscription que j'ai lue sur la pyramide du Soleil à Teotihuacán : « Il est interdit de détacher les pierres de la pyramide et de les rejeter vers le bas. » Je me suis pris à rêver qu'elle était d'époque. Sa recommandation, en tout cas, m'est apparue d'une singulière actualité, alors que nous avons l'évidence de tant de vaines destructions et d'injustes oublis... »

« Avec quelle émotion, par exemple, ai-je lu récemment la description des algues bleues qui contribuaient déjà au xvie siècle au ravitaillement des populations de Mexico : ce sont exactement les espèces que nous avons sélectionnées aujourd'hui comme se prêtant le mieux à la culture intensifiée. Que dirions-nous, dans quelques mois peut-être, si nous reconnaissions, dans une pratique notée comme barbare par les conquérants, une des voies les meilleures pour résoudre le problème mondial de la faim et pour y faire concourir notre pétrole ? »

« En cela il apporte au monde une précieuse raison d'espérer. Trop de civilisations, trop de religions très mal interprétées, trop de sombres philosophies témoignent d'un report exagéré de l'essentiel de nos espérances vers ce qui suit la vie. Il peut s'agir de résignation pour les pauvres, de refuge de conscience pour les riches, mais plus sûrement encore d'impuissance à saisir déjà sur cette terre ce mieux-être que le travail et la science associés peuvent nous permettre d'atteindre aujourd'hui si nous en avons la volonté... »

« Certes, nous ne nions pas les mérites de l'esprit de sacrifice. Mais nous devons prendre conscience de tout ce que nous pouvons, pour rendre les sacrifices moins nécessaires, pour en élever la portée humaine quand la fatalité nous empêchera de les éviter, pour surtout résolument supprimer tous ceux, si nombreux, qui résultent seulement de l'inutile usure réciproque, conséquence de nos divisions... »

« N'oublions pas que le connu a été dénoncé par des savants illustres du monde moderne comme un des freins les plus puissants au progrès de la connaissance, lorsqu'il est précisément présenté sous la forme figée d'un document écrit définitif... »

« Les civilisations anciennes peuvent vivre en effet comme les graines du désert dans l'attente de la pluie rare. Elles sont souvent la source et la sauvegarde des progrès que nous attendons encore. Puissent nos travaux aider avec les leçons de l'Histoire à établir clairement aux yeux de tous que notre espoir réside dans le respect de deux lois essentielles qui conditionnent le Progrès humain : la Continuité et la Participation. La première ne nous interdit pas de reconnaître que certaines initiatives audacieuses et soudaines sont probablement indispensables pour animer l'évolution des choses. Cependant, même généreuses dans leurs intentions, elles s'avèrent incapables d'apporter à elles seules, d'une manière définitive, ce que l'homme en attend, lorsqu'elles sont exagérément violentes, hâtives, ou qu'elles s'inspirent seulement du système de la table rase. Elles sont alors d'énormes consommatrices d'enthousiasme, de courage, de jeunesse, pour ne se traduire finalement que par des résultats en trop grande partie transitoires suivis d'espoirs déçus et souvent de régression. L'audace seule ne fait pas le succès permanent de l'industrie ou des créations de l'esprit. La fin de la guerre ne donne pas nécessairement la paix. L'octroi ou la conquête de l'indépendance ne suffit pas à assurer la véritable liberté. La passion elle-même n'est pas suffisante à sauvegarder l'amour... »

« Finalement, c'est seulement le travail patient fécondé par l'esprit qui est susceptible de répondre un jour à tous ces rêves inassouvis, si on arrive à ce qu'il réponde chaque jour plus fidèlement et solidairement à la fois à la satisfaction des besoins du corps et de l'esprit et si on parvient à le rendre plus largement accessible à tous les hommes... »

« La Science et la Technique du pétrole sont sans doute une activité mondiale d'intérêt si élevé et si universel qu'elle offre aux hommes un de ces rares domaines où peut aujourd'hui se manifester, d'une manière que j'espère alors exemplaire, toute la portée d'une vraie collaboration internationale, celle qui respecte son sens étymologique si souvent oublié de travail en commun, celle qui ne se satisfait pas seulement de l'expression d'aspirations communes, mais suscite les résultats concrets désormais aujourd'hui indispensables au maintien de l'espérance... »

« C'est seulement si nous y parvenons que nous pourrons regarder avec fierté la tête de ce Chevalier-Aigle, que je vous invite à aller admirer dans ce musée. Il semble qu'elle ne soit parvenue jusqu'à nous intacte, avec ce visage qui exprime la noblesse, le courage, le mépris du danger, que pour nous poser dans la dignité qui l'imprègne une ardente interrogation muette : Pourquoi ai-je été abandonné par les miens ? Pourquoi m'avez-vous détruit ? Mon ordre combattait déjà les ténèbres. Les avez-vous entièrement dissipées ? »

# 69. Chichicastenango

La cour du Musée d'anthropologie est déserte. Restent les chaises vides, et sur nombre de chaises le texte imprimé du discours. Abandonné. Oublié. Applaudissements polis. Les congressistes se sont levés, salutations distinguées, entre eux. Peu ont eu la curiosité de visiter les salles, autour de la cour. Et sortie. Massive. Puis plus rien. Personne. Le ciel est bleu. Une belle fin de matinée. Assis au dernier rang, les coudes posés sur le dossier d'une chaise, devant lui, menton sur les mains, Yves observe les vagues de rangées de chaises, et tout au loin, sous un portique de béton, architecture audacieuse du lieu, une tribune vide décapitée de son tribun. Pour ce spectacle, une seule représentation dans une vie, salle comble, René a attendu soixante et un ans. Yves sait et sent que tout ce que son père a essayé de dire ne pouvait qu'être oublié sur la chaise. Il le savait et le sentait déjà, avant, depuis longtemps, depuis toujours peut-être : il n'y a plus de place pour un discours sensible, plus d'écoute pour les desseins humains. René venait de parler d'une science au service de l'homme, au service de « tous les hommes ». Il venait de tracer le portrait idéal, oui « idéal », d'un homme de science conscient de l'humain. Et il venait surtout de dire, *la passion elle-même n'est pas suffisante à sauvegarder l'amour*. Les acteurs, parfois, quand ils sentent qu'on pourrait leur retirer leur rôle ou ne plus les employer, se mettent, en scène, à parler de leur vie, brefs aveux glissés entre deux répliques, sur le ton des répliques : le public ne fait pas la différence. Ce matin-là, Yves reste longtemps, penché, accoudé, fasciné par les chaises et la tribune vides : tout s'est passé vite.

Il se mord les poignets. Il voudrait se lever, bousculer les chaises, les douze mille chaises de location, faire quelque chose, crier. Il sourit. Puis dans le musée, longuement, de salle en salle, il interroge les dieux, ces dieux-là, sculptés dans la pierre, martelés dans l'or, modelés dans la terre. Dieux et témoins : eux peut-être écoutaient la voix du Gascon monté à Paris.

Aujourd'hui, à Joucas, *lundi 11 août,* en fin de matinée. Le ciel était bleu, aussi. Je suis allé boire des boissons fraîches chez mes voisins Serre, sous leur tonnelle. En levant son verre, Jacques Serre, notaire à la retraite, l'œil vif derrière ses lunettes, attentif, mélange de malice et de pertinence, m'a dit « il faudrait inventer le néant » puis, en souriant, « hélas, ce n'est pas facile ». Et Mira, son épouse, qui est en train de lire le quatrième cahier de ce roman, m'a regardé, étonnée. Elle croyait, comme je souriais aussi, que je me moquais de Jacques, alors que je notais ce qu'il venait de dire pour le placer ici, très exactement à sa place. Hier, *dimanche 10 août,* j'ai dîné avec Jean-Jacques et Marie-Claude, chez eux, à la Jaumière, dans la montagne au-dessus du village. Je venais de leur lire à voix haute les chapitres 66, 67 et 68. Et le discours de mon père. Jean-Jacques m'a dit craindre de me voir faire, ici, de moins en moins de commentaires. Je lui réponds maintenant : l'itinéraire était tracé d'avance. Plus j'avance dans ce texte, plus je me dis qu'à cette « absence de jeu » je prends le risque non pas de me re-trouver « mieux », « neuf » ou « naissant », faux triomphes des vainqueurs de l'analyse, mais bien plus dangereusement sans ce peu de naïveté qui me poussait encore à entreprendre, qui me tient durement à cette table, aujourd'hui, heure avancée de la nuit, les chats dorment dans les pattes l'un de l'autre, à trois, en boule. Et moi, je ne dormirai pas. Nul exhibitionnisme, ici. Un inhibitionnisme, oui. Révélateur. Seul souhait tendant ces lignes pour que les mots bondissent : une morale nous a inhibés à l'extrême. Et qui refuse la représentation, re-présentation des idées, par instinct de conservation, ne peut attendre de mort douce que celle de la suppression. Je limite le commentaire, Jean-Jacques, car je ne veux ni ne peux juger, mes lettres, les lettres d'Antoine, le « mémoire » de René, les extraits du *Bal,* tel fait, telles paroles échangées : tout était déjà lancé quand je suis né. Et j'ai toujours la tête coincée entre les barreaux du berceau. La tolérance est la forme la plus subtile d'intolérance. Le pire des racismes est la compassion. Je ne cherche pas la consolation mais la confrontation. Ce texte m'arrache aux bras de ceux que je n'ai pas su aimer et qui n'ont pas su m'aimer. Citation : Cioran, *j'ai perdu au contact des hommes toute la fraîcheur de mes névroses.*

Le plus dur à « passer », à Joucas, c'est jusqu'au 15 août. Après, les nuits redeviennent fraîches. Le ciel hésite. Je respire. Cet été, il n'y aura eu personne, personne pour me mettre en état amoureux ou de révolte. J'ai bien dit, Jean-Jacques, « je ne *veux* pas juger » avant de préciser que je ne pouvais pas non plus le faire. Pas de courrier, ou peu. Je suis abonné à un journal, un journal quotidien : le facteur s'arrête quand même, forcément, chaque matin. Je le guette. Mais je ne reçois pas de lettres, de vraies lettres, *Cher Yves, où en es-tu de ton travail... Cher Yves. Nous allons de découverte en découverte, le voyage est formidable... Cher Yves. Il y a longtemps que je ne t'ai pas écrit... Cher Yves. Je veux te revoir... Cher Yves. Il y a longtemps que tu n'as pas reçu une lettre de moi. J'ai besoin de t'écrire aujourd'hui... Cher Yves. Merci de m'avoir adressé* Le Jardin d'acclimatation. *Je viens de lire ton roman et je...* Voilà : je viens de remplir ma boîte aux lettres pour demain matin. J'ai des lettres plein la tête. Je peux aller me coucher.

Dans la cour du Musée d'anthropologie, des hommes surgissent. Ils plient les chaises et les emportent par six. D'autres, avec de grands sacs en plastique, nettoient, ramassent les bouts de papier, les paquets de cigarettes vides, les mégots, et jettent les exemplaires du discours dans leurs sacs. D'autres démontent la tribune. Vers trois heures, cour vide, intacte. Yves, assis par terre, adossé à un pilier de béton, se donne des coups de poing alternativement dans chaque paume de main. L'arrosage automatique de la pelouse centrale de la cour se met en marche. Grandes eaux. Le visage criblé de gouttelettes, Yves quitte le musée.

La nuit, Yves erre dans Mexico. Ce séjour de quelques jours constitue, en soi, un roman. Image brève : Yves se retrouve tard dans la nuit, loin dans les faubourgs de la ville, dans un hôtel de passe qui ressemble à une prison, deux étages de coursives en surplomb d'une cour carrée au centre de laquelle seule une guérite est allumée : c'est là qu'il faut payer. L'hôtel s'appelle *Muy,* ce qui veut dire « très ». Et dans l'ombre d'une chambre aux murs nus, sol dallé, en pente des quatre coins, un trou au centre de la pièce pour l'évacuation d'eau, bidet pliant, broc, serviette nid d'abeilles et lit-cage qui grince, Yves caresse à l'aveuglette le corps de ce garçon rencontré non loin de l'hôtel Hilton, dans un parc du centre de la ville. Le garçon, poings serrés, sanglote nerveusement parce qu'il veut *andar vía,* quitter cette ville où tout est *peligroso,* dangereux, pièges, meurtres. Une heure de taxi aller, une heure de taxi retour, pour quelques minutes de sanglots. Le garçon a des allures de boxeur. Il dit que c'est la première fois qu'il rencontre *alguién de seguro,* quelqu'un de sûr. Il veut l'adresse d'Yves. Yves la lui donne. Peine perdue. Ils s'écriront, un temps. Puis ils ne s'écriront plus. Deux garçons, à la guérite, c'était deux fois le prix de la chambre et la menace d'une descente de police. *Si vengo a Paris, me ayudarás ?* Si je viens à Paris, tu m'aideras ?

Pendant le congrès, Yves fait le circuit touristique, Monte Albán, Chichén Itzá, Uxmal, Palenque : il connaît ces lieux par cœur. Combien de fois a-t-il projeté les films tournés par son père, lors des voyages des années 50, dans le salon de la villa Sainte-Foy ? A la longue, les années passant, son père oubliant les noms, Yves faisait les commentaires. Tout lui parut plus petit. Puis, après le congrès, René invite un de ses proches collaborateurs et sa femme, le professeur belge, son épouse et leur fille, et ils vont passer « quelques jours de repos » à Acapulco, à l'hôtel *Las Brisas.* Piscines privées. Résidences de « lunes de miel » pour Américains. Yves a pour lui seul, à l'écart, une villa et dans la chambre nuptiale un lit rose en forme de cœur. Une nuit, au volant d'une de ces petites jeeps mises à la disposition des clients de l'hôtel, un jeune accordéoniste rencontré au Colonial, le café principal de la ville, l'entraînera au *Barrio Rojo,* quartier des prostituées. Et Yves échappera de justesse à un couteau : coup de volant, demi-tour, éjection du petit assassin. Roman, roman : tout pour un roman, mais lequel ?

Puis retour à Mexico et départ pour Guatemala City. Même groupe. Ils iront à Tikal un jour, à Copán le lendemain, DC 3 frété par René, atterrissages sur des chemins de terre. Depuis plus d'un an, aucun touriste, aucun collecteur d'objets mayas n'est passé par là, suite à des prises d'otages. René a signé, avec l'accord de ses invités, un papier dégageant la police guatémaltèque de toute responsabilité en cas d'incident. A Copán, Yves rend visite aux paysans, dans leurs fermes, non loin de champs de fouilles abandonnés depuis cinquante ans. Il achète des terres cuites, visages de guerriers, têtes d'animaux. Puis, de Guatemala City, ils partiront, cortège de Cadillac noires, pour Chichicastenango. Veille d'un dimanche, jour de marché et à l'église mélange de cultes catholique et païen. Yves n'est jamais avec le groupe. Parfois même il ne le rejoint pas pour les repas. Le troisième jour, ils feront le tour du lac Atitlán, lac situé à mille cinq cents mètres d'altitude, entre le volcan Fuego et le volcan Agua, un volcan vivant et un volcan mort, lac dont le fond est au-dessous du niveau de la mer, tranchée, eau lisse et sombre. René ne veut pas des villages du programme « que tous les touristes visitent ». De village en village, ils prennent du retard. Visiteurs inattendus, accueil chaleureux, cris des enfants, nus, clapotant dans l'eau autour des pontons, nageant derrière le bateau au moment du départ, au milieu de familles de canards impassibles. Le capitaine du petit bateau à moteur a prévenu que le lac *se enfadaba,* se fâchait, chaque jour, à partir de cinq heures. Pour l'ultime traversée, le lac se met à frissonner, une brume se lève qui devient un brouillard épais. Le capitaine souffle dans un pipeau, son strident. Bruit de moteur du bateau. Nulle réponse. Peur. Adrienne, dans la cabine, à l'intérieur, fait signe à Yves de venir s'asseoir près d'elle. Mais Yves, debout, à côté du capitaine, se met lui aussi à souffler dans le pipeau. Ils sont là, cernés, isolés, avançant, mais vers où ? Et tous se taisent, en bas. Yves a l'impression, lac profond, présence de volcans, responsabilité de René, tous se tiennent penaudement à l'intérieur, sans rien dire, que tout les supprime, non-lieu, vertige : la brume chaude embaume et les vagues font tanguer. Il n'y a de certitude que l'impression. Le lac se refermait sur eux. Puis en réponse, un autre son de pipeau, strident. Sourire du capitaine. Et quand Yves tend la main à Adrienne pour qu'elle sorte du bateau et prenne appui sur le ponton, Adrienne tremble de tout son corps, claque des dents. Le front en sueur, René esquive le regard d'Yves. Le lendemain, sur la route d'Antigua, pluie battante, pneu crevé d'une voiture, le temps de la réparation, Yves se rend dans une maison proche. Le paysan lui montre les débris d'une urne funéraire qu'il vient de déterrer : quatre têtes de mort. Yves en achète une. Interrogation. Questionnement. Elle est sur son bureau à Paris, depuis lors. Elle pose la question du lac et de la brume.

## 70. Le personnel vendu

Pendant le séjour à Acapulco et le voyage au Guatemala, nul n'osa parler à René du fait qu'il n'avait pas été réélu à la présidence du Conseil permanent des Congrès mondiaux du pétrole. René avait, du coup, renoncé à son poste de vice-président. Quelques amis russes et américains lui avaient fait des promesses mais, sous la pression de « ministères » et de « groupes pétroliers » qu'ils représentaient, ne les avaient pas tenues. Marcello Boldrini, jugeant ces réunions d'ingénieurs « bavardes et inutiles », n'avait pas quitté l'Italie. René disait à Yves « ton ami aurait pu venir, n'eût-ce été que pour me soutenir ». Un subjonctif et l'accent du Midi : en quelques jours René était redevenu fragile. Sa dureté de caractère versait à une susceptibilité d'enfant. Il se souvenait d'où il venait. Son chemin de carrière venait d'être interrompu. Les voix des pays producteurs n'avaient pas suffi à sa réélection. René cachait sa peine en faisant semblant de porter extrême attention à tout ce que disait ce professeur d'art précolombien de l'université de Mexico qui les guidait pour le voyage et qui, lui-même, découvrait pour la première fois Tikal et Copán, champs de fouilles perdus dans d'immenses forêts difficiles d'accès, intacts, que le tourisme n'avait pas encore parqués.

La dernière nuit, à Guatemala City, autre fait, sujet d'un roman « autre », Yves passa des heures, dans des taxis, à se rendre avec un garçon de rencontre d'un bar à un autre, tous étaient fermés ou surveillés, il ne fallait pas entrer ; et d'une maison amie, l'ami en question refuse d'ouvrir sa porte, à une fête d'anniversaire étrange, dans une maison basse, tout en longueur, fenêtres fermées, rideaux tirés, couples de filles et couples de garçons, une atmosphère de secret violent et de danger fatal. Au petit jour, lorsque son ami de rencontre sortira de la chambre 107, au premier étage de l'hôtel Ritz, il croisera la fille du professeur belge, le professeur lui-même et son épouse qui feront semblant de n'avoir rien vu. Yves, nu, refermera la porte de sa chambre. Encore une adresse. Ils s'écriront un temps. Puis ils ne s'écriront plus. Une heure plus tard, à l'aéroport, Yves « comprendra » que la fille du professeur belge avait été invitée, tendre complicité des deux couples de parents, pour qu'une amitié naisse, trouvailles, fiançailles, mariage, qui sait ? Et dans l'avion, jusqu'à Paris, trois rangs derrière les parents, Yves parlera, à la jeune fille, de sa vie, sans nommer vraiment sa sensualité, avec délicatesse et pertinence. La jeune fille, enfant unique, « comprendra ». Peut-être a-t-elle compris ? Yves ne la reverra jamais. Elle s'est mariée. Elle a des enfants. Elle vit. Autre vie.

Plus que par le souvenir des temples et des marchés colorés, Yves rentre à Paris habité par les senteurs, odeurs et visions, des champs d'arbres à épices, immenses champs à perte de vue, à flanc de montagnes et de volcans, forêts ordonnées, cultures intensifiées, jardin colonisé par la *General Food* américaine, propriétaire de cette terre, de ce pays. Le souvenir aussi de cette course dans Guatemala City, la nuit. Les regards des couples de cette fête d'anniversaire, et cette manière que le maître de maison, furieux de ce que l'ami d'Yves et Yves se soient embrassés en dansant, avait eue de les flanquer à la porte en hurlant comme une hyène. Citation de nouveau : Cioran, « Le cirque de la solitude », dans *Syllogismes de l'amertume,* page 83, éditions Gallimard, collection Idées, *tout acte flatte l'hyène en nous.*

*Jeudi 14 août.* Voici cinq mois que je me tiens à *Biographie.* Le 24 septembre, cela fera un peu plus de six mois passés à brosser non un autoportrait, mais bien un portrait de toutes sortes de familles. Six mois pour quarante ans, solitude du coureur de fond qui ne veut pas accomplir d'exploit, mais simplement mesurer le parcours, se mesurer par rapport aux distances parcourues et à parcourir, arriver au bout, et qui sait reprendre et retrouver son premier souffle, premièrement. Pourquoi, en rangeant les livres pour les placer dans la nouvelle bibliothèque achetée à mes amis de Fontaine-de-Vaucluse, ai-je mis de côté ce texte de Cioran pour y lire encore, page 58, *toutes les eaux sont couleur de noyade ;* page 59, *rien ne nous flatte tant que l'obsession de la mort ; l'obsession, et non la mort ;* page 32, *nous sommes tous des* farceurs : *nous survivons à nos problèmes* ; page 113, *pour un jeune ambitieux, il n'est plus grand malheur que de frayer avec des connaisseurs d'hommes. J'en ai fréquenté trois ou quatre : ils m'ont achevé à vingt ans* ; et page 171, *depuis Benjamin Constant, personne n'a retrouvé le ton de déception ?* Tout me parle. Tout parle dans un texte aimé. Pourquoi ai-je retrouvé, dans un dossier de « nouvelles » écrites entre 1966 et 1969, une lettre de don Francisco datant de décembre 1960, reçue donc à Briançon, et dans laquelle il me dit,... *es tremendo esto de que pase el tiempo tan rapidamente. Parece que fué ayer cuando estabamos todos en la playa de La Antilla ?* C'est fou ce que le temps passe vite. J'ai l'impression que ce n'était qu'hier quand nous étions tous ensemble à La Antilla.

Pourquoi ai-je également retrouvé ce numéro 14 de la revue *Dialectica* publié le 15 juin 1950 à Neuchâtel, en hommage à Elie Gagnebin ? J'y lis, sous la plume de son frère Samuel, présent de l'indicatif, une éternité de rencontre, *Elie sait capter l'amitié des enfants et s'ingénie à leur faire plaisir. Il est l'idole de ses neveux, nièces, filleuls et filleules. Il ne leur ménage cependant pas la dure vérité, dite sur un ton bref, mais sans retour. Il sait, plus qu'aucun autre, se donner à ses amis. Correspondances, visites, rien ne lui coûte*. Et plus loin, *le cœur a ce secret de pouvoir se donner plusieurs fois et pour toujours. Chez Elie Gagnebin l'amitié se nuançait d'une admiration passionnée qui s'affirmait encore davantage quand il la sentait contestée*. Ma mémoire me livre cependant, parmi les correspondants et amis d'Elie Gagnebin, les noms de J. Rivière, J. Copeau, I. Stravinsky, J. Maritain, J. Cocteau, R. Radiguet, C.F. Ramuz, C.A. Cingria, I. Markevitch. Et sous la plume d'Elie, texte d'une conférence prononcée à Lausanne le 15 juin 1945, *le monde n'est pas absurde, mais il nous dépasse, et nous commençons seulement à forger les instruments intellectuels et matériels qui nous permettront peu à peu d'en prendre connaissance, nous commençons à peine à en comprendre certains traits. Lorsqu'on a pris conscience de cette vérité, l'espoir renaît, avec un fondement solide : l'espoir de l'enfant qui sait qu'il peut devenir un homme. Qu'il s'y mêle beaucoup d'illusions, comme chez l'enfant, c'est bien probable, et notre effort doit être de les dépister, mais le principe même de l'espoir n'en est pas affaibli.*

Pourquoi, hier, seul jour de « vacance » depuis cinq mois, ai-je marché si longtemps dans les gorges du Gardon, abandonnant Jacques et Nicole sur « leur » rocher, « là » où ils reviennent chaque année, une fois ? Pourquoi ai-je remonté ces gorges, longeant le cours de l'eau, sentier escarpé, rochers, buissons, sous-bois, plages de caillasses, les falaises des gorges se fermant sous mon pas, comme un étau ? On m'avait dit que « les garçons » se tenaient « là-bas », au bout, qu'il fallait aller « tout au bout ». Je n'ai rencontré personne. J'avais peur de me retourner, peur du chemin parcouru, peur d'un malaise qui m'aurait plaqué au sol, loin de tous, si loin de Jacques et de Nicole. Le texte en cours doit toujours être à portée de voix de l'autre, lectrice, lecteur, appeler au secours. Je me suis arrêté au bord d'un petit ravin. Au fond, il y avait l'entrée d'une grotte. Une « anfractuosité ». Un creux. Et dans le creux, comme un écart de pierres. Je me suis mis à suffoquer. Seuls les pas du retour ont calmé les battements de mon cœur. Personne. Je n'ai croisé personne, pas même au retour. Après *Biographie* ce sera comme avant *Biographie*. J'avais peur. L'esprit ne maîtrise plus le corps quand il est isolé. La nature alors se creuse, se lézarde et engouffre. Il faut revenir vers la grappe humaine et s'y tenir. Et les humains laissent des bouteilles en plastique. Dans ces gorges, il faut marcher avec des sandales : il y a du verre cassé partout. Mais quand, de retour, je me suis baigné avec Jacques et Nicole dans l'eau glacée de la rivière, j'ai retrouvé un goût, celui des baignades de Vétheuil. Je me suis dit que c'était une des dernières fois. Jacques et Nicole ne comprenaient pas pourquoi je leur parlais si peu. Pour les faire rire, je me suis mis à barboter.

Pourquoi, depuis onze ans que je passe mes étés, ici, à écrire, et à m'inventer des jardins, pourquoi n'ai-je vécu que quelques jours de partage corporel avec Rupture n° 3, le Duck du *Temps voulu,* et quelques jours plus fervents, mais quelques jours seulement, avec Rupture n° 4 pour ce que j'appelais alors *la croisière de Joucas, été 79* ? Il avait été marin. Et ce matin, réveillé en choc par le cauchemar, le même cauchemar (il est chez mes amis de Fontaine-de-Vaucluse, avec Rupture n° 2, le docteur, « 345 », « 346 », « 347 »), je suis allé respirer sur la terrasse. Le jour se levait à peine. Une étoile culminait très brillante, à l'est, dont je ne savais plus le nom. J'aurais tant voulu voir les Rois mages, « si faciles à reconnaître » disait Rupture n° 4 l'an dernier. Pourquoi mes amis de Fontaine-de-Vaucluse me téléphonent-ils si souvent, en ce moment ? Ont-ils peur de me voir arriver chez eux de manière inopinée ? Ou bien appellent-ils simplement parce qu'ils me sentent tourmenté ?

Et pourquoi mon père, René, m'appelle-t-il tous les jours ? Il me demande de « parler ». Il dit que je suis son « dernier contact ». Il ne sait rien du projet de *Biographie* et il me dit qu'il veut « réparer tout ce qu'il m'a fait ». Il répète « parle, parle-moi, j'ai besoin de t'entendre parler ». Et je ne peux lui dire que ce que je lui dis depuis des années

« on ne s'écarte pas de toi, papa. Tu écartes les autres. Et tu dénonces toute approche en la désignant affectée ». « Parle, parle-moi », dit-il encore. Il a eu un début de congestion cérébrale la semaine dernière. Je lui explique « pourquoi m'as-tu dit, par exemple, que l'infirmière de maman, au téléphone, affectait de prendre de tes nouvelles ? Et si elle prenait vraiment de tes nouvelles ? » Il ne me répond pas, pourquoi ? Et quand il sent que je n'en peux plus de tout ce temps passé au téléphone, toujours à l'heure de midi, il dit « alors adieu, peut-être ». Ce chantage, pourquoi ? Je suis obligé, à chaque fois, de lui réapprendre à me dire « à demain », simplement « à demain ». Pourquoi ?

Pourquoi le journal daté, ici, petit à petit, gagne-t-il le territoire des chapitres biographiques, comme s'il voulait interrompre l'histoire à la troisième personne et imposer le « je », le « je » d'Yves qui se détache de Navarre, notre nom ? Quand j'ai dit ce matin à mon père que j'allais faire le jardin de Mira, ma voisine, mon père m'a répondu « Joseph mon père, ton grand-père, aussi, allait faire les jardins des autres, par plaisir. Je n'ai jamais compris pourquoi ».

Pourquoi, dans la lettre qu'il vient de m'écrire après avoir lu le quatrième cahier de *Biographie*, Xavier dit-il : ... *en tout cas, quelque réaction que tu risques de susciter, ce texte est important pour toi et attachant pour tous. Tu tiens ton « grand œuvre » : crois-moi. Il faudra simplement revoir la place que tu comptes faire à la polémique (ou plutôt à ce qui peut être considéré comme tel). Mais pour l'instant, avance et achève, sûr de tenir le bon pari et d'avoir atteint la « droite balle », la cible logique de tout ce que tu as écrit jusqu'ici...* ? Pourquoi, Xavier, *revoir la place* que je compte faire à la polémique ? Ce texte ne doit pas prévenir mais survenir. Son *émotion de départ,* en soi, est polémique. C'est tout le texte qu'il faudrait rayer. Or, je « comprends » ce que tu veux dire : on pourrait ci ou là considérer comme polémiques des détails qui, à seconde analyse, la pire, celle, censurante, des juges qui se disent intègres pour mieux sommeiller en nous, tous se relayant pour être prêts à la moindre offensive rationnelle, n'en vaudraient pas la peine. Toute une société qui nous cerne extrait le futile pour taire l'essentiel. Mais alors, ci ou là, quoi, et pourquoi ? Je viens de t'écrire pour te le demander. Et je me suis pris, alors que je te donnais des nouvelles de mes parents, en flagrant délit de noter, *maintenant, plus que jamais, c'est eux ou moi.* Non, c'est faux : chacun de nous se bat.

Si je pouvais noter ici tout ce qui s'écrit la nuit, dans ma tête, en ne dormant pas, *Biographie* serait un texte complet : il jouirait du crédit des rêves quand tout du texte conscient doit être constamment tenu à la limite du débit. C'est peut-être cela, Xavier, le danger de la polémique dont tu me parles.

Pourquoi me suis-je arrêté, hier, loin, dans les gorges du Gardon ? Ce n'était pas le bout des gorges. Il y avait une anfractuosité : il fallait entrer dans la terre. La rivière, à cet endroit, s'est creusé un lit profond. Et toi, Jean-Jacques, dimanche dernier, à propos de l'évolution de *Biographie,* tu me disais devant Marie-Claude,... *travaillons la marge qui va de l'épiderme au derme.* Et dans ta lettre, glissée dans ma boîte aux lettres, le lendemain, tu m'écrivais, à ce propos, Marie-Claude, ... *sinon la poursuite ne cesse pas avec le rêve. Les caquetages et les regards troubles figurent dans mon désir une parole de menace et de mort. Et comme ce serait, peut-être, doux l'effondrement. Je ne veux pas ce que je veux.* Nous sommes nombreux à écrire *Biographie.* Nous ne vivons que la vie des autres.

Paris. Avril 1967. Yves a fait socler la tête de mort en terre cuite achetée entre le lac Atitlán et la ville, en ruine, d'Antigua Guatemala. Nouvelle agence de publicité, nouvelles fonctions. Pour Evian Fruité, il conçoit un thème de campagne d'affichage allusif, *cette soif-là...* puis en réponse, *c'est pour Evian Fruité.* Pour le lancement du pare-douche B.S.N., il imagine l'envoi successif de plusieurs cartes postales présentant des inondations, et ce, afin de « sensibiliser le réseau de distribution ». Il écrit également des textes rédactionnels pour un « brumisateur » d'eau d'Evian. Beauté. Pureté. Dans cette petite agence, il est son propre maître à « l'étage de la création ». Une nuit, il rêve qu'il est noir, comme Ange, comme son Jacky Poto, noir de péchés, et sœur Marie, de Sainte-Geneviève de Neuilly, le pointe du doigt. Bonnet d'âne. Au coin. Yves a les ongles rouges, le vernis d'Adrienne.

Le lendemain, sur un cahier à couverture toilée rouge vif et à pages épaisses, papier glacé, Yves écrit, page 1, *Lady Black regarde ses pieds. C'est ce qu'elle a de plus féminin. Noirs dessus et roses en dessous. Des pieds lisses et longs, qui prennent bien les mules mauves, au saut du lit, vers midi, quand Jacky Poto sonne à la porte. Aux Bains du Morbihan, à Mexico City, le masseur suçait ces petits doigts parfaits, sans demander la permission. Comme ça. Et Lady Black, ravie, le traitait de « greeeeeedy boy ». Ce matin, comme chaque matin, avant de faire le ménage, Jacky Poto va prendre Lady Black.* Page 2, *Lady Black est noire.* Page 3, *Jacky Poto est originaire de Porto Rico. C'est un ouvrier consciencieux.* Page 4, *mais Lady Black va avoir trente ans et il est temps de faire le point. Ce qu'elle a vu dans le monde et ce qu'elle a vécu. Par bribes. Par brisures de verres de cristal, jetés derrière l'épaule, un soir de vulgaire ivresse à Vienne. Page 5, Lady Black a commencé vingt journaux intimes. Elle les a tous oubliés dans des tiroirs de tables de nuit d'hôtels, filant en hâte, pour ne pas payer la note ou pour éviter tel amant dont elle aurait pu tomber amoureux.*

A la fin de l'été, Yves range le cahier rouge dans un tiroir : le sujet est là. La personne derrière le personnage. Mais il manque un lieu. Une trame. Une ville. La petite agence dans laquelle travaille Yves vient d'être vendue par son « propriétaire », avec le personnel, sans que quiconque soit prévenu. Yves donne sa démission, sans préavis. Trois jours plus tard, il entre à Publicis, engagé par Elie Crespi, à l'essai, pour trois mois. Même salaire. Les bureaux sont sur les Champs-Elysées. Yves rentre chaque jour chez lui pour prendre ses repas de midi. Il écrit des « nouvelles ». Il les adresse à des magazines, et à des journaux. Une à une, elles sont toutes refusées. Lady Black, sous couverture rouge vif, est dans le tiroir, couchée avec Jacky Poto. Il le sait. Il cherche. De novembre 1967 au mois d'avril 68, des dizaines de « nouvelles ». Prospection.

# 71. Mauvaises nouvelles

Date : 7 novembre 1967. Titre, *Monsieur Sévy*. Texte :

> Sévy ne parle jamais de sa famille. Pourtant, sa tête fourmille de petits problèmes, de souvenirs racornis, de crachats du cœur, d'étreintes d'enterrement, de sourires tristes de première communion et de raideurs de repas où l'on n'ose pas parler au « Père » totémique qui se vexe pour un rien.
>
> Au saut du lit, ce matin, Sévy a senti au creux de sa bouche l'haleine des jours de migraine. Du lit où il s'était pelotonné autour de l'oreiller, il se dénoua, s'étira lentement comme un bébé grimaçant.
>
> Il y a des mouches dans la pénombre et une odeur lourde de cigares écrasés dans des verres. La croissance de Sévy est terminée, pourtant, chaque nuit, il retrouve dans le sommeil ce recroquevillement du corps d'avant sa naissance, douce alvéole du ventre de sa mère. La croissance de Sévy est terminée. La pourriture commence. Le corps va vivre sur son énergie comme une voiture roulant à toute vitesse dont on couperait brusquement le contact. Le corps va dépérir plus ou moins vite et bientôt Sévy se retrouvera seul avec son âme, comme si l'habit de sa vie d'homme devait passer de mode plus vite que les autres. « Je n'ai vécu que déguisé » murmura-t-il en se lavant les dents. Le dentifrice ne pouvait même pas masquer le goût de migraine, goût électrique de fatigue.

Sur la table, il y a deux lettres : les éditeurs renoncent poliment à la publication du dernier manuscrit envoyé. Un comité de lecture le trouve « sobre, mince » et somme toute « si simple qu'il se trouve trop éloigné de la réalité ». Les membres de ce comité estiment aussi que tous ces refus, tous ces échecs ne font que rapprocher Sévy du jour où il écrira « l'excellent roman que nous avons toujours attendu de vous ».

Les volets sont fermés. Le soleil les bat comme peaux de tambours. Entre la bouche d'air de la douche et le vasistas des w.-c., un ruban d'air paresseux s'enroule autour de Sévy. « Je les connais les formulaires des éditeurs. » Sévy remonte la culotte de son pyjama. Il se met à chasser les mouches, puis vide les verres et les lave à grande eau. « J'aime l'eau... » Il a dit cela mécaniquement. « Votre manuscrit est si sobre, mince, si simple. Vous devriez plutôt parler de votre famille... »

Quatre murs, le plafond et le parquet, dehors, le soleil frappe à crève-tympan. Sévy titube un peu. Il va fêter aujourd'hui ses quarante ans. Il lui faudra aérer et respirer profondément deux ou trois fois, question de faire la fête, question d'oublier les deux lettres qu'il n'ose pas déchirer. « Si sobre, mince, si simple. »

Le soleil frappe de plus belle et, lorsque Sévy entrouvre les volets, tout éclate. Il tombe ébloui devant sa table de travail, et, le bras tendu, frappe deux premières lettres d'une confession de mauvaise haleine. « Excellent, excellent » ricanent les éditeurs affamés de soupe à la grimace. Sévy sent son cœur s'arrêter comme une écluse se referme, et brusquement retient la masse d'eaux troubles de la rivière : devant lui, glaciale, la feuille blanche sur laquelle il fixe le mot qui fait ricaner et qui tue : « Je... »

Date : 2 décembre 1967. Titre, *Le Monsieur du métro*. Texte :

Voyez-vous, jeune homme, je ne vous plais pas mais ma franchise, elle, vous plaira peut-être. J'ai sans doute trop d'argent pour pouvoir travailler, alors je bois et, lorsque je ne bois pas, je me distrais. Je vais dans le métro. J'aime les minets de quinze ans. Je les guette. Je les surprends. Et parfois, je les séduis. Alors, je cache mes mains pour qu'ils ne voient pas toutes mes chevalières. Je parle en remuant peu les lèvres pour qu'ils ne voient pas mes dents en or. J'ai envie de me dépouiller de tout ce luxe sucré qui me pèse. J'ai besoin de recommencer, de me retrouver brusquement comme eux. Vous ne buvez pas ? Vous avez raison. L'histoire que je vais vous raconter est trop drôle pour qu'on puisse boire en l'écoutant. Voici : hier, je dis au chauffeur de me laisser au métro Concorde. Je lui demande de m'attendre un peu plus loin, sur la ligne n° 1, à la sortie du métro

Argentine, et surtout de ne pas s'inquiéter si je suis en retard ou s'il ne me revoit pas. Odeur pesante, sulfureuse, électrique du métro. 17 h 30, c'est l'heure des collégiens. L'heure de ceux qui s'attardent un peu. De ceux qui veulent rêver, proie idéale pour une personne qui, comme moi, a tout à donner et qui espère tout. Je monte dans un compartiment de seconde, les minets de première font trop de manières et ils ont, souvent, déjà, un ami, car c'est du travail de prospection que je fais, j'opère en forêt vierge, bref, je monte dans un compartiment de seconde et je remarque tout de suite, en face de moi, une « merveille » de quinze ans. Il est blond aux yeux sombres. Son regard est intense, un peu désespéré. Je le fixe, de loin, comme hypnotisé par tant de beauté, de jeunesse. C'est alors qu'il me sourit et je sens, en moi, courir des frissons. Je me dis « voici enfin un enfant qui comprend spontanément ce qu'un homme de mon âge peut lui apporter ». Je me sens pris dans un engrenage. Oh, une vague de joie, les mots s'enchaînent dans mon esprit avec clinquant. Je respire profondément. Je cache les chevalières, serre les lèvres. Le manteau m'étouffe. Je voudrais pouvoir aimer cette odeur pesante, sulfureuse, électrique du métro. Je voudrais me retrouver jeune, avoir quinze ans et ma jeunesse pour toute richesse. Et donner toute cette richesse à un homme de mon âge que je comprendrais et qui m'aimerait. Alors, le gosse se lève et se dirige vers moi. D'une main, il tient son cartable, de l'autre il me montre le siège qu'il vient de quitter et me dit en souriant « prenez ma place, monsieur, je vous en prie ».

Date : 12 décembre 1967. Titre, *Drumond*. Texte :

Le 3 juin 197..., Mrs. Drumond Jr mit au monde, dans une clinique du Nottinghamshire, un enfant sans sexe. La nouvelle ne fut gardée secrète que quelques jours. Les médecins de la clinique, puis les professeurs de médecine venus de Londres ne purent en effet taire longtemps le phénomène : un bébé au bas-ventre lisse se refermant comme une pince sur le seul orifice anal naquit dans un hôpital de Dakar, quelques jours plus tard. Dans la semaine qui suivit, le phénomène se reproduisit en divers autres points du monde. Un mois plus tard, tous les bébés naissaient sans sexe, poupées de chair, ni mâles ni femelles, sans autre défaut que ce bas-ventre étrangement doux et lisse.

Les conférences au sommet furent interrompues, les guerres stoppées. Le monde entier consterné réagit tout d'abord avec désordre, confusion. Les femmes enceintes devenaient folles ou bien faisaient preuve de courage et décidaient d'espérer malgré tout. Les chercheurs, les biologistes, les savants se penchèrent sur les premiers bébés, sur ces bas-ventres qu'ils opérèrent sans jamais trouver une fibre, un tissu, une muqueuse, un muscle qui les mette sur la voie d'une explication logique. Le bas-ventre n'était plus qu'une mousse de chairs inutiles, à peine irriguées de sang, pâles et froides en dedans. L'orifice anal servait d'égout commun et les bébés, comme des chats castrés, étaient calmes, doux, parfaitement intelligents.

Pendant neuf mois, le monde hésita. Des millions de bébés « Drumond » naquirent quand même. Les hommes d'Etat décidèrent que toutes les femmes utiliseraient des pilules contraceptives et que tous les bébés « Drumond » seraient élevés comme des bébés normaux, en attendant que les chercheurs « trouvent ».

Ce nouveau cancer était parfaitement insondable. Désespérément, certaines femmes dites « cobayes » acceptèrent de mettre au monde des drumonds. D'autres, de leur propre gré, par instinct maternel, en eurent secrètement. Dans les pays dits « non civilisés », malgré les missions « salvatrices » qui furent organisées par la F.I.L.D., Fédération internationale de la lutte contre les drumonds, des milliers de bébés naissaient chaque semaine, grossissant le nombre des drumonds, nombre qui au bout de trois ans avoisina les trois cents millions. Le monde paralysé attendait.

Les êtres sexués obéissaient aux ordres des ministères de la Santé publique. Les drumonds nés clandestinement faisaient l'objet de recherches par la police et donc, par là même, d'une « résistance » et d'un « marché noir ». Il n'y avait plus de pays, plus de frontières, plus de rivalités, plus de partis politiques. Il n'y avait plus qu'une humanité frustrée de son désir et de sa souffrance les plus légitimes : avoir des enfants, les élever, se faire mettre en terre par eux en sachant qu'à leur tour ils auraient des enfants qui, etc. Non. Les millions de drumonds, charmants bambins, doux, intelligents, particulièrement sensibles et beaux, apprenaient à lire, à chanter, à écrire, à rire comme tous les bébés « d'avant ».

Il fallut dix ans à l'humanité pour s'habituer aux drumonds. Et cette habitude étant fortement enracinée au cœur de l'humanité, celle-ci décida de supprimer les pilules contraceptives. L'idée fut lancée que le monde devait courir sa chance. Là où la science ne trouvait aucun remède, la nature pourrait reprendre ses droits.

Les femmes se remirent donc à avoir des enfants. Et elles mirent au monde des drumonds, rien que des drumonds. Malgré tout, à chaque naissance, « on » espérait qu'un « bébé d'avant » naîtrait de nouveau et redonnerait une chance à l'humanité. Les drumonds, qui avaient alors douze ans, se mirent à avoir des petits-frères-petites-sœurs.

Or, l'opinion se divisa, opposant les « drumondiens » aux « antidrumondiens », et une longue guerre commença. Les plus vieux sexués mouraient, personne ne prenait leur place. Leurs cadets s'entre-tuaient. La guerre dura douze ans.

Le jour de ses vingt-quatre ans, Charles Drumond, le premier, le chef, organisa un congrès. Sous son impulsion, les drumonds s'unirent et décidèrent que le Congrès deviendrait Parlement international. La paix fut signée avec les « drumondiens » et les « antidrumondiens », une paix qui ne favorisait aucun des deux camps mais condamnait les « sexués » à la domination drumondienne. Seuls les couples féconds acceptant de mettre au monde des drumonds bénéficièrent de régimes de faveur. Mais la naissance des enfants, l'accouchement faisait l'objet d'un sévère contrôle et l'on ne sut jamais si parmi les nouveau-nés se trouva, un jour, de nouveau, un bébé sexué.

Le monde connut un âge d'or. Musiciens, peintres, poètes, ingénieurs, économistes, tous avaient le même âge, le même enthousiasme, le même mépris pour ce qu'était le monde avant eux : une sorte de grande poubelle de guerres, de trafics, de désirs érotiques dissimulés, masqués, étouffés et pourtant si vivaces. Charles Drumond écrivit son traité *L'Extermination des cloportes,* où il dressa de manière complète et définitive (comme seul pouvait le faire un drumond) le tableau d'une époque révolue. « Le monde s'est arrêté de pourrir le jour où je suis né. C'est notre naissance qui a mis le monde face à sa confiance inconsidérée en le progrès et en la science... » (Page 4, deuxième paragraphe.)

Lorsque les drumonds eurent quarante ans, il restait très peu de couples sexués féconds. Aussi, Charles Drumond décida-t-il, comme prévu, d'exterminer les cloportes. De plus, déclara-t-il devant le Congrès, « nous avons découvert récemment comment les sexués pourraient se reproduire. Cette découverte met en péril la leçon que nous donnons au monde, la perfection du point d'orgue qui doit marquer notre passage sur la terre. Tuons la vieille servante et la maison aura enfin pureté, calme et sérénité ».

Deux mois plus tard, on fusilla en grande pompe le dernier des cloportes. Tous les drumonds du monde (quatre cents millions sept cent soixante-dix-huit mille neuf cent quatre-vingt-trois très exactement) étaient venus en pèlerinage. Sur le podium, Charles Drumond lui demanda son nom. L'homme ne répondit pas. « Mais qui es-tu ? » « Le dernier ! » Rires de la foule. Quelques secondes plus tard, le « cloporte » tombait sous les balles.

Date : 2 janvier 1968. Titre, *Monsieur Erravan.* Texte :

Je porte le manuscrit chez l'imprimeur. Je suis fier. C'est mon premier roman. Je l'ai enfin écrit. J'ai soixante-quatre ans. J'ai mis du temps,

mais il est parfait. Il n'y manque rien, que cette virgule oubliée à la compo, cette respiration finale puisque ma dernière phrase se termine par une virgule. Les typographes n'ont pas dû comprendre. Ils ont préféré ne rien mettre :
« Je m'approcherai d'elle

Non. Je paie l'imprimeur. Je suis à compte d'auteur, je veux donc que ce soit parfait. Je veux :
« Je m'approcherai d'elle,
Je veux que cette dernière phrase ne se perde pas dans les sables mouvants d'un bas de page blanche. Je veux qu'elle respire et qu'elle reste sur sa respiration. Cette virgule. Je désirais une virgule à cet endroit-là. Là, voyez-vous, là. Ce n'est pas logique, je le sais, mais je la veux. Je veux terminer sur une respiration que rien ne puisse couper.

Oui, cette virgule m'obsède. En attendant le directeur de l'imprimerie, assis dans un fauteuil face à son bureau, je fixe la dernière page et ce petit coin blanc qui devrait être taché d'une virgule. La virgule. Ma virgule. Je la « pense », je la « remets en question », je fais son procès. Non, je la veux. C'est la grande originalité du roman de ma vie. C'est pour elle que je sacrifie mes économies. Tant pis si les typographes ne comprennent pas. Ils devront mettre cette virgule « qui dit tout » après « je m'approcherai d'elle,

J'attends en compagnie de ma virgule. Elle me mobilise. Je ne m'appartiens plus. L'émotion et la contrariété m'emportent. J'aurais voulu que tout soit parfait du premier coup, que tout soit terminé au plus vite, que je puisse enfin sentir entre mes mains « mon roman ». C'est beau une virgule. Ça peut tout résumer, tout exprimer. Je l'imagine. Je la place. Je lui donne plus ou moins d'importance. Le monde, autour de moi, dans ce bureau sombre et métallique, s'efface devant ma hâte de voir tout « terminé », de voir tout se terminer sur un « suspens ». La tête me tourne. Je me sens aspiré dans un tourbillon d'eaux et de lumières. Je me sens dépossédé, gobé, flasque. J'appartiens à un mouvement qui me réduit. Je disparais, volupté, calme. Je me sens enfoui, invulnérable, comblé. Je jouis. Je me sens décontracté, heureux et de loin, très loin, je me sens pris, comme un livre, dans de puissantes mains. J'entends la voix du directeur de l'imprimerie « tiens, le premier jeu d'épreuves du roman de monsieur Erravan. Que fait-il là sur le fauteuil ? » « Monsieur Erravan vous attendait, monsieur le Directeur. Il a dû aller faire un tour dans le couloir. » Puis « il n'est pas dans le couloir, monsieur ». « Eh bien, tant pis, nous l'attendrons. Il devait avoir quelque chose à nous demander » dit le directeur de l'imprimerie en me refermant sur moi-même.

Date : 17 mars 1968. Titre, *Les Adieux de madame Vertin*. Texte :

Monsieur et madame Vertin ont quatre enfants, un pavillon de banlieue, une voiture familiale, une caravane pour les vacances et, depuis quatre ans, la télévision. Pendant le dîner, ils regardent le journal télévisé. Ça simplifie tout. On ne se dit plus rien. Monsieur Vertin ne demande plus à ses enfants « comment vont les études », madame Vertin ne dit plus ces choses douces qui vexent monsieur Vertin et font rire les enfants. Et les enfants, heureux, se barricadent derrière le silence des dîners familiaux. Ils mènent « leur » vie grâce au journal télévisé. « Bsoir ppa... Bsoir mman... Bsoir les enfants... A table !... Chutt... chutt alors ! » C'est tout. Tout ce que se dit la famille Vertin le soir. Un bruit de cuiller dans l'assiette à soupe, et les protestations s'élèvent. On avale, on déglutit à contrecœur, on n'ose plus faire de bruit car une séquence du journal télévisé intéresse toujours au moins un membre de la famille « mais tais-toi, quoi... Tu vois pas que j'écoute ? » Avec la télévision, plus de déchirements pour la famille Vertin. Chacun, de son côté, vit sa vie. Même la bonne espagnole succombe parfois à la tentation et se penche comme une chouette, à la porte de l'office, pour voir « lai yainairal ».

Les mois passent. Par précaution, la télévision est allumée dès dix-neuf heures et chaque soir « Bsoir ppa... Bsoir mman... » puis « chutt... taisez-vous, quoi, alors ! » Un soir, pour la première fois en quatre ans, la télévision tombe en panne. « Tiens, il y a un couvert vide » dit monsieur Vertin. « Mais c'est le couvert de mman... » « Maria ? Maria, avez-vous vu Madame ? » Maria rougit. « Mais Señor, Madama est morta daipoui troa moa. »

Date : 22 mars 1968. Titre, *La Belle Image*. Texte :

John B. Fatsbury, envoyé spécial de l'U.S. National Photograph Association au Vietnam, vient de terminer son sandwich. Il enlève son alliance (ça l'empêche de photographier), la glisse dans une poche latérale de sa tenue de marine, se penche, regarde la forêt sombre, légèrement vallonnée, ce grand tapis crevé de cratères de bombes, comme des brûlures de cigarettes, que survole l'avion en « mission spéciale pilonnage ». Un moyen comme un autre de gagner sa vie. Au début il allait chercher des « photos-témoignages ». Maintenant, la guerre dure, il va chercher des « photos-tout-court ». Et elles se vendent de plus en plus mal. De quoi écrire un traité de la banalisation des photos de guerre du Vietnam et de la difficulté de placement desdites photos dans la presse internationale. John B. Fatsbury a beaucoup acheté à crédit. Il est salarié. Mais ça ne suffit pas. Quelques primes sur quelques photos « qui se vendent mieux » et on peut faire face aux échéances, faire face au bon repos des majorités républicaines ou démocrates.

Un cri « O.K. ! » domine une fraction de seconde le vrombissement des avions qui se mettent en V victorieux pour bombarder, aujourd'hui comme hier ou demain, un village. « O.K. ! » John B. Fatsbury arme son appareil. Les bombes commencent à tomber, clic, clac, pas mal ! Elles explosent. Clic, clac, moins bien ! Clic, trop tard ! On repart ? Il ne reste rien ? Shit. « Bob ? C'est réussi mais les photos, c'est pas ça. J'ai pas eu le temps. Fais demi-tour. Vise là. Il reste rien, mais ça fait rien. Reviens ! Et puis après file sur la gauche. Tu as encore des bombes ? Ce coup-là les photos seront bonnes. » L'avion fait demi-tour. Les autres suivent. Ça recommence. Un village, plus rien, plus rien, puis encore moins. Les bombes tombent, clic, clac, chouette ! Elles explosent, clic, clac. « Fantastic ! » Clic, clac. La vache ! Elles seront formides cette fois, les photos ! Ça, c'est de la belle image. « Thanks Bob ! »

Date : 2 avril 1968. Titre, *Deux fois le matin.* Texte :

Angelo travaille à Saint-Chamond. Chaque année, pour les fêtes du 15-Août, il rentre dans son pays, l'Italie. La première semaine, il reprend ses habitudes : Matelica, la grand-rue et, au cœur de la petite ville, la place rose et ocre entourée de sévères palazzi, Matelica perdue au milieu des champs, à flanc de coteau, ville secrète, sans aucune raison d'être que ses enfants qui l'abandonnent pour aller travailler en France ou ailleurs, dans les mines, et qui reviennent chaque année, 15 août, question de mettre un nouveau bébé en route.

Angelo ne voit sa femme que trente jours par an, il n'a pas peur de la mort. La cartomancienne du vicolo Pinzetto lui affirme qu'il vivra soixante-six ans et qu'il aura donc, après sa retraite, six longues et belles années à partager avec celle qui aura vieilli mais qui sera belle encore puisque « le pays » ne vieillit jamais qu'en devenant de plus en plus beau. A Saint-Chamond, la prédiction de la cartomancienne s'est avérée plus que probable : pour monter au quatrième étage de l'hôtel où il loue une chambre, il y a soixante-six marches, donc soixante-six ans. Quelle joie de sentir une vie tout entière devant soi, sûre et bien tracée. Mais. Mais Angelo aime rêver. Il aime reprendre ses rêves après les avoir laissé surprendre par la sonnerie du réveille-matin, très tôt, bien avant l'heure de son lever. Chaque matin, le réveil sonne deux fois : la première fois pour retrouver le rêve, Matelica, sa femme, ses enfants, la grand-rue, les champs peignés comme les chignons secs des paysannes, la seconde pour le travail. Il est mort à trente-trois ans. On n'a jamais su pourquoi.

Date : 27 avril 1968. Titre, *La Durée de la vie*. Texte :

Bien sûr, je rêve. Pourtant, je connais ce cimetière. Je connais ces tombes et cet éclat du ciel ensoleillé : je suis à Vétheuil. Au-dessus des murs qui m'entourent, je vois les peupliers d'Italie du bord de Seine, les sapins du parc de « Clos-Monet », les tilleuls de la Promenade au bord de la Seine. Je vois tout cela d'un seul coup d'œil : le cimetière est brusquement devenu le centre du village où, seul, j'ai passé tant de vacances. Mais ces tombes que je ne fixais jamais de peur de voir la mort de face, ces tombes que je fuyais les bras chargés de dahlias les jours d'enterrement, ces tombes, aujourd'hui, en rêve, je les regarde. Je les fixe. La pierre est pierre. La mousse est mousse. La mort ne me fait plus peur. La mort n'est pas là, sous ces dalles. Je lis « Jean-Baptiste Perlin, trois jours », Siegfried Werten, deux heures », « Jeanne Chrétien, un mois », « Martin Guillestre, deux semaines », « Jean-Charles Bestut, trois ans », « Christian Boutray, sept heures ».

Le ciel est vif, la lumière coupe, le vent se moque de tout ce bonheur, monte à l'assaut de la colline pour mieux en dévaler, toboggan d'herbes hautes, rires de l'enfant seul que j'étais. Mais pourquoi toutes ces tombes d'enfants ? Même celle de mon grand-père « Joseph Navarre, un an et deux mois ».

J'ai peur. Le ciel s'obscurcit. Le vent déroule sans cesse mon cache-nez et me chasse. Il y a par terre des dahlias fanés et des silex mis à nu par les pluies ruisselant sur le calcaire. Près de la porte du cimetière, la cabane du gardien : je frappe. Une voix d'enfant me dit d'entrer. Le gosse est enroulé dans une couverture. Il me ressemble. « C'est toi le gardien ? » « Oui. Qu'est-ce que tu veux ? » « Dis-moi pourquoi, dans ce cimetière, il n'y a que des enfants morts en bas âge ? » Il sourit « tu sais pas ? Les tombes, ici, ne mentionnent que la durée globale des amitiés, vraies, vécues par chacun. Tu comprends ? » Silence « ferme la porte, s'il te plaît, j'ai froid. Entre, si tu veux ».

## 72. Le chef de création

Au début du mois de mai 1968, Yves est concepteur-rédacteur depuis six mois à l'agence Publicis. Des bureaux au-dessus d'un drugstore, en haut des Champs-Elysées, presque la place de l'Etoile, et dans les couloirs tout un petit peuple d'hommes jeunes et de jeunes femmes, moyenne d'âge : trente ans, publicitaires qui jouissent d'une belle réputation, celle de la maison savamment entretenue par le patron, dit *Big Boss* ou *Bleubleu,* celle aussi d'un métier dont « on parle et qui fait parler de lui ». Les bureaux de l'agence Havas avaient des allures d'officines de sous-préfectures, murs gris, bureaux de métal gris ; à l'agence Synergie, des geôles d'arrière-cour, cloisons amovibles, portes numérotées, juste un peu de marbre dans l'escalier ; à la petite agence Technico, la bohème sous les toits, du côté des Folies-Bergères, Yves avait apporté son bureau et son fauteuil de Vétheuil ; mais à Publicis, stratégie de la consécration, décor calculé, moquette, plantes vertes, larges couloirs plus importants que les bureaux eux-mêmes, tout s'y trame, tout s'y joue, une ambiance de palace reconverti, et au dernier étage, le patron et ceux qui ont le droit de lui parler, étage des peurs rivales et des fausses boiseries Louis XV. En quelques mois, Yves a gagné ses premiers galons. Une campagne pour Prénatal, *Prénatal à votre service pendant neuf mois et huit ans :* un raccourci. Surtout, Yves aime ce métier second qui lui permet de gagner son indépendance. Il l'aime pour cette fonction d'abord et aussi pour la pratique du verbe, un emploi incisif des mots, l'expérience des représentations de la conviction, un souci de la cible, l'exercice et la mesure des désirs à venir, la folie calculée d'une faune non pas avide mais, au pire d'un conformisme, désireuse de promotion : opérette de la société de consommation. L'idée fixe, c'est l'autre. Or Yves, quotidiennement, dans un premier temps, se passionne pour son travail. Il le fait comme il faisait ses devoirs du soir, pour le lycée Pasteur. Il respecte les délais, rédige des dossiers de plus en plus complets. Du travail propre. La création, pour lui, n'est jamais apparente. La grande idée cinglante, lancée par les bateleurs de couloirs comme un cri de victoire, n'est souvent qu'une fusée, et très vite, plus rien. Les formules claquantes, clinquantes, reluisantes, séduisantes l'ennuient et si en cours de travail elles se glissent sous sa plume, il les note pour mieux gommer, rayer, barrer et définir les limites du travail prospectif. Elles ont leur raison d'être. Un cran en dessous du spectaculaire, Yves cherche les mots conducteurs, les concepts justes, ceux-là qui n'ont pas recours aux artifices, ceux-là seuls et il s'agit bien de solitude, solitude du concept choisi qu'il défendra, solitude du concepteur-rédacteur dans l'exercice d'une fonction encore mal admise et indéfinie. Yves garde l'apparence pour traverser les couloirs plus rapidement. Un trait, un bon mot, une provocation vestimentaire, un humour picotant, et il retrouve plus vite son bureau. Dans la microsociété de l'agence, Yves mesure les tensions, espoirs déçus de certains, jeux d'intrigues, mises à l'écart d'autres qui, en fait, agissent en écartés. Il moque le cinquième étage. Ne le fascine que la peur de ceux qui y travaillent et « dirigent l'agence ».

Depuis Diourbel, depuis Bob, Yves n'attend plus personne. Il ne guette plus « l'ami », « le compagnon », « le garçon avec lequel il pourrait vivre » et vivre quoi ? A manier les concepts, à mesurer le scrupule et le double tranchant des mots, à force d'apprendre à dire ce qu'il faut dire pour retenir son attention, éveiller son désir, il quitte « l'autre ». Rencontres furtives. Sans lendemain. La publicité, école des vanités, école « à la mode et des modes », le rend, le soir, à une vie isolée, seul, inquiet aussi de ce que les « mauvaises nouvelles » aient supplanté le « roman » dans son travail d'écriture. Il n'écrit plus de poèmes. Il se remet à peindre. Dans une des trois pièces du petit appartement de l'avenue d'Iéna transformée en atelier, il crée des suites de tableaux de grand format qui peuvent, côte à côte, composer des fresques ou ce que d'autres, jargon, appellent un « environnement », art cassé de son support défini. Il travaille à la bombe pour les bases, nuages, horizons, collines, c'est le paysage de Joucas qu'il peint de mémoire ; et au pinceau, peinture à l'huile, des courbes, boules, tourments, c'est la chute des planeurs qui le hante. Il cache ce qu'il fait. La troisième pièce est fermée à clé. Un beau désordre s'y installe.

C'est dans cette pièce qu'il vivra Mai 68. Il ira une fois place du théâtre de l'Odéon, une autre fois dans la cour de la Sorbonne. Il n'entendra parler autour de lui que de *refonte des structures, restructuration de la société, contact à la base, prise de parole collective :* un langage court à sa perte, expression d'une exaspération. Tout ce que ces gens disent, amis pour la plupart, émouvants parce que prenant la parole comme si on la leur avait toujours retirée, est si clairement pensé, si carrément décisif et absolu que le système en place n'aura qu'à attendre l'usure de mots usés, la lassitude des lassés dont ce n'est qu'un sursaut. Dans la rue, assaillants et assaillis jouent consciemment ou inconsciemment le jeu de l'image captée, belle, si possible tragique, qui sera diffusée dans les journaux, non pour glorifier un combat de quartier ni même horrifier une province qui se tient, épargnante, à l'écart, mais pour marquer le déclin d'une révolution qui n'aura de révolutionnaire que l'adjectif. Un défoulement d'intellectuels refoulés par l'euphorie, agacés de voir la France sortir vaguement depuis quelques années de l'ombre portée d'une seconde guerre mondiale, furieux de n'avoir rien inventé de « nouveau ». Les ouvriers de Flins ont accueilli les sorbonnards avec des pierres.

Mai 68, lieu désormais commun, ne commencera à exister qu'après pour « avoir été », renouvelant le système de référence des faux agités de toutes idéologies. Espoirs fabriqués, re-fabriqués. Nouveau « point de départ ». Mais de départ pour où ? Les « rangs » déjà s'écartent pour faire place et se refermer sur les capricieux des barricades. « On » attendait des morts. « On » les comptait avidement. « On » provoquait la répression pour pouvoir accuser le répresseur. « On » n'existait que dans l'idée que les intellectuels ne pouvaient plus, haute, se faire d'eux-mêmes. Deux collaborateurs d'Yves s'inscrivent à la C.G.T. dans la cour de la Sorbonne : un « mini-mai » dans les couloirs de Publicis. Il y a plus de huit cents employés et toujours pas de comité d'entreprise. Les affiches légales ont bien été apposées quelques années auparavant mais si haut au-dessus des pointeuses que personne ne s'était présenté pour ne pas fâcher le *Big Boss*. Lequel *Big Boss,* alerté par le branle-bas de la Rive gauche, convoque son monde dans la cage du grand escalier et, du haut de son cinquième, général de la pub, les mains sur la rampe, colimaçon de cadres supérieurs et de cadres moyens en passe de devenir supérieurs, tient un discours de « capitaine d'équipe de rugby ». Il sera question de « patience » et de « cohésion ». Tout cela dit sur un ton allant et confiant, d'un air de penser « j'en ai vu d'autres ». Au cinquième étage, sur le palier, plaquée contre un mur, manière de mausolée, la porte du premier bureau du *Big Boss,* et une plaque, le X de telle année, Marcel Bleustein-Blanchet ouvre cette porte au numéro tant de la rue du faubourg de je ne sais plus quoi : l'agence Publicis venait de naître. Les mots exacts ? Le biographe scrupuleux, mais de quel scrupuleux, mais de quel scrupule s'agirait-il, se serait rendu dans les nouveaux locaux de ladite agence pour relever, en savant, l'inscription : tout a brûlé au milieu des années 70, tout a été reconstruit, mais la porte est toujours là, avec la clé dessus, et la plaque. Hommage. Le *Big Boss* est toujours là. A l'étage de la peur, nombreux sont ceux qui ont été balayés, emportés, disgraciés. Les « jeunes loups » ont fait demi-tour. Ils sont même, depuis, devenus vieux. « On » vieillit chaque année d'un an. Dans *Biographie,* « je » rajeunirai de quarante ans en six mois et onze jours.

Mai 68 : c'est surtout le week-end de Pentecôte. Fin. De nouveau de l'essence. La France fait « le pont ». Certains de ceux qui haranguaient disent déjà « tant mieux », « c'était beau », « j'étais bouleversé, tout le monde se parlait dans la rue », tout comme aux meetings du P.S. Yves ne rencontrera en majorité que celles-là ou ceux-là de l'opposition qui lui diront « je ne suis là qu'en spectateur ». Pays pingre. La raison, ce rabot.

Huit jours plus tard, Yves est convoqué « au cinquième ». Il est nommé « chef de création » et a pouvoir de se composer une équipe de rédactrices et de rédacteurs. Petit phénomène de « refonte ». Là aussi le mot de *restructuration* est lâché. Et cette nomination constitue pour Yves une consécration assortie de jalousies. Parmi ses collaborateurs, des écrivains chevronnés, couronnés, publiés, en passe de l'être, en passe d'être couronnés aussi. L'équipe d'Yves ne comporte aucun d'entre elles et eux. Parfois, des week-ends « de garçons » à Vétheuil. La maison est investie. Les garçons arrivent par couples. Yves fait le chiffre impair, le ménage, les repas, les courses, la conversation. René et Adrienne voyagent. Yves ne fera pas ici de liste de noms. Seuls comptent les lieux. Nul lien affectif véritable que celui, contenu, préservé, demeuré intact, d'affirmer un jour une identité véritable par un travail d'écriture publié.

L'été 68, Yves conçoit pour la Sopexa, Société de protection des produits agricoles, une campagne pour la consommation de « concentré de tomates ». Personnage type, *la petite casserole rouge*. Thème, *la petite casserole rouge vous livre le secret de bonnes sauces à la tomate.* Principe : des pages publicitaires, dans les magazines féminins, avec figuration de ladite casserole, de couleur rouge vif, qui « signalera dans la cuisine, avec constance, et quotidiennement, le recours à la préparation de bonnes sauces à partir du concentré, le rouge signifiant le soleil, la passion et la tomate », et un bon à découper, bon de commande de la casserole miraculeuse vendue à bas prix avec un livre de recettes, simple brochure, recettes écrites par Yves en secret hommage à monsieur Edouard. Les annonces paraîtront début novembre. Six mille casseroles ont été prévues. Plus de trente mille seront commandées : les « ménagères bien intégrées », celles qui « font leurs comptes » ont vu là, en plus, un possible cadeau de fêtes de fin d'année, à bas prix et astucieux. Rupture de stock. Les casseroles ne seront livrées qu'en janvier. Le succès s'assortit d'un échec. Mais Yves, entre autres, a fait une « bonne campagne ». Augmentation : quatre mille deux cents francs par mois. Et Publicis vient d'élire un comité d'entreprise dans lequel, bien entendu, les représentants du personnel ont été agréés par la direction générale, ou l'étaient d'ancienneté. Création d'une campagne pour la lame Super-Silver Gillette, *la grande amoureuse de votre peau,* présentée comme une femme. Messages radio, *avec elle, c'est une histoire d'amour, purement physique, purement technique. Chaque matin, dans votre salle de bains...* Dans le distributeur de lames, un petit papier figure les lèvres sensuelles d'une femme. Un magazine, dit « de gauche », publie un article de trois pages sur *Le Sexe de la lame.* Succès. Et lancement de bas en vrac, non préformés, non repassés, on saute deux stades de fabrication et, avec le même effectif d'ouvriers, la capacité de production augmente de plus de 30 %. Mais comment convaincre les consommatrices d'acheter ce produit « fripé et non flatteur d'apparence ! » Nom, les *Tels Quels.* Thème, *ils n'ont l'air de rien mais sur vos jambes ils font des merveilles.* Succès. Jamais personne ne saura pourquoi Yves, revanche, avait appelé ces bas *Tels Quels.* L'après-Mai 68 : des clans littéraires s'effondrent. Un essoufflement. Et que sont déjà devenus ceux de l'âge d'Yves, publiés dès leurs premiers romans, dix ans auparavant ? Tous les « nouveaux Radiguet », tous les « nouveaux Crevel » ?

Pub. Petites gloires éphémères. Lady Black dort toujours dans son tiroir, avec Jacky Poto, les dix-sept premiers romans refusés et un classeur contenant les lettres de refus des maisons d'édition. Dans un autre tiroir, les « mauvaises nouvelles » qu'Yves réécrit parfois comme il taillerait des crayons. Février 1969 : dans son « atelier », un bâillon sur le nez, fenêtre ouverte, Yves passe tous ses tableaux à la bombe couleur argent. Il efface ce qu'il a peint, le recto, et aussi le verso de chaque toile, la toile et le châssis. Puis, armé d'un marteau et de clous, il crée des *tableaux retournés,* ses tableaux, sacrifiés, couleur argent uniforme, à l'envers, en agglomérats, superpositions de cadres, pinceaux, palettes, même les chevalets sont cloués, plaqués, écartelés. Ce ne sont plus des tableaux, et pas vraiment des sculptures. Une suppression. Daniel Templon, qui vient d'ouvrir une galerie rue Bonaparte, propose à Yves d'exposer au début du mois de mai. Mai 69. Le sculpteur César sélectionne le plus grand des *tableaux retournés,* chevalet croulant de toiles à l'envers, pour figurer au Salon de Mai. Il sera placé « en entrant, en haut de l'escalier, tu verras, ils se pencheront tous pour voir s'il y a quelque chose derrière ». François Debré, fils de Michel, camarade de Publicis, écrira la « préface » à l'exposition. Lui aussi « a déjà publié ».

Mars 1969. Yves entend parler d'un « chasseur de têtes », venu de Londres, pour trouver « l'homme de la situation », un « directeur de création » pour le bureau parisien d'une agence américaine qui veut se donner une « image créative ». L'homme recherché doit avoir « entre trente et quarante ans, dix ans au moins d'expérience d'agence et une connaissance parfaite de l'anglais ». Yves rencontre le « chasseur » dans un petit hôtel de la rue Saint-Simon. Un vendredi soir. Le président et le vice-président international de l'agence en question, mais laquelle ? arrivent le lendemain. La décision sera prise le dimanche. Le « chasseur » a déjà fait son choix. Il écoute néanmoins Yves expliquer que si l'homme a plus de trente ans, et dix ans d'expérience, il n'est plus la « tête recherchée ». Le « chasseur » accepte le principe d'une ultime « entrevue de groupe », avec ses « clients », le lendemain matin. Yves ne s'est pas présenté en demandeur mais en curieux. Jeu. Et pourtant.

Un samedi matin de mars, dans une salle de projection privée, sur les Champs-Elysées. Yves s'est costumé, cravaté, comme s'il avait voulu se vieillir et il a l'air d'un enfant. Dans l'entrée de l'immeuble, il se voit dans un miroir, le pouce dans la poche du gilet, bien coiffé, chaussures luisantes : il rit. Et dans la salle, sous l'écran, lumière blafarde des fins de film quand les appliques s'allument de nouveau : un tribunal. Un président qui, à onze heures du matin, en est à son troisième Bloody Mary ; un vice-président, président de l'agence de Londres, l'œil vif, la lèvre inférieure narquoise ; deux Français, le président sortant et le président arrivant ; et le « chasseur de têtes ». Le magazine, dit « de gauche », est sur une table, ouvert à la page de l'article sur *Le Sexe de la lame.* Yves a « thirty minutes to convince », trente minutes pour convaincre. Mais pendant plus d'une heure, près de deux, il répondra à leurs questions, et surtout fera rire, en anglais, le président, le vice-président et le « chasseur », pas les deux Français qui ne comprennent pas toujours cet humour qui est celui d'Oxford, du scout de Christchurch College, de Noel, de Malcolm, et surtout de Donovan :

Yves n'a rien à gagner, il gagne. Il le sait. Ils ont retiré leurs cravates, retroussé leurs manches de chemise, prié Yves de faire de même. Mais Yves garde cravate, gilet et veste alors qu'il n'en porte plus depuis des années. Il s'offre même le luxe de l'expliquer : rires, de nouveau.

Vers midi trente ou une heure de l'après-midi (Yves n'a pas de montre) ils doivent déjeuner ensemble et prient Yves de quitter la salle, d'attendre à l'entrée. Puis le rappellent. Le président lui dit « how do you see your future ? » Comment voyez-vous votre avenir ? Yves répond, comme dans un film de guerre britannique, avec diction, voix neutre, « I don't see it, Sir ». Je ne le vois pas, en faisant claquer le « Sir ». Monsieur ! Et de nouveau il quitte la salle. Quand ils l'appelleront, quelques minutes plus tard, ce sera pour lui serrer la main et le congratuler. Yves, seulement à ce moment-là, se rend compte qu'il n'avait jamais pensé quitter Publicis.

Samedi soir. Rue Saint-Simon. Rendez-vous avec le « chasseur ». Le salaire ? L'homme propose dix mille francs. Yves, qui, encore une fois, n'a rien à gagner, demande treize mille francs. Il obtient douze mille francs. Monde à l'envers. Tableaux retournés. Le chasseur confie à Yves qu'il aurait pu demander quinze mille francs et que de toute façon sa commission de « chasseur de têtes » sera calculée sur cette dernière somme. Ces gens-là veulent toujours avoir le dernier mot. Yves ne veut que le premier. L'agence s'appelle B.B.D.O. Quatre ans plus tard Yves prend la place qu'occupait l'ami de l'aumônier Joseph Masselot, rencontré le jour de la sortie du Val-de-Grâce, dans la même agence, même poste. Signe.

Le lendemain dimanche, Yves rejoint ses parents au golf. A la fin du parcours, il annonce la nouvelle à son père. René lui dit « tu gagnes plus que moi ». C'est faux. Mais c'est ce qu'il a envie de dire. Yves attend Adrienne. Drapeau. Elle potte. Yves fait le chemin du retour vers le Club-House avec elle. Rituel. Il annonce la nouvelle à sa mère. Adrienne dit « tu ne devrais pas changer si souvent d'agence ». Yves répond « ce n'est pas ma vie, maman ». Adrienne lui sourit.

## 73. La décalcomanie

Yves, dès le lundi matin, négocie son départ de Publicis. Il ne fera pas trois mois de préavis, mais un seul, en contrepartie de la prise en charge du relancement de la Carte bleue, *avec elle, signer, c'est payer,* ou *signez, c'est payé !* et de la rédaction des quatorze brochures destinées à telle ou telle cible « préférentielle », annonces de presse professionnelle, argumentaires, messages radio, conception d'affiches et d'affichettes. Son « travail d'adieu ».

Le voici « directeur » à B.B.D.O. (prononcer Bi-Bi-Di-and-Eau) au dernier étage du 73, Champs-Elysées. Il a « les pleins pouvoirs » pour engager, former une équipe, définir les fonctions de chacun de ceux qui composeront le service de création et même, aussi, pour « refaire les bureaux ». Et de front, création de campagnes : il faut rassurer les clients existants et se lancer dans des prospections. L'exposition des *tableaux retournés* est un beau fiasco. Au Salon de Mai, personne ne s'est penché pour voir s'il y avait « quelque chose derrière ». En haut du grand escalier, les visiteurs passaient, leur billet à la main : ils n'avaient pas franchi l'entrée de l'exposition. Il ne pouvait donc pas s'agir d'une œuvre exposée.

Fin juin, un soir de semaine, villa Sainte-Foy, René, après le dîner, invite Yves à le suivre dans le salon. Adrienne monte dans sa chambre. Yves se tient debout, un coude sur le piano. René s'assoit sur le tabouret, ouvre le clavier, plaque doucement quelques accords, et regarde son fils « tu ne joues plus ? » Yves murmure « non », en souriant. René se lève et s'accoude près d'Yves, mains jointes, doigts croisés, le menton sur les mains « je... » Phrase en suspens. Il se mord les lèvres, sourit faiblement « moi, finalement, je n'ai joué que pour séduire. Je ne sais même pas comment j'ai pu jouer tout ce que j'ai joué. Je n'écoutais pas la musique. Je l'utilisais pour son effet. A Nantes surtout. Et à Strasbourg. Cela plaisait aux jeunes filles. Je me suis fiancé plusieurs fois. Je ne sais pas ce qui m'a conduit à épouser ta mère ». Silence. Yves veut partir. Son père le retient « non, je veux te parler. Je veux te dire... » « Quoi, papa ? » « Ne me regarde pas ainsi... » Yves baisse les yeux devant son père, s'écarte du piano, prend place dans un fauteuil. Il tourne le dos à son père, les mains à plat sur les accoudoirs, douleur brusque dans la tête, le planeur, les falaises, le lit bleu, la chute, cœur qui se met à cogner : il attend. René n'a pas bougé. Tout dialogue relaté, transcrit, prend des allures de supercherie si le cœur s'en mêle, incroyablement ; si la vérité se dévoile, inénarrable. Et pourtant, roman qui s'écrit encore, René dit, sur le ton de l'aveu, voix ponctuée, « j'ai longtemps eu peur, pour toi. Peur de ne te voir jamais partager ta vie. Peur aussi de ne pas te savoir livré à une tâche, gagnant ton indépendance. Peur d'influences que je qualifiais de perverses et que je qualifie toujours de perverses si tu me laisses la liberté de t'aimer comme je t'aime ». Silence. René réfléchit. Yves guette le pas d'Adrienne, au premier étage. Elle prépare « les valises » : ils partent en voyage le lendemain. Pendant le dîner, ils se sont encore querellés, pour rien, René harcelant et Adrienne se taisant. René respire profondément « et maintenant, tu réussis. Je ne sais pas très bien quel est ton métier. Je n'ai toujours pas compris. Je sais seulement qu'autour de moi de jeunes ingénieurs, et même les plus brillants, n'ont que le mot de créativité à la bouche. Je respecte donc ce que tu fais, si tu le fais dans ton temps et dans ton époque. Mais... » René se retourne. Yves ne bouge pas. Il se sent regardé, appelé, de dos. René reprend place sur le tabouret, devant le piano, quelques notes, puis il referme le clavier, et dit « je... » d'une voix lointaine, comme dans le rêve de la pelote de laine. La nuit est tombée. Le salon est éteint. Pantalon II est mort, empoisonné par les granulés destinés à tuer les renards, en bordure du parking du golf ; Pantalon III, arrière-arrière-petit-fils de Pantalon I, le remplace. Il dort dans un fauteuil. Yves l'observe. René avoue « j'aurais tout fait pour te rendre à une vie que je qualifiais de plus saine et que je qualifie toujours de plus saine. Je te voulais heureux. J'interrogeais tout le monde, autour de moi. Je leur faisais lire tes lettres. Je sollicitais leurs conseils. Mais je n'écoutais pas ce qu'ils me disaient. J'avais tort. Je te dis ce soir que j'avais tort. Il faut que tu saches, et c'est mon devoir de père que de te le dire, j'ai besoin aussi de te le dire, que j'avais envisagé de te faire faire une lobotomie du cerveau. Des médecins, et même un chirurgien, m'assuraient que cela te libérerait de tes obsessions et te rendrait à une vie normale. Voilà. Je te l'ai dit. Je te demande pardon. Je me suis trompé avec toi. Je crois pouvoir affirmer aussi que je me suis trompé avec tout le monde, moi-même en premier. Tu m'écoutes ? »

Yves se lève, titube, cligne des yeux. La douleur lancine dans sa tête. Il s'approche de son père. René se tient courbé, coudes sur les genoux, piano fermé. Yves se penche et embrasse son père sur le front « pourquoi pardon, papa ? » Yves se redresse. Pantalon III s'est levé. Il s'étire. Il croit qu'on va « le sortir ». Yves murmure « tu n'aurais pas dû me dire cela, pa ». René redresse la tête, sourit « je te devais cette franchise. La compassion, oui. La pitié, non. Tu me comprends ? » Yves quitte le salon, monte au premier étage. Il suffoque. En larmes, il embrasse Adrienne qui lui dit « ne viens plus nous voir si tu dois souffrir ainsi, toi aussi ». Au volant de sa voiture, Yves voit à peine les feux rouges, l'avenue du Roule, la rue de Chartres, la porte Maillot, l'avenue de la Grande-Armée, la place de l'Etoile, l'avenue d'Iéna. Chez lui, il referme la porte et tombe, crise. Il s'est heurté le front. Il voit blanc. Demain matin, présentation « client » d'une campagne « très importante pour l'agence » : relancement de la lessive Super-Croix, désormais « atomisée », donc bonne pour machines à laver, et « enzymisée », donc lavant encore plus blanc. Thème, *faites vos comptes. Super-Croix, spéciale machine à laver. A qualité égale, à quantité égale, 20 % moins chère. Faites vos comptes !*

Les mots exacts du dialogue avec le père ? Quel dialogue ? Quelle exactitude ? René a toujours installé le drame. Et Yves, à B.B.D.O., installe le drame, comme son père. Il se met à « diriger » comme son père « dirige » : aucune délégation, que des impositions et un aveu pour éviter la rupture, au dernier moment, menaçant, cyclique, de la rupture. Yves se sent plus que jamais décalqué sur René, malgré lui, et pour René, fascination et admiration. A B.B.D.O. Yves est tour à tour, ou de front, intraitable, offensif, brillant, créateur, hystérique, touchant, arrogant, et tellement intolérant que la porte de son bureau se met à claquer de plus en plus souvent. Une rédactrice écrit au sujet d'un restaurant, pour le lancement Centre commercial régional, *il est moderne mais chaleureux*. Yves essaie de lui expliquer qu'il faut écrire, règle du jeu publicitaire, additions de qualités promises, *il est moderne et chaleureux*. La rédactrice ne comprend pas. Porte claquée. Yves engage des débutants.

Dès l'automne, engrenage, Yves découvre des peurs qu'il n'accepte pas comme telles, peurs dont il n'admet pas la nature : celle de « perdre sa place », celle aussi d'« être trahi » s'il n'est pas présent à toutes les réunions, s'il ne contrôle pas en moindre détail la réalisation des travaux de mise en forme des textes, de préparation des maquettes, de présentation des dossiers. Il ne fait pas confiance aux « commerciaux » chargés de « vendre » le travail aux « clients ». Il se surprend à vouloir être à la fois tout et partout : René. Est-il besoin de préciser encore qu'Yves aimait ce métier, l'expérience de ce métier, toutes les actions, toutes les scènes et les coulisses de ce spectacle, résumé et reflet du spectacle plus grand qui se jouait collectivement, socialement, mentalement ? Et René, par sa confidence du mois de juin, était revenu, omniprésent, obsédant, interpellant, invitant à un amour qu'il repoussait en appelant. A l'agence, Yves agace, choque, demande trop et mal à celles et ceux qui l'entourent. Il n'est plus l'employé. Il devient un patron. Jargon de la pub « le patron de la création chez B.B.D.O. c'est qui ? » « C'est Navarre, il a raflé le poste ! » Succès de la campagne Super-Croix. Le thème de la campagne « frappe » l'esprit du public. Compte tenu du thème avancé, les magasins de grande surface annonçant des prix plus bas sont obligés de « référencer » le produit, de le mettre en « linéaires ». Et cette lessive, pauvre petite lessive, la dernière des lessives françaises, se vend brusquement aussi bien que les grandes qui, elles, bénéficient d'investissements publicitaires dix ou quinze fois plus importants. Ultime leçon dans ce monde qui, selon une expression notée par Yves en novembre 1969, la veille de son départ pour New York, *fait de plus en plus la part des choses et de moins en moins la part des êtres*. Futur sous-titre de *Kurwenal : Kurwenal ou la Part des êtres*.

New York. Fin novembre. Yves s'est acheté un manteau neuf. Bleu. Comme une redingote. L'équipe de B.B.D.O. lui a offert un très long cache-col bleu, blanc, rouge. Pendant quatre jours, Yves arpente la ville de l'est à l'ouest, de la ville du haut à la ville du bas. Entre deux gratte-ciel, il voit parfois passer un avion, ciel bleu, claquant, et le vent poignardant à chaque coin de rues. Le prétexte de ce voyage est une réunion avec le président international. Mais Yves ne passera que quelques minutes dans les bureaux de « l'agence mère ». Le soir, il découvre les docks, les parkings de camions, les boîtes de garçons avec arrière-salles sombres, et le sauna Continental, *where the good guys go*, où les beaux garçons vont. Yves est arrivé un dimanche matin. Il doit repartir le jeudi soir. Le vendredi après-midi, à Paris, il a une réunion

« de prospection » très importante, pour le lancement d'un « bain-crème ».

Le jeudi après-midi, au sortir de la Frick Collection où il est allé voir le *Vétheuil sous la neige* de Claude Monet dont Adrienne lui a, de passage à New York, plusieurs fois adressé la reproduction, Yves revient au Continental, termitière de garçons nus, couloirs souterrains sombres, petites chambres individuelles. Il y a peu de monde. Il rencontre un jeune blond, extrêmement blond ; aux yeux bleus, extrêmement bleus ; imberbe, la peau douce, souriant, presque un sourire timide, un corps sculpté, athlétique, beau petit Américain. Ils feront, un peu moins vite, ce que tous font dans ce lieu, un peu plus vite. Ils se regarderont. Et après, au bar, près de la piscine, éclairages indirects, musique des Beatles, boissons chaudes et hamburgers, monde clos, bruit de l'eau, quelques baigneurs, ils se présenteront « my name is Yves », « my name is Billy ». Billy est à New York depuis seulement trois semaines. Il a vingt ans. Il chante. Il danse. Il cherche du travail dans un show. Il cherche aussi du travail de mannequin pour la publicité. Il n'aime pas New York. Il y fait froid. Il a froid. Il regrette la Floride. Yves achète un paquet de cigarettes. C'est ce jour-là, à ce moment-là qu'il a commencé à fumer. Il demande un stylo au barman. Et sur la pochette d'allumettes, à l'intérieur, il écrit « this is a bonus to come to Paris whenever you want » et son adresse. Ceci est un bonus qui te donne droit à venir à Paris quand tu veux. Billy prend la pochette, regarde l'inscription, sourit « I know that you are not joking ». Je sais que tu ne te moques pas de moi.

En sortant du Continental, ils vont au Rockefeller Center. Billy réunit tous les formulaires à remplir pour obtenir un passeport. Yves lui fait faire des photos d'identité dans un appareil automatique. Il en garde une pour lui. Image. Importation. Cinq heures. Il doit regagner l'hôtel, prendre ses bagages et partir pour l'aéroport. Devant le Biltmore Hotel, Yves monte dans un taxi. Billy et lui s'embrassent sur les joues, heureux. Rien que pour cette bise-là ! Ils se connaissent depuis à peine quatre heures. Yves lui enverra dès le lendemain un billet prépayé, de Paris. A quoi ça sert de gagner douze mille francs par mois ?

Le lendemain matin, à Orly, l'équipe de B.B.D.O. est là, au grand complet, fleurs, banderoles, calicots, un beau petit chahut. En quatre jours, Yves n'a fait qu'entrevoir New York. « J'ai rapporté quelque chose de magnifique. » « Pour nous ? » « Non, pour moi. » « Quoi ? Dis-nous quoi. » « Quelque chose que j'avais oublié. » « Là-bas ? C'était la première fois que tu y allais. » « Non, ici. » « Mais quoi ? »

Yves montre la photo de Billy. « Qui est-ce ? » « Je ne sais pas. Justement. » Ils regardent Yves, amusés. Quelqu'un dit « il est revenu complètement fou », un autre « oh ! flanche pas, il faut que tu sois en forme cet après-midi ». En fin de matinée, Yves quitte son bureau, descend sur les Champs-Elysées, traverse l'avenue, entre à l'agence Pan American, Billy veut voyager sur « sa ligne », et commande le billet. Avant de remonter au bureau, il s'achète un second paquet de cigarettes. Ce sera un paquet par jour pendant deux ou trois ans, puis deux, et désormais trois. Yves n'avale pas la fumée. Il avait seulement besoin d'une cigarette, à la main, allumée, pour pouvoir parler à Billy. Il n'avait plus confiance. La réunion de l'après-midi se déroule bien. Succès. Yves rentre chez lui. Effet du décalage horaire, il place la photo de Billy sous son oreiller et dormira jusqu'au lendemain midi.

Le samedi et le dimanche, il ne se rasera pas. Le lundi matin, en se rasant, il ne touchera pas à sa lèvre supérieure : il décide de se faire pousser une moustache. Il « aura » une moustache quand Billy arrivera, le temps pour Billy d'obtenir son passeport. Le billet est « open », ouvert. Deux semaines ? Trois semaines ? Cette moustache, Yves la porte toujours. C'est la moustache de Billy. Pourquoi lui ? L'écriture, ombre portée d'un désir qui n'en finit pas de survenir. Il y a autant de romans que de définitions de romans.

Mi-décembre, un jeudi soir, vingt heures, Yves roule en direction de l'aéroport d'Orly. Sitôt franchi le boulevard extérieur, la nuit scintille : il se met à neiger, légers flocons d'abord, puis une neige drue, gros flocons. Les voitures ralentissent sur l'autoroute. Le sol est sec. Un tapis blanc se forme en quelques minutes. Yves baisse la vitre, l'air est doux, silence feutré, impression de vide. Dans la voiture, au retour d'Orly, Billy ne dira rien. Yves ne saura plus quoi lui dire : agrippé au volant, penché, rideau de neige, il n'y voit rien. Il quitte l'autoroute trop tôt, bretelles, virages, descente, feu rouge, enfin une couleur, tache, puis la banlieue. Yves se perd, roule longtemps dans une mauvaise direction, rebrousse chemin. Il essaie de sourire, de s'excuser, de plaisanter. Ils n'arriveront avenue d'Iéna que vers onze heures du soir. Billy a froid. Billy n'a pas faim. Billy n'a rien vu de la ville. Il n'y a pas eu de sentiment de distance et d'approche. Billy dit à Yves « I feel lost ». Je me sens perdu.

Vendredi midi, armé du plan qu'Yves a préparé pour lui, Billy rejoint Yves à B.B.D.O. Ils vont déjeuner à Saint-Germain-des-Prés. Dans les rues, de la boue de neige. Les chaussures de Billy prennent l'eau. Yves offre une paire de chaussures à Billy. Billy est transi. Le samedi, Yves emmène Billy à Versailles. Il a chanté dans une boîte de Miami qui s'appelle *Le Versailles*. Il veut voir Versailles : parc gelé, glacé, tapis de neige intact, ciel de coton. Billy se frotte les mains, souffle sur ses doigts. Décalage horaire : il a sommeil, il a froid. Dimanche, en fin d'après-midi, Yves invite des dizaines d'amis dont quelques Américains. Billy sourit un peu. Le lundi midi, Billy ne vient pas au bureau comme convenu. Yves l'attend jusqu'à une heure, deux heures de l'après-midi. Il a rendez-vous chez un client à 15 h 30. Il se rend avenue d'Iéna, l'escalier, les cinq étages, quatre à quatre les marches plates, la main sur la rampe, puis entre le quatrième et le cinquième l'escalier de bois, étroit, le palier sombre, il ouvre la porte : sur son bureau, sur une de ces larges feuilles de papier-calque qui lui servent de sous-main, Billy a écrit en grand, *SORRY. I can't stand it. Love. Billy*. Pardon. Je ne peux plus supporter. Amitié ou amour ? Signé : Billy.

Yves ressort tout de suite de l'appartement. Peur de la crise. Il se rend chez le « client ». La réunion se déroule parfaitement. Il repasse au bureau, après, pour déposer les maquettes, préparer le travail du lendemain. Il attend que tout le monde parte. Puis, c'est l'heure de la femme de ménage, une Espagnole. Il lui parle, en espagnol. Il la suit de bureau en bureau. Confidences. Elle est originaire de Sanlucar, entre Séville et Huelva. Elle vide les panières dans un grand sac en plastique. Yves l'aide. Tout ce papier jeté. Tout ce papier pour quoi ? Yves vient de prendre une décision.

Soir de Noël 1969. Où sont les parents d'Yves ? Où sont les frères d'Yves ? Où est sa famille ? Yves se retrouve chez des amis, garçons, le groupe, le clan. Tous savent qu'il ne faut pas demander de nouvelles de Billy. « Alors Billy ? » « Il est parti ? » Il y a les amis de Joucas. Yves apprend qu'une toute petite maison est à vendre dans le village dont « personne ne veut ». Il décide de passer le jour de l'An là-bas. Le 1ᵉʳ janvier 1970, il visite la maison, grise, sombre, toute tournée vers la rue principale, à l'endroit de la rue le plus étroit. Dans une seule pièce, en appendice, ancienne souillarde de la maison mitoyenne de gauche, une fenêtre donnant sur la vallée, la vue, Roussillon, au loin Bonnieux, le Lubéron, des toits en contrebas. Yves décide d'acheter cette maison pour cette fenêtre. Pour cette manière aussi qu'elle a, « elle », de se frayer un passage entre les deux maisons voisines pour « gagner la vue ». Le 2 février, il rencontre un entrepreneur qui prendra la responsabilité de tous les travaux. Il faut tout installer. Faire tomber quelques cloisons. Yves veut des murs blancs pour « faire entrer la lumière ». De retour à Paris, Yves emprunte l'argent pour l'achat et les travaux. Le crédit est bloqué. Taux élevé. Il signe les devis. Les travaux seront achevés le dimanche de Quasimodo. René dit à Yves, *j'espère que tu n'achètes pas cette maison pour les amis que tu as dans le village mais pour le paysage.*

Début février, le président et le vice-président de B.B.D.O. sont de passage à Paris. Yves, en achetant la maison de Joucas, en s'obligeant financièrement, a voulu s'interdire de donner suite à la décision prise le soir du départ de Billy. Mais dans les couloirs de l'agence, assis à son bureau, en réunion ou chez les clients, partout, il ne se reconnaît pas : papier jeté, panières pleines. Et cette manière de tout vouloir décider. Il vient de trébucher. Il tombe : c'est très calmement qu'il donne sa démission. Il l'annonce aux deux hommes du tribunal, écran vide, lumière blafarde, entrevue de séduction, plaire, plaire, ne rien faire que plaire, pour convaincre, mais convaincre de quoi, vaincre quoi ? Tout cela il le tait. Il leur dit simplement qu'il voit « encore moins son avenir » et qu'il a l'intention de ne même pas se présenter au bureau le lendemain matin.

Yves, le lendemain matin, gris, ciel gris, chez lui, se met à sa table de travail, place sa machine à écrire rouge, Valentine, enroule une feuille et tape, *Lady Black. Mémoire en vrac d'un monsieur-dame noir. Roman. Yves Navarre.* Il n'a prévenu personne dans son entourage. Il n'a pas d'entourage. Au golf, le dimanche suivant, il ne dira rien à René. Adrienne joue toujours derrière eux. Il n'y aura pas de fête, chez lui, le dimanche soir. Yves, pendant un mois, reprend l'histoire de sa Lady et de Jacky Poto. Puis il a peur, il abandonne pour un autre roman, *Tipota,* scènes de vie dans une île grecque, souillée, bafouée par ceux, venus d'ailleurs, qui la foulent. Rien et personne, comme le titre, comme l'épitaphe de la tombe qu'il fera creuser dès le mois de juin, au cimetière de Joucas, non par morbidité, mais pour bien s'arrêter là, à ce paysage, le signaler et chasser l'image du père, caveau de famille. Le jour où Yves s'installe dans la maison de Joucas, il neige. Neige brève, cinglante, comme une bourrasque sur les cerisiers en fleur. Un grand feu dans la cheminée de la pièce à vivre. Yves se frotte les mains, souffle sur ses doigts : il a froid. Mais il est chez lui. Et devant la fenêtre il abandonne, il a peur, commence un troisième texte, *Keep Cool,* calme-toi : impressions d'un jeune publicitaire. De retour à Paris, début mai, il abandonne ce texte et en inaugure un quatrième, *Les Beaux Dix Ans de Julien Salcon.* Julien, c'est lui, Salcon c'est pour « Yvette », tous les « Yvette » entendus au lycée Pasteur. Il n'appelle plus personne au téléphone. « On » ne l'appelle plus. Et plus d'argent. Yves prend des travaux « en extérieur », rédactions de brochures, de modes d'emploi, recherches de noms. La plupart des directeurs artistiques qui pourraient lui donner du travail en « free lance » ont postulé un an auparavant pour B.B.D.O. Revanche. Jalousies. Le 12 juillet, Yves descend à Joucas avec les quatre romans inachevés. Le 13 au matin, il se lève. Il a mal dormi. En rêve, il s'est vu, enfant, faisant des décalcomanies, fasciné par la beauté des figurines, les mouillant, les appliquant, n'arrivant jamais à décoller le petit film transparent sans déchirer le dessin. En rêve, une figurine représentait le buste en bronze de son père, offert par le personnel de l'Institut français du pétrole lorsque René en 1954 avait eu sa première promotion à la Légion d'honneur. Yves, en décollant le film, avait déchiré l'image du buste. Il est seul dans la maison. Il n'attend personne.

Petit déjeuner, il boit son thé. L'ombre du rêve. Marque. Déchirement. Puis il prend place à son bureau, fenêtre ouverte, la vue, les cris des oiseaux dans les arbres, en contrebas, un couple de colombes sur un toit, *deux pigeons semaient d'amour tendre*. Il sourit. Sur le bureau, les quatre romans inachevés. Yves vient de se rendre compte qu'il a écrit son roman à l'envers. Il va avoir trente ans le 24 septembre. Il a un peu plus de deux mois pour « recomposer » son dix-huitième manuscrit, son dix-huitième roman, et ce sera celui-ci ou rien, rien. Quelle fuite, quelle mort, il ne le sait pas, mais rien. Il tape à la machine, *Lady Black... ou les Beaux Trente Ans de Julien Salcon*. Puis en livre I, *Les Beaux Dix Ans de Julien Salcon* ; en livre II, *Keep Cool* ; en livre III, *Tipota* ; en livre IV, *Lady Black*. Il placera, en « additif », un travail de recherche de concepts que la Sopexa vient de lui confier directement, pour la promotion de la viande hachée surgelée. Pas coupée : hachée. En tout petits morceaux. Bribes. Vrac. Pulsions. Images brèves. Yves est heureux, ce jour-là, pour la première fois depuis ? Depuis le passage de la frontière suisse. La maison est petite comme celle de monsieur Edouard. Et dans la maison, Elie, monsieur Bing, don Francisco, Marcel, Carlo, Marcello Boldrini sont là, plein de pères, heureux, eux. Yves a deux mois et dix jours pour « refondre » les quatre romans inachevés et modeler l'œuvre unique.

Le 25 septembre, Yves rentre à Paris. Dans la journée il porte un exemplaire de son manuscrit aux éditions du Seuil. Puis de retour chez lui, courrier du soir, papier bleu : entre Publicis et B.B.D.O. son salaire est passé de quatre mille deux cents francs à douze mille francs par mois, les impôts passent de huit mille à quarante-cinq mille francs. En quarante-huit heures, Yves revend ses Lichtenstein, Warhol, Bellmer, Hockney, Malaval, Colin Self et l'ensemble des tableaux achetés à Fassianos aux prix payés cinq ou quatre ans auparavant, mille francs l'un, huit cents francs l'autre, quinze cents francs celui-ci, deux mille francs celui-là. Les murs de l'appartement de l'avenue d'Iéna se vident. Yves vend tous les objets et les meubles, sauf le bureau, le fauteuil et le lit, le lit à deux places acheté la veille de l'arrivée de Billy. Il réunit ainsi la somme de cinquante-huit mille francs, paie ses impôts, donne une adresse aux éditions du Seuil où on pourra le joindre en cas d'acceptation du manuscrit, et part pour New York. *Sutton East Hotel.* Un hôtel de garçons. Quand Yves prononce Sutton East, il le fait exprès, il dit « Satanese » Hotel. Octobre, novembre à New York. Pas de message des éditions du Seuil. Quand il rentre à Paris vers le 15 décembre, il a écrit la suite de *Lady Black,* titre, *Panier de plumes,* roman de cinq cents pages qu'il ne publiera jamais, et une pièce de théâtre, *Meet me in New York City,* conversation entre une femme et le cadavre d'un jeune homme, cadavre embaumé, placé dans son décor familier, sur une estrade, dans un Funeral Home, pièce dont il tirera plus tard la scène finale du roman *Les Loukoums.*

Le directeur littéraire des éditions du Seuil n'accepte de recevoir Yves que huit jours plus tard. Les membres du comité de lecture ont donné un avis favorable à la publication de *Lady Black,* mais « le patron », au dernier moment, a dit que c'était « la limite qu'il ne fallait pas dépasser ». Refus.

Yves se retrouve seul, sans argent, dans l'appartement presque vide. René-Victor Pilhes, ancien collègue de Publicis, rend visite à Yves, tôt, un matin, sur le chemin de l'agence, « si vous revenez ce matin, il y a un bureau pour vous. Et du travail. Tout de suite. J'en ai parlé au Big Boss. Venez ». Yves refuse. Dans la journée, il fait photocopier *Lady Black* et l'apporte chez Gallimard, pour la collection « Le chemin », chez Buchet-Chastel, chez Albin Michel et chez Flammarion.

Le 7 janvier 1971, un lundi soir, vers 22 heures, un membre du comité de lecture de chez Flammarion appelle Yves. Il vient de lire les quatre cents premières pages du manuscrit. Il demande une option. Ce moment-là. Ce plaisir-là. Ce battement de cœur. Yves ce soir-là a marché des heures dans Paris : la ville, qui sait, peut-être, l'accueillerait enfin. L'homme rappelle Yves le lendemain. Yves insiste pour le rencontrer « je veux que vous voyiez mon visage et je veux voir le vôtre. C'est important ». Rendez-vous est pris deux jours plus tard, en fin d'après-midi. Yves va de l'avenue d'Iéna à la rue Racine à pied. Il traverse Paris. Cette distance, il veut la mesurer, émotion de l'approche. Un escalier, des vitraux aux fenêtres, un parquet qui grince, un portrait de l'ancêtre Flammarion. Dans la salle d'attente, devant la cabine de la téléphoniste, un vieux monsieur est assis, imperméable gris, sacoche de professeur sur les genoux, mains cramponnées sur la sacoche, crâne chauve, lunettes de myope. Yves s'annonce. La téléphoniste lui demande d'attendre. Yves reste debout, tourne en rond, fait grincer le parquet. Puis un pas, quelqu'un dévale l'escalier du second au premier étage, un homme surgit, va droit vers le vieux monsieur « monsieur Navarre ? » Yves dit « non c'est moi ». L'homme se retourne : c'est un jeune homme, plus jeune qu'Yves. Ils se sourient. Ils rient. Dans son bureau le jeune homme lui dira « je ne sais pas pourquoi, en lisant le livre, je vous voyais plus vieux. Quel âge avez-vous ? » « Trente ans. C'est le sujet du livre. » Le jeune homme rougit. Yves et lui auront toujours du mal à dialoguer.

Trois jours plus tard, Yves signe son contrat. Sans le lire. Pourquoi le lirait-il, après tant d'années, tant de refus ? On le publie, enfin. « On. » Alors, il signe. « Il. » En rentrant chez lui, il trouve une lettre de refus de chez Gallimard, longue lettre, tapée à la machine, recto verso, simple interligne « ...votre livre témoigne néanmoins d'un univers pittoresque et pitoyable ». Yves ne recevra jamais aucune réponse de chez Buchet-Chastel ni de chez Albin Michel. Il ira chez ces deux éditeurs reprendre ses manuscrits, dans des piles, en attente. Yves n'attend plus que le moment où on lui remettra sa carte d'identité : le livre publié. Il se remet à faire des travaux publicitaires pour pouvoir payer l'eau, le gaz, l'électricité, le loyer. Il a été rayé des listes d'amis de principe. Il n'a plus de « métier ». Il n'est plus rien pour eux. Il tait la nouvelle de la publication de son roman en septembre. Il décide de quitter l'appartement de l'avenue d'Iéna : il craint la réaction de René. Antoine et Eliane Duperin, parents de Julien, héros de *Lady Black,* ressemblent à René et Adrienne. *Biographie,* aujourd'hui, assemble.

Yves s'installe au 15, rue Saint-Benoît, dans un petit studio, tout entouré de baies vitrées, mirador au septième étage d'un immeuble de bureaux. Devant lui un réveille-matin : le clocher de l'église de Saint-Germain-des-Prés. C'est le 1$^{er}$ avril 1970. Il commence un journal. Il le tiendra chaque jour. Il le tient toujours, tous les jours. Il est tenu. Il a laissé son père dans les couloirs de B.B.D.O. Mais il le sent en lui, dans sa tête, oublié comme un bistouri.

## 74. La petite gestapo

Yves est content parce qu'il a « signé pour cinq romans ». Il n'a même pas compris qu'il s'agissait, contractuellement, de mieux encore : cinq romans en plus de *Lady Black,* soit six en tout. Il voit dans cette clause, dite « de préférence », un signe d'estime et de volonté, l'expression d'une confiance particulière, d'une attention privilégiée. Une première publication, c'est un vertige. Le jeune auteur, aveuglément, croit qu'on ne pense plus qu'à lui et que tous les regards vont se braquer sur lui. Illusion. Yves vient de fuir son père pour en trouver un autre : l'éditeur sans visage. Pourtant il est là, dans un bureau, derrière une porte de cuir clouté. Il a signé, lui aussi, le contrat. Qui est-il ? Et plus Yves se confie aux collaborateurs de la maison d'édition qui l'accueille, moins il sent qu'on l'écoute. Une confusion s'installe. Yves, anxieux, choisit de se dire plus encore à chacun. Lasse-t-il déjà ? Tout de suite ? De quoi ont-ils peur ? Le manuscrit de *Lady Black* a été, selon eux, accepté « dans l'enthousiasme ». Or, plus Yves essaie de gagner l'attention de telle ou tel, plus il se sent, tour à tour, acculé au rôle de séducteur qui lasse ou à celui du capricieux qui agace. Sans doute, avec « eux », aurait-il dû s'arrêter au quiproquo du premier jour.

*Jeudi 21 août.* François-Régis, dix-sept ans, aîné des fils de François-Pierre et de Dominique, est ici, à Joucas, depuis six jours. Il entre en hypo-khâgne, fin septembre. Vie partagée, dans la maison. Quand j'écris, il lit. Noté dans mon journal à ce jour, *à chaque chapitre de* Biographie, *une impression d'importance, impression cruciale. Et, doublure de cette impression, comme un doute et une culpabilité : le roman ne serait-il que le dernier souffle d'un Occident civilisé, trop attaché à être ce qu'il n'est plus, maître de tout ?*

Avril 1971. Le roman doit être « mis en fabrication » avant le 15 mai. Dans les bureaux de la maison d'édition, Yves est présenté à mademoiselle R., belle femme, beau sourire, une petite angoisse dans le regard. Yves « doit », avec elle, « préparer le bon à imprimer » du manuscrit. Qui assiste à la présentation et explique à Yves qu'il s'agit là « d'un travail particulier, minutieux et technique, qu'il faut apprendre avec quelqu'un de professionnel, au moins pour le premier roman » ? Les réunions de travail auront lieu alternativement chez mademoiselle R. et chez Yves. Au début, premières heures de travail, la « préparation » se fait si lentement que les sept cents pages du manuscrit, simple calcul, à ce rythme-là, ne seraient prêtes qu'à la fin de l'année. Yves lit son texte à voix haute. Mademoiselle R., assise à côté de lui, crayon à la main, crayon en l'air, mais pourquoi tient-elle un crayon puisqu'il porte lui-même les corrections ? paraît de plus en plus inquiète. Le « commun accord » pour rayer tel adjectif, puis telle ligne, et tel pan de page, progression, conflit, se fait de moins en moins. Yves à chaque « arrêt », s'il n'est pas uniquement technique, ponctuation, orthographe, « démontre » que son texte est « voulu » et s'acharne à ne rien « couper ». Temps qui passe. Temps perdu ou temps gagné ? Le temps presse : le travail n'avance pas. En fin de seconde réunion, mademoiselle R., excédée, explique à Yves que la maison d'édition la paie pour ces « révisions » de manuscrit et qu'on lui a demandé de « dégrossir » le texte de *Lady Black* de « deux cents pages environ ». En trois mois, pour Yves, l'idée de cette première publication était presque devenue un bonheur. Ou bien ne fut-elle une vague lueur qu'entre le premier coup de téléphone et l'absurde méprise, deux jours plus tard, au premier étage de la maison d'édition, parquet qui grince encore dans la tête d'Yves ? « Deux cents pages environ » ? Yves explique à mademoiselle R. qu'ils n'ont plus, ensemble, tout simplement, qu'à mettre au propre le manuscrit, à le « brosser ». Il ne lui racontera ce qu'il y a d'impressions, d'émotions, de rapport au vécu, et de désir, derrière chaque détail du texte, que si elle a envie de le savoir, à titre personnel et amical. Ils deviennent complices. Yves annonce lui-même, rue Racine, qu'il n'y aura que peu de coupures, en tout cas « pas de coupes » : « tout de mon texte est désiré ». Mademoiselle R. pose son crayon sur la table. Yves apprend avec elle un plus juste emploi des temps, une plus parfaite connaissance de la ponctuation. Mais il tient à « sa » ponctuation, phrases courtes et parfois sans verbe, mots entre deux points. Et surtout, graphiquement, au « blanc de double interligne » entre chaque

séquence de texte, ainsi qu'au « début » de chaque séquence en
« bordure de marge », comme dans ce texte, ici : c'est « sa » mise en
pages. Des blancs comme des respirations et pas de décalage en début
de séquence. Les dialogues, aussi, sont incorporés dans le texte,
maniement subtil des guillemets qu'Yves, de roman en roman, rendra
de plus en plus objet de vigilance : les dialogues sont fondus dans la
phrase. Yves ne passe pas à la ligne quand ses héros parlent. Il note dans
son journal, *les personnages passent à la ligne : ils font leur effet. Mais les
personnes, pas. Je ne veux que des personnes qui parlent.* Le 10 mai 1971,
le manuscrit est prêt. Bon à imprimer. Techniquement net, nettoyé. Et
pas amputé. Yves et mademoiselle R. dînent en tête à tête pour fêter
l'événement. Confidences. Elle raconte à Yves pour qui elle a travaillé,
les romans qu'elle a remaniés, réécrits. Elle n'aurait jamais dû citer des
titres et des noms. Rue Racine, Yves passe désormais pour « capricieux ».

Fin juin, Yves fait relier un jeu d'épreuves d'imprimerie du roman,
corps physique, pages qui ne sont imprimées qu'au recto, mais premier
contact avec le livre à paraître au début du mois de septembre. A
Joucas, il le pose chaque soir sur sa table de chevet, avant de se coucher,
et chaque matin le cache dans la bibliothèque, côté tranche, pour que
personne n'ait la curiosité de le regarder, enfant prématuré, couvé du
regard.

Fin août, Yves rentre à Paris. Cérémonie du « service de presse », dans
un cagibi sombre, piles de livres, obligation de mettre un petit mot à
chaque journaliste, tant de noms, tant de critiques. Leur écrire quoi ?
Yves, erreur, essaie de mettre autre chose que des « hommages
respectueux » ou « hommage ». En bandeau du livre, en caractères
blancs sur fond rouge vif, une inscription publicitaire, *Le Paris des
cannibales*. Cette expression a été trouvée par la maison d'édition. Yves
aurait été incapable de concevoir une formule pour son texte. Mais
qu'est-ce que le bandeau « fait dire » au roman ? La cruauté est tissée de
bonnes intentions. Après la séance de signatures, vertige, confrontation
avec un peuple sans visages, Yves rentre chez lui, rue Saint-Benoît, son
vrai livre sous le bras. Il a sa carte, enfin. Il peut circuler. Il est tout
entier entre les draps de ces pages dans ce livre-là. Il est là. Là-dedans. Il
fume beaucoup, cigarette sur cigarette. Sa moustache est épaisse. A
l'aide d'une pommade, il la rebique chaque matin. Il a les cheveux très
longs, et de nouvelles lunettes qui ressemblent à des binocles. Il n'a plus
de voiture, à cause du quartier, difficulté de stationnement, et aussi
parce qu'il est entré dans un champ clos, dans « le » quartier :
Saint-Germain-des-Prés. Il vient de s'acheter une mobylette. Il ira plus

facilement d'une agence de publicité à l'autre, pour prendre ou rendre tel ou tel « petit travail de pub », un de ces travaux de rédaction dont personne ne veut et pour lesquels Yves demande des honoraires trop honnêtes. « Tu casses les prix. » « Je m'en fous. Je veux seulement être sûr d'avoir du travail à chaque fois que j'aurai besoin d'en trouver. » Raisonnement simpliste. D'autres prêtent à Yves, pour ce trait, un goût masochiste. Un personnage se crée. Pour son éditeur, Yves « n'a pas besoin de droits d'auteur pour vivre ». Il « gagne beaucoup d'argent dans la publicité ». Yves a désormais un statut de « travailleur indépendant ». Il est son propre patron. Carcan administratif : inscription à une caisse de retraite, à l'U.R.S.S.A.F., à une mutuelle, obligation d'avoir recours à un comptable, livre de caisse, livre de banque. Yves, en même temps que son livre, se voit attribuer de nombreux matricules. Il n'a pas envoyé d'exemplaire de son roman à ses parents. Ni même à ses frères. Il attend « leur » réaction.

Début septembre. Le roman sort en librairie un lundi. Yves va d'une librairie à l'autre. Il voit son livre, là, enfin, beau territoire. « On » lui a fait une petite place et même parfois une pile. La rencontre peut avoir lieu. Sentiment mêlant la peur, l'orgueil et le besoin de crier « c'est mon livre ! Le dix-huitième et le premier publié ! » Le mardi, dans *Paris-Match,* une critique de Jean-Louis Bory. Titre, *Attention, lecteurs, triple rectangle blanc.* Une critique, une vraie, de plume et d'élan. Ni louange ni blâme : une critique. Une pulsion. Un brasier. Une invitation. Yves reprend enthousiasme. Le premier tirage de six mille exemplaires se vendra en dix jours.

Le jeudi, coup de téléphone de la secrétaire de René. « Monsieur Navarre part en mission pour New Delhi en début d'après-midi. Il m'a chargée de vous dire qu'il vous rendrait visite en fin de matinée, sur le chemin d'Orly », épisode déjà narré dans *Biographie,* rencontre au sommet du petit studio, midi au clocher de l'église Saint-Germain-des-Prés. Yves presse des oranges pour son père, dans l'étroite cuisine, tourné vers l'évier, René assis sur l'unique chaise. Yves tremble en pressant les fruits. Son père murmure avec diction « on me dit que dans ce livre tu égratignes ta famille et moi en premier. Nous avons tout fait pour. On me dit aussi que tu existes et que tu existes bougrement ». Silence. « La seule chose importante pour un être humain est d'exister. » Silence. « Alors, tout à l'heure, dans l'avion, s'ils me demandent ce que je pense de toi, je leur dirai que je suis fier de toi. » Les mots exacts ? Quels mots et quelle exactitude ? Le dialogue de la première narration est-il le même que celui rapporté ci-dessus ? René a dit *égratigner, nous avons tout fait pour.* René a également cité la dernière ligne de la critique de Jean-Louis Bory, *mais ce que je sais, c'est que Yves Navarre existe, et bougrement.* Un bon bougre : un bon sodomite. Mais qui a saisi l'humour de Jean-Louis ? Yves a écrit à Bory. Pour le remercier. Il ne le connaît pas. Il veut le rencontrer.

Le mardi de la semaine suivante, Yves rencontre un garçon dans la rue. Une rencontre. Une « drague » ? Rendez-vous est pris chez Yves, en fin d'après-midi.

Vers 17 heures, coup de sonnette. Yves répond à l'interphone. Bruits de voix dans la petite entrée de l'immeuble. Des rires. Le garçon débarque, accompagné. Combien sont-ils, sept, dix, douze ? Ils se réclament du Front homosexuel d'action révolutionnaire, « F.H.A.R. » Nulle bonne humeur : des rancœurs, des lieux communs, puis des insultes. Entassés dans le studio, ils sont un peu surpris. Ils croyaient trouver un grand appartement. L'un d'entre eux, du bout du doigt, commence à faire tomber les livres de la bibliothèque. Yves l'attrape par le bras « que veux-tu ? » Il se tourne vers les autres « que voulez-vous ? » Réponses « simplement voir ta gueule » puis « ton livre est vendu vingt-huit francs. Tu exploites l'homosexualité de manière capitaliste. Tu... » « Et ton livre nous le volerons ! » Plus Yves répond, plus les garçons du F.H.A.R. ironisent. Yves se tait. Un planeur dans la tête. Fini. Foutu. Etiqueté pédé. Rejeté par les pédés. Même la critique de Jean-Louis a été mal lue. Le roman a été acheté pour un scandale de façade qui ne s'y trouve pas. Le bandeau aussi a trompé le lecteur. Et l'éditeur, le monsieur de derrière la porte de cuir clouté qui avait fait aveuglément confiance à son comité de lecture, alerté par la critique de Jean-Louis Bory, a enfin lu *Lady Black* : il est scandalisé. Personne dans « la maison » n'ose lui parler de réimpression. Le livre restera en rupture de stock jusqu'au 4 décembre.

Les garçons du F.H.A.R. s'en vont. Chacun s'offre un dernier sourire ou un dernier mot menaçant. Terreur. La petite gestapo. Quand Yves referme la porte, il s'affaisse, le dos contre la porte, les coudes sur les genoux. Il retient sa respiration, serre les poings, ferme les yeux. Il voudrait pleurer. Les larmes ne viennent plus. Elles sont interdites : un autre que lui est désigné.

Le lendemain, enregistrement d'une émission de télévision. L'animateur, en fin d'entretien, lui pose la question « le bandeau de votre livre annonce : *Le Paris des cannibales*. De quel côté êtes-vous, Yves Navarre ? » Yves répond « du côté des cannibales, mais on est toujours des deux côtés. On est toujours mangeur et mangé, créateur et créé ». Une semaine plus tard, Yves se rend chez des amis pour « se voir à la télé ». Fin de l'entretien « ... de quel côté êtes-vous, Yves Navarre ? » « Du côté des cannibales. » Fin de l'entretien. Beau montage. Coupure. Faire dire.

## 75. Une lettre de Marie-Claude

*La Jaumière. Vendredi matin. Yves. Je trouve ceci dans* L'Expérience intérieure *de Bataille, que je relis depuis quelques mois, à petites foulées, relecture rendue indispensable à cause de tout ce médiocre chahut autour de Lacan, dont Bataille est bien le frère, l'amant, le maître avéré et sans doute haï..., donc ceci : « Le génie poétique n'est pas le don verbal : c'est la divination des ruines secrètement attendues, afin que tant de choses figées se défassent, se perdent, communiquent. Rien n'est plus rare. Cet instinct qui devine et le fait à coup sûr exige même, de qui le détient, le silence, la solitude : et plus il inspire, d'autant plus cruellement il isole. »*

*Bien sûr je pense à l'entreprise du roman* Biographie *mais aussi à ta vie, aux nuits de travail, à tes retrouvailles nocturnes avec l'écriture. Sans doute l'épreuve physique, vertiges, rêves, insomnie, besoin d'être debout, de la rencontre avec ton texte est-elle marquée de ton empoignade. Et il n'est pas possible de nommer ce que ton travail d'écriture produit sur le lecteur. Celui-ci en fait l'expérience ou pas. Ça lui arrive ou pas. Cette sorte de fécondation par le texte, qui à son tour le rend fébrile et insomniaque, libère et conduit à sa rêverie jusqu'en un lieu où des sons et des graphes l'accompagnent et le tiennent, fidèlement, exposé.*

*Enfin, je ne peux pas plus longtemps ne pas t'indiquer les liens qui existent entre ton texte dans sa matérialité, et ce qu'il génère, et la réalité de l'expérience analytique lorsqu'elle peut s'accomplir. J'espère que tu comprendras mieux mon embarras (il ne m'a pas quittée !) lorsque tu évoques ce qui « serait » aussi à l'origine de* Biographie, *à savoir les adresses que je t'avais données, en février, de deux analystes parisiens.*

*En effet, bien que je sois saisie d'étonnement en découvrant, dans ce texte, et le rythme et le mouvement de spirale, et cette « divination des ruines attendues », tous éléments qui sont proprement caractéristiques de la cure analytique conduite avec science et prudence,* Biographie *est bel et bien un roman et pas une analyse « parce que tu l'as écrit ».*

*A samedi soir. J'aurai des suggestions à te faire sur l'aménagement du calendrier des dîners de septembre. Je t'embrasse. Marie-Claude.*

*Vendredi 22 août.* François-Régis vient de lire le chapitre précédent et la lettre de Marie-Claude. Il me dit « c'est bien ! Après tu écriras des pièces de théâtre, une pièce avec des dizaines de personnages, des cris, des lumières. Une pièce cruelle. Le théâtre de la cruauté. Avec surtout plein de lumières, et peu de décors. Comme dans Artaud, *un formidable appel de forces qui ramène l'esprit à la source de ses conflits.* Mais je ne suis pas sûr que ce soit ça la citation exacte ». Puis, gourmandise « ta compote de fruits est bonne ». Il sourit « délicieuse ». Il rit « exquise, comme dans Marcel Gide et André Proust. Tu vois, je te copie ». Puis « le décor donne une limite à la scène. Je ne veux pas que la scène ait une limite. Je veux la sensation d'un personnage dans l'infini, ou alors (tu notes pas tout quand même ?) le cerne du projecteur ne doit être que la seule frontière. Le territoire de l'acteur ne doit être défini que par la lumière ». Sur l'enveloppe du message adressé par Marie-Claude, déposé dans ma boîte aux lettres, je lis, *Yves Navarre. Ecrivain à voix haute. Ici.*

Je ne mêle ni les temps ni les genres, plus profondément dans la gorge du loup, les mots sont spéléologues. J'avais peur devant l'anfractuosité, au bout des gorges du Gardon. Depuis huit jours que François-Régis partage ma vie dans cette maison, je découvre une autre vie, un autre rapport : courtoisie, décence, humour, tact. Nous rions beaucoup quand je n'écris pas et quand il quitte ses lectures. Plusieurs fois, mais sans insister ou préciser, il m'a dit qu'il rêvait de cette vie d'écrivain que je mène. Mais cette vie, qui la mène vraiment, à part entière ? Qui souhaite encore vivre par l'écriture et vivre de son écriture, les deux à la fois, uniquement, tout de front, affront à l'inévitable « société de consommation » ? Je n'aime pas les années à venir dans ce texte, les années à vivre jusqu'au 24 septembre, qui me feront dans tous les sens du terme, sans aucun sens obligatoire, et sans dictée, avoir quarante ans le jour de mes quarante ans. Ce jour-là, le biographique, « Yves », « il », rejoindra le journal daté, « je », accent aigu : l'émigration est un accent aigu. Vers quoi ai-je émigré ? Qui m'a emmené, où ai-je mené mes pas ? D'où vient cette image de « planeur dans la tête » ? Pourquoi ces crises qui me secouent encore au moment, terrible, où je m'y attends le plus, surprise, le corps ne veut plus ?

Ces années à venir, je ne les aime pas. J'avais noté, pour le chapitre 73, *un autre prend sa place qu'Yves ne connaît pas. C'est l'identité d'un autre, en fait, qui est reconnue,* et *le scandale n'est qu'une manière habile de récupérer l'irrécupérable, de dicter à celui qui refuse la dictée et de tenir en marge. Le seul scandale c'est l'écriture quand elle ne triche pas avec le vécu d'un être.* La note est restée sur le bureau, oubliée. Inquiet du chapitre, ayant passé une partie de la nuit à corriger ce chapitre 74 qui relate des faits qu'un rien pourrait frelater et rendre au narrable si fort prisé. Noté, aussi, *virage du chapitre 74 : le triomphe du succinct puis le passage sous silence.* Le succinct : la créativité en vogue, le concept si recherché, rémunérateur, objet d'un métier ; et le silence, le nouveau silence qui désormais s'exprime dans le brouhaha des scandales créés de toutes pièces et dans la hargne des mini-révolutionnaires d'après Mai 68. Noté aussi une réplique de théâtre, pour une pièce à venir, déjà, *reste où tu es : je suis très mal où je suis.* Voilà. Tout est noté. Transcrit. François-Régis repart demain. Il fêtera ses dix-huit ans dimanche, avec ses parents et René, à Bénat. Maman est toujours à l'hôpital. Jean-Jacques m'a téléphoné de Paris où il vient de rentrer : Adrienne va mieux. Elle n'a plus de fièvre. On a pu la lever, ce matin, pour la première fois depuis un mois. Toute une famille, debout. Chacun attend. Le vent emporte. La nuit, je ne dors pas vraiment. Tout s'écrit dans ma tête. Tout s'écrit si bien, alors. Et dès que j'ouvre les yeux, tout s'efface comme sur une ardoise magique. Il faut que je retrouve les mots.

Le 4 décembre 1971, la porte de cuir clouté s'ouvre enfin. Henri Flammarion a accepté de « recevoir » Yves. Des tableaux d'Oudot cloisonnés dans des boiseries, une atmosphère vide de pièce inhabitée, large bureau recouvert d'une plaque de verre, pas de sous-main, pas d'objets, pas de cendrier, surface lisse et un vague parfum d'abandon : la pièce est entretenue, époussetée, tenue en état. Yves passe un doigt sur le bois des murs, bois stratifié verni, blond, décor des années 50. Les tableaux d'Oudot représentent des scènes champêtres. Lieu vide et « charmant ». Yves attend. Henri Flammarion entre enfin souriant, main tendue, large main qui enveloppe la sienne, impression de sécurité et de danger. Dans ce bureau, étrange, toute parole prononcée semble être de réanimation. Yves se surprend à répondre à voix basse aux premières questions d'Henri Flammarion. Puis il maîtrise sa voix, la lève et la rend plus claire. Henri Flammarion avoue avoir été choqué par « certains passages » de *Lady Black* et surtout « tant de mots crus et de descriptions trop précises ». Yves lui demande quels mots. Henri Flammarion réfléchit et dit « cul » ; silence, « braguette » ; silence, « sexe ». Puis il s'arrête. Les deux hommes se regardent. Yves s'est fait couper les cheveux, tailler la moustache. Il porte le costume-gilet-cravate qu'il arborait le jour de l'entrevue avec le « chasseur de têtes » devant le tribunal des présidents de la B.B.D.O. Henri Flammarion est sans doute surpris de voir en face de lui quelqu'un qui pourrait être dignement son fils. Sans donner aucune explication, brusquement, il dit « je fais amende honorable, monsieur Navarre. Je vais donner dès ce soir l'ordre de réimpression de votre livre. Il arrive parfois qu'on ne comprenne pas tout de suite qui on a en face de soi. Je vous fais confiance. Vous allez maintenant nous écrire de beaux romans ». Yves, seconde et dernière poignée de main, devant la porte de cuir clouté, quitte son éditeur sur une impression suave.

La première réimpression de deux mille exemplaires sera immédiatement absorbée par les commandes en attente sur l'ordinateur « qui aurait pu mettre la maison en faillite ». Une seconde réimpression de deux mille ne sera jamais vendue : janvier, trop tard. Yves est partagé entre la rage d'avoir vécu son livre abandonné par l'éditeur, et la satisfaction de ne pas trop le voir désiré pour un scandale créé de toutes pièces. Jean-Louis Bory a dit à Yves, au cours d'une de leurs nombreuses rencontres, jeu croisé des curiosités de premiers instants d'amitié « ne dis rien à ton éditeur. Il ne faut rien leur dire. Ils ont toujours le dernier mot. Toujours. C'est un honneur qu'ils nous font de nous publier. Nous n'avons rien à dire. Dire, avec eux, ne sert à rien qu'à leur donner des raisons de s'occuper moins de toi ou en dernier recours de te quitter. Ils ont tous les droits. Ils se les sont donnés et ils y tiennent. Et si tu pleures ils pleureront plus fort que toi ». Bras dessus bras dessous, dans la rue, puis Jean-Louis et Yves s'embrassent « je te laisse là. J'ai un rendez-vous. Ne pense pas à ce qu'ils pensent de toi et jouis de tout le reste ». Yves rit. Jean-Louis lui pince le bras « tu sais rire ? T'es sauvé ! A bientôt ».

En sortant de la rue Racine, le 4 décembre, Yves s'attarde dans les petites rues, magasins, lumières aux vitrines, cadeaux de fin d'année. A la boutique Pan, rue Jacob, il achète un enregistrement de la sonate *Waldstein* et, de retour chez lui, l'écoute. Il revoit Adrienne, au piano. Il se revoit, enfant. C'est décidé, par suavité, il enroule une feuille sur sa

Valentine, et tape, *Evolène. Roman. Yves Navarre. Page 2, un peu d'eau froide sur le bout du nez. Page 3, on croit que je ne vois rien et ne comprends rien. Mais j'observe tout et je comprends tout. J'ai sept ans et le monde entier m'appartient. Du moins ce que j'en vois. Mon histoire se passe après une guerre. Ce genre d'histoire se passe toujours après une guerre, ce truc qui chamboule tout, cette impression de berceau froid, ce goût de lait allongé. Et pas de jouet, pas de jouet, pas de jouet...*

Il écrira *Evolène* en vingt jours et vingt nuits. Il a branché son répondeur automatique « je suis absent de Paris jusqu'au 24 décembre. Ce répondeur est enregistreur, vous allez avoir trente secondes pour me laisser un message... » Yves sort uniquement pour prendre les repas et marcher un peu. Dans *Evolène* il livre, la livrée pas la dictée, l'histoire d'un petit garçon, David, malheureux, en vacances en Suisse, parce que ses parents s'aiment, surface du roman, son résumé de pacotille. Mais aussi et surtout, condensé, en un seul été, unité de lieu, unité de temps, ce qu'il a vécu avec Elie, la rencontre, l'émerveillement, le rapt d'un adulte par un enfant, la découverte de l'amitié et de la mort. Vingt jours et vingt nuits. On n'écrit pas un roman, il s'écrit. On ne décide pas d'écrire un roman, il survient. Il dévore. Il porte en soi le temps de sa course. Il entraîne. Il piaffe.

Le 25 décembre, Yves part pour Joucas avec le manuscrit achevé pour le corriger. Le 15 janvier il le fait retaper, frappe propre, impeccable, sans scories. Henri Flammarion le lit. Il convoque Yves. Il a été ému. « Vous avez une belle manière de parler de montagnes que je connais et que j'aime. Mais comment avez-vous pu vous souvenir de tout cela ? » Yves préparera lui-même le bon à imprimer, corrigera lui-même les deux séries d'épreuves d'imprimerie. Le roman sort début mai. Yves a besoin d'une identité vraie. La première critique parue, il n'y en aura que deux, commence par, *oublions* Lady Black ! *Yves Navarre, avec ce second roman, n'attirera certainement pas le chaland...* Perdu. Passage sous silence.

Le jour où Yves a signé son second service de presse, mêmes noms, mêmes piles, même effort, erreur d'écrire autre chose que des « hommages respectueux » ou « hommage », Yves rentre chez lui. Le matin, dans son journal, il a écrit, *je suis enfin disponible*. Au premier carrefour, place de l'Odéon, il croise un garçon : Rupture n° 1.

# 76. Un village à la place du cœur

L'homosexualité est une sensibilité avant de s'exprimer dans une sensualité et des actes sexuels. L'homosexualité, recours à un déterminisme effectif dont l'utilisation ne viserait pas à extraire des lois de la réalité mais à définir des cadres réels, naît d'un façonnement de cette sensibilité, monde en soi de rêves, de fantasmes et de tacts, qui devient particulière parce qu'à part : une modification dans la distribution des rôles de la tragi-comédie familiale, la stupeur et le rire autour du totem. Il y en a un qui s'écarte parce qu'il est écarté.

Et si l'homosexuel a jusqu'à l'impression d'être « né comme ça », ce n'est que parce que le façonnement sensible a commencé avant sa naissance : il est né du prélude passionnel, conflictuel, attaché et affectif du couple parental, tout comme il peut naître de pareils incidents d'environnement survenant après sa naissance.

Il y a autant d'homosexualités que d'homosexuels, tout comme il y a autant de sexualités que d'êtres humains, d'animaux, d'insectes, de poissons ou d'oiseaux. Mais il y a un type de façonnement, civilisé ? occidental ? de la sensibilité, déterminant « l'autre nature » homosexuelle, redistribution d'un rôle dans la famille.

L'homosexuel naît, sensiblement, de toutes sortes de divorces parentaux : divorce entre les deux générations précédant la sienne, rivalités ou clans ; divorce entre les deux géniteurs ; divorce entre la famille et un lieu, une promotion, une émigration, une religion ou un usurpateur de premier rôle quand en fait chaque membre d'une famille a, en principe, et de naissance, un rôle principal, égal ; toutes sortes de divorces qui ne s'avouent pas et ne se réalisent que dans le redistribué, le façonné, canard noirci de la famille qui devient le messager des ruptures effectives ou souhaitées, le porteur des inaveux. Mot créé : inaveu.

Les homosexuels deviennent les garants d'un désir de rupture qui ne doit pas être dévoilé. Leur désir particulier est calqué sur le désir refoulé qui les a décidés, mis à l'écart. Cette interdiction est leur nuit. Ils ont un berceau clandestin dont ils ne sortiront que pour faire la grappe dans des boîtes souterraines ; dans des cabanes à ballons d'institutions religieuses ou d'écoles communales ; dans des cabines de piscines ; dans des buissons, sous la menace des phares et des chiens policiers ; dans des bonbonnières d'homosexuels accédés ; sous les camions des docks de New York ; dans les saunas de quartier des capitales ou des plus grandes villes ; dans les latrines de gares ou de cinémas ; ou dans le secret d'un isolement sublimé, d'une honte gantée. Ils portent un fardeau qui les a modelés : ils sont des ruptures qui ne se sont pas effectuées, des divorces qui ne se sont pas accomplis, des malentendus qui ne se sont pas dissipés, avant eux, la branche en dessous dans l'arbre généalogique, et eux, branche morte. Ils sont aussi anecdotiquement le fruit de divorces avoués, effectués, clamés. Mais l'analyste, même subtil, semble n'avoir retenu que ceux-là, divorces officiels, drame, oubliant ceux-ci, divorces officieux, trame.

Ou bien, brusquement, surgissement, l'homosexuel rencontre « quelqu'un ». Un. Qui lui semble unique. Il croit alors à la normalité de sa rencontre amoureuse. Il se sent disponible quand il n'est que proie d'un amour passé, floué, dont il est le fruit. Et cette rencontre, il ne peut y croire que le temps accordé par l'autre, que l'autre, par mutualité ou par calcul amusé, par abandon ou par curiosité, lui donnera ou « concédera » pour que la rencontre ait l'air normale, ait l'air de durer, norme du roman d'amour.

Puis c'est la chute. L'aimant quitté, ou quittant l'aimant, retrouve « son » élément naturel, reprend son fardeau, héritage, pas hérédité : il porte en lui l'écart qui l'a façonné. Et lors, plus écarté encore, puisque rompu, il jouit de son malheur d'écarté. Il se retrouve déchiré et, parce que déchiré, se retrouve. C'est son bon heurt. Il en vit parce qu'il pense qu'il en meurt. Version possible. Nulle dictée, ici. Une proposition. Je viens de dire « il » en parlant de moi pendant près de mille pages de manuscrit. J'ai le droit de dire « ils » en parlant de nous. D'une famille à l'autre.

Rupture n° 1, à première vision, en sortant de la maison d'édition, sur le trottoir de la rue de l'Odéon, devant la vitrine d'une librairie de théâtre, *Le Coupe-Papier,* n'a de différent de tous ceux qu'Yves a rencontrés depuis près de trente-deux ans que ce qu'Yves a noté dans son journal le matin même, *je suis enfin disponible.*

L'homosexualité n'est que la tare de ceux qui la génèrent, amour mal exprimé dans la petite société familiale, et de ceux qui la désignent, amour suspecté collectivement. Et dans cette collectivité, à part entière, les homosexuels à ne pas s'aimer parce que façonnés par cet interdit-là. Boucle qui se boucle. Au gibet, tout le monde se pend.

Le mot « homosexualité » est fait de fil de fer barbelé. Graphiquement il parque, il campe, il concentre, il acclimate, il menace déjà. Et les homosexuels sont les premiers à s'y prendre. La menace est désirée des deux côtés. Citation : *Aujourd'hui, les goûts qui sont devenus les miens, mais que je domine, sont tombés dans une telle promiscuité, une si odieuse vulgarité les entoure, une si dégradante ignominie les suit trop souvent que je ne suis plus du tout fier d'en être, presque j'en ai honte.* Marcel Jouhandeau. Lettre à monsieur Baudry, 18 janvier 1954.

Et pourquoi cet effort de définition, maintenant ? A ce chapitre ? A ce tournant ? Pourquoi cette précaution qui vire à l'incantation ? Tant mieux si quelques-unes des phrases ci-dessus ne sont pas directement préhensibles : le cœur y est inséré, le commentaire est brut. Après treize ans de refus de dix-sept manuscrits de romans, Yves publie enfin le dix-huitième. Il ne sera jamais assez clairement dit que le sentiment d'identité qu'Yves sent en lui pour la première fois, baptême, corps physique du texte, multiplication du message désiré et amoureux, est allé de pair avec les ressentiments, pressions, répressions, de toute une société qui sous impression libérale ne fait qu'exprimer au plus violent son puritanisme. Au puritanisme implosant s'oppose désormais un pire puritanisme qui explose. Or, *Lady Black,* texte imparfait, appelant, cognant à toutes les portes à la fois, roman d'alerte, d'appel au secours, ne propose que des visions d'une sexualité autre qu'aucun esthétisme ne peut récupérer. Pas de transposition, pas de travestissement, pas de recours à un sentier poétique, pas de jeu de masques, pas de bal masqué, pas de bal. C'est la fin du *Bal.* Et Yves se sent floué par la récupération dont il est l'objet. Trompé par ce qu'on lui fait dire. Accusé par ceux-ci de son écart qui se prétendent révolutionnaires, actifs et qui croient faire front. Gestapo. Yves aussi se sent dénigré par ceux-là, honteux, qui entretiennent leur mauvaise foi comme d'autres retiennent interminablement leur jouissance par peur de la tristesse qui en découlera. Collabos. Dénonciateurs. Yves alors se réfugie du côté d'Elie, du côté d'Evolène. Il ne veut pas de cet autre que lui dont on lui impose l'identité. Il n'est pas « écrivain homosexuel » mais « écrivain et homosexuel ». Il n'écrit pas des « romans homosexuels » mais des romans de sa sensualité. Jean-Louis lui a dit « tu es allé loin. Il ne te reste qu'à aller encore plus loin ». Et si le scandale pouvait être jugé apparent dans *Lady Black,* il est transparent et profond dans *Evolène,* mais assez profondément pour que les honteux du premier round de *Lady Black,* ceux qui turent le roman, puissent parader au second, en parler, jetant d'entrée de critique un *oublions* Lady Black ! comme si les romans n'étaient plus écrits que pour attirer *le chaland.*

Yves ne sait pas qu'il est déjà, alors, sur le chemin qui le conduira à *Biographie,* à ces lignes, maintenant, pour une quête d'identité propre. Son identité. Tout entier dans son rôle. Tout entier dans son écriture qui le tient allant. Toujours plus loin, « encore plus loin ». Sortir de la gueule du loup par la gorge du loup.

*Dimanche 24 août.* Plus qu'un mois. Hier, alors que nous quittions la maison, il repartait, j'allais l'accompagner à la gare d'Avignon, François-Régis m'a dit en souriant « j'ai dû oublier quelque chose ». J'ai failli lui répondre, et je l'aurais fait en riant, mais le rire ne serait pas monté du ventre, François-Régis partait, et nous étions maladroits, revers de la belle semaine passée ensemble, « tu as oublié de dire l'essentiel ». C'était inutile : le privilège des rencontres vraies est de creuser la faim de connaître mieux le rencontré. Avant-hier, nous sortions de la maison, François-Régis m'a fait remarquer que Tityre était dans la rue. Tombée du toit ? Tombée de la fenêtre de mon bureau ? Quand j'ai essayé de prendre ma chatte, « petite dernière », elle m'a mordu les mains, lacéré les avant-bras, et c'est en sang, la serrant contre moi, que j'ai pu la « jeter » dans la maison. Après avoir quitté François-Régis en gare d'Avignon, je suis allé consulter un ami pharmacien, puis un docteur. Début d'infection : antibiotiques. Dangers multiples : sérum antitétanique, et demain, vaccin. Tityre, maintenant, dort à côté du bureau, sur « son » fauteuil. De temps en temps, elle s'étire, roucoule, demande une caresse que je lui donne. Mais.

Mais je l'ai vue, sauvage, enragée, peureuse, à me mordre de ses dents d'aiguille, à me griffer, à se débattre. Cette histoire a fait sourire Jean-Jacques, hier, à la Jaumière, alors que nous dînions ensemble.

Marie-Claude me regardait. Je comprends le sourire de Jean-Jacques : j'enferme mes chats, à Paris l'hiver et à Joucas l'été. Bien sûr, à Joucas, ils ont la terrasse et les toits, mais pas la rue. Dehors, il y a les chiens, les autres chats, et les voitures qui ne ralentissent même pas devant les piétons. Rue étroite. J'ai peur de perdre Tiffauges, de perdre Tiffany, de perdre Tityre. Sur la porte, une plaque, *Attention, chat fugueur*. Au singulier. C'était pour Tiffauges, il y a sept ans. L'inscription amuse les passants. Sans doute fallait-il que j'écrive ce chapitre mains et avant-bras blessés, sous l'effet de médicaments, et de nouveau les piqûres. Tityre a fait sa tentative d'évasion, comme moi, ici. Je suis avec mes chats comme mon père fut avec moi : j'ouvre et referme la porte, j'ai le droit d'entrer et de sortir, mais eux ne peuvent pas ouvrir la porte et je ne les laisse pas sortir.

Voici Rupture n° 1. Vingt ans. Le Bon Dieu sans confession. Yves le croise. Il se retourne. Le garçon se retourne en même temps, s'arrête devant la vitrine de la librairie. Il attend qu'Yves rebrousse chemin. Yves hésite, fait demi-tour, entre dans le magasin, achète le texte d'une pièce de Marlowe. Le garçon l'a suivi. Echange de regards. Yves ressort avant même d'avoir écouté le garçon demander un renseignement au libraire. Ou un texte. Lequel ? Yves attend quelques mètres plus loin sur le trottoir. Cette hésitation compte. Yves est inquiété et séduit par le regard juvénile et innocent du garçon. Mais le charme l'emporte. Le garçon sort du magasin, s'approche. Yves lui dit « je rentre chez moi à pied. Ce n'est pas loin. Tu m'accompagnes ? » Rien, ils ne se disent rien en chemin. Ils vont « faire l'amour ». Rien, ils ne se disent rien, chez lui. Ils font l'amour. Le garçon a une peau blanche, douce, imberbe. Peau de lait. Et une manière confondante de se casser en deux, de demander l'étreinte, du regard, les yeux grands ouverts. Et Yves, regardé, trouve très exactement, de face, une place, physiquement, un sentiment d'encastrement qui constituera longtemps l'unique « irraison » de sa liaison avec Rupture n° 1. Peu importe ce qu'il faisait dans la vie, ce qu'il fait, qui il est, quel est son petit nom. Peu importe son nom. Rien de tout cela ne figure ni ne figurera dans *Biographie*, comme pour n° 2, n° 3 et n° 4. Et si l'un d'entre eux quatre, flatté et courroucé, se dévoile, c'est lui qui se diffamera. Pas moi. Et si quelqu'un d'autre, confondant analyse et délation, dévoile, ce sera elle ou lui le diffamateur. Pas moi. Rupture n° 1 était affamant. Il disait, à chaque fois, que c'était « la première fois » qu'un garçon le prenait. Et que c'était « bon ».

Au moment de quitter Yves, le garçon lui dit « tu es bien Navarre, n'est-ce pas ? » Yves murmure « oui » en se mordant la lèvre. Le garçon se penche sur le bureau « c'est le roman que tu écris ? » Yves sourit

« oui ». « Il s'intitule comment ? » « *Un village à la place du cœur.* » « Tu me le feras lire si on se revoit ? » Yves se défend de dire au garçon qu'il veut le revoir. Il griffonne sur un bout de papier son prénom et son numéro de téléphone « si tu veux, tu m'appelles et tu viens ». Qui donc, après Rupture n° 1, expliquera à Yves qu'il ne faut jamais « donner » son numéro de téléphone, mais « prendre » celui de l'autre, rencontré, si « on » veut le revoir ?

Rupture n° 1. Yves le résumera ainsi : « six mois de méfiance, six mois de malheur ; entre les deux, pas un instant de bonheur ». Mai 1972, *Evolène* est tu par la critique, passé sous silence. Depuis trois mois déjà, Yves écrit *Un village à la place du cœur,* roman qui ne sera jamais publié, dans lequel Vétheuil tout autant que New York sont les héros principaux. Intervient un vieil homme, sorte de Méphisto, qu'Yves appelle Abel Devilsworth, pourquoi Abel, pourquoi pire que le Diable ? Vétheuil et New York sont les deux « villages » où Yves a vécu pleinement une solitude anonyme et farouche, ne versant jamais à l'isolement et à l'institution de rancœurs. Le mot « cœur » vient pour la première fois d'entrer dans un titre. Un mot qui claque. Un mot en K, lui aussi.

C'est à cette époque qu'Yves rencontre Roland Barthes. Ils se retrouvent soit rue Saint-Benoît, chez Yves, soit rue Servandoni, chez Roland. Ils dînent ensemble. Ils parlent. Ils s'écoutent. Ils écoutent aussi de la musique, ensemble. *Pelléas et Mélisande* notamment, lecture à deux du livret de Maeterlinck, passion de Roland pour *la sagesse d'Arkel*. Décence et tact de ce rapport : Yves sera toujours intimidé par cet ami qu'il considère comme un maître. Sens et contact : une écoute douce. Parfois, Yves lit à Roland un texte, à voix haute. Puis l'un raccompagne toujours l'autre, la moitié du chemin. Et ce n'est pas ici « faire dire » à Roland ce qu'il n'a pas dit, ou le « récupérer » comme tant d'autres le récupèrent, pour un spectacle qui ne serait plus de *Biographie* mais de ragot ou de vanité : Roland voyait Yves en coupure de son entourage. Sans doute parce que Yves n'était pas considéré par l'entourage de Roland comme digne d'approcher le maître. Chaque séparation, à mi-chemin de la rue Servandoni et de la rue Saint-Benoît, était poignante comme un adieu.

Rupture n° 1 téléphone « je peux venir ? » Quelques minutes plus tard, il est là « prends-moi ». A chaque étreinte « tu es le premier garçon qui... » Yves pose sa main sur la bouche du garçon qui le regarde, les yeux encore plus grands ouverts. Jouissance. Sanction. De jour en jour, Yves se met à attendre le garçon. Tourmenté, il en parle à Jean-Louis, à

Roland, mais la confidence est inévitablement prise pour une arrogance d'un plus jeune âge que le leur. Le garçon ment. Yves le sait. Le garçon dit la même chose à tous ceux qu'il rencontre. Yves ne veut pas le croire. Et plus Yves feint en la présence de Rupture n° 1 de ne pas souhaiter le revoir, plus il ne pense plus qu'à ça et le lui signale. Le garçon sourit de manière encore plus irrésistible. Une histoire de corps à corps, de bonne place, de corps qui s'emboîtent, c'est tout, beaucoup, trop. Idée fixe. L'écriture du roman *Un village à la place du cœur* s'en ressent. Yves a gagné, en grapillant de-ci de-là quelques travaux de rédaction publicitaire, assez d'argent pour partir. Début juin il quitte Paris sans prévenir le garçon. Dans la maison d'édition, deux mois après sa sortie, *Evolène* est déjà oublié, enterré. « On », le « on » des couloirs, de tous les couloirs donnant accès à des bureaux où l'on fait du commerce, et l'édition en est un, « on » attend déjà le « suivant », le roman suivant.

Joucas. Fin août 1972, Yves achève *Un village à la place du cœur*. Le manuscrit a plus de huit cents pages. Il est tapé. Propre. Achevé. Mais Yves est incertain : dans ce texte, il s'est réfugié à Vétheuil, il s'est perdu à New York et Abel Devilsworth ressemble étrangement au « rencontré » de *La Chute* de Camus. Yves échange pour deux mois son studio de Paris contre un studio à New York. A son arrivée à New York, à l'aéroport, il est arrêté et sa valise fouillée. Dans le studio où il va vivre deux mois, l'air conditionné ne fonctionne pas. Derrière la grille de ventilation, des centaines de cafards. Yves ouvre sa valise et, avant même de la défaire, prend sa machine à écrire, enroule une feuille, écrit *Les Insectes. Roman. Yves Navarre.* Page 1, *l'enfer, on y entre de plain-pied sans le savoir.* Page 2, *je voudrais déchirer les nuages...* Il écrira les deux premiers chapitres dans la nuit. Et le roman en moins de quarante jours. Dernière phrase du roman, *je m'arrête. Plus je tue mes fantômes, plus il en vient. L'aventure est morte.* Yves reprend une feuille et tape le titre définitif, *Les Loukoums,* secret hommage aux origines et à la gourmandise orientales de Rasky qu'il vient de faire mourir de syphilis, dans le roman, symbole peut-être d'un mal plus profond : celui de l'attente et de l'échec amoureux. Lucy meurt aussi, dans le texte, comme Luc, troisième héros, qui ressemble étrangement à Yves. Une universitaire, auteur d'une thèse d'Etat sur *New York dans le roman français contemporain,* fera remarquer à Yves, quelques années plus tard, que « Lucy est la contraction de Luc et de Rasky ». Elle lui démontrera également que Lucy, dans le roman, de son appartement, là où le texte la situe, tourne le dos à la ville du bas, Downtown, le Village, où Luc va se perdre.

Yves rentre à Paris, début novembre. Avant son départ de New York, il expédie le double de son roman par la poste, à son nom et à son adresse : en cas d'accident d'avion, il ne veut pas disparaître avec. A peine a-t-il, chez lui, posé ses valises et ouvert les fenêtres que le téléphone sonne « tu es rentré ? Je peux venir ? » Quelques minutes plus tard, Rupture n° 1 est là. Le début des six mois de malheur.

## 77. Adrienne s'en va

René a décidé de vendre la maison de la villa Sainte-Foy et de « se faire construire » une maison dans le parc du château de la Malmaison, tout près de l'Institut du pétrole, alors que depuis deux ans déjà il a dépassé l'âge limite de la retraite. Lui aussi téléphone le jour du retour d'Yves. C'est « urgent ». Il veut réunir ses trois fils. Il a des choses importantes à leur dire. Le déjeuner a lieu deux jours plus tard à l'Institut du pétrole, dans la salle à manger privée qui lui est réservée, en l'absence d'Adrienne. René annonce à ses fils qu'il veut la quitter. En fait, Adrienne quitte la famille, petit à petit : elle ne répond plus aux questions qu'on lui pose, elle fait de moins en moins attention à ce qu'on lui dit, elle ne gère plus la maison comme avant. Yves lui rend visite, de retour de Rueil : Adrienne le regarde longuement, sans rien dire.

Réaction. Pendant un mois, Yves se retrouvera comme un bébé que personne ne vient langer. Une nuit, il est obligé de se lever et de jeter, dégoûté, humilié, les draps de son lit, souillés, dans la baignoire. Il passera les nuits suivantes assis à son bureau, cassé en deux, le front dans les mains, la tête contre la machine à écrire. Son docteur lui prescrit plusieurs traitements de choc, mais aucun ne parvient à enrayer cette course du ventre. Apparemment, Yves est revenu de New York en bonne forme, tout va bien, il prend des « boulots de publicité », circule dans la ville pendant la journée, est toujours là, propre net, quand Rupture n° 1 lui rend visite. Mais d'où vient le garçon quand il vient ? Où repart-il quand il repart ? Et il vient de plus en plus souvent, si souvent que c'est même tous les jours. Yves devient jaloux, cette mauvaise jalousie créée, attisée par l'autre quand il ment sous expression d'innocence. Yves demande à Rupture n° 1, par écrit, trop belle lettre remise de la main à la main, *seulement un peu de dignité et de courtoisie dans les limites de notre compagnie*. L'occasion est belle. C'est jouer plus encore le jeu du faux ange qui désormais peut se mettre à trahir dans ces limites-là, se prétendant plus innocent et au-dessus de tous soupçons que jamais. Est-ce compréhensible ? La nuit, Yves dort assis, pour ne pas chier dans son lit.

Un vendredi de décembre, Yves revoit un docteur pour la dixième fois en un mois. Il lui raconte en détail le déjeuner avec son père et ses frères, le regard d'Adrienne ensuite. Et le docteur, généraliste, à bout de diagnostics, lui dit « vous devriez peut-être écrire à votre père ». De retour chez lui, Yves rédige une lettre, *Cher papa*... Il demande à son père, doucement, mesurant ses phrases, pesant les mots, mais décidé à tout écrire d'un trait, de ne pas le *revoir pendant six mois au moins*, et termine en disant *la distance, parfois, est une preuve d'affection*. Il poste la lettre avant 19 heures pour qu'elle arrive le lendemain matin. Cette nuit-là, il se couche, normalement, dans son lit. Le sommeil d'un mois. Le lendemain, il va aux toilettes, normalement aussi. Fini. A la maison d'édition, ce n'est pas l'enthousiasme pour *Les Loukoums*. Quelqu'un a dit « ça ne fera pas dix mille ». Comment parlent-ils ? De quoi parlent-ils ? *Les Loukoums* ont effectivement à peine dépassé les dix mille exemplaires vendus, en sept ans, en édition normale. Yves a glissé *Un village à la place du cœur* dans un tiroir. Fièvre. Folie. Jours heureux de grandes capacités amoureuses et de malheur. Yves commence à écrire une pièce de théâtre, *Il pleut, si on tuait papa-maman*. Unité de lieu : Vétheuil. Personnages : un frère et une sœur. Sujet : deux enfants, en vacances. Il pleut. Ils sont malheureux parce que leurs parents s'aiment et font la sieste tout le temps. Ils s'inventent ces jeux d'adultes que les adultes qualifient volontiers de jeux d'enfants. Pour rire. Rire ?

Le dimanche soir, Yves attend Rupture n° 1 depuis deux longues heures. Il est en retard. Il a dû rencontrer quelqu'un en route. Il racontera encore une histoire, toute belle, toute neuve. Le téléphone sonne. Yves écoute son frère Jean-Jacques lui annoncer que René est à l'hôpital Américain. Il a eu un infarctus très tôt, le matin même, au départ du parcours ouest du golf du Prieuré. Devant Adrienne. Il jouait seul, avec son caddy, devant elle. Il est tombé sur le green du 1. Jean-Jacques dit à Yves « ce n'est pas la peine de venir. Papa est en réanimation. Surtout, ne te sens coupable de rien. Maman m'a parlé d'une lettre de toi que papa a trouvée en rentrant de la chasse, hier. Il n'y a aucun rapport entre la lettre et cet accident. Compris ? » La voix de Jean-Jacques est nette, franche. Quand Yves raccroche, coup de sonnette. Yves appuie sur la commande de la porte. Le temps de se passer le visage sous l'eau dans la salle de bains, Rupture n° 1 est là minaudant, parfait, idéal « je voulais te téléphoner, mais je me suis rendu compte que je n'avais plus d'argent. J'étais à Maisons-Alfort. Je venais de voir mon père. Alors j'ai fait tout le chemin à pied. Je peux prendre une douche ? » Quand il sort de la salle de bains, nu, souriant, Yves lui dit « je croyais que ton père vivait à Dunkerque, et que tu ne le voyais plus ». Le garçon lui dit « pourquoi doutes-tu toujours de tout ce que je te dis ». Le garçon. N° 1. Il se jette sur le lit « viens ! »

Le mercredi suivant Yves se rend à l'hôpital Américain. Blouse aseptisée, bâillon, calot sur la tête, il n'a que ses yeux pour parler à son père. René, couché, livide, le corps rattaché à toutes sortes d'appareils, fixe son fils du regard, yeux étonnamment bleus, comme si Yves ne l'avait jamais remarqué : un bleu du ciel. Yves dit à son père, à travers le bâillon « n'aie pas peur. Tu vas t'en sortir. Tu vas sortir d'ici. Je le sais. J'en suis sûr. Tu vas vivre mieux. Tu vas prendre ta retraite. Il le faut. Je les ai vus, là, dans la pièce à côté. Ils viennent voir le patron. Ils viennent te voir pour la dernière fois. Comme des oiseaux de proie. Et je n'aime pas ça. L'un d'entre eux s'est même instinctivement frotté la main après avoir serré la mienne. Comme ça. Regarde. C'est drôle. Ils veulent ta place : laisse-leur ta place. Et sors d'ici. Tu sortiras d'ici. J'en suis sûr ».

Huit jours plus tard, un interne de l'hôpital, ancien élève du lycée Pasteur, connaissant bien les rapports d'Yves avec son père, dira à Yves « je ne sais pas ce que tu as dit à ton père, mais mercredi dernier, nous lui donnions un jour pour vivre. Voilà. C'est tout ce que j'avais à te dire. Dans six à huit semaines, ton père sortira d'ici. Il parle de toi, tout le temps. Il me demande comment tu étais, au lycée, avec nous. Qu'est-ce que tu veux que je lui dise ? » Yves regarde son ami et répond « Yvette ».

Yves se revoit, le jour de l'An, dans la chambre de son père. Pire qu'un dimanche, pire jour de l'hiver, dans cet hôpital au cœur de Neuilly, René dit à Yves « quand je suis tombé, ta mère n'a pas bougé. Elle était au départ du 1. Elle n'est pas venue vers moi ». Silence. « Elle ne disait rien. » Silence. « Elle n'a rien dit jusqu'à l'arrivée de ton frère. Elle regardait ailleurs. Si, à un moment, elle a dit qu'elle avait faim. » Silence. « Elle n'a pas voulu monter dans l'ambulance. » Silence.

« Pourquoi ne vient-elle pas me voir ? Dis-moi ? Réponds-moi ? » Yves murmure « je n'ai pas le droit de te répondre, papa. Calme-toi, je te le demande ».

Dix fois, de janvier à mai, Yves demandera à Rupture n° 1 de ne plus « venir ». Il lui dit « je ne t'en veux pas. Je m'en veux simplement de devenir, par toi, quelqu'un que je n'aime pas. Quelqu'un de jaloux. Quelqu'un de fou ». Mais le garçon dit ce qu'il faut dire de touchant, très exactement dans la situation à chaque fois renouvelée, étonnantes flèches perverses. Et tout recommence. Au sortir du théâtre du Palais-Royal, un dimanche après-midi, ils viennent, par curiosité, de voir *La Cage aux folles,* en matinée, la comtesse de Racole-Boches s'était trouvée (ou trouvé) à côté d'eux, flanquée (flanqué) d'un académicien honteux, Yves dit au garçon « je rentre seul, à la maison. Tu ne rentres pas avec moi. Serrons-nous la main un bon coup cette fois. Soyons lucides une fois pour toutes ». Et le garçon sourit « mais la lucidité n'est qu'une autre manière de ne pas voir les choses telles qu'elles sont ». Puis, tout doux « tu ne peux pas me faire ça » et « je ne peux pas vivre sans toi ». Yves écrit une autre pièce de théâtre, *Freaks Society*. Unité de lieu : Amsterdam. Personnages : des hippies. Sujet : ils fuient une famille pour en recréer une autre. Récréation comique et amère.

Pour Yves, toutes les fuites sont bonnes. Il part pour l'Egypte. Descente du Nil. Douze jours. Il écrit un roman, en douze jours, sur le pont du bateau, entre les visites de sites archéologiques. Titre : *Drummond*, avec deux « m » cette fois. Un roman de science-fiction tiré d'une de ses « mauvaises nouvelles ». Alors qu'il n'a jamais lu aucun roman de science-fiction, même Jules Verne l'ennuyait, il en écrit un : des bébés sans sexe, une fin du monde. Yves essaie de gommer en lui Rupture n° 1. Corps cassé. Rapport frontal. Yeux grands ouverts. Et toujours les mêmes confidences « tu es le seul », « tu es le premier », « c'est bon », « ne bouge pas ». Il écrit *Drummond* parce qu'il ne se produit ni ne se reproduit dans la fausse compagnie de Rupture n° 1. Le garçon s'est installé dans une chambre de bonne, dans un immeuble, rue Saint-Simon, en face du petit hôtel où Yves a rencontré le « chasseur de têtes » de la B.B.D.O. Yves une nuit, devant l'immeuble, fait le guet. Qui entre ? Qui sort ? Des heures. Personne. Le lendemain il écrit au garçon pour lui demander de ne plus le voir. Nième fois. Et le garçon surgit rue Saint-Benoît, en pleurs, à genoux devant Yves, la tête sur les genoux d'Yves. Il dit « c'est plus fort que moi. Et je ne t'ai jamais menti. Jamais. Je te respecte trop ».

Fin avril, Yves pose nu pour un magazine. Il a accepté par vertige et mépris de tout ce qu'il vit, de tout ce qui l'entoure, jeux, images : il ira jusqu'au bout de ce scandale qu'on lui prête. Il accepte pour tant de dérisions. Il ne joue pas le jeu d'une société qui se dévoie par pudibonderie inversée. Il va seulement « encore plus loin ». Mise à nu. Au sens propre et aussi au sens profond. Oui, tout cela à la fois.

Un jour de mai, Rupture n° 1 réapparaît après trois jours « sans donner de nouvelles ». Explication « j'étais chez mon père ». « Où, cette fois ? » « Je n'ai pas à répondre à tes questions. » « Alors va-t'en. Et pour de bon. » Yves ouvre la porte. Le garçon recule. Yves se dirige vers lui, l'empoigne. Le garçon se débat, attrape tout, meubles, objets, étagères de la bibliothèque. C'est la bagarre. Vêtements déchirés. Yves le frappe à coups répétés. Le garçon saigne de l'arcade sourcilière gauche. Sang. Yves le pousse, le traîne jusque dans l'escalier. Et là, brusquement, Yves voit blanc, tombe net, cassé en deux, douleur dans la tête et dans le ventre. Le garçon est rentré. Il crie, dans la salle de bains, il crie qu'il a perdu un œil.

Le garçon, frayeur, téléphonera à un ami d'Yves. L'ami d'Yves téléphonera au docteur. L'ami et le docteur arriveront un quart d'heure plus tard. Piqûre. Yves est endormi de force. Au moment de verser dans le sommeil, il entendra son ami et le docteur dire au garçon de partir et de choisir « dans les vêtements d'Yves » pour qu'il puisse sortir sans être remarqué. Yves sait par Adrienne, depuis quelques jours, que la maison de Vétheuil, elle aussi, a été vendue. Dans quelques jours, le roman *Les Loukoums* sortira en librairie. La première critique titrera, *N'en jetez plus !* et s'achèvera par, *un auteur à suivre, malgré tout, en se bouchant le nez*. Aucune des quelques autres, favorables ou défavorables, tout étant toujours critiqué en termes de faveur ou de disgrâce, ne parlera du chant de New York, du mal de Rasky, de l'écriture pour conjurer la mort d'un temps, d'une époque. Rien, rien de tout cela. La surface du texte seulement a été retenue, petite histoire des docks et des adorateurs de cadavres.

Yves menace de « tuer » le garçon s'il le revoit. Il le dit à qui transmettra le message. Surviennent alors les délatrices « tu sais, il avait aussi une liaison avec X, avec Y », « je connais quelqu'un qu'il a emmené chez toi, pendant que tu étais en Egypte ». Etc. Yves ne dort plus : il suffoque. Dès qu'il s'allonge : il étouffe. Il ne pense qu'au garçon. Il croit le voir partout. Il descend à Joucas : crise. Il ne peut pas dormir dans le lit où il l'a guetté, toute une nuit, ensemble, la seule fois, un week-end. Yves rentre à Paris. Le 30 juin, il assiste à la première représentation de sa pièce *Il pleut, si on tuait papa-maman*. Il se tient en cabine de régie. Son père est là, dans l'assistance. La première « sortie » de René. Sauvé. La pièce se donne en plein air dans la cour de l'hôtel de Fourcy, dans le cadre du Festival du Marais. Yves est choqué, comblé puis ému par les réactions du public, ponctuation sensible, rires, frémissements, respirations. C'est un théâtre possible. La pièce fonctionne. Invite. Résonne. Un succès. Mais ce succès, Yves n'en jouit pas. Il veut tuer le garçon s'il le revoit.

Yves a une moustache et fume cigarette sur cigarette : in memoriam Billy. Désormais, dépression, il prend des calmants, il a besoin de calmants : in memoriam Rupture n° 1. Et les gens pensent que *Les Loukoums* se vendent à des dizaines de milliers d'exemplaires. Jean-Louis dit à Yves, en riant « qu'est-ce que tu as encore fait ? » Obsessions, hallucinations et impressions, à chaque coucher, que son cœur va s'arrêter de battre. Sueurs froides. Yves saute du lit, se prend le pouls. Jean-Louis écrit à Yves, *le bonheur, c'est ce qu'on en fait. Ce n'est rien d'autre. Tu le sais*. Roland, lui, parle de « signe ». Il part pour Urt, chez sa mère. Yves part pour Joucas, seul. Il corrige *Drummond* et enferme le manuscrit dans un tiroir. Il réécrit la pièce *Meet me in New York City* qui devient *Lucienne de Carpentras*. Et le cadavre interrogé par Lucy, dans cet acte de théâtre, sous le regard d'Abel, gardien du Funeral Home, ne sera autre dans l'esprit d'Yves que Rupture n° 1. Yves le tuera, en écrivant. Eté de crises, le front sur le carrelage ou sur la machine à écrire. La mémoire de Valentine.

Le meilleur moyen de taire quelqu'un est de dire qu'on parle beaucoup de lui. Dans la maison d'édition, « on » attend déjà le roman suivant. Quel roman ? De quelle dictée ? Ils n'aiment jamais le roman qui paraît. René a acheté une propriété, au cap Bénat, en surplomb de la mer, pour « réenraciner la famille ». Il a fait construire une petite maison à part pour Adrienne qui a désormais besoin d'une infirmière « à demeure ». Les aînés et leurs familles passent leur été là. La maison de Vétheuil, vendue, doit être vidée avant le 20 août. La maison du parc de la Malmaison vient d'être achevée. René demande à Yves de s'occuper de « tout ça ».

## 78. La maison bafouée

Premier jour. 16 août. Yves arrive tôt, le matin, conduit par monsieur Perche, de Paris, dans la voiture de René. Les deux jardiniers attendent déjà devant la maison. Un camion de location bloque la rue. Devant le portail, des piles de sacs en plastique, et un panier plein de bobines de ficelle. Le trousseau de clés. Ouverture du portail. Les trois hommes laissent Yves entrer en premier. Hortensias, roses, bégonias, tout est en fleurs, parfum subtil, craquillant, petite brise, l'appel des collines, surplomb des falaises : Yves se sent saisi. Il traverse le petit jardin de façade et, sous le porche d'entrée, cherche la bonne clé, mais instantanément, à travers des larmes, n'y voit plus rien. Il a vécu la même scène dans certains films aussi courageux que démagogiques : le matin d'une peine capitale, l'approche du procureur, des avocats, de l'aumônier, du directeur de prison et le condamné, surpris dans sa geôle. Le premier regard du condamné à mort quand il comprend que sa grâce a été rejetée. Deux fois, en 1969, quand il gagnait « beaucoup d'argent dans la publicité », Yves avait proposé à son père, en présence de ses frères, de renoncer à tous droits d'héritage contre l'usufruit de la maison de Vétheuil. Mais sa proposition n'avait pas été prise au sérieux. René avait dit « tu es trop jeune pour devenir propriétaire » et « que ferais-tu d'une si grande maison puisque tu vas vivre seul ? » Puis il y avait eu Billy et le choix de Joucas.

Yves s'essuie les yeux, se mord les lèvres, fronce le menton pour retenir d'autres larmes. Les calmants, depuis trois mois, ne font que masquer sa dépression et entretiennent profondément la blessure d'amour-propre, passion qui galope encore. Jean-Louis disait « les sentiments tu les commandes. Mais la passion, plus de selle, plus d'étriers, plus de rênes, il faut tenir en croupe, et ça galope, ça galope ». Il avait ri en disant cela à Yves. Il avait ajouté « et seul le rire sauve le cavalier dans la poursuite. Pendant des années, j'ai regardé les westerns en ne pensant qu'à ça ».

*Jeudi 28 août.* G.W. me téléphone de Paris. Il « doit » écrire une pleine page sur *Le Jardin d'acclimatation,* dans les pages littéraires d'un journal, et souhaite me poser des questions. Il veut faire un « portrait ». Première question : tu as connu Henri Prouillan ? Réponse : oui, à de très nombreux exemplaires. Question : je ne comprends pas. Peux-tu répondre plus précisément. Réponse : Henri Prouillan, le père, est dans tous mes romans. Il s'appelle Antoine Duperin dans *Lady Black,* Pierre dans *Evolène,* monsieur Dauzan dans *Le Cœur qui cogne,* Gabriel dans *Je vis où je m'attache,* c'est toujours lui, toujours le même et jamais le même. Question : je t'entends mal. Réponse : je vais parler plus fort. Comme ça, ça va ? Et j'ai trop parlé. Trop dit. Trop. Et G.W., que je connais peu, en me laissant dénoncer l'inévitable « faire dire » du questionneur, était encore en train de me « faire dire ». Le triomphe du persécuteur amusé ou professionnel est d'accuser le persécuté d'être l'auteur de cette persécution et d'en avoir le « goût ». Accent circonflexe. L'article paraîtra le 12 septembre. La curiosité du journaliste désormais acculé à la fabrique d'événements masque à peine la collective volonté de délation. J'ai eu beau dire et répéter à G.W. que tout le « matériau critique » était dans le texte lui-même et qu'il n'avait qu'à dire simplement sa lecture : rien n'opérait dans le sens d'une digne écoute. Il me suffisait de l'entendre traiter Henri Prouillan d'ordure alors que dans le texte je ne juge aucune des personnes derrière les personnages, je les aime toutes, je ne les accuse pas, seul ce qu'ils ne peuvent pas vivre ensemble accuse, et les questions fusaient de plus belle, toujours les mêmes questions. Alors « j'expliquais » à G.W. mais je crois que nous avons tenu un dialogue de sourds. Nous sommes « acclimatés » à un point de non-retour, et nous cherchons tous, instinctivement, à trier le grain de l'ivraie, le bien du mal, le héros du salaud. J'ai dû dire aussi quelque chose comme « attention aux superlatifs, vous les avez tous usés. Vos lecteurs n'y croient plus. Il faudrait en repenser l'emploi. Leur reconférer une rareté ». Et me voilà coupable. Il insistait et voulait aussi savoir pourquoi je restais à Joucas. Je reste à Joucas parce que je suis à Vétheuil. Mais comment aurais-je pu le lui dire ?

*Joucas le vendredi 29 août. A G.W. Mon cher G. Pourquoi faire un portrait qui sera encore, vraisemblablement, celui du personnage que l'on, ou que vous me prêtez pour me tenir dans un écart ? Une critique, une vraie critique, est-ce encore possible ? N'y a-t-il pas dans* Le Jardin d'acclimatation *le matériau nécessaire, abondant et généreux ? Alors ? Alors tu m'as posé hier des questions, toujours les mêmes questions. Si j'ai connu Henri Prouillan ? Mais je ne fabrique pas de l'écrit, reproduction du réel, sujet à ragots et dénonciations. Je livre ma vie à une écriture, réalité en soi. Et toutes les questions qui ont suivi ! Pour tout ramener à je ne sais trop quelle réalité de faits. Le roman, réalité en soi, existe. Il est temps que toi comme tant d'autres vous remettiez à la tâche amoureuse d'une critique messagère. Tu m'as encore « fait dire », hier, des choses auxquelles je crains fort que tu « fasses dire », disgrâces successives, besoin de marteler une communication qui n'a plus rien de littéraire, des choses qui ne sont pas celles dites, simplement dites, dans le roman, cette réalité en soi. Surtout pas une de ces reproductions du réel que vous célébrez, sacrifiant à la dictée de la société de consommation, en termes superlatifs usés et lassants. En toute amitié. Yves.*

*Joucas le 29 août. Mon cher Papa. Pourquoi persistes-tu à écarter de toi tous ceux qui t'approchent ? Ainsi, à deux reprises, hier, tu me dis que tout ce que je te dis te condamne. Ne dis pas que tu es isolé : tu t'isoles. Si l'autre, t'approchant, par élan, affection, amitié, ne tenant pas ton discours, le discours de cet isolement que tu maintiens avec acharnement, tu l'écartes, tu l'accuses d'offense, d'affectation ou de condamnation. Et voilà que vingt et un ans plus tard je t'écris la même lettre, les mêmes mots, la même invitation à un « mieux-accueillir ». Qu'est-ce donc qui te fait repousser tout élan vers toi ? Tout cela est indigne de l'affection que nous te portons. Respire, regarde, écoute, partage et surtout calme en toi des rancœurs dont tu n'oses même pas livrer, dévoiler l'origine pour que nous puissions t'aider. Ah mais ! je ne veux plus de ces petites comédies de malheur. Tu me dis « parle-moi », je te parle, et tout de suite, tu m'accuses de te condamner. Allons donc. Ouvre ton cœur. Il y a encore, malgré tout, de beaux jours à venir si tu les désires tels. Affectueusement. Yves.*

J'ai d'abord écrit la lettre à mon père. Et ensuite celle adressée à G.W. Je les ai écrites sans penser que j'allais les transcrire ici, côte à côte. Et côte à côte, elles me désignent. Je *lui* ressemble. Là est le sujet de *Biographie* et mon espoir : sortir de *lui*, comme si on ne sortait que du ventre de sa mère. La suite. Il faut avancer. Que s'est-il passé le 16 août

1973, à Vétheuil ? Je viens d'ouvrir la porte de la maison. Elle me regarde. Elle sait qu'elle est « condamnée ».

Un bâton de craie à la main, Yves dessine des croix sur les meubles qui seront transportés dans la nouvelle maison de la Malmaison. Les quatre hommes ont commencé le grand tri par l'atelier. Entassés dans un réduit, des cartons de toutes les tailles, dans lesquels Adrienne pendant près de vingt ans a rangé toutes sortes d'objets et de vêtements, *affaires de ski, vêtements d'enfants, souvenirs de Port-Jérôme, matériel d'escalade, livres de classe, photos en vrac, coupons de tissu, matériel de pêche, jeux de salon, vaisselle dépareillée, chapeaux René, chapeaux Adrienne,* tout est marqué de sa main. Parfois, Yves ouvre un carton pour vérifier si le contenu annoncé est bien dedans. Au début, il fouille un peu, mais très vite il se rend compte qu'il n'a que trois jours pour vider la maison et qu'il est impossible de s'arrêter à chaque objet, chaque message. Dans le réduit de l'atelier, il y a aussi le lit bleu, son lit d'enfant, cassé, oublié, peinture écaillée. Yves en porte les montants et les jette lui-même dans le camion où s'entassent déjà cartons et sacs en plastique. Il descend et monte l'escalier comme un voleur. Les quatre hommes ne se parlent pas. Chacun a aimé cette maison. Un temps. Une histoire est finie. Il faut vivre cette fin. Dans une boîte, des petits sacs de pièces de monnaies étrangères, Venezuela, Inde, Pakistan, Argentine, U.S.A., Mexique, Gabon, U.R.S.S., Hollande, Italie, Brésil, Pérou, Norvège, Grèce : Adrienne rangeait tout, étiquetait et oubliait ensuite. Un des deux jardiniers garde les monnaies pour sa fille qui en fait collection. Dans cette petite boîte, il y a tous les voyages de René et d'Adrienne.

Puis, au premier étage, il faut vider les armoires. Yves décide du linge. Les draps qu'il faut garder et ceux qu'il faut donner ou jeter. Et les vêtements : même décision à chaque cintre. Garder, donner ou jeter. Différents sacs. Dès qu'un sac est plein, il faut le nouer, ciseaux, bout de ficelle. Yves va de plus en plus vite. Il « jette » de plus en plus. Les robes d'Adrienne, toute sa vie, et tous les costumes de René. Adrienne ne jetait rien, armoires pleines, tiroirs qu'Yves a du mal à ouvrir. Après le déjeuner, ils feront un premier aller et retour à la décharge municipale, videront le camion et, avec un peu d'essence, mettront le feu au tas. De l'essence. Pour que personne ne vienne fouiller dans tous ces papiers, ces objets, ces vêtements. Petite colonne de fumée noire. Puis l'après-midi à vider les chambres. Très peu d'objets iront à la Malmaison. Avant de repartir pour Paris, Yves fait le tour du parc et celui du potager. Derrière la rocaille, derrière les noisetiers de l'écureuil, le cimetière des chiens, trois croix dans la terre entre un massif de rhododendrons, fin du parc, et la première des rangées de framboisiers, début du potager. Une croix pour Pantalon II et deux croix pour deux des chiens de chasse. Pantalon I a été incinéré. Des croix, pour des chiens. Et les framboisiers croulants de fruits. La maison a été vendue, mais sans la récolte des fruits. René a dit à Yves, au téléphone « ce seront nos dernières confitures ». Le lendemain, les quatre hommes videront la cuisine, la salle à manger et le salon. Puis les caves, le hangar, le garage. Ils feront plusieurs aller et retour à la décharge, et à chaque fois, le feu. Un feu. De la fumée.

C'est quoi le charme d'une maison ? Une accumulation ? A Vétheuil, il y a tout : les meubles de Bonne-Maman comme ceux de Grand-Mère, les meubles de Port-Jérôme comme ceux de la première maison de la villa Sainte-Foy, tout ce qui est tombé en disgrâce, à Paris, et tout ce qui a été acheté pour cette maison-là. Un beau mélange. Yves, d'une croix, marque ce qu'il y a de plus beau. René lui a demandé d'installer la nouvelle maison. Yves choisit pour ses parents, eux, eux deux, lui et elle, surtout elle ? Il sauve en premier les meubles de la maison des Promenades. Les meubles de l'enfance d'Adrienne. Le troisième jour, visite des nouveaux propriétaires. Yves leur propose, à des prix dérisoires, les meubles et objets qui n'ont pas de croix. Le couple marchande. Pour la table de la salle à manger, cinq cents francs, l'homme dit « à trois cents je trouverai la même chez les chiffonniers d'Emmaüs ». Yves lui demande poliment de s'en aller. Son épouse, l'air gêné, prend la relève. Un brocanteur viendra à midi pour acheter « en lot » tout ce qui n'aura pas été choisi par elle, sans marchander.

Plus rien aux murs, plus rien aux sols, quelques meubles et quelques objets, en tas, au milieu de chaque pièce, désignés, choisis, sauvés : ils iront dans la nouvelle maison. Combien de fois les quatre hommes ont-ils fait l'aller et retour avec le camion ? A la décharge, Yves vérifie si tout a bien brûlé. Et c'est seulement dans la voiture, en repartant pour Paris, qu'Yves retrouvera les larmes du premier jour, en ouvrant la porte : le parfum de cette maison où ils avaient été heureux, demandeurs, ensemble, était là, encore, tapi. Un rien aurait pu le raviver. Le soir même, Yves part pour Joucas. Sur le quai de la gare, il croit voir Rupture n° 1. Il écrit un roman, *Lorsque le soleil tombe*. Unité de lieu : Huelva. Sujet : Pilar, la Loca. Et une pièce de théâtre, *Dialogue de sourdes*. Unité de lieu : une classe. Sujet : un professeur de français parle à des élèves qui ne l'écoutent pas. Biffer Rupture n° 1 ?

Octobre. Yves ne peut plus ni dormir ni travailler dans le studio de la rue

Saint-Benoît. Le téléphone sonne : Rupture n° 1 ? On sonne à la porte: Rupture n° 1 ? Et surtout le lit, la baignoire, la terrasse, les murs égratignés par endroits, et l'obsession de la bagarre du dernier jour avec le garçon. Rupture n° 1 a « tout touché ». Pour le même loyer, Yves trouve un appartement de cinq pièces, sur les quais, en face de l'île Saint-Louis. Il décide de s'y installer. Fuite. Travaux : murs blancs, moquette bleu foncé, des plantes vertes, et dans les chambres, trois des lits de Vétheuil. Un bureau, un salon, une salle à manger, une chambre d'amis, sa chambre et pas de vis-à-vis, la Seine, grise, et le ciel, gris. Il a enfin « comme une maison ». Dans sa chambre, le bureau de Vétheuil sur lequel il a écrit son premier roman. Yves apprend à ne plus supporter ce que lui disent ceux de ses amis qui ont lu *Les Loukoums,* « dès que je l'ai terminé, je l'ai jeté », « tu devrais mettre ton talent au service d'histoires normales », « ne me dis pas que c'est celui de tes romans que tu préfères », « c'est chouette : tu donnes toutes les adresses de New York » ou « c'est vrai, ce que tu écris ? Ou tu inventes ? »

Novembre. Yves participe à l'enregistrement d'une émission médicale sur « l'homosexualité ». Il répond aux questions d'Etienne Lalou. Il s'agit bien de montrer que l'homosexualité n'est pas une maladie. Après l'enregistrement, Yves ne se souvient que d'une chose dite sans qu'il l'ait même jamais formulée ainsi auparavant « dans le milieu des homosexuels, il y a une entrée des artistes, mais pas de sortie de secours ».

Décembre. Janvier. Yves corrige *Lorsque le soleil tombe.* Roman imparfait que le tourment de Rupture n° 1 a troublé. En mal. Rien. Yves n'écrit plus. Il ne peut plus écrire. Le changement d'appartement n'a pas chassé le souvenir du garçon. A un dîner chez la romancière Irène Monési, dont le mari Philippe de Mones vient d'écrire une postface pour *Le Roi des Aulnes* développant le thème *De la vocation maternelle de l'homme,* Yves retrouve Michel Tournier. Irène aime les chats et dit, depuis des années, à Yves qu'il lui « faut un chat ». Michel annonce qu'il en a un, fils d'une « fille de mauvaise vie » qui a élu domicile chez lui. Yves adopte le chaton sans l'avoir vu et l'appelle Tiffauges, hommage au parrain. Quelques mois plus tard, Yves ira chez Michel choisir une nièce de Tiffauges, pour que Tiffauges ne soit pas seul, et l'appellera Tiffany.

Fin janvier. Yves reçoit à déjeuner, chez lui, son éditeur et le fils de son éditeur, Charles-Henri. Sur son bureau, reliés, trois romans, *Un village à la place du cœur, Drummond* et *Lorsque le soleil tombe.* Il a publié trois romans. Il « en doit » encore trois. Il ne veut pas publier ces trois romans-là. Mais ils existent. Yves les remet à Henri Flammarion en lui disant « je vous les donne non pour vous quitter mais pour rester avec vous. Le contrat que vous m'avez fait signer, et que j'ai signé, ne tient pas compte de mon travail d'écrivain ». Et Yves, alors qu'ils prennent le café, leur lit le début d'un roman qui plus tard sera publié sous le titre de *Killer*. Ces pages, âpres, et sous le sceau d'une sexualité autre, choquent Henri Flammarion. Après *Les Loukoums*, l'éditeur attend un livre « plus sage ». Yves lui annonce qu'il veut un jour vivre de sa plume. Il veut aussi de moins en moins mener de front le travail de rédacteur et celui de l'écriture. Il veut enfin un nouveau contrat s'il écrit le roman attendu. Yves veut. Mais ?

Début février. Yves part pour Joucas avec Tiffauges et sa Valentine. On ne décide pas d'écrire un roman, il s'écrit : leitmotiv de *Biographie*. Le jour de son arrivée, Yves tape sur une première feuille, *Le Cœur qui cogne. Roman. Yves Navarre.* En exergue, un poème de Maeterlinck extrait de *Serres chaudes*. Il n'y a pas de « commande littéraire ». Yves n'a eu qu'à se pencher pour écrire, écrire une famille, encore une famille. Pas vraiment la sienne. Une autre famille : les Dauzan. Unité de lieu : Vétheuil. Unité de temps : un week-end. Sujet unique : la tendresse, *ce hasard à double tranchant*. Et la maison bafouée. Et Adrienne, qui s'en va. Adrienne ou madame Dauzan.

Le 1$^{er}$ avril, Yves achève le roman en fin de journée. Il fait nuit. Déjà. Dans la rue du village, des bruits de voix « Pompidou est mort ! » Les voisines blaguent entre elles « c'est un poisson d'avril ». Le roman est terminé. Yves peut rentrer à Paris. Mais il ne peut plus se passer des médicaments pour dormir : Rupture n° 1 est dans la plume de l'oreiller, les yeux grands ouverts, avec cet air toujours nouvellement émerveillé « mais je te jure que je ne te mens pas, tu es le seul, tu es... » Yves frappe son oreiller à coups de poing. Chaque nuit, il se bat encore avec lui.

Chez l'éditeur, *Le Cœur qui cogne* est accueilli sans grand enthousiasme. Mais pourquoi attendre d'eux de l'enthousiasme ? Le fait même qu'Yves attende une expression d'attention et de conviction interdit celui-ci ou celle-là, ami ou amie, des couloirs et des bureaux de la maison d'édition : ce n'est qu'un livre entre tant. En exergue du *Cœur qui cogne*, le poème de Maeterlinck s'achève ainsi, *allez d'abord à ceux qui vont s'évanouir. Ils ont l'air de célébrer une fête nuptiale dans une cave. Ils ont l'air d'entrer à midi dans une avenue éclairée de lampes au fond d'un souterrain. Ils traversent en cortège de fête un paysage semblable à une enfance d'orphelin.* Quand Yves va au théâtre, seul, il demande à la caisse « il vous reste un orphelin, pour moi ? » et au cinéma « un orphelin normal. Non, je ne suis plus étudiant ». Giscard est élu. Le lundi matin, Yves s'inscrit au Parti socialiste. Section des écrivains.

## 79. Dimanche 31 août

Trois heures du matin. C'est la fête au village de Joucas. Il y a deux ans, Rupture n° 3 était là, le futur Duck du *Temps voulu*. C'était la fin d'un cauchemar d'été. Il y a un an, Rupture n° 4 était là et me nommait les étoiles. C'était la même fin d'un même cauchemar d'été. Ce soir, Mira et Jacques sont venus dîner à la maison, avec Anne-Marie, fille de Mira, et son époux Thierry. Je fus témoin de leur mariage il y a également un an. Et comme tous ces anniversaires me troublaient, le dîner ne fut pas aussi joyeux que nous le souhaitions tous les cinq. Pourquoi, alors qu'ils attendaient de moi que j'improvise des chansons, Thierry ayant apporté sa guitare, me suis-je mis à leur lire des poèmes : de la table, chez moi, il suffit de tendre la main, la bibliothèque est pleine de trésors. De livre en livre, de poème en poème, je suis tombé sur ce recueil (et dans recueil il y a recueillir) de poèmes d'Apollinaire, acheté quand j'avais huit ou neuf ans, usé, papier jauni, tant de fois lu, parcouru. Entre deux pages un petit carton en signet, et sur le carton, à l'encre rouge, le nom et l'adresse de Rupture n° 2, sans doute relevée le soir de notre première rencontre, alors que je venais de lui lire ces vers de *L'Amour, le dédain et l'espérance* : ... *J'ai cru prendre toute ta / beauté et je n'ai eu que ton / corps / Le corps hélas n'a pas l'éternité / Le corps a la fonction de jouir mais / il n'a pas l'amour / Et c'est en vain maintenant / que j'essaye d'étreindre / ton esprit /... Est-il trop tard mon cœur pour / ce mystérieux voyage / La barque nous attend / c'est notre imagination.* Et je viens, sacrilège, d'ajouter au poème une ponctuation, ces barres, pour marquer les césures, passages à la ligne, respirations.

Mon père m'a téléphoné en fin d'après-midi pour me remercier de « la lettre ». Nous avons longuement parlé. J'étais calme. Calmé aussi puisqu'il m'appelait. Mais il ne voulait pas écouter ce que je lui disais. En lui parlant de lui, je ne fais que lui parler de moi. En lui disant qu'il n'est pas isolé mais qu'il s'isole, je ne fais que m'inciter avant de l'inviter. Et pourtant, c'est bien de lui qu'il s'agit. Tout s'applique, férocement, aussi bien à lui qu'à moi. Mais plus je lui parle, plus je lui annonce ce qu'il devrait vivre et comme il devrait le vivre, plus je le sens acharné à défendre ses rancœurs contre nous tous qui l'entourons. Je lui avais adressé la lettre en « distribution spéciale » pour qu'il la reçoive hier matin, sans tarder. Il m'a expliqué qu'il avait vu dans cette « charge supplémentaire de timbres » et dans cet « étiquetage d'urgence » un « signe mortel » comme si j'avais usé de ce tarif « pour que la lettre n'arrive pas trop tard ». Il fit sonner le « trop tard » avec tant d'angoisse et de reproche que je ne pus que sourire et lui dire que je n'avais simplement pas voulu que la lettre subisse la loi lente du courrier de l'été. Or, il ne voulait pas me croire. Il tenait à son « signe mortel ». Il s'est remis à dénigrer, accuser, et sentant que de nouveau je perdais patience, au bout d'une heure de communication, inévitable retour à ces griefs auxquels il tient comme à des pépites de malheur, pierres d'offense, affront brut, il m'a redit son merci pour la lettre et nous avons décidé d'un commun accord d'interrompre la conversation. Qui donc, après Rupture n° 1, m'a écrit, *on n'atteint jamais la conscience de quelqu'un* ? C'était une carte postale envoyée de Grèce. Rasky je crois.

Quatre heures de l'après-midi. La musique du bal vient de reprendre. Le mistral souffle. Le ciel bleu claque. Emanuel m'a téléphoné de Paris. Sa voix était triste. Comme je ne trouvais pas de mots pour lui donner de ce courage, en échange, mutualité, obstinés que nous sommes tous deux à défendre nos écritures respectives, je lui ai lu le poème d'Apollinaire en entier. Je crois que cela nous a rendus heureux. Fin du poème... *Je donne à mon espoir mes narines qu'embaument / les fleurs de la mi-mai / Je donne à mon espoir mon cœur en ex-voto / Je donne à mon espoir tout l'avenir / qui tremble comme une petite lueur / au loin dans la forêt.*

Charles-Henri, Marie-Françoise, leur bébé Noémie, et Jean-Michel ont loué une maison, non loin d'ici, pour le mois de septembre. Ils arrivent demain. Si jamais *Biographie*, roman, roman d'origine, est publié, Charles-Henri, en éditeur, me demandera peut-être, compte tenu du nombre de pages, de le « couper en deux », deux tomes. Souvent, depuis plus de cinq mois, je me suis dit, rebelle, que je n'accepterai pas.

Mais s'ils me forcent, très amicalement et avec tant de bonnes raisons qui m'échappent et qui sont imposées par le système éditorial, la première partie s'intitulera *Les Fleurs de la mi-mai. Biographie 1* et la seconde *Mon cœur en ex-voto. Biographie 2.* Et puis non. Pourquoi emprunter au poète ? La compagnie suffit, ici. Aujourd'hui. Ce roman sera un ou ne sera pas.

Ce soir, Jean-Jacques et Marie-Claude viennent dîner avec Marc et Marguerite, mes amis libraires d'Apt. Jean-Jacques et Marie-Claude auront lu le cinquième cahier, pages 819 à 1008 de ce manuscrit. Marc et Marguerite ne sont pas au secret de ce texte. De quoi parlerons-nous ? Il faudra sans doute en parler. Mais non. J'ai peur que le projet de *Biographie* et l'annonce de son entreprise ne jettent une ombre sur *Le Jardin d'acclimatation,* roman « plus autour que jamais auparavant » qui m'a conduit profondément à écrire celui-ci.

A cette page, à ce jour, je me sens accouché. Tout juste délivré. Plus douloureux que jamais. Les cauchemars, la nuit, me secouent. Et la maison, de jour, tangue un peu : je suis fatigué. Mais je sais mon père, enfin. J'ai pleinement mesuré mon attachement à lui. Le seul détachement possible commencerait là. Ou bien commencera. Et j'ai honoré le silence de ma mère, encre de l'encre, elle seule, tout entière, m'invitant à écrire et à dire, pour elle, l'indélébile de l'effacement, l'outrage du renoncement et la leçon du déchiffrage : une seule partition, au piano. Il faut toujours recommencer. Comme dans le poème de Sinclair, *l'interprétation exige un oubli total de l'être au bénéfice de l'œuvre.*

Lassé au sens du lien qui se noue pour mieux se dénouer, cogné, rampant à ces lignes, et plus debout que jamais, il me reste vingt-cinq jours pour parcourir sept ans, sept ans de malheur, *seven years itch,* comme le film avec Marilyn. Je n'aime pas ces années-là : elles sont de nuages. Plus je me vois les traverser, plus je rencontre des êtres obstinés à me vivre tel qu'ils me figuraient avant de me connaître. Le malentendu de l'étiquetage : « écrivain homosexuel », « homosexuel scandaleux », « persécuté », « agressif », autre, un autre, dont je laisserai, à la fin de ces pages, le caparaçon, comme un trophée, leur trophée, celui d'une société aliénée par toutes sortes d'idées libres, aussi artificielles que les *produits libres* annoncés par certains magasins de grande surface et le prix, désormais libre, des livres. Marché que tout cela.

Dures pages : pour corriger il me faut dix fois le temps d'écrire et vingt fois le temps d'avant me mettre à écrire, à chaque fois que je me remets à l'ouvrage, temps de réflexion, de recueillement, pour que tout s'écrive. Vouloir écrire tue l'écriture. Après *Lady Black,* dans *Panier de plumes* je cherchais des lieux de refuge ; dans *Evolène* j'appelais Elie au secours de la méprise qui se tramait ; dans *Un village à la place du cœur,* j'encerclais Vétheuil, j'interrogeais New York ; dans *Les Loukoums,* je poignardais New York, voie en impasse, plain-pied de l'enfer ; dans *Drummond,* je gommais les sexes, peines perdues des corps, et j'inventais un temps futur ; dans *Lorsque le soleil tombe,* je revenais à Huelva et demandais à don Francisco de m'aider, la lumière, l'océan ; dans les premières pages de *Killer,* je voulais mater Paris, ce clan ; et dans *Le Cœur qui cogne,* je sacrifiais Vétheuil : les lieux s'écrivaient d'eux-mêmes. J'étais affolé. J'avais frayeur. Que me reprochait-on d'écrire trop et de jouer le jeu de mes images ? Dans le poème d'Apollinaire je lis aussi... *J'ai empli mon avidité sensuelle de ton sourire / de tes regards de tes frémissements / J'ai à moi à ma disposition ton orgueil même / quand je te tenais courbée et que tu subissais / ma puissance et ma domination.* L'image du garçon, une, un seul garçon, corps étrange, plongée, encastrement... *Le corps a la fonction de jouir / mais il n'a pas l'amour.* De roman en roman, fuyant l'être fixe, fixé dans une mémoire de gestes, je cherchais refuge là où un temps je m'étais senti réfugié. Tout le reste n'est que ce que l'on m'a fait dire. Revendiquer une innocence serait avouer une culpabilité. Et quand, de nouveau, en mai 1974, j'ai accepté de poser nu pour un magazine qui s'appelait *L'Amour,* en principe de marketing destiné aux femmes, ce fut par dérision, humour, l'humour tragique des non-lieux de tous les jugements rendus, au sens du vomi, par une société hypocrite. Je lui « rendais » une monnaie d'échange que je n'acceptais pas : sa monnaie de faussaire. Et j'ai poussé le risque grotesque jusqu'à écrire moi-même le texte accompagnant les photos, sous le titre *Anatomie d'un jeune écrivain.* Michel Tournier sera le seul du « milieu littéraire » à le comprendre et l'écrira plus tard, au moment de la publication de son essai *Le Vent paraclet,* accusé lui-même de mise à nu.

**Lundi 1ᵉʳ septembre.** Premier jour du compte à rebours. Milieu de l'après-midi. Les chats font la sieste. La fête de Joucas est finie. Le calme est revenu. *Le Jardin d'acclimatation* sort aujourd'hui en librairie. Marc et Marguerite m'ont apporté hier un petit texte paru dans un hebdomadaire résumant ainsi le roman, *Henri Prouillan, homme politique ambitieux, a sacrifié sur l'autel de sa carrière son fils Bertrand coupable d'homosexualité. Vingt ans après, ses enfants, sa sœur et lui-même se souviennent.* Et voilà ! Tout se trame de nouveau dans un sens résumé, désigné, étiqueté, abusif. Il faudrait d'une part me réjouir de ne déjà plus être l'auteur d'un texte passé sous silence, et d'autre part taire en moi le danger évident d'une telle analyse. Or, l'ambition, le sacrifice, l'autel et la culpabilité de l'homosexualité, tout est d'emblée, avant même le lu du livre, ramené au carcan de cette morale faussement ouverte qui gouverne, surtout envers et contre tous, définit et minimise. Non que le propos du *Jardin* soit grand mais, dans la réalité du roman, je lance défi au lecteur attentif d'y lire quoi que ce soit d'aussi dogmatiquement affirmé. Je cherche, depuis toujours, depuis que je me suis coincé la tête entre les barreaux de mon berceau, diable d'incident, ma petite madeleine, une écoute à la mesure juste d'une écriture, un regard au niveau égal de l'humain : rien, dans nos comportements, n'est ainsi distingué au sens de la ségrégation. Tout nous résume continuellement dans l'accusation. Mais rien au niveau des personnes de mes textes de romans ou de pièces de théâtre ne coupe, ne classe, n'écarte. L'humain est inadmissible. Il l'est devenu. Les images d'horreur, de famines, de génocides, de meurtres, d'accidents et de guerres ne font que conforter le civilisé occidental dans cette idée-là. L'impressionnisme comme l'émotion n'ont plus cours. L'humanité est inhumaine en ceci qu'elle n'est plus que spectatrice, excellant dans l'art nul de connaître et définir parfaitement les lois du spectacle. Le romancier, acculé, s'il veut vivre de sa plume, n'a plus qu'à distraire pour épater. Mais gare à lui s'il montre son monde tel qu'il est et ses personnes telles qu'elles sont. Il cherche des lecteurs qui seraient acteurs, et avant même de les trouver, par l'inévitable canal des médias, le critique déjà pose tout en spectateur, raconte, résume, racornit, plus rien. Pas de ça. Plus de ça. Achetez un livre de recettes !

Hier, Jésus, le maçon du village, au bal, en bas de la grand-rue, me présente une de ses cousines, vingt-cinq ans, cheveux courts, lunettes. Elle tremblait en fumant sa cigarette et pour parole de première rencontre me dit « je n'ai pas du tout aimé votre dernier roman ». C'est son droit. Mais c'est aussi le mien que de lui dire qu'elle ne rencontrera jamais aucun artiste, digne de ce nom, capable de se réjouir d'un tel aveu. Plus je le lui expliquais, plus elle se fâchait. J'aurais mieux fait de me taire. Faudrait-il alors que je gomme *Biographie* ? Leitmotiv : *Avec quoi écrivez-vous monsieur Stravinsky ? J'écris avec une gomme.*

Il y a un dossier sur mon bureau. Un dossier bleu. Avec une étiquette sur laquelle le visiteur pourrait lire « roman ». Au mois de mars et au mois de mai, j'y glissais des notes pour ce texte en cours, parcours, combattant. Or, ce dossier je ne le consulte pas depuis plus de trois mois. Les notes y dorment, mortes, herbier de mots : le roman a ceci de vivant qu'il est imprévisible. Et je n'ai pas, dans l'itinéraire de *Biographie,* parcouru l'itinéraire prévu, celui de la mémoire vive du départ. Une autre mémoire m'a conduit jusqu'ici et me conduira jusqu'au bout. L'autre face de la lune. Ce texte comme une éclipse.

Mon père vient de me téléphoner. Il a lu et relu « la lettre ». Il me dit qu'il ne veut pas du mot « rancœur », à son sujet. Je lui demande quel autre mot lui conviendrait. Il me répond « ce ne sont pas des rancœurs mais des peines ». Je n'ai pas pu lui exprimer à quel point ces peines étaient vécues par les autres de son entourage et de sa famille comme des rancœurs. J'ai eu beau lui parler de nos parties de golf, avec maman : il ne se souvient de rien. Il dit « je ne me souviens de rien. Ce n'est pas vrai. Je n'ai jamais dit ça ». Comment lui parler sans l'accuser ? Tout le flatte ou le fâche. Tout est de même nature. Il souffre. Coupé de tous, il ne veut que souffrir. Et le voilà de nouveau à tous nous dénigrer. « Avoir beau » est l'expression adéquate : il y a de la beauté dans notre souffrance nantie, et aussi de l'avoir. Le nantissement et l'avoir d'une culture qui se meurt. Anéantissement.

J'ai besoin de Cité, j'ai besoin de « citer » : je replace ici cette phrase de Flaubert écrivant à son ami Ernest Feydeau en 1839, déjà brandie comme un signe, au début du chapitre 5 du *Jardin* : *Les bourgeois ne se doutent guère que nous leur servons notre cœur. La race des gladiateurs n'est pas morte, tout artiste en est un. Il amuse le public avec ses agonies.* Mon père lui aussi écrit, en ce moment. Il se tient à une page, une seule page, qu'il veut blanche, blanchie.

## 80. Le mendiant d'impressions

Printemps 1974, mais ce sera toujours la même quête : Yves attend de son éditeur et de tous ceux qui le représentent un peu d'enthousiasme, des impressions de lecture, une conviction de la collectivité de la maison d'édition, regards, gestes, paroles. Or, plus il attend, plus « il » et « ils » se taisent, et lui font jouer le rôle du mendiant d'impressions. Yves doit se déplacer vers eux, prendre l'initiative de la demande, demander, vous avez lu *Le Cœur qui cogne* ? Qu'en pensez-vous ? Qu'en penses-tu ? Et toujours, dans le regard de l'interlocuteur, comme une interdiction d'avouer un éventuel plaisir de lire ou une absence d'intérêt : le résultat est le même, ils attendent toujours un « autre » livre. « Il » et « ils » ont le regard lassé comme s'il fallait les plaindre d'avoir trop à lire. Et si par hasard, rencontres de couloirs, l'un d'entre elles ou eux donne un avis, c'est toujours l'être chagrin ou froissé qui survient et parle. Pas celui qui a aimé. Où sont les enthousiastes dans les maisons d'édition ? Où sont les fervents ? S'ils sont là, de quoi ont-ils peur ? L'éditeur, Henri, père de Charles-Henri, s'il téléphone, et Yves en fera quatre ou cinq fois l'expérience en dix ans, rares appels, inattendus et toujours quand « tout va mal », ne s'annonce jamais. Il ne dit ni son nom, ni son prénom. Il ne s'identifie pas : il faut le reconnaître. Le trait n'est pas ici tatillon, mais clairement symbolique : l'éditeur se pose en père, hors du temps, et il ne peut tenir ses auteurs qu'en les mettant hors d'eux. Le malaise entre auteur et éditeur n'est que cette affaire de mœurs. Et, parmi ses auteurs, l'éditeur tient ses romancières et romanciers encore plus à l'écart, les classe « luxueux ».

Ils sont, pour lui, le luxe d'un temps révolu. Ils sont ceux qui lui font « perdre de l'argent ». Et si les auteurs en gagnent un peu, c'est toujours trop : l'éditeur leur laisse demander, redemander leur dû, droits des « exemplaires porteurs de droits », dont il annonce le chiffre non contrôlable, non vérifiable, sans aucun commentaire. Quand Yves reviendra chez Flammarion avec son roman *Le Temps voulu,* Charles-Henri dira à Emanuel « je ne comprends pas pourquoi Yves ne veut vivre que de sa plume ». Il y aura marchandage sur le montant de la mensualité demandée par Yves. Le tout, très courtoisement. Ce qui est dit ici l'est sans ironie, cette ironie qui masque toujours « l'affaire de mœurs » et interdit invariablement de la présenter comme telle.

Aujourd'hui, *mardi 2 septembre,* Yves sait qu'on l'a encore intimidé pour *Le Jardin d'acclimatation* tout comme on l'intimida au printemps 1974 pour *Le Cœur qui cogne,* à ne rien dire, ou si peu, ou injustement, timidement. Le succès de la lecture d'un roman, point incident de cette analyse désespérée en soi parce que vouée à d'inévitables interprétations fallacieuses, est avant tout décidé par l'éditeur. Décidé parce que plus ou moins désiré. *Les Loukoums,* pour employer leur expression, « n'ont pas fait plus de dix mille ». Leur désir s'arrêtait là. Et dans la maison d'édition, ceux qui avaient lu dans *Lady Black* un « autre roman à venir » ne le voyaient jamais venir : c'était toujours « au suivant ».

Dans les deux autres maisons d'édition dans lesquelles Yves publiera ses romans, ce sera pis. On l'aimera dans le malheur, dans l'échec et dans l'idée d'une critique définitivement montée contre lui. Un roman publié du bout des lèvres, les yeux mi-clos, chers éditeurs superbes qu'une seule parole d'auteur froisse et indispose, est un texte qui ne se multipliera pas en lectures. La première des critiques, au sens désormais répandu de la sanction, est là, dans la maison d'édition qui le plus souvent tait le roman qu'elle publie. Alors pourquoi font-ils ce métier-là ?

Aujourd'hui, *mardi 2 septembre,* cinq heures de l'après-midi, au bureau de la terrasse, devant le paysage de la vallée, j'ai l'impression d'écrire avec des tessons de bouteille au bout des doigts. Chaque lettre frappée m'écorche. Il faut que je dise tout cela sans que nul ne soit accusé ou n'ait de prise pour se prétendre tel : « ils » ont aussi failli me faire malaimer *Le Jardin d'acclimatation* en me disant si peu leur attention que ç'avait été encore l'ombre, le toujours envers d'une médaille dont ils frappent le bas de chaque couverture de chacun de mes romans.

Jean-Michel est arrivé hier, par le train. Je suis allé l'accueillir en

Avignon et l'ai conduit dans cette belle maison, non loin de Joucas, où il va passer un mois avec Charles-Henri, Marie-Françoise et le bébé, qui sont arrivés tôt, par la route, ce matin. Le 29 juillet, de passage à Paris, le jour où j'ai revu maman, j'ai été obligé de « demander » à Charles-Henri s'il avait lu le troisième cahier de ce texte : je mendiais encore son impression de lecture. Et le quatrième cahier, il l'a depuis un mois. Qu'en pense-t-il ? Pas un mot, pas un coup de téléphone, rien. Rien. Il se met hors du temps, lui aussi, pour me mettre hors de moi, ou alors, il n'a rien compris. Et le cinquième cahier l'attend. Mais depuis ce matin, j'ai décroché le téléphone. Je veux pouvoir écrire, poursuivre ma course, ici. Tout cela de leurs silences, et quand ils parlent ce n'est que renforcer ces silences et les excuser, pourrait m'en empêcher. Jamais cette maison n'a autant tangué. Je ne veux aujourd'hui ni parler à mon père ni parler à Charles-Henri. A plusieurs reprises, entre les lignes de ce chapitre, j'ai dit à voix haute, soliloque, « mais enfin, Charles-Henri, combien de fois, dans ta vie d'éditeur, un de tes auteurs écrira-t-il *Biographie* et t'en confiera-t-il, au fur et à mesure, le texte pour que tu l'accompagnes ? » Si tout ceci que j'écris ici, et que je lance à voix claire, la voix dans les mots, est lu pour une vanité, c'est que jamais plus l'amour de l'artiste à son art, et pour l'amour, partage et compagnie, ne pourra être dit. Et la comédie des prix littéraires, qui donc la joue sinon ceux qui la nient ou la dénoncent ? Voici encore un « faire jouer » décalqué sur un « faire dire », fascisme ordinaire, au sens pâle du terme, d'une société digérant mal sa consommation. Tout me somme, aujourd'hui, d'écrire avant de poursuivre. Moins importe ce qui s'est passé entre mai 1974 et septembre 1980, dans la vie d'Yves Navarre, car l'essentiel de ce pan de vie d'Yves vient, ici, d'être balbutié : d'un père à l'autre, tous deux hors du temps, et un fils qui revient obstinément, hors de lui, porteur de demandes et d'appels qui ne font que renforcer le pouvoir absurde du père dévoreur.

Je sais, aujourd'hui, que *Le Jardin d'acclimatation* n'est pas le dernier roman avant *Biographie,* mais le prologue de *Biographie.* J'y ai tenté, dernier parcours autour de la famille d'origine, sillon plus profond encore que précédemment, de montrer le père aussi dévoreur que dévoré, tueur que tué. Mais pas seulement le père à tuer, version abusive que des siècles de pensée martelante, et bien plus apparemment efficace que la mienne, n'ont jamais pu réellement contester. Comment atteindre cette conscience-là dont le malaise de mon rapport à Henri, le père, et à Charles-Henri, le fils qui devient le père, n'est qu'un des multiples syndromes ? Un de ces syndromes qui se multiplient plus facilement que les lectures et les impressions de lecture. Tant d'amour qui ne s'exprime plus.

L'aveu de l'auteur, s'il est incisif et décisif en ceci qu'il propose une décision au lecteur, à prendre par le lecteur, ne doit, dans la forme, expression de l'élan, donner aucune prise à ces critères chagrins qui prolifèrent et sont le sceau de jugements habituels rendant impossible le vécu du réel individuel et sensuel. Une juste mesure est-elle possible encore sans que l'avoueur soit traqué et désigné vaniteux, superbe, mégalomane ou bateleur ?

Voici. Le tourment et tournant de ce chapitre ne devraient pas « paraître » tout entiers mis en scène par l'auteur, pour l'auteur, mais constituer le fond commun d'une émotion partagée sans laquelle une lecture n'est pas digne de ce nom. Le salut de *Biographie,* c'est peut-être d'inviter, et de m'inviter, à ne plus être déchiré de tout. A ne plus décrocher le téléphone parce que justement c'est toujours « soi » qui téléphone. Et « soi » qui répond à l'appel, quand il vient, ne sachant plus écouter parce que « tout vient toujours trop tard ». Les lieux communs ont des vertus usitées dont on oublie l'emploi. Dans « usité » il y a « us », les coutumes. Ce qui fait vivre ensemble, le droit de Cité.

Comme la lumière est belle et l'horizon bien dessiné. Le paysage reprend son souffle. C'est déjà la lumière de fin d'après-midi. Je viens de goûter comme un enfant : pain-beurre et chocolat. J'ai reposé le combiné sur l'appareil téléphonique : la ligne est rétablie. « On » peut m'appeler. Une frayeur est calmée. Mais quel besoin pour G.W. de dire d'Henri Prouillan qu'il est une *ordure ?* Quel besoin de savoir si je l'ai *connu ?* Cet *autel* et cette *culpabilité* homosexuelle ? Pourquoi ne pas dire que l'on aime quand on aime ? Dans *Le Temps voulu,* Pierre Forgue écrit, *tout cela n'est qu'une affaire entre moi et moi.* Ce n'est pas moi qui le dis. C'est Pierre Forgue. La personne, dans mon roman. Une autre personne. La lecture est une affaire entre soi et soi. Je me suis trompé d'amants. Killer, dans *Killer,* écrit aussi, *je n'ai que ma vie à offrir en partage.*

L'éditeur n'annonce à l'auteur, en termes de ventes, d'exemplaires « porteurs de droits », que ce qu'il veut bien lui annoncer, quand l'auteur a demandé trois fois, dix fois. Et si avance sur droits il y a, c'est une faveur. Il faut se courber. L'auteur n'a aucun moyen de vérifier le bien-fondé des chiffres annoncés. Et ces chiffres sont la première et terrible mesure de l'amour porté, ombre portée, fécondité sans laquelle l'auteur ne peut pas continuer à produire, risque tragique d'être obligé de se mettre à reproduire. Ecrire ne devrait être un luxe pour personne et le courage de tous : la lecture est écriture. Leitmotiv.

Le jour d'hui est le lendemain de fête de Joucas. C'est beau « après la fête », quand on démonte les manèges et les stands, quand on décroche les guirlandes d'ampoules multicolores. En commençant *Biographie* je croyais qu'il n'y avait de beau que ce qui se passait « avant la fête », quand on la prépare. En cours de *Biographie,* presque fin de parcours, je viens de me rendre compte que tout s'exprime vraiment « après la fête », quand le paysage reprend ses droits, quand on réapprend à écouter le silence. La « fête », elle, n'est qu'un brouhaha, une distraction, un mal au cœur collectif. Tout y tourne en rond, manèges, roulette, valses. Tout s'agite, musique pop. Tout se cogne à dessein et on paie pour ça, autos tamponneuses. Le milieu littéraire, éditeurs, auteurs, critiques, n'est qu'un tour d'autos tamponneuses. Ai-je saisi, enfin ? Et si le lecteur savait, lui aussi ?

L'ami chaleureux dit « tu devrais taire tes ressentiments, une fois pour toutes ». L'ami chaleureux ne sait pas que ce ne sont que sentiments, vifs et d'origine, neufs, toujours neufs, qui ne peuvent être que clamés pour calmer.

Avril 1974. L'administration de monsieur Giscard fait savoir à René qu'il a dépassé de deux ans la limite d'âge de mise à la retraite. René se bat pour choisir lui-même ses successeurs, car ils seront trois, un président et deux directeurs généraux, à se partager son poste de président-directeur général. Coupée de la maison de la villa Sainte-Foy et de la maison de Vétheuil, Adrienne ne s'occupe plus de rien dans la maison du parc de la Malmaison. Ce nouveau lieu ne lui parle pas. Elle ne parle plus du tout.

Mai 1974. René est transporté d'urgence à l'hôpital Américain puis à l'hôpital Saint-Jacques, victime d'une congestion cérébrale. Paralysie faciale. Il ne peut plus parler non plus. Dans la chambre d'hôpital, un de ses collaborateurs lui annonce, en présence d'Yves, qu'il sera promu commandeur de la Légion d'honneur et que les insignes lui seront remis fin septembre, par le nouveau ministre de l'Industrie, lors de la cérémonie du trentième anniversaire de la fondation de l'Institut français du pétrole. René ne peut même pas sourire. Il regarde Yves. Yves sourit pour son père.

Juin, juillet, août 1974. Yves se « tient » à Joucas, enfermé, maison toute tournée vers la rue, et du bureau, unique fenêtre, la vue. Une nuit, étouffant, dans son lit, toujours tenu par le souvenir sexuel du corps cassé en deux, écarté, de Rupture n° 1, Yves imagine de faire construire une terrasse au-dessus de son bureau, dans le toit. C'est possible. Cela ouvrirait la maison, « vers le haut », et leur (à lui et à la maison) donnerait accès au ciel et au paysage. A défaut d'un jardin horizontal, cette nuit-là, il conçoit également de creuser la chaussée de la rue, de mettre de la bonne terre, et de planter une vigne vierge, jardin vertical. Un jour, il y rêve déjà, la vigne vierge grimpera jusqu'à la terrasse et l'encerclera jusqu'à se rejoindre, devant, au milieu de la balustrade. Elle vient de se rejoindre, aujourd'hui, *mardi 2 septembre*. Avant-hier, dimanche, il ne manquait qu'un centimètre. Yves aussi, cet été-là, écrit *Killer*, revanche du *Cœur qui cogne,* traitement de l'autre famille, la famille pleine de familles que constitue le milieu des homosexuels.

Quand Tiffauges attrape un oiseau, il vient le montrer à Yves. Yves caresse Tiffauges. Tiffauges lâche l'oiseau. Yves prend l'oiseau, et de la fenêtre du bureau ou de la terrasse le rend au ciel où de nouveau il plonge, vol direct. Tiffauges, une plume aux babines, cherche alors dans la maison l'oiseau qu'il avait attrapé. Il cherche, pour l'honneur.

Septembre 1974. *Le Cœur qui cogne* est publié. « On » parle d'un prix littéraire. « On » dit que le « livre » aura un prix. Mais « on » sait que, compte tenu de la composition des jurys, même si chacun des jurés est intègre, la maison d'édition qui publie Yves n'a aucune chance d'« avoir un prix », aucun de ses auteurs ne siégeant ici ou là. Mais le « livre » d'Yves est accueilli dans la « course ». Sous la plume d'un romancier, une mauvaise critique, coup d'esbroufe de rentrée littéraire pour « ne pas dire ce que les autres vont dire », se termine par une allusion de dernière cartouche au fait qu'Yves écrirait sous pseudonyme : Navarre, c'est trop beau. Ça ne fait pas vrai. Or, Yves écrit sous son nom, cherche son identité vraie. Le crachat de cet autre romancier ne séchera pas. Question de déontologie. Manèges, ça tourne. L'écœurement de la fête.

Pourquoi cet acharnement, toujours, à vouloir vivre une autre vie que celle que l'on vit ? Qui nous interdit d'être qui nous sommes ? Et quoi ? Combien de fois faudra-t-il poser « la » question pour que la pause commence ? Pourquoi, et comment, nous sommes-nous si fort habitués à ne plus vivre nos histoires respectives dans l'histoire collective qu'en principes d'action et non plus en actions, actes, prises de parole ? Nous ne savons même plus dire « merci » ou « j'aime ». Un spectacle se joue sans nous : les spectateurs distraits regardent en scène les pantins du non-dire. La rupture est le dogme d'un siècle, nôtre, xx$^e$, qui n'en finit pas, dans le progrès et la maîtrise technique, mainmise, de finir le siècle dernier. Nous n'avons vécu ce siècle que dans la cassure de tout ce qui aurait pu nous réunir encore et dans le respect servile d'une morale qui divise. Comme tout est clair, brusquement, alors que ce matin je chancelais. Je vais dîner seul. Avec les chats. La maison est heureuse. Le texte nomme les étoiles.

## 81. Les promontoires du Rêve

20 septembre 1974. Le grand jour. Une fois, ça va, deux fois, est-ce trop ? C'est Yves qui noue la cravate de son père, la met bien en place dans le col de la chemise, tend le gilet puis la veste du costume. René est encore paralysé d'une moitié du visage, mais il peut parler. C'est un milieu d'après-midi. Il fait gris. Dans le parc de la Malmaison, il fait toujours gris, même quand il fait beau. Les maisons ont l'air fermées sur elles-mêmes, même quand les volets sont ouverts. Jamais personne ne passe dans les avenues et le visiteur ne s'attend pas à entrevoir un visage derrière une vitre. Nul lieu de la couronne de Paris n'est plus peuplé d'abandon. Les pelouses y sont vertes, et les arbres grands. La terre y est maquillée, le ciel est loin.

Dans la première des deux voitures, cortège, René n'a pas voulu d'Adrienne avec lui pour ce déplacement de quelque huit cents mètres. Il vérifie s'il n'a pas oublié son discours. Manteau, chapeau de chez Berteil, son éternel feutre, il le retire, le pose sur ses genoux, déboutonne son manteau : il a chaud. Il dit à Yves « quand je pense que j'ai connu trois Républiques, trente-deux gouvernements, quarante-sept ministres et que c'est cette méduse qui va me décorer... » Yves regarde monsieur Perche dans le rétroviseur. René demande à Yves « tu le connais, toi, ce ministre ? D'où vient-il ? » Yves sourit. René aussi avait de l'humour mais il ne savait pas en rire.

Sitôt arrivés dans l'enceinte de l'Institut du pétrole, Yves aide son père à descendre de la voiture. René lui dit « maintenant, ne quitte pas ta mère ». Yves guette l'arrivée de sa mère. Instinctivement, Adrienne lui prendra le bras. Yves marchera lentement à côté d'elle, en la tenant bien. De sa main libre, il couvrira la main droite d'Adrienne. Les gens s'approchent de René et le congratulent. Il faut descendre des escaliers de marbre. Le grand amphi de l'Institut est souterrain. La salle est pleine de ce beau monde du pouvoir : anciens ambassadeurs, anciens ministres, anciens directeurs des carburants, anciens présidents des grandes sociétés de pétrole, des membres de l'Académie des sciences, des directeurs, des ingénieurs, quelques épouses. Yves est conduit avec sa mère au premier rang, en plein milieu. Il assoit Adrienne et, sitôt assis à son tour, Adrienne lui prend la main et s'y cramponne. Sur l'estrade, le ministre et René sont entourés du nouveau président et des deux nouveaux directeurs généraux. Ces trois derniers, l'un après l'autre, parleront des trente années d'activité de l'Institut. Puis le ministre se lèvera, joufflu, poupon, sourire flasque, et tiendra un discours convenu, même pas pompeux, discours d'un ministre de Giscard pas encore bien dans son rôle. Sourire fixe. Ironie presque. Il salue en René *l'humaniste opiniâtre*. Fin du discours. Applaudissements. Quelqu'un apporte un écrin, l'ouvre et le tend au ministre qui prend un ruban rouge flanqué d'une croix. René se lève. Le ministre passe le tout au-dessus de la tête de René qui pense déjà plus à lire son propre discours qu'à vérifier si la croix est bien pendue. Elle restera de travers. Le père, étranglé de rouge. Et d'une voix du loin, tremblante, que seul un fond d'accent du Sud-Ouest rend audible, à demi-bouche, René lit le discours qu'il a peaufiné pendant sa convalescence et qui s'achève ainsi : *Mais soyez tous invités à aller ce soir plus loin encore que ne le permet ce qui a été jusqu'ici obtenu. Sachons voir dans la réunion de ce soir, j'aime mieux ce terme que celui de cérémonie, la preuve qu'à côté de la proximité des bornes qui limitent le pouvoir de chacun de nous lorsqu'il agit seul il y a, infiniment plus larges, les perspectives auxquelles peut nous conduire le puissant courant que crée la sincérité réciproque. D'un côté, le désir de parler, de traduire. De l'autre, le désir d'écouter, de comprendre. Sans que jamais l'estime réciproque n'altère l'indispensable lucidité qui doit rester complète pour que disparaisse la peur si mauvaise conseillère et puisse intervenir le rejet des regrets inutiles, écarter à jamais la notion de Revanche, la plus grave peut-être parmi les séquences fatales qui conduisent aux conclusions désespérées.*

*Puissent ainsi s'éveiller les espoirs que ce climat nouveau permettra de réaliser en matière d'économie de l'énergie peut-être la plus précieuse : l'énergie intellectuelle, la plus dangereuse aussi à gaspiller car elle est la plus difficile à reconstituer et on ne lui connaît guère de substitut.*

*Voilà des propos qui, je l'espère, nous éloignent de l'image traditionnelle de la statue du Commandeur.*

*J'aurais failli au plus cher de mes désirs si je n'avais pas dépouillé entièrement l'image rigide et terrifiante que nous en a donnée la tragédie de Don Juan. Faites-moi l'amitié d'y substituer celle d'un homme qui, rejetant les regrets inutiles, se souvenant de tout ce qui lui a été donné, encore ardent à saisir tout ce qui est offert, est décidé à tout donner pour que soient enfin reconnues du plus grand nombre les limites du Bonheur accessibles, même si d'aucuns prétendent que les voies qui y conduisent passent par les promontoires du Rêve comme disait Victor Hugo, après Cassini. La confiance permet à l'abandon de soi, à la paix, à la sérénité, à la patience de ne pas être synonymes de renoncement, mais de créer des conditions éminemment favorables à la volonté d'Agir, d'en être peut-être même le témoignage le plus sûr.*

*Une dernière assurance, pour conserver de votre part, Monsieur le Ministre, ce type de confiance. Nous avons appris à ne pas nous tourner vers l'Etat providence distributeur de secours réparateurs d'erreurs. Durant tant d'années, nous avons appris à nous tourner vers lui comme recours suprême, comme le maineneur de l'idéal pour lequel nous savons qu'il ne s'agit pas de combattre, mais de travailler. Je vous fais à cet égard l'offrande de mes espoirs.*

*Vous y trouverez une assurance nouvelle d'être celui qui éclairera ses collègues du Gouvernement, le Premier Ministre et le Président de la République sur toute la plage des perspectives ouvertes et contribuera à ce que notre Pays reçoive tout ce que votre inspiration spontanée et convaincante, votre talent, votre courage vous ont déjà donné l'ambition de lui assurer et solidairement d'apporter aux autres nations : tout ce qui, en somme, vous a valu d'être investi de la puissance publique.*

*Puisse la confiance que vous ferez aux disciplines de pensée et d'action, qui seules doivent être finalement célébrées ce soir, vous aider à faire que notre Pays soit à la source et à l'orée du temps où la joie se partage et de ce fait demeure.*

Sur ces dernières paroles, silence glacé dans la salle. René, pâle, observe l'auditoire, le mesure du regard, yeux bleus, presque transparents : tous pensent à la statue du Commandeur. Et seulement au moment où René posera le texte de son discours sur la tribune, le ministre donnera le signal des applaudissements, petits, nerveux, fournis, comme si mille Bonne-Maman gantées de pécari avaient applaudi en même temps.

Et Adrienne, alors que le ministre donne l'accolade à René, crispe ses doigts et plante ses ongles, très fort, dans la paume de la main d'Yves. Puis ce fut aussitôt le désordre des fins de cérémonies. Les gens qui se saluent, s'interpellent, éclats de voix, joie des retrouvailles. « On » est venu pour « se » voir. Ou comme l'a dit René au moment où Yves mettait en place l'obligatoire pochette blanche « tous se revoir pour une dernière fois ». Un ami de Port-Jérôme s'approche d'Adrienne, la prend par l'autre bras, se penche, l'embrasse. Mais Adrienne ne le regarde pas, absente. L'homme lui dit « mais Pipou, vous ne me reconnaissez pas ? » Une dame fait signe à l'importun de ne pas insister. Yves et sa mère sortent de l'amphithéâtre. « On » les regarde avec ce sourire serpé qui dit « tiens, voilà le pédé et sa maman ». Celles des femmes qui osent s'approcher, celles-là mêmes qui jouèrent le jeu de l'ironie de René, face à Adrienne, disent à Yves d'un ton pointu « alors, tu écris des romans, maintenant ? » ou « vous nous en faites voir de belles avec vos livres, mon petit Yves », « c'est fou ce que tu peux ressembler à ton père. Je jouais au tennis avec lui quand il avait ton âge. Pipou voulait rarement jouer en équipe avec lui. Vous vous souvenez, Pipou ? » Adrienne ne réagit pas. Elle entraîne Yves vers le buffet. Là, devant les gâteaux qui ne lui sont plus servis à la maison, interdits par l'infirmière qui depuis deux mois s'occupe d'elle à plein temps, Adrienne en choisit un, puis deux. Elle dévore. Au moins à ce moment-là, elle est heureuse. Elle comprend ce qui lui arrive. Et Yves fait rempart pour que personne ne s'approche et se mêle de leur dire quoi que ce soit. Au septième gâteau, Yves prend la main de sa mère, lui sourit, « maman, c'est assez ». Avec une serviette en papier, il lui essuie les lèvres et vite l'entraîne vers la voiture. Sitôt de retour à la maison, la pendule sonne deux fois sept heures du soir. L'infirmière déshabille Adrienne et la conduit à la salle de bains. Là, Adrienne rend les gâteaux.

Octobre 1974. Les pays producteurs de pétrole décident de fixer eux-mêmes le prix du baril de matière première. C'était imprévisible.

Novembre 1974. Plusieurs journalistes sont venus chez Yves pour « préparer leur papier » au cas où il aurait « un prix ». Yves est obligé de jouer leur jeu. Ne pas le jouer serait attiser plus encore. Le dimanche soir, « on » lui téléphone de France-Inter pour lui dire que sa ligne serait bloquée le lendemain au moment des informations de 13 heures. Sait-on jamais ? Yves sait qu'il ne se passera rien. Fièvres que tout cela. Autos tamponneuses. Le lendemain, à 13 heures, Yves apprend qu'il n'est pas lauréat. Il n'y a jamais cru. Mais de force, le « faire croire » a fonctionné. Harcèlement. Un planeur dans la tête comme un poignard.

Décembre 1974. René a envoyé Adrienne dans une clinique, à Vincennes. « Pour série d'analyses » a-t-il dit. Yves rend visite à sa mère, la promène dans le parc, jusqu'au froid du soir. Adrienne regardait les arbres. Les arbres, partout, l'ont toujours émerveillée. Puis, de retour dans la chambre de la clinique, Adrienne disparaît dans le cabinet de toilette et fait couler l'eau dans le lavabo. Par discrétion, Yves se tient près de la fenêtre, puis assis près du lit. Le placard à vêtements est entrouvert : une robe de chambre, une chemise de nuit, des mules, une robe pendue, et un sac, bagage de misère. Sur la table de nuit, un livre, rien qu'un livre : *Le Cœur qui cogne*. Il n'est pas lu. Yves le voit à la tranche. Mais il est là. Adrienne a tenu à l'emporter avec elle. Il est là. Elle l'a voulu. Et comme sa mère tarde à sortir du cabinet de toilette, Yves appelle « man ? » puis s'approche, « man ? » La lumière est éteinte. Bien plantée sur ses deux jambes, devant le lavabo, l'eau coule, coule, remplit la vasque, s'évacue par le trop-plein, Adrienne se tient ainsi, mains à plat, au fond de l'eau. Immobile. Elle se regarde dans le miroir, fixement. Mais elle voit beaucoup plus loin que son image. Ailleurs. Si loin.

Yves coupe l'eau, vide le lavabo, essuie les mains de sa mère. Mains froides. Il les frappe l'une contre l'autre, comme un jeu, les tape contre ses joues, tendresse, et sourit à sa mère. Mais Adrienne tourne la tête vers le lavabo. Elle aurait voulu rester là, les mains dans l'eau. Et seulement au moment de partir, Yves croise le regard de sa mère. Elle lui demande, des yeux et de la main, d'accrocher ses bas, sous sa robe, et de les agrafer au porte-jarretelles. L'infirmière de la clinique a dû trouver cela ridicule. Yves, le soir même, rendra visite à René. Il lui racontera la scène. René fera reconduire Adrienne chez lui, chez elle, chez eux.

Janvier 1975. Joucas. Feu de bois dans la cheminée. Yves corrige le manuscrit de *Killer*, écrit le texte de l'argument du ballet *Septentrion* et jette, en quelques jours, sur un cahier, le texte d'une pièce de théâtre, *La Guerre des piscines,* inspirée des mœurs estivales du Lubéron. Unité de temps : un été. Unité de lieu : une vitrine avec des mannequins vivants chargés de distraire les passants et clients d'un Super-Garden-Center, à la sortie d'une ville du sud de la France, à mi-chemin du royaume des résidences secondaires. En écrivant cette pièce, Yves apprend à aimer sa maison, sans jardin, sans autre piscine que la baignoire, petit escargot sous un toit, flanqué d'une minuscule terrasse : là, il se sent aimé de la vallée, ce jardin. Son jardin. Et pas de frais de jardinier.

21 janvier 1975. Yves se rend aux studios de la télévision, en mobylette. Seul. Devant son immeuble, des affiches placardées sur les arbres l'accusent d'être le « valet de Giscard ». Il rentrera chez lui, après l'émission des *Dossiers de l'écran* consacrée à l'homosexualité, en mobylette. Seul. Pendant la projection du film *Les Amitiés particulières*, film qui n'intéresse personne, Jean-Louis Bory relit ses notes. Yves, amicalement, veut les lui confisquer. Petit jeu entre eux. Yves dit à Jean-Louis « je n'ai rien préparé. Il ne faut pas préparer ». Jean-Louis lui répond « c'est ce soir ou jamais, mieux vaut prendre des précautions ». Yves, pendant le débat, ne parlera qu'une fois pour dire ce qui suit. Annexe. Document.

> Docteur, j'ai beaucoup de respect pour tout ce que vous venez de dire, mais c'est la seconde émission à la télévision française sur ce sujet. Au cours de la première émission, on a parlé de l'homosexualité en termes médicaux, mais c'était pour les organisateurs de l'émission un moyen d'imposer le sujet à un moment où cette émission d'aujourd'hui avait été interdite. Je pense que ce soir nous ne devrions pas trop nous égarer, et que toutes les narrations cliniques que vous nous donnez, qui sont par ailleurs fort intéressantes, nous empêchent d'aller au cœur du débat.
>
> Puisque nous sommes là, quelques homosexuels, à apporter notre témoignage, je pense pouvoir dire que, en ce qui me concerne, je ne suis pas né homosexuel. Je le suis devenu très vite et quand je dis très vite, je parle de l'âge de deux ans, trois ans, quatre ans. Pourquoi ? Parce qu'il y a eu au niveau de ma sensibilité un certain nombre de bouleversements qui n'avaient peut-être et n'ont d'ailleurs aucun rapport avec ma famille et qui ont fait que je me suis découvert consciemment homosexuel. Je le suis resté. Je me suis assumé. Hélas, je n'ai pas eu très exactement la famille de Jean-Louis Bory, mais ce qui était une épreuve en réalité n'en était pas une. Je veux dire par là qu'à ce moment-là je n'ai pas fait d'aveu. Parce que je pense qu'avouer c'est entrer dans le jeu d'une morale qui n'a absolument pas à juger ce qui est naturel. Tout à l'heure Roger Peyrefitte disait que pour les homosexuels il fallait paraître naturel. Je dis qu'ils sont naturels et que c'est précisément pour cela qu'il y a 84 % de Français qui n'en voient pas. En fait, 84 % de Français croisent des gens qui sont comme eux.

# BIOGRAPHIE 621

> Et quand tout à l'heure, mon père, vous avez parlé de l'amour homosexuel, vous auriez pu parler de l'amour hétérosexuel exactement dans les mêmes termes. Vous avez parlé d'épreuve d'amour. L'hétérosexualité est également une épreuve d'amour.
>
> Quand je suis devenu adolescent, ni à vingt et un ans, ni à dix-huit ans, comme maintenant, ni à seize ans, comme en Hollande, mais beaucoup plus jeune, je me suis trouvé en position de rapport homosexuel. Je ne veux pas faire l'apologie du détournement de mineur, loin de là ma pensée. D'ailleurs je n'ai pas de rapports avec des mineurs, j'ai toujours eu des rapports avec des gens de mon âge, sauf quand j'avais quatorze, quinze ans, ou treize ans. Parce que les homosexuels, les vrais, si vous voulez, étaient plus âgés.
>
> Je m'interroge aujourd'hui sur la nature de ma séduction à cette époque-là. Qui séduisait l'autre ? Et je me le demande encore. Et je vais vous dire très franchement qu'un jour on m'a envoyé la police. La police était déléguée par un monsieur très puissant qui se souciait de son fils, que j'avais, paraît-il, détourné. J'ai découvert ainsi que j'avais vingt et un ans et trois mois et que j'étais donc en position de détournement de mineur. Et là, sur cet aveu, je vais faire une petite pirouette pour relancer le débat dans une autre direction : l'affaire s'est réglée à l'amiable. Pourquoi ? Parce que j'étais un bourgeois et que j'avais en face de moi un fils de bourgeois.
>
> J'ai du respect pour le livre de Roger Peyrefitte, que j'ai usé en tournant les pages quand j'avais douze ou treize ans. J'ai aussi du respect pour le film, mais je pense qu'il nous donne une image élitiste et totalement déplacée par rapport au problème de l'homosexualité actuelle. Je veux dire par là que l'homosexualité, telle que nous la voyons dans ce livre, nous la voyons à travers un collège, des fils de bourgeois, de grands bourgeois, et même d'aristocrates. Alors que l'homosexualité de nos jours, ce sont ces homosexuels que 84 % de Français ne voient pas. Ils ne les voient pas parce qu'ils sont des gens aussi naturels que les autres. Peut-être aussi parce qu'ils sont encore obligés de se cacher, autant à Paris et dans les villes que dans les campagnes. C'est pour cela que nous sommes ici ce soir. Pour parler pour eux.

Dans *Biographie,* texte et contexte se fondent. Quand Yves rentre chez lui, seul, ce soir-là, il n'a pas compris que la télévision venait de multiplier son visage à des millions et des millions de regards. Il a parlé, comme ça, parce qu'on lui donnait la parole, comme on la lui donnait, alibi culturel dénoncé par Jean-Louis au début de l'émission. Mais sous la lumière électrique du médium télévisuel, une lumière vraie ne s'était pas faite. Un député, présent au débat, affirmait, *dans nos villages lorrains, je n'ai jamais connu d'homosexuels,* puis, attaqué, *il n'y a pas d'homosexuels dans nos villages lorrains.* Sa circonscription ? Yves, ce soir-là, en se couchant, tremblait, effroi et froid de la mascarade. Il avait pourtant dit, *pour parler pour eux.*

Minuit. Joucas. Aujourd'hui *2 septembre.* La vigne vierge fait juste le tour de la petite terrasse, et se rejoint au milieu de la balustrade. Je l'ai bien taillée et guidée depuis six ans. Dans la nuit, elle va s'enlacer.

*Mercredi 3 septembre.* Sitôt après le passage du facteur, je suis allé relever le courrier dans la boîte aux lettres. J'ai simplement trouvé une photo de ma tombe, dans le cimetière de Joucas. Une photo en couleurs pâles. Aucune inscription. Message anonyme. Seul courrier du jour. J'ai ri. Jean-Louis disait que rire était la meilleure manière de désespérer.

René et moi aurions mieux fait de nous taire. Devant l'éditeur il faut se taire et se terrer, « mais ne pas s'enterrer » précise Marie-Claude. L'humain est devenu le luxe de l'inhumain.

## 82. Fait divers

Printemps 1975. Rien ne se déroule, tout s'enroule et se noue. Plus Yves avance, plus il se sent pris dans les rôles multiples qu'on veut lui faire tenir. Dans les agences de publicité, si par hasard un travail « extérieur » lui est confié, Yves est considéré comme un « auteur à succès » et, paradoxalement, doit plus que jamais défendre et « vendre » ses rédactions. En face de lui, le secret reproche de s'être échappé prend de curieux masques, ironiques, altiers, revanchards, grincheux, plus jamais confiants. La confiance, d'ailleurs, peut-être, n'avait existé que dans l'inconscience d'un temps de vie, dans ce milieu. Et Yves a de plus en plus de mal à trouver de telles tâches rémunératrices. Côté éditeur, il réclame ses droits d'auteur. Les chiffres ne sont pas toujours justes, ne serait-ce que dans l'exploit obtenu des chiffres annoncés. Le stock des exemplaires du roman *Les Loukoums* avant l'émission des *Dossiers de l'écran* n'était plus que de quelque deux ou trois cents, ramenés à deux ou trois mille, des « livres défraîchis » ayant été rhabillés de couvertures neuves. Mais un peu tard. Un petit peu trop tard. Et les questions qu'Yves ose poser sur le bien-fondé des chiffres enfin annoncés fâchent le « papa de papier » : Yves a de nouveau l'impression que René *bis* va donner un coup de poing sur la table.

Yves a été critique littéraire pendant un temps, un peu plus d'un an, dans un mensuel. Ç'avait été au moment de la publication des romans *Les Loukoums* et *Le Cœur qui cogne*. Un simple calcul prouverait qu'il eut alors, pour ces deux romans, un nombre plus élevé de critiques, émanant de romanciers qui, eux aussi, avaient une « colonne ». Au printemps 1975, un de ces critiques, vénérable, s'approche d'Yves à l'entrée d'un théâtre « vous êtes bien Y.N. n'est-ce pas ? » Yves répond « oui », en souriant mal. Sourire interrompu. L'homme lui dit « j'ai été très sensible aux lignes que vous m'avez consacrées. Vous avez écrit exactement ce que je rêvais qu'on écrive de mon texte. Mais je vous ai bien servi, moi aussi ». Le lendemain, Yves téléphone à la rédactrice en chef du mensuel, et lui annonce qu'il arrête. Pour *Killer,* publié avec cet affectueux contrecœur dont les éditeurs ont le secret, et qui est annoncé dans quelques placards de publicité littéraire sous le slogan *un Navarre homosexuel,* il n'y aura qu'une seule critique digne de ce nom et qui commencera par, *Yves Navarre a deux stylos : un stylo à la place du cœur, l'autre à la place du sexe. Nous voici côté sexe...* Ils divisent tout : le bien et le mal, les bons et les méchants, le cœur et le sexe. Ils divisent même leurs critiques en favorables et défavorables. Et ils ne se pensent plus qu'en termes de faveur. Yves part pour Joucas le cœur vide. L'image de Rupture n° 1, en deux ans, s'est à peine estompée. L'image se cambre encore.

Au début et en parcours de *Biographie,* les faits incidents, vie privée, ont eu pour eux le charme et la gravité de l'entité. En fin de *Biographie,* les faits virent à l'événement. La vie publique charrie des noms comme des pépites en toc ou parfois de trop belles pierres précieuses. L'événement distend et limite. L'écrit, reproduction du réel, le dispute alors à l'écriture, réalité en soi. Quand Yves arrive à Joucas, pour un sixième été, il commence par nettoyer la cave de la maison. Habitude. Puis il balaie la rue, devant la façade. Il faut aussi guider la vigne vierge. Emile, le voisin d'en face, dit avec l'accent que ça va « amener les bêtes ». Yves a aussi planté un lierre à droite de la porte d'entrée, un lierre nain, aux feuilles dentelées comme des étoiles filantes, qui n'est pas fait pour grimper. Or il grimpe, il s'attache. Il vit où il s'attache. Et les veuves voisines s'extasient « mon Dieu, monsieur Navarre, vous avez la main verte ». Seulement alors, Yves peut entrer dans la maison. Ghyslaine, qui en garde les clés et dit que c'est pour elle une récompense que d'y passer des heures à tout nettoyer, a ciré le carrelage et les meubles : la maison embaume. Et le réveille-matin de la cuisine de la villa Sainte-Foy, le Jaz qui donnait le temps lorsque Adrienne décidait de se mettre aux fourneaux pour préparer ces gâteaux dont elle seule avait le secret et qui tenaient leur goût subtil de la possibilité qu'elle avait enfin de prendre une parole, ce Jaz fait toujours tic tac. Le temps passe et s'efface, à Paris. A Joucas, le temps reprend son droit : il mesure, on le vit. Il donne des prises. Et chaque jour annonce la saison différemment.

Au tout début de l'été 1975, Yves sait, pour employer une image qui lui est chère, que le peu de conviction de la maison d'édition avait placé *Killer* dans un « corbillard ». Dès que les roues s'étaient mises à grincer, Yves était parti. Dans quel film néo-réaliste italien des années de l'après-guerre y avait-il, scène finale, un enfant marchant seul derrière un corbillard ? A Joucas, Yves sait que ce texte aura l'amour des lecteurs fidèles, et cet amour-là, ce n'est jamais assez d'amour. L'amour, c'est jamais assez. Une sécurité en découle dont tant narguent la nature en l'affirmant confort. Yves souhaite une vie plus sûre, plus jouissante et féconde en liaisons de lecture pour ne pas dire histoires d'amour. Comme chaque année, dans la maison, d'abord, il range les placards, les dossiers dans lesquels il classe les manuscrits de ses premiers romans, de ses poèmes et de ses pièces de théâtre. Tout ce qui n'a pas été publié est là, serré frileusement dans des boîtes en carton gris. Comme chaque année, il est tenté de tout jeter. Mais c'est tout son travail d'apprenti. Il faut le respecter. Puis il range les tiroirs, la bibliothèque et l'armoire à pharmacie de plus en plus pleine de toutes sortes de médicaments pour éviter toutes sortes de crises, et « la » crise quand elle menace, armure intérieure de nerfs de métal qui, brusquement, darde, pointe et tranche. Le second matin, quand tout de la maison a été touché, remis en place, aiguisés les crayons, préparée la pile d'enveloppes vierges, bien en place la Valentine, tout peut commencer.

Ce matin-là, de l'été 1975, Yves va chez l'épicière, pendant que l'eau chauffe pour le thé. Il achète du lait, des yaourts, des bâtons de vanille et de l'eau de fleur d'oranger pour des compotes dont, à son tour, il a le secret. Il achète aussi *Le Provençal*. Pendant qu'il prend son petit déjeuner, en première page du journal, il lit l'annonce d'un meurtre non loin de Joucas, dans les Alpes-de-Haute-Provence. Le jeune employé d'un hôtel, apatride au nom étranger, aux cheveux blonds et qui, sur la photo, encadré par deux gendarmes, regarde droit l'objectif, comme s'il regardait Yves, a tué un jeune homme, mineur, dont seul le prénom est annoncé. Yves revient chez l'épicière, achète *Le Méridional*, en principe rival du *Provençal*, le premier étant de gauche, le second de droite, une division encore, et dans *Le Méridional* lit une autre version des faits. Sur la photo, cette fois, le meurtrier, toujours encadré par les deux gendarmes, baisse la tête. Il baisse la tête parce qu'on le fait entrer dans une fourgonnette. Mais sur la photo, il baisse la tête comme un coupable. *Le Méridional* accuse. La narration des faits est déjà tendancieuse. *Le Provençal,* lui, propose encore un peu un jugement et offre le regard de l'assassin en guise de questionnement : ça y est, roman.

Yves se met à sa machine à écrire. Après *La Loca* et *Lorsque le soleil tombe*, il va revenir une troisième fois à Huelva. Le crime a eu lieu là-bas. *Le Provençal* s'intitulera *Pueblo* et Yves recopie mot à mot le premier article en changeant seulement les noms de personnes et les noms de lieux. *Le Méridional* s'intitulera *Patria*. Le peuple d'un côté et la patrie de l'autre. Yves recopie les deux articles. Confrontation des deux versions. Le texte est lancé. C'est ainsi qu'Yves tuera enfin Rupture n° 1. Là-bas. Au bout d'un si long voyage. A Huelva. Quand il savait jouir encore. Mais de quelle jouissance parle-t-il quand il dit qu'il jouit ? Une jouissance esthétique, recherche du corps parfaitement désirable ? Une jouissance fécondante, recherche de plaisirs de compagnie, d'ordonnances et de courtoisies, débuts, en amitié, de tant de vies à deux ? Ou bien une troisième jouissance ? Mais laquelle ? La jouissance de la distance ? Ne plus donner d'importance aux pères de toutes sortes ? Ne plus trop « tout écouter » ? Ne plus se sentir attaqué ? Ne plus avoir recours à ces images qu'il mêle, tragiques, sur tous les faits de sa vie ? *Niagarak. Roman. Yves Navarre.* Le roman s'écrit déjà. Yves va retrouver des amis qu'il ne trouve plus autour de lui, surtout pas dans le Lubéron, triste populace riche plongeant dans des piscines où tout le monde pisse. Il y a connivence entre le cliquetis de la machine à écrire et le tic-tac du réveille-matin. Le temps est là, vraiment, dans les mots. Et Yves, à deux doigts, tape aussi diligemment qu'à mille doigts. En fin de journée : fin de premier chapitre. Le lendemain matin, pendant que l'eau chauffe pour le petit déjeuner et que les chats mangent leur viande crue, Yves se rend chez l'épicière. Il achète *Le Provençal* et *Le Méridional* : plus rien. Pas de photos. Plus aucune mention du crime. L'événement a disparu. En rentrant chez lui, Yves sent qu'il s'agit là d'un signe : seul, il se retrouve seul devant cette histoire. Il est déjà à Huelva. Il va danser. Il sera danseur, seul, sur la scène de ce meurtre.

*Vendredi 5 septembre.* Dans un grand quotidien, ce matin, une critique favorable et sincère du *Jardin d'acclimatation*. Elle débute ainsi, ponctuation exacte et importante : *Yves Navarre donne un nouveau roman : « Le Jardin d'acclimatation » (Flammarion). Navarre, l'éternel écorché, l'éternel persécuté... insistant (ratiocinant même) à toujours vouloir défendre son « honneur » (que personne ne songe à attaquer). Car on l'aime, Navarre ! Yves Navarre, l'homosexuel qui le revendique souvent magnifiquement, parfois mal. Yves Navarre qui s'embarque (ait ?) dans maintes campagnes, où il lui est arrivé de servir de porte-bidon à des plus costauds côté système nerveux... Jamais, jamais assez aimé de son éditeur, ce qui l'a longtemps fait valser d'une maison à l'autre. Il est le prototype parfait de l'écrivain qui a mal, très mal à sa vie et qui agresse par peur de l'autre, mais tout cela n'est rien, car alors qu'on le craint perdu à s'occuper à des petites mises au point finalement mineures, il travaille, il travaille... Dans le Petit Robert, page 1466, je lis ce qui suit : Ratiocination. n.f. Littér. Action de ratiociner ; argument ou raisonnement vain et exagérément subtil. « Où l'on souhaite de la musique, on trouve de l'éloquence et de la ratiocination » (Gide). Et un peu plus loin : Ratiociner. (de ratio « calcul, compte ») 1° Vx. Faire des raisonnements. 2° Mod. et littér. Se perdre en raisonnements, en considérations, en discussions interminables. Voir Ergoter. Ratiociner sur ses fautes. « A quoi cela vous avancerait-il de ratiociner ? » (Montherlant).*

Gide et Montherlant : belles marraines. Beau jour. *Biographie* ne serait-il qu'un récit de bataille narrant l'invasion des griefs, ces anticorps d'une libération d'un être, et de l'être, puisqu'il y aura peut-être lecture ?

Septembre 75. Yves rentre à Paris avec le manuscrit de *Niagarak* dans sa valise et ses deux chats dans un panier. C'est « l'Année de la femme ». Il a été invité au Québec à une « Rencontre internationale d'écrivains de langue française » organisée par la revue *Liberté*. Le thème de la rencontre est, *La femme et l'écriture.* Yves a répondu oui. Il y va. Il ne sait pas pourquoi « on » l'a invité. Et il y va.

*Joucas le 7 septembre. Chère Françoise. Ce fut hier un beau jour, grâce à toi. Je n'ai pas pris « à la légère » ce que tu as écrit, surtout le « chapeau » et plus précisément encore la parenthèse, son imparfait et son point d'interrogation. Le cœur du problème est là. Mais il n'est pas facile et tu le sais par expérience, vécu de tes propres textes, de ne pas se « froisser » pour tant de passages sous silence ou surtout de « faire dire » sources de malentendus et de malécoutés. La personne revendique derrière le personnage. Qui des deux porte le bidon je te le demande ? Tu parlais avant-hier (avant-hier de ta vie) de l'écrivain cinquième roue d'un carrosse quand moi à chaque sortie de roman j'entendais grincer des roues de corbillard. Les éditeurs, d'abord, ont cette affectueuse manière d'envoyer les romans qu'ils publient à je ne sais trop quels abattoirs. Ce ne sera jamais assez d'amour.*

*Et ça continue me diras-tu en lisant cette lettre. Non. Tu as lu « Le Jardin d'acclimatation ». Je travaille, je travaille. Et là, je travaille je travaille. La réduction des fausses peines ou des peines perdues d'avance est en train de s'opérer. Et le signe critique de ta lecture allume un petit brasier. La littérature c'est comme les braises : il faut souffler dessus. A bientôt. Yves.*

## 83. Le porte-bidon

La veille de son départ pour le Canada, Yves a rendez-vous, rue Fontaine, non loin de la place Pigalle, avec le directeur d'un théâtre. L'homme lui a dit au téléphone « nous cherchons une pièce pour homos, à créer avant la fin de l'année ». Il a dit « homos », comme s'il avait parlé d'une lessive. Yves accepte le principe du rendez-vous par curiosité de voir le visage de ce directeur-là. Sur la façade d'un petit théâtre 1930, un panneau a été rajouté sur lequel, en lettres rouges et dodues, on peut lire *Love Théâtre*. A l'affiche, *Les Désarrois de monsieur Baizard*. Le spectacle est permanent de 14 à 24 heures. Les places sont à cent vingt francs. C'est un début d'après-midi. La caissière indique à Yves comment il faut se rendre en coulisses, dans le bureau du directeur, « ils vous attendent ». Ils ? Ils sont deux et Yves a l'impression de rencontrer deux des Marx Brothers. Leur « théâtre porno » bat de l'aile, ils veulent attirer le public homo, « mais c'est du sérieux que nous voulons monter. Dans cette salle, on a même créé du Claudel. Vous le saviez ? Et nous redonnerions au théâtre son nom d'origine ». Ils guetteront la fin du premier spectacle. Yves veut visiter le lieu. Et quand il se trouve en scène, dans le décor d'un cabinet de psychanalyste, bureau, fauteuil, canapé (monsieur Baizard vient certainement soigner ses désarrois chez une psychanalyste fort dénudée), il a un coup au cœur, cent vingt fauteuils vides à l'orchestre, quatre-vingts au balcon, belles proportions, un rapport scène-salle qui lui plaît. En scène, plateau tournant, jeu d'orgue, c'est un théâtre équipé, parlant, qui attend des retrouvailles. Il y a même un foyer et un bar « nous voulons qu'il fonctionne. Il faut que la pièce soit en deux actes ». Quand Yves quitte les deux directeurs, il leur promet le texte pour le 15 octobre. Un mois plus tard. Les deux directeurs sourient « alors, ça ira pour le 15 décembre. Il ne faut pas rater le public des fêtes de fin d'année ».

Le lendemain, dans la salle d'attente de l'aéroport, Yves écrit en première page d'un de ces registres toilés, à simple lignage, de deux cents pages, qu'il affectionne, *Les Dernières Clientes. Pièce de théâtre en deux actes. Yves Navarre.* Unité de lieu : un bain de vapeur de quartier. Unité de temps : un dimanche soir, tard, les deux dernières heures avant la fermeture. Personnages : des garçons, des hommes, « dernières clientes », et, parmi eux, Robert, dit Vicky, qui, acte de théâtre, prend la parole, « là » devant « eux ». Et c'est par cette parole usurpée, dans un lieu où il est de bonne honte de se taire, que le scandale de l'acte théâtral prend corps, amuse et saisit : une drôle de solitude. Yves sait que la pièce, curieuse commande à laquelle il se soumet, première fois qu'il traite le « sujet de l'homosexualité » dans une pièce de théâtre, sera refusée.

Dans l'avion, des visages connus, romancières, poétesses et essayistes françaises. Yves est le seul homme : des invitées et un invité. Et quand, à l'aéroport de Montréal, retenu par le service d'immigration, il entendra le message sonore « sont attendues au comptoir Air France madame Dominique Desanti, madame Anne Philipe, madame Michèle Perrein, madame Annie Leclerc, madame Christiane Rochefort, madame Noelle Châtelet et madame Yves Navarre » il éclatera de rire. Les deux officiers de service, chemisettes à manches courtes, beaux mecs, badges, ne comprendront pas quand Yves leur dira « mais c'est moi qu'ils appellent, je vais seulement à un congrès. Je repartirai dans une semaine ».

Trois hommes et quarante-deux femmes. Un romancier américain, un romancier québécois et Yves, romancier français, face à des romancières qui théorisent sur « le modèle d'écriture dominant », « modèle mâle, masculin ». Rage, rancœurs, et entre elles rivalités : les Québécoises face aux Parisiennes, « ces maudites Françaises ». Yves, lors de sa communication, ose dire qu'il y a en lui un couple qui écrit, *le père qui conçoit et la mère qui couche sur le papier.* Il devient la cible de ces dames. « Quand je dis je, clame l'une d'entre elles, c'est j, barre, e. Mon je est coupé en deux. Entre les deux, je saigne. » Mauvais souvenir. Huit jours dans un sous-sol d'hôtel de station de ski. Yves a décidé de rentrer par New York et, de là, d'effectuer la traversée de l'Atlantique par bateau. Voyage de noces à l'envers. Et pour s'offrir de voyager en

« première classe », Yves a prévendu un « long papier » à un magazine, sur la foi et l'humour du titre, *Les Reines du Queen,* le seul transatlantique en service étant le *Queen Elisabeth II.*

A New York, il retrouve Marguerite qui est venue présenter son film *India Song.* Marguerite rêve aussi de faire la traversée. Le dimanche du départ, elle rejoint Yves. Ils embarqueront ensemble, Yves encombré de bagages et Marguerite avec une seule toute petite valise. Yves s'étonne. Marguerite sourit « deux jupes, deux twin-sets et deux paires de chaussures : je casse la mode ». Ils rient.

Pendant les cinq jours de la traversée, mer grise, ciel gris, même pas de ligne d'horizon, la bateau bouge un peu, une dame dit à son mari « c'est fou, on ne croise jamais aucun autre bateau ». A bord, mille fermières du Kentucky et leurs époux. Une ambiance Holiday Inn. Climatisation. Des moquettes aux couleurs acidulées. Le vide. La seule fois où, en fin de journée, Marguerite et Yves se hasarderont sur le pont arrière, désert, accoudés au bastingage de la poupe, regardant la faible lueur d'un soleil deviné couchant à l'horizon de l'ouest, brusquement, des dizaines de cageots d'ordures seront jetés à la mer. Cris des mouettes qui suivent le bateau. Leur repas.

Pendant la journée, Marguerite écrit. Yves écrit. Il vient de commencer l'acte II des *Dernières Clientes.*

De retour à Paris, Yves achève la pièce. Le 14 octobre il en dépose deux exemplaires au Love Théâtre. Il n'aura jamais de réponse. Ne serait-ce qu'un coup de téléphone. Dans la semaine qui suit, l'expert qui s'occupe, obligation légale, de la comptabilité d'Yves est autorisé par l'éditeur à vérifier les chiffres annoncés. Mais il faudrait des mois pour analyser les relevés d'ordinateur, comprendre ce qui s'est passé, et « comment ça se passe ». Tout vire à ce vinaigre doux que l'éditeur, en général, toujours offensé, distille et dont il accuse l'auteur, quel qu'il soit, d'être le producteur. Yves porte *Niagarak* à une autre maison d'édition, et pour plus de « sécurité » signe pour un seul roman et douze mensualités. Mensualités au sujet desquelles, dans le petit clan de l'édition, circuleront toutes sortes de rumeurs fantaisistes. Une fois trente mille francs par mois, une autre quarante mille francs. Surenchères. N'importe quoi pour narguer. Et ainsi de suite. Quand *Niagarak* sera publié, en mai 1976, Yves se rendra compte en relisant attentivement les clauses additives du contrat que sept seulement des douze mensualités lui sont acquises et que les cinq dernières deviennent un dû sur le roman suivant alors qu'il n'a signé que pour un seul roman. Il vient de toucher la septième mensualité. Il refuse la huitième et les autres. Libre. Liberté que tout cela ? Encore une fois, cet éditeur, comme le précédent, attendait « le roman suivant ». Une seule critique pour *Niagarak* dans la presse parisienne. Titre, *Un paseo nonchalant.* Dernière ligne, *quand donc Yves Navarre crachera-t-il enfin le morceau ?* Enterrement de première classe.

Or, en novembre 1975, sous le coup du silence entourant la « livraison » des *Dernières Clientes,* manuscrits perdus, et sous le coup de la rupture avec le premier éditeur et de la peur, qui se justifiera, de vivre une aventure pire encore chez le second que chez le premier, Yves lit dans *Le Quotidien de Paris* un article de Marie Cardinal sur *Les Mangeurs d'écrivains.* Il appelle Marie, la rencontre. Huit jours plus tard, ils seront dix. Chez lui. Quinze jours plus tard, ils seront plus de cent à signer un « collectif » pour la fondation du Syndicat des écrivains de langue française, le S.E.L.F. Le programme du collectif est rude. Il y est même prévu un code de déontologie de la critique. Les réunions auront lieu chez Yves pendant sept mois. Et ce sera la même histoire de groupe. C'est toujours la même histoire de groupe. Un bel élan, puis la routine, les querelles intérieures, les crachats venus de l'extérieur, une infirmité : ensemble n'existe plus. Tel écrivain de renom dira à Yves « pourquoi vous être embarqué dans cette affaire-là ? Moi, ça ne m'intéresse pas. Je n'ai pas besoin de mes droits d'auteur pour vivre ». Tel autre « j'ai opté de faire des dettes chez tous mes éditeurs ». Et telle troisième « j'ai renoncé à vivre sur mes droits d'auteur en France. Je me suis réservé mes droits étrangers. Je ne vis que de ces droits-là ». Yves, pendant sept mois, collera des enveloppes, tapera des circulaires, tiendra le fichier, et videra les cendriers après chaque réunion. Tiffauges, toujours au milieu de la table, a été élu, à l'unanimité, président d'honneur du Syndicat. Et Yves, plus que jamais auparavant, passe pour un activiste. Surtout aux réunions de la section des écrivains du P.S., alors que le syndicat, par sa présence, est accusé d'être une « manœuvre » de ce parti. Fou. Faux. Les écrivains sont les premiers à ne pas vouloir se défendre. Le S.E.L.F. existe toujours. Son frère, en Turquie, a plus de cent ans, et en Grande-Bretagne plus de cent cinquante ans. La France aime son début du XIX$^e$ siècle. Elle y tient. Elle use, comme les éditeurs, de ce « droit de passe » qui leur permet encore, en 1980, de retenir 10 % sur les exemplaires vendus pour « risques d'imprimerie et livres défectueux ». Or techniquement, depuis Vigny, Stendhal ou Balzac, il n'y a plus de défauts de fabrication, ou si peu. 0,1 % ? Alors ? Yves, qui s'était juré de ne plus jamais revivre l'histoire de *Pastoral,* la revécut, un hiver durant : il porta le bidon.

En novembre 1975, aussi, Yves, un soir, tard, tard dans la nuit, une nuit, déjà le matin, quitte un bar d'homosexuels. Il n'a « trouvé personne ». Depuis Rupture n° 1, il ne sait même plus chasser, à défaut d'aimer. Le cœur bredouille. Mais au moment de sortir, un garçon le regarde, brun, au regard net. Yves s'approche de lui, l'embrasse sur les lèvres, comme une audace. Tout de suite. Et ils rentrent, ensemble, chez lui : Rupture n° 2.

Paris : je suis toujours à la recherche de différences dans cette ville. Je voudrais tant pouvoir un jour confronter l'image que j'ai d'elle avec sa réalité. Je. Je dis Yves. Yves dit je. Et le « j/e » saigne aussi. Je ne ris plus. Rupture n° 2 vient d'entrer en scène. La première étreinte d'Yves et de ce garçon fut maladroite, toutes lumières éteintes dans l'appartement, par terre, près de la fenêtre du bureau. Seule la lumière électrique projetée par les réverbères du quai. Yves a l'étrange sentiment de tenir dans ses bras le corps du personnage de l'assassin qu'il vient de décrire et de vivre dans *Niagarak*. En chemin, dans le taxi, ils ne se sont rien dit. Et après, « après », Yves prend au hasard un recueil de poèmes dans la bibliothèque : Apollinaire. Et à la lueur du quai, il lit, au cœur de ce poème déjà cité,... *Et je demeure semblable à Ixion après qu'il / eut fait l'amour avec le fantôme / de nuées fait à la semblance / de celle qu'on appelle Hera ou / bien Junon l'invincible / Et qui peut prendre qui peut saisir des / nuages qui peut mettre la main / sur un mirage et qu'il se trompe / celui-là qui croit emplir ses / bras de l'azur céleste...* Le garçon lui donne son adresse. Yves l'inscrit sur un petit carton qu'il place en signet dans le livre. Carton oublié. Il sera retrouvé un jour, plus tard : il n'y a pas de hasard quand un texte s'écrit. Yves, en retour, donne son numéro de téléphone. C'est le garçon qui l'appellera le lendemain. Rupture n° 2 se souvient-il du poème lu, nuit de novembre, lueur du quai, jour qui tarde à se lever ?

## 84. Le temps de pause

Rupture n° 2 : sentiment de pause. Le temps de la pause, c'est peut-être ça la jouissance, une réponse à la question qui devrait clore *Biographie* et inaugurer un temps hors du purgatoire que je me suis créé, *tout a commencé aux barreaux du berceau, et hors le purgatoire créé par ceux, âmes sèches et timorées, ceux qui n'aiment que la littérature qui a oublié de vivre*. Extrait de la critique d'Anne Pons, à propos du *Jardin d'acclimatation*, dans *Le Point*, 8 septembre 80. Et aujourd'hui, texte à part, émotion de rencontre :

> Que faisaient-ils ? Ils jouaient, je crois. Oui, je crois. Oui, je crois qu'ils jouaient. Je crois toujours qu'ils jouent et je pense à eux. Je me vois en train de jouer avec eux. Je ne pense à eux qu'en termes de jeu. Puis,

> Puis, je les vois. Ils sont ce que je ne suis plus. Peut-être parce que j'ai appris à être ce que je ne serai jamais : ce grand que les grands trouvent grand et qui porte en lui un enfant. Un enfant qui sait encore jouer. Jouer avec le feu. Jouer avec un lieu, unique, un paysage, un tour des mondes en un seul paysage, de jour et surtout de nuit, quand les grands ne surveillent plus.

> Je. Je ne sais plus parler comme l'enfant qui se tient, mannequin, en moi, dans la vitrine des grands qui ne veulent pas de « ça ».

Je. J'ai vu. Je vois encore. Et par images. Ces images-là, peut-être. Les enfants savent échanger les images. Pour l'échange. Uniquement pour l'échange. Lieu unique. Dès qu'ils font un premier calcul, c'est fini : ils deviennent grands.

Je. Je savais. Je savais tout. Tout me faisait jouir. Je savais même faire la guerre pour rire. Je n'avais pas peur d'être pris. Prisonnier.

Et après ? C'est toujours après si je revois ces images-là. Il y a un enfant nu, en moi, que l'on n'a pas encore interdit de séjour dans les ronces, et qui sait que les planeurs n'ont pas de moteur. Il sait. Il sait tout. En apprenant, il apprendra à ne plus rien savoir. Il sait parce qu'il doute de tout, et tout est certitude. Il sait même s'habiller tout seul. Il ne s'habille pas encore pour cacher une nudité reprochée. Il approche. Le voici. Il est toujours là. Il me tend une image. Il veut reprendre l'échange. Il veut que ça continue. Même si les grands, passants, qui passent devant la vitrine, ne voient plus le paysage, le saccage des jeux, l'instantané des rondes quand, un instant, la main dans la main, l'autre s'envole avec vous. C'était un temps d'amours nets. Tout le reste, depuis, est flou. Il y avait des couleurs. Je n'en vois plus. Sous un ciel gris, les grands jouent à la guerre, toutes sortes de guerres et un seul gris, pour inventer une histoire. Une histoire qui ne sera jamais celle des images tendues par l'enfant qui ne veut pas de l'échange interrompu.

Je. Je crois qu'il n'y avait pas de frontières. Je voyais les eaux couleur d'herbe. Je connaissais l'emploi du temps et l'emploi du corps. Je n'aurais jamais dû apprendre les conjugaisons. Mais ils m'ont promis des bons points. Des bons points en échange d'autres images. Leurs images. Celles de « l'autre côté de la vitrine ». Côté voyeur. Des images fausses. Pas celles du présent indicatif, le présent qui indique, mène, invente toujours une nouvelle règle du jeu. Il y avait des navires dans les arbres et des maisons miniatures. Il y avait le ciel pour plonger. Nous étions je, nombreux.

J'étais grand. Ils m'ont appris à devenir comme eux : petit. Bande de racornisseurs. Jivaros. Rendez-moi, rends-moi l'image. Au moins une image : je veux recommencer à faire des échanges. Ce qui était sale était vrai, la boue et la fange. Tout était propre. Je savais tout. Je. J'avais deux bouches. Je n'en ai plus qu'une. L'autre, il ne faut plus en parler. Et le sexe de devant, ils l'ont désigné, caché. Je. Je voudrais revenir avec vous. Je veux avoir conscience du temps, comme vous, quand tout était tactile. Doigtés. Je veux mon corps d'enfant, ne serait-ce que cette image-là, en échange, avec toi, je, eux.

Texte écrit dans la nuit du 8 au 9 septembre. Pour Bernard Faucon. Je suis allé avant-hier voir ces photos d'enfants pour lesquelles, depuis des années, il se passionne : étranges mises en scène de mannequins de petits garçons jouant avec des enfants vrais. Les faux, les vrais ? Ces « images » me gênaient il y a quelques années. L'an dernier encore. La pédérastie m'est étrangère, par peur, sans doute, de l'enfant que je fus, qui osait, raptait ; par peur aussi de l'enfant qui galope encore en moi, prisonnier. Or, là, avant-hier, brusquement, je ne regardais plus ces images : ces images me regardaient. Il y a encore en moi cet enfant perfectible qui ne veut ni des nuages ni de la dictée ni du calcul. La saleté, le caca, c'est ce qui arrive après quand tout nous habille. De l'autre côté de la vitrine, il fait sale. Les grands maquillent.

Ce texte, je viens de le relire et de le corriger, non pas au sens de la correction infligée à l'enfant, de cette menace parentale dont « on » copie invariablement gestes et intonations au plus flanchant de tous les défis amoureux ou des ruptures passionnelles adultes, mais au sens du bien tenu, d'une lumière nette, d'une clarté d'élan, cette capacité de « je », perdue. Je me souviens d'un soir de juin, il y a quelques mois. J'allais quitter Paris pour Joucas. C., un de mes amis, avait tenu à venir dîner à la maison avec V., son jeune ami, trop jeune ami certainement, jeune homme que C. façonne à l'image de ce qu'il a ou n'a pas été. Emanuel assistait à ce dîner. L'ami C. ne disait rien, émerveillé et peureux comme d'autres sont heureux : sa conquête était là. Et V. distribuait des sourires comme des accents graves. Il nous posait en tribunal. Quand C. et V. partirent, sitôt la porte refermée, Emanuel m'a dit « pourquoi avez-vous si fort le goût du malheur ? » Je lui ai répondu « et toi, avec une femme, si tu l'aimes ? » Je venais de répondre à une question par une question : la question d'origine est toujours posée.

Ce texte, temps de pause, reprise d'échange d'images, je l'ai aussi écrit, meurtri, en pensant à Rupture n° 2. Nous fûmes enfants ensemble. Brutalement, un des premiers soirs, dans la nuit de la chambre, nous étions agenouillés sur le lit, nus, face à face, je l'ai saisi par les épaules et lui ai dit « arrête de faire l'amour avec ton frère » puis « tu faisais l'amour avec ton frère, n'est-ce pas ? » Au hasard. Je ne savais rien. L'impression était devenue oppressive.

Il me répondit que oui. Il avait aimé son frère, dormi avec lui en cachette jusqu'au jour où celui-ci avait joui pour la première fois et avait fermé à clé la porte de sa chambre. Sur le balcon, toute la nuit,

Rupture nº 2 avait appelé son aîné « laisse-moi entrer », « ne me laisse pas seul ». Il tapait aux volets discrètement pour ne pas réveiller les parents.

Toute une littérature de la vie, encore, a peur de réveiller les parents. Il faut taper discrètement. Même la voisine de gauche, ici, à Joucas, me dit « j'entends votre machine la nuit. Vous tapez trop fort ».

Hiver 75-76. Rupture nº 2 partait tôt le matin. Je me levais pour prendre mon petit déjeuner avec lui. Nous ne partagions pas mon lit, il dormait dans la chambre d'amis. Mais nous partagions ce moment-là. Café noir et pain grillé. Le soir, pendant les réunions du S.E.L.F., il travaillait dans ma chambre. Il n'aimait pas mes amis. Je n'aimais pas les siens, ou inversement : lequel de nous deux a commencé à rejeter les amis de l'autre ? Il parlait des prochaines vacances que nous passerions ensemble. Il serait reçu à ses examens. Nous irions à Bayreuth « tous les deux ». Mais quand il parlait de cet été-là, de ce voyage-là, à venir, il nous restait encore un hiver à franchir, j'avais peur. Je lui disais en riant « nous en reparlerons au premier jour du printemps ». Mais en cachette, j'avais obtenu et acheté des places pour la création de cette *Tétralogie*. J'avais même réservé une chambre « à l'habitant ». Marie, présidente du Syndicat, souvent, tard, après les réunions, dînait avec nous à la cuisine. Elle maternait avec « nous deux ». Il était souvent question d'analyses et de psychanalystes. Rupture nº 2 et elle aiguisaient des armes pour me juger. Et moi, côté évier, je les écoutais se disputer pour mieux faire front. Marie avait une manière affectueuse de démolir notre « ensemble ». Elle avait trouvé des *mots pour le dire*. Ces mots qui, pour avoir l'air de réunir, cassent, coupent en deux. Adieux. Marie était malade de guérison. Elle avait un aplomb dangereux. Sa psychanalyse réussie venait de faire un beau succès de librairie. Marie nous divisa, Rupture nº 2 et moi, alors que nous aurions pu reprendre l'échange d'images, enfants que nous étions dans les bras l'un de l'autre, étonnés de n'avoir besoin que de nous et que de nous revoir. Rupture nº 2 voulait, en moi, un aîné. Je cherchais en lui le jumeau.

Tout s'est terminé bêtement, le premier jour du printemps. Tard dans la nuit. J'écrivais le nième chapitre d'un roman, *Le Souper des loups*. Sujet : un père dictant ses Mémoires au magnétophone. Lieu : un golf, dans une île, près de la Jamaïque. Dans la maison voisine, on tournait un film porno et la fille qui posait nue serait tuée pour de vrai. Elle ne le savait pas. Le tout inspiré par un fait divers lu, quelques mois auparavant, à New York, un matin, au petit déjeuner, devant Marguerite à voix haute. Marguerite m'avait interrompu « je ne veux pas écouter cette histoire ». Puis, derrière ses lunettes, regard droit « si on filme de vrais meurtres, c'est la mort de l'art ».

Tout s'est terminé bêtement, ce soir-là. J'écrivais la pornographie du magnétophone, et la pornographie qui conduit au meurtre : mauvais roman. Rupture n° 2 tardait. J'avais posé sur son oreiller un petit mot avec ce message, *es-tu rentré les lèvres douces ?* Il est rentré les lèvres douces. C'est tout. Il venait de trouver un autre aîné. Il venait de traîner.

C'était le jour du printemps. J'allais lui annoncer que j'avais les places pour Bayreuth. Il était fils de l'Ancien Testament. Quand je le prenais dans mes bras, c'est toute la Méditerranée que je soulevais de terre et que j'embrassais sur le front. La pause n'a duré qu'un hiver. Il avait vingt ans. Je l'aime encore. Mais je n'aime que ce que je perds. Et lui ?

## 85. Samedi 13 septembre

Le cap des six mois. Défense de se retourner. Défense de se dire « il faudra que je coupe ci ou ça ». Ne comptent que les derniers jours du parcours. C'est le compte à rebours. Cette idée qui fausse nos gestes amoureux et nous fait dire « un jour de moins » quand nous devrions nous réjouir de ce « jour de plus ».

Je suis allé voir le *Don Giovanni* mis en scène par Béjart, au Grand-Théâtre de Genève, récompense d'un été à ce bureau. A la fin du premier acte Don Juan chante *E' confusa la mia testa, non so piú quel ch'io mi faccia, e un' orribile tempesta minacciando, oh Dio, mi va !* Tout est confus dans ma tête, je ne sais plus ce que je fais, et une horrible tempête, oh Dieu, vient me menacer. Quand j'ai quitté Rupture n° 2, je suis devenu vide et fou : l'ami se pelotonnait dans ma tête, poings serrés. Il était entré. Nous nous quittions, mais il était là. En moi.

Dans le train, en direction de Genève, j'ai noté ceci, *notre littérature est un oubli de la réalité sociale. Pis encore, quand elle veut témoigner, elle ne fait que se souvenir.* J'ai noté aussi, *si je sais d'où je viens, je saurai où je vais.*

Et de retour de Genève, Emanuel, qui a décidé de venir passer trois jours à Joucas avec moi, m'a raconté trois histoires. Histoire n° 1 : un émigré italien qui travaille en Suisse allemande repart pour l'Italie. Au guichet de la gare, il demande « un biglieto per Bari ». L'employé l'interroge avec un fort accent germanique en faisant claquer les « t » et rouler les « r », « andate ritorno ? » (aller et retour). L'Italien se fâche, donne un coup de poing sur le guichet, « no, andate solo ! » (aller simple). Histoire n° 2 : un émigré italien qui vit depuis longtemps en Suisse romande entre dans un restaurant de Genève. Toutes les tables sont vides, sauf une. Un monsieur dîne seul. L'émigré italien va s'asseoir à cette table-là, en face de ce monsieur-là. Le monsieur lui dit, la voix traînante, « enfin, il y a plein de place dans ce restaurant. Pourquoi venez-vous vous asseoir à ma table ? » L'émigré répond « je n'aime pas manger seul ». Histoire n° 3 : ma tante Maria était très grosse, et l'été, à Aix-en-Provence, elle ne supportait pas la chaleur. Elle s'enfermait chez elle et vivait en combinaison. Dans le couloir de son appartement elle suspendait un drap mouillé entre deux fils et faisait des aller et retour, sous le drap placé en tunnel, afin que les gouttes la rafraîchissent. Morale de ces trois histoires-là, Emanuel me la dit en riant, « il faut rester près de ses origines ».

J'ai commencé à vivre avec Rupture n° 2 le jour où nous nous sommes séparés. Vertiges. Malaises. Je me suis mis à faire seul les gestes et à échanger les regards que nous n'avions pas osé nous offrir en partage. J'avais l'impression que la terre allait tomber dans le vide.

17 heures. De la terrasse. Je viens de corriger le texte que Françoise m'a demandé d'écrire sur Giono. Ce texte sera publié la semaine prochaine dans *Le Matin de Paris*. Tout ce qui vient en cours de *Biographie* est biographique. Pourquoi Giono ? Et pourquoi Gide quand je me rendrai lundi à Uzès, dans sa ville natale, pour « participer » à une émission de télévision sur cet auteur ? Giono ? Gide ? *Le Jardin d'acclimatation* est bien accueilli. René, mon père, papa, est rentré à Paris. Coups de téléphone sourds « je ne t'entends pas. Répète ce que tu viens de me dire ». Adrienne, ma mère, maman, est toujours à l'hôpital. Les médecins ne savent pas ce qu'elle a.

> Titre : *Une lecture de Giono*. Texte : Il est soif de penser que Jean Giono pas à pas, comme le temps passe, petit à petit, est aimé pour ce qu'il est. Il y a du présent et de l'indicatif dans tout ce qu'il a écrit, dans tout ce qu'il écrit encore : il suffit de le lire, mais (comme le « mais » est chagrin, accent grave de tous les discours parisiens) ne nous sommes-nous pas trop habitués à bouder ce qui a l'air simple et naturel ? Une nature est là, dans son écriture. Celle d'abord d'un homme de stature, de racines et de rocailles, sentiers, restanques et tout conduit au ciel de la page, un ciel différent à chaque page, unité de lieu violent emploi du temps : le ciel observe. « Le vent hurle derrière les nuages. » *Regain*.

Il ne s'agit pas, ici, de déterrer une hache de paix. Mais (encore ce « mais ») de bien donner une fois pour toutes à Giono ce qu'il nous donne et que nous n'avons pas toujours su recevoir, lectures prismatiques, prismes d'idées préconçues. Giono n'est ni un « régionaliste » ni un « rude » ni un « simple » et encore moins un « pittoresque ». La liste serait longue : tant de ces idées-là, dictées par on ne sait quelle peur de ne pas être à la page, n'ont jamais pu rider le moindre mot, la moindre phrase de l'auteur, et les romans de Giono sont des vifs, vivaces, robustes. Son langage coule, pur, « ... on traverse à gué des torrents d'une eau couleur d'herbe et luisants comme de l'huile ». *Regain*.

Non, ce ne sera pas une fleur par-ci une ronce par-là, les premières pages de *Regain* puis le tour joué : tout est beau, dans Giono. Et si malentendu (aimable) il y a encore, c'est que cette beauté-là est un danger. Elle est suspecte, parce qu'elle parle. Elle parle des ombres portées, ombres solaires et ombres lunaires, des humains, en un lieu, une terre, une terre sans cesse à l'appel de son origine, toujours captée par le poète au plus caractériel de son climat. « La bourrasque s'éloignait. Il pleuvait dru mais tout bonnement. Le tonnerre abattait encore quelques quilles dans les vallées, loin. » *L'Iris de Suse*. Avant de dire les hommes, Giono dit d'abord la terre qu'ils foulent et la lumière qui les frappe. La description n'est pas là pour faire joli. Elle parle. Elle est le discours de la personne principale de tous ses textes. Les personnages, eux, campés au double sens où ils sont des champs tout autant que du camp où une naissance les concentre, ne s'affronteront que pour tenir avec l'accent, et le goût à la fois souverain et meurtrier de la relation, des discours sans cycles, sans saisons, heurtés, toujours ces peines rivales et perdues, discours sourds des humains que seule l'idée de mort (l'idée seulement) tient debout. Giono écrivait quelques jours avant sa mort, il y a dix ans, et ces ans ne sont rien en regard du temps en soi de ses textes, « si la mort n'existait pas, le monde s'effondrerait ». Dernière lettre du 8 octobre 1970. Alors ?

Alors, Giono est tout seul. Il ne sera jamais présenté comme un maître à penser, ni même comme un maître à écrire : il y a ce tout de brut en lui que jamais aucune analyse ne pourra tenir. Trop clair pour ceux qui cultiveront (culture cultivée des laborantins du langage) un hermétisme en vogue ; trop chantant pour ceux des poètes qui casseront la boîte à musique et surtout pour ceux qui les copieront ; trop apparemment ancré pour être jugé universel ; trop ordonné pour être estimé révolutionnaire ; et trop heureux d'être maître d'un langage qu'il ne doit qu'à lui-même, Giono, objet de malentendus et de malécoutés, sera toujours sujet, le sujet qui échappe, entraîne dans des lectures, de toujours nouvelles lectures jubilantes. Faut-il le lire en cachette des exégètes pâlichons ? Une jouissance est là toute terreuse dans le moindre mot, fier sens du contour et de la ponctuation. « Les arbres concertent à voix basse. Le chien n'est plus là ; il a dû partir sur la quette de quelque sauvagine. » Voici le Gondran de *Colline*. « Ainsi, autour de lui, sur cette terre, tous ses gestes font souffrir ? Il est donc installé dans la souffrance des plantes et des bêtes ? Il ne peut donc pas couper un arbre sans tuer ? Il tue quand il coupe un arbre. Il tue quand il fauche... Alors comme ça, il tue tout le temps ? Il vit comme une grosse barrique qui roule, en écrasant tout autour de lui ? »

Il faut lire Giono comme on respire. Aller, venir, et revenir. Ne pas écouter ceux qui le tiennent encore pour homme de caricature. Tout regarde quand il écrit. Le bel écart. Le bel écarté, quel bon compagnon ! Et aux fascismes ordinaires d'une littérature qui n'en finit pas de se poser des questions de structure, fascismes qui passent, repassent (au sens de la repasseuse qui amidonne, pas de plis, faut du lisse) et piétinent, Giono propose plus qu'il n'oppose un lyrisme qui passe, lui aussi, eau vive. « Tous les oiseaux se taisaient, se perchaient en grappes sur les petits perchoirs de bois et restaient là, ébouriffés et peureux et on voyait trembler le bord transparent de leurs plumes. — Ecoute. Le rossignol pleurait tout doucement pour lui-même. Une petit voix grêle qui avait la couleur grise et rouge de la douleur. — Ecoute, il désire. » *Jean le Bleu*, page 62. « J'en veux à celui qui dictait », page 323. Oui, il faut noter les pages car c'est dans ce territoire-là, et au vécu des lignes, et des ciels que ces lignes cisaillent que l'on peut découvrir la juste mesure de cet auteur : un compagnon toujours en devance. « La peur donne des ailes et de l'esprit. Le jour noircit. La stupeur ne suffit plus ; il faut chanceler, s'abattre où qu'on soit : à table, dans la rue, dans l'amour, dans la haine et s'occuper des choses beaucoup plus intimes, personnelles et passionnantes. » *Le Hussard sur le toit*, page 380. Chaque détail révèle et invite.

Giono, aussi, avait ceci d'enraciné et d'attentif qu'il se sentait qui sait, qui oserait l'affirmer, « estranger » à cette terre qu'il tranche à chaque phrase. Giono, attentif à Dominici, un « estranger » lui aussi, et se posant la question des aveux du « vieux », du langage du « vieux ». Alors, il est peut-être temps d'oublier toutes les images d'inattention qui nous ont fait aimer Giono pas très exactement pour ce qu'il est. Il est trop facile de ne retenir que la verve quand il s'agit de sève. L'abandon est affaire de modestie. Le comportement du lecteur ne devrait plus souffrir facticement de ces préjugés qui ne guinderont jamais une écriture qui a autant d'allant que d'allure. Pourquoi avons-nous si fort appris à bouder ce qui est bon et savoureux, tranchant et tragique, lumineux, frémissant ? Giono survit à tant de modes mortes d'avance. Il a écrit dans la terre et le roc.

Anecdote qui me fut « contée » aujourd'hui alors que j'achève cet article : Giono rencontre un de ses voisins. Ce voisin lui annonce qu'il a l'intention de faire abattre le gros arbre, trop vieux, malade, planté devant sa maison et qui lui bouche la vue. Et Giono d'expliquer à son voisin que cet arbre a le droit de vivre toute sa vie et jusqu'au bout, là où il a grandi. Tant pis pour la vue. Et le voisin garde l'arbre, de plus en plus vieux, de plus en plus malade. Et pas de vue. Vingt ans plus tard, fin de l'histoire « l'arbre est tombé le jour de la mort de Giono ».

Et ultime détail pour une invitation à une « toujours nouvelle lecture » de cet auteur-compagnon : sur son ex-libris figure un arbre, et cette inscription en langue italienne « ho quel che ho donato ». J'ai ce que j'ai donné.

19 heures. Repas. La table est mise. Nous serons six. Jacques et Mira, Jean-Jacques et Marie-Claude, Emanuel et moi. Les amis de *Biographie*. Ne manqueront que Xavier, Jacques et Nicole. Partager la nourriture et le vin. Et par la parole, toujours mieux nous connaître. Il n'y aura pas de télévision, dans un coin, pour nous mettre en position de spectateurs face à une actualité regorgeante de faits tragiques, d'événements dramatisés et brandis s'ils viennent de l'extérieur, mouffetés et manipulés s'ils relèvent de la politique intérieure, et de discours d'ores et déjà pompeux et identiques pour une prise de pouvoir de la présidence de la République. Nous vivrons ce repas en acteurs. Lire aussi est une action. Nous nous lisons tous. L'élection est là. Le repas. Chapitre 86 : Yves après Rupture n° 2.

## 86. La peur des étoiles

L'hiver du Syndicat, l'hiver de Rupture n° 2, l'hiver d'un nouvel éditeur, autre parquet, autres couloirs, sourires vinaigre et regards en coin d'un air de dire « il est venu chez nous pour avoir un prix littéraire ». Or, cette maison d'édition est mobilisée par la publication d'un « best-seller » (?) écrit par un de ses nombreux directeurs. *Niagarak* est très habilement peu porté, donc oublié d'avance. Yves renonce aux versements des cinq dernières mensualités qui l'obligeraient sur le roman suivant. Il vient de terminer *Le Souper des loups*. Il a écrit ce texte par accrocs. Tout le retenait constamment : déchiré par la peur de perdre Rupture n° 2, tiraillé par la présence de Marie et ses jugements triomphants, dévoré par les activités administratives du jeune syndicat, ayant, par innocence, vanité ou sens pratique, livré le territoire de son appartement aux réunions. Yves abandonne. *Niagarak* est un échec. Rupture n° 2 s'est « mis en communauté » avec deux garçons et une fille. Yves regagne Joucas. Il a deux places pour Bayreuth et tout juste assez d'argent pour voir arriver novembre. Une de ses pièces, *Freaks Society*, est représentée au festival d'Avignon. Moyenne d'âge des acteurs : vingt ans. Quand on est trop jeune, on ne peut pas avoir l'âge du rôle. La pièce fonctionne. Mais le rêve d'Amsterdam, le rêve de la famille « hippy » de la pièce, ne passe pas. Autre génération. Manque déjà l'euphorie d'un temps que le metteur en scène et sa compagnie n'ont pas pu connaître, par force d'âge. Dès qu'Yves leur parle, il ne se sent obligatoirement pas écouté, obligation que les acteurs en herbe renvoient à l'auteur comme un reproche. Il est le « capitaliste du texte » qui touchera des droits d'auteur. Mais que joueraient-ils sans le texte ? Et où est le vertige du texte ? Et le bonheur de jouer ?

A vingt ans, on crée, c'est fini, parfait. L'auteur, vivant, n'a qu'à se taire, comme un auteur mort. Pis encore et plus douloureusement que cet auteur-là sous sa pierre tombale, puisqu'il peut, en principe, encore parler.

Juillet 1976. Bicentenaire des Etats-Unis d'Amérique. Un matin, après le petit déjeuner, Yves est en train de faire sa toilette. Il se rase. Mécaniquement. La radio est branchée sur France-Culture, émission diffusée en direct de l'université de Stamford. Un savant parle des étoiles et des années-lumière. Il cite des chiffres. Yves prête vaguement attention tout en se regardant dans le miroir, au-dessus du lavabo, mousse à raser, petits coups de rasoir. Il est question d'espace, de millions de kilomètres, de millions d'années et de planètes mortes. Vertige. Chute. Une fraction de seconde ? Yves reprend connaissance sur le carrelage de la salle de bains. Il s'est heurté le front contre le rebord du lavabo. Il s'est coupé : joue en sang.

Yves ne veut pas « croire » à ce malaise. Il prend une douche. Rien. Et rien qu'un peu de fatigue. C'est ce qu'il décide. Son diagnostic. Mais quelques jours plus tard, sur la route d'Avignon, instinctivement, par besoin de compagnie, il branche la radio : France-Inter, les informations de 19 heures. Un engin aérospatial s'est posé sur la planète Mars. Le « message d'arrivée » n'a mis qu'une vingtaine de minutes pour parcourir une centaine de millions de kilomètres. Vertige. Yves a juste eu le temps de mettre son clignotant à droite et de freiner. Il reprend connaissance affaissé, le front contre le volant, corps inerte. La Terre un instant s'est mise à tourner très vite et à tomber. Yves entend, latéralement, le bruit continu, aiguisé, des voitures, des camions et des motos qui se succèdent. Bruit fusant. Et lui, là, malaise, de travers sur l'accotement de la route, gravillons. Tout s'est passé conjointement, l'énoncé de l'information, le vertige, le coup de frein, la perte et la reprise de connaissance, accent grave : il est là. Il ne commande plus son corps. Il ne sent plus ses bras, ses jambes. Mais il voit. Il entend. Il s'est seulement cogné le front. Il reprend petit à petit sa respiration. Il se dit « c'est une route, une voiture, ma voiture, ma voiture au bord d'une route, ma voiture qui roulait sur la route et moi dedans, et rien ne tombe, pesanteur, et ma voiture va de nouveau rouler sur la route, et moi dedans, comme avant, comme toujours, sur Terre, et la Terre tourne, et la Terre ne tombe pas ». Quelques minutes plus tard, cramponné au volant, comme un conducteur débutant, Yves reprend la route, la fixe et s'y accroche du regard. Il ne veut ni de cette histoire du vide ni de ces malaises. Il se défend d'en parler à qui que ce soit.

Personne ne le croirait. C'est la fatigue de l'hiver, c'est « tout ce qui s'est passé avant », sentiment de cumul, goût du malheur et de la rupture, l'un et l'autre, un cheminement et ce corps en impasse, le corps quitté. Déchirement. Rupture n° 2, ami désormais en creux, a ravi la pesanteur. Quand Yves arrive à l'entrée du garage transformé en théâtre dans lequel « on » joue *Freaks Society*, il erre, ne comprend plus très bien ce qu'on lui dit. Il trouve cette histoire de malaises ridicule. Il ne veut en parler à personne. Il doit, et il veut, puiser en lui des forces, retrouver de l'aplomb. Un aplomb. Le sentiment de pesanteur. Il assiste à la représentation de sa pièce. Le public rit ou s'émeut aux justes moments où il avait ri et s'était ému en écrivant ce texte, première représentation, pendant l'écriture. Alors ? Alors, courage. Cet aplomb, Yves devrait le retrouver en écrivant. Encore une fois. Il rentre à Joucas, cramponné. Et sitôt arrivé écrit la première page d'un roman : *Première lettre de Joseph. Saint-Pardom, le 20 juin 1899. Cher Roland. Que la route était belle, ce matin, avant l'aube. J'écoutais mon pas. Je guettais le tien. La distance qui nous sépare est devenue intimité. Il m'est urgent, ici, de retour dans cette maison où ma mère ne règne plus, comme si la mort avait d'un coup net effacé toute une vie, que je te dise l'extrême calme de mes sentiments, la sérénité de mes tourments, tout ce qui se cristallise en moi : ta présence. Je veux, pour cette lettre, prendre le temps du temps, prendre le temps de tout et surtout te demander de ne jamais rien effacer en toi de ce qui est nous. Les lettres, comme le cœur, se déchirent. Le cœur est plein d'oubliettes. Pardonne-moi ces images. Je sais que tu ne les aimes pas.*

Premières lignes du roman *Le Petit Galopin de nos corps*. Instinctivement, Yves choisit de se réfugier dans son arbre généalogique. Saint-Pardom pourrait être Condom. Joseph et Roland, son grand-père et le beau-frère de son grand-père. Les sœurs Bérard seraient les sœurs Dumas. Bonne-Maman, Jeanne dans la réalité, se serait appelée Sabine. Yves ne change pas le prénom de Clothilde. Texte de suppositions, car Yves, somme toute de l'album de famille, ne sait rien d'autre de son grand-père qu'une photo envoyée par Margot peu après l'émission des *Dossiers de l'écran*. « Pour l'étrangeté de la ressemblance », avait-elle écrit. Même port de moustache, mêmes yeux, même regard. Yves citera plus tard Max Jacob, *on ne chante juste que dans les branches de son arbre généalogique. Le Petit Galopin de nos corps* est donc une histoire transgressée, conditionnelle, et pas inventée vraiment : l'écriture est inconditionnelle. Qu'est-ce que l'invention, en dehors de la science, sinon la relation et l'accueil d'une émotion et son offertoire ?

# BIOGRAPHIE 647

Cet été-là, de nuit, Yves a peur. Peur des étoiles. Le toit de la maison de Joucas le protège et fait rempart. La nuit, il travaille à ce roman, penché sur la machine à écrire. S'il lève la tête, vertige, les étoiles sont là, au-delà du toit, le grand vide et la chute. Et tout appliqué à la page, Yves « passe les nuits », s'agrippant aux mots, aux lignes. L'ouvrage « polarise » son attention. C'est la seule manière qu'il a trouvée de ne pas se laisser reprendre par le vertige du vide. Il n'y en a plus qu'une : écrire, livrer, vivre dans le texte, ci le déclin d'Adrienne dont la disparition est annoncée dès les premières lignes du roman, mais il ne l'analysera qu'ici, au temps de ce chapitre, et là le sentiment de durée d'une liaison, d'un amour, d'une compagnie, comment dire ? Il prête à son grand-père un amour durable qu'il a eu le doute d'entrevoir avec Rupture n° 2 pendant les quelques mois d'hiver. Dans le texte, Yves chante. Il a besoin de chanter au plus chantant. Et ce roman coule de source, sous ses doigts. Il redessine l'arbre selon lui. Il veut savoir d'où vient la ressemblance. Il veut aussi, par ces pages, parler à Rupture n° 2. Et que ça continue, alors qu'apparemment tout est fini.

Mais lorsque, au petit jour, il monte dans sa chambre, chancelle sur le lit, les étoiles sont là encore dans le ciel qui se lève, et là, dans sa tête, plus précisément encore s'il ferme les yeux. Alors, les yeux grands ouverts, nu, sur le ventre, le front dans les oreillers, il essaie de dormir, prendre un repos, pause du texte en cours, effaré. Et tout chavire. La Terre. Dans le vide. Le lit crève le toit : c'est un autre envol que celui du lit bleu. Un envol que plus rien ne guide. Une chute. Et Yves, jambes coupées, suffoquant, est obligé de se relever, de se tenir aux murs, de redescendre dans la pièce du bas, plus bas encore dans la maison, plus protégé. Des chiens aboient autour du village. Chant du coq. Quelques voitures passent déjà dans la rue étroite. Les voisines font claquer les volets et se disent le bonjour. Ces dames vont aux commissions chez l'épicière. Le rituel de la journée reprend. Yves alors corrige le chapitre de la nuit. Sommeil gommé. Dopé par l'épuisement.

En fin de matinée, prudemment, au volant de sa 4L, il se rend à Villeneuve-lès-Avignon, chez son amie Saubade. Saubade vit seule. Sa maison domine la vallée du Rhône. Elle a un chien, une chatte, et quelques très bons amis qu'elle garde attentivement, avec cette force de l'affection quand elle devient ténacité. Saubade a l'âge d'Adrienne. Mais les rapports entre Yves et elle sont ceux de simples amis : ils s'écoutent, ils se parlent. De plain-pied. Et quand Yves vient passer la journée chez Saubade, Saubade n'est plus là pour personne d'autre. Ils parleront souvent, ensemble, de cette « exclusion ». Ils en riront même.

Tout comme ils essaieront de rire des malaises quand Yves osera enfin en parler à son amie. Saubade sait que la blessure de l'hiver ne se refermera pas de sitôt. Le 13 août, roman achevé, c'est elle qui aidera Yves à prendre le train avec les chats, les bagages, et le manuscrit. Yves a pris sa décision au lever du jour. A la fin du dernier chapitre, ç'avait été un vertige encore plus fort et une totale perte de connaissance. Chaleur torride dans le train. Vacanciers bronzés qui rentrent à Paris. *Le plus dur à passer à Joucas, c'est le 15 août...*

Sitôt arrivé à Paris, en milieu d'après-midi, Yves se rend chez un médecin dont un ami journaliste lui a donné l'adresse. Georges n'est ni analyste ni neurologue ni psychiatre : généraliste. Et passionnément dévoué à tous ceux que l'on nomme « surmenés ». Il part le soir, en vacances. Il a une heure pour écouter Yves. Et avec Georges, peut-être pour la première fois, mais sans l'admettre encore, Yves se rend compte qu'il a besoin de « raconter sa vie », de « situer sa vie », que Navarre joue un sale tour à Yves, et que dans une société où tout refuse la livrée, l'aveu, dans une société qui juge et hache menu toutes les mains qui se tendent, un médecin possible, pour soigner, doit avant tout écouter. Pas l'écoute institutionnalisée, désormais sacralisée, plus sacralisée encore par ceux qui l'attaquent, d'une psychanalyse dont « le passage sous silence » est un jugement. Confusément, Yves associe le silence de la psychanalyse de divan au passage sous silence dont ses romans sont l'objet, même et presque surtout quand « on » en parle. Toutes sortes de paradoxes qu'il explique ce vendredi-là d'août 1976. En l'absence de Georges, un autre docteur, Marcel, dermatologue, s'occupera d'Yves. Georges et Marcel sont devenus des amis d'Yves. Yves souvent leur dit qu'il vit encore, grâce à eux, pour un peu d'écoute vraie. Les médicaments de base prescrits ce jour-là, Yves les prend toujours au jour de ce chapitre. Et s'il ne les prend pas, la Terre tombe.

Fin août, Yves rencontre son premier éditeur et deux des personnes qui travaillent avec lui. Ils ont lu *Le Souper des loups* et *Le Petit Galopin de nos corps*. Yves veut revenir « chez eux ». Il dit même en souriant « à la maison ». Déjeuner. Table ronde. Un beau soleil dans les rues de Paris. Mais « ils » ne diront pas un mot du *Souper des loups*. Et au sujet du *Petit Galopin de nos corps*, l'un d'entre eux trois, cadeau de retrouvailles, jettera un « ce n'est pas le roman que nous attendons de toi ». C'est tout. Absolument tout. Ils veulent bien qu'Yves revienne. L'éditeur est disposé à lui verser des mensualités « dès septembre », mais ils veulent « un autre roman ». Quel roman ? Yves tient debout.

Cette peur des étoiles tiendra violemment Yves pendant longtemps encore, et toujours au moment du coucher. Geste absurde : Yves glisse alors une main sous le matelas et se cramponne. Et s'il parle de ses malaises, personne ne le croit, chacun sourit dans son coin : Yves a tout pour lui, de quoi se plaint-il ? Yves tient debout.

Pendant six mois, en plus des médicaments prescrits, Yves sera sous traitement de calmants, par piqûres, de ces calmants à haute dose qui donnent l'impression de bourrer le crâne de coton hydrophile. Un demi-mort et des gens tout autour, amis parfois, hilares, qui vous veulent triomphant et vous accusent de créer votre propre purgatoire et de provoquer votre malheur. Yves tient debout.

Début septembre, Yves rencontre un troisième éditeur. Ni le premier ni le second : un troisième, homme affable, aimable, dont le nom a été cité au début de *Biographie* et ne le sera plus ici, question de parcours et de mieux-être. L'homme affable, aimable, dit ce qu'il faut dire à Yves pour le « convaincre » d'entrer chez lui. Et Yves, au lieu de se montrer fort, se montre faible, parce qu'il est amoureux, quitté et affaibli. Il vient de commencer un roman, *Kurwenal*. Dans ce texte, il cherche Rupture n° 2, partout, dans Paris. Il place entre Rupture n° 2 et lui cette femme que jamais ni l'un ni l'autre n'a pu, ni n'aurait pu être pour l'autre. Adrienne entre, elle aussi, dans ce roman, sous les traits de madame Kurwenal, maman de Pierre, pivot de l'histoire. Et jamais personne, au lu du livre, ne mentionnera que le nom de Kurwenal est celui de l'ami de Tristan, celui qui ramène Tristan dans son pays natal et guette le bateau qui ramène Isolde. Non. A quoi bon, à quoi bon tisser de l'amour ? Si : si c'est bon, le lecteur, qui sait, aura l'impression, l'impression cette seule et unique certitude, comme un doute, d'être écouté enfin et d'être. Etre mieux. Etre. Le salaud parle alors de démagogie.

Yves a signé chez le troisième éditeur, pour trois ans, trente-six mensualités, et trois romans. Il fait lire *Le Souper des loups*, *Drummond* et *Le Petit Galopin de nos corps*, simplement pour être sûr que ces livres ne sont pas « attendus », « publiables », mais comment trouver le mot juste ? Tout cela est trop proche. Tout cela approche. Jonction. Point de suture. Les deux voix de *Biographie* se fondent petit à petit. Il y a réconciliation sous roche. Yves va enfin pouvoir s'appeler Navarre. Et il y va ainsi de l'humain. Rien ne nous identifie plus. Or, le troisième éditeur se prend de conviction pour *Le Petit Galopin de nos corps*. Yves l'offre en premier de quatre romans. Donc, quatre romans en trois ans. C'est important de le noter : Yves veut plus que jamais vivre de sa plume. C'est son métier. Et cette volonté est un piège aux ressorts fortement tendus par ceux qui s'y sont pris ou, pis, par ceux-là qui ont les moyens, revenus, autres métiers, statuts de fonctionnaires, de ne pas y entrer.

Noël 1976. Joucas. Les soirées sont longues. Le réveille-matin fait tic tac. Yves écrit *Kurwenal*. Dès la tombée de la nuit, il ferme les volets de la maison. Il ne peut toujours pas regarder les étoiles. Il y a une petite place, sous le matelas, pour sa main. Il dort avec un masque sur le visage. Un de ces masques taillés dans un tissu noir de même fibre, couleur d'encre triste, que ces voiles sous lesquels les photographes venus une fois par an, au lycée Pasteur, plongeaient avant de prendre chaque photo de classe « Yveeeeeette ! » Sous le masque, Yves dort les yeux ouverts. Il dort parce que le masque fait écran. Il dort parce qu'il prend des pilules pour dormir. Les rêves ne sont plus les mêmes. Un tapis de neige sur toutes impressions de la vie. Il ne faut surtout pas laisser de traces de pas. Pourquoi faut-il convaincre tout le monde, tout le temps ? Un peu d'abandon, sous regard de confiance, cela existe-t-il encore ?

Janvier 1977. Yves ne quittera Joucas que lorsque *Kurwenal* sera achevé. Parfois, le soir, il retrouve Saubade chez Michel et Jean-Jacques, ses amis de Fontaine-de-Vaucluse. Ce sont de belles soirées. Ensemble. Tous les quatre. Mais après, il faut rentrer à Joucas, traverser la nuit, tenir le volant de la voiture, se laisser hypnotiser par les faisceaux lumineux des phares et ne surtout pas regarder le ciel, la voûte céleste. Fin janvier, il s'est mis à neiger. Pour de vrai. Le roman est achevé. Yves rentre à Paris. La Terre tourne. Tourne. Tourne. Et Yves, la nuit, fixant le trottoir, comptant ses pas, erre sur les quais, puis suit le même itinéraire, la Bastille, le boulevard Beaumarchais, le Cirque d'hiver, la place de la République et le boulevard Magenta et là, posté, il regarde la façade d'un immeuble. C'est là que Rupture n° 2 « vit en communauté ». A quel étage ? A quelles lumières, s'il y en a encore aux fenêtres ? Yves regarde la façade, mais pas plus haut, pas le toit et au-dessus du toit, surtout pas le ciel : c'est trop dangereux. Puis, bredouille, le cœur vide il rentre chez lui, compte à rebours des pas, pour voir si au retour il y aurait, par hasard, exactement le même nombre de pas qu'à l'aller. C'est toujours un petit peu plus, au retour : Yves s'est mis à rêver aux jours passés de l'hiver précédent, passés avec celui qui précède encore, comme s'ils s'étaient quittés sur un premier regard à peine esquissé, bise furtive au sortir d'un bar de garçons.

Ecoute, toi, Rupture n° 2, ami : tu viens d'écrire, toi aussi, dans un journal, une belle et flagrante critique du *Jardin d'acclimatation*. Ni bonne ni mauvaise : mieux, une critique vraie. Alors écoute-moi :

pourquoi m'as-tu quitté pour un mirage ? Pourquoi t'ai-je quitté pour une jalousie ? Ce qui se partage à deux ne se partage pas en trois ou dix, ou cent. L'instinct du chasseur l'a emporté. Pourquoi me jugeais-tu ? Le savoir dont tu usais pour me traquer dans le moindre de mes comportements n'est bénéfique que pour ceux qui n'ont aucune référence amoureuse et qui ne s'aiment pas. La fuite était en nous, deux. Je t'ai revu, un jour, depuis. Tu portais un pull-over troué acheté aux Puces, « parce que ça me plaît » as-tu dit. Je t'avais offert un pull neuf, blanc. Tu étais beau, torse nu, dedans. A deux, on peut regarder les étoiles. Les fils, alors, se tendent. Tout tient en place dans l'espace. L'amour saltimbanque, tu connais ?

## 87. Mercredi 17 septembre

Correspondance du jour. Je reçois cette lettre d'Antoine. Je lui avais écrit cet été pour le prévenir des états de santé de maman et de mon père. Voici.

> Cher Yves. Merci de ton mot, qui nous attriste bien, et de ton *Jardin d'acclimatation,* trouvé ici, de retour de vacances. Ayant aménagé les préparatifs de la rentrée (nos premiers étudiants arrivent demain matin), j'ai pu consacrer la fin de cette semaine à ce roman. A mon avis, c'est le plus symphonique que tu aies composé ; moins extérieurement rigoureux que *Les Loukoums,* il a substantiellement cette vertu de polyphonie que Bakhtine a mise en évidence dans les romans de Dostoïevski. Peut-être est-ce parce que ton porte-parole est partagé (Bertrand, mais aussi Jean, avec répartition des judicatures) et absent (un mort et un vivant quasi mort, dont les « mots » n'apparaissent qu'en remémorations d'un peu tout le monde). Mais ce relatif effacement par « fantomisation » (affreux néologisme de ma part !) ne suffirait pas à donner vie aux autres ; or ils ont une densité de personne et même, pour la première fois dans tes romans familiaux, d'aventures et de problèmes vécus. Je ne sais si tu te rappelles m'avoir entendu t'exhorter, gare de Lyon, dans le train qui devait m'emmener, à donner corps et âme aux personnages qui ne t'incarneraient pas ; je suis comblé cette fois. La construction de ce livre-réquisitoire est à la fois simple et efficace : peu de discours, des anecdotes puissamment significatives, les effets en cascade sur l'entourage (sauf sans doute Claire — parce que inventée ?), l'énigme lentement dévoilée (comme un strip-tease macabre) du drame de

vingt et un-vingt ans avant (Dumas à l'envers) dans sa nature, ses causes et ses effets, tous profondément pathétiques (c'est la première fois que tu crées en moi cet effet à ce point), voilà qui converge vers le coupable mieux que tout procédé oratoire.

Si j'avais des réserves à formuler, j'en ferais deux, toutes deux accessoires. D'abord la trop grande similitude de frappe des formules entre Jean et Bertrand : ces mots d'auteur se sentent comme des mots de l'auteur et, au lieu de réserver leur maniérisme habile aux tics d'un dramaturge de boulevard et à ceux d'un ex-futur normalien, ils tranchent sur la simplicité efficace et forte de tes récits et analyses et y créent comme un peu de disparate. Un peu de « décomplication », comme disait Gide, et tu atteindrais la plénitude du classicisme moderne, que tu peux contribuer à créer.

Ensuite, le titre et l'exergue, extrait de la lettre de Bertrand qui s'y rattache, laissent dans le flou ce qui doit en faire, apparemment, l'axe interprétatif de l'ouvrage ; j'avais pensé d'abord que c'était l'environnement familial, claustral et castrateur, qui était invoqué ; mais le récit en fait au contraire une escapade suivie d'un décès lointain, et je ne vois plus guère le rapport.

Qu'importe, au demeurant, puisque l'ouvrage se lit mieux que bien, qu'il est fort, qu'il rend sensible et éclaire à la fois ce qu'il stigmatise, ainsi qu'il le fait de quantité d'autres choses au passage. Il y a en particulier des climats (Suzy), atmosphères (quasi-lynchage de Sébastien) et des moments (lettres) qui empoignent le lecteur. Plus poétiquement encore, les images obsédantes (planeur) et les gestes en série (destruction des souvenirs clés : Sébastien, Suzy, Bertrand, sans doute Henri le père). Cela relève de la composition musicale, plus belle parce que plus secrète. Et puis, plus mystérieux encore, l'appui de cette défense de la vie sur la multiplicité des morts (Romain, Jean, Gérard, Cécile) ou quasi-morts (Bertrand) ou quasi-tués (Bernadette, Pantalon III) ou psychiquement morts (Henri, Luc, Sébastien) ; et sur les femmes, vestales de la vie (leurs enfants n'étant que la vie même). Finalement, je restais en surface en parlant de réquisitoire (contre LE PERE) : tu plaides en partie civile pour la vie, en combattant ce qui la stérilise et parfois l'anéantit. C'est une belle, une bonne, une grande œuvre. Merci. Nous t'embrassons. Antoine.

Réponse à la lettre d'Antoine.

Le 17 septembre. A Joucas. Mon cher Antoine. Je goûte ton message et t'en remercie. Il y a de l'effort, tu le sens, dans cette manière (vécue) de conduire et me conduire dans une écriture. Plus fort encore sera le roman que j'écris en ce moment et qui me coûte jours et surtout nuits.

Au sujet de Claire, elle n'est pas plus inventée que les autres. Ou bien, toi, tu l'inventes moins. Je dirai même qu'elle m'identifie tout autant que les autres (son amour brisé, son isolement, le rapport avec un ciel, la conférence : elle est « quittée » donc très proche de moi).

Or, curieusement, d'autres amis et amies ont lu le « Jardin », conduits par Claire. Alors ? Alors, je ne crois pas à l'invention. L'écoute, oui, le regard. Le partage des émotions. L'attention. L'invention n'est qu'attentive.

Le titre ? En cours d'écriture, le roman s'intitulait « Le Signe de vie » (j'ai trouvé ce titre supportable un temps, puis trop sifflant et sans vigueur). En cours de correction, le roman s'intitulait « Le Père immobile » (pas de commentaire). En fin de correction, j'ai choisi entre « La Famille écarlate » (banal) et « Le Jardin d'acclimatation » car l'acclimatation est le sujet de ce roman et... de ta lettre d'après-lecture.

Enfin, Jean et Bertrand sont « décalqués ». Ils ont en commun un écart. Ils ne se copient pas. Ils sont tenus à l'écart et ils se tiennent dans un écart (pas le même). Ils se créent alors un langage propre, l'un juif, l'autre homosexuel, et les tics ne sont que les hérissements du barbelé qui les interdit. Et m'interdit. Te voilà égratigné ?

Les critiques sont bonnes, jusqu'à ce jour. Mais à le dire ainsi, je joue le jeu d'un piège que je dénonce. Ni bonnes ni mauvaises critiques, ni bonne ni mauvaise conscience, comme tout cela fut harcelant pendant des années : ce sont des critiques « tout court ». Enfin !

Merci de m'avoir dit que je n'accuse pas le père, mais que je plaide pour la vie. Le message passe donc. C'est l'essentiel. Je vous embrasse. Yves.

Post-scriptum ne figurant pas dans la lettre. Tu cites Gide dans ta lettre. Or, j'ai participé avant-hier au tournage d'une émission de « télé » sur cet auteur. A Uzès, où semble-t-il personne ne sait que Gide a vécu, ou du moins séjourné, « berceau de sa famille ». Alors : « on » m'a posé des questions d'une drôle d'encre, l'encre ironique. Le principe de l'émission étant encore de convaincre. Gide est toujours à « les » tarabuster. J'ai répondu « j'aime Gide ni plus ni moins que tous les auteurs écartés, qui s'écartent et se libèrent en mesurant leurs attachements ». J'ai cité Edouard, dans *Les Faux-Monnayeurs : Les appétits d'autrui paraissent facilement excessifs dès qu'on ne les partage pas*. Et voici que, par ta lettre d'aujourd'hui, le partage se trame. Je me sens promu alors que je ne veux pas concevoir l'idée de promotion et que tu m'as toujours connu aussi vif, dans le désir d'écrire. Il y a maîtrise, désormais, me diras-tu. Il y a continuité aussi. Et je l'ai échappé belle : Bertrand ! A propos de Gide, j'aime les personnes de la littérature, pas les personnages. J'aime les impressionnistes, pas les oppressionnistes. Exemples : Malraux, personnage, oppressionniste du courage, je ne me serais pas déplacé pour lui ; Mauriac, personnage oppressionniste de la honte, monsieur Double Masque, m'a toujours ennuyé, jamais entraîné dans une lecture ; Camus, par contre, personne, impressionniste d'une conscience qui se déclare ni bonne ni mauvaise, désir de conscience brute, oui. Et Gide, personne derrière le personnage créé de l'extérieur, impressionniste du contre-ordre moral, oui. Et ainsi de suite. Mais que m'a-t-on « fait dire » encore à Uzès ? « On » ne veut pas que les personnes de la littérature soient ce qu'elles sont. Si leurs mots lézardent l'édifice de bonne et mauvaise conscience, on les parque. Pourquoi avoir toujours à convaincre ? Pourquoi m'as-tu fait peur pendant tant d'années ? Tu avais peur, toi aussi ? Douceur ou douleur, à force de nommer sa douleur, on oublie de nommer sa jouissance. Tout se passe comme à la « télé » (que je ne regarde pas, je n'en ai pas, je préfère lire des poèmes), retransmission d'un match de tennis, cadrage abusif, « on » ne montrerait qu'un des deux joueurs renvoyant les balles, mais jamais l'échange de balles. Cette fois, Antoine, je viens de voir ton visage, en face de moi. Merci.

Second post-scriptum. Au même courrier, cet extrait d'une circulaire du Parti socialiste. Je l'applique à notre effort créateur : *Rien ne serait plus dramatique pour l'ensemble des travailleurs, quel que soit leur statut, que de sombrer dans la résignation. Partout les avantages acquis sont remis en cause. Ne craignant pas ou peu les échéances électorales, le pouvoir applique sans faiblesse une politique pour accroître l'exploitation des travailleurs, pour liquider l'appareil productif de notre pays, pour accroître les profits des trusts dominants.*

Fin de journée. Soleil de septembre. Je n'enverrai pas cette lettre à Antoine. Le seul prénom changé dans *Biographie* sera le sien. Parce qu'il me fait encore peur. Il écrit recto verso des lettres si pleines et parfaitement ponctuées, ne laissant aucun blanc, qu'à lui répondre j'ai l'impression d'un désordre qui n'est pas, je vois le papier de ma lettre comme un torchon. Pourquoi ? Plus qu'une semaine.

## 88. Les années de cendres

Parfois, le dimanche, Yves rend visite à ses parents dans la maison du parc de la Malmaison. Adrienne va du lit au fauteuil du salon, du fauteuil à la table, de la table au fauteuil et du fauteuil au lit, conduite par l'infirmière. René s'enferme dans son bureau. Il entreprend la rédaction, non achevée à ce jour, trois ans plus tard, d'un mémoire sous le titre *Recherche et formation : préludes au règne de la destination humaine et à la naissance d'un nouvel ordre mondial*. Première page, premières lignes :

> Préambule. Témoignages d'une carrière. Pour appuyer l'exposé d'une thèse socio-politique les auteurs recourent souvent à la description de sa substance et à l'évocation de ses effets possibles dans des « scénarios » de circonstances, imaginés à cet effet, indépendamment de toute prétention de valeur historique ou prévisionnelle. Cette méthode conduit à donner à l'exposé de la doctrine beaucoup de clarté et une apparence de grande rigueur. Elle a le précieux avantage de conserver intacte la liberté de chacun pour l'interpréter : 1, selon sa propre expérience, 2, selon ses aspirations particulières et, le cas échéant, 3, selon les choix émanant de ses convictions déjà établies.
>
> Je n'ignore pas l'intérêt de cette méthode. J'ai cependant préféré donner à un mémoire destiné à susciter une prise de conscience aussi large et aussi active que possible des problèmes posés et des voies qui peuvent aider à leur trouver une solution le cadre plus concret de la

> simple relation de la carrière que j'ai vécue moi-même. Ce choix a le même mérite de respecter, scrupuleusement, le libre arbitre du lecteur...

Ce *libre arbitre du lecteur,* Yves et René en parleront plusieurs fois, ensemble. Toujours brièvement. Rudes conversations : René se cabre dès qu'Yves, ayant respiré profondément, s'efforce de parler à son père avec plus de calme. Vite, trop vite, René oublie le caractère « universel » de son désir de mémoire pour ne plus parler que des tourments d'un malheur et d'un isolement personnels dont il refuse d'admettre qu'il en est le jardinier scrupuleux. Et Yves, sitôt le repas achevé, lacérant face à face du père et du fils avec Adrienne en bout de table, flanquée de l'infirmière qui lui donne à manger comme à une enfant, grimpe au premier étage dans la pièce en atelier réservée au piano, le Gaveau de la villa Sainte-Foy : il joue, au hasard, bribes, souvenirs de mélodies, improvisations. Il se dit qu'alors René se souvient d'avoir joué, lui aussi. Et surtout, car c'est surtout pour elle, puisqu'elle ne communique plus même, ou si peu, du regard, qu'Adrienne écoute. Pantalon III dort sur un coussin dans le bureau de son maître. L'horloge espagnole sonne deux fois trois heures de l'après-midi. Puis deux fois la demie. Puis deux fois quatre heures : Yves s'en va. René lui dit toujours « adieu » comme si c'était la dernière fois, et « nous n'avons pas eu le temps de nous parler ».

L'accueil n'a pas été fervent pour *Le Petit Galopin de nos corps* publié au tout début du printemps. Peu de critiques et toutes pâles : le texte, sans doute, est reçu « rétrospectif » parce que se déroulant de 1899 à 1936 ; parce que trop chantant aussi. Mais Yves sait, au courrier qu'il reçoit, lectrices, lecteurs, que le roman a été capté au cœur et au secret de tant et tant de vraies lectures. Ce printemps-là, obligé pécuniairement à reprendre des travaux de conception-rédaction publicitaire, Yves est chargé de rencontrer un « grand couturier », pour l'interroger au sujet du lancement d'un parfum qui portera son nom. Le parfum sera vite retiré de la vente : le liquide virera dans le flacon. Mais la rencontre sera déterminante, à égalité, pour l'un et pour l'autre : Emanuel et Yves deviendront amis comme d'autres deviennent amants. Seule différence : la durée, et une fraternité.

Dès le mois de juin, Yves regagne Joucas. Il corrige les épreuves d'imprimerie de *Kurwenal*. Il se met également, égalité d'humeur, à répondre à l'amour que lui porte cette petite maison. La vigne vierge a poussé, le lierre aussi. Il y a des fleurs aux fenêtres et des vasques de géraniums sur la terrasse. Le paysage parle. Yves commence seulement, petit à petit, à l'écouter. En écho, la voix de René « j'espère que tu n'achètes pas cette maison pour les amis que tu as dans le village, mais pour le paysage ». Saubade vient parfois passer la journée. Yves écrit une nouvelle, *Travelling*. Il attend toujours le retour de Rupture n° 2. Et les nuits, sommeil forcé, le livrent de nouveau à des rêves qui versent aux cauchemars. *Travelling* n'est que le récit d'un de ces cauchemars. Chapitre 89, à venir. Yves a rangé sa vie. Une moitié de l'année à Paris, tiraillé, tarabusté, errant, travaillant, refusant de jouer les rôles qu'on veut lui faire jouer. Et l'autre moitié de l'année à Joucas, rangeant, classant, taillant les crayons, balayant la cave et le devant de maison, travaillant, travaillant encore, au stylo et à l'encre bleu roi, sur des cahiers, ou à la machine, Valentine, toujours elle, toujours la même.

Quand Yves quitte Joucas, c'est pour se rendre chez Saubade. Et sur la terrasse qui domine le Rhône, il parle avec son amie des premières pages d'un texte qui le hante et le harponne : il serait question d'Adrienne, du silence d'Adrienne et du récit de sa vie : tout ce qu'elle dit et se dit encore, en elle, derrière l'écran d'un silence de naufrage. Il serait question de lui donner la parole dans un roman qui serait tout entier elle et à elle. Premières pages du *Silence du ciel* que Saubade écoute, lues à voix haute par Yves, et qui lui font dire « je veux la suite. Tu me liras la suite, demain ? » Et ainsi de suite. Qui écrit alors ? L'amie qui demande ou l'auteur qui frappe les mots ?

Yves rencontre, ces jours-là, Jacques qui doit mettre en scène *La Guerre des piscines* au Petit-Odéon. Ils deviendront amis comme d'autres deviennent amants. Seule différence : la durée et la confiance. Quand Jacques épousera Nicole, il sera témoin de leur mariage, un jour d'hiver, mairie du IX$^e$ arrondissement, deux époux et deux témoins. Jacques et Nicole ont deux chats, un « lui » et une « elle », comme Yves.

Début août, Saubade annonce à Yves qu'elle doit aller à Paris pour se faire faire des analyses. Elle se sent fatiguée. C'est une fin d'après-midi. Le soir, il y a représentation de *Fidelio* au théâtre antique d'Orange. Yves s'y rendra seul. A l'entracte, il quitte le théâtre, fiévreux. Il claque des dents. Palpitations. Deux jours plus tard, il remonte à Paris et, alors que Saubade ne l'attendait pas, il lui rend visite à l'hôpital Henri-Mondor, longs couloirs, portes entrouvertes, visions d'êtres, hommes, femmes, enfants, sous perfusions, condamnés pour la plupart : Saubade est perdue. Mais quand Yves est là, elle sourit. Elle veut la suite du roman. Et c'est pour elle autant que pour Adrienne qu'Yves écrit *Le*

*Silence du ciel* qui, demande du troisième éditeur, deviendra *Je vis où je m'attache,* titre choisi par Saubade, à cause du lierre poussant sur la façade de la maison de Joucas.

Septembre 1977. Publication de *Kurwenal*. Passage sous silence. Reproches plusieurs fois formulés dans des échos de la presse : Yves écrirait trop. *Deux romans la même année ! Et nous, pauvres lecteurs, nous n'avons pas le temps de le suivre. Quant à Navarre, un roman en avril, un roman en septembre, il n'arrête plus.* Ceux-là ne parleront ni du roman d'avril ni du roman de septembre. *La Guerre des piscines* dans la salle du Petit-Odéon, quatre-vingt-dix places, se joue à bureaux fermés. Trente représentations. Yves, de la cabine de régie, assiste à toutes les représentations. Une belle écoute dans la salle. Une belle rencontre, acteurs, auteur, metteur en scène. Chaque jour, Saubade demande à Yves « c'était comment, hier ? » Et Yves lui raconte la représentation à laquelle elle aurait tant voulu assister. « Et à ce moment-là, ils ont ri ? » « Oui, un bel éclat. » « Et la vitrine qui se brise à la fin, c'est impressionnant ? » « Oui, Saubade, très. »

Début janvier, Yves reçoit une lettre de Xavier, dernier fils du second mariage de l'oncle Gabriel. Pas vraiment un cousin, et tellement son cousin. Xavier vit à Périgueux. Il est agrégé de lettres. Il est marié. Marie-Lys lui a donné deux beaux enfants. Xavier, dans sa lettre, dit à Yves qu'il a tout lu, tout vu, et qu'il le suit depuis des années sans avoir osé lui écrire. Dans sa famille, Yves a enfin trouvé quelqu'un qui écoute. Yves et Xavier deviennent amis comme d'autres deviennent amants. Seule différence : l'attention réciproque et l'enthousiasme toujours renaissant.

Saubade a été transportée chez elle, à Villeneuve-lès-Avignon. Elle retrouve son chat, son chien, l'entourage de sa famille, son fils unique, sa belle-fille, son petit-fils, et l'entourage des amis, voisins, ou amis lointains : la menace de mort réunit. C'est la première fois qu'Yves a l'impression de « perdre quelqu'un ». D'autres disent souvent des moribonds qu'ils « donnent une leçon de courage ». Saubade, elle, eut le courage de ne pas donner cette leçon-là : elle avait du cran, un goût de la vie et ce beau regard, toucher continu d'une sagesse souriante. Mais d'où nous vient d'être parfois fascinés par la mort quand la réponse humaine est moins perceptible ?

Yves a demandé à Xavier de lire le manuscrit de *Je vis où je m'attache,* d'une part pour établir un contact, sur un texte à venir encore, mais d'autre part, et surtout, pour que Xavier lui donne un « vu de famille ».

Les aînés de Xavier, fils de Jeanne, ont toujours considéré Adrienne comme une mère. C'est un imprimatur affectif qu'Yves attend de Xavier. Et Xavier le lui donne.

*Parfois, le dimanche, Yves rend visite à ses parents, dans la maison du parc de la Malmaison. Adrienne va du lit au fauteuil du salon, du fauteuil à... Piano. René lui dit « adieu ».*

Pâques 1978. Joucas. Yves vient d'achever les corrections des deux jeux d'épreuves d'imprimerie de *Je vis où je m'attache*. Pour l'illustration de la couverture du roman, il a coupé un brin de lierre, de ce lierre qui pousse sur la maison, et l'a adressé en guise de modèle au dessinateur. Yves rend souvent visite à Saubade. Comment arrêter d'écrire et qui pourrait comprendre alors que, pour Yves, plus que jamais, plaie ouverte, sang d'encre, s'arrêter serait ne plus oublier que la Terre tourne dans le vide, et courir le risque de chuter avec elle, « une fois pour toutes » ? L'écriture est pesanteur, au sens figuré tout autant qu'au sens propre d'une dépression dont Yves ne sort pas, qui n'est rien en regard du regard de Saubade qui sait, elle, qu'elle s'en ira plutôt tôt que tard. Sur un cahier, Yves a écrit en titre *L'Assassin des forêts*, en exergue une citation de Giono *Un homme seul est toujours en mauvaise compagnie* et en première page, qu'il lit à voix haute à son amie (le chien aboie dehors, la chatte couchée, près d'elle, attend une caresse), *Chapitre 1. D'où vient cette force qui brusquement m'inspire ? Me voici de nouveau à m'étonner, humer, écouter, regarder, sourire, m'émouvoir, traquer, surprendre. Il me faudrait tant de verbes pour faire l'inventaire des outils de vie, joie retrouvée que j'avais perdue, printemps que je n'avais pas connu depuis si longtemps, sans faille, qui pousse de l'avant. Pire jeunesse. Celle du terme quand il approche. Ce regain m'inquiète. Il cache un mal sournois.* Publié, ce texte s'intitulera *Portrait de Julien devant la fenêtre*. Encore une fois, le troisième éditeur, à défaut de pouvoir s'enthousiasmer pour le roman présenté, demandera à Yves de changer le titre. La remarque est de simple constat : Yves n'apporte jamais le « roman attendu », mais lequel attendent-ils ? L'ultime recours de l'éditeur est d'ordonner le changement d'intitulé du texte. Son dernier mot.

Juin 1978. Publication de *Je vis où je m'attache*. La critique souffle sur quelques braises. Mais il n'y a surtout que des cendres. Et le destin de ce roman, comme celui des précédents, semble avoir été décidé, avant la publication, par ce peu de conviction, ou cet enthousiasme feint et factice dont « les » éditeurs ont le secret. L'été arrive comme un rouleau compresseur. Le « marketing » a décidé ses « lectures de l'été ». Yves revoit Jean-Louis, Roland, et tous deux, à leurs manières respectives, lui disent de continuer à écrire, « c'est l'essentiel ». Yves rencontre Rupture n° 3. Un jeune homme. De province. Qui joue au chien fou et n'a pour lui que le charme d'une innocence qui pour paraître innocente n'est que le fruit d'un calcul. Dans son journal, le lendemain, Yves écrit, *rencontré X. Mais ce fut un fiasco. Etait-ce le gris du ciel, la menace de l'orage, son âge ou le mien ? Il ne le sait pas lui-même. Misfit.* Mais le garçon se représente. Il revient. Il joue. Rupture n° 3 dit toujours très exactement ce qu'il faut dire, ou fait ce qu'il faut faire, geste, parole, pour renouer quand Yves veut déjà dénouer. C'est un trop jeune homme. Trop au-dessus de tous soupçons pour ne pas être meurtrier.

Juillet 1978. Mort de Saubade.

Pendant l'été, Yves attendra Rupture n° 3 qui est parti faire « un tour de Méditerranée ». Yves écrit une pièce de théâtre, *Le Butoir*. Unité de lieu : une arrière-salle de restaurant avec vue imprenable sur la cour, la salle, donc le public. Sujet : deux hommes, à deux tables séparées. Le plus âgé provoque la conversation avec le plus jeune, qui n'est plus très jeune non plus. Se sont-ils connus ? Est-ce le jeune homme que le plus vieux a aimé, un été, à peine le temps d'un été, comment s'appelait-il déjà ? Au premier titre, *Comment s'appelait-il déjà ?* Yves préférera celui du *Butoir*. Entre Rupture n° 3 et lui, ce n'est plus la peur des étoiles, mais celle d'un mirage. Une histoire de « et ». Une histoire finie d'avance, qui se finira mal. Hantises. Obsessions. Yves corrige le *Portrait de Julien devant la fenêtre*. Fin décembre, entretien avec le troisième éditeur : ce roman, dit-il, lui « est tombé des mains. Un délinquant ne parle pas comme ça. Un juge d'instruction non plus. Tout juste ai-je été ému quand j'ai appris que le juge allait mourir ». Il faudra les conseils d'Emanuel, de Xavier, de Jacques et Nicole pour qu'Yves revienne à l'assaut. Il dit alors à cet homme affable « j'ai écrit ce roman. Je l'aime. Tu es mon éditeur. Tu le publies ». Et l'homme, imperturbable, le raccompagne à la porte de son bureau, pose une main sur l'épaule d'Yves, ouvre la porte et murmure « j'espère que tu me donneras tort ».

Fin décembre. A Joucas. Yves rencontre Marie-Claude. Marie-Claude et Jean-Jacques vivent non loin de là dans une belle maison isolée et vivante. Ils deviennent amis comme on devient amants, trio. Seule différence : ils ont en commun l'amour d'un paysage et un goût de l'effort attentif. L'humour aussi. Et le bien manger bien boire, ensemble.

Février 1979. Yves, obsédé par « l'histoire de Rupture n° 3 », ne peut écrire rien d'autre que cette histoire-là. Il sait que le *Portrait de Julien devant la fenêtre,* publié à contrecœur, ne trouvera pas de plus large audience. Oui, ce n'est jamais assez d'amour. Et, menace contractuelle, quatre romans en trois ans : à partir de juillet, il ne touchera plus de mensualités. Il lui faut écrire un roman, le roman que l'éditeur attend. Mais, encore et encore, lequel ? Yves se sent plus que jamais amputé, incapable : de quelle ronde s'agit-il ? Emanuel lui dit « écris Rupture n° 3 puisqu'il dort en travers dans ta tête. Ecris cette histoire. Telle quelle. Ecris-la non pour l'effacer, mais pour bien en connaître le dessin, et alors peut-être seulement oublier ». Et Yves écrit, de jour et surtout la nuit, *Le Temps voulu.* Encore un roman inattendu.

Mai 1979. Le troisième éditeur invite Yves à déjeuner. Yves se souvient de Carlo, dans les années 50, clamant, avec son accent italien, « quand un éditeur m'invite à déjeuner, c'est que tout va très mal ». Le troisième éditeur, en fin de repas, dit à Yves « nous sommes amis », « tu peux me faire confiance », « je continuerai à te verser des mensualités » et, à propos du *Temps voulu :* « Bien sûr, on sent que tu es derrière chaque ligne. Que c'est toi. Ta vie. Mais c'est dommage que Pierre ne s'appelle pas Martine. »

Publication du *Portrait de Julien devant la fenêtre.* Plus de braises. Rien que des cendres. Yves a porté *Le Temps voulu* à son premier éditeur. Il « revient à la maison ». Il signe pour trois ans, trois romans, trente-six mensualités. *Biographie,* s'il est publié en un seul tome, comme Yves le souhaite, sera le troisième de ces trois dus. Et après ?

Juin 1979. Mort de Jean-Louis. Une balle dans le cœur. Quelle comédie lui a-t-on fait jouer pour qu'il se tire une balle dans le cœur ? Pas dans la tête.

Eté 1979. Yves rencontre Rupture n° 4. A Aix-en-Provence. Ce n'est plus un jeune homme mais il est plus jeune qu'Yves de dix ans. Le temps passe vite. Rupture n° 4 s'est approché d'Yves pour lui demander des nouvelles de Rupture n° 3. Oui, c'est incroyable : il venait de passer l'hiver avec Rupture n° 3, dans la même ville de province. Alors pourquoi ? Pourquoi Yves a revu Rupture n° 4 ? Parce que ce fut un bel été. Rupture n° 4 était là, au moins. Pas de tour de Méditerranée. Et il faisait des projets. Puis tout s'est terminé, comme avec Rupture n° 3, comme dans *Le Temps voulu.* Yves écrivait *Le Jardin d'acclimatation.*

A Joucas, Yves rencontre de plus en plus souvent ses voisins Jacques et Mira. Ils deviennent amis comme on devient amants. Seule différence : le bonheur des repas et les soirées sur leur terrasse, quand on parle, quand on se parle, quand on s'écoute. Jacques dit en riant, avec l'accent, leitmotiv de *Biographie,* « il faudrait inventer le néant » puis « hélas, c'est difficile ».

Septembre 1979. Publication du *Temps voulu.* Le livre passe pour un « best-seller ». Cette fois un critique dit à Yves « pourquoi parlerions-nous de ton roman ? C'est un succès de librairie ! » Au jour de ce chapitre, exemplaires vendus, porteurs de droits : dix-neuf mille deux cent dix-huit, chiffre provisoire. Les libraires ont deux ans pour retourner leurs invendus. Les mensualités sont tout juste remboursées. Tout juste.

*Parfois, le dimanche, Yves rend visite à ses parents, dans la maison du parc de la Malmaison. Adrienne va du lit au fauteuil du salon, du fauteuil à... Piano. René dit « cette fois, on ne se reverra pas ».* Dans *Le Jardin d'acclimatation,* plus Yves approche son père, plus il ne parle que de son entourage. Il tourne autour. Il tournoie.

Fin janvier 1980. Yves achève les corrections du *Jardin d'acclimatation.* Il se rend à Montréal où l'on crée une de ses pièces de théâtre, jamais jouée en France, publiée depuis sept ans déjà. Titre, *Les Valises.* Unité de lieu : une chambre sous les toits. Sujet : des parents ont rendez-vous avec leur fils. Leur fils n'est pas là. Leur fils leur a demandé d'apporter des objets, à chacun des deux sa liste, à chacun sa « valise ». Et les parents se rendent compte que c'est ça le rendez-vous. Et le spectacle. Les objets, dans les valises. Pourquoi ?

Emanuel, Xavier, Jean-Jacques et Marie-Claude, Jacques et Nicole, Jacques et Mira, Yves a des amis, enfin. Et il vit pleinement à Joucas, avec plénitude, quand il y est. A Paris, il ne fait plus que passer. Paris le blesse. Yves se rebiffe. Le paysage de Joucas restaure. Yves respire.

13 mars 1980. Yves décide d'écrire « le roman d'origine ». C'est l'émotion de départ. *Biographie.*

Quelques jours plus tard, mort de Roland. Quelle comédie lui a-t-on fait jouer pour qu'il se laisse prendre par la main froide ?

Aujourd'hui, *19 septembre,* plus que cinq jours à compter de demain.

Fin d'après-midi. C'est l'enterrement de la femme de l'ancien maire. Tous les gens du village et des alentours sont au cimetière. Il y a plus de monde qu'à la fête d'il y a trois semaines. Ici, on sonne le glas jusqu'à ce que la tombe soit refermée sur le cercueil. Et c'est un drame quand le cercueil est plus long que la tombe. Il faut alors aller chercher les joueurs de boules qui, armés de leurs mètres, mesurent les autres caveaux. *Biographie :* travelling de quarante ans.

## 89. Travelling

Texte de la nouvelle écrite par Yves, à Joucas, en souvenir de Rupture n° 2, en souvenir d'un à venir, transcription directe d'un rêve. Ou plutôt d'un cauchemar. Un rêve n'est qu'un cauchemar dont on ne se souvient pas.

Cette nuit-là, Yves fit un rêve étrange. On le pressait d'écrire une séquence de film, manière de service commandé par toutes sortes de producteurs invisibles, de metteurs en scène ambitieux, tous ceux-là du cinéma pour lesquels, pourtant, il n'avait jamais travaillé, mais qui, dans l'ombre, en lisière du terrain de son rêve, ordonnaient une création, une séquence unique, jamais vue dans le septième art : le travelling le plus long de l'histoire du cinéma. Yves se sentit obligé. La séquence en question devait clore un film dont tous les producteurs fantomatiques s'arrachaient déjà les droits et dont tous les metteurs en scène prétendaient qu'eux seuls la réussiraient. Les mots des rêves sont trop ceux de la vie. Le langage des songes est lancinant. Il implique un danger, risque de mort : la séquence ou la mort. Et en coulisse, les voix menaçantes de ceux qui produisent, réalisent, distribuent, célèbrent, infligent. Yves écrivit donc, en rêvant, ce plan-séquence qui allait lui sauver la vie et la nuit. Un vent rigide heurtait le toit de la maison. Comme un automne en été, déjà, et il n'y avait pas eu de printemps. Recroquevillé sur son oreiller, douce chaleur au creux du ventre, couverture arrachée, Yves s'employa à satisfaire les commandeurs de son rêve. Ils étaient là. Ils avaient envahi la maison. Ils usaient de leurs voix comme d'armes blanches. Ils s'étaient postés partout, menaçants. Et pour clore le film, impératif de production, le héros devait mourir « comme jamais personne n'était mort ». Un producteur lança même « sinon pas de surprise, pas d'événement, donc pas de spectacle. Ce film doit faire cinq cent mille entrées en exclusivité ». Au travail.

Yves se mit donc en scène. Dans sa maison. Héros du film commandé. Il devait écrire une de ses morts possibles. Il s'imagina donc, caméra sur l'épaule, pour un plan unique « d'au moins vingt-sept minutes sinon le record ne sera pas battu, et les cinéphiles n'en parleront pas », autre voix de kapo, ghetto du rêve. Vingt-sept minutes de plan continu ? Yves s'accroupit près du lavabo de la salle de bains. Petit matin. Gros plan sur le robinet d'eau froide. Dans le chrome du robinet, rutilant, l'image floue de quelqu'un qui s'approche, lui-même, Yves, sa main en gros plan, qui fait tourner le robinet, jet d'eau, zoom arrière, Yves, héros de sa propre séquence, place ses mains en vasque sous le jet d'eau, s'asperge le visage, souffle, ferme les yeux, puis se penche, boit, crache l'eau à plusieurs reprises et, les mains sur le rebord du lavabo, regarde longuement l'eau qui coule (treize secondes). Son visage dégouline, cheveux mouillés, plaqués sur le front, il essaie de sourire. Caméra sur l'épaule, Yves se donne l'ordre de sourire. Il sourit, mais faiblement. On ne sourit pas sur commande, ou bien pas dans cette situation dramatique, dérisoire. Ou alors toute mort est dérisoire. L'éveil du héros, l'eau, le baptême, peu importe tout ce qui lui est arrivé avant, dans le film : c'est ce plan qui compte, le dernier de sa vie. Tout commence de manière anodine.

Trente minutes de pellicule dans le boîtier ? La caméra ronronne. Yves se redresse. A l'image, il se voit debout, devant le lavabo, nu, image tronquée à la taille, pas de sexe. Yves se cadre en plan moyen, face à l'armoire de pharmacie. Il ouvre un tiroir de l'armoire : des tubes, des pilules, un désordre de médicaments. Il referme le tiroir d'un geste sec, comme s'il renonçait à une solution de facilité, puis il s'adresse un sourire dans le miroir, un vrai sourire cette fois, décidé, tenace. Il sait ! Il éteint la lumière au-dessus du miroir, coupe l'eau, se tourne vers l'objectif, sort de la salle de bains. Yves recule pour se laisser passer. Rêve : tout est possible. Les commandeurs se taisent. C'est l'épreuve. Plan continu. Travelling. Dans l'ombre, ils chronomètrent. Yves doit battre tous les records pour se sauver. Sortie de la salle de bains, flou artistique sur les épaules du héros qui passe (lui). Même mouvement. Yves se filme en train de refaire le lit, comme à l'armée, ouvrir la fenêtre qui donne sur la rue principale du village, aérer, puis secouer l'édredon et le bouffer à petites tapes douces, mains à plat. Il remonte le réveille-matin et le repose sur la table de nuit. Cinq heures dix-sept, le jour se lève. Zoom avant sur les mains d'Yves en train de reposer le réveille-matin. Comme une caresse. Puis Yves disparaît. Et l'autre Yves, caméra sur l'épaule, se retourne, et se cherche. Quelques pas dans le couloir du premier étage. Il descend l'escalier et dans la pièce principale, en bas, se retrouve en train de faire chauffer de l'eau pour le café. Sur la table, le petit déjeuner est déjà en place. La pièce est sombre. On entend des cris d'oiseaux, l'appel d'un coq. Yves tourne autour de la table de cuisine. Il filme les objets de chaque matin, le sucre, la confiture, deux cuillères, un couteau, le bol, et la serviette dans la pochette marquée d'un « Y » majuscule. C'est vraiment lui, il va mourir. Mais comment ?

Yves se filme en train d'ouvrir le réfrigérateur : le lait, le beurre, les gestes de tous les jours. L'eau frissonne dans la casserole. Cuillerées de café moulu extra-fin qualité Trois Mages, paquet noir, le café le plus amer, puis gros plan sur la main, le manche de la casserole, l'eau qui coule, le marc de café, dans le filtre, fait des bulles. Le filtre se vide. Le café est prêt. Yves se filme en train de le verser dans le bol. Fermer le gaz. Poser la casserole dans l'évier. S'asseoir. Un sucre, puis deux. Une biscotte qu'il tartine de beurre et de confiture et qu'il trempe dans le café. Yves se cramponne alors à la caméra. Jamais ils n'accepteront ce travelling. Trop quotidien. Il se redresse. S'abandonne en train de prendre son petit déjeuner, tourne autour de lui-même et filme la pièce de séjour, le coin-cuisine, le bahut avec la vaisselle, la porte d'entrée avec la pancarte « à bientôt et merci », le radiateur électrique, puis la cheminée avec son bouquet de fleurs séchées, des bûches qui attendent l'hiver, deux fauteuils en rotin, le pare-feu, le réveille-matin qui fait tic tac, cinq heures vingt-deux, une table basse, blanche, propre, pas un grain de poussière, le téléphone, puis la bibliothèque, les livres bien rangés, les coquillages rapportés de l'île Maurice, une photo de Samuel prise le jour de son départ au photomaton de la gare d'Avignon, pour rire, il riait, il rit sur la photo, puis l'escalier, et la table de la cuisine. Yves ne se voit plus. Le café est bu. La chaise écartée. La biscotte n'a été mordue qu'une fois. Une mouche vient de se poser sur la biscotte. Hasard de tournage, bravo la mouche. Du grand art.

Doucement Yves décolle la caméra de son épaule et, dans la continuité de l'image, se tourne vers l'escalier, quelques marches, cette fois il tourne à gauche, le bureau. Il se retrouve assis. Il s'approche, se penche, zoom avant sur sa main gauche, il est en train d'écrire sur une feuille blanche « quant à moi, je suais de la captivité de mon transport ». Saint-Simon ? Citation ! Partir sur un bon mot, le mot d'un autre, l'ironie des autres. Adieu. Yves recule et se filme en train de ranger ses crayons, le stylo, les papiers, la gomme, le taille-crayon, le chéquier, les portefeuilles, les enveloppes vierges, les timbres, il vide le cendrier dans la panière, souffle sur la table comme pour chasser une ultime poussière. Bureau net, avec simplement la feuille, et la phrase, captivité d'un transport, joie de se supprimer. Mais comment ? Le héros doit mourir comme jamais personne n'est mort. Le Yves qui filme ne sait pas la fin. Le Yves filmé, seul, sait. C'est un rêve. Alors, au fil de la bobine, même bobine, même plan, Yves se filme en train de quitter le bureau. Il redescend dans la pièce à vivre, verse une dernière goutte de café, un sucre, un canard, dernier canard, un sourire pour l'ordre qui règne dans la maison. Il ouvre la porte. Yves se faufile entre lui-même et la porte. Lierre. Vigne vierge. La rue principale du village, étroite. Comme une lueur dans le ciel, le soleil va se lever. Yves se filme en gros plan en train de tourner la clé deux fois dans la serrure, puis zoom arrière, il inscrit à la craie sur la petite ardoise d'écolier suspendue au mur, ultime message, « je reviens ». Il signe « Yves » en toutes lettres, avec un point net. Volontaire.

Puis plan unique, continu, il n'y aura donc aucun montage, aucun trucage, Yves se filme de dos, rasant les murs, habillé, mais quand donc s'est-il habillé ? Il faudra revoir cela dans la logique du travelling sinon les producteurs se fâcheront. Un bermuda, une chemisette blanche, pieds nus, tête baissée, la rue principale est vide, Yves se voit, héros, un coup de vent le décoiffe, il redresse la tête, regarde le ciel. Yves se suit, pas à pas, doucement, pour ne pas brusquer l'image, et donner cette impression suave, poursuite du voyeur. La place du village. L'ancienne poste. Une maison « à vendre ». Le lavoir. Personne. Les volets sont clos. Puis l'allée de platanes. Quelques voitures. Yves se filme en train de quitter le village. Il se dirige vers le cimetière. Un carrefour. Une croix, Christ cloué, Yves se voit baissant la tête. Un chemin bordé de cyprès, le mur du cimetière, la porte de fer du cimetière qu'il faut soulever avant de l'ouvrir. Grincement de la porte. Yves se faufile entre lui-même et la porte. Plan circulaire sur les tombes, 360°, puis retour à la porte de métal, refermée. Zoom sur le tronc « pour l'entretien et pour les fleurs » puis, à la recherche de lui-même, Yves se recadre. Le voici de nouveau à l'image, entre les tombes, se dirigeant vers « sa » tombe. En marche vers lui, lui-même, attention aux rêves quand on se met en scène, attention aux pierres pour ne pas trébucher, saute d'image, imperfection, technique, refus des commandeurs du rêve, filmer et bien faire attention où mettre les pieds, herbes folles, couronnes de perles, fleurs en plastique, à mon époux adoré, à notre fils valeureux, Elzéar Roux, 1892-1915, caveaux, allées de gravier, Yves se retrouve, à genoux devant sa tombe, simple pierre tombale, une épitaphe : « TIPOTA ». Rien, et personne, autre manière d'avoir le dernier mot, ou le premier, la plus belle réplique. Tipota.

Yves se filme en train de regarder le village, le paysage, le cimetière. Personne ne l'a vu, personne ne l'a entendu. Il faut faire vite. Yves se met à genoux pour mieux se filmer, à genoux, devant sa tombe, celle-là qu'il a fait creuser en même temps que restaurer sa maison, son lieu, lieu d'exil, de solitude et de travail. Ce lieu où Samuel et lui ont été heureux, ou bien ont cru l'être, un temps. Là, maintenant, Yves se filme en train de pousser la pierre tombale, une fois, deux fois. La pierre joue horizontalement. Yves se filme en train d'entrer dans sa tombe, se glisse avec lui-même, dans sa tombe. Et dedans, à genoux, pierres vives, boue, comme une flaque tout au fond, il se cadre, bras tendus au-dessus de la tête, à remettre la pierre tombale comme si de rien n'était. Rai du soleil qui vient de se lever, triangle de ciel bleu, angle de lumière qui devient de plus en plus aigu. Comme les aiguilles au midi ou au minuit d'une vie, se cachant l'une l'autre. Et très vite, l'obscurité. Yves se filme encore, nuit américaine. Il s'accroupit dans la tombe, genoux repliés sur le buste, menton sur les genoux. Il n'a plus qu'à attendre. On le cherchera partout, sauf là. On le déclarera disparu quand il sera en fait au lieu ultime de son choix, captif de son transport, de tous les transports de sa vie. Photomaton de la gare d'Avignon, quatre photos, trois francs, cinq minutes d'attente, un éclat de rire. « Si tu y tiens ! » avait dit Sam.

Yves se filme en train de fermer les yeux. Il respire profondément. La grande respiration de toute une vie. Puis fin de bobine, tic, tic, tic, la caméra ne ronronne plus. Fin de travelling. Trente minutes. Record battu. Les commandeurs jubilent. « C'est une vraie fin, du jamais vu. » « Ça fera cinq cent mille ! » « Et c'est très œdipien. L'œdipe, sur le marché, ils n'attendent que ça, l'oreiller, c'est la mère, la tombe c'est son ventre. » Désordre des voix. Fin de rêve.

Yves entend frapper à la porte de la maison. Il saute du lit. Le facteur ? Du courrier ? « J'arrive ! » Il enfile un slip, descend l'escalier, heurte une chaise et la renverse. Le petit déjeuner est en place. Un seul bol. Il ouvre la porte : Samuel.

On tapait sur la pierre tombale. On frappait à la porte. « Toi ? » « Oui. J'ai attendu que le soleil se lève. » Fin de travelling. Son retour.

Post-scriptum. Samuel s'est contenté de dire « c'est toujours aussi propre, ici », sans ironie, presque avec douceur. Puis il a posé son fourre-tout de voyage derrière la porte, comme d'habitude, chaque chose à sa place. La maison est petite. Et le retour, vertigineux. Léger sourire, pour une tendresse. Samuel prend place à table. En faisant couler de l'eau dans la casserole, pour le café, Yves se sent prisonnier de l'image du rêve. Est-ce bien Samuel ? Est-ce lui ? De retour ? N'avait-il pas coutume de répéter « si je pars, je reviendrai au moment où tu t'y attendras le plus. Tu es romantal et sentimentique ! » Yves sourit à son tour, pose la casserole sur la cuisinière, branche l'électricité force trois. Il se retourne vers Samuel. Instinctivement, il ouvre le réfrigérateur : beurre, lait, les gestes du rêve, autre travelling. « Je... » Samuel le regarde « tu ? » Yves marmonne « rien ».

Les grands retours ont ceci de poignant qu'ils sont toujours ordinaires. Yves, en posant le second bol sur la table, couteau, deux cuillères, et le porte-serviette brodé d'un « X » majuscule, un « Y » et un « X », cadeau de Céleste, la voisine, « le X, c'est parce que l'autre, avec vous, c'est jamais le même », se sent pris en flagrant délit de ne rien pouvoir dire d'exceptionnel, de ne rien pouvoir faire de touchant. Tendre la main, serrer celle de Samuel ou bien l'embrasser sur le front, sur les joues, le serrer dans ses bras, faire ce qui se fait d'ordinaire ? La réalité ne calcule pas. Du moins pas la leur « pas la nôtre... » « Tu parles seul à voix haute, maintenant ? » Silence. Yves hausse les épaules, gentiment. Café moulu, filtre papier, comme un bruit dans l'oreille, boîtier de caméra, une bobine qui tourne, enregistre tout des gestes, des regards, des objets et des lumières. L'eau frissonne. Yves prépare le café. Samuel pose les coudes sur la table, observe l'ami retrouvé. Deux tranches de pain sur le gril. Samuel se lève, s'approche de la cuisinière et les retourne. Combien de fois a-t-il entendu Yves dire qu'« on ne peut pas faire deux choses à la fois » ? Yves vide le restant d'eau chaude dans l'évier, soulève le filtre, pose la cafetière sur la table. Samuel se brûle les doigts : une tranche de pain grillé pour Yves, et l'autre pour lui. Yves pense que dans le rêve c'était une biscotte. Il rit, regarde Samuel en s'asseyant « j'ai fait un drôle de rêve ». Il déplie sa serviette « je viens de faire un drôle de rêve, et... » Il montre la table, « tout se passait ici, enfin c'était un des moments du rêve ». Samuel passe derrière Yves, lui caresse furtivement la nuque et s'assoit sur sa chaise, devant son bol, sa serviette, son ami. Il rit de bon cœur « toujours le même, toujours tragique... » « Toujours. Et c'est la première chose que tu m'as dite. La première fois. Tu te le rappelles ? » « Très bien. » « Alors la boucle est bouclée ? » « Bouclée. » Silence. Samuel boit une gorgée de café, s'essuie les lèvres « tu sais, Yves, je ne sais pas pourquoi je suis revenu ». A suivre. Cinq cent mille entrées en exclusivité.

On écrit des retours, mais il n'y a jamais de retours. On écrit des morts, mais ce n'est jamais la mort. On écrit et on s'écrit. Dans son cauchemar, Yves a rêvé qu'il filmait une mort possible et Rupture n° 2 revenait pour de vrai. Mais son retour pour de vrai, c'était encore le cauchemar. Ce matin-là, Yves a donc pris trois fois du café, un éveil. Seul. Avec la maison. Et les voisines entre elles : « Bonjour Lucienne, vous arrosez vos fleurs ? » « Il va encore faire très beau, aujourd'hui, c'est terrible. » « Dites à Raymonde qu'elle me garde un pain. » « Une voiture est passée, vers deux heures du matin, vous l'avez entendue ? » « Bonjour, monsieur Serre, vous êtes bien matinal. » « Ne parlez pas trop fort,

monsieur Navarre, il dort. » « Vous venez à la réunion Toupeurware ?
La fois d'après, ce sera chez moi. Vous me prêterez des chaises ? »
« Mon Dieu, j'ai oublié les poubelles. Je croyais qu'on était jeudi. » « Et
qui vous a envoyé une carte postale de Suisse ? » « Ne parlez pas trop
fort, monsieur Navarre, il dort. »

## 90. L'instant du geste

Peu de temps après la publication de *Killer,* Yves a été invité, par Catherine, à participer à son émission littéraire *La Voix au chapitre,* à Genève. L'année précédente, Catherine et son ami le réalisateur Michel ont tourné un film de quarante minutes sur Yves et *Le Cœur qui cogne.* Ils croyaient qu'Yves allait, « légitimement » disaient-ils, « avoir le Goncourt ». Yves avait été leur lauréat. Pour ce roman-là. Cette année-là.

A l'aller, d'Avignon à Genève, Yves a pris le *Talgo,* Barcelone-Genève. Le même train-serpent que celui qui l'avait conduit à Madrid lors de son premier « grand voyage ». C'était en ? En quelle année déjà ? Tant et si peu de temps somme toute, six mois pour écrire quarante ans de vie, tant et tant de faits oubliés, tant de faits s'imposant en mémoire, qui n'ont pas fait surface à ces lignes, et tant de faits ensevelis qui ont dévoré des chapitres entiers. Dans le *Talgo,* à l'aller, Yves a rêvé de « grands voyages ». Dans sa pièce *Histoire d'amour,* créée au théâtre du Marais, mise en scène par Louis, jouée par Monique et Jean-Pol, belle équipe, rare, qui donc du petit couple de personnages disait à l'autre, *les voyages, on les porte en soi. On porte tout en soi. C'est fou ce que je peux voyager. Tu voyages, toi ?* Yves, ici, à ces lignes, n'ira pas vérifier dans le texte publié de cette pièce si la citation est exacte : il cite de mémoire, seule mémoire en cours et honorable, celle du cœur. Il a noté dans son journal, en date du 17 septembre, il y a trois jours, *ai repris le travail. Le texte. Peur. Peur de flancher. Peur d'être tenté de me retourner pour mesurer le chemin parcouru.* Et plus loin, en date du 18 septembre, *il faudra aussi de retour à Paris que je fasse très attention. Peur d'être pris en je ne sais trop quel flagrant délit de me retrouver comme avant. Toutes sortes de peurs qui se multiplient. J'ai soif. Terriblement soif. Comme le petit Yniold de* Pelléas et Mélisande, *j'ai terriblement peur. Haut perché sur les épaules de Golaud, je ne veux pas voir ce que je vois. J'ai toujours été le troisième dans les couples, et mon propre voyeur quand j'essayais d'en former un avec quelqu'un.* En date du 19 septembre, *hantise des coups de téléphone de mon père. Dîner gêné et gênant avec Charles-Henri, Marie-Françoise et Jean-Michel : ils m'ont laissé parler. Ils se sont divertis de moi. Ils me prennent pour un fou. Ils rigolent de mes dires. Ils ont peur de faire le tri, humain, le tri du cœur et les cris du cœur les font rire. Et je me noie encore à leur parler, par peur de ne pas être aimé d'eux, parce qu'ils « m'éditent » et « me diffusent ». Ils ont passé une bonne soirée, eux. Au moment où nous nous quittions, sur le parking du restaurant, je me suis penché à la portière, côté Marie-Françoise, et j'ai demandé à Charles-Henri s'il avait au moins reçu le quatrième cahier de* Biographie, *pages 600 à 800. Pourquoi ai-je dit « au moins » ? Il m'a dit « oui ». Il a démarré. Parti. C'est tout.* Et en date du 20 septembre, aujourd'hui, ce matin, j'ai noté dans ce même journal, *je n'ai que du temps à gagner à écrire. J'ai promis une pièce à Jacques pour le 15 janvier. Je l'écris déjà. L'auteur ne peut rien dire aux gens de théâtre, pas même se taire.* Et plus loin, *Charles-Henri et Marie-Françoise riaient quand je leur ai dit que je n'étais pas un parvenu mais un survenu. Je suis né dans un costume-gilet, le costume-gilet de Paris-émigration. Et il m'aura fallu quarante ans pour me sentir vrai dans ce costume-là. Et aimer à porter une cravate quand il est de bon ton médias de parader col ouvert pour avoir l'air dans le coup. Au cours de ce dîner d'avant-hier, j'ai dit aussi à Jean-Michel « l'homosexualité est une catastrophe. L'homosexualité est catastrophique. Parce que nous la vivons ainsi et ne la désirons pas autrement ».*

Donc : peu de temps après la publication de *Killer,* Yves fait l'aller et retour à Genève. C'est fin juin d'une des années de cendres. Il fait torride. Le lac Léman (lac Lehmann disent ces banquiers d'origine genevoise, parvenus, pas revenus d'avoir tant d'argent, qu'Yves rencontre parfois aux entractes, à l'Opéra) stagne comme un étang. Au retour, c'est midi. Il n'y a pas de *Talgo,* au retour, à midi. Pas de voyageurs. La gare est déserte. Yves doit prendre le train de Genève à Lyon, puis de Lyon à Avignon. Il franchit la douane. A quai, un petit train composé d'un wagon postal, d'un wagon de première classe et de deux wagons de seconde classe. Un train comme un jouet. Et au départ, un jeune homme, grand, mince, blond, au maintien maladroit : ses bras ont l'air de le gêner et il se sent perché sur de trop longues jambes. Il vient de grandir vite. Ses parents et un petit frère sont de l'autre côté d'un grillage. Ils se disent adieu. Ils rient. C'est une famille. Brusquement, ce bonheur détaché des rires surprend Yves et Yves se surprend à le « regretter » comme s'il avait oublié tous les éclats de rire de sa propre famille.

Une gare. Un petit train. Une chaleur d'été. L'histoire de jouissance qui suit n'est concevable que si l'on croit, et c'est un fait, qu'il n'y eut dans ce train que deux voyageurs : Yves en première classe, vieux wagon, rideaux tombés, compartiment étouffant, et le jeune homme, en seconde classe. Au départ, Yves le voit adresser un dernier signe à ses parents. Très vite un paysage de montagnes, de forêts et de lacs. Yves a levé le rideau, baissé la vitre, courant d'air chaud. Il a soif. Il a oublié d'acheter une bouteille d'eau. Il rentre à Joucas. Il se retrouvera seul là-bas. Il se lève. Train vide : une peur. Couloir vide : odeur de première classe, odeur lourde et sèche des fauteuils confortables, boiseries et petits miroirs. Yves veut « voir » le jeune homme. Le jeune homme, avant Joucas.

Surprise : le second wagon n'a pas de compartiments. Wagon vide. Rangées de fauteuils effarés. Comme un avion vide. Banquettes en plastique vert et, toutes vitres baissées, parfum des sapins et alpages, miroitement des lacs, trépidation du train : Yves passe dans le troisième et dernier wagon. Le jeune homme est là, assis de dos, côté paysage à contre-vent. Yves va jusqu'au bout du wagon, se retourne, frôle le regard du jeune homme, allume une cigarette et va s'asseoir en face de lui, en diagonale, de l'autre côté de l'allée centrale. Un tunnel. Lumière électrique. Echange de regards. Yves écrase sa cigarette, en allume une seconde. Il n'y a plus de lac. La vallée est à l'ombre. Le train monte et ralentit. L'air embaume. Il fait un peu plus frais. Le jeune homme défait un bouton du col de sa chemise. Yves et lui s'échangent un sourire. Yves allonge ses jambes et pose ses pieds sur la banquette, en face de lui. Instinctivement, il guette devant, derrière, l'arrivée d'un contrôleur. Mais y a-t-il un contrôleur dans un train avec deux voyageurs ? Nouveau sourire échangé.

Le jeune homme croise les bras ou bien pose les mains sur ses genoux. De temps en temps, il respire profondément, remet bien en place sa chemise dans son pantalon. Puis il regarde Yves. Yves fait semblant de regarder côté montagne. Mais dans le reflet de la vitre, ils s'observent. Ce n'est pas un jeu. C'est tout entier le corps d'un train, d'une vallée, d'un voyage, d'une durée : ils comptent le temps, et l'un, et l'autre.

Enfin, ils se fixent du regard. Le jeune homme croise les mains sur sa ceinture. Yves a fumé cinq ou six cigarettes coup sur coup. A chaque fois qu'il en allume une, le jeune homme sourit étrangement, presque un rire.

Et comme le train se met à rouler un peu plus vite, la descente sans doute, de l'autre côté de la frontière suisse, Yves se lève et va s'asseoir en face du jeune homme. Il tend la main pour lui caresser la joue. Et dans l'instant du geste, le jeune homme se cambre un peu et ferme les yeux. Comme un petit grognement rauque au fond de sa gorge. Pantalon gonflé, mouillé à hauteur de ceinture, auréole, trop tard ou trop tôt : sa jouissance. Et le train qui se met à aller vite. Et la vallée qui s'élargit. Et le jeune homme qui se penche vers Yves, pose son front sur le front d'Yves. Il rit. Il a saisi la main d'Yves et l'embrasse.

## 91. La prise de distances

Pourquoi *catastrophique,* l'homosexualité ? Je viens de dîner avec Jean-Jacques, Marie-Claude, et leur fils Vincent, chez eux. Une fois chez eux, une fois chez moi : beau balancement. L'amitié est horlogère. Je leur ai lu le chapitre 90 que je venais tout juste de corriger. Puis nous avons parlé des « braises » et des « cendres », longuement. Chacun, à interroger l'autre, s'interrogeait-il lui-même ? Notre rapport est devenu plus égal au sens du niveau, nivellement, d'écoute et d'une demande unilatérale qui, pour être toujours monopolisée par « mon » histoire, puisqu'ils m'aident à l'écrire en la lisant, puisqu'ils l'écrivent eux aussi en la lisant, n'en est pas moins partagée. Or, ce soir, brusquement, l'écoute s'est tournée vers Vincent. Le père et le fils s'affrontaient. Ce n'était pas le jeu que j'avais cru, au début, épidermique, sur le concept de « généralisation » et celui de « morphisme », bases de tous les raisonnements, mais bien un débat, dermique, sur l'acquis de toute logique nécessaire pour entrer dans la vie et se battre, qualité du regard porté sur l'autre. Mais je résume fort mal l'essentiel de leur joute. Vincent a dix-huit ans. Ses parents et moi sommes de même génération. Et je n'ai pas compris, malgré toute mon attention (pour mieux les écouter, je dessinais, sur un bout de papier, un ciel d'orage), ce qui pourrait les rapprocher : tous deux se posaient en juges. Le juge qui sait tout, père ; et le juge qui feint de ne rien savoir, fils. C'était drôle et affectueux. J'ai eu peur que cela ne devienne conflictuel. J'ai eu peur que Jean-Jacques ne se mette à parler à son fils comme mon père nous parlait quand il ne voulait même pas entendre ce que nous taisions et qui clamait dans nos regards.

De retour ici, minuit, l'idée me vient de regarder dans le Petit Robert ce que veut dire *catastrophique*. Qu'ai-je « voulu dire » par *catastrophique* ? Et voilà que je trouve à *catastrophe* la définition suivante, *n.f.* (1546 ; lat. catastrofa, gr. katastrophê « bouleversement »). *1° Didact. Dernier et principal événement d'un poème, d'une tragédie. Voir Dénouement. « La catastrophe de ma pièce est peut-être un peu trop sanglante » (Racine).* Les autres sens importent peu. C'est celui-ci qui me plaît : l'homosexualité a ceci de « particulièrement catastrophique » qu'elle est vécue, de nature et d'interdit, en perpétuels termes et comportements de dénouements. Tout vire au sanglant, ou à la nuit, si facilement. Elle a ce goût-là. Le jeune homme du train, c'était une catastrophe. C'était le dernier et principal événement d'un poème qui n'en était même pas à sa première strophe. Sur le quai de la gare de Lyon-Perrache, mon frère François-Pierre et ma belle-sœur Dominique, parents de François-Régis, m'attendaient. Je vis le jeune homme partir seul et ma famille m'accueillait. Entre deux trains, nous avions décidé de nous revoir et de passer deux heures ensemble au buffet de la gare. J'avais comme arraché le jeune homme aux bras de sa famille et il m'abandonnait aux bras de la mienne. Nous ne nous étions même pas parlé. Dominique me trouva pâle. François-Pierre répétait « on ne se voit plus. Nous avons de beaux enfants, tu sais. Tu devrais venir nous voir plus souvent ».

*Dimanche 21 septembre.* Il fait grand vent sur la vallée. Un vent chaud, porteur de nuages, vent brûlant qui dessèche les fleurs, les feuilles et nimbe le paysage. La vigne vierge rougeoie déjà. J'ai appelé mon père pour prendre des nouvelles de maman. Depuis qu'il est rentré à Paris, depuis, aussi, que je l'écoute comme je ne l'ai jamais écouté, avec une patience fatale et un calme que ce texte a tissé en moi, mon père dit sans cesse au téléphone « je ne t'entends pas » ou « je ne t'entends plus » ou encore « répète, s'il te plaît, je n'ai pas entendu ». Et comme je lui disais que je lui téléphonerais demain, et lui demandais de me dire à quelle heure il préférait que je l'appelle, il a dit deux fois de suite « demain, c'est loin, je n'ose pas y penser » puis « allô ? tu m'entends ? » Je répondais « oui papa, je t'écoute ».

Il fait grand vent sur la vallée. Le vent qui chaume l'été et annonce l'automne. Je suis né ce jour-là : premier jour de l'automne. Il fait grand vent et les deux micocouliers, devant la fenêtre de mon bureau, ont l'air de secouer la tête. Le vent les soûle mais je sens leurs racines, dans mes doigts.

Je viens d'aller reprendre, chez Jean-Jacques et Marie-Claude, le panier que j'avais oublié, en les quittant, après le dîner, hier, distrait sans doute par ce que Jean-Jacques venait de dire de l'humain et du choix entre les trois « P » : Prométhée, qui vole le feu aux dieux et l'apporte aux hommes ; Pygmalion, qui par le verbe façonne à son image ; et Ptolémée, le navigateur, celui sans lequel la direction ne serait plus donnée. Il y a successivement des trois dans l'artiste. Il y a aussi le choix du temps. L'auteur, passé un cap, ne doit plus être que navigateur. Sébastien, dans *Le Jardin d'acclimatation,* n'était-il donc que Ptolémée enchaîné ?

Et le panier ? Tiffauges l'aime et y loge pour le repos. La nuit dernière, après mon retour, il m'avait vu partir avec son panier et rentrer sans, et ce matin, à l'endroit où d'ordinaire je pose ce qu'il considère comme sa maison dans la maison, lieu dodu, cossu, rempart, Tiffauges faisait semblant de sauter dans le panier pas rapporté, et de s'y pelotonner. Je suis donc allé le rechercher. Et sitôt rapporté, Tiffauges a sauté dedans : gare aux deux chattes si elles essaient de l'y rejoindre et de s'y faire aussi une petite place. Tiffauges remplit le panier et, de là, guette son harem. Des impressions, petites touches : c'est ainsi que ce texte touchera à une fin. Je me sens mieux, « dans ma peau », depuis peu de temps. Je prends des distances. Il va falloir que je multiplie toutes sortes de distances. Et dans « distance », pour moi, tout entier dans ce moule, il y a « attachement », « fidélité », « ténacité » et désormais « renoncement », la seule véritable annonce.

Courrier : tôt le matin, il y a environ deux semaines, le facteur tape à la porte et me remet, contre signature, une épaisse enveloppe, pli recommandé, envoyé à mon nom, chez mon éditeur qui a fait le changement d'adresse. Dans l'enveloppe, une lettre commencée à la plume le 15 août, poursuivie au crayon le 18, puis à la machine à écrire le 20 ou le 21, puis à la plume, et de nouveau à la machine, tant et tant de pages, recto verso, et à la fin une photo d'identité. La photo m'a fait mal : le lecteur qui m'écrivait me regardait droit dans les yeux et, histoire à nu, n'avait pas le visage de l'ami que je crois attendre. Je n'ai pas lu la lettre. Je l'ai jetée. Trop longue lettre et regard insupportable. Or, il y a quelques jours, de nouveau le facteur tape à ma porte. Pli recommandé. Je signe une seconde fois. Au verso de l'enveloppe, l'adresse du lecteur. Je glisse le message, sans l'avoir ouvert cette fois, dans une enveloppe mienne, timbre, et renvoie le tout à l'expéditeur. Sans un mot. Sans rien. Et comme je racontais cette histoire, l'autre soir, à Jean-Michel, il s'est fâché, parce que j'avais décrit la photo, aussi. Il m'a dit « quand tu as pris la décision d'écrire, tu t'es engagé à répondre à ce courrier-là ». Je lui ai répondu d'abord « je n'ai jamais pris la décision d'écrire. On ne prend pas la décision d'écrire. On écrit » et ensuite « tu oublies la recommandation des deux lettres ». Jean-Michel a eu l'air épinglé. J'aurais dû taire cette histoire. Mais taire, c'est refuser l'inquiétude et le doute, seules et uniques quiétude et certitude.

Courrier : une lettre d'une lectrice de Bordeaux. Assez longue lettre. Assez courte cependant pour que je la lise pendant le petit déjeuner. Sur la terrasse. Je me revois : les martinets sont repartis, les hirondelles aussi. Plus de cris dans le ciel. La lettre est confuse. Une amie de cette lectrice aurait fait signer un exemplaire d'un de mes romans, il y a des années, pour elle, et elle aurait gardé le livre sans le lire, l'aurait ouvert deux ans plus tard et l'aurait lu, *souvenez-vous de ce que vous m'avez écrit*. Et, me sentant coupable, cette fois, j'ai répondu. Une carte postale représentant un champ de lavande, son adresse, Joucas, la date, *amitié* et en signature *Yves*. C'est tout. Huit jours plus tard, par le canal de l'éditeur, nouvelle lettre. Le facteur a tapé à la porte : cette lectrice me répond par tant et tant de pages qu'il y a « surtaxe ». Lettre lourde. Corps physique de ces lettres qui me reviennent en réponse à mes réponses si je réponds. Voilà. Que faire ? Il y a beaucoup de lettres dans mes romans. La lettre est le premier et plus parfait de tous les romans : l'auteur est à la fois éditeur, imprimeur, diffuseur, c'est l'œuvre parfaite.

Courrier : pourquoi ceux-là de mes amis, proches, me disent-ils souvent « je t'ai écrit une lettre mais je n'ai pas osé te l'envoyer » ? Ils ajoutent parfois « je préfère te dire à voix haute ce que je t'ai écrit ». Lettres mortes sur des bureaux amis. Je reçois tant de lettres qui ne me sont jamais envoyées. Et je jette les lettres que je reçois : pressions, recommandations, surtaxes, oppressions. Les correspondances impressionnistes existent-elles encore ?

Courrier : des factures. Fractures. Ruptures. J'ai peur d'avoir des dettes. Je suis aussi ordonné à tout régler et à ne devoir rien à personne de cet ordre-là qu'à m'inquiéter de n'avoir pas de quoi payer. Créer est devenu un luxe, considéré comme tel, sur lequel le créateur ne devrait pas « compter ». Et à l'éditeur, diffuseur, de dompter l'auteur qui n'a ni le droit de parler ni le droit de se taire.

De nouveau, je reviens au dictionnaire, *Diffus, use. (1361 ; lat. diffusus, de diffundere « répandre »). 1° Qui est répandu dans toutes les directions. « Telle douleur physique diffuse, s'étendant par irradiation dans des régions extérieures à la partie malade »* (Proust). Voici que je nomme enfin le mal, malaise, qui tient l'auteur face à son éditeur et l'artiste face à son marchand : c'est bien un sentiment diffus, de dilution, de confusion, irradiation. L'auteur est dépossédé. Comme le créateur ou l'artiste, il ne possède que ce qu'il va produire.

Je donne mes ruptures n° 1, n° 2, n° 3 et n° 4, pour le jeune homme du train de Genève à Lyon. Question de tact. Car au premier contact, c'est déjà la catastrophe, la fin du poème. Ni Prométhée, premiers romans refusés, je croyais porter le feu ; ni Pygmalion, j'ai trop voulu, temps voulu, forger les couples frôlés avec n° 1, n° 2, n° 3 et n° 4 à l'image du couple durable dont on m'avait imposé le dessin ; voici le temps de Ptolémée, je navigue, je souffle sur les braises, ni feu ni rêves, pour donner la position, avant même que de chercher et indiquer une direction. Chercher : écrire. Indiquer : écrire.

Dire « je » autorise le murmure qui sied à une fin et annonce un début. Combien de fois dans ce texte ai-je frappé le nom de *Navarre* et tapé le prénom *Yves* ? Dire « je » autorise la distance qui sied à une fin et annonce un début.

Je pense à l'autre, ami, comme d'autres sont amants, aux autres, amies et amis, et je dis « si tu veux bien, je vais te dire vous. Je tiens désormais à cette distance. J'ai toujours dit tu tout de suite. Maintenant, j'inaugure ».

## 92. Alberta disparu

L'emploi du corps. Il n'y a pas de mode d'emploi. Il n'y a que l'emploi et le temps, l'emploi du temps, cet exploit, l'exploit du corps, ce temps en soi. Le beau lieu commun que voilà, divulgué, usé par les vogues et les médias. Mais un lieu commun, c'est un point commun, une communion commence là : il faut d'abord vivre avec son corps, vivre dedans, l'user, au sens de l'usage à bon escient, en toute escience, répondre à ses demandes et surtout ne jamais l'oublier et le forcer au rappel à l'ordre des choses, le forcer à réagir. Point commun que tout cela, et point d'honneur. Honorer le corps, d'abord, ou bien aussi, mais alors, en ce second cas, à égalité. Honorer le corps de l'enfant qui a grandi, qui est passé de l'autre côté de la vitrine, qui est passé avec les passants, avec les passants harnachés de vêtements, des vêtements pour ne pas avoir froid, des vêtements pour ne pas avoir chaud, vêtements adiathermiques, vêtements pour ne plus jouer mais être joué, journaux pour ne plus penser mais être pensé, romans pour ne plus figurer mais se figurer. Oui, j'aime les redondances si elles ne dansent pas la ronde déjà dansée, prévue, prévisible, risible ; la ronde minable, jamais aimable, des mots qu'il faut dire pour entrer dans les panthéons, tels qu'il faut les dire pour mourir alors qu'on vit encore. Pauvre vie à l'étal de l'actualité. J'aime ce vent brûlant que la nuit tombée de ce dimanche soir, 21 septembre, ne tiédit pas. Vent virevoltant, jamais le même, espace qui se brasse, vent nominal. Je suis « tombé » malade chaque fois que je me suis mis à oublier mon corps et ses jouissances, de tous les sens, et chaque fois que j'ai voulu m'habiller du corps d'un aimé, comme si c'était possible. L'amour tel qu'on me l'a imposé, enseigné, suggéré, interdit n'est qu'une histoire de pyjama impossible. Vaut mieux dormir nu. Adrienne, ma mère, maman, nous achetait toujours des pyjamas neufs, aux Magasins réunis, et il ne fallait pas « les mettre tout de suite » parce qu'ils étaient neufs. Fallait pas de neuf, pour la nuit. Fallait pas. Fallait pas s'habiller de neuf pour la nuit ?

La mémoire des « choses intelligentes » n'éveille en moi que des idées de jouissance. Elle est morte, papier jauni, papier accumulé, rangé, classé : archives. Je n'ai d'intérêt que pour le mot pulpeux qui brandit, jeu de consonnes marquantes et de voyelles si possible claires, et a parfois la mémoire individuelle des choses vivantes, faits de la vie, au plus touché. C'est la pêche au fouetté : le miroitement de l'hameçon suffit et pas d'appât.

Il n'avait pas la même manière de marcher et de sourire que les autres garçons, dans ce bar sombre, tard, la nuit. Il marchait, lui. Il se déplaçait quand les autres, habitués comme moi, ne bougeaient pas et, assis au bar ou adossés aux murs, verre à la main ou cigarette aux lèvres, se contentaient de regarder et se regarder dans le vague, vaguement. Et « lui » allait, bougeait, souriait. Je me suis dit que c'était la première fois qu'il entrait dans un bar de garçons, à Paris. Que c'était peut-être même la première fois qu'il entrait dans un bar, en Europe. Je me suis dit aussi qu'il était trop beau pour que je lui parle, pour que j'ose lui parler. Et je me suis contenté de le suivre du regard. Il n'était pas déguisé comme nous, comme nous nous déguisons pour aller dans nos bars, jeans, tee-shirts, blousons de cuir ou blousons de pilou gris clair. Non. Il portait un pantalon bleu et une chemise blanche, ouverte devant : « on » pouvait voir son buste quand il faisait demi-tour. Qui cherchait-il ? D'où venait-il ? Nous le regardions tous en nous posant secrètement les mêmes questions. Il avait des cheveux noirs, des yeux noirs. C'était un enfant d'Amérique, l'Amérique du Nord. Pas un enfant des villes mais un fils des champs et des fermes. Un enfant qui avait bien grandi. Il était danseur. Pas danseur parfumé. Un danseur qui apprenait encore à danser et cela se dénotait à sa manière de placer ses pieds, l'un à plat, l'autre pointant, quand un instant, regardant autour de lui, essayant de croiser un regard, il s'arrêtait. Puis le ballet recommençait. Et cela m'a suffi. Je suis rentré chez moi, seul, avec une image de lui, furtive : je l'avais vu danser alors qu'il arrivait à Paris.

A cette époque-là, je corrigeais les secondes épreuves d'imprimerie du *Temps voulu*. J'ai relu attentivement, cette nuit-là, le chapitre 13, *Le secret des sources*, où il est question de l'étreinte, emploi du corps, emploi du temps, toutes choses peu intelligentes, tout à fait sensibles, qui ne seront jamais assez bien formulées pour être vraiment considérées, considérations distinguées de ceux-là, hargneux, qui parlent de la jouissance sans l'avoir vécue ou la vivre encore. Je suis revenu, tard dans la nuit du lendemain. Même troupe, même groupe, même grappe, eux, nous, celui-ci ou celui-là, interchangeables, pas un regard, pas un sourire, et des couples qui se forment, par lassitude quelquefois. C'est ainsi. Ainsi que nos hommes vivent. Puis « il » est arrivé, comme la veille, souriant, intact, même allure, à ne pas se flanquer contre un mur ou au bar. Et sans même en avoir pris la décision, à peine m'en suis-je rendu compte, je me suis approché de lui, armé d'un sourire. Il me sourit. Je lui tends la main et lui dis en riant « what should I say to be able to speak to you ». « But no one speaks to me ! » Que devrais-je dire pour être capable de te parler. Mais personne ne me parle !

Il a ri et nous sommes devenus amants comme d'autres deviennent amis. Car nous savions, et l'un et l'autre, que des milliers de kilomètres nous séparaient déjà et que nos étreintes ne seraient que brève rencontre. Il ne savait rien de Navarre : c'est Yves qu'il a voulu. Ce détail, coupant, est important. Yves se sentait bien avec « lui » parce qu'il était découvert petit à petit par « lui », tout autant qu'il le découvrait, autre, venu du fin fond du Canada anglais, province de l'Alberta. Et Yves, déjà, pour rire et prévenir le désarroi de l'inévitable séparation, l'appelait « mon Alberta disparu ».

Treize jours. Ensemble. Les premiers jours, Yves se mit à visiter Paris, avec « lui ». Il eut même l'impression de visiter cette ville pour la première fois. En étranger. Il tenta de le « lui » expliquer, mais « il » prit cette confidence pour une boutade. Qu'importe. Les quatre derniers jours, ils les passèrent à Joucas. Pour l'ami donc, le premier voyage en Europe se déroula ainsi : deux jours à Londres, onze jours à Paris, quatre jours à Joucas, un jour à Paris et le retour. Adieu.

Et à Joucas, premier soleil de printemps, Yves leva les stores des fenêtres donnant sur la rue : il n'avait plus peur des regards des voisines puisqu'il était enfin en accord avec quelqu'un. L'idée lui vint aussi de placer le bureau à tréteaux de la petite loggia, au-dessus de la chambre, dehors, sur la terrasse, face à la vue. Et de prendre là le petit déjeuner, à deux, quand pendant dix ans déjà il l'avait pris seul ou à deux fois un, en bas. La maison respirait enfin. Et Yves avec. Question de bras, de corps, de regards, de balades. « Il » chantait tout le temps des airs de comédies musicales américaines. Belle voix grave, juste, si peu la voix de son âge. Et quand ils marchaient ensemble dans la garrigue, Yves se laissait devancer, pour mieux le regarder danser en marchant. L'idéal vécu est inénarrable. Faut pas y toucher.

Or, un lord anglais vivant non loin de Joucas, ayant vu Yves et son ami, les invita un lundi en fin d'après-midi, chez lui. Au moment du rituel du thé versé dans les tasses, nuages de lait, un sucre ? deux sucres ? biscuits et scones, vue imprenable sur le Lubéron, de plus près que de Joucas, profil en vaisseau du village de Ménerbes, l'ami demanda au lord « how do you spell your name, sir ? » Comment s'écrit votre nom ? Le lord, amusé, épela son nom. Et « Alberta disparu », surpris, dit qu'il était né dans une ferme portant le même nom ; au cœur de terres portant le même nom ; son père élevait des chevaux pour une écurie portant ce nom-là. « Il » avait aussi appris à nager dans un lac qui se nommait encore... Et le lord sourit « it's my land ». Ce sont mes terres. Puis « it was my land », c'était mes terres. Plus de trente mille hectares donnés par la reine Victoria à son grand-père, vendus par sa mère et dont elle avait gardé les droits de « sol profond » et de « prospection ». Le lord ajouta qu'il allait, quinze jours plus tard, se rendre là-bas pour la première fois. « Il y a paraît-il du pétrole », dit-il en se tournant vers Yves. Et « Alberta disparu », sur des cartes, montra au lord là où il était né, le lac, les terres. Il avait donc fait tout ce chemin pour rencontrer celui qui, de famille et de caste, avait nommé toutes ses naissances. Yves jubilait.

Le surlendemain, Paris, le départ, adieu, un taxi qui s'en va. Ils ont préféré se quitter là, devant l'immeuble, plutôt qu'à l'aéroport, messages sonores, trop de voyageurs en même temps. A l'automne Yves se rendra à Montréal pour la sortie du *Temps voulu*. Il fera un crochet, sur le retour, et rendra visite, plus loin dans le pays, à l'ami du printemps, et à l'ami de cet ami. Deux. Heureux. Ensemble. Yves dînera chez eux, deux, heureux, ensemble. Le lendemain il ira voir les chutes du Niagara : Yves refaisait encore le voyage de noces de ses parents. Mais seul. De retour à Paris, il écrira le chapitre du *Jardin d'acclimatation* mettant en scène Henri et Cécile Prouillan aux chutes du Niagara. Tentation du plongeon. Sur un mur, à Montréal, il a lu *beaucoup tombent en amour*.

Le garçon s'appelle Kim. Kim vit avec Ron. Yves et Kim s'écrivent de temps à autre. La seule photo qu'Yves garde et qu'il regarde est une photo de Kim, prise à Joucas.

## 93. Le début du premier acte

Titre de la pièce de théâtre : il n'y en a pas pour le moment. Titre possible, *La Mainmorte*, mais ce serait là jouer avec fictions et réalités, celle des Prouillan dans *Le Jardin d'acclimatation* et celle des Navarre dans *Biographie*, notamment.

Décor : pas de décor, des lumières, vaste plateau sur lequel des faisceaux lumineux tombent ponctuellement pour signaler tel ou tel personnage. Les lumières, douces, jamais inquisitoriales, tombent : la famille de la pièce est « au fond », au fond du lieu familial. Les lumières doivent donner l'impression de tenir les personnages comme des marionnettes. C'est une pièce pour un vaste plateau.

Les personnages : le père d'abord, son plus jeune fils ensuite, puis la famille petit à petit se regroupera, chacun nommera l'autre, et la mère, et les autres enfants, et la mère du père, et la cousine du père, une gouvernante, une infirmière : tous se nommeront au fur et à mesure des scènes. Les lieux seront décrits, mais le lieu réel, celui de la réunion, est le plateau, la famille sur un plateau. Offertoire.

Personnage principal : le chien. Un caniche. Et comme les animaux ne savent pas jouer en scène parce qu'ils ne savent pas répéter les mêmes gestes, toute représentation étant une éternelle répétition, c'est un caniche empaillé qui sera utilisé. La pièce est divisée en trois actes : acte I, dit du caniche couché ; acte II, dit du caniche assis ; et acte III, dit du caniche debout près de la porte. Après la dernière réplique de la pièce, la famille s'étant gommée à force de se frôler, le chien debout se tiendra à la fin comme au début de l'acte III, devant la porte ouverte. La lumière s'éteindra. Un machiniste attrapera la troisième version du caniche empaillé et la fera disparaître en coulisses. La lumière reviendra. La porte sera ouverte, plus personne. Seul le chien, empaillé, se sera échappé. Idée. Fin. Autres titres possibles, *Les Mémoires de Pantalon* ou *Happy End*.

Acte I, dit du caniche couché. Scène 1. *Un lieu. Le père est assis dans un fauteuil, face au public. Devant lui, à ses pieds, des journaux épars et le caniche empaillé, couché : il dort en boule. Le père tient la commande à distance d'un poste de télévision que l'on voit de dos, faible lueur. Le fils apparaît, surgit du fond de scène où règne une nuit.*

Le père — Entre. Je t'attendais.
    *Il plie ses lunettes.*
  Tu as fermé la lumière, dehors ?
    *Il observe le chien.*
  Regarde-le, il dort. Il dort tout le temps. Il n'entend même plus le bruit de la boîte à biscuits quand je l'agite. Comme ça. Regarde.
    *Il prend la boîte, la secoue.*
  Ça ne t'amuse pas ? Approche. Approche-toi. Ne reste pas dans mon dos. Je savais que tu viendrais. Tu as tout éteint dans le jardin ? Et dans le parc, tu as eu l'impression de te perdre ?
    *Silence. Le fils ne bouge pas. Croise les bras.*

Le fils — Ce fauteuil dans lequel tu te tiens, je le ferai brûler un jour.
    *Il sourit.*
  Sinon ce sera toujours le fauteuil dans lequel « papa » se tenait à la fin de sa vie quand il ne parlait plus que de la fin de sa vie.
    *Il rit.*
  Un fauteuil qui brûle, ça fait de la musique. Les ressorts sautent dans les flammes. C'est jamais la même note métallique. Ça ne te plaît pas, ce que je dis, papa ?
    *Il regarde le poste de télévision.*
  Tu coupes le son et tu gardes l'image ?

Le père — Oui, ça bouge.

Le fils — Qu'est-ce qui bouge ?

Le père — Les couleurs. Le malheur en couleurs, au bout du doigt. Regarde : il suffit d'appuyer, on change de chaîne. Tout bouge. Celui-là parle ? Que dit-il ? Il y a une nouvelle guerre, quelque part ? Ou quelqu'un qui veut prendre le pouvoir ? Ils parlent. Ils parlent. C'est tout. Je n'ai vu que ça dans ma vie. Des bouches qui remuent pour dire quoi ? Je suis encore plus drôle que toi.
*Le fils s'approche du poste et veut éteindre la télévision.*
Non. C'est moi qui commande.

Le fils — Mais je veux voir, là, maintenant, c'est important. Je veux savoir ce qu'ils disent. Les journaux du soir en parlaient. Mets le son, je t'en prie. S'il te plaît, papa.
*Le père appuie sur un bouton ; la télévision s'éteint. Le père pose l'appareil de commande à distance par terre, sur les journaux. Il a fait tomber la boîte de biscuits qui était posée sur l'accoudoir, biscuits épars. Le père caresse le chien.*

Le fils — Merci. Merci, pa !
*Il se dirige vers son point d'arrivée comme s'il repartait.*
Nous nous parlerons demain. Je préfère. Tu commandes tout.

Le père — Demain, c'est loin, je préfère ne pas y penser.
Le fils — Bonsoir, pa.
Le père — Non : adieu.
*Le fils se retourne. Le père se cale bien droit dans le fauteuil, ferme les yeux comme si la lumière venue d'en haut le gênait.*

Le fils — Quand tu avais mon âge, j'étais petit. Déjà tu me disais adieu pour me faire peur. Adieu à l'aéroport quand je t'accompagnais. Tu partais en mission. Adieu à la gare quand je te quittais. Tu m'envoyais à l'étranger. Tes amis qui me recevaient devenaient mes amis. Tu me le reprochais. Et ils tombaient en disgrâce. L'expression est de toi.

Le père — Je n'ai jamais dit ça.
Le fils — Tu nous as toujours dit adieu.
Le père — Je ne me le rappelle pas.
*Le fils sort, respire, fait quelques pas, revient.*

Le père — Tu es là ?

Le fils — *A mi-voix.* Oui, pa !
Le père — Approche-toi. Je ne t'entends pas.
    *Le fils revient, s'arrête. Dans l'ombre on entend sonner onze coups d'horloge. Au onzième coup, le fils sourit et dit à voix très haute :*
Le fils — Attention ! Elle va recommencer. C'est l'horloge qui a peur de ceux qui ne comptent pas bien les heures. Je me demande quel bruit ça fait une horloge qui brûle et se détraque dans un feu ?
    *L'horloge sonne une seconde fois onze coups.*
Je suis calme, papa. Ce soir, je peux enfin t'écouter. Maintenant, je t'écoute. Dis-moi pourquoi nous en sommes là, maintenant ? Dis-moi. Dis-le-moi.
Le père — Approche-toi. Je ne t'entends pas.
    *Le fils ne bouge pas.*
Qu'as-tu dit ?
    *Le père veut se retourner. Mais il se penche. Remet les biscuits dans la boîte. La ferme. L'agite. Regarde le chien. Sourit. Puis ramasse les journaux, les plie, les range et se remet bien en place dans le fauteuil, visage renversé, le front vers la lumière, les yeux fermés.*
Je ne peux plus me coucher. Les nuits sont lourdes. Il me faut des heures pour m'endormir et, quand je me réveille, il fait encore nuit. Je voudrais me réveiller le jour comme avant.
Le fils — Comme avant, quand, pa ?
Le père — Comme avant jamais. Je n'ai pas ce souvenir-là. Je me suis toujours réveillé avant le jour.
    *Il sourit.*
Alors, de nouveau, je fais la nuit derrière mes paupières, mais c'est comme si je baissais des stores et guettais derrière.
    *Il ouvre les yeux, caresse du bout du pied le chien et se tourne légèrement vers son fils.*
Approche-toi. Je t'en prie. Tu es le seul à m'écouter désormais.
Le fils — Tu dis la même chose à chacun de nous.
Le père — Je ne t'entends pas.
Le fils — Je t'aime, pa !

Le père — Je n'ai pas entendu. Viens plus près de moi.
> *Le fils se retourne, sort, fait quelques pas dehors, respire, regarde son père de loin et revient.*

Tu te souviens, quand je t'avais demandé de faucher les orties, peu de temps après la guerre ? Nous venions d'entrer dans cette maison. Je croyais que...

Le fils — Dis. Parle, papa !

Le père — *Changement de ton.* Ils sont arrivés ?

Le fils — Oui, pa !

Le père — Tous ?

Le fils — Nous sommes tous là.

Le père — Et qui a fait les lits ?

Le fils — Chacun de nous a apporté ses draps.

Le père — Tu te moques de moi.

Le fils — Tu me parlais des orties, pa ?

Le père — Des orties ? Je te parlais des orties ? J'oublie tout, tout de suite. C'était un détail sans importance. Je suis heureux. Je t'attendais. Viens.
> *Il sourit.*

J'attends mais je n'entends plus.
> *Il se lève, se tourne vers son fils, une main sur le dossier du fauteuil. Voix sereine.*

Pourquoi as-tu fait ce que tu viens de faire ?

Le fils — C'était toi ou moi. Parle-moi de ton père. Je ne sais rien de lui. Qu'as-tu fait de ton père, toi ?

Le père — Ce portrait de famille, qui le développera ?

Le fils — Il n'y avait pas de photo de ton père, chez Bonne-Maman, la bonne maman, ta mère. Il se réveillait de jour, lui ?

Le père — Pourquoi cherches-tu à me confondre ?

Le fils — Je ne fais que t'inviter, papa.

Le père — Et tu reviens. Tu reviens toujours ici. Tu provoques cette réunion. Tu n'as jamais fait que la provoquer. C'était comment dans le parc ?

Le fils — Doux.
> *Il se retourne, sort et parle, dos tourné à son père, face à la nuit du fond de scène.*

L'air embaume. L'écureuil se cache. Il y a un lit bleu dans le ciel, là, regarde. Approche-toi, toi. C'est à toi de venir. C'est à toi de faire mes premiers pas. Il y a un planeur aussi. Un planeur noir dans la nuit noire, personne ne le voit. Parfois je me dis que j'ai des yeux de chat. Ecoute. Ecoute la nuit du parc. Tu te souviens ? Quand tu m'avais demandé de faucher les orties ? Peu de temps après la guerre ? Nous venions d'entrer dans cette maison. Je croyais que...

*Il se retourne, se frotte les bras, et souffle sur ses mains.*

Le père — Ne dis plus rien.

Le fils — Je croyais à une autre histoire. Je croyais à une histoire autre que celle déjà vécue par d'autres, et que nous allions vivre inévitablement. Tu ne le voulais pas. Mais nous l'avons vécue. La même histoire. C'est toujours la même histoire.

Le père — Ne dis plus rien. Je te le demande.

Le fils — Quand je suis arrivé, ce soir, c'est toujours le soir quand le fils revient, et c'est toujours trop tard, pense le père, et c'est toujours trop tôt, pense le fils : et c'est toujours le soir, trop tard ou trop tôt, je te parle, je te parle enfin, comme c'est bon et comme cela n'a aucune importance.

*Il s'approche du fauteuil. Le père croit que son fils va l'embrasser. Le fils contourne le fauteuil, évite le chien couché, et s'assoit à la place du père. Le père retire sa main du dossier. Le fils poursuit, mains à plat sur les accoudoirs, il regarde ses mains.*

Quand je suis arrivé, ce soir, je suis d'abord allé voir maman, dans sa chambre. Elle ne dormait pas. Les yeux grands ouverts, elle regardait le plafond. Quand je me suis penché vers elle pour l'embrasser sur le front, elle a tourné la tête de l'autre côté. Elle ne voulait pas de ma bise. Elle ne sait plus qui vient l'embrasser. C'est pour elle, la réunion, papa. Pour nommer votre amour. Je ne peux pas encore nommer le mien.

Le père — Ne dis plus rien.

Le fils — Alors, je me tais.

Le père — Non. Parle. Parle-moi. Mais ne parle plus de ça.

Le fils — Alors, je me tais.

*A mi-voix :*

Il n'y aura jamais de réconciliation si tu ne te réconcilies pas avec toi-même.

*Le père se dirige vers le fond de la scène.*

Le père — Répète ce que tu viens de dire.

Le fils — Non. Plus besoin de répéter. Nous connaissons la scène par cœur. Nous pouvons désormais la jouer.

*Il rit. Se penche. Agite la boîte de biscuits*

> *au-dessus de la tête du chien. Pose la boîte. Prend en main la commande à distance de la télévision. Se retourne. Regarde son père. Le père est dehors, de dos, il regarde la nuit.*

Tout est éteint, dehors, papa. A quoi bon vérifier ?
> *Il s'installe dans le fauteuil, comme un gosse.*

Il n'y a plus d'orties depuis longtemps.
> *Il sourit.*

Et il n'y a plus de lit bleu dans le ciel. Il a brûlé. Je l'ai fait brûler. Ça faisait une drôle de fumée. Une fumée que rien ne dissipe vraiment, jamais. Une fumée noire.
> *Il appuie sur un bouton de la commande à distance de la télévision. Lueur du poste de télé.*

Regarde, pa ! L'image sans le son. L'image n'est pas bonne. Mais il y a de la couleur. Et ça bouge. Tout bouge. Une belle impression, tu ne trouves pas ?
> *Il se retourne. Son père a disparu dans la nuit du fond de scène. Il se lève brusquement. Court vers le fond de la scène, s'arrête à la porte. Se retourne et revient vers le fauteuil. Debout, derrière le fauteuil, il pose ses deux mains sur le dossier et regarde droit, devant lui, le public. Fin de la scène 1 de l'acte I.*

## 94. Mardi 23 septembre

Quand je me suis réveillé, ce matin, il faisait encore nuit. Je croyais avoir trouvé le sommeil un long temps, or je n'avais dormi qu'une heure ou deux. J'ai refermé les yeux, mais derrière les « stores baissés » de mes paupières je faisais le guet. Je guettais les personnages et la suite de la scène 1 de l'acte premier. Depuis le début de *Biographie*, je souhaitais qu'à un chapitre ou à un autre tout vire à l'acte théâtral, apparemment fictif. Mais cet acte, première scène de cet acte, je ne pouvais pas le « commander ». Tout a surgi hier, alors que j'allais me coucher. Si peu un exercice de style. Le besoin, peut-être, de me mettre déjà au travail suivant. Le besoin, aussi, au moment où le journal de *Biographie* rejoint *Biographie*, confluence, de voir se mêler les eaux de la réalité vécue à celles des fictions tournoyantes. *Biographie*, en son tout, devrait constituer un centre de gravité.

Puis, très tôt, alors qu'enfin le jour se levait, ciel net, mon soleil de septembre, chose que je ne fais jamais : j'ai branché la radio. Une voix d'homme, voix pondérée, claire. Belle diction. L'homme parlait de « l'hystérie masculine ». Discours à la fois savant et sensuel, maîtrise d'un sujet qui, disait-il, n'était abordé que pour la femme, parce que étymologiquement l'hystérie était féminine. J'étais dans mon lit. C'était bien avant l'heure du facteur. J'écoutais. Cet homme se mit à parler de ce que je considère, sans l'avoir jamais prénommé, me défendant de toutes sortes de diagnostics, comme le sujet du roman que j'achève maintenant : mon hystérie. Mon besoin d'enfanter. Le besoin de cette douleur-là. Et l'homme expliquait, France-Culture, huit heures du matin, que l'hystérie masculine, trop souvent désignée par le terme de névroses, existait. Mais que la jouissance de l'homme n'était rien en regard de la jouissance de la femme. L'homme, frustré, ne trouvant de jouissance *que sur quelques centimètres de peau*, se vengeait (mais a-t-il dit venger, j'aurais voulu me lever, prendre des notes, or je ne voulais par perdre le fil de ce qu'il disait) en se créant des appuis, hors de lui-même, besoin de confondre, d'accuser et de dominer, pour trouver un équilibre. Ce n'est certainement pas exactement ce qu'a dit cet homme : c'est ce que j'ai retenu sans avoir rien noté. Comme son « cours » s'achevait, il y eut un fondu enchaîné sonore, et à sa voix succéda celle, pathétique, de la Callas dans un air du *Pirate*. Puis fin de l'émission. Une présentatrice annonça, *vous venez d'entendre le dernier entretien de la série « Histoire d'un malentendu » par le professeur Lucien Israël*. Or, lundi prochain, je rentre à Paris. Le mercredi suivant, 1er octobre, alors qu'il y a trois semaines aucune émission de télévision n'était prévue pour la sortie du *Jardin d'acclimatation*, je participerai à *La Rage de lire* avec ? avec le professeur Lucien Israël.

Je me suis levé. J'ai donné à manger aux chats. J'ai préparé mon petit déjeuner. Et le facteur m'a apporté cette lettre, *Vézelay le 20 septembre 80. Cher Yves Navarre. Merci de m'avoir envoyé* Le Jardin d'acclimatation. *Merci d'avoir pour moi des pensées si indulgentes. Je voudrais que vous sachiez combien j'admire votre talent et votre courage. C'est un peu pour cela que j'étais heureux de vous rencontrer dans ce voyage organisé par les autorités militaires : je vous ai vu tel que je pensais bien que vous étiez, avide de bonheur, tournant et retournant en vous la même douleur et le même problème. Peut-être parce que je suis né illégitime, j'éprouve pour vous de la tendresse. Encore que moi, ma famille, du populo, rien de bourgeois. Je pense que vous n'écrirez toute votre vie que le même livre — comme tout le monde, comme moi — et que le chef-d'œuvre vous attend déjà au coin d'un bois. J'admire aussi que vous écriviez avec une telle générosité tout ce qui vous étouffe. On vous découvre, je suppose, dans tous vos personnages, ce qui est la marque de votre talent et de votre force. Croyez-moi votre ami. Jules Roy.*

En fin de journée, un télégramme « JE NE LAISSERAI PERSONNE DIRE QUE CE N'EST PAS LE PLUS BEL AGE DE LA VIE. BON ANNIVERSAIRE. PENSEES AFFECTUEUSES DE TOUTE LA FAMILLE ». Le télégramme provient de Charbonnières-les-Bains, près de Lyon. C'est François-Régis qui l'a envoyé.

Ce soir, Jean-Jacques et Michel, mes amis de Fontaine-de-Vaucluse, m'ont invité à dîner. J'ai soufflé quatre bougies sur un gâteau au chocolat. Nous avons partagé un beau repas. Je crois que nous n'avons pas été sans penser maintes fois à Saubade, la mémoire des morts est étrangement vivante. Qui donc l'a rendue triste et cachottière ?

Demain, je dînerai avec Jacques et Mira, chez eux. Ce sera réunion aussi. Et jeudi, vendredi et samedi, trois premiers jours de pause depuis que j'ai commencé à écrire *Le Temps voulu* : un récit, suivi d'un roman, suivi d'une biographie, c'est la trajectoire du javelot.

Et samedi soir, chez Jean-Jacques et Marie-Claude, je lirai à voix haute ces derniers chapitres. Nous fêterons non pas une fin mais un début. La prise des distances. Je n'ai pas ici à tirer de leçons. Il n'y a pas de morale, surtout pas de morale à tirer de *Biographie* mais un mode de comportement à mettre en pratique : ne pas recommencer l'histoire. Je me demande même s'il était temps, encore, de tout mettre en « œuvre », donc en « texte » et en « livre », pour oser espérer un autre mode. Des guerres se déclarent dans le monde. Nous allons élire un président de la République et, à défaut de voir survenir un homme de parole, tous les candidats se tiennent aux quasiment mêmes paroles.

En première page de tous les journaux, la photo d'un jeune rameur qui vient de traverser l'océan Atlantique, seul, en soixante-treize jours. Si on lui demande pourquoi il a « fait ça », il répond « pour rien » et « parce que je voulais le faire ». Je ne suis pas sans me sentir comme lui, à l'arrivée : océan traversé en cent quatre-vingt-quinze jours, seul. Contact radio avec Jean-Jacques et Marie-Claude, Emanuel, Xavier, Jacques et Mira, et les amis, de vrais amis. Savoir écouter. Ils ont fait la traversée avec moi, et je les remercie. Jamais Valentine n'a été si douce sous mes doigts.

Nuit, il fait nuit. Pleine lune. A l'horizon du sud scintillent les lumières du bourg de Bonnieux, comme un paquebot immobile. Tiffauges dort sur le bureau, les pattes tournées vers moi. De temps en temps il s'étire et touche la machine. Quand j'irai me coucher, il sautera dans son panier. Lundi, dès mon arrivée, j'irai voir Adrienne, ma mère, maman. Il y a quarante ans, elle me mettait au monde.

*Mercredi 24 septembre.* 16 heures : je viens de corriger ce chapitre en pleurant. Et sans changer un mot. C'est ainsi : maman est morte, ce matin. Adrienne, maman, ma mère. Demain matin, au lever du jour, je prendrai le chemin de Condom.

# Table

L'émotion de départ .................................................... 9
1. La terre d'origine .................................................. 42
2. Mardi 1er avril ..................................................... 46
3. Bonne-Maman ......................................................... 54
4. Grand-Mère .......................................................... 60
5. L'incendiaire ....................................................... 64
6. L'odeur du figuier .................................................. 68
7. Vendredi 11 avril ................................................... 71
8. Lundi 14 avril ...................................................... 78
9. Les barreaux du berceau ............................................. 87
10. L'arrivée du peigne ................................................ 91
11. Les adieux de madame Lalanne ....................................... 96
12. Impasse privée ..................................................... 99
13. La chasse aux impressions .......................................... 105
14. Mercredi 23 avril .................................................. 114
15. Libération ......................................................... 121
16. L'école des coups .................................................. 129
17. Le bonjour des clowns .............................................. 135
18. Mercredi 30 avril .................................................. 140
19. La forêt d'orties .................................................. 146
20. Les séjours interdits .............................................. 151
21. Photo de classe .................................................... 156
22. La frontière suisse ................................................ 162
23. Les aiguilles de pin ............................................... 169

24. L'edelweiss .................................................. 174
25. Mardi 13 mai ................................................ 181
26. La dénonciation ............................................. 192
27. Le froid aux doigts ......................................... 197
28. Le couple de patineurs ...................................... 203
29. Le tracé du parc ............................................ 210
30. Dimanche 25 mai ............................................. 218
31. Le tour du lac .............................................. 232
32. Les berges de la Seine ...................................... 236
33. Samedi 31 mai ............................................... 243
34. La fin du monde ............................................. 250
35. Portrait du père ............................................ 254
36. Monsieur Edouard ............................................ 258
37. Le partage des meubles ...................................... 262
38. Les fraises des bois ........................................ 269
39. Le redoublement ............................................. 277
40. Les réveille-matin .......................................... 283
41. Le petit valseur ............................................ 288
42. Vendredi 13 juin ............................................ 291
43. Duel au soleil .............................................. 299
44. Les roses au fond du jardin ................................. 308
45. Le grand voyage ............................................. 313
46. La leçon du gnome ........................................... 327
47. Calle Rosario 8 ............................................. 334
48. Vendredi 27 juin ............................................ 340
49. La version et le thème ...................................... 348
50. Il .......................................................... 357
51. Mercredi 9 juillet .......................................... 366
52. Le ciel de craie ............................................ 381
53. L'invention de l'orage ...................................... 387
54. La pirogue d'ébène .......................................... 396
55. Le jeune homme de Dresde .................................... 402
56. Extraits du Bal ............................................. 410
57. Les lettres ................................................. 423
58. Le pont du Diable ........................................... 439
59. L'éclipse ................................................... 448
60. La photo de mariage ......................................... 453
61. Mardi 29 juillet ............................................ 469
62. Rue du cœur qui flanche ..................................... 475
63. La longe .................................................... 486
64. Le show ..................................................... 495
65. L'astrakan véritable ........................................ 502
66. Le goût du tabou ............................................ 509

## BIOGRAPHIE

| | |
|---|---|
| 67. L'offre et la demande | 514 |
| 68. Le chevalier-aigle | 524 |
| 69. Chichicastenango | 530 |
| 70. Le personnel vendu | 535 |
| 71. Mauvaises nouvelles | 542 |
| 72. Le chef de création | 551 |
| 73. La décalcomanie | 558 |
| 74. La petite gestapo | 569 |
| 75. Une lettre de Marie-Claude | 575 |
| 76. Un village à la place du cœur | 580 |
| 77. Adrienne s'en va | 588 |
| 78. La maison bafouée | 594 |
| 79. Dimanche 31 août | 602 |
| 80. Le mendiant d'impressions | 608 |
| 81. Les promontoires du Rêve | 615 |
| 82. Fait divers | 623 |
| 83. Le porte-bidon | 629 |
| 84. Le temps de pause | 634 |
| 85. Samedi 13 septembre | 639 |
| 86. La peur des étoiles | 644 |
| 87. Mercredi 17 septembre | 652 |
| 88. Les années de cendres | 656 |
| 89. Travelling | 665 |
| 90. L'instant du geste | 672 |
| 91. La prise de distances | 676 |
| 92. Alberta disparu | 681 |
| 93. Le début du premier acte | 685 |
| 94. Mardi 23 septembre | 692 |

Pour recevoir régulièrement, sans aucun engagement de votre part, l'Actualité Littéraire Flammarion, il vous suffit d'envoyer vos nom et adresse à :

Flammarion, Service ALF, 26, rue Racine, 75278 PARIS Cedex 06.

Pour le CANADA à :

Flammarion Ltée, 163 Est, rue Saint-Paul, Montréal PQ H2Y 1G8

Vous y trouverez présentées toutes les nouveautés mises en vente chez votre libraire : romans, essais, sciences humaines, documents, mémoires, biographies, aventures vécues, livres d'art, livres pour la jeunesse, ouvrages d'utilité pratique...

ACHEVÉ D'IMPRIMER
LE 10 AOUT 1981
SUR LES PRESSES DE
L'IMPRIMERIE HÉRISSEY
A ÉVREUX (EURE)

N° d'éditeur : 9483
N° d'imprimeur : 27491
Dépôt légal : 3ᵉ trimestre 1981
*Imprimé en France*